Autores
Adisson Leal
André Araújo Molina
Annelise Monteiro Steigleder
Bruno Leonardo Câmara Carrá
Caroline Vaz
Elcio Nacur Rezende
Elton Venturi
Fabiana Barletta
Felipe Braga Netto
Felipe Teixeira Neto
Fernanda Nunes Barbosa
Fernanda Orsi Baltrunas Doretto
Flaviana Rampazzo Soares

Nelson **Rosenvald**
Felipe **Teixeira Neto**
Coordenadores

Guilherme Magalhães Martins
João Victor Rozatti Longhi
José Luiz de Moura Faleiros Júnior
Nelson Rosenvald
Ney Maranhão
Pedro Farias Oliveira
Pedro Rubim Borges Fortes
Renata Domingues Balbino Munhoz Soares
Renata Vilela Multedo
Renato Campos Andrade
Roberta Densa
Thaís G. Pascoaloto Venturi

DANO MORAL COLETIVO

2018 © Editora Foco

Coordenadores: Nelson Rosenlvad e Felipe Teixeira Neto

Autores: Adisson Leal, André Araújo Molina, Annelise Monteiro Steigleder, Bruno Leonardo Câmara Carrá, Caroline Vaz, Elcio Nacur Rezende, Elton Venturi, Fabiana Barletta, Felipe Braga Netto, Felipe Teixeira Neto, Fernanda Nunes Barbosa, Fernanda Orsi Baltrunas Doretto, Flaviana Rampazzo Soares, Guilherme Magalhães Martins, João Victor Rozatti Longhi, José Luiz de Moura Faleiros Júnior, Nelson Rosenvald, Ney Maranhão, Pedro Farias Oliveira, Pedro Rubim Borges Fortes, Renata Domingues Balbino Munhoz Soares, Renata Vilela Multedo, Renato Campos Andrade, Roberta Densa e Thaís G. Pascoaloto Venturi

Diretor Acadêmico: Leonardo Pereira
Editor: Roberta Densa
Assistente Editorial: Paula Morishita
Revisora Sênior: Georgia Renata Dias
Capa Criação: Leonardo Hermano
Diagramação: Ladislau Lima
Impressão miolo e capa: GRÁFICA Meta Brasil

Dados Internacionais de Catalogação na Publicação (CIP) de acordo com ISBD

D188

Dano moral coletivo / Adisson Leal ... [et al.] ; organizado por Nelson Rosenlvad, Felipe Teixeira Neto. - Indaiatuba, SP : Editora Foco, 2018.
432 p. : il. ; 17cm x 24cm.

ISBN: 978-85-8242-316-5

1. Direito. 2. Dano moral coletivo. I. Leal, Adisson. II. Molina, André Araújo. III. Steigleder, Annelise Monteiro. IV. Carrá, Bruno Leonardo Câmara. V. Vaz, Caroline. VI. Rezende, Elcio Nacur. VII. Venturi, Elton. VIII. Barletta, Fabiana. IX. Braga Netto, Felipe. X. Teixeira Neto, Felipe. XI. Barbosa, Fernanda Nunes. XII. Doretto, Fernanda Orsi Baltrunas. XIII. Soares, Flaviana Rampazzo. XIV. Martins, Guilherme Magalhães. XV. Longhi, João Victor Rozatti. XVI. Faleiros Júnior, José Luiz de Moura. XVII. Rosenlvad, Nelson. XVIII. Maranhão, Ney. XIX. Oliveira, Pedro Farias. XX. Fortes, Pedro Rubim Borges. XXI. Soares, Renata Domingues Balbino Munhoz. XXII. Multedo, Renata Vilela. XXIII. Andrade, Renato Campos. XXIV. Densa, Roberta. XXV. Venturi, Thaís G. Pascoaloto. XXVI. Título

2018-113   CDD 341.6501   CDU 347.426.

Elaborado por Vagner Rodolfo da Silva - CRB-8/9410

Índices para Catálogo Sistemático:

1. Direito : Dano moral coletivo 341.6501   2. Direito : Dano moral coletivo 347.426.4

DIREITOS AUTORAIS: É proibida a reprodução parcial ou total desta publicação, por qualquer forma ou meio, sem a prévia autorização da Editora FOCO, com exceção do teor das questões de concursos públicos que, por serem atos oficiais, não são protegidas como Direitos Autorais, na forma do Artigo 8º, IV, da Lei 9.610/1998. Referida vedação se estende às características gráficas da obra e sua editoração. A punição para a violação dos Direitos Autorais é crime previsto no Artigo 184 do Código Penal e as sanções civis às violações dos Direitos Autorais estão previstas nos Artigos 101 a 110 da Lei 9.610/1998. Os comentários das questões são de responsabilidade dos autores.

NOTAS DA EDITORA:

Atualizações e erratas: A presente obra é vendida como está, atualizada até a data do seu fechamento, informação que consta na página II do livro. Havendo a publicação de legislação de suma relevância, a editora, de forma discricionária, se empenhará em disponibilizar atualização futura.

Erratas: A Editora se compromete a disponibilizar no site www.editorafoco.com.br, na seção Atualizações, eventuais erratas por razões de erros técnicos ou de conteúdo. Solicitamos, outrossim, que o leitor faça a gentileza de colaborar com a perfeição da obra, comunicando eventual erro encontrado por meio de mensagem para contato@editorafoco.com.br. O acesso será disponibilizado durante a vigência da edição da obra.

Impresso no Brasil (08.2018) – Data de Fechamento (08.2018)

2018
Todos os direitos reservados à
Editora Foco Jurídico Ltda.
Al. Júpiter 542 – American Park Distrito Industrial
CEP 13347-653 – Indaiatuba – SP
E-mail: contato@editorafoco.com.br
www.editorafoco.com.br

SUMÁRIO

APRESENTAÇÃO
    Nelson Rosenlvad e Felipe Teixeira Neto V

Parte 1
ASPECTOS GERAIS

FUNDAMENTO NORMATIVO DO DANO MORAL COLETIVO
    Fernanda Orsi Baltrunas Doretto 3

AINDA SOBRE O CONCEITO DE DANO MORAL COLETIVO
    Felipe Teixeira Neto 29

A (IN)VIABILIDADE JURÍDICA DO DANO MORAL COLETIVO
    Bruno Leonardo Câmara Carrá 53

O PERCURSO DO "DANO MORAL COLETIVO" NA JURISPRUDÊNCIA DO SUPERIOR TRIBUNAL DE JUSTIÇA
    Flaviana Rampazzo Soares 73

O DANO MORAL COLETIVO COMO UMA PENA CIVIL
    Nelson Rosenvald.. 97

REFLEXÕES SOBRE OS CHAMADOS DANOS MORAIS COLETIVOS
    Renata Vilela Multedo e Fernanda Nunes Barbosa................................ 129

Parte 2
DANO MORAL E SUAS RELAÇÕES COM OS DIREITOS DIFUSOS E COLETIVOS

DANO MORAL COLETIVO E DIREITO AMBIENTAL
    Elcio Nacur Rezende e Renato Campos Andrade................................. 149

DANO MORAL COLETIVO E LESÃO À ORDEM URBANÍSTICA
    Annelise Monteiro Steigleder... 169

A TRAVESSIA DO INDIVIDUAL AO SOCIAL: DANO MORAL COLETIVO NAS RELAÇÕES DE CONSUMO
    Guilherme Magalhães Martins.. 189

O DIREITO DO CONSUMIDOR À SEGURANÇA ALIMENTAR E A RESPONSABILIDADE CIVIL PELO "DANO MORAL COLETIVO"
    Caroline Vaz 211

DANO MORAL COLETIVO NAS RELAÇÕES TRABALHISTAS
    André Araújo Molina e Ney Maranhão 239

PROTEÇÃO DO VULNERÁVEL E O DANO MORAL COLETIVO: ANÁLISE DA VIABILIDADE E FUNDAMENTOS EMBASADOS NA CONSTITUIÇÃO DA REPÚBLICA, NO ESTATUTO DA CRIANÇA E DO ADOLESCENTE E NO ESTATUTO DO IDOSO
    Fabiana Barletta e Roberta Densa 259

DANO MORAL COLETIVO E O TABACO: PRECEDENTES JURISPRUDENCIAIS PARADIGMÁTICOS
    Renata Domingues Balbino Munhoz Soares 281

ESTADO E VIOLÊNCIA URBANA: DANOS INDIVIDUAIS E DANOS COLETIVOS?
    Felipe Braga Netto 293

Parte 3
A EFETIVAÇÃO DO DANO MORAL COLETIVO: ASPECTOS MATERIAIS E PROCESSUAIS

A QUANTIFICAÇÃO DO DANO MORAL COLETIVO
    Pedro Rubim Borges Fortes e Pedro Farias Oliveira 325

A LEGITIMIDADE PARA POSTULAR A REPARAÇÃO DO DANO MORAL COLETIVO
    Adisson Leal 351

O DANO MORAL COLETIVO E A REPARAÇÃO FLUIDA (*FLUID RECOVERY*)
    João Victor Rozatti Longhi e José Luiz de Moura Faleiros Júnior 367

O DANO MORAL EM SUAS DIMENSÕES COLETIVA E ACIDENTALMENTE COLETIVA
    Elton Venturi e Thaís G. Pascoaloto Venturi 397

APRESENTAÇÃO

> "A questão do 'dano moral coletivo' [...] posiciona-nos directamente num dos focos da evolução contemporânea do Direito Privado – colocando em jogo diversos vectores que se entrecruzam".
>
> **Fernando Araújo**[1]

Não há dúvidas de que a responsabilidade civil, no quadro geral da civilística clássica, está dentre as disciplinas do direito privado que, nas últimas décadas, sofreu as mais profundas revisões estruturais. Tal bem se percebe quando se atenta para o fato de que, partindo do binômio dano patrimonial-culpa, ao qual se reduzia o instituto, em termos gerais, a partir da sua conformação moderna codificada, foi necessário um repensamento não apenas do seu funcionamento, mas da própria concepção desenvolvida para cada um dos seus elementos nucleares.

Nessa linha é que a *revolução* já apregoada por Josserand, ainda na primeira metade do século passado,[2] atingiu todos os seus pressupostos, de maneira a não permitir que até mesmo a própria noção de dano, que se encontra no seu cerne, demandasse intentos de profunda revisão.

A necessidade de expansão da responsabilidade civil enquanto técnica de controle social[3] e manutenção do equilíbrio das relações[4] tem exigido, para fins de efetividade, a mais ampla reparação possível em relação aos danos causados – sem prejuízo dos paradoxos que acarrete. Tal anseio trouxe consigo, dentre tantas outras consequências, a superação da máxima segundo a qual a impossibilidade de se individualizar a totalidade dos lesados importaria em ausência de dever de indenizar.[5]

Dessa feita, não apenas a própria ideia de dano se despatrimonializa[6] como se transindividualiza, criando cenário fértil ao surgimento da categoria jurídica assim denominada *dano moral coletivo*. E surge, em razão disso, uma premente necessidade

---

1. ARAÚJO, Fernando. Sobre o dano moral coletivo – seis tópicos (apresentação do livro de Felipe Teixeira Neto, Dano Moral Coletivo. A configuração e a indenização do dano extrapatrimonial por lesão a interesses difusos na sua dimensão transindividual). *Revista do Instituto do Direito Brasileiro*, Lisboa, a. 3, n. 9, pp. 6389-6419, 2014.
2. JOSSERAND, Louis. Evolução da Responsabilidade Civil. Trad. Raul Lima. *Revista Forense*, Rio de Janeiro, a. 38, n. 456, pp. 548-559, jul. 1941.
3. SALVI, Cesare. *Il danno extracontrattuale*. Modelli e funzioni. Napoli: Jovene, 1985, p. 274.
4. MARTINS-COSTA, Judith. *Os Fundamentos da Responsabilidade Civil*. Revista Trimestral de Jurisprudência dos Estados, São Paulo, v. 15, n. 93, pp. 29-52, out. 1991.
5. ALPA, Guido; BESSONE, Mario. *La Responsabilità Civile*. 2ed. Milano: Giuffrè, 1980, v. II, p. 199.
6. DE CUPIS, Adriano. Sulla "depatrimonializzazione" del Diritto Privato. *Rivista di Diritto Civile*, Padova, a. 28, n. 2, pp. 482-517, 1982.

de dar-lhe conteúdo normativo, com o intuito de viabilizar a sua adequada colocação no quadro da civilística nacional. Daí a ideia de trazer a lume a presente obra coletiva, reunindo esforços e contribuições ao exercício de um papel do qual a melhor doutrina não se pode furtar.

Para este fim – e visando a contribuir com a qualificação do debate acerca da configuração e da indenização da figura em exame – o livro que ora se apresenta vem dividido em três capítulos. Pretende-se, com isso, em razão da relação intrínseca de complementaridade que se estabelece entre as possíveis abordagens do tema, construir um cenário de densidade dogmática que lhe permita uma maior densidade.

No primeiro capítulo, propõe-se tratar dos aspectos gerais reativos ao dano moral coletivo, imprescindíveis, portanto, não apenas à sua adequada compreensão a partir de um plano sistematizado, mas especialmente à solidificação da sua autonomia enquanto categoria jurídica. Para este fim, seguiram-se a contribuição de sete autores a respeito do tema.

Fernanda Orsi Baltrunas Doretto, após dialogar o papel atribuído à responsabilidade civil no sistema brasileiro, o que passa pelo exame da evolução do conceito de dano moral, analisa os seus termos em cotejo com os preceitos que garantem a efetividade da proteção dos direitos difusos, coletivos e individuais homogêneos. Tal exame permite-lhe concluir no sentido da existência e da viabilidade do fundamento normativo imprescindível ao reconhecimento do dano moral coletivo na ordem jurídica pátria.

Felipe Teixeira Neto, a partir de uma revisão da própria noção de dano moral em sentido amplo e da sua compatibilização com a lesão a interesses de natureza transindividual, propõe uma conceituação sistematizada e operativa para a figura do dano moral coletivo, deveras marcada nas lides forenses por uma fragilidade que, se não combatida, pode comprometer-lhe a autonomia e a importância almejadas.

Bruno Leonardo Câmara Carrá, refletindo sobre a viabilidade jurídica do dano moral coletivo e sobre as possíveis objeções que lhe poderiam ser postas, chama a atenção à aparente insuficiência da dicotomia dano material-dano moral para fazer frente à necessidade de tutela dos interesses transindividuais. Assim, diante do percurso evolutivo da responsabilidade civil, concita a refletir sobre a conveniência de se romper com a aludida bipolaridade, partir-se a compreensão do dano moral coletivo enquanto um *tercius genus* apto a contemplar a multivariedade de possibilidades lesivas que a dita categoria de interesses comporta.

Flaviana Rampazzo Soares, atenta à importância da jurisprudência para a consolidação da figura em estudo, propõe-se a realizar exaustiva análise dos inúmeros precedentes do Superior Tribunal de Justiça sobre o tema, o que o faz por meio do agrupamento e do exame das diversas fases pelas quais passou o Tribunal ao longo dos últimos anos. Conclui, diante desse apanhado, no sentido da aceitação e do reconhecimento *in re ipsa* do dano moral coletivo, não obstante ainda identifique a ausência de uma concepção unitária a respeito nos seus vários órgãos fracionários.

Nelson Rosenlvad, tomando por base o modelo jurídico atual do dano moral coletivo, tanto em uma acepção ampla quanto em uma conformação mais limitada, sustenta que o seu reconhecimento caracteriza-se, na essência, enquanto peculiar espécie de pena civil. Para este fim, depois de abalizada análise das funções da responsabilidade civil, reflete sobre a real essência da indenizabilidade dos autênticos prejuízos extrapatrimoniais, o que lhe autoriza a concluir no sentido da preponderância da função punitiva no caso da proteção dos direitos difusos, coletivos e individuais homogêneos em jogo.

Renata Vilela Multedo e Fernanda Nunes Barbosa, atentas às controvérsias que envolvem os danos morais coletivos, propõem-se a refletir sobre a necessidade de dispensar estudo aprofundado a seu respeito, com vistas a edificar uma categoria específica para a conceituação e a qualificação dos danos extrapatrimoniais que não atinjam propriamente a pessoa humana, especialmente em uma dimensão coletiva. Para este fim, partem do aprofundamento da reflexão sobre as funções que a responsabilidade civil exerce na atualidade, problematizando-as sobretudo na sua correlação com o risco de banalização do dano moral e da mercantilização dos interesses existenciais.

No segundo capítulo, objetivou-se examinar as inúmeras possibilidades associadas ao dano moral coletivo a partir das diversas categoriais de interesses transindividuais. Com este objetivo, foram levadas em conta – especialmente diante da fragmentariedade e da, por vezes, fluidez que caracterizam os aludidos interesses – não apenas as categorias assim ditas clássicas, mas também novas possibilidades de efetivação da proteção integral da coletividade como um todo, que se manifesta em situações outras de violação típicas de uma sociedade hipercomplexa e massificada. Seguem-se, nesta linha, contribuições em oito textos a respeito do tema central, nas suas variadas interfaces.

Elcio Nacur Rezende e Renato Campos Andrade, após exame preliminar da responsabilidade civil e si – nomeadamente no cotejo entre reparação e punição – e do dano ambiental – em especial no que toca à evolução que se sucede entre as dimensões individual e coletiva –, analisam as possibilidades que se apresentam quanto à caracterização do dano moral coletivo associado a degradações do ambiente. E, diante dessas premissas, concluem que o dano moral gerado pela deterioração ambiental é de fácil percepção e de indiscutível cabimento, impondo-se a sua reparação integral como meio de propiciar às presentes e às futuras gerações condições necessárias à salvaguarda da sua dignidade.

Annelise Monteiro Steigleder, propondo-se a pensar a respeito das diversas lesões que podem atingir o que denomina de "cluster" que conforma o direito à cidade sustentável, apresenta a interação possível entre essas situações e os instrumentos que disponibiliza a responsabilidade civil. Nessa linha, sendo os prejuízos urbanísticos pluriofensivos, na medida em que atingem diversos bens jurídicos, é lícito sustentar a viabilidade do dano moral coletivo a eles inerentes, na medida em que relacionado a situações nas quais seja perceptível a ocorrência de uma perturbação da qualidade de vida associada a diversas das mazelas das grandes cidades.

Guilherme Magalhães Martins, partindo do pressuposto segundo o qual o reconhecimento da dimensão coletiva da dignidade da pessoa humana amplia as áreas de interesses protegidos pela ordem jurídica, trata da importância da responsabilidade civil no âmbito da proteção do consumidor, diante deste cenário. Em razão disso, sustenta que os danos morais coletivos associados às relações de consumo não se confundem com os danos individuais correlatos, em razão da comunhão universal de que participam todos os possíveis interessados.

Caroline Vaz, ao tratar do direito do consumidor à segurança alimentar, pontua o importante papel da responsabilidade civil nas hipóteses em que verificada a sua violação. De sorte que, consoante sustenta, apresenta-se notório o reconhecimento de um autêntico dano moral transindividual nos casos em que caracterizada a ocorrência de riscos decorrentes da ingestão de alimentos que possam ser prejudiciais à integridade física ou psíquica de uma coletividade de indivíduos determinada, determinável ou mesmo indeterminada.

André Araújo Molina e Ney Maranhão, com o intuito de examinar a aplicação do dano moral coletivo nas relações trabalhistas, recuperam os elementos subjacentes à dita categoria de danos no âmbito de investigação proposto, bem como o analisam à luz da Lei 13.467/2017, que imprimiu a chamada Reforma Trabalhista, dialogando de forma crítica com a jurisprudência do Tribunal Superiro do Trabalho a respeito do tema.

Fabiana Barletta e Roberta Densa, partindo dos instrumentos jurídicos predispostos à proteção dos sujeitos vulneráveis, analisam a viabilidade e os fundamentos da configuração do dano moral coletivo nos Estatutos da Criança e do Adolescente e do Idoso. Para este fim, tendo em vista o desrespeito aos direitos fundamentais dos grupos referidos como pressuposto à configuração de um dano moral coletivo, examinam situações concretas a eles relacionadas como meio de viabilizar a hipótese proposta, estudando, na sequência, dispositivos processuais que justificam um pedido indenizatório nesse sentido, especialmente a partir de uma análise crítica de casos já julgados pelo Superior Tribunal de Justiça envolvendo o tema.

Renata Domingues Balbino Munhoz Soares, por meio do exame de precedentes jurisprudenciais paradigmáticos, trata sobre a possibilidade de ocorrência de dano moral coletivo em associado ao uso do tabaco. Não obstante reconheça que a figura ainda se encontra em construção no âmbito de investigação proposto, conclui que a nocividade do produto implica em uma série de prejuízos – tanto de ordem individual e coletiva, quanto patrimonial e extrapatrimonial – que devem ser reparados como meio a se buscar a preservação da saúde e da qualidade de vida, inclusive em uma dimensão transindividual.

Já Felipe Braga Netto propõe debate envolvendo o dano moral coletivo associado a situações de violência urbana. Após densas reflexões relacionadas à mudança de paradigma que se encontra em curso no que tange à responsabilidade civil do Estado associada a situações de violência urbana, conclui no sentido da viabilidade da imposição de um dever de indenizar, inclusive relativo a prejuízos de natureza coletiva e extrapatrimonial, nas situações em que evidenciada a insuficiência estatal ou a sua omissão.

O terceiro capítulo, *in fine*, está destinado ao exame da operatividade da figura em exame, nas suas dimensões material e processual. Para tanto, são tratados os meios a viabilizar a efetivação do dano moral coletivo, quando e se reconhecida a sua ocorrência, nomeadamente no que tange à sua concretização, com vistas a produzir resultados que tornem a coletividade próxima de uma situação de indenidade. Quatro contribuições foram predispostas a este fim.

Pedro Rubim Borges Fortes e Pedro Farias Oliveira refletem sobre um dos mais árduos pontos associados ao dano moral em si, o qual se replica no trado do dano moral coletivo: os critérios à sua quantificação. Ao fim proposto, portanto, refletem sobre as mais atuais tendências do direito brasileiro sobre o tema, concluindo no sentido da prevalência do arbitramento do valor mínimo, não obstante o desejável seja no sentido da incorporação de métodos que viabilizem o combate à ilicitude lucrativa.

Adisson Leal trata sobre a legitimidade para postular a reparação do dano moral coletivo. Para tanto, após explorar os preceitos legais que formam o microssistema de tutela coletiva, trata da legitimação extraordinária concorrente e aborda a necessidade de que tal seja lido à luz das funções institucionais dos principais atores vocacionados a ditas demandas.

João Victor Rozatti Longhi e José Luiz de Moura Faleiros Júnior propõem-se a elucidar a vinculação dentre dano moral coletivo e *fluid recovery*. Partindo da concatenação entre as funções da responsabilidade civil e as hipótese de liquidação de danos, apresentam a reparação fluída como importante meio à garantia da eficácia das sentenças que reconhecem a indenização por danos morais coletivos, notadamente na sua gestão através dos fundos para reconstituição dos bens lesados e no seu papel de transcendência de um intento apenas reparatório.

Por fim, Elton Venturi e Thaís G. Pascoaloto Venturi enfrentam a dicotomia entre as dimensões essencialmente coletiva e acidentalmente coletiva do dano moral, o que o fazem desvendando relevantes aspectos substanciais e processuais à figura sob investigação. Exploram, para fins de alcançar o mister proposto, as possibilidades do dano moral coletivo no combate ao locupletamento ilícito e na indenização por prejuízos individuais decorrentes de origem comum.

Diante do panorama delineado, pretendeu-se converter a apresentação que ora se segue em repto reflexivo acerca do tema e, mais do que isso, em convite a explorá-lo na companhia de primorosos colegas que contribuíram ao mais valoroso desempenho do papel que, na essência, sempre deveria ser relegado à doutrina: promover a criação, o desenvolvimento e o refinamento das categorias jurídicas, como meio de viabilizar a sua aplicação útil e eficiente pelos Tribunais.

Nelson Rosenlvad e Felipe Teixeira Neto

Parte 1
ASPECTOS GERAIS

FUNDAMENTO NORMATIVO DO DANO MORAL COLETIVO

Fernanda Orsi Baltrunas Doretto

Doutora e Mestre em Direito pela Faculdade de Direito da Universidade de São Paulo. Professora do Curso de Direito da Universidade São Judas Tadeu. Professora Titular do Curso de Direito da Universidade Paulista – UNIP. Advogada em São Paulo.

A responsabilidade civil, seus conceitos, institutos e reflexos, constituem um imenso desafio à doutrina e à jurisprudência Pátrias. O conceito de dano e suas especificidades, a dicotomia entre culpa e risco, e a preocupação com a devida e pertinente reparação, têm sido constante foco de discussões e análises pelos estudiosos do Direito.

O conceito de responsabilidade civil pressupõe o estabelecimento de uma relação jurídica entre o indivíduo que sofreu um prejuízo e aquele juridicamente responsável por reparar tal prejuízo, buscando-se, ao máximo, que as partes retornem à situação anterior ao advento do evento danoso.

Nas palavras de Maria Helena Diniz, "toda a manifestação da atividade que provoca prejuízo traz em seu bojo o problema da responsabilidade que não é fenômeno exclusivo da vida jurídica, mas de todos os domínios da vida social".[1]

De apontar-se o entendimento de Álvaro Villaça Azevedo, que entende a responsabilidade civil como a "situação de indenizar o dano moral ou patrimonial, decorrente de inadimplemento culposo, de obrigação legal ou contratual, ou imposta por lei, ou, ainda, decorrente do risco para os direitos de outrem".[2]

Responsabilidade, portanto, não se confunde com obrigação. A obrigação é um dever jurídico originário, e a responsabilidade é um dever jurídico sucessivo, que surge em consequência da violação da obrigação.[3]

Partindo do pressuposto que o Direito busca regular as condutas sociais e estabelecer limites, faculdades, vedações e procedimentos voltados para o bem-estar geral e para a pacificação dos conflitos, toda ação ou omissão que, infringindo um dever genérico ou específico decorrente de regras e princípios jurídicos, venha a causar um dano injusto a terceiros, pessoas ou coletividades, merece uma resposta enérgica do sistema jurídico. A tarefa do Direito, portanto, consiste em preservar a integridade moral e patrimonial das pessoas que titularizam interesses jurídicos e estabelecer, objetivando essa preservação, vedações e obrigatoriedade de condutas,

---

1. DINIZ, M. H., *Curso de Direito Civil Brasileiro*, v. 7, p. 3.
2. AZEVEDO, A. V., *Teoria geral das obrigações*, p. 277.
3. CAVALIERI FILHO, S., *Programa de Responsabilidade Civil*, p. 17-18.

e também a fixação de sanções efetivas – civis e penais – contra quem ameace causar, ou venha efetivamente a gerar dano injusto a outrem.[4]

Vale lembrar, neste passo, que a responsabilidade civil e a responsabilidade penal, muito embora originárias da infração de um dever, trilham caminhos diametralmente opostos. Enquanto a responsabilidade penal busca a punição do agente pelo ilícito cometido, de acordo com a lei penal estabelecida, a responsabilidade civil persegue a reparação do dano causado.

O ato praticado pelo agente pode configurar, portanto, ao mesmo tempo, um crime e um ilícito civil, ou somente um ilícito civil. Se o ato que causa prejuízo à vítima corresponde a uma transgressão da lei penal, buscar-se-á, além da reparação de natureza civil, a punição de caráter criminal. Por outro lado, a reparação dos danos causados será perfeitamente possível e desejável, ainda que o ato prejudicial a direitos ou bens alheios não se encontre tipificado penalmente, deixando, portanto, de ensejar uma resposta punitiva de caráter criminal.

A responsabilidade civil apresenta uma evolução pluridimensional, pois sua expansão se deu não só quanto à sua história, mas também com relação aos seus fundamentos e à sua área de incidência. Historicamente, nos primórdios da civilização, dominava a vingança coletiva, caracterizada pela reação conjunta do grupo contra o agressor pela ofensa a um de seus componentes, evoluindo, posteriormente, para uma reação individual –, a vingança privada, em que os homens faziam justiça pelas próprias mãos, sob a Lei Talião; ou seja, a reparação do mal pelo mal, ou "olho por olho, dente por dente".[5]

A aplicação da Lei do Talião, que se baseava na vingança privada, e que também estava presente na Lei das XII Tábuas, notadamente na Tábua VII, Lei 11ª ("*de delictis*"), foi gradualmente substituída pela reparação pecuniária do delito.

Sobre essa transição, aponta Álvaro Villaça Azevedo, a importância da *Lex Poetelia Papiria*, do século IV a.C., que não mais admitia a execução pessoal. "Assim, antes dessa Lei, a obrigação era vínculo meramente pessoal, sem qualquer sujeição ao patrimônio do devedor, sendo que, estando o devedor vinculado à obrigação com seu próprio corpo, o credor tinha direito sobre seu cadáver".[6]

Entre os séculos III e II a.C., um plebiscito aprova a *Lex Aquilia de Damno*, verdadeiro marco na evolução histórica da responsabilidade civil, "[...] cuja importância foi tão grande que deu nome à nova designação da responsabilidade civil delitual ou extracontratual",[7] estabelecendo as bases jurídicas dessa espécie de responsabilidade civil, criando uma forma pecuniária de indenização do dano, baseada na fixação de seu valor.

---

4. MEDEIROS NETO, X. T., *Dano moral coletivo*, p. 22.
5. DINIZ, M. H., *Curso de Direito Civil Brasileiro*, v. 7, p. 10.
6. AZEVEDO, A. V., *Teoria geral das obrigações*, p. 31.
7. GAGLIANO, P. S.; PAMPLONA FILHO, R., *Novo curso de direito civil*, v. 3, p. 11.

Em que pese a origem romana, a professora Giselda Maria F. Novaes Hironaka afirma que o *"instituto da responsabilidade civil é um instituto contemporâneo"*,[8] já que a responsabilidade civil aparece pela primeira vez no final do século XVIII, em razão das inovações jurídicas produzidas pelo direito civil francês, e teve sua primeira formulação expressa já no novo sistema jurídico francês codificado, sendo importante comentar que esse sistema jurídico representou fonte de inspiração para todos os movimentos de codificação jurídica a partir do século XIX.[9]

A codificação francesa, segundo entendimento esposado por Hironaka, lembra profundamente a definição do *dever de compensação, de reparação, de punibilidade* em função da ofensa ao direito alheio, cujo antecessor mais lembrado será, sempre, a *Lex Aquilia de damno*, mas de forma alguma se pode atribuir uma relação direta e linear da evolução legislativa, que proceda ao encaminhamento das formulações clássicas e pioneiras do direito romano às construções legislativas, tantos séculos depois contempladas no direito francês e que serviram de base para todo o sistema jurídico romano-germânico.[10]

A responsabilidade é um fenômeno não só jurídico, mas também social, já que todas as ações humanas, deliberadas ou inconscientes, geram consequências para o agente. A vida em sociedade exige que os indivíduos respondam por seus atos, reações, por terceiros a que estejam ligados contratual ou moralmente; portanto, todo indivíduo "tem o dever de não praticar atos nocivos, danosos ou prejudiciais a outro indivíduo, resultando prejuízos".[11]

Oportuno mencionar que, no *Código Justiniano*, já vigorava o preceito fundamental (*juris paecepta*) representado pelo *alterum non laedere*, ou seja, dever de não lesar. O princípio surge acompanhado das máximas *honeste vivere* (viver honestamente) e *suum cuique tribure* (dar a cada um aquilo que lhe pertence).

Na responsabilidade civil, portanto, a sociedade toma à sua conta aquilo que a atinge diretamente e deixa ao particular o meio para restabelecer-se, à custa do ofensor, no **statu quo** anterior à ofensa. O Estado confere ao indivíduo o direito de ação e coloca à sua disposição os meios para que o lesado promova a defesa de seus interesses. A intervenção do Estado, portanto, é indireta, porém eficaz, já que é de seu interesse que a vítima seja restabelecida na situação anterior, desfazendo-se, desse modo, o desequilíbrio experimentado.[12]

Sendo assim, a função precípua da responsabilidade civil é restabelecer o equilíbrio rompido pela ocorrência do ilícito. Não se pode negar que o epicentro do

---

8. HIRONAKA, G. M. F. N., *Responsabilidade pressuposta*, p. 28.
9. *Ibidem, idem*.
10. HIRONAKA, G. M. F. N. *Responsabilidade pressuposta*, p. 28.
11. SILVA, A. L. M., *O Dano Moral e a sua Reparação Civil*, p. 1.
12. DIAS, J. A.; *Da responsabilidade civil*, p. 12.

desequilíbrio causado pelo ilícito é, sem dúvida, a relação entre o agente e a vítima. Porém, há que se reconhecer que a violação tem consequências sociais amplas.

Assim, se a responsabilidade civil não cumpre sua função, ou seja, se a vítima não retorna ao estado anterior à lesão, sendo devidamente indenizada, as perdas para a sociedade são tão nefastas quanto os efetivos prejuízos não reparados em favor da vítima, já que o sentimento de impunidade toma o lugar do sentimento de justiça.

A teoria da responsabilidade fundada no ato ilícito refere-se à ação (comissiva ou omissiva) imputável ao agente, danosa para o lesado, e contrária à ordem jurídica. Essa violação jurídica pode consistir em desobediência a um dever previsto no ordenamento jurídico ou a uma obrigação assumida e pode ser praticada pelo próprio lesante ou por terceiro a ele relacionado ou subordinado. Para que ocorra o dever de reparar o dano causado a outra pessoa, o agente deverá ser passível de responsabilização; deverá haver suscetibilidade de atribuição do resultado ao lesado, pois a imputabilidade é um dos pressupostos do ato ilícito.[13]

Pode-se concluir que são pressupostos da responsabilidade civil subjetiva a conduta culposa, o nexo de causalidade e o dano, não se podendo, entretanto, apontar a *conduta culposa* como pressuposto geral da responsabilidade civil, já que, nos casos de responsabilidade objetiva, torna-se desnecessária a comprovação ou verificação do elemento *culpa*.

Sugere Marcos de Almeida Villaça Azevedo, para a caracterização da responsabilidade civil, que estejam reunidos três pressupostos: "[...] (a) que a pessoa lesada tenha sofrido dano injusto; (b) que esse dano seja decorrente de atuação ou atividade de terceiro; e (c) que haja nexo causal entre o evento danoso e ação do terceiro".[14] Alerta o autor que a existência simultânea dos pressupostos deve ser verificada inicialmente, inexistindo qualquer responsabilidade civil e, consequentemente, qualquer direito à reparação na ausência de qualquer um deles.[15]

Maria Helena Diniz, buscando uma abordagem abrangente, prefere apontar como pressupostos da responsabilidade civil: a) a existência de uma ação comissiva ou omissiva, qualificada juridicamente; b) a ocorrência de um dano moral ou patrimonial causado à vítima e c) a possibilidade de verificação do nexo de causalidade entre a ação e o dano.[16]

O conceito de dano está atrelado ao conceito de responsabilidade civil, uma vez que os institutos são interdependentes, já que não há que falar-se em responsabilidade civil se não houver dano.[17]

---

13. DINIZ, M. H., *Curso de Direito Civil Brasileiro*, v. 7, p. 20.
14. AZEVEDO, M. A. V., *AIDS e responsabilidade civil*, p. 22.
15. *Ibidem, idem*.
16. DINIZ, M. H., *Curso de Direito Civil Brasileiro*, v.7, p. 37-38.
17. Ao comentar o dano, Dias, citando Henri e León Mazeaud (Traité théorique et pratique de la responsabilité civile, délictuelle et contractuelle, 3ª Ed., Paris, 1938, t. 1, n. 7, p.4), comenta que "não se cogita da respon-

O dano é a "lesão, ou redução patrimonial, sofrida pelo ofendido, em seu conjunto de valores protegidos no Direito, seja quanto à sua própria pessoa – moral ou fisicamente – seja quanto a seus bens ou a seus direitos".[18]

Como se percebe, o dano surge da lesão a bens juridicamente protegidos, causando prejuízo ao lesado, tanto na sua esfera patrimonial, quanto na esfera de sua personalidade.

Assim, o princípio da responsabilidade civil resta como enunciado abstrato ou caracterizado como mera potencialidade enquanto se não concretiza o prejuízo, que justifica a sua invocação e o converta em direito da vítima e dever do agente. A responsabilidade civil resulta em obrigação de reparar e não pode se concretizar onde não há o que reparar.[19]

Em princípio, um dano futuro presumível não justifica uma ação de indenização, já que a responsabilidade está condicionada à existência concreta do dano. Nesse sentido, Dias aponta de maneira enfática que "Deve-se concluir desde logo pela aplicação da noção de dano ao prejuízo consumado".[20]

Entretanto, tem-se admitido o ressarcimento de um prejuízo ainda não positivado, se a sua realização é desde logo previsível. A perda de oportunidade, por exemplo, leva à certeza do dano, pois não se trata de um dano hipotético ou de uma probabilidade de ganho, mas de uma certeza de perda, devendo ser reparada.

Como demonstrado, o dano corresponde à agressão ou à violação de qualquer direito, material ou imaterial, que, provocado com dolo ou culpa pelo agente, ou em razão da atividade desenvolvida, cause a uma pessoa, independentemente de sua vontade, uma diminuição de valor de um bem juridicamente protegido, seja de valor pecuniário, seja de valor moral, ou até mesmo de valor afetivo.[21]

Segundo entendimento generalizado na doutrina, portanto, é possível distinguir, no âmbito dos danos, a categoria dos danos patrimoniais, de um lado, e a dos danos extrapatrimoniais ou morais, de outro.

Como visto, a função da responsabilidade civil corresponde ao retorno do lesado ao *statu quo ante*. No campo dos danos de natureza material, a reparação pode

---

sabilidade jurídica enquanto não há um prejuízo. Ocorre, aqui, a primeira distinção entre responsabilidade jurídica e responsabilidade moral. Esta se confina – explicam Henri e Léon Mazeaud – no problema do pecado. O homem se sente moralmente responsável perante Deus ou perante sua consciência, conforme seja, ou não, um crente. Puramente objetiva, portanto, é a sua noção. Para apurar se há, ou não, responsabilidade moral, cumpre indagar do estado de alma do agente: se aí se acusa a existência de pecado, de má ação, não se pode negar a responsabilidade moral. Essa é a única investigação a proceder. Não se cogita, pois, de saber se houve, ou não, prejuízo, porque um simples pensamento induz essa espécie de responsabilidade, terreno que escapa ao campo do direito, destinado a assegurar a harmonia das relações entre os indivíduos, objetivo que, logicamente, não parece atingido por esse lado" (DIAS, J. A., *Da responsabilidade civil*, p. 7.).

18. BITTAR, C. A., *Responsabilidade Civil – Teoria & Prática*, p. 8.
19. SILVA, A. L. M., *O Dano Moral e a sua Reparação Civil*, p. 128.
20. DIAS, J. A., *Da responsabilidade civil*, p. 974.
21. MELO, N. D., *Da Culpa e do Risco*, p. 49.

se processar de duas formas: pela reparação natural ou específica, com a restituição ou reposição dos bens do lesado, ou pela indenização pecuniária, que nem sempre representa a melhor solução para o lesado, mas muitas vezes se afigura como a única possível.

Na vida humana, entretanto, a noção de valor não representa somente dinheiro ou um patrimônio de natureza material. Ao contrário, existem, além do dinheiro, bens aos quais o homem civilizado atribui um valor e que devem ser protegidos pelo direito.[22]

O patrimônio moral da pessoa humana, portanto, merece proteção jurídica, podendo ser valorado e reparado quando atingido por ato ilícito. Durante muito tempo, entretanto, a ocorrência do dano moral e a sua possibilidade de reparação enfrentaram resistência, tanto na doutrina[23] quanto nos Tribunais.

Como explica Cahali, o instituto do dano moral atingiu a sua maioridade, "[...] esmaecida de vez a relutância daqueles juízes e doutrinadores então vinculados ao equivocado preconceito de não ser possível compensar a dor moral com dinheiro".[24]

Complementa o autor o seu posicionamento, afirmando que o reconhecimento do dano moral assegura uma "proteção integral do ser humano como *pessoa*", sendo certo que o

> "[...] direito moderno já não mais se compadece com as filigranas dogmáticas que obstariam à proteção mais eficaz da pessoa como *ser moral por excelência*, cada vez mais ameaçada em sua integridade corporal e psíquica, no conflito de interesses que a vida proporciona".[25]

A Constituição Federal de 1988 representou verdadeiro alento aos defensores da doutrina pela reparabilidade do dano moral, preceituando em seu artigo 5º, inciso V, ser "assegurado o direito de resposta, proporcional ao agravo, além da indenização por dano material, moral ou à imagem". Além disso, o inciso X do mesmo dispositivo legal dispõe ser "invioláveis a intimidade, a vida privada, a honra e a imagem das pessoas, assegurado o direito à indenização pelo dano material ou moral decorrente de sua violação".

Com o advento da Constituição e a previsão expressa da possibilidade de indenização por ocorrência de dano moral, o assunto deixou de ser elemento de teorização exclusiva no meio doutrinário para constituir-se em componente de preocupação dos operadores do direito. Em virtude da legislação positivada, espaço não há para sedimentar ou consolidar teorias contrárias à reparação do dano moral, teorias essas,

---

22. MAZEAUD, H; MAZEAUD, L., *Traité théorique et pratique de la responsabilité civile delictuelle et contractuelle*, v.1, p. 3663.
23. Na realidade, como ensina Cahali, "a doutrina já vinha se orientando no sentido da reparabilidade do dano moral, e poucas eram as manifestações dissonantes, enquanto, surpreendentemente, a jurisprudência representava o maior entrave à sua admissão" (CAHALI, Y. S., *Dano moral*, p. 20)
24. *Ibidem*, p. 19.
25. *Ibidem*, p. 19.

como demonstrado, fundadas sobretudo no argumento de que a dor não admitiria compensação pecuniária e de que seria impossível avaliar o dano moral (*pretium doloris*). A dor, aliás, foi vista como elemento característico principal do dano moral por muito tempo.

Wilson Melo da Silva, em trabalho que representa verdadeiro marco na doutrina do dano moral, assinala que o principal elemento do dano moral "é a dor, tomado o termo em seu sentido amplo, abrangendo tanto os sofrimentos meramente físicos, quanto os morais propriamente ditos". [26]

De inferir-se que esse posicionamento se mostra obsoleto, mas a obra e Wilson Melo da Silva é muito maior do que isso. Mesmo arraigado ao conceito de que o dano moral tinha como origem a dor sentida pela vítima, o autor traz, em sua obra, a compreensão de que os danos morais correspondem a lesões sofridas pelo indivíduo em seu patrimônio ideal, "entendendo-se por patrimônio ideal, em contraposição ao patrimônio material, o conjunto de tudo aquilo que não seja suscetível de valor econômico".[27] Aponta, ainda, com o brilhantismo habitual, que os danos de natureza moral estão sempre em estreita consonância com o chamado "mundo interior das pessoas naturais, dos homens, com seus elementos espirituais e anímicos".[28]

De fato, a pessoa humana é o centro da responsabilidade civil por danos morais, como é, aliás, de todos os institutos jurídicos, já que o direito, enquanto ciência social, serve aos interesses da pessoa humana. Entretanto, conceituar dano moral como dor e sofrimento representa um verdadeiro óbice ao oferecimento de alicerces sólidos ao conceito de dano moral.

O dano moral caracteriza-se quando há lesão no patrimônio imaterial ou incorpóreo da pessoa e, portanto, quando são violados seus direitos da personalidade.

Oportuno citar, neste passo, o lúcido posicionamento de Cavalieri Filho

"Dano moral, à luz da constituição vigente, nada mais é do que agressão à dignidade humana. Que consequências podem ser extraídas daí? A primeira diz respeito à própria configuração do dano moral. Se dano moral é agressão à dignidade humana, não basta para configurá-lo qualquer contrariedade. Nessa linha de princípio, só deve ser reputado como dano moral a dor, vexame, sofrimento ou humilhação que, fugindo à normalidade, interfira intensamente no comportamento psicológico do indivíduo, causando-lhe aflições, angústia e desequilíbrio em seu bem-estar. [...] Dor, vexame, sofrimento e humilhação são consequência, e não causa. Assim como a febre é o efeito de uma agressão orgânica, dor, vexame e sofrimento só poderão ser considerados dano moral quando tiverem por causa *uma agressão à dignidade de alguém*".[29]

---

26. SILVA, W. M., *O dano moral e sua reparação*, p. 1-2.
27. *Ibidem*, p. 1.
28. SILVA, W. M., *O dano moral e sua reparação*, p. 467.
29. CAVALIERI FILHO, S., *Programa de Responsabilidade Civil*, p. 80.

Bittar, em conceito bastante festejado, define os danos morais como as "[...] lesões sofridas pelas pessoas, físicas ou jurídicas, em certos aspectos de sua personalidade, em razão de investidas injustas de outrem".[30]

Referindo-se à natureza dos danos morais, Bittar assevera que tais lesões revestem-se "de caráter atentatório à personalidade", já que se caracterizam pela ocorrência de agressões "a elementos essenciais da individualidade".[31]

Portanto, sendo atingido qualquer dos direitos da personalidade, em virtude de atuação ilícita ou lícita, se for decorrente de uma atividade de risco, evidencia-se a ocorrência do dano moral, surgindo para a pessoa lesada o direito à reparação. O dano moral é, portanto, o prejuízo não patrimonial sofrido pela vítima. São lesões sofridas pelo sujeito de direito, em seu patrimônio ideal, entendendo-se por patrimônio ideal, em contraposição ao patrimônio material, tudo aquilo que não seja suscetível de valor econômico.

Importante notar que o caráter patrimonial ou moral do dano não advém da natureza do direito subjetivo danificado, mas dos efeitos da lesão jurídica, pois do prejuízo causado a um bem jurídico econômico pode resultar perda de ordem moral, e da ofensa a um bem jurídico extrapatrimonial pode originar-se dano material. Além disso, poderá até mesmo suceder que da violação de determinado direito resultem, ao mesmo tempo, lesões de natureza moral e patrimonial, motivo pelo qual o dano moral suscita o problema de sua identificação, uma vez que, em regra, se entrelaça a um prejuízo material decorrente do mesmo evento lesivo.[32]

A reparação do dano moral é em regra pecuniária ante a impossibilidade do exercício do *jus vindicatae*, visto que ele ofenderia os princípios da coexistência e da paz sociais. Nada obsta, entretanto, que ocorra uma condenação em obrigação de fazer, impondo uma conduta ao lesante que venha a trazer o sentimento de justiça para a vítima.

É certo que o recebimento de quantia em dinheiro não restaura o patrimônio moral atingido pelo ato lesivo, mas, de certa forma, representa uma compensação à vítima do ilícito. A evolução social acabou por erigir uma busca pelo aplacamento da lesão, pelo consolo da vítima, por meio de uma compensação financeira, uma vez que é absolutamente antijurídica a busca dessa vítima por vingança.

A responsabilidade civil tem, portanto, essencialmente uma função reparadora ou indenizatória, garantindo também o direito do lesado à segurança, e servindo como sanção civil, de natureza compensatória. O dano moral, por sua vez, é toda agressão injusta a bens imateriais, tanto de pessoa física quanto jurídica, insuscetível

---

30. BITTAR, C. A., *Danos morais: critérios para a sua fixação*, p. 293.
31. BITTAR, C. A., *Reparação civil por danos morais*, p. 53.
32. ZANNONI, E. A., *El daño en la resposabilidad civil*, p. 232.

de quantificação pecuniária, porém indenizável, com tríplice finalidade: satisfativo para a vítima, dissuasório para o ofensor e de exemplaridade para a sociedade.[33]

O dano moral, por referir-se a interesses sem conteúdo econômico, acaba por favorecer a teoria da dupla natureza de sua satisfação. Ou seja, tais danos devem ser "aferidos de uma forma aproximada, através do maior número de critérios que auxiliem na busca do *quantum* satisfatório; portanto, o senso *preventivo* acaba penetrando, em maior ou menor escala, no estabelecimento deste montante".[34]

Assim, verificado o evento danoso, surge ao lesado o direito à reparação dos danos por ele sofridos; sendo-lhe devida a indenização dos danos morais experimentados, sendo certo que a indenização deve ser tal que repare o dano extrapatrimonial sofrido e seja suficiente para desestimular a novas invasões injustas, na esfera jurídica cogitada.

Alcança-se a conclusão de que a condenação por dano moral pode e deve ser encarada como algo altamente moralizador, na medida em que, atingindo o patrimônio do agressor com a sua consequente diminuição, estaria frente à luz moral e da equidade, cumprindo a mais elementar noção de justiça; estar-se-ia punindo o ofensor para que o bem moral seja respeitado e, mais importante, fazendo calar o sentimento de vingança do ofendido, sentimento este inato em qualquer pessoa, por mais moderna e civilizada que seja.

Desse modo, a reparação por danos morais deve compensar a perda ou dano derivado de uma conduta lesiva, deve transferir o prejuízo a quem o causou e deve buscar a prevenção contra futuras perdas e danos. A reparação, portanto, tem caráter punitivo, educativo e repressor, já que, quando ocorre o dano, não é somente o patrimônio do ofendido que resta abalado, mas o próprio direito – a própria a lei – e deixar de reparar de forma primorosa e exemplar essa ofensa é a maior das violações que poderia ser imposta ao lesado e à própria ideia de Justiça.

Muito embora, sob o aspecto civil, **a reparação** seja o foco primordial da responsabilidade, a doutrina moderna indica uma ampliação do seu objeto. Como indica Nelson Rosenvald, há uma mudança, substituindo-se "a ideia de reparação pela *precaução*, na qual o sujeito será responsabilidade pelo apelo à virtude da *prudência*. Ao invés da culpa e da coerção, a responsabilidade encontra novo fundamento moral na *circunspecção* – e, por que não, no *cuidado* – reformulando, portanto, a sua velha acepção, levando-a para longe do singelo conceito inicial de obrigação de reparar ou de sofrer a pena. A responsabilidade mantém a sua vocação retrospectiva – em razão da qual somos responsáveis pelo que fizemos –, acrescida de uma orientação prospectiva, imputando-nos a escolha moral pela virtude, sob pena de nos responsabilizarmos para o futuro."[35]

---

33. MELO, N. D., *Dano moral coletivo nas relações de consumo*, p. 59.
34. SEVERO, S., *Os danos extrapatrimoniais*, p. 190.
35. ROSENVALD, N., *As Funções da Responsabilidade Civil – A Reparação e a Pena Civil*, p. 32.

Certo é que o sistema da responsabilidade civil foi delineado e desenvolveu-se no sentido de conferir proteção de direitos e reparação aos danos causados à **pessoa**, seja ela natural ou jurídica.

"Pessoa" é o ente físico ou coletivo (pessoa jurídica) suscetível de direitos e obrigações, sendo sinônimo de sujeito de direito. Aponta Diniz que "*Sujeito de direito é aquele que é sujeito de um dever jurídico, de uma pretensão ou titularidade jurídica, que é o poder de fazer valer, através de uma ação, o não cumprimento do dever jurídico, ou melhor, o poder de intervir na produção da decisão judicial*".[36]

Ao sujeito de direito está ligada a ideia de personalidade, que é a aptidão para adquirir direitos e contrair obrigações. A pessoa natural e a jurídica são sujeitos de direitos, possuindo, portanto, personalidade jurídica.

Interessante, neste passo, mencionar que a personalidade

"[...] não é um direito, de modo que seria errôneo afirmar que o ser humano tem direito à personalidade. A personalidade é que apoia os direitos e deveres que dela irradiam, é objeto de direito, é o primeiro bem da pessoa, que lhe pertence como primeira utilidade, para que ela possa ser o que é, para sobreviver e se adaptar às condições do ambiente em que se encontra, servindo-lhe de critério para aferir, adquirir e ordenar outros bens".[37]

Transpor os conceitos da responsabilidade civil para a coletividade revela novos desafios, já que torna necessária a ampliação do conceito de direito subjetivo, possibilitando, desse modo, que sejam recepcionados os direitos titularizados por determinadas coletividades. Assim, para acomodar a percepção atual da definição do direito subjetivo há que se prever a tutela dos interesses individuais e, também, os interesses de natureza coletiva, mesmo sem haver, neste caso, titularização pessoalizada.[38]

Se os interesses coletivos passam a ser vistos como direitos coletivos, então, confere-se aos entes coletivos a condição de titulares de um direito subjetivo, com personalidade jurídica própria.

Não se trata de personificação anômala, de se pretender conferir mera personalidade judiciária a entes sem personalidade jurídica. Trata-se de alçar à condição de direito subjetivo os interesses de uma determinada coletividade, transformando-a em titular desse direito subjetivo.

O problema que se afigura é que essa titularidade não fica concentrada nas mãos de pessoas naturais determinadas, já que "a titularidade do interesse não se apresenta como exclusividade de ninguém, mas sim do todo formado pelos respectivos indivíduos".[39]

---

36. DINIZ, M. H., *Curso de Direito Civil Brasileiro*, v. 1, p. 113-114.
37. *Ibidem*, p. 117-118.
38. MEDEIROS NETO, X T., *Dano moral coletivo*, p. 102.
39. *Ibidem*, p. 113.

A evolução social e a necessidade de proteção da coletividade, e o abandono dos conceitos individualistas levam à possibilidade de se atribuir aos entes coletivos a condição de sujeitos de direitos, aos quais é conferida permissão jurídica para buscar a reparação dos danos experimentados pela sociedade.

Aguiar Dias assinala que das relações de responsabilidade a investigação científica chega ao conceito de *personalidade*, já que não se concebem "nem a sanção, nem a indenização, nem a recompensa, sem o indivíduo que as deva receber, como seu ponto de aplicação, ou seja, o sujeito passivo, ou paciente".[40]

Com isso, o conceito clássico de responsabilidade civil confere à vítima, e somente a ela, que é titular do direito da personalidade violado, a possibilidade da propositura da ação. Na responsabilidade civil individual, somente o prejudicado tem o direito de agir. "E só pode agir em seu proveito".[41]

Por esse raciocínio, se um dano atingisse várias pessoas, cada uma teria então direito de exigir reparação do responsável; ainda que possível a cumulação das respectivas ações, desde que presentes as condições processuais, cada vítima teria direito a uma indenização distinta.

Por tudo quanto demonstrado, a responsabilidade civil deve partir-se em duas vertentes: responsabilidade civil por danos experimentados na esfera individual e responsabilidade civil por danos causados à coletividade.

Em primeiro lugar, por responsabilidade civil por danos experimentados na esfera individual entende-se a responsabilidade civil já existente, prevista no ordenamento jurídico brasileiro, e que tem por objetivo operacionalizar, em nível individual, o *neminen laedere*, ou seja, o dever jurídico não originário de não lesar, agindo-se de acordo com a lei e o direito. Ocorrendo a violação e resultando ela em prejuízo (dano injusto), o dever transforma-se em obrigação de reparar de maneira integral os danos gerados à esfera dos bens e interesses alheios.

Na responsabilidade civil por danos causados à coletividade, busca-se o exercício do direito de ação para a reparação dos danos titularizados pela coletividade, **que representa um sujeito de direitos único**, e que tem origem na personalidade individual de cada um dos componentes dessa massa de interesses difusos e coletivos.

O que se pretende expressar é que, se o dano moral individual corresponde à ofensa a direitos da personalidade, os danos morais coletivos também possuem a mesma origem.

Os entes coletivos, considerados sujeitos de direito para o fim de defender interesses de natureza difusa e coletiva *strictu sensu*, interesses esses que se transformam em direitos, em razão de serem recepcionados pela esfera protetiva do ordenamento jurídico, têm direitos da personalidade. Esses direitos emanam das personalidades

---
40. DIAS, J. A., *Da responsabilidade civil*, p. 3-4.
41. Ibidem, p. 1061.

individuais, os quais fazem parte da massa fluida que compõe os entes coletivos e autorizam a busca pela reparação dos morais sofridos.

De falar-se, ainda, que só se vê cabimento na reparação dos danos morais coletivos em caso de violação de interesses difusos ou coletivos *stricto sensu*, já que os interesses individuais homogêneos não correspondem propriamente a interesses coletivos, mas sim a direitos que são exercidos de maneira coletiva, resultando em reparações individuais para cada um dos envolvidos.[42]

Os trabalhos publicados no Brasil sobre danos morais coletivos contêm a indicação de que a reparação de tais danos representaria a aplicação, em nosso sistema legal, da indenização punitiva (*punitive damages* do direito norte-americano).

Veja-se que a característica punitiva da reparação civil por danos morais se faz presente, também, nas ações de âmbito individual. Informa Bittar que a jurisprudência brasileira tem acompanhado tal tendência, ao fixar o valor da indenização por danos morais, com o escopo de inibir novas práticas lesivas. Isto significa retirar do patrimônio do lesante, valor suficiente para que o mesmo se conscientize de que não deve persistir ou repetir a conduta reprimida. Por outro lado, dá-se um exemplo para a coletividade da repulsa da ordem jurídica a ações da natureza da conduta repreendida.[43]

Severo observa que, no caso dos danos morais coletivos, torna-se impossível aplicar plenamente o princípio da reparação integral, pois há, nesse caso, uma falta de elementos de comutação entre o valor agredido e o *quantum* satisfatório. Pode-se antever, portanto, "a possibilidade de uma parcela exemplar ou punitiva, o que se afasta do princípio em questão".[44]

Como visto, uma vez atribuído conceito ao dano moral coletivo, correspondente ao efeito resultante da violação à personalidade coletiva, se permite efetivamente a sua utilização como sistema de reparação das injustas lesões sofridas pela coletividade em seu patrimônio imaterial.

Entende-se que a indenização por dano moral coletivo deverá ter caráter punitivo, não se reclamando dinheiro como preço ou como reparação, mas ofertando uma satisfação à vítima, que é a coletividade, conferindo-se ao culpado uma sanção por algo imoral.

---

42. "Vale destacar, ainda, o novo enfoque dado à responsabilidade civil, na medida em que a condenação genérica (art. 95 do Código de Defesa do Consumidor) impõe ao réu a obrigação de indenizar os danos e prejuízos <u>causados</u>, e não os <u>sofridos.</u> Isto quer dizer que, uma vez procedentes os pedidos formulados na ação coletiva, é fixada a responsabilidade genérica do réu pelos danos e prejuízos decorrentes de sua conduta, cabendo aos lesados apenas a liquidação dos respectivos danos e a posterior execução. Isso facilita sobremaneira a reparação, na medida em que na liquidação e execução não se discute mais a responsabilidade do réu pelos danos". Cf. DANTAS, Adriano Mesquita. *A proteção dos direitos metaindividuais trabalhistas: considerações sobre a aplicabilidade da Lei da Ação Civil Pública e do Código de Defesa do Consumidor ao processo do trabalho*, publicado em: [http://jus2.uol.com.br/doutrina/texto.asp?id=7780], com data de acesso em: 09.05.2007.
43. BITTAR, C. A., *Reparação civil por danos morais, in*: Revista do Advogado n. 44, p. 25.
44. SEVERO, S., *Os danos extrapatrimoniais*, p. 185-186.

Como bem explica Melo,

"No tocante ao agressor, o caráter punitivo teria uma função de desestímulo que agisse no sentido de demonstrar ao ofensor que aquela conduta é reprovada pelo ordenamento jurídico, de tal sorte que não voltasse a reincidir no ilícito. Quanto ao caráter exemplar, a condenação deveria servir como medida educativa para o conjunto da sociedade, que, cientificada de que determinados comportamentos são eficazmente reprimidos pelo Judiciário, tenderia a ter maior respeito aos direitos personalíssimos do indivíduo. Em face deste trinômio e tendo em vista o caráter da efetividade da condenação por danos morais, defendemos que, na fixação do *quantum*, o juiz, além de ponderar os aspectos contidos no binômio punitivo-compensatório, poderia adicionar outro componente, qual seja, um *plus* que servisse como advertência de que a sociedade não aceita aquele comportamento lesivo e o reprime, de tal sorte a melhor mensurar os valores a serem impostos como condenação aos infratores por danos morais".[45]

E como expõe Bessa,

"[...] a função punitiva é amplamente admitida pela doutrina e jurisprudência em relação ao *dano moral individual*. Para este entendimento, que parece ser majoritário, sustenta-se que a reparação do dano moral (individual) deve revestir-se de caráter dúplice: *indenizatório* e *punitivo* (pedagógico). Objetiva-se oferecer compensação ao lesado para mitigar a lesão, a alteração do bem-estar psicofísico, bem como desestimular o ofensor a agir do mesmo modo no futuro".[46]

Não se pode olvidar que o dano moral foi associado à dor experimentada pela pessoa natural e teve sua reparabilidade negada, por ser considerado impossível conferir preço à dor. O Direito, entretanto, não podia permanecer impassível, enquanto as violações de natureza extrapatrimonial se perpetravam, o que levou ao reconhecimento da reparabilidade do dano de natureza moral. Com a doutrina e a jurisprudência amadurecidas, consolidou-se o entendimento de que o dano moral corresponde à ofensa dos direitos da personalidade e merece ser reparado, em caso de violação, sem que haja necessidade de demonstração de prejuízo, já que da simples violação nasce o dever de indenizar, sendo o dano presumido *in se ipsum*.

Nos estudos doutrinários iniciais, era absolutamente rechaçada a possibilidade de violação de dano moral da pessoa jurídica, vista como uma ficção jurídica que não poderia ser abalada por prejuízo moral. A evolução da doutrina e da jurisprudência e, por óbvio, a própria evolução legal, mostram que a pessoa jurídica possui personalidade e, consequentemente, possui direitos extrapatrimoniais oriundos dessa personalidade, que merecem proteção jurídica quando violados.

Agora, a evolução da responsabilidade civil volta-se para os direitos de terceira geração, ou direitos de solidariedade.

Uma primeira divisão já se mostra delineada, separando os interesses privados, individuais, de cunho *egoístico*, dos interesses *transindividuais*, que compreendem

---

45. MELO, N. D., *Dano Moral Trabalhista*, p. 185.
46. BESSA, L. R., *Dano moral coletivo*, in: Revista de direito do consumidor n. 59, p. 95-96.

os interesses que perpassam a órbita de atuação individual, para se projetarem na ordem coletiva, tendo finalidade altruística.[47]

Os interesses coletivos *lato sensu* correspondem a esse terceiro gênero, "representado pelos interesses que são 'menos' do que o interesse público, e 'mais' do que os interesses privados: os interesses coletivos, aglutinados nos grupos sociais intermediários".[48]

Ensina Barbosa Moreira, ao discorrer sobre os interesses essencialmente coletivos, que

> "Em muitos casos, o interesse em jogo, comum a uma pluralidade indeterminada (e praticamente indeterminável) de pessoas, não comporta decomposição num feixe de interesses individuais que se justapusessem como entidades singulares, embora análogas. Há, por assim dizer, uma comunhão indivisível de que participam todos os possíveis interessados, sem que se possa discernir, sequer idealmente, onde acaba a "quota" de um e onde começa a de outro. Por isso mesmo, instaura-se entre os destinos dos interessados tão firme união, que a satisfação de um só implica de modo necessário a satisfação de todas; e, reciprocamente, a lesão de um só constitui, *ipso facto*, lesão da inteira coletividade".[49]

Os interesses coletivos (*lato sensu*) correspondem à modalidade dos interesses transindividuais, patrimoniais ou extrapatrimoniais, cuja titularidade repousa em um grupo, uma classe, uma categoria de pessoas, ou mesmo em toda a coletividade. Os pontos principais de identificação desses interesses, existentes em seu perfil conceitual, encontram-se na *transindividualidade* e na *indivisibilidade* do objeto.[50]

O trato dos interesses coletivos interessa especialmente ao direito processual, já que "a relevância jurídica do interesse não mais advém de sua afetação a um titular determinado, mas do fato do interesse concernir a toda coletividade ou a todo um segmento dela, justificando-se, assim, o trato *coletivo* do conflito".[51]

Ensina Mancuso que o interesse coletivo possui três acepções distintas. A primeira, chamada de *interesse pessoal do grupo*, versa sobre o interesse da pessoa jurídica propriamente dita, não se tratando dos interesses que, "amalgamados, levaram à formação do grupo, mas dos interesses do grupo em si mesmo, como entidade autônoma." A segunda acepção refere-se ao interesse coletivo representado pela *soma de interesses individuais*. Nessa interpretação, há um "interesse que é só coletivo na *forma* porque é exercido, não em sua essência. Um *feixe* de interesses individuais não se transforma em interesse coletivo, pelo só fato do *exercício* ser coletivo". A terceira acepção refere-se ao interesse coletivo como *síntese de interesses individuais*. Aponta o autor que, nesse ponto, as mudanças são visíveis, não se tratando de defesa do interesse

---

47. MANCUSO, R. C., Interesses difusos, p. 82.
48. *Ibidem*, p. 42.
49. MOREIRA, J. C. B., Tutela jurisdicional dos interesses coletivos ou difusos, p. 195-196.
50. MEDEIROS NETO, X. T., *Dano moral coletivo*, p. 107.
51. MANCUSO, R. C., *Interesses difusos*, p. 94

pessoal do grupo, ou de mera soma ou justaposição de interesses dos integrantes do grupo; "trata-se de interesses que ultrapassam esses dois limites, ficando afetados a um ente coletivo, nascido a partir do momento em que certos valores individuais, atraídos por semelhança e harmonizados pelo fim comum, se amalgamam no grupo. É *síntese*, antes que mera *soma*".[52]

Os interesses coletivos *lato sensu* dividem-se em interesses difusos e interesses coletivos *stricto sensu*. Há ainda quem inclua, na presente classificação, os interesses individuais homogêneos.

O Código de Defesa do Consumidor, no parágrafo único de seu artigo 81, conceitua os interesses difusos, coletivos, individuais indisponíveis ou homogêneos. Segundo o dispositivo legal mencionado, os interesses difusos são os transindividuais, de natureza indivisível, de que sejam titulares pessoas indeterminadas e ligadas por circunstâncias de fato. Desse modo, os interesses difusos são aqueles que pertencem a todas as pessoas de maneira incindível, sem a possibilidade de se indicar um titular absoluto, já que o titular do direito é a coletividade, de uma maneira geral.

O termo "difuso" significa indeterminado, indeterminável. Portanto, quer se identifique o sujeito que teve violado o seu direito – individual –, quer não se encontre nenhum, trata-se sempre de direito difuso. Aliás, essa é a marca do direito difuso: a não determinação do sujeito.[53]

O objeto ou bem jurídico protegido, portanto, é indivisível, exatamente por atingir e pertencer a todos indistintamente, e supõe titulares indetermináveis, ligados por circunstâncias de fato.

Essa indeterminação de sujeitos deriva, principalmente, do fato de que

"[...] não há um vínculo jurídico coalizador dos sujeitos afetados por esses interesses: eles se agregam *ocasionalmente*, em virtude de certas contingências, como o fato de habitarem certa região, de consumirem certo produto, de viverem numa certa comunidade, por comungarem pretensões semelhantes, por serem afetados pelo mesmo evento originário de obra humana ou da natureza etc.".[54]

Mazzili ensina que

"Os interesses difusos compreendem grupos menos determinados de pessoas (melhor do que pessoas indeterminadas, são antes pessoas indetermináveis), entre as quais inexiste vínculo jurídico ou fático preciso. São como um feixe ou conjunto de interesses individuais, de objeto indivisível, compartilhados por pessoas indetermináveis, que se encontram unidas por circunstâncias de fato conexas".[55]

Na balizada opinião de Rizzatto Nunes, os interesses difusos

---

52. Ibidem, p. 54-55.
53. NUNES, L. A. R., *Curso de direito do consumidor*, p. 698.
54. MANCUSO, R. C., *Interesses difusos*, p. 95.
55. MAZZILI, H. N., *A defesa dos interesses difusos em juízo*, p. 50.

"[...] são aqueles cujos titulares não são determináveis. Isto é, os detentores do direito subjetivo que se pretende regrar e proteger são indeterminados e indetermináveis. Isso não quer dizer que alguma pessoa em particular não esteja sofrendo a ameaça ou o dano concretamente falando, mas apenas e tão somente que se trata de uma espécie de direito que, apesar de atingir alguém em particular, merece especial guarida porque atinge simultaneamente a todos".[56]

De citar-se, oportunamente, o conceito fornecido por Pizarro, que preleciona

"[...] están los *intereses difusos*, que son aquellos que corresponden a un conjunto impreciso e indeterminado de personas, no ligadas por base asociativa alguna, pero aunadas por expectativas comunes por una mejor calidad de vida (derecho al medio ambiente, a un patrimonio histórico y cultural, a un hábitat espiritual compatible con la existencia digna de toda persona, etcétera). Se trata de intereses que no se singularizan en torno a un determinado sujeto, y que, por el contrario, alcanzan a toda la comunidad o a parte de ella, cuyus integrantes, individualmente, están interesados en preservalos. La tutela preventiva, resarcitoria y sancionatoria de estos intereses colectivos o grupales, constituye uno de los grandes desafios de la hora actual, e imponen la necesidad de una profunda transformación de instituciones sustanciales y procesales, que permita su concreción con razonable grado de seguridad y equidad".[57]

Ao traçar um paralelo entre os interesses difusos e o interesse geral ou público, Mancuso assevera que "enquanto o interesse geral ou público concerne primordialmente ao *cidadão*, ao *Estado*, ao *direito*, os interesses difusos se reportam ao *homem*, à *nação*, à percepção do *justo*."[58]

Define Senise Lisboa que o interesse difuso corresponde à necessidade de toda a sociedade, designando a

"[...] *conflittualità massima* impessoal, expressão esta que designa a ideia de conflito de interesse em seu grau máximo possível, em sociedade. Eis a razão da indeterminação de seus titulares. Sua nota tônica é, por conseguinte, a indisponibilidade dos direitos a serem tutelados, tornando-se extensiva a ameaça ou lesão a direito cuja necessidade seja dessa espécie, sem qualquer relação jurídica básica".[59]

Podem ser apontados, a título exemplificativo, como interesses difusos:

"[...] a) o direito de todos não serem expostos à propaganda enganosa e abusiva veiculada pela televisão, rádio, jornais, revistas, painéis publicitários; b) a pretensão a um meio ambiente hígido, sadio e preservado para as presentes e futuras gerações; c) o dano decorrente da contaminação de um curso de água; d) o direito de respirar um ar puro, livre da poluição que tanto assola as grandes metrópoles; e) o dano difuso causado pela falsificação de produtos farmacêuticos por laboratórios químicos inescrupulosos; f) a destruição, pela famigerada indústria edilícia, do patrimônio artístico, estético, histórico, turístico e paisagístico; g) a defesa do erário público; h) o direito à proteção dos mananciais hídricos; i) o dano causado pela rotulagem irregular de alimentos ou medicamentos; j) o dano nefasto e incalculável de cláusulas abusivas inseridas em contratos padrões de massa; k) produtos com vícios de qualidade ou quantidade ou defeitos colocados no mercado de consumo;

---

56. NUNES, L. A. R., *Curso de direito do consumidor*, p. 697-698.
57. PIZARRO, R. D., *Daño moral (Prevención. Reparación. Punición.)*, p. 229.
58. MANCUSO, R. C., *Interesses difusos*, p. 87.
59. LISBOA, R. S., *Contratos difusos e coletivos*, p. 63.

l) a construção de um *shopping center* em determinado bairro residencial, trazendo dificuldades para o trânsito local; m) a instalação de uma casa noturna em um bairro residencial, perturbando o sossego de pessoas indeterminadas (...)".[60]

No tocante aos interesses coletivos, são estes os transindividuais de natureza indivisível, de que seja titular um grupo, categoria ou classe de pessoas ligadas entre si ou com a parte contrária por uma relação jurídica base.

Nesse caso, pode-se apontar que os interesses coletivos emanam de uma relação jurídica que une todas as pessoas envolvidas diretamente nessa relação jurídica. Assim, os titulares do direito protegido coletivamente são perfeitamente indicáveis, já que pertencem a um grupo delineável.

Corroborando esse entendimento, Pizarro elucida que existem

"[...] intereses individuales que, como su nombre lo indica, solo comprometen a un sujeto singularmente considerado, sobre quien descansa, en principio, la legitimación activa en materia preventiva y resarcitoria. [...] En segundo término encontramos los denominados *intereses colectivos*, que se diferencian *cualitativamente* de los anteriores: su titular es un grupo asociativo ocasional, gestado en razón de la existencia de objetivos comunes, que cuenta con un ente representativo".[61]

Muito embora os interesses coletivos e os difusos sejam espécies do gênero "interesse transindividual", entre eles existem pelo menos duas diferenças básicas: a primeira diferença refere-se ao fato de o interesse difuso concernir a um universo *maior* do que o interesse coletivo, visto que, enquanto aquele pode até mesmo relacionar-se a toda humanidade, este apresenta menor amplitude, já pelo fato de estar adstrito a uma "relação-base", a um "vínculo jurídico", o que lhe permite aglutinar-se junto a grupos sociais definidos. A segunda diferença refere-se ao fato de o interesse coletivo resultar do homem em sua projeção *corporativa*, ao passo que, no interesse difuso, o homem é considerado simplesmente enquanto *ser humano*.[62]

De assinalar-se, neste passo, que o legislador, ao mencionar que os interesses coletivos são transindividuais, pretendeu destacar que eles, assim como os difusos, transcendem o indivíduo, ultrapassando o limite da esfera de direitos e deveres de cunho individual. Entretanto, é importante destacar que os interesses coletivos diferem dos difusos em razão da *determinabilidade dos titulares*, já que o interesse difuso é aquele que se encontra difundido pela coletividade, pertencendo a todos e a ninguém ao mesmo tempo. Os coletivos, por sua vez, possuem como *traço característico* a determinabilidade de seus titulares.[63]

Veja-se que as necessidades são coletivas, mas os titulares são suscetíveis de identificação.

---

60. LENZA, P., *Teoria geral da ação civil pública*, p. 94-95.
61. PIZARRO, R. D., *Daño moral (Prevención. Reparación. Punición.)*, p. 228.
62. MANCUSO, R. C., *Interesses difusos*, p. 86.
63. FIORILLO, C. A. P., *Curso de direito ambiental brasileiro*, p. 9.

São exemplos de interesses coletivos *stricto sensu*:

"[...] a) o aumento ilegal das prestações de um consórcio: o aumento não será mais ou menos ilegal para um ou outro consorciado. A declaração de ilegalidade produzirá efeitos para o todo, sendo, portanto, indivisível, internamente, o direito da coletividade. Uma vez quantificada a ilegalidade (comum a todos), cada qual poderá individualizar o seu prejuízo, passando a ter, então, disponibilidade do seu direito. Eventual restrição dos valores caracterizaria proteção a interesses individuais homogêneos; b) o direito dos alunos de certa escola de terem a mesma qualidade de ensino em determinado curso; c) o interesse que aglutina os proprietários de veículos automotores ou os contribuintes de certo imposto; d) a ilegalidade do aumento abusivo das mensalidades escolares, relativamente aos contratantes que já firmaram os contratos; f) o aumento abusivo das mensalidades de um clube esportivo (os associados são ligados com o clube por uma relação jurídica-base, motivo pelo qual o reconhecimento da ilegalidade não poderá ser para um associado e defeso a outro); g) o dano causado a acionista de uma mesma sociedade ou a membros de uma associação de classe; [...]".[64]

Como se pode perceber, a análise da possibilidade de concepção da existência de um direito subjetivo coletivo parte sempre do pressuposto de se conferir adequada tutela ao interesse legítimo que estaria assentado no núcleo desse direito.[65]

Não basta o interesse para que haja a pretensão de pleitear em juízo a reparação pelos danos morais experimentados pela coletividade. Faz-se necessário que a busca pela reparação civil seja feita pelo titular de um direito subjetivo.

Assim, vislumbra-se uma nova definição de direito subjetivo, dissociado de um titular determinado; liberto, portanto, das amarras do individualismo, compreensivo dos interesses de natureza coletiva, e amparado pelo direito objetivo.

Os entes coletivos, considerados sujeitos de direito para o fim de defender interesses de natureza difusa e coletiva *stricto sensu* – interesses estes que se transformam em direitos, em razão de serem recepcionados pela esfera protetiva do ordenamento jurídico –, têm direitos da personalidade. Esses direitos emanam das personalidades individuais que fazem parte da massa fluida que compõe os entes coletivos, e autorizam a busca pela reparação dos danos morais sofridos.

O montante de eventual condenação por danos morais devidos por violação da esfera moral da coletividade deve ter natureza punitiva, representando verdadeiro estímulo para que não só o lesante, mas toda a coletividade não mais ouse cometer tais violações.

A legislação brasileira permite, expressamente, a reparação de danos morais coletivos, como se demonstra a seguir.

---

64. LENZA, P., *Teoria geral da ação civil pública*, p. 100.
65. De acordo com Watanabe, "[...] com a concepção mais larga do direito subjetivo, mais abrangente também do que outrora se tinha como mero interesse na ótica individualista então predominante, ampliou-se o espectro de tutela jurídica e jurisdicional" (WATANABE, K., *Código brasileiro de defesa do consumidor*, p. 624).

Determina o artigo 6º, incisos VI e VIII, do Código de Defesa do Consumidor (Lei 8.078/1990):

> Art. 6º São direitos básicos do consumidor:
>
> [...]
>
> VI – a efetiva prevenção e **reparação de danos patrimoniais e morais, individuais, coletivos e difusos**;
>
> VII – o acesso aos órgãos judiciários e administrativos, com vistas à prevenção ou **reparação de danos patrimoniais e morais, individuais, coletivos ou difusos**, assegurada a proteção jurídica, administrativa e técnica aos necessitados;
>
> [...].

O artigo 1º da Lei da Ação Civil Pública (Lei 7.347/1985), *caput* com redação dada pela Lei 8.884/1990, ordena:

> Art. 1º Regem-se pelas disposições desta Lei, sem prejuízo da ação popular, **as ações de responsabilidade por danos morais e patrimoniais causados**:
>
> I – ao meio ambiente;
>
> II – ao consumidor;
>
> III – aos bens e direitos de valor artístico, estético, histórico, turístico e paisagístico;
>
> IV – a qualquer outro interesse difuso ou coletivo;
>
> V – por infração da ordem econômica e da economia popular;
>
> VI – à ordem urbanística.

Como se percebe, a matéria foi tratada com simplicidade pelo legislador, sem que tenha havido o devido cuidado diante da amplitude dos dispositivos. Ademais, a indicação legal expressa da possibilidade de reparação dos danos morais coletivos e difusos não é, por si só, suficiente para defender a existência e validade desses danos.

A lei autoriza a reparação do dano moral sem indicar o que é dano moral coletivo, quais os seus pressupostos, quem deve receber o produto de uma eventual condenação, e sem indicar se o modelo de responsabilidade civil existente, correlato às relações privadas e individuais, pode ser utilizado na proteção dos interesses coletivos *lato sensu*.

O direito privado tem modificado gradualmente o seu enfoque, buscando retirar o indivíduo de seu isolamento, e estabelecendo novos modos de relação com os outros indivíduos e com o Estado. Além disso, é evidente que a sociedade, antes individualista, vem se organizando no sentido de fazer prevalecer o interesse coletivo, em nome do bem-estar social.

O Direito não pode ficar alheio à essa mudança, devendo oferecer mecanismos para a defesa tanto dos interesses individuais quanto dos coletivos, o que levaria ao reconhecimento do dano moral coletivo.

A possibilidade de a coletividade experimentar um dano de natureza moral não representa uma novidade dentre os doutrinadores pátrios.

Segundo Bittar, Rubens Limongi França já definia o dano moral como "aquele que, direta ou indiretamente, a pessoa, física ou jurídica, bem assim a coletividade, sofre no aspecto não econômico dos seus bens jurídicos".[66]

Admitia Limongi França, portanto, a possibilidade de existir dano moral experimentado pela coletividade, em especial na situação de ofensa ou destruição a elemento de seu patrimônio histórico, cultural ou ecológico.

Alexandre de Moraes também dispõe sobre o cabimento da indenização por danos morais em relação às coletividades (interesses difusos ou coletivos); por entender que estas são titulares de direitos e garantias fundamentais, desde que compatíveis com suas características de pessoas artificiais.[67]

No trabalho em que reconhece e justifica a existência do dano moral coletivo, Bittar Filho indica que

> "[...] o Direito vem passando por profundas transformações, que podem ser sintetizadas pela palavra 'socialização'. Efetivamente, o Direito como um todo – e o Direito Civil não tem sido uma exceção – está sofrendo, ao longo do presente século, profundas e paulatinas mudanças, sob o impacto da evolução da tecnologia em geral e das alterações constantes havidas no tecido social. Todas essas mutações têm direção e sentido certos: conduzem o Direito ao primado claro e insofismável do coletivo sobre o individual. Como não poderia deixar de ser, os reflexos desse panorama de mudança estão fazendo-se sentir na teoria do dano moral, dando origem à novel figura do dano moral coletivo".[68]

Aponta Cahali, acompanhando Bittar Filho, que a coletividade pode ser vítima de dano moral, sendo o dano moral coletivo a "injusta lesão da esfera moral de uma dada comunidade, ou seja, é a violação antijurídica de um determinado círculo de valores coletivos".[69]

Para Ramos, essa expansão do conceito de dano moral coletivo acabou por permitir a "aceitação da reparabilidade do dano moral em face de entes diversos das pessoas físicas" e, com isso, "verifica-se a possibilidade de sua extensão ao campo dos chamados interesses difusos e coletivos".[70]

Defende o autor que o tratamento conferido aos interesses metaindividuais se deve à sua importância, o que reforça

> "[...] a necessidade de aceitação do dano moral coletivo, já que a dor psíquica que alicerçou a teoria do dano moral individual acaba cedendo lugar, no caso do dano moral coletivo, a um sentimento de desapreço e de perda de valores essenciais que afetam negativamente toda uma coletividade".[71]

---

66. FRANÇA, R. L. apud BITTAR, C. A., *Reparação do dano moral*, in: Revista dos Tribunais, v. 631, p. 31.
67. MORAES, A., *Constituição do Brasil Interpretada e Legislação Constitucional*, p. 209.
68. BITTAR FILHO, Carlos Alberto. *Do dano moral coletivo no atual contexto jurídico brasileiro*, disponível em: [http://jus2.uol.com.br/doutrina/texto.asp?id=6183], p. 5.
69. CAHALI, Y. S., *Dano Moral*, p. 388.
70. RAMOS, A. C., *Ação civil pública e o dano moral coletivo*, in: Revista de Direito do Consumidor n. 25, p. 82.
71. RAMOS, A. C., *Ação civil pública e o dano moral coletivo*, in: Revista de Direito do Consumidor n. 25, p. 82.

Assevera Carvalho que

"[...] quando se protege o interesse difuso – que é um interesse de um número indeterminável de pessoas, que é de todos e de cada um ao mesmo tempo, mas que não pode ser apropriado por ninguém –, o que se está protegendo, em última instância, é o interesse público. [...] De tudo resulta que os requisitos para fazer surgir a reação do direito à lesão de interesse difuso, os princípios que norteiam o critério de responsabilidade, bem como a própria função da imposição de responsabilidade devem ganhar certa flexibilidade, permitindo-se, com isso, agilidade e praticidade no combate e na reparação de atos violadores de interesses difusos. Com essa conformação e preocupação, surge o recém-denominado dano moral coletivo. O dano moral, portanto, deixa a concepção individualista caracterizadora da responsabilidade civil para assumir uma outra mais socializada, preocupada com valores de uma determinada comunidade e não apenas com o valor da pessoa individualizada. A transformação, portanto, da responsabilidade por dano individual para a responsabilidade por dano difuso, e também por dano coletivo, impõe a adoção da responsabilidade objetiva para a reparação de todos os direitos difusos lesados."[72]

Medeiros Neto define o dano moral coletivo como a

[...] lesão injusta e intolerável a interesses ou direitos titularizados pela coletividade (considerada em seu todo ou em qualquer de suas expressões – grupos, classes ou categorias de pessoas), os quais possuem natureza extrapatrimonial, refletindo valores e bens fundamentais para a sociedade.[73]

Como demonstrado, em virtude dos dispositivos legais contidos tanto no Código de Defesa do Consumidor, quanto na Lei da Ação Civil Pública, a doutrina movimentou-se no sentido de conferir conceito ao dano moral coletivo.

Os Tribunais Pátrios agiram da mesma forma, buscando conferir sentido e forma aos dispositivos legais mencionados, notadamente na seara trabalhista e consumerista.[74]

Os mecanismos procedimentais para a defesa dos interesses metaindividuais abrangem a ação civil pública, a ação popular e o mandado de segurança coletivo.

---

72. CARVALHO, L. G. G. C., *A informação como bem de consumo*, disponível em: [http://www.estacio.br/graduacao/direito/publicacoes/dir_infbemcons.asp], p. 4.
73. MEDEIROS NETO, X. T., *Dano moral coletivo*, p. 137.
74. Conforme se vê em RR-1156/2004-004-03-00, Tribunal Superior do Trabalho, 6ª Turma, Rel. Min. Aloysio Corrêa da Veiga, julgado em 04.10.2006; RO-00643/2005-004-05-00-4, Tribunal Regional do Trabalho da 5ª Região, 6ª Turma, Rel. Juiz Rubem Nascimento Júnior, julgado em 18.07.2006; RO-00316-2005-006-21-007, Tribunal Regional do Trabalho da 23ª Região, Rel. Juiz Bruno Weiler, julgado em 09.08.2006; RO-0292-2004-112-03-00-4, Tribunal Regional do Trabalho da 3ª Região, Rel. Juiz Fernando Luiz Gonçalves Rios Neto, julgado em 27.10.2004; RO-006822/2003-114-08-00-9, Tribunal Regional do Trabalho da 8ª Região, 3ª Turma, Rel. Juiz Antônio Oldemar Coelho dos Santos, julgado em 13.04.2005; RO-00611-2004-118-08-00-2, Tribunal Regional do Trabalho da 8ª Região, 2ª Turma, Rel. Juiz Herbert Tadeu Pereira de Matos, julgado em 14.12.2005; RO-03050-2004-030-12-00-7, Tribunal Regional do Trabalho da 12ª Região, 1ª Turma, Rel. Juíza Viviane Colucci, julgado em 17.04.2006; Apelação Cível nº 2004.011102028-0, Tribunal de Justiça do Distrito Federal e Territórios, 4ª Turma, Des. Rel. Vera Andrighi, julgado em 14.03.2007; Apelação Cível nº 2002.70.02.003164-5/PR, Tribunal Regional Federal da 4ª Região, 3ª Turma, Rel. Juíza Vânia Hack de Almeida, julgado em 19.06.2006; Processo n. 98.0038893-1, 4ª Vara da Seção Judiciária Federal de São Paulo, Juiz Aroldo José Washington, em 12.02.2003.

A ação civil pública, regulada pela Lei 7.347/1985,[75] corresponde a qualquer medida judicial que tenha por escopo a tutela desses interesses que transcendem aos indivíduos, buscando a prevenção, e a eventual reparação e ressarcimento dos danos causados.

Mazzili assevera que "a ação civil pública da Lei 7.347/1985, nada mais é que uma espécie de ação coletiva, como também o são o mandado de segurança coletivo e a ação popular." E continua a lição ao apontar que "será ação civil pública qualquer ação movida com base na Lei 7.347/1985, para a defesa de interesses transindividuais, ainda que seu autor seja uma associação civil, um ente estatal ou o próprio Ministério Público, entre outros legitimados".[76]

A Lei da Ação Civil Pública, portanto, em seu artigo 5°, arrola como entes legitimados para a propositura da ação civil pública não só o Ministério Público, como também a União, os Estados e Municípios, as autarquias, as fundações, as empresas públicas, as sociedades de economia mista e as associações civis. O Diploma Legal citado, entretanto, aponta que a associação deverá estar constituída há pelo menos um ano, nos termos da lei civil, e deverá incluir, entre suas finalidades institucionais, a proteção dos interesses metaindividuais a que se destina.

É verdade que o direito material discutido não pertence à entidade – aliás, em nenhuma hipótese pertence, nem, e muito menos, no direito individual homogêneo: o direito difuso é de objeto que pertence a toda coletividade, sendo que os titulares são indeterminados; o direito coletivo, apesar de ter titulares determináveis, estes não precisariam ser identificados para sua caracterização.

O importante é que, em ambos os casos, o objeto é indivisível e não há a necessidade de identificação dos titulares. Desse modo, as entidades não agem como substituto processual, fruto de uma legitimação extraordinária para estar em juízo quando atuam na defesa de direitos difusos e coletivos. Elas recebem da lei, especialmente em função do caráter de indivisibilidade do objeto em jogo, legitimidade autônoma para agir judicialmente.[77]

Portanto, é a ação civil pública o mecanismo hábil a promover a defesa dos interesses coletivos, buscando, dessa forma, a reparação civil pelos danos morais coletivos.

A ação a ser promovida para a proteção dos danos morais coletivos é a contida na Lei da Ação Civil Pública (Lei 7.347/1985), devendo ser obedecido o rol de legitimados ativos indicado no artigo 5° do referido diploma legal.

---

75. A Lei 7.347/1985, "apesar de ser tipicamente instrumental, veio a colocar à disposição um aparato processual toda vez que houvesse lesão ou ameaça de lesão ao *meio ambiente*, ao *consumidor*, aos *bens e direitos de valor artístico, estético, histórico, turístico e paisagístico*: a ação civil pública" (FIORILLO, C. A. P., *Curso de Direito Ambiental Brasileiro*, p. 4-5).
76. MAZZILI, H. N., *A defesa dos interesses difusos em juízo*, p. 68.
77. NUNES, L. A. R., *Curso de direito do consumidor: com exercícios*, p. 709.

Os valores arrecadados têm como destino o fundo criado pelo artigo 13 da Lei da Ação Civil Pública, revertendo, desse modo, em benefício da coletividade.

Como demonstrado, os interesses difusos e coletivos ensejam a propositura de ação para a reparação dos danos morais causados à coletividade. Esses valores devidos a título de danos morais terão caráter punitivo e deverão ser depositados no fundo criado pelo artigo 13 da Lei da Ação Civil Pública.

O problema que se afigura é a necessidade de reparação individual, e a cumulação das indenizações, fazendo com que o lesante sofra um ônus excessivo pelo ilícito.

Pode-se imaginar, por exemplo, que um ilícito ambiental ou um ilícito praticado contra os consumidores pode, além de causar prejuízos ao patrimônio moral coletivo, causar prejuízos individuais, que deverão ser devidamente reparados.

Como, então, dar medida à indenização por danos morais de caráter punitivo, sem que isso crie um excesso de penas para o autor do ilícito?

A experiência americana demonstra que esse é o grande perigo das indenizações punitivas, o chamado *overkill*. O desejo de reparar o dano causado a cada um dos lesados acaba por consumir todo o patrimônio do autor do ilícito.

Não há como conferir uma solução para o problema. A situação que se afigura deverá contar com o discernimento não só do autor da ação para defesa de interesses coletivos, bem como do julgador da demanda, que ao conferir a indenização por danos morais coletivos deverá verificar se existem lesados individuais, que deverão, por meio de ação própria, pleitear indenizações a título individual.

BIBLIOGRAFIA

AZEVEDO, Álvaro Villaça. *Teoria geral das obrigações: responsabilidade civil*. 10 ed. São Paulo: Atlas, 2004.

AZEVEDO, Marcos de Almeida Villaça. *AIDS e responsabilidade civil*. São Paulo: Atlas, 2002.

BESSA, Leonardo Roscoe. *Dano moral coletivo*. In: Revista de direito do consumidor, São Paulo: Revista dos Tribunais, n. 59, 2006.

BITTAR, Carlos Alberto. *Responsabilidade civil*: Teoria & Prática. Rio de Janeiro: Universitária, 1989.

_____. Reparação civil por danos morais. *Revista do Advogado*, São Paulo, n. 44, outubro, 1994.

_____. *Reparação civil por danos morais*. 3 ed. São Paulo: Revista dos Tribunais, 1999.

_____. *Os direitos da personalidade*. 3 ed. Rio de Janeiro: Forense Universitária, 1999.

_____. *Direito de autor*. 4 ed. Rio de Janeiro: Forense Universitária, 2003.

_____. *Direitos do consumidor*. 6 ed. Rio de Janeiro: Forense Universitária, 2003.

BITTAR, Carlos Alberto; BITTAR FILHO, Carlos Alberto. *Tutela dos direitos da personalidade e dos direitos autorais nas atividades empresariais*. São Paulo: Revista dos Tribunais, São Paulo, 1993.

BITTAR FILHO, Carlos Alberto. *Os direitos da personalidade na Constituição de 1988*. In: Revista dos Tribunais, São Paulo, 733: 83-85, novembro. 1996.

_____. *Do dano moral coletivo no atual contexto jurídico brasileiro*. Jus Navigandi, Teresina, ano 9, n. 559, 17 jan. 2005. Disponível em: <http://jus2.uol.com.br/doutrina/texto.asp?id=6183>. Acesso em: 03.12.2006.

CAHALI, Yussef Said. *Dano e Indenização*. São Paulo: Revista dos Tribunais, 1980.

_____. *Dano moral*. 3 ed. São Paulo: Revista dos Tribunais, 2005.

CARVALHO, Luiz Gustavo Grandinetti Castanho de. A informação como bem de consumo. Disponível em: [http://www.estacio.br/graduacao/direito/publicacoes/dir_infbemcons.asp]. Acesso em: 11/05/2007.

CAVALIERI FILHO, Sérgio. *Programa de Responsabilidade Civil*. 7 ed. São Paulo: Atlas, 2007.

DANTAS, Adriano Mesquita. A proteção dos direitos metaindividuais trabalhistas: considerações sobre a aplicabilidade da Lei da Ação Civil Pública e do Código de Defesa do Consumidor ao processo do trabalho. Disponível em: <http://jus2.uol.com.br/doutrina/texto.asp?id=7780>. Acesso em 09.05.2007.

DIAS, José de Aguiar. *Da Responsabilidade Civil*. 11 ed., rev., e atual. de acordo com o Código Civil de 2002, e aumentada por Rui Berford Dias, Rio de Janeiro: Renovar, 2006.

DINIZ, Maria Helena. *Curso direito civil brasileiro*, v. 1. 20 ed. São Paulo: Saraiva, 2003.

_____. *Curso direito civil brasileiro*, v. 3. 14 ed. São Paulo: Saraiva, 1999.

_____. *Curso de Direito Civil Brasileiro*, v. 7. 19 ed., São Paulo: Saraiva, 2006.

FIORILLO, Celso Antonio Pacheco. *Curso de direito ambiental brasileiro*. 8 ed. São Paulo: Saraiva, 2007.

GAGLIANO, Pablo Stolze e PAMPLONA FILHO, Rodolfo. *Novo curso de direito civil*, v. 3. 4 ed.. São Paulo: Saraiva, 2006.

HIRONAKA, Giselda Maria F. Novaes. *Responsabilidade pressuposta*. Belo Horizonte: Del Rey, 2005.

LENZA, Pedro. *Teoria geral da ação civil pública*. São Paulo: Revista dos Tribunais, 2003.

LISBOA, Roberto Senise. *Contratos difusos e coletivos*. 3 ed. São Paulo: 2007.

MANCUSO, Rodolfo Camargo. *Manual do consumidor em juízo*. São Paulo: Saraiva, 2003.

_____. *Interesses difusos*, 6 ed. São Paulo: Revista dos Tribunais, 2004.

MAZZILLI, Hugo Nigro. *A defesa dos interesses difusos em juízo*. 19 ed., rev., ampl. e atual. São Paulo: Saraiva, 2006.

MEDEIROS NETO, Xisto Tiago de. *Dano moral coletivo*. 2 ed. São Paulo: LTr, 2007.

MELO, Nehemias Domingos de. *Dano moral – Problemática: do cabimento à fixação do* quantum. São Paulo: Juarez de Oliveira, 2004.

MELO, Nehemias Domingos de. *Dano moral trabalhista*. São Paulo: Atlas, 2007.

MELO, Nehemias Domingos de. *Dano moral coletivo nas relações de consumo*: doutrina e jurisprudência. São Paulo: Saraiva, 2008.

_____. *Dano moral coletivo nas relações de consumo*. Jus Navigandi, Teresina, ano 8, n. 380, 22 jul. 2004. Disponível em: <http://jus2.uol.com.br/doutrina/texto.asp?id=5462>. Acesso em: 03.12.2006.

MELO, Nehemias Domingos. *Da Culpa e do Risco*. São Paulo: Juarez de Oliveira, 2005.

_____. *Dano Moral Trabalhista*. São Paulo: Ed. Atlas, 2007.

MONATERI, Píer Giuseppe. *Illecito e responsabilità civile* (Tomo II). Turim: G. Giappichelli, 2000.

MONTENEGRO FILHO, Misael. *Cumprimento da sentença e outras reformas processuais*. São Paulo: Atlas, 2006

MORAES, Alexandre de. *Constituição do Brasil Interpretada e Legislação Constitucional*. São Paulo: Atlas, 2002.

MORALES & SANCHO Abogados. *Manual prático de responsabilidad civil*. Granada. 1995.

MORAIS, José Luiz Bolzan de. *Do direito social aos interesses transindividuais*. Porto Alegre: Livraria do Advogado, 1996.

MOREIRA, José Carlos Barbosa. *Tutela Jurisdicional dos Interesses Coletivos ou Difusos, em Temas de Direito Processual* (Terceira Série). São Paulo: Saraiva, 1984.

MOREIRA PINTO, Júnior Alexandre. A tutela coletiva no Direito Argentino. *In* Revista de Processo, n. 124, São Paulo, 2006, p. 157-177.

MORELLO, Augusto M. *La tutela de los intereses difusos en el derecho argentino*. Buenos Aires: Platense, 1998.

NICOLAU, Gustavo René. *Direito civil: parte geral*. 2 ed. São Paulo: Atlas, 2007. (Série leituras jurídicas: provas e concursos; v.3)

NUNES, Luiz Antonio Rizzato. *Curso de direito do consumidor.* 2 ed., rev., mod., e atual. São Paulo: Saraiva, 2005.

PODESTÁ, Fábio Henrique. *Interesses difusos, qualidade da comunicação e controle judicial*. São Paulo: Revista dos Tribunais, 2002. (Biblioteca de direito do consumidor; v. 19)

PIZARRO, Ramón Daniel. *Daño moral (Prevención. Reparación. Punición. El daño moral en las diversas ramas del Derecho)*. Buenos Aires: Hammurabi, 2000.

RAMOS, André de Carvalho. *Ação Civil Pública e o Dano Moral Coletivo*. Revista de Direito do Consumidor n. 25, p. 80-98. São Paulo: Revista dos Tribunais, 1998.

ROSENVALD, Nelson. *As funções da Responsabilidade Civil*: a reparação e a pena civil, 3 ed. São Paulo: Saraiva, 2017.

SEVERO, Sérgio. *Os danos extrapatrimoniais*. São Paulo: Saraiva, 1996.

SILVA, Américo Luís Martins da. *O dano moral e a sua reparação civil*. 3 ed. São Paulo: Revista dos Tribunais, 2005.

SILVA, Wilson Melo da. *O dano moral e sua reparação*. 3 ed. Rio de Janeiro: Forense, 1999.

WATANABE, Kazuo. Apontamentos sobre: "Tutela jurisdicional dos interesses difusos (necessidade de processo dotado de efetividade e de aperfeiçoamento permanente dos juízes e apoio dos órgãos superiores da justiça em termos de infra-estrutura material e pessoal)". *In Ação civil pública: Lei 7.347/85: reminiscencias e reflexões após dez anos de aplicação*. (coord. Édis Milaré). São Paulo: Revista dos Tribunais, 1995.

WATANABE, Kazuo. Tutela jurisdiccional dos interesses difusos: a legitimação para agir. *In: A tutela dos interesses difusos* (coord. Ada Pellegrini Grinover). São Paulo: Max Limonad, s.d.

WATANABE, Kazuo et al. *Código brasileiro de defesa do consumidor*: comentado pelos autores do anteprojeto. 8 ed. Rio de Janeiro: Forense universitária, 2004.

ZANNONI, Eduardo A. *El daño en la resposabilidad civil*. 2 ed. Buenos Aires: Astrea, 1993.

ZAVASCKI, Teori Albino. *Processo coletivo*: tutela de direitos coletivos e tutela coletiva de direitos. São Paulo: Revista dos Tribunais, 2006.

AINDA SOBRE O CONCEITO DE DANO MORAL COLETIVO

Felipe Teixeira Neto

Doutorando em Direito Privado Comparado pela *Università degli Studi di Salerno*/Itália. Doutorando e Mestre (2011) em Direito Civil pela Universidade de Lisboa/Portugal. Especialista (2007) em Direito Ambiental pela Universidade de Passo Fundo – UPF. Bacharel (2002) em Direito pela Universidade Federal do Rio Grande do Sul – UFRGS. Professor de Direito Civil na Fundação Escola Superior do Ministério Público do Rio Grande do Sul – FMP. Promotor de Justiça do Ministério Público do Estado do Rio Grande do Sul.

Sumário: 1. Introdução – 2. Os elementos estruturantes do dano moral coletivo: 2.1 A delimitação do conceito de dano moral em sentido amplo; 2.2 Dano Moral, interesses transindividuais e o pleno desenvolvimento da personalidade – 3. Por um conceito sistematizado de dano moral coletivo: 3.1 As deficiências da concretização da ideia de dano moral coletivo; 3.2 Contributo à estruturação de uma noção sistematizada de dano moral coletivo – 4. Conclusão 5. Referências bibliográficas.

1. INTRODUÇÃO

A temática envolvendo o reconhecimento dos assim ditos danos morais coletivos tem recebido, nos últimos tempos, viva atenção, especialmente na jurisprudência, constituindo-se num dos pontos de contato entre o direito civil e a proteção dos interesses de natureza transindividual. Vencidas as resistências iniciais postas ao seu reconhecimento, contudo, há ainda algum esforço a ser despendido no que pertine à solidificação do conteúdo do seu conceito.

Isso porque, com o intuito de proporcionar uma aplicação adequada do instituto, mostra-se imprescindível não apenas reconhecer a sua viabilidade jurídica – problemática que já se encontra em vias de superação –, mas, para além disso, demarcar as situações em que se legitima a sua indenizabilidade. E tal se mostra premente diante de certa dificuldade que tem sido vivenciada pelos Tribunais no que tange à operacionalização da figura jurídica em causa, especialmente tendo em vista o paradoxo que se estabelece a partir de uma crescente necessidade de tutela da pessoa nas suas mais variadas facetas, contraposta à impossibilidade de que um empolamento da responsabilidade civil reste por comprometer a agilidade e a fluidez da vida de relação.

Nessa linha, não são infrequentes situações nas quais o reconhecimento da figura é negado, quando, em princípio, seria adequado, bem como outras nas quais, em razão do emprego de linhas construtivas demasiado abertas, imprecisas e até mesmo desprovidas de um conteúdo normativo-dogmático minimamente denso, reconhece-se o dever de indenizar à vista de hipóteses fáticas nas quais não é possível constatar um efetivo dano extrapatrimonial.

O que se pretende com as considerações que seguem é, de algum modo, contribuir para que o dano moral coletivo não reste por trilhar o mesmo caminho já seguido por esta espécie de prejuízos na sua acepção individual, ou seja, que não termine por se converter em panaceia apta a fazer frente a toda e qualquer espécie de prejuízo decorrente de lesão a interesses transindividuais que aparentemente não se enquadre em um conceito tradicional de dano. Dito de outro modo, pretende-se que, por meio da estruturação de um conceito sistematizado e operativo, permita-se à figura ora em estudo ocupar o seu papel, nem aquém nem além daquilo que dela se pode esperar.

Nesse particular é que a doutrina é chamada a dar a sua contribuição, estabelecendo premissas e estruturando elementos essenciais a demarcar as hipóteses em que, diante do comprometimento de um interesse de natureza transindividual com conotação extrapatrimonial, mostre-se legítimo o estabelecimento de um vínculo indenizatório. E isso não em razão de sentimentos de justiça ou de oportunidade à vista do caso concreto, mas da subsunção dos fatos a conceitos jurídicos adequadamente estruturados, o que deve ser dar por meio de um processo técnico-jurídico que não se presta à chancela de voluntarismos.

Em tal contexto é que se inserem as reflexões que ora se propõem, voltadas a contribuir com a sistematização de um conceito bem delimitado de dano moral coletivo.

2. OS ELEMENTOS ESTRUTURANTES DO DANO MORAL COLETIVO

Para que se tenha êxito na construção de um conceito útil e operativo de dano moral coletivo, algumas premissas devem estar presentes. A primeira delas diz respeito ao que se pode entender por dano moral em sentido lato, ou seja, qual o conteúdo dogmático da categoria de danos em causa, na sua acepção geral; a segunda, à associação entre os interesses coletivos e o pleno desenvolvimento da personalidade, aferindo-se a forma como a frustração das utilidades a eles inerentes pode, ou não, satisfazer o suporte fático da figura do dano moral, para permitir a sua caracterização a partir de uma dimensão transindividual.

E o exame de cada uma delas pressupõe, a fim de que seja possível conferir à categoria jurídica em causa a operatividade que se pretende, um exame aprofundado da forma como se estrutura, mas sem a tentação de se valer de teorizações estéreis inaptas a permitir uma aplicação eficiente dos seus termos. Até mesmo porque é justamente o excesso de retórica acerca dos interesses coletivos *lato sensu* que tem permitido a estruturação de construções demasiado abertas e sem um lastro dogmático que permita demarcar o real espectro de incidência da figura em causa, realidade que, ao cabo, espera-se possa contribuir para mitigar.

2.1. A delimitação do conceito de dano moral em sentido amplo

Não há como se pretender uma delimitação sistemática do conteúdo da figura cujo exame ora se propõe sem que, para tanto, o ponto de partida seja o próprio conceito de dano moral em uma acepção geral. Isso porque o dano moral coletivo representa, a grosso modo, a transindividualização de um prejuízo de natureza extrapatrimonial verificado, sendo o conceito-base antes dito pressuposto intransponível à sua demarcação.

Muito já foi dito acerca da concretização do conceito de dano moral em sentido amplo, especialmente tendo em conta as inúmeras objeções que lhe foram postas ao longo dos anos. O certo é que, vencida uma fase inicial de autêntico encantamento com a figura – o que se seguiu na sequência do seu reconhecimento jurisprudencial e da sua chancela pelas vias constitucional e legislativa – as abordagens mais abalizadas que hoje podem ser encontradas na doutrina sinalizam para uma revisão crítica do seu alcance.[1]

Para que se chegue a esse ponto, contudo, algumas considerações acerca do caminho trilhado são imprescindíveis, quanto mais quando se trata de um tema que, por mais das vezes, adquiriu *status* de intangibilidade, fazendo com que qualquer tentativa de limitação possa ser taxada de retrocesso inaceitável.

Partindo de um traçado evolutivo, cumpre reconhecer que a ideia inicial de dano moral se estrutura de maneira interdependente[2] ao conceito de dano material, pois os seus termos tendem a ser estabelecidos por via da contraposição entre ambos,[3] o que resta por lhe atribuir uma noção um tanto residual.[4] Nessa linha, dano moral seria todo aquele prejuízo que, não obstante reconhecido como indenizável, não tem uma expressão pecuniária própria.

Na tentativa de superar supostas ambiguidades, transpondo, com isso, as inegáveis vagueza e generalidade de uma acepção negativa,[5] passa-se a empreender esforços na estruturação de um conceito a partir de proposição positiva. Dita tentativa vem, portanto, concretizada por meio da associação entre dano moral e ofensa a bens de natureza pessoal e caráter imaterial,[6] nomeadamente direitos de personalidade.

---

1. Sobre o tema, lúcidas são as reflexões de MARTINS-COSTA, Judith. Dano moral à brasileira. *Revista do Instituto do Direito Brasileiro*, Lisboa, a. 3, n. 9, p. 7073-7122, 2014. Não discrepa a visão da doutrina estrangeira; neste sentido, DÍEZ-PICAZO, Luis. *El escándalo del daño moral*. Madrid: Civitas, 2008, p. 14-16.
2. ANDRADE, Manuel A. Domingues de. *Teoria Geral das Obrigações*. Coimbra: Almedina, 1958, v. I, p. 344.
3. FISCHER, Hans Albrecht. *A reparação dos danos no direito civil*. Trad. António de Arruda Ferrer Correia. Coimbra: Armênio Amado, 1938, p. 230.
4. COELHO, Francisco Manuel Pereira. *Obrigações*. Sumários das lições ao curso de 1966-1967. Coimbra: [s.ed], 1967, p. 157.
5. GONZÁLES, Maria Paz Sánchez. El daño moral. Uma aproximación a su configuración jurídica. *Revista de Derecho Privado*, Madrid, s.n., bimestral, jul./ago. 2006, p. 34.
6. TELLES, Inocêncio Galvão. *Direito das Obrigações*. 4ed. Coimbra: Coimbra, 1982, p. 296.

O problema de tal proposição – não obstante tenha em si elementos que, de algum modo, correspondam com a realidade da sua conformação jurídica – reside no fato de partir da premissa equivocada segundo a qual a natureza do interesse lesado tem aptidão para determinar de maneira preponderante a natureza do dano correspondente. E tal ocorre porque a lesão de interesses de cunho pessoal, a depender das circunstâncias fáticas, poderá redundar na causação de prejuízos tanto de ordem patrimonial quanto extrapatrimonial, e vice-versa,[7] constatação que fragiliza sobremaneira a tentativa de apresentar um conceito a partir de tal assertiva.

Nessa linha, é imperioso tenha-se presente que o que determina a natureza do dano é a utilidade frustrada por meio da lesão do bem jurídico respectivo,[8] ou seja, a supressão de uma vantagem tutelada pelo direito[9] que, no caso dos danos morais, não tem em si mesma uma mensuração pecuniária direta. Exatamente por isso é que a ideia de lesão a interesse juridicamente protegido, com frequência aludida como definidora do conceito de dano em sentido normativo,[10] seja ele moral ou não, em verdade não basta a esse fim, pois deixa de ponderar a utilidade que do referido bem se extrai e que resta limitada, diminuída ou mesmo comprometida pela ação ou omissão aptas a se constituírem em elemento de imputação de responsabilidade.

Diante dessas considerações, pode-se identificar uma terceira tentativa de demarcação do conceito de dano moral, a qual tende a conciliar as acepções negativa e positiva antes referidas. Seguindo dita tendência, a categoria ora em exame poderia ser definida como formada pelos danos que se constituam em desvantagem que não representa uma diminuição patrimonial mensurável em dinheiro causada pela violação de direitos de personalidade.[11]

Não há dúvidas que representa um avanço em relação às construções anteriores, pois agrega elementos importantes de ambas, restringindo os danos morais aos prejuízos não pecuniários decorrentes da violação de interesses de natureza pessoal. Ocorre que, não obstante isso, ainda peca pela demasiada amplitude, pois, mesmo dentre estes danos, será imprescindível verificar requisitos outros que diferenciem os assim entendidos irrelevantes daqueles que, em sendo efetivos, legitimam a imposição de um dever de indenizar.

O ponto de conexão, uma vez mais, parece estar associado à imprescindibilidade de que se estabeleça que a lesão, para se mostrar apta a causar um dano relevante,

---

7. SILVA, Manuel Gomes da. *O dever de prestar e o dever de indenizar.* Lisboa: AAFDL, 1944, t. I, p. 65; igualmente, aludindo às lesões a direitos de personalidade aptas a causar danos patrimoniais (danos patrimoniais indiretos), SERRA, Adriano Vaz. Reparação do dano não patrimonial. *Boletim do Ministério da Justiça*, Lisboa, n. 83, fev. 1959, p. 79, nota 22.
8. LARENZ, Karl. *Derecho de Obligaciones.* Trad. Jaime Santos Briz. Madrid: Revista de Derecho Privado, 1959, t. I, p. 195.
9. MARTINEZ, Pedro Romano. *Direito das Obrigações.* Apontamentos. 2ed. Lisboa: AAFDL, 2004, p. 98.
10. ROCCA, Encarna. *Derecho de daños.* Textos y materiales. 5ed. Valencia: Tirant lo Blanch, 2007, p. 183.
11. KOZIOL, Helmut. Damages under Austrian Law. In: MAGNUS, Ulrich (editor). *Unification of Tort Law*: Damages. The Hague: Kluwer Law International, 2001, p. 195.

tenha potencial para comprometer de algum modo a utilidade extraível do bem jurídico respectivo. E, dessa premissa, algumas conclusões podem ser extraídas na demarcação do real conteúdo do conceito em causa.

A primeira delas, sem dúvidas – na linha, aliás, do que já restou referido precedentemente –, é no sentido de que o prejuízo deve ser de natureza extrapatrimonial, ou seja, não deve corresponder a uma diminuição pecuniariamente avaliável, mas a um menoscabo associado ao comprometimento daquilo que o ordenamento jurídico visa a garantir por meio da tutela dos atributos da personalidade.

A segunda diz respeito à delimitação do que se visa a proteger por meio dos referidos atributos, proteção esta que não obstante venha efetivada por intermédio do reconhecimento de uma série de direitos de personalidade, neles não se exaure, podendo se dar através de figuras jurídicas outras,[12] desde que essencialmente a eles (atributos) associadas. E, para esse fim, cumpre reconhecer que o que se pretende com a dita proteção é permitir os meios necessários ao pleno desenvolvimento da personalidade.[13]

Tanto as aludidas assertivas são verdadeiras e congruentes que o próprio Supremo Tribunal Federal, na tentativa de concretizar no que consiste o comprometimento de uma utilidade não patrimonial decorrente da lesão de interesses voltados ao pleno desenvolvimento da pessoa, já teve oportunidade de afirmar que a caracterização do dano moral pressupõe a violação da dignidade humana.[14] Isso porque o referido valor representa, em última análise, o próprio fundamento de legitimidade não apenas dos direitos de personalidade, mas também de todos os demais interesses juridicamente protegidos a eles associados.

Disso se extrai a imprescindibilidade de que a lesão apta a causar dano moral seja grave o suficiente ao ponto de ultrapassar a barreira do mero dissabor[15] que se

---

12. Neste particular, cumpre destacar que não obstante os direitos de personalidade sejam os instrumentos reconhecidamente mais relevantes nesta salvaguarda, tal é feito pelo ordenamento jurídico por meio de figuras outras, dentre elas poderes (*potestà*), interesses legítimos, faculdades e até mesmo interesses de fato; sobre o tema, PERLINGIERI, Pietro. *Perfis de Direito Civil*. Introdução ao Direito Civil Constitucional. Trad. Maria Cristina De Cicco. 3ed. Rio de Janeiro, 2007, p. 155.
13. Sobre o tema, cujo desenvolvimento mais aprofundado, diante da sua complexidade, não pode ser tratado no corpo do presente estudo, consinta-se reenviar a SOUSA, Rabindranath Capelo de. *O Direito Geral de Personalidade*. Coimbra: Coimbra, 1995, p. 352-358; ASCENSÃO, José de Oliveira. *Direito Civil*. Teoria Geral. 2ed. Coimbra: Coimbra, 2000, v. I, p. 72-76; VASCONCELOS, Pedro Pais de. *Direito de Personalidade*. Coimbra: Almedina, 2006, p. 74-76; CARVALHO, Orlando de. *Teoria Geral do Direito Civil*. 3ed. Coimbra: Coimbra, 2012, p. 232-234; GONÇALVES, Diogo Costa. *Pessoa e Direitos de Personalidade*. Fundamentação ontológica da tutela. Coimbra: Almedina, 2008, p. 87-88; dentre outros.
14. Nesse sentido, STF, Recurso Extraordinário 222.795/RJ, 2ª Turma, rel. Min. Néri da Silveira, DJ 24.05.2002, p. 69.
15. A jurisprudência do Superior Tribunal de Justiça tem sido muito enfática nesse sentido, reconhecendo de modo escorreito que a ocorrência do dano moral pressupõe o transbordamento do mero dissabor ou do aborrecimento característicos da vida de relação, reforçando, por isso, a tese de que pressupõe efetiva violação da dignidade humana; nesse norte, exemplificativamente, Agravo Interno no Recurso Especial 1.650.443/RJ, 2ª Turma, rel. Min. Assusete Magalhães, DJe 24.05.2018; Agravo Interno no Agravo no Recurso Especial 1.221.022/SP, 4ª Turma, rel. Min. Antonio Carlos Ferreira, DJe 21.05.2018; Agravo Interno no Agravo no Recurso Especial 946.629/SP, 3ª Turma, rel. Min. Ricardo Villas Bôas Cuevas, DJe 30.04.2018; Agravo Interno no Agravo no Recurso Especial 964.314/RS, 1ª Turma, rel. Min. Napoleão Nunes Maia Filho, DJe 27.03.2018.

materializa através do simples juízo de contrariedade ao direito, implicando, tal qual dito, em comprometimento do fim último perseguido. Dito de outro modo, significa afirmar que a lesão, para que possa ser apta a causar o dano, deve atingir a própria essência do bem jurídico – e não apenas o seu conteúdo periférico – ao ponto de comprometer o intento almejado, qual seja, o pleno desenvolvimento da personalidade que se justifica no princípio da dignidade humana.

Ainda em um plano geral de concretização, cumpre referir que o todo dito conflita claramente com as não infrequentes tentativas de concretização do conceito em causa por meio da referência a sentimentos humanos desagradáveis como dor, sofrimento, tristeza ou humilhação. Tal se constitui em grave equívoco, não apenas porque atribui à figura uma conotação demasiadamente subjetiva e, por isso mesmo, incompatível com a tentativa de lhe conferir um conteúdo normativo bem demarcado, mas porque confunde o dano em si com as suas consequências,[16] o que transborda os limites de um conceito jurídico propriamente dito.

Diante desses delineamentos que, em apertada síntese, representam muito mais uma contextualização do tema do que uma autêntica definição exauriente do seu conteúdo, cumpre reconhecer que o dano moral restará caracterizado sempre que se verifique lesão a interesse de cunho imaterial com intensidade tamanha que autorize supor um comprometimento da utilidade cuja salvaguarda se busca viabilizar por meio da tutela concedida ao bem jurídico respectivo, no caso, o pleno desenvolvimento da personalidade.[17]

2.2. Dano Moral, interesses transindividuais e o pleno desenvolvimento da personalidade

Partindo das diretrizes teóricas até aqui postas em torno do conceito geral de dano moral, cumpre traçar os delineamentos imprescindíveis à demarcação da referida categoria jurídica na sua acepção coletiva. Desta feita, ainda na linha das premissas teóricas necessárias à construção que se pretende, mostra-se imperioso o exame da conexão entre a noção de interesses transindividuais e o próprio conceito de dano moral.

---

16. MORAES, Maria Celina Bodin de. *Danos à pessoa humana*. Uma Leitura Civil-Constitucional dos Danos Morais. 3tir. Rio de Janeiro: Renovar, 2007, p. 131; CAVALIERI FILHO, Sérgio. Da Responsabilidade Civil. In: TEIXEIRA, Sálvio de Figueiredo (coord.). *Comentários ao Novo Código Civil*. Rio de Janeiro: Forense, 2004, v. 13, p. 101; MARTINS-COSTA, Judith. Os danos à pessoa e a natureza da sua reparação. In: ___. (org.) *A Reconstrução do Direito Privado*. São Paulo: Revista dos Tribunais, 2002, p. 422. Dita temática foi objeto de debate na V Jornada de Direito Civil, promovida entre os dias 08 e 10 de novembro de 2011, em Brasília/DF, pelo Centro de Estudos Judiciários do Conselho da Justiça Federal, oportunidade em que, após exame e deliberação da comissão de trabalho de Responsabilidade Civil e aprovação da plenária, restou aprovado o enunciado de 445, proposto pelo autor, nos seguintes termos: "O dano moral indenizável não pressupõe necessariamente a verificação de sentimentos humanos desagradáveis como dor ou sofrimento". Assim, BRASIL. *Compilação dos Enunciados Aprovados nas Jornadas de Direito Civil*. (I a VII Jornada). Brasília: Conselho da Justiça Federal, 2018, p. 84.

17. TEIXEIRA NETO, Felipe. *Dano Moral Coletivo*. A configuração e a reparação do dano extrapatrimonial por lesão aos interesses difusos. Curitiba: Juruá, 2014, pp. 123-124.

A juridicização de uma série de atributos intrínsecos à pessoa representa evidente esforço de concretude do princípio da dignidade humana, o que tem exigido, para fins de se alcançar maior efetividade nesse mister, uma proteção global que leve em conta a inegável complexidade de situações jurídicas subjetivas que se podem apresentar como imprescindíveis à sua realização.[18] Neste particular é que, por vezes, apenas os direitos de personalidade em si mesmo considerados não bastam a tal fim,[19] impondo-se o reconhecimento de uma série de situações normativas outras tendentes a assegurar as condições necessárias à realização do indivíduo,[20] inclusive a partir de uma dimensão coletiva.

Para tanto, impõe-se reconhecer que a pessoa, para ter assegurada a sua dignidade, deve ser compreendida na sua relação com as demais, já que inserida numa comunidade fora da qual não é viável o seu completo desenvolvimento.[21] Ou, dito de outro modo, significa compreender que a fim de que esta dignidade seja resguardada, é necessário assegurar mecanismos aptos a promover a realização do sujeito, o que se dá por intermédio do reconhecimento de direitos e interesses juridicamente tutelados que alcancem os meios ao pleno desenvolvimento da personalidade.[22] Tal, porém, deve atentar não somente à individualidade do sujeito, mas também ao fato de ele viver obrigatoriamente em comunidade, tendo, pois, situações subjetivas existenciais que precisam ser globalmente consideradas.

Precisamente essas ponderações é que abrirão espaço à intercomunicação entre uma série de interesses de natureza transindividual e a plena realização e o completo desenvolvimento da pessoa, independentemente da categoria jurídica em que possam ser alocados. Nesse cenário, por exemplo, ganham relevância a tutela do meio ambien-

---

18. MORAES, Maria Celina Bodin de. *Danos à pessoa humana...*, cit., pp. 117-118.
19. Atentando para o fato de que a realização da pessoa humana não se pode dar apenas por meio do reconhecimento de direitos subjetivos de cunho pessoal, ver GONÇALVES, Diogo Costa. *Pessoa...*, cit., p. 99. Segundo o autor, "a juridicidade da realidade pessoal é muito mais lata que a estreita figura dos direitos de personalidade. Tentar reconduzir tudo o que há de jurídico na realidade pessoal a um poder subjectivado sobre elementos da própria personalidade é profundamente redutor".
20. Exatamente por isso é que a doutrina tende a atentar para a existência de um autêntico "feixe de deveres e direitos correlativos" não propriamente instrumentais, mas intrínsecos a um dado conjunto de bens indispensáveis ao "florescimento humano". Sobre o tema, SARLET, Ingo Wolfgang. *Dignidade da Pessoa Humana e Direitos Fundamentais*. 4ed. Porto Alegre: Livraria do Advogado, 2007, p. 55.
21. MIRANDA, Jorge. *Manual de Direito Constitucional* (Direitos Fundamentais). 3ed. Coimbra: Coimbra, 2000, t. IV, p. 189.
22. Tanto que a garantia dos instrumentos jurídicos imprescindíveis à promoção dessa dignidade, quanto mais à vista da existência de necessidades humanas coletivas que são individualmente sentidas, não deve implicar na consideração do outro como um adversário e, por consequência, na transformação desses mesmos instrumentos "em puros direitos dos egoísmos individuais"; deve, ao contrário, estar alicerçada na verdadeira densidade ontológica da pessoa humana, o que lhe implica atribuir "sentido de comunhão e solidariedade que lhes é constitutivo". Sobre o tema, ASCENSÃO, José de Oliveira. Os direitos de personalidade no Código Civil Brasileiro. *Revista Forense*, Rio de Janeiro, v. 342, separata, 1999, p. 128-129. O reconhecimento dessas premissas implica em reconhecer que a realização da pessoa não se dá somente com fruição individual das prerrogativas de cada um, mas também com a fruição dos bens que, por essência, só o podem ser a partir de uma dimensão coletiva; neste sentido, SOUSA, Miguel Teixeira de. *A tutela jurisdicional dos interesses difusos no direito português*. Estudos de Direito do Consumidor, Coimbra, n. 6, 2004, p. 284.

te e da ordem urbanística, da saúde pública, dos bens de interesse histórico, artístico, cultural e paisagístico, dentre outros tantos, porquanto, por meio deles, busca-se a realização da personalidade de cada indivíduo através da satisfação de interesses de ordem extrapatrimonial que, por terem uma titularidade plurissubjetiva, só podem ser protegidos de modo global, uma vez que marcados por uma transindividualidade genética que não permite a sua ideação plena enquanto pretensão individual.[23]

Assim é que a promoção da dignidade da pessoa humana pressuporá, não raro, a salvaguarda de situações subjetivas que estão acima do sujeito individual quando observadas a partir do plano da titularidade, mas umbilicalmente ligadas ao seu pleno desenvolvimento, o qual se perfectibiliza por meio do reconhecimento da relevância dos assim ditos interesses coletivos *lato sensu*. Exatamente por isso, quando ditos bens e os interesses juridicamente protegidos a eles associados forem objeto de lesão que comprometa esta utilidade – no caso, a plena realização da pessoa por intermédio da promoção da sua dignidade – estar-se-á à vista de hipótese que, em tese, torna viável o reconhecimento de um dano de natureza extrapatrimonial transindividual.

E, no plano civilístico, o intento de salvaguarda desses interesses será primordialmente exercido pela responsabilidade civil. Para tanto, valer-se-á a sua disciplina de uma tendência que lhe é bastante viva, consubstanciada no sensível alargamento da sua abrangência no sentido de restringir ao máximo a existência de danos que não sejam passíveis de reparação,[24] nomeadamente quando esses danos assumem uma dimensão coletiva.

Dita necessidade, aliás, mostra-se imperativa justamente para o fim de atender os anseios de uma sociedade de massa, marcada por realidade hipercomplexa em que as relações intersubjetivas nem sempre se enquadram no modelo estanque lesante *vs.* lesado. Diante da nova realidade social e das novas demandas de proteção da pessoa humana, os instrumentos de tutela não podem ter por base apenas a titularidade do bem jurídico, mas, mais do que isso, a relevância em si do interesse, quanto mais quando caracterizada uma autêntica relevância social.[25] Daí que o alargamento das possibilidades de imposição do dever de indenizar para além da violação de um direito subjetivo individual de pessoa determinada permitirá à responsabilidade civil dar proteção efetiva aos interesses transindividuais, sendo chamada a tutelá-los em caso de lesão danosa.

---

23. Nesse ponto, cumpre ter presente que ditos bens coletivos constituem-se em elemento importante para uma vida de relação comunitária imprescindível ao pleno desenvolvimento da pessoa humana; assim, MANCUSO, Rodolfo de Camargo, . *Interesses Difusos*. Conceito e legitimação para agir. 6ed. São Paulo: Revista dos Tribunais, 2004, p. 91. Também sobre o tema, refere MIRANDA, Jorge, *Manual...*, cit., v. IV, p. 539, de modo expresso, que "[e]m primeira linha, o ambiente e o ordenamento do território contendem menos com direitos subjetivos do que com interesses difusos. Não há, em rigor, insista-se, um direito a que não se verifiquem poluição ou erosão [...]. Todavia, quando radicam com certas e determinadas pessoas ou quando confluem com certos direitos, tais interesses revertem ou podem reverter em verdadeiros direitos fundamentais".
24. NORONHA, Fernando. *Desenvolvimentos contemporâneos...*, cit., p. 36.
25. MANCUSO, Rodolfo de Camargo, *Interesses Difusos*, cit., p. 93.

Aliás, também no plano normativo não há qualquer impedimento para que se associe a ideia de lesão a interesses coletivos *lato sensu* à causação de danos morais indenizáveis, mesmo que considerados na sua dimensão transindividual.[26] E isso não apenas em razão da convergência entre o objeto da proteção jurídica em causa e a aludida categoria de danos, consoante se referiu precedentemente, mas porque o sistema jurídico brasileiro contém todo um arcabouço jurídico que permite antever na lesão de interesses difusos de natureza imaterial a possibilidade de causação de danos extrapatrimoniais, inclusive na sua acepção coletiva em sentido alargado (difusa, coletiva *stricto sensu* ou mesmo individual homogênea).

Para isso se deve considerar que os sistemas contemporâneos de responsabilidade civil, de regra, não estão fundados no princípio da tipicidade, de modo que o surgimento do dever de indenizar não pressuporá a consumação de um suporte fático rigidamente previsto em um tipo legal. Ao estabelecer a regra de imputação de danos por meio de uma típica cláusula geral – no caso, o artigo 927 do Código Civil –, o ordenamento permite que, à vista da lesão a qualquer interesse juridicamente protegido, em sendo constatado que dela decorre (em razão da existência de um nexo etiológico) um dano em sentido normativo, está satisfeito o suporte fático ao surgimento do vínculo obrigacional indenizatório.

E, no campo da proteção dos interesses de natureza transindividual, dito preceito geral de responsabilidade civil vem complementado pela regra do artigo 1º da Lei 7.347/1985 – Lei da Ação Civil Pública,[27] quando estabelece ser aquele ato normativo o reitor das ações decorrentes da causação de danos morais e patrimoniais causados diretamente aos interesses que enumera, dentre eles o meio ambiente, as relações de

---

26. É importante essa ressalva, porque poderá haver situações em que se tenha uma subjetivação do interesse difuso, fazendo com que não obstante a sua essência seja coletiva, ele possa de algum modo ser considerado a partir de uma perspectiva individual. O exemplo clássico dessa hipótese é a violação do meio ambiente apta a causar um dano moral de natureza individual, como ocorre, por exemplo, numa situação clássica de poluição sonora, na qual poderão concorrer prejuízos individuais e prejuízos coletivos *lato sensu*, ambos decorrentes, em tese, da mesma violação, não obstante ela possa assumir perspectivas distintas. Tanto que, nessa exata perspectiva, o Superior Tribunal de Justiça já decidiu que "a violação de direitos individuais homogêneos não pode, ela própria, desencadear um dano que também não seja de índole individual, porque essa separação faz parte do próprio conceito dos institutos. Porém, coisa diversa consiste em reconhecer situações jurídicas das quais decorrem, simultaneamente, violação de direitos individuais homogêneos, coletivos ou difusos. Havendo múltiplos fatos ou múltiplos danos, nada impede que se reconheça, ao lado do dano individual, também aquele de natureza coletiva. Assim, por violação a direitos transindividuais, é cabível, em tese, a condenação por dano moral coletivo como categoria autônoma de dano, a qual não se relaciona necessariamente com aqueles tradicionais atributos da pessoa humana (dor, sofrimento ou abalo psíquico)" (REsp 1.293.606/MG, 4ª Turma, rel. Min. Luis Felipe Salomão, DJe 26.09.2014).
27. Essa não é a redação original do dispositivo citado, que fazia menção apenas às ações de responsabilidade por dano. Foi, contudo, objeto de alteração pela Lei Federal 8.884/1994, para fazer alusão expressa à possibilidade de ocorrência de ambas as modalidades de dano – patrimonial e extrapatrimonial – em razão da lesão a interesses difusos e coletivos *stricto sensu*. A expressividade de dita alteração dá ainda maior sustentação à tese da existência, na ordem jurídica brasileira, da figura em apreço. Cumpre ressaltar, ainda, que no âmbito das relações de consumo, essa interpretação também é possível a partir aplicação da regra do artigo 6º, inciso VI, da Lei 8.078/1990 – Código de Defesa do Consumidor, segundo a qual "[s]ão direitos básicos do consumidor: [...] a efetiva prevenção e reparação de danos patrimoniais e morais, individuais, coletivos e difusos".

consumo, os bens e direitos de valor artístico, estético, histórico, turístico e paisagístico, a ordem urbanística, a ordem econômica e a economia popular, bem como todo e qualquer outro interesse difuso ou coletivo.

Tal permite concluir que independentemente de o ordenamento jurídico lançar mão de um direito subjetivo propriamente dito ou mesmo de um simples interesse de fato para fins de operacionalizar a proteção jurídica concedida a um dado bem coletivo, em havendo violação não consentida – no caso, pela lei, em razão da indisponibilidade que lhe é intrínseca – haverá, ao menos em tese, viabilidade para se supor, em um plano preliminar de valoração, hipótese apta ao surgimento de um dever de indenizar. E, em acarretando essa violação o comprometimento de uma utilidade de natureza extrapatrimonial, haveria lastro normativo suficiente a pressupor-se a existência de um dano moral coletivo.

Note-se que o que se está a propor é a plausibilidade da ocorrência de um dano de natureza extrapatrimonial não apenas por parte dos sujeitos individualmente considerados – que pode ser até mesmo concomitante –, mas de um prejuízo de ordem não econômica suportado pela coletividade em si. Exatamente o que permite essa autêntica duplicidade de dimensão subjetiva é o fato de, mesmo repercutindo de modo individual em cada uma das pessoas singularmente consideradas enquanto membros de uma coletividade, não podem ser apropriados por qualquer delas e, em consequência disso, não serem atribuídos a qualquer sujeito.[28]

No que diz respeito à indeterminabilidade dos titulares, o que importa menos é a eventual impossibilidade de identificação precisa de cada um, mas a irrelevância concreta dessa identificação, tendo em vista a natureza do interesse e, por conseguinte, de uma parcela dos danos que decorre da sua violação e, por conseguinte, do comprometimento dos seus fins. Não constitui, pois, uma soma de interesses, mas interesse único titulado por uma coletividade indeterminada de pessoas,[29] com repercussões na seara específica de cada um dos seus membros, mesmo quando indeterminados e indetermináveis, circunstância que, por isso mesmo, não afasta a sua concomitante existência e relevância individuais.

Tecidas essas considerações, cumpre adentrar no escopo propriamente dito das presentes reflexões, qual seja, traçar os contornos de um conceito útil de dano moral coletivo, que leve em conta todas as premissas até aqui postas.

3. POR UM CONCEITO SISTEMATIZADO DE DANO MORAL COLETIVO

O reconhecimento da viabilidade dogmática da noção de dano moral coletivo, ao menos do ponto de vista das respectivas premissas teóricas, impõe centrarem-se esforços na demarcação de um conceito devidamente sistematizado para a figura jurídica em questão.

---

28. Sobre o tema, SOUSA, Miguel Teixeira de. *A Legitimidade Popular na Tutela dos Interesses Difusos*. Lisboa: Lex, 2003, p. 23.
29. CAFFERATTA, Néstor A. Breves reflexiones sobre la naturaleza del daño ambiental collectivo. *Revista do Centro de Estudos Judiciários*, Brasília, n. 29, abr./jun. 2005, p. 22.

Para esse fim e partindo dos contornos teóricos até aqui delineados, cumpre aferir as tentativas de conceituação da figura e, ato contínuo, em não sendo entendido como suficiente as propostas eventualmente apresentadas, contribuir com proposição que, em sendo provida de um conteúdo normativo mínimo, apresente-se útil na demarcação, especialmente pela jurisprudência, dos pressupostos ao reconhecimento da ocorrência de situações de dano moral coletivo.

3.1. As deficiências da concretização da ideia de dano moral coletivo

A proposta de uma revisão do conceito de dano moral coletivo, tal qual delineado já no título do presente ensaio, deixa desde logo antever a existência de um quadro insatisfatório acerca dos contornos que têm sido dados ao instituto. Isso porque não obstante doutrina e jurisprudência tendam a, majoritariamente, anuir com a tese da autonomia da categoria de danos em causa, é possível verificar alguma dificuldade na delimitação do seu conteúdo.

Tanto que, para esse fim, as diversas proposições a respeito foram sintetizadas em três grandes grupos, de modo que o exame de cada um deles bem pode demonstrar a insuficiência da forma como o instituto está sendo tratado e, por conseguinte, como isso se pode refletir na concretização da figura na atuação dos Tribunais.

As primeiras tentativas de conceituar dano moral coletivo estão associadas à sua conexão com sentimentos humanos negativos, tais como abalo, indignação, desalento, diminuição da estima, ou mesmo dor, sofrimento, humilhação, frustração, desgosto ou comoção popular.[30] Diante do cenário evolutivo do instituto, não há dúvidas de que são incontáveis os inconvenientes dessa linha de construção, seja porque se funda em realidades, em tese, incompatíveis, já que ditos sentimentos têm conotação individual, não se coadunando com a natureza transindividual do prejuízo em causa,[31] seja porque, como já se teve oportunidade de referir quando da caracterização geral do instituto, confunde o próprio dano com as suas conse-

---

30. Neste sentido, MEDEIROS NETO, Xisto Tiago de. *Dano moral coletivo*: fundamentos e características. Revista do Ministério Público do Trabalho, Brasília, v. 12, n. 24, set. 2002, p. 82; MIRRA, Álvaro Luiz Valery. *Ação civil pública e reparação do dano ao meio ambiente*. 2ed. São Paulo: Juarez de Oliveira, 2004, p. 355; PACCAGNELLA, Luis Henrique. *Dano moral ambiental*. Revista de Direito Ambiental, São Paulo, v. 4, n. 13, jan./mar. 1998, p. 47; dentre outros.

31. Este, aliás, foi o fundamento que ensejou a negativa de reconhecimento da indenizabilidade dos danos morais coletivos nas primeiras manifestações do Superior Tribunal de Justiça a respeito do tema, todas elas baseadas na suposta incompatibilidade entre sentimentos humanos desagradáveis inerentes a dita espécie de prejuízos e a existência de um dano genuinamente transindividual. Nesse sentido: REsp 598.281/MG, 1ª Turma, rel. Min. Luiz Fux, rel. para o acórdão Min. Teori Zavaski, DJ 01.06.2006, p. 147; REsp 821.891/RS, 1ª Turma, rel. Min. Luiz Fux, DJe 12.08.2008; AgRg no REsp 1.109.905/PR, 1ª Turma, rel. Min. Hamilton Carvalhido, DJe 03.08.2010. Com base nesses precedentes o Tribunal chegou mesmo a afirmar que "[é] inviável, em sede de ação civil pública, a condenação por danos morais coletivos", conforme assentado no AgRg no REsp 1.305.977/MG, 1ª Turma, rel. Min. Ari Pargendler, DJe 16.04.2013. Tal entendimento, contudo, começou a ser revisto a partir do julgamento do REsp 1.057.274/RS, 2ª Turma, rel. Min. Eliana Calmon, DJe 26.02.2010, oportunidade em que o Superior Tribunal de Justiça reconheceu pela primeira vez a viabilidade jurídica da figura que, a partir de então, passou a ser reconhecida viável do ponto de vista jurídico e normativo.

quências,[32] que podem apenas se exteriorizar por meio dos sentimentos humanos costumeiramente mencionados.

Cumpre reconhecer que se tratou de esforço inicial da doutrina, muito ainda influenciado por um conceito deveras restritivo de dano moral, de maneira que os debates jurisprudências a respeito ou mesmo a contextualização dessa tese com os demais contornos dogmáticos evolutivos acerca do tema foram suficientes para rechaçar dita associação. Tanto que, consoante entendimento que tende a se pacificar na jurisprudência do Superior Tribunal de Justiça, tem prevalecido a conclusão no sentido de que "[o] dano extrapatrimonial coletivo prescinde da comprovação de dor, de sofrimento ou de abalo psicológico, suscetíveis de apreciação na esfera do indivíduo, mas é inaplicável aos interesses difusos e coletivos".[33]

Um segundo grupo de definições pode ser associado à vinculação entre dano moral coletivo e mera lesão a interesses transindividuais de natureza extrapatrimonial.[34] Não há dúvidas de que a premissa não é de todo equivocada, pois, com efeito, haverá situações em que a violação ilícita de interesses imateriais de titularidade coletiva poderá autorizar, por si só, presumir-se um dano moral coletivo, quanto mais diante da sua reconhecida conformação *in re ipsa*.[35]

---

32. FARIAS, Cristiano Chaves; NETTO, Felipe Braga; ROSENVALD, Nelson. *Novo Tratado de Responsabilidade Civil*. 2ed. São Paulo: Saraiva, 2017, p. 357.

33. Este entendimento foi inaugurado exatamente por ocasião do julgamento do *leading case* REsp 1.057.274/RS, 2ª Turma, rel. Min. Eliana Calmon, DJe 26.02.2010, antes citado, passando a replicar-se nos demais pronunciamentos da Corte, conforme se infere em REsp 1.402.475/SE, 2ª Turma, rel. Min. Herman Benjamin, DJe 28.06.2017; REsp 1464.868/SP, 2ª Turma, rel. Min. Herman Benjamin, DJe 30.11.2016; REsp 1.410.698/MG, 2ª Turma, rel. Min. Humberto Martins, DJe 30.06.2015; REsp 1.509.923/SP, 2ª Turma, rel. Min. Humberto Martins, DJe 06.10.2015; AgRg no AREsp 737.887/SE, 2ª Turma, rel. Min. Humberto Martins, DJe 14.09.2015; REsp 1.250.582/MG, 4ª Turma, rel. Min. Luis Felipe Salomão, DJe 31.05.2016; REsp 1.349.188/RJ, 4ª Turma, rel. Min. Luis Felipe Salomão, DJe 22.06.2016; dentre outros. Cumpre reconhecer, contudo, que mesmo quando essa tese é citada, não é infrequente encontrar-se, no corpo do acórdão, alguma referência a sentimentos humanos desagradáveis, mesmo que exemplificativamente. O mesmo sucede com a doutrina. A aludindo à ocorrência de "sentimento de desapreço" enquanto manifestação da ocorrência de dano moral coletivo, RAMOS, André de Carvalho. A ação civil pública e o dano moral coletivo. *Revista de Direito do Consumidor*, São Paulo, n. 25, jan./mar. 1998, p. 82. Mencionando expressões como "dor objetiva" e "sofrimento disperso" para representar o dano moral coletivo, LEITE, José Rubes Morato. *Dano Ambiental*: do individual ao coletivo extrapatrimonial. 2ed. São Paulo: Revista dos Tribunais, 2003, p. 295 e 297, respectivamente. Com alusão à ocorrência de "ofensa ao sentimento difuso ou coletivo", ROMANO, Rogério Tadeu. *Dano moral coletivo* – aspectos processuais. Disponível em: <https://www.jfrn.jus.br/institucional/biblioteca-old/doutrina/doutrina227.pdf>. Acesso em: 30.06.2018. Ainda, relacionando a figura em causa à violação de "sentimentos grupais", LORENZETTI, Ricardo Luis. *Fundamentos do Direito Privado*. Trad. Vera Maria Jacob de Fradera. São Paulo: Revista dos Tribunais, 1998, p. 218. Dita realidade resta não apenas por enfraquecer a construção que se está a desenvolver, mas, mais do que isso, a demonstrar que ainda há dificuldades na concretização de um conceito genuinamente operativo de dano moral coletivo.

34. Assim, *v.g.*, BESSA, Leonardo Roscoe. Dano moral coletivo. *Revista de Direito do Consumidor*, São Paulo, n. 59, jul./set. 2006, p. 105; MEDEIROS NETO, Xisto Tiago de. *Dano Moral Coletivo*. 2ed., São Paulo: LTr, 2007, p. 137; CAFFERATTA, Néstor A. Breves reflexiones..., cit., p. 25; dentre outros.

35. A jurisprudência do Superior Tribunal de Justiça, seguindo o entendimento já consolidado em matéria de dano moral individual, sinaliza nesse sentido, reconhecendo que "[o] dano moral coletivo é aferível *in re ipsa*, ou seja, sua configuração decorre da mera constatação da prática de conduta ilícita que, de maneira injusta e intolerável, viole direitos de conteúdo extrapatrimonial da coletividade, revelando-se despicienda

O problema é que presumir a existência de um dano é diverso de afirmar que ele se constitui na simples lesão de um interesse jurídico,[36] quando mais porque, tal qual já se teve oportunidade de referir, o que caracteriza a natureza do prejuízo reparável não é propriamente a natureza do bem, mas a frustração da utilidade que dele se extrai. Nesses termos, não obstante o reconhecimento da violação de um interesse jurídico transindividual extrapatrimonial seja um início importante à demarcação do que constitui dano moral coletivo, não pode ser tomado de forma absoluta,[37] sendo imprescindível avançar na aferição das suas circunstâncias e, por conseguinte, das suas consequências efetivamente danosas, mesmo que estas possam ser presumidas.

E, por fim, um terceiro grupo que, tomando as delimitações anteriores como premissas, integrando-as, propõe-se a apresentar um conceito positivo e mais estruturado acerca dos contornos da figura por meio da delimitação dos pressupostos que a caracterizam. Sem prejuízo do avanço que representa em relação às anteriormente mencionadas, talvez a maior deficiência dessas tentativas ainda esteja na sua demasiada generalidade, o que permite que, quando da concretização do conceito, a ele se emprestem contornos tão amplos que restam capazes de abranger situações deveras díspares e nem sempre merecedoras do mesmo tratamento.

Tal decorre do fato de, ao fim pretendido, lançar-se mão de conceitos demasiado abstratos, tais como "lesão da esfera moral de uma comunidade", "violação antijurídica de um determinado círculo de valores coletivos"[38] ou "prejuízo proporcionado a

---

a demonstração de prejuízos concretos ou de efetivo abalo moral". Neste sentido: REsp 1.517.973/PE, 4ª Turma, rel. Min. Luis Felipe Salomão, DJe 01.02.2018; REsp 1.487.046/MT, 4ª Turma, rel. Min. Luis Felipe Salomão, DJe 16.05.2017.

36. Em verdade, grande parte dos autores que sustentam a simples violação do interesse transindividual como suficiente à caracterização do dano moral coletivo tendem a verificar na indenização respectiva uma autêntica prestação punitiva (pena civil). Sustentando tal natureza, FARIAS, Cristiano Chaves; NETTO, Felipe Braga; ROSENVALD, Nelson. *Novo Tratado...*, op. cit., p. 362-364; BESSA, Leonardo Roscoe. Dano..., op. cit., p. 106; CARVALHO, Luis Gustavo Grandinetti Castanho. Responsabilidade por dano não patrimonial a interesse difuso (dano moral coletivo). *Revista da Escola da Magistratura do Estado do Rio de Janeiro – EMERJ*, Rio de Janeiro, v. 3, n. 9, 2000, p. 32; dentre outros. Já se teve oportunidade de tratar acerca da função punitiva da responsabilidade civil, aceitando-a apenas para fins corretivos e de maneira secundária; a respeito, consinta-se reenviar a TEIXEIRA NETO, Felipe. Há espaço para uma função punitiva da responsabilidade civil extracontratual? Um contributo da análise econômica do direito. In: OTERO, Paulo; ARAÚJO, Fernando; GAMA, João Taborda da. *Estudos em Memória do Prof. Doutor J. L. Saldanha Sanches*. Coimbra: Coimbra, 2011, v. 2, p. 269 e ss. Por essa razão é que se tem dificuldade em acolher dita proposta a respeito da caracterização do dano moral coletivo, pois, em última análise, partindo apenas da violação do interesse que serve de salvaguarda ao bem jurídico respectivo, resta por contentar-se com a mera ilicitude, quando o dano, mesmo que em sentido normativo, é pressuposto intransponível da responsabilidade civil.

37. Cumpre aqui retomar a ideia já desenvolvida no sentido de que, mesmo quando o bem jurídico não for avaliável em pecúnia e o interesse respectivo tiver natureza extrapatrimonial, ainda assim poderá haver dano material, a depender da sua repercussão no patrimônio dos sujeitos que os titulam, sejam eles individuais ou mesmo coletivos. Neste sentido, bem exemplifica a situação do meio ambiente e da garantia do seu equilíbrio, situações que não obstante sejam preponderantemente imateriais (garantia da qualidade de vida e do livre desenvolvimento da pessoa humana), poderão gerar prejuízos de ordem econômica, mesmo que de maneira reflexa.

38. BITTAR FILHO. Carlos Alberto. *Do dano moral coletivo no atual contexto jurídico brasileiro*. Disponível em: < http://egov.ufsc.br/portal/sites/default/files/anexos/30881-33349-1-PB.pdf>. Acesso em: 05.07.2018.

patrimônio ideal da coletividade".[39] E, reafirme-se, o problema não está no emprego de conceitos jurídicos indeterminados, pois são próprios da ciência do direito, mas no uso de expressões sem conteúdo preciso ou desprovidas de delimitação dogmática que, em verdade, pouco ou nada dizem.[40] Tal constatação, aliás tem levado parcela mais crítica da doutrina a afirmar, textualmente, tratarem-se de conceituações "ambíguas".[41]

Como seria de se esperar, ditas deficiências replicam-se na jurisprudência, consoante se observa ao do exame do teor da definição mais recorrente nos precedentes do Superior Tribunal de Justiça. Para esse efeito, o Tribunal tem asseverado que "[o] dano moral coletivo é a lesão na esfera moral de uma comunidade, isto é, a violação de direitos transindividuais de ordem coletiva, valores de uma sociedade atingidos do ponto de vista jurídico, de forma a envolver não apenas a dor psíquica, mas qualquer abalo negativo à moral da coletividade".[42]

Tal qual antevisto, as fragilidades que se recolhem na jurisprudência são as mesmas da doutrina, na medida em que tende a recorrer ao uso de expressões imprecisas e deveras elásticas, que a tudo se prestam, o que tem redundado numa certa atecnia no reconhecimento da figura em diversas hipóteses. E o efeito reverso disso é viabilizar o recrudescimento daquilo que Judith Martins-Costa, em feliz síntese, chamou de "conceito-passaporte", na medida em que faculta ao juiz "ajustar e reajustar as soluções conforme entenda necessário, oportuno ou conveniente, inclusive de forma divorciada do ordenamento jurídico",[43] tudo de modo a viabilizar, não raro, uma aplicação demasiado voluntarista do instituto.

---

39. LEITE, José Rubens Morato. O dano moral ambiental difuso: conceituação, classificação e jurisprudência brasileira. In: AAVV. *Atas do Colóquio "A Responsabilidade Civil por Dano Ambiental"*. Lisboa: Instituto de Ciências Jurídico-Políticas da Universidade de Lisboa, 2010, p. 60. Disponível em: <https://www.icjp.pt/sites/default/files/media/icjp_ebook_responsabilidadecivilpordanoambiental_isbn2.pdf>. Acesso em: 05.07.2018.

40. Já se teve oportunidade de formular esta crítica com maior aprofundamento, pelo que se consinta reenviar a TEIXEIRA NETO, Felipe. *Dano Moral Coletivo*, Op. Cit., p. 155.

41. Nesse sentido, GOMES, Carla Amado. De que falamos quando falamos de dano ambiental? Direito, mentiras e críticas. In: AAVV. *Atas do Colóquio "A Responsabilidade Civil por Dano Ambiental"*. Lisboa: Instituto de Ciências Jurídico-Políticas da Universidade de Lisboa, 2010, p. 166. Disponível em: <https://www.icjp.pt/sites/default/files/media/icjp_ebook_responsabilidadecivilpordanoambiental_isbn2.pdf>. Acesso em: 05.07.2018.

42. REsp 1.397.870/MG, 2ª Turma, rel. Min. Mauro Campbell Marques, DJe 10.12.2014; AgRg no REsp 1.541.563/RJ, 2ª Turma, rel. Min. Humberto Martins, DJe 16.09.2015; REsp 1.438.815/RN, 3ª Turma, rel. Min. Nancy Andrighi, DJe 01.12.2016; REsp 1.402.475/SE, 2ª Turma, rel. Min. Herman Benjamin, DJe 28.06.2017; dentre outros. É possível encontrar na jurisprudência do Superior Tribunal de Justiça outras designações abstratas também lançadas com alguma frequência para conceituar o instituto, tais como "prejuízo à imagem e à moral coletiva dos indivíduos enquanto síntese das individualidades percebidas como segmento derivado de uma mesma relação jurídica-base"; nesse sentido: REsp 1.057.274/RS, 2ª Turma, rel. Min. Eliana Calmon, DJe 26.02.2010; REsp 1.410.698/MG, 2ª Turma, rel. Min. Humberto Martins, DJe 30.06.2015. Em outras oportunidades, foi referida a necessidade da concorrência de "grave ofensa à moralidade pública"; assim, REsp 1.303.014/RS, 4ª Turma, rel. Min. Luis Felipe Salomão, red. p/ acórdão Min. Raul Araújo, DJe 26.05.2015.

43. MARTINS-COSTA, Judith. *Dano moral à brasileira*, Op. Cit., p. 7077.

E esse fenômeno pode ser visto a partir de duas perspectivas. A primeira delas, atribuível às já ressaltadas deficiências estruturais do conceito de dano moral coletivo, o que tem permitido o seu ajuste a situações em que não se verifica um autêntico prejuízo transindividual extrapatrimonial; a segunda, em razão do tênue aprofundamento do conceito de dano social, figura já igualmente reconhecida,[44] mas pouco desenvolvida que, pela sua complementariedade,[45] poderia legitimar a imposição do dever de indenizar em uma série de situações que, não obstante inexista dano moral coletivo propriamente dito, há um prejuízo coletivo que deve ser reparado.[46]

Dito de outro modo, a fragilidade estrutural dos conceitos associados à responsabilidade civil coletiva tem levado o dano moral coletivo a fazer as vezes de autêntico

---

44. A criação da figura é legitimamente atribuía a AZEVEDO, Antônio Junqueira. Por uma nova categoria de dano na responsabilidade civil: o dano social. In: FILOMENO, José Geraldo Brito; WAGNER JÚNIOR, Luiz Guilherme da Costa; GONÇALVES, Renato Afonso (Coord.). *O Código Civil e a sua interdisciplinaridade: os reflexos do Código Civil nos demais ramos do Direito*. Belo Horizonte: Del Rey, 2004, p. 370-377. A respeito da amplitude do reconhecimento do dano social como categoria autônoma de dano indenizável, cumpre mencionar o conteúdo do enunciado 456 da V Jornada de Direito Civil, promovida entre os dias 08 e 10 de novembro de 2011, em Brasília/DF, pelo Centro de Estudos Judiciários do Conselho da Justiça Federal, que está assim posto: "A expressão *dano*, no art. 944, abrange não só os danos individuais, materiais ou imateriais, mas também os danos sociais, difusos, coletivos e individuais homogêneos a serem reclamados pelos legitimados para propor ações coletivas". In: BRASIL. Compilação..., Op. Cit., p. 86.

45. TARTUCE, Flávio. Reflexões sobre o dano social. *Revista Trimestral de Direito Civil*, Rio de Janeiro, a. 9, v. 34, pp. 179-203, abr./jun. 2008, p. 203.

46. Nesse sentido, é de se fazer menção a algumas decisões do Superior Tribunal de Justiça nas quais, não obstante não se antevaja um autêntico dano moral coletivo – ao menos tendo em conta as premissas teóricas até aqui delineadas e que, na sequência, serão sistematizadas –, a figura foi reconhecida. Não há dúvidas de que, nesses casos, diante do cenário de relevante violação a interesses transindividuais, há dano de igual natureza a ser reparado; todavia, entende-se que não se trata propriamente de dano moral coletivo, mas, na essência, de dano social que, na sua conformação jurídica, tende a estar associado não obrigatoriamente a uma perda imaterial transindividual, mas a situações – tanto patrimoniais quanto extrapatrimoniais – "em que o prejuízo individual seja pequeno, mas, no conjunto, adquira contornos de relevância"; sobre o tema, consinta-se reenviar a TEIXEIRA NETO, Felipe. *Dano Moral Coletivo*, Op. Cit., p. 179. Bem representam a hipótese antes referida uma série de casos envolvendo a exploração e o funcionamento de máquinas de jogos eletrônicos, caça-níqueis, bingos e similares que, não obstante ilícita (artigo 50 da Lei de Contravenções Penais) e dotada de "razoável significância" apta a caracterizá-la como desbordante dos "limites da tolerabilidade", entende-se que não tem aptidão a comprometer a própria dignidade de cada um dos indivíduos na sua dimensão transindividual. Nesses casos, tal qual outrora referido, não há dúvidas de que há prejuízo transindividual a ser reparado; a figura jurídica mais adequada, contudo, seria o dano social e não propriamente o dano moral coletivo, de conceito mais restrito. Assim, REsp 1.438.815/RN, 3ª Turma, rel. Min. Nancy Andrighi, DJe 01.12.2016; REsp 1.464.868/SP, 2ª Turma, rel. Min. Herman Benjamin, DJe 30.11.2016; REsp 1.509.923/SP, 2ª Turma, rel. Min. Humberto Martins, DJe 22.10.2015. No mesmo sentido, as decisões que reconheceram (a) indenizabilidade dos prejuízos coletivos decorrentes do desrespeito às normas que preveem tempo máximo de espera para atendimento bancário (REsp 1.402.475/SE, 2ª Turma, rel. Min. Herman Benjamin, DJe 28.06.2017), (b) prática comercial abusiva consubstanciada na "infidelidade de bandeira", relacionada à ostentação da publicidade de uma marca quando o combustível comercializado, em verdade, é de outra (REsp 1.487.046/MT, 4ª Turma, rel. Min. Luis Felipe Salomão, DJe 16.05.2017), (c) blecaute de energia elétrica – entre as 21h51min e as 23h47min do dia 06.07.2010, no Estado do Acre – por problemas de operação em usina termoelétrica (AgInt no AREsp 855.874/AC, 2ª Turma, rel. Min. Assusete Magalhães, DJe 27.06.2017), ou (d) prática comercial abusiva consubstanciada em venda casada de serviço de telefonia e de aparelho telefônico (REsp 1.397.870/MG, 2ª Turma, rel. Min. Mauro Campbell Marques, DJe 10.12.2014), dentre outros.

remédio para todos os males, o que é deveras nefasto do ponto de vista da estabilidade que se deseja para as categorias juscivilísticas.

Exatamente esta realidade é que demanda um reposicionamento da figura dos danos morais coletivos.

3.2. Contributo à estruturação de uma noção sistematizada de dano moral coletivo

Sem prejuízo de todas considerações antes postas, que devem ser ponderadas num cenário de revisão conceitual, pois contribuem, em maior ou menor, à estruturação ora pretendida, é de se reconhecer que valiosos foram os avanços já realizados na demarcação da figura em apreço.[47] Alguns aperfeiçoamentos, contudo, ainda são possíveis, com o que se espera contribuir.

A primeira premissa, que por vezes se afigura bastante subestimada, não apenas na definição, mas, principalmente, na concretização da categoria jurídica em causa, é a de que o dano moral em si considerando – tanto individual quanto coletivo – pressupõe a frustração de uma utilidade extrapatrimonial tutelada pelo direito. Nessa linha, não obstante a violação do bem jurídico em si seja deveras relevante, não pode ser compreendida como o próprio dano, não obstante seja a sua causa. Tal ponto de partida pressupõe, por isso, um passo além da ilicitude – esta sim entendida como lesão a um interesse protegido[48] – com vistas à caracterização do prejuízo indenizável.

Nesse particular, não se desconsidera o largo reconhecimento jurisprudencial segundo o qual "[o] dano moral coletivo é aferível *in re ipsa*", o que faz "despicienda a demonstração de prejuízos concretos ou de efetivo abalo moral",[49] pressuposto com o qual se está plenamente de acordo. Todavia, isso não significa dizer que a mera verificação da prática ilícita – ou seja, da violação de um interesse transindividual – basta à sua caracterização, sendo imprescindível um esforço, mesmo que em abstrato, no sentido de constatar a referida violação tem potencial para comprometer a finalidade que se busca viabilizar por intermédio da proteção que lhe fora conferida

---

47. Algumas contribuições, nesta linha, são bastante preciosas, na medida em que chegam muito próximo do que se pode entender por dano moral coletivo. Nesse diapasão, exemplificativamente, cumpre referir a proposição que se recolhe em FARIAS, Cristiano Chaves; NETTO, Felipe Braga; ROSENVALD, Nelson. *Novo Tratado...*, op. cit., p. 357, segundo a qual a figura ora em estudo pode ser compreendida como "o resultado de toda ação ou omissão lesiva significantes, praticada por qualquer pessoa contra o patrimônio da coletividade, considerada esta as gerações presentes e futuras, que suportam um sentimento de repulsa por um fato danoso irreversível, de difícil reparação, ou de consequências históricas". Note-se que na referida definição há um avanço importante, pois já se assinala que o dano moral coletivo não é a conduta lesiva em si, mas o resultado que dela decorre; o dissenso ainda reside, contudo, na alusão a "sentimento de repulsa" ou à fato de "difícil reparação" ou com "consequências históricas" que, além de abstratos, não estão obrigatoriamente vinculados a um prejuízo extrapatrimonial.
48. Sobre o tema, consinta-se reenviar a TEIXEIRA NETO, Felipe. A ilicitude enquanto pressuposto da responsabilidade civil delitual: um exame em perspectiva comparada (luso-brasileira). *Revista Jurídica Luso-Brasileira*, Lisboa, a. 3, n. 6, 2017, p. 1173 e ss.
49. REsp 1.517.973/PE, 4ª Turma, rel. Min. Luis Felipe Salomão, DJe 01.02.2018.

pela ordem jurídica e se este comprometimento implica na limitação de um benefício de natureza extrapatrimonial.

Isso porque haverá situações nas quais, não obstante haja a lesão ao interesse coletivo protegido, a perda de utilidade ou inexiste ou não tem natureza preponderantemente imaterial, fazendo com que, por conseguinte, inexista dano efetivo ou, em havendo, não seja dano moral coletivo propriamente dito (poderá ser, por exemplo e conforme referido antes, dano social).

O cotejo de situações concretas próximas, mas diversas na essência – relativamente aos objetivos perseguidos com a proteção dos bens jurídicos respectivos, os quais podem restar frustrados e, com isso, caracterizar a existência de um dano –, talvez bem represente o que se está a dizer. Trata-se de dois casos julgados pelo Superior Tribunal de Justiça, um envolvendo a venda de combustível adulterado[50] e o outro de leite em desacordo com as especificações exigíveis para o consumo.[51] Não obstante em ambos exista uma notória ilicitude decorrente do desrespeito de normas regulamentares quanto à respectiva qualidade dos produtos, tendo-se reconhecido, por isso, a existência de dano moral coletivo, apenas o segundo aparenta-se genuinamente conectado à efetiva existência de um prejuízo extrapatrimonial transindividual.

Ora, não há dúvidas de que a utilidade que as normas de proteção visam garantir são diversas, não obstante relevantes: ao passo em que no caso do leite as especificações atinentes à qualidade tenham por escopo, em última análise, garantir a saúde do consumidor por intermédio do consumo de um produto que viabilize a sua nutrição e, com isso, o pleno desenvolvimento da sua personalidade; no caso do combustível, os objetivos são outros e estão mais precipuamente relacionados às vantagens econômicas, mesmo que indiretas, que possam ser retiradas do consumo do produto (no caso, relacionado ao transporte e à locomoção de quem o adquire e utiliza no seu veículo).

No caso do leite adulterado, é notória a perda de uma utilidade coletiva extrapatrimonial extraível da proteção conferida à saúde e à nutrição do consumidor como instrumentos à garantia do livre desenvolvimento da sua personalidade, proteção esta que restou comprometida, ao menos em tese.[52] No caso do combustível, não obstante a gravidade da conduta, o uso que se faz do produto irregularmente posto em circulação[53] – e, por conseguinte, a legitimidade das normas regulamentares

---

50. AgRg no REsp 1.529.892/RS, 2ª Turma, rel. Min. Assusete Magalhães, DJe 13.10.2016.
51. AgRg no REsp 1.283.434/GO, 1ª Turma, rel. Min. Napoleão Nunes Maia Filho, DJe 15.04.2016.
52. Para esse fim, tratando-se de dano *in re ipsa*, é completamente desnecessário provar que houve consumidores individuais lesados na sua saúde, pois a simples comercialização de produtos impróprios ao consumo humano e a sua potencialidade para, com isso, acarretar prejuízos extrapatrimoniais, autoriza concluir no sentido do comprometimento do sistema voltado a efetivar a tutela da sua personalidade num plano transindividual, de modo a gerar dano moral coletivo.
53. Ditos casos, de regra, envolvem a adição de componentes que, por serem mais baratos, restam por aumentar a margem de lucro do fornecedor, não obstante impliquem em maior consumo do combustível comercializado fora das especificações ou em possibilidade de danos ao veículo, tudo isso sem que, obrigatoriamente, possa

violadas – não está associado a vantagens intrínsecas à pessoa humana, pelo que o dano social seria mais adequado a justificar a condenação imposta – com a qual se está inteiramente de acordo – quando comparado ao dano moral coletivo.

Dito de outro modo e tal qual assinalado precedentemente, em ambas as hipóteses há dano de dimensão coletiva a ser reparado, pois comprometida a própria cadeia de distribuição dos produtos respectivos, com impacto no uso legítimo que deles pode fazer o consumidor, abalando, inclusive, a sua confiança. Todavia, dano moral em sentido estrito existe apenas na hipótese em que a utilidade frustrada é de natureza extrapatrimonial, restando as situações em que isso não é preponderante, nos moldes do que sucede, por exemplo, com o combustível, o reconhecimento do dano social.[54]

Pretende-se, com isso, restringir a banalização do conceito de dano moral coletivo, que merece ser relegado, por essência, às hipóteses em que os atributos que visam a garantir o pleno desenvolvimento da personalidade num plano transindividual restem comprometidos, sob pena de converter em panaceia comprometedora da sua consistência dogmática.

Nessa linha, é evidente que algumas categorias de interesses tem uma maior predisposição para, em razão da sua lesão, permitirem a ocorrência de um dano moral coletivo. Aqueles associados, por exemplo, ao meio ambiente,[55] à ordem urbanística[56] ou ao patrimônio histórico, arqueológico, cultural ou paisagístico,[57] por se relacionarem diretamente à qualidade de vida da população e, por conseguinte, ao pleno desenvolvimento da personalidade de cada um dos seus membros, mesmo que através de uma fruição coletiva de um dado bem, tendem a estar associados, quando comprometidos, à causação de um dano moral coletivo.

Isso, contudo, não deve ser visto de modo absoluto. Primeiro, porque, como dito, não é o interesse em si que determina a natureza do dano, mas a utilidade que restou frustrada; poderá haver dano moral coletivo associado a diversas categorias

---

causar um dano à saúde do usuário ou das demais pessoas que venham a ter contato com o produto. Daí porque se excluir uma vinculação com a tutela da saúde ou do meio ambiente, por exemplo, que poderiam conduzir ao dano moral coletivo, caso verificada.

54. Já se teve oportunidade de sustentar a natureza subsidiária dessa figura que, sem sombra de dúvidas, merece ser melhor explorada. Assim, TEIXEIRA NETO, Felipe. *Dano Moral Coletivo*, Op. Cit., p. 180.

55. Nesse caso, por exemplo, o reconhecimento inquestionável de dano moral coletivo em decorrência do derramamento de dejetos químicos em um determinado rio, com o comprometimento do seu equilíbrio de tal maneira que acarretou a mortandade de seis toneladas de peixes, alevinos, crustáceos e moluscos; assim, STJ, REsp 1.355.574/SE, 2ª Turma, rel. Min. Diva Malerbi, DJe 23.08.2016.

56. É notório que o parcelamento clandestino do solo, em razão de propiciar condições indignas de moradia, tem potencial para comprometer a qualidade de vida de uma dada população submetida a condições irregulares de moradia; por isso a sua aptidão para, quando efetivamente comprometer do livre desenvolvimento de uma comunidade, que se busca por meio do pleno exercício do direito de habitação em condições dignas, pode gerar dano moral coletivo. Assim, STJ, REsp 1.410.698/MG, 2ª Turma, rel. Min. Humberto Martins, DJe 30.06.2015.

57. A poluição sonora em níveis macro, na medida em que comprometer o direito ao silêncio e ao descanso, pode comprometer toda uma coletividade, causando-lhe dano moral coletivo, consoante se infere em STJ, AgRg no AREsp 737.887/SE, 2ª Turma, rel. Min. Humberto Martins, DJe 14.09.2015.

de interesses difusos, em maior ou menor grau. Segundo, porque haverá situações nas quais ou não se poderá antever uma direta relação desses interesses com o atributo referido (pleno desenvolvimento da personalidade), mesmo que à vista de uma ponderação objetiva (já que o prejuízo é *in re ipsa*).

As demais premissas levantadas parecem coadunarem-se com aquelas já reconhecidas em maior ou menor extensão pelas tentativas até então empreendidas, nomeadamente pela jurisprudência, quais sejam, a presença de "atos ilícitos de razoável relevância",[58] de modo que o fato transgressor "desborde os limites da tolerabilidade",[59] sendo "grave o suficiente"[60] para atingir de modo efetivo "valores coletivos",[61] tudo a permitir caracterizar o dano, em última análise, como genuína "consequência da lesão à esfera extrapatrimonial"[62] atingida.

Tendo em conta todas essas ponderações e após uma reflexão sobre o tema – sobretudo diante dos rumos que a sua fértil aplicação tem seguido nos últimos anos –, pensa-se que definir dano moral coletivo como o prejuízo decorrente da lesão de um interesse transindividual que implica em consequências extrapatrimoniais associadas ao comprometimento do livre desenvolvimento da personalidade ainda é o caminho que mais se coaduna com a essência dogmática da figura em questão.

E, com a sistematização de um conceito mais restrito, espera-se justamente permitir o florescimento de outras figuras jurídicas de idêntica relevância e magnitude, que estão sendo ofuscadas pelo uso indiscriminado do dano moral coletivo, bem como para impedir que um uso indiscriminado da figura reste por enfraquecê-la e, com isso, comprometer de algum modo os avanços já conquistados quanto ao seu reconhecimento.[63]

4. CONCLUSÃO

Um exame reflexivo dos desenvolvimentos obtidos pela figura do dano moral coletivo, especialmente na última década, permite concluir que são inegáveis os avanços no sentido da solidificação da figura, o que tende a permitir uma tutela mais efetiva, por meio da responsabilidade civil, dos interesses de natureza transindividual.

---

58. STJ, AgInt no AREsp 964.666/RJ, 3ª Turma, rel. Min. Marco Aurélio Belizze, DJe 11.11.2016.
59. STJ, REsp 1.438.815/RN, 3ª Turma, rel. Min. Nancy Andrighi, DJe 01.12.2016.
60. STJ, REsp 1.221.756/RJ, 3ª Turma, rel. Min. Massami Uyeda, DJe 10.02.2012.
61. STJ, AgRg no AREsp 809.543/RJ, 2ª Turma, rel. Min. Humberto Martins, DJe 15.03.2016.
62. STJ, REsp 1.402.475/SE, 2ª Turma, rel. Min. Herman Benjamin, DJe 28.06.2017.
63. Já é possível se recolher na jurisprudência do Superior Tribunal de Justiça uma série de precedentes ponderando, quando do reconhecimento do dano moral coletivo, para a necessidade de "não haver o seu desvirtuamento" por meio de uma "banalização indevida", sob pena de "tornar-se somente mais um custo para as sociedades empresárias, a ser repassado aos consumidores". Neste sentido: REsp 1.473.846, 3ª Turma, rel. Min. Ricardo Villas Bôas Cuevas, DJe 24.02.2017; REsp 1.303.014/RS, 4ª Turma, rel. Min. Luis Felipe Salomão, red. p/ acórdão Min. Raul Araújo, DJe 26.05.2015; AgInt no AREsp 964.666/RJ, 3ª Turma, rel. Min. Marco Aurélio Bellizze, DJe 11.11.2016.

Contudo, tal qual se antevia já de início, a sua aplicação um tanto alargada permite projetar uma possibilidade do seu enfraquecimento enquanto instituto, caso não seja objeto de um refinamento dos seus termos.

Exatamente nesse contexto é que se insere a despretensiosa contribuição de sistematização que ora se trouxe a lume. Pretendeu-se, de algum modo, chamar a atenção para a grande importância do dano moral coletivo, mas, em paralelo, alertar para os inconvenientes de que seja vítima de fenômeno semelhante àquele verificado em larga escala com o seu congênere individual que, na recente tradição jurídica brasileira, converteu-se em invocação pseudolegítima a toda e qualquer necessidade de reparação que não se amolde em outra categoria jurídica.

E o caminho para isso passa, inexoravelmente, pelo estabelecimento de um conceito mais estreito, que exija a constatação, por meio de um esforço em abstrato, já que o dano em si é *in re ipsa,* daquilo que está – ou deveria estar – na própria essência do dano moral: a necessidade da frustração de uma utilidade tutelada pelo direito que tenha natureza extrapatrimonial.

Daí que a gravidade da lesão ou a necessidade de se dar uma resposta ao fato lesivo não bastam, por si só, a ensejar a ocorrência de um dano moral coletivo, sendo imprescindível prospectar que tenham potencialidade de causar o comprometimento de algum dos atributos inerentes ao pleno desenvolvimento da personalidade a partir de uma perspectiva transindividual.

Ao que se infere de um exame mais próximo das recentes manifestações da jurisprudência na operacionalização do conceito de dano moral coletivo, seus termos têm servido para abranger categorias jurídicas outras em relação às quais a civilística nacional talvez não tenha tido, ainda, condições de relegar um maior aprofundamento.

A própria noção de dano social ou mesmo o reconhecimento autônomo da viabilidade, ou não, de prestação punitiva ou dissuasória são dois exemplos daquilo que, muitas vezes, vem sendo diluído no conceito de dano moral coletivo para o fim de impor um dever de indenizar quando este, de rigor, não está presente. A primeira, nas hipóteses em que, não obstante exista um real dano coletivo, não se verifica um comprometimento de vantagens de natureza extrapatrimonial propriamente ditas; a segunda, nos casos em que o fator de maior relevância é a intensidade da violação e não propriamente a existência de um prejuízo efetivo que dela decorra.

Tal qual dito, ambas as situações exemplificadas têm igual magnitude e, à vista da concorrência de pressupostos autônomos, podem, em tese, converterem-se em fonte de um vínculo obrigacional indenizatório. Entende-se, contudo, que o problema está em reconhecê-las como dano moral coletivo em situações nas quais este, exatamente pela falta do pressuposto genético do comprometimento de vantagem não patrimonial associada ao pleno desenvolvimento da personalidade em uma dimensão transindividual, não existe.

Fica, portanto, um repto à doutrina e à jurisprudência: consolidar as categorias jurídicas correlatas ao dano moral coletivo, permitindo que assumam espaços que lhe pertencem e, em razão de alguma carência de desenvolvimento, estão a ser preenchidos por aquilo que, se isso não for feito, tende a se delinear enquanto um "conceito-passaporte"; verificar a existência, mesmo que em tese (já que o dano é *in re ipsa*), do comprometimento de uma vantagem não patrimonial associada ao pleno desenvolvimento da personalidade a partir de uma perspectiva transindividual como pressuposto ao reconhecimento do dano moral coletivo.

5. REFERÊNCIAS BIBLIOGRÁFICAS

ANDRADE, Manuel A. Domingues de. *Teoria Geral das Obrigações*. Coimbra: Almedina, 1958, v. I.

ASCENSÃO, José de Oliveira. Os direitos de personalidade no Código Civil Brasileiro. *Revista Forense*, Rio de Janeiro, v. 342, separata, 1999.

ASCENSÃO, José de Oliveira. *Direito Civil*. Teoria Geral. 2ed. Coimbra: Coimbra, 2000, v. I.

AZEVEDO, Antônio Junqueira. Por uma nova categoria de dano na responsabilidade civil: o dano social. In: FILOMENO, José Geraldo Brito; WAGNER JÚNIOR, Luiz Guilherme da Costa; GONÇALVES, Renato Afonso (Coord.). *O Código Civil e a sua interdisciplinaridade: os reflexos do Código Civil nos demais ramos do Direito*. Belo Horizonte: Del Rey, 2004.

BESSA, Leonardo Roscoe. Dano moral coletivo. *Revista de Direito do Consumidor*, São Paulo, n. 59, jul./set. 2006.

BITTAR FILHO. Carlos Alberto. *Do dano moral coletivo no atual contexto jurídico brasileiro*. Disponível em: < http://egov.ufsc.br/portal/sites/default/files/anexos/30881-33349-1-PB.pdf>. Acesso em: 05.07.2018.

BRASIL. *Compilação dos Enunciados Aprovados nas Jornadas de Direito Civil*. (I a VII Jornada). Brasília: Conselho da Justiça Federal, 2018.

CAFFERATTA, Néstor A. Breves reflexiones sobre la naturaleza del daño ambiental collectivo. *Revista do Centro de Estudos Judiciários*, Brasília, v. 9, n. 29, abr./jun. 2005.

CARVALHO, Luis Gustavo Grandinetti Castanho. Responsabilidade por dano não-patrimonial a interesse difuso (dano moral coletivo). *Revista da Escola da Magistratura do Estado do Rio de Janeiro – EMERJ*, Rio de Janeiro, v. 3, n. 9, 2000.

CARVALHO, Orlando de. *Teoria Geral do Direito Civil*. 3ed. Coimbra: Coimbra, 2012.

CAVALIERI FILHO, Sérgio. Da Responsabilidade Civil. In: TEIXEIRA, Sálvio de Figueiredo (coord.). *Comentários ao Novo Código Civil*. Rio de Janeiro: Forense, 2004, v. 13.

COELHO, Francisco Manuel Pereira. *Obrigações*. Sumários das lições ao curso de 1966-1967. Coimbra: [s.ed], 1967.

DÍEZ-PICAZO, Luis. *El escándalo del daño moral*. Madrid: Civitas, 2008.

FARIAS, Cristiano Chaves; NETTO, Felipe Braga; ROSENVALD, Nelson. *Novo Tratado de Responsabilidade Civil*. 2ed. São Paulo: Saraiva, 2017.

FISCHER, Hans Albrecht. *A reparação dos danos no direito civil*. Trad. António de Arruda Ferrer Correia. Coimbra: Armênio Amado, 1938.

GOMES, Carla Amado. De que falamos quando falamos de dano ambiental? Direito, mentiras e críticas. In: AAVV. *Atas do Colóquio "A Responsabilidade Civil por Dano Ambiental"*. Lisboa: Instituto de Ciências Jurídico-Políticas da Universidade de Lisboa, 2010.

GONÇALVES, Diogo Costa. *Pessoa e Direitos de Personalidade*. Fundamentação ontológica da tutela. Coimbra: Almedina, 2008.

GONZÁLES, Maria Paz Sánchez. El daño moral. Una aproximación a su configuración jurídica. *Revista de Derecho Privado*, Madrid, s.n., bimestral, jul./ago. 2006.

KOZIOL, Helmut. Damages under Austrian Law. In: MAGNUS, Ulrich (editor). *Unification of Tort Law*: Damages. The Hague: Kluwer Law International, 2001.

LARENZ, Karl. *Derecho de Obligaciones*. Trad. Jaime Santos Briz. Madrid: Revista de Derecho Privado, 1959, t. I.

LEITE, José Rubens Morato. O dano moral ambiental difuso: conceituação, classificação e jurisprudência brasileira. In: AAVV. *Atas do Colóquio "A Responsabilidade Civil por Dano Ambiental"*. Lisboa: Instituto de Ciências Jurídico-Políticas da Universidade de Lisboa, 2010.

LEITE, José Rubes Morato. *Dano Ambiental*: do individual ao coletivo extrapatrimonial. 2ed. São Paulo: Revista dos Tribunais, 2003.

LORENZETTI, Ricardo Luis. *Fundamentos do Direito Privado*. Trad. Vera Maria Jacob de Fradera. São Paulo: Revista dos Tribunais, 1998.

MANCUSO, Rodolfo de Camargo. *Interesses Difusos*. Conceito e legitimação para agir. 6ed. São Paulo: Revista dos Tribunais, 2004.

MARTINEZ, Pedro Romano. *Direito das Obrigações*. Apontamentos. 2ed. Lisboa: AAFDL, 2004.

MARTINS-COSTA, Judith. Dano moral à brasileira. *Revista do Instituto do Direito Brasileiro*, Lisboa, a. 3, n. 9, 2014.

MARTINS-COSTA, Judith. Os danos à pessoa e a natureza da sua reparação. In: ___. (org.) *A Reconstrução do Direito Privado*. São Paulo: Revista dos Tribunais, 2002.

MEDEIROS NETO, Xisto Tiago de. *Dano Moral Coletivo*. 2ed., São Paulo: LTr, 2007.

MEDEIROS NETO, Xisto Tiago de. *Dano moral coletivo*: fundamentos e características. Revista do Ministério Público do Trabalho, Brasília, v. 12, n. 24, set. 2002.

MIRANDA, Jorge. *Manual de Direito Constitucional* (Direitos Fundamentais). 3ed. Coimbra: Coimbra, 2000, t. IV.

MIRRA, Álvaro Luiz Valery. *Ação civil pública e reparação do dano ao meio ambiente*. 2ed. São Paulo: Juarez de Oliveira, 2004.

MORAES, Maria Celina Bodin de. *Danos à pessoa humana*. Uma Leitura Civil-Constitucional dos Danos Morais. 3tir. Rio de Janeiro: Renovar, 2007.

NORONHA, Fernando. *Desenvolvimentos contemporâneos da Responsabilidade Civil*. Revista dos Tribunais, São Paulo, v. 761, mar. 1999.

PACCAGNELLA, Luis Henrique. *Dano moral ambiental*. Revista de Direito Ambiental, São Paulo, v. 4, n. 13, jan./mar. 1998.

PERLINGIERI, Pietro. *Perfis de Direito Civil*. Introdução ao Direito Civil Constitucional. Trad. Maria Cristina De Cicco. 3ed. Rio de Janeiro, 2007.

RAMOS, André de Carvalho. A ação civil pública e o dano moral coletivo. *Revista de Direito do Consumidor*, São Paulo, n. 25, jan./mar. 1998.

ROCCA, Encarna. *Derecho de daños*. Textos y materiales. 5ed. Valencia: Tirant lo Blanch, 2007.

ROMANO, Rogério Tadeu. *Dano moral coletivo* – aspectos processuais. Disponível em: <https://www.jfrn.jus.br/institucional/biblioteca-old/doutrina/doutrina227.pdf>. Acesso em: 30.06.2018.

SARLET, Ingo Wolfgang. *Dignidade da Pessoa Humana e Direitos Fundamentais*. 4ed. Porto Alegre: Livraria do Advogado, 2007.

SERRA, Adriano Vaz. Reparação do dano não patrimonial. *Boletim do Ministério da Justiça*, Lisboa, n. 83, fev. 1959.

SILVA, Manuel Gomes da. *O dever de prestar e o dever de indenizar*. Lisboa: AAFDL, 1944, t. I.

SOUSA, Miguel Teixeira de. *A Legitimidade Popular na Tutela dos Interesses Difusos*. Lisboa: Lex, 2003.

SOUSA, Miguel Teixeira de. *A tutela jurisdicional dos interesses difusos no direito português*. Estudos de Direito do Consumidor, Coimbra, n. 6, 2004.

SOUSA, Rabindranath Capelo de. *O Direito Geral de Personalidade*. Coimbra: Coimbra, 1995.

TARTUCE, Flávio. Reflexões sobre o dano social. *Revista Trimestral de Direito Civil*, Rio de Janeiro, a. 9, v. 34, abr./jun. 2008.

TEIXEIRA NETO, Felipe. A ilicitude enquanto pressuposto da responsabilidade civil delitual: um exame em perspectiva comparada (luso-brasileira). *Revista Jurídica Luso-Brasileira*, Lisboa, a. 3, n. 6, 2017.

TEIXEIRA NETO, Felipe. *Dano Moral Coletivo*. A configuração e a reparação do dano extrapatrimonial por lesão aos interesses difusos. Curitiba: Juruá, 2014.

TEIXEIRA NETO, Felipe. Há espaço para uma função punitiva da responsabilidade civil extracontratual? Um contributo da análise económica do direito. In: OTERO, Paulo; ARAÚJO, Fernando; GAMA, João Taborda da. *Estudos em Memória do Prof. Doutor J. L. Saldanha Sanches*. Coimbra: Coimbra, 2011, v. 2.

TELLES, Inocêncio Galvão. *Direito das Obrigações*. 4ed. Coimbra: Coimbra, 1982.

VASCONCELOS, Pedro Pais de. *Direito de Personalidade*. Coimbra: Almedina, 2006.

A (IN)VIABILIDADE JURÍDICA DO DANO MORAL COLETIVO

Bruno Leonardo Câmara Carrá

Doutor em Direito Civil pela Universidade de São Paulo, Brasil; Pós-Doutorado na Facoltà di Giurisprudenza da Universidade de Bolonha, Itália; Professor pesquisador visitante da Universidade René Descartes (PARIS V), França; Juiz Federal (TRF 5).

Sumário: 1. Dos danos morais individuais aos danos coletivos – 2. Dano moral coletivo: esboço de um conceito – 3. Dano Moral Coletivo: o que diz o Superior Tribunal de Justiça – 4. Ilícitos contra a Administração: a última fronteira do dano moral coletivo? – 5. O risco de uma responsabilidade por mera conduta – 6. Conclusão: um *tercius genus* (?) – 7. Referências bibliográficas.

1. DOS DANOS MORAIS INDIVIDUAIS AOS DANOS COLETIVOS

Dentre as inúmeras transformações ocorridas no âmbito da responsabilidade civil no ocaso do Século XIX está o início da construção argumentativa que resultaria no reconhecimento dos danos morais. Na tradição da *Common Law*, por exemplo, ele veio a ser admitido sob a categoria do *Intentional infliction of emotional distress*, ou, *tort of outrage*, reconhecido em *Wilkinson v. Downton*, pelo 2. QB 57 no ano de 1897. Com ele, foi aceito pela primeira vez que a agonia, a dor pura, o abalo psíquico também eram interesses passíveis de indenização na medida em que constituíam um abalo à integridade psicossomática do indivíduo. O caso decorreu de uma brincadeira de mau gosto, daí porque ser igualmente conhecido como *outrageous tort*, ou seja, o delito de ultraje.

Com efeito, o caso girou em torno de uma simples "brincadeira de mal gosto", onde o senhor *Downton* disse para a senhora *Wilkinson* que o marido dela havia sofrido um grave acidente, do qual teria resultado duas pernas quebradas e que ela deveria se dirigir ao local do acidente o mais rápido possível. A brincadeira produziu um choque emocional violento na mulher, que ficou semanas sem trabalhar em decorrência de seu estado de nervos. A ação de *Downton*, portanto, resultou para a vítima em grave sofrimento emocional, mas não necessariamente produziu qualquer lesão corporal. Ao reconhecer um dano baseado apenas em aspectos puramente psicológicos, aquele tribunal iniciaria o processo de admissão dos danos morais na Inglaterra por meio da noção de dor e sofrimento (*pain and suffering*), hoje, aliás, já bastante modificada, mas que foi a base para evolução dos danos extrapatrimoniais naquela tradição jurídica.[1]

---

1. Sobre o assunto cf.: ROGERS, W. V. H. *Winfield and Jolowicz on Tort*. 17. ed. Sweet & Maxwell: London, 2006, p. 51-81; HUNT, C. (2015). WILKINSON V DOWNTON REVISITED. *The Cambridge Law Journal*, 74(3), 392-395. doi:10.1017/S0008197315000793.

Na França, alguns autores costumam aludir a um aresto datado de 25 de junho de 1833, das Câmaras Reunidas de sua Corte de Cassação, para reivindicar posição vanguardista no processo de admissão dos danos morais. Assim, por exemplo, explica Patrice Jourdan que os argumentos conhecidamente contrários ao seu reconhecimento nunca causaram demasiada impressão naquele famoso tribunal, que sempre teve uma natural propensão para admitir, no âmbito conceitual do art. 1382 do *Code* os danos extrapatrimoniais.[2]

Na realidade, a frase é contestada por outra parte da doutrina gaulesa, que considera que a menção feita aos *préjudices moraux* constantes daquele julgado resultou mais da fala do Advogado-Geral que oficiou no caso que, propriamente, dos argumentos deduzidos pelos juízes.[3] Há absoluto consenso, entretanto, no sentido de que pelo acórdão de sua Câmara Civil, 13 de Fevereiro de 1923, no *Affaire Lejars contre Consorts Templier*, o dano moral resultou plenamente admitido na *práxis* judiciária francesa. Nesse caso, o elevado tribunal expressamente reconheceu que o legislador não havia definido o que seria ou não seria dano, devendo a jurisprudência realizar tal função.[4] Assim, como também ocorreria em relação à responsabilidade objetiva baseada no fato da coisa, a Corte concluiria que as hipóteses de dano descritas no Código Napoleão seriam meramente exemplificativas, ou seja, não exaustivas.

Do mesmo modo que *Wilkinson v. Downton*, em *Lejars contre Consorts Templier* abre-se a perspectiva de indenização do que ainda atualmente é conhecido na sistemática francesa como dano moral puro, ou seja, aquele com feição estritamente psicológica, sem reflexos corporais. Ainda em relação ao caso francês é interessante observar que a argumentação levada a efeito pela Corte de Cassação deu, depois de cem anos, plena concretude à ideia de cláusula geral enunciada no Código de 1804.

De fato, o art. 1.382 limitou-se a enunciar que todo e qualquer fato humano que causasse um *dano* a outro obrigava aquele pela culpa de quem ele foi ocasionado a repará-lo (art. 1.382).[5] Através desse *singelo* expediente, o *Code* alterou a lógica até então prevalente de vincular um dano específico pela violação de um interesse jurídico também especialmente tipificado. Nesse contexto, histórico discurso de Jean

---

2. "La jurisprudence en tout cas ne s'est jamais montrée impressionné par les objections élevées contre la réparation du préjudice moral et l'admet sans hésitation depuis un arrêt des chambres réunies de la Cour de cassation du 25 juin 1833 (S. 1833, 1, 458). Elle a ainsi alloué de façon libérale des indemnités réparant toutes sortes d'atteintes à des intérêts extrapatrimoniaux, as seule préoccupation ayant été de limiter par divers moyens." (JOURDAN, Patrice. *Les principes de la responsabilité civile*. 6. ed. Paris: Dalloz, 2003, p. 121).

3. BRUN, Philippe. *Responsabilité Civile Extracontractuelle*. 4. ed. Paris, Lexis Nexis, 2016. p. 147.

4. Nesse sentido: « De principe, l'indemnisation des conséquences extrapatrimoniales d'une atteinte corporelle n'est depuis longtemps plus discutée, tant à l'égard des victimes directes que des victimes par ricochet (Cass. civ., 13 février 1923: a douleur éprouvée par les enfants d'une personne, morte victime d'un accident, suffit, en l'absence de tout préjudice matériel, pour permettre à ces enfants d'exercer contre l'auteur de l'accident une action en dommages-intérêts) » (PIERRE, Philippe. *L'indemnisation du préjudice moral en Droit français Synthèse*. Disponível em: <www.fondation-droitcontinental.org/fr/wp-content/uploads/2014/01/prejudice_moral_etude-fr.pdf.> Acesso em: 29 jun 2018).

5. No original: "*Tout fait quelconque de l'homme, qui cause à autrui un dommage, oblige celui par la faute duquel il est arrivé à le réparer.*"

Dominique Léonard Tarrible, em 19 Pluvioso (*pluviôse*) de 1803, já esclarecia que todo e qualquer interesse jurídico estaria contemplado na regra do art. 1.382: "Do homicídio até a mais leve ferida, do incêndio em um edifício até à quebra do mais desprezível (bem) móvel, tudo está submetido à mesma lei."[6]

A norma é incompleta no exato sentido que reconheceu a Corte de Cassação, ou seja, apenas cria as condições abstratas para a percepção de um fenômeno concreto como lesivo. Desse modo, não é necessária uma tipificação prévia para cada hipótese de dano, permitindo ao intérprete variar com maior ou menor extensão a noção de dano ressarcível sem que fosse necessário realizar qualquer alteração no texto legal.

Contudo, essa não foi a prática que se seguiu. Só por exceção aceitava-se a tutela de direitos imateriais, razão pela qual eles se circunscreviam apenas a setores de cardeal sensibilidade, como os relacionados à defesa da vida humana, sua liberdade, integridade e honra em seus aspectos maiores. Ou seja, somente eventos particularmente gravosos a qualquer um desses atributos da personalidade é que poderiam ensejar uma indenização. Suas violações mais cotidianas, contudo, padeciam de proteção jurídica. Concluem Alpa e Bessone, assim, que:

> "Esta tendência respeitava as exigências econômicas de *laissez faire*, na presença das quais – ao lado do dogma da culpa – era afirmado o princípio (funcional à estratégia empreendedora e nada obstante à liberdade de cada operação econômica) que nem todos os danos podem ser ressarcidos, mas apenas aqueles danos que resultam da lesão dos interesses particularmente tutelados do direito."[7]

Havia, por certo, uma razão ideológica, prosseguem os tratadistas peninsulares, que era as exigências das economias de *laissez faire*. Firmava-se o princípio de que nem todos os danos poderiam ser ressarcidos, senão que apenas os resultantes de lesões a interesses de maior relevância para o Direito, ou seja, de um interesse elevado à dignidade de direito subjetivo absoluto, expressão que designa agressões apenas a valores da mais alta relevância para o ordenamento. Mais do que isso, seguia-se a ideia cardeal do liberalismo econômico pelo que, de modo irônico, pode-se dizer que *quod non est pecúniae, non est in mundus*! Desde aí as incontáveis resistências sobretudo por parte dos setores doutrinários não raro ligados às elites da época.

Não por outra razão, os danos não patrimoniais, até então, necessitavam de uma base fenomênica para ingressarem na cidadela do Direito. Isso pode ser, a título de exemplo rápido, é o claro desconforto do legislador brasileiro do começo do Século XX em admitir tais reparações. Sendo inevitável que tais atributos deveriam gerar alguma sorte de compensação em dinheiro, o Código Civil de 1916 usa a expressão

---

6. *Apud* ROSSETTI, Marco. *Il danno ala salute*. Padova: Cedam, 2009, p. 23-24.
7. "Questa tendenza rispecchiava le esigenze di economie di laissez faire, in presenza dele quali – acanto al dogma della colpa – si era affermato il principio (funzionale alle strategie imprenditoriali e comunque alla libertà di ogni operazione economica) che non tutti i danni possono essere risarciti, ma soltanto quei danni che risultano dalla lesione di interessi paticularmente tutelati dal diritto." (ALPA, Guido; BESSONE, Mario. *La responsabilità civile*. 3. ed. Milano: Giuffrè, 2001, p. 5).

multa em seus arts. 1.538 e 1.547 para se referir ao pagamento devido para os casos de ofensas à integridade corporal e à honra.

Com o reconhecimento dos danos morais puros, supera-se tal necessidade e se coloca, definitivamente, a noção de patrimônio imaterial como passível de ensejar uma indenização, assim entendida como a sanção meramente reparadora que o ordenamento jurídico coloca, no âmbito privado, à disposição daquele que teve algum interesse tutelado concretamente violado. Tal processo também foi, embora mais tardiamente, levado a efeito na Itália. No caso peninsular, é interessante observar, entretanto, que houve maior sistematização do problema, o que permitiu uma construção mais ampla, sólida e conjuntural da questão.

Tanto assim que a doutrina italiana utiliza, de regra, o termo *depatrimonializzazione* para justificar o reconhecimento do ressarcimento dos direitos extrapatrimoniais exatamente para destacar esse processo de passagem de uma visão clássica de caráter material para essa outra que enxergava nos valores anímicos da pessoa igualmente um dano a ser vindicado judicialmente.

Como explica Mario Barcellona, três distintas abordagens foram utilizadas naquele país: a) a primeira, dita *ordinária*, decorrente do redimensionamento dogmático da própria noção de dano prevista no art. 2.043 do *Codice Civile* de 1942; b) a segunda, pela *constitucionalização* do conceito de dano a partir da *tutela della salute* constante no art. 32 da *Costituzione* de 1948 – no que adaptará a jurisprudência alemã do *Bundesverfassungsgericht* às suas peculiaridades; c) e a terceira, que considerava o método *analógico* e que se baseava na possibilidade de aplicação do art. 2.043 as situações excogitadas de tutela da saúde.[8]

O processo de "despatrimonialização", assim entendido como o abandono definitivo da dicotomia imperfeita entre os danos patrimoniais e extrapatrimoniais, é de ser especialmente lembrado ainda porque, em razão de suas verdadeiras idiossincrasias, fomentou o reconhecimento de várias formas de danos não patrimoniais. Resume-se o quadro dizendo que, a partir do reconhecimento amplo pela jurisprudência do dano à saúde e ao ambiente, inculcaram-se outras *novas formas de* dano como o biológico, o existencial, o de *moobing* e até mesmo o de férias arruinadas (*vacanza rovinata*).[9]

Situação assemelhada ocorreu na França, embora com características diferentes. Em alguns casos, a tentação de conceber novas formas de danos produziu o que muitos autores denominam de inflacionamento, que passou a ser, no extremo oposto, também objeto de críticas. O problema dos *danos etiquetáveis*, como resultou conhecida a questão no Direito Italiano, é muito provavelmente a melhor demonstração da outra face do processo de "despatrimonialização".

---

8. BARCELLONA, Mario. *Il Danno non Patrimoniale*. Milano: Giuffrè, 2008, p. 20.
9. PERA, Flavio Samuele. In: VIOLA, Luigi (Coord.). *La responsabilità civile ed il danno*. Halley: Matelica, 2007, p. 297.

Tanto assim que a Sessão Unida de sua *Cassazione* reconheceu o excesso doutrinário na famosa *Sentenza* n. 26972, de 11 de novembro de 2008, ao estabelecer que o dano extrapatrimonial contra a pessoa vem a ser uma categoria unitária, alcançando toda sorte de repercussões sem expressão pecuniária inicial. Segue o trecho do julgado:

> "O dano não patrimonial é (uma) categoria geral não suscetível de subdivisão em subcategorias variavelmente etiquetáveis. Não pode, portanto, fazer-se referência a uma subcategoria genérica denominada 'dano existencial', porque através dessa se termina por levar também o dano não patrimonial na atipicidade."[10]

A referência ao reconhecimento dos danos morais nesses diversos sistemas não é feita sem razão. A partir da ideia fundamental de que existe um espectro de direitos não tangíveis, em sentido fenomênico, que poderiam ensejar a reparação civil, permitiu-se a construção de novas espécies de danos. Se alguns deles mostraram-se meros desdobramentos do modelo inicialmente projetado, tendo por base a afronta da dignidade da pessoa, outros efetivamente consolidaram-se como formas próprias, autônomas, particulares.

Se o reconhecimento jurisprudencial dos danos morais pôs fim à dicotomia imperfeita, inaugurando plena identidade entre os danos patrimoniais e extrapatrimoniais, em breve essa própria dicotomia foi posta à prova com a percepção de que outras modalidades de danos poderiam ter vida própria a partir dessa nova conformação. Assim, nada obstante os excessos, a aceitação mais aberta dos danos ao longo do século XX fez com que se pudesse perceber que alguns deles possuiriam natureza supraindividual. O tema, por sinal, não é tão recente assim.

Desde a Lei de 9 de março de 1920, o Direito Francês dava legitimidade aos sindicatos profissionais para agir em reparação a todo prejuízo direto e indireto ao interesse coletivo da profissão que ele representasse. Na realidade, a norma positivou de modo geral as conclusões que haviam sido exaradas bem antes por sua Corte de Cassação no conhecido aresto de 9 de abril de 1913. Naquela ocasião, com efeito, disse o tribunal:

> "A ação civil (coletiva) não tem por objeto o de dar satisfação aos interesses individuais de um dos vários de seus membros, mas bem de assegurar a proteção do interesse coletivo da profissão considerados em sua união e representado pelo sindicato cuja personalidade jurídica é distinta da pessoa de cada um dos que a compõem."[11]

---

10. No original: "Il danno non patrimoniale è categoria generale non suscettibile di suddivisione in sottocategorie variamente etichettate. Non può, dunque, farsi riferimento ad una generica sottocategoria denominata 'danno esistenziale', perché attraverso questa si finisce per portare anche il danno non patrimoniale nell'atipicità." Disponível em: <http://www.altalex.com/index.php?idnot=43677>. Acesso em: 29 jun 2018.

11. No original: « l'action civile n'a pas pour objet de donner satisfaction aux intérêts individuels d'un ou plusieurs de ses membres, mais bien d'assurer la protection de l'intérêt collectif de la profession envisagée dans son ensemble et représentée par le syndicat dont la personnalité juridique est distincte de la personne de chacun de ceux qui la composent » (Disponível em: <http://www.efp-cgt.org/wp-content/uploads/2012/12/cgt_ihs_mai2011_regles_action_en_justice_des_syndicats.pdf.> Acesso em: 29 jun 2018.

O tema frequenta há tempos, portanto, os debates da dogmática francesa que, a partir da decisão ora referida, passou a considerar, em sua evolução, que tanto os danos materiais como os morais decorrentes da violação de interesses coletivos poderiam ser indenizados.[12] Entretanto, a questão somente seria melhor enquadrada, como também iria ocorrer no Brasil, a partir do reconhecimento do dano ecológico puro (*préjudice écologique pur*), assim entendido o dano causado diretamente ao meio ambiente, independentemente de outras consequências.

Nesse sentido, consta no *Rapport Catala*, o anteprojeto de reforma do Direito das Obrigações francês realizado por uma equipe de especialistas coordenada por Pierre Catala e que, na parte relativa à responsabilidade civil ficou sob a relatoria de Geneviève Viney, que é reparável todo prejuízo certo consistente de uma lesão de um interesse lícito, patrimonial ou extrapatrimonial. Assim, a fórmula proposta para a nova redação do art. 1.343 do Código Civil, além de positivar o dano coletivo em caráter autônomo, deixa claro que ele apresenta aspectos tanto no âmbito estritamente material como moral.[13]

Com o chamado *affaire Erika*, que tratou dos danos ambientais causados pelo naufrágio desse navio petroleiro, a Corte de Cassação, em uma comemorada decisão datada de 25 de setembro de 2012, finalmente pôs fim às discussões suscitadas pela doutrina, reconhecendo a existência de um dano essencialmente coletivo contra a natureza, inclusive, pelo que se nota dos termos do acórdão em questão, como uma forma de lesão independentemente daqueles de ordem subjetiva (*préjudice objectif autonome*), englobando:

> "toda agressão não negligenciável ao ambiente natural, a saber, notadamente, o ar, a atmosfera, a água, solos, terras e paisagens, os espaços naturais, a biodiversidade, e a interação entre esses elementos que não correspondem a um interesse humano particular, mas que afetam a um interesse coletivo legítimo".[14]

A referência ao modelo francês, relativamente à construção de um dano coletivo, é especialmente interessante em razão da racionalidade com a qual se desvelou o ciclo de evolução do tema em sua doutrina e em seus tribunais. Primeiro, a descoberta do dano moral a partir da apreensão de que o legislador de 1804 tinha mesmo a intenção de tornar indenizáveis todas as formas de prejuízo, inclusive os extrapatrimoniais, como agora se diz.[15] A partir daí, um subsequente processo resultará na superação

---

12. Nesse sentido, cf.: MAZEAUD, Henri; MAZEAUD; Léon; MAZEAUD, Jean; CHABAS, François. *Leçons de droit civil*: obligations theorie générale. 9. ed. Paris: Montchrestien, 1998, t. 2. v. 1. p. 710-711.

13. Cf. a íntegra do *Rapport Catala* em: <http://www.justice.gouv.fr/art_pix/RAPPORTCATALASEPTEMBRE2005.pdf.> Acesso em: 29 jun 2018.

14. « toute atteinte non négligeable à l'environnement naturel à savoir, notamment, l'air, l'atmosphère, l'eau, les sols, les terres, les paysages, les sites naturels, la biodiversité et l'interaction entre ces éléments qui est sans répercussion sur un intérêt humain particulier mais qui affecte un intérêt collectif légitime » Cf. a íntegra do acordão em: <https://www.courdecassation.fr/IMG///Crim_arret3439_20120925.pdf>. Acesso em: 29 jun 2018.

15. É preciso destacar, contudo, que os civilistas franceses em sua acentuada maioria ainda trabalham, um pouco de encontro com a lógica dos autores do *Code* inclusive, a diferença entre os conceitos de *préjudice*

da própria ideia de que os *danos*, sejam eles materiais ou morais, são sofridos apenas por uma personalidade nos clássicos termos oitocentistas.

O dano coletivo, portanto, representou o reconhecimento de outro ciclo de expansão da responsabilidade civil, dessa vez para além do próprio âmbito da subjetividade das vítimas. A transposição da subjetividade para a objetividade relativamente ao lesado, no caso do dano resultante do malferimento a um interesse coletivo e, por conseguinte, a ausência de uma personalidade definida que lhe congregue um centro de gravidade, são significantes dessa inovação ainda não totalmente apreendida em toda sua amplitude. O reconhecimento da independência do interesse coletivo e a possibilidade, igualmente autônoma, de sua reparação, está associado às igualmente revolucionárias mudanças experimentadas em toda dogmática jurídica após o advento do Direito Ambiental.

Com efeito, a acolhida, em vários ordenamentos jurídicos, do dano ambiental, foi, mais recentemente, a causa eficiente para o reconhecimento da reparabilidade dos interesses coletivos. De modo diverso do que até antes era admitido pelo estado da arte, pôs-se em perspectiva que uma plêiade de bens jurídicos lesada em virtude de um dano de cunho ambiental exigiria um modo diverso de enfrentamento: "*desperate times, desperate mesures*". Para além de uma depreciação fenomenicamente mensurável dos bens e serviços ambientais, ou seja, sob o aspecto estritamente material, verificou-se que, sob outros vários aspectos a lesão ambiental poderia comprometer toda uma população, inclusive seres humanos não nascidos (gerações futuras).[16]

Dentro desse quadro, o Código de Defesa do Consumidor – CDC permitiu o reconhecimento do dano coletivo em sentido amplo, ao predicar a existência de direitos e interesses difusos ou coletivos em seu conhecido art. 81.[17] O direito brasileiro é sabidamente conhecido como sendo um dos mais vanguardistas em caráter

---

e *dommage*. Estes, correspondem à lesão em si; aqueles, aos efeitos jurídicos dela. A distinção persiste no *Rapport Catala*.

16. Essa *polimorfia* dos danos ambientais é, por exemplo, destacada por Isidoro Goldenberg e Néstor Cafferatta nos termos seguintes: "Asimismo, se califica el daño ambiental como un daño a la salud, un daño físico (aunque no de manera excluyente, sino acumulativa, con daños de otra naturaliza), representado porque toda agresión ambiental importa una disvaliosa modificación material del patrimonio, un menoscabo en las potencialidades humanas, un estrechamiento o perdidas de chances o expectativas vitales, una disminución de la aptitud vital genérica de la víctima existente o potencial, un perjuicio que pone en jaque derechos personalísimos, inherentes a la persona, o atributos de la personalidad." (GOLDENBERG, Isidoro H.; CAFFERATTA, Néstor A. *Daño ambiental*: problematica de su determinación causal. Buenos Aires: Abeledo-Perrot, 2001, p. 11).

17. O art. 81 do CDC (Lei 8.078/1990), como sabido, inovou o ordenamento jurídico brasileiro e positivou as três formas conhecidas de interesses coletivos em sentido amplo, transcreve-se: "Art. 81. A defesa dos interesses e direitos dos consumidores e das vítimas poderá ser exercida em juízo individualmente, ou a título coletivo. Parágrafo único. A defesa coletiva será exercida quando se tratar de: I – interesses ou direitos difusos, assim entendidos, para efeitos deste código, os transindividuais, de natureza indivisível, de que sejam titulares pessoas indeterminadas e ligadas por circunstâncias de fato; II – interesses ou direitos coletivos, assim entendidos, para efeitos deste código, os transindividuais, de natureza indivisível de que seja titular grupo, categoria ou classe de pessoas ligadas entre si ou com a parte contrária por uma relação jurídica base; III – interesses ou direitos individuais homogêneos, assim entendidos os decorrentes de origem comum."

mundial sobre o tema. Isso porque, em vários outros sistemas, como o caso francês aqui referido, as inovações se deram em princípio por meio da doutrina e da *práxis* judiciária, enquanto que, entre nós, partiu o legislador na frente fazendo ele próprio as alterações necessárias para o pleno reconhecimento do dano coletivo.

2. DANO MORAL COLETIVO: ESBOÇO DE UM CONCEITO

Até o efetivo reconhecimento dos danos coletivos, a responsabilidade civil trabalhava tão somente sob a lógica da dicotomia danos materiais v. danos morais, porém, os interesses coletivos puseram à prova suas vicissitudes para um adequado enfrentamento dos danos numa sociedade que deparava-se, cada vez mais, com as novas formas de perigo, sobretudo, para meio ambiente e para a saúde humana. Assim, começou-se a cogitar a necessidade de ampliar mais ainda a zona de interesses protegidos.[18]

Os danos contra a natureza tiveram particular importância nesse processo em razão de que, quase sempre, seus efeitos lesivos excedem os níveis de interesse pessoal ou local. Transfronteiriço e intergeracional, por isso mesmo, convencionou-se dizer que ele representa como nenhum outro o interese coletivo.[19] A insuficiência das estruturas tradicionais da responsabilidade civil para lhe fazer frente era, então, manifesta e, por óbvias razões, tal incapacidade exigiu uma alteração completa na estrutura existente, de modo a que se concebece o reconhecimento de "novos interesses" passíveis de proteção jurídica e, assim, civilmente reparáveis.

Essa é, ao que tudo revela, a particular vocação da responsabilidade civil de nossa era: o reconhecimento de novas formas de lesão, entre elas as de caráter transcendente à personalidade tradicional. Nesse contexto, ao que se pode depreender de um estudo comparativo, a doutrina brasileira tomou posição vanguardista ao preconizar uma forma ainda mais avançada de dano: o dano coletivo com feição moral.

Os trabalhos iniciais de autores como, por exemplo, Xisto Tiago Medeiros Neto, de fato, podem ser considerados como de uma força criativa revigoradora na doutrina nacional. O raciocínio era tão simples como brilhante: se os danos foram até agora considerados sob a ótica individual como materias e morais (*i.e.* patrimoniais e extrapatrimoniais), também o deveriam ser os coletivos. Embalados, portanto, pelas potencialidades do recentemente publicado Código de Defesa do Consumidor, que, como acima mencionado, positivava um regime de proteção ampla aos interesses coletivos, nada mais adequado do que garantir aos bens e serviços comuns a mesma e exata proteção já dada aos particulares mercê de toda aquela evolução antes vista.[20]

---

18. A propósito dos novos danos, cf.: SCHREIBER, Anderson. *Novos paradigmas da responsabilidade civil*: da erosão dos filtros da reparação à diluição dos danos. 3. ed. São Paulo: Atlas, 2011, p. 88; GODOY, Claudio Luiz Bueno de. *Responsabilidade civil pelo risco da atividade*. São Paulo: Saraiva, 2009, p. 15-16.
19. BELLO FILHO, Ney de Barros. *Direito ambiental*. 2. ed. Curitiba: IESDE, 2009, p. 97.
20. Logo no começo de sua inovadora obra, diz Xisto Neto: "Com efeito, a atribuição de relevância jurídica a interesses ou direitos titularizados por determinadas coletividades, correspondentes a bens e valores extrapatrimoniais dotados de fundamentalidade, passou a suscitar a devida proteção e a garantia de reparação exemplar em

O dano moral coletivo então, passou a ser compreendido como uma forma de lesão aos interesses ou direitos titularizados pela coletividade. Com efeito, doutrina e posteriormente jurisprudência começaram a predicar que seria possível a violação mesmo dos valores extrapatrimoniais de uma dada comunidade, ou seja, de "um determinado círculo de valores coletivos", como explica Carlos Alberto Bittar Filho.[21] Nesse contexto, pode-se perceber a perfeita correlação entre o caráter essencialmente axiológico da lesão e sua reparabilidade categorizada dentro de uma noção ampla de patrimônio imaterial.

O interessante aqui é perceber como se superpõem os ciclos evolutivos da responsabilidade civil, a saber, da reparação de atributos imateriais da personalidade até o reconhecimento de danos consistentes no malferimento de valores coletivos. Passa-se, desse modo, a considerar que não apenas uma pessoa, assim entendida quem é detentor de personalidade civil, mas uma coletividade, ou seja, um determinado conjunto de seres humanos, mas que com eles não se confunde e, portanto, sem personalidade, possa ser considerada como sujeito ativo de indenização.[22]

Em pouco tempo os tribunais brasileiros assimilaram a ideia, tendo a novel forma de dano encontrado acolhida especialmente no Superior Tribunal de Justiça. Hoje, a *Cassação brasileira* apresenta construção sedimentada a respeito do assunto, admitindo o dano moral coletivo em inúmeros precedentes e sob as mais diversas modalidades. Nesse sentido, uma recente decisão do STJ, destaca que "o dano moral coletivo é categoria autônoma de dano que não se identifica com os tradicionais atributos da pessoa humana (dor, sofrimento ou abalo psíquico), mas com a violação injusta e intolerável de valores fundamentais titularizados pela coletividade (grupos, classes ou categorias de pessoas)."[23]

3. DANO MORAL COLETIVO: O QUE DIZ O SUPERIOR TRIBUNAL DE JUSTIÇA

De fato, a despeito de sua posição inaugural em sentido contrário, o Superior Tribunal de Justiça atualmente reconhece a existência de danos morais coletivos, nas mais variadas esferas: direito do consumidor, meio ambiente, saúde, direitos de crianças e idosos, entre outros.

---

face de qualquer lesão injusta a eles infligida. E, no desiderato de atender a esse imperativo, cumpre ao Direito prever mecanismos e instrumentos adequados, tendo por norte o objetivo maior de garantir o equilíbrio e a paz social." (MEDEIROS NETO, Xisto Tiago. *Dano Moral Coletivo*. 4. ed. São Paulo: LTr, 2014, p. 17).

21. BITTAR FILHO, Carlos Alberto. *Do dano moral coletivo no atual contexto jurídico brasileiro*. Disponível em: <www.egov.ufsc.br/portal/sites/default/files/anexos/30881-33349-1-PB.pdf.> Acesso em: 29 jun 18.

22. Cf. MELLO, Fernando de Paula Batista. O dano não patrimonial transindividual. In: *Revista de Direito do Consumidor: RDC*, v. 23, n. 96, nov./dez., 2014, p. 58.

23. Além disso, consignou que o dano moral coletivo: "Tem a função de: a) proporcionar uma reparação indireta à lesão de um direito extrapatrimonial da coletividade; b) sancionar o ofensor; e c) inibir condutas ofensivas a esses direitos transindividuais." (BRASIL. Superior Tribunal de Justiça. Recurso Especial 1.643.365, da 3ª Turma, Relatora Ministra Nancy Andrighi, julgado em 05.06.2018, *DJe* 07.06.2018).

O precedente contrário, constantemente mencionado em artigos especializados, foi da lavra do então Ministro Teori Albino Zavascki. Na ocasião, a Corte entendeu, com o relator, que: "A ofensa moral sempre se dirige à pessoa enquanto portadora de individualidade própria; de um *vultus* singular e único."[24] O julgamento, ocorrido no ano de 2006, pode ser nitidamente situado dentro do paradigma subjetivista. Ainda fiel a essa tradição, não lhe foi possível divisar a possibilidade de uma reparabilidade objetiva e exterior à personalidade.

Nada obstante, já no ano seguinte, o Superior Tribunal de Justiça iria reconhecer plenamente o dano moral coletivo em precedente relatado pela Ministra Nancy Andrighi no caso que ficou conhecido como o da *pílula de farinha*. Tratou-se de ação proposta pela Fundação de Proteção e Defesa do Consumidor (Procon/SP) e o Estado de São Paulo contra a Schering do Brasil, requerendo a condenação de danos morais coletivos em virtude de haver produzido o anticoncepcional Microvlar sem o respectivo princípio ativo, vale dizer, apenas com a cápsula de farinha, ocasionou a gravidez de várias consumidoras, as quais, naturalmente, não poderiam ser completamente identificadas.

Na ocasião, o STJ terminou não conhecendo o recurso especial, mantendo a condenação. Por isso, diferentemente como apregoam alguns autores, não se considera que este seja o melhor dos precedentes para ilustrar a evolução do tema no STJ.

Um dos primeiros julgados a reconhecer a existência do dano moral coletivo foi o recurso especial 1.057.274, que versava sobre o Passe Livre garantido ao idoso no uso do transporte público, assegurado pelo Estatuto do Idoso. Esse foi provavelmente o primeiro julgado onde a Corte, enfrentando a matéria em toda sua extensão, não apenas admite a existência do dano moral coletivo, como, inclusive, chega a conceituá-lo e até mesmo estabelecer algumas diferenças com o dano moral individual, como pode ser visto do trecho da Ementa do julgado adiante transcrito:

> "1. O dano moral coletivo, assim entendido o que é transindividual e atinge uma classe específica ou não de pessoas, é passível de comprovação pela presença de prejuízo à imagem e à moral coletiva dos indivíduos enquanto síntese das individualidades percebidas como segmento, derivado de uma mesma relação jurídica-base.
>
> 2. O dano extrapatrimonial coletivo prescinde da comprovação de dor, de sofrimento e de abalo psicológico, suscetíveis de apreciação na esfera do indivíduo, mas inaplicável aos interesses difusos e coletivos."[25]

No mesmo sentido, o ministro Herman Benjamin, no julgamento do recurso especial 1197654/MG, afirmou que "o dano moral coletivo atinge interesse não patrimonial de classe específica ou não de pessoas, uma afronta ao sentimento geral

---

24. Cf. BRASIL. Superior Tribunal de Justiça. Recurso Especial 598.281, da 1ª Turma, Relator para o Acórdão Ministro Teori Albino Zavascki, julgado em 02.05.2006, DJ 1º.06.2006, p. 147.
25. Cf. BRASIL. Superior Tribunal de Justiça. Recurso Especial 1057274/RS, da 2ª Turma, Relatora Ministra Eliana Calmon, julgado em 1º.12.2009, DJe 26.02.2010.

dos titulares da relação jurídica-base". E que a má prestação do serviço ofertado (no caso, o fornecimento de energia elétrica), tem a potencialidade de "afetar o patrimônio moral da comunidade".[26] Em decisões posteriores, a Corte chegou a entender que até mesmo a burla de certames licitatórios ensejaria o reconhecimento do dano moral coletivo.[27]

Outra grande tendência do STJ é a aplicação dos danos morais coletivos para a proteção da criança e do adolescente em programas difundidos pelos grandes meios de comunicação. Vários precedentes podem ser encontrados relativamente a essa hipótese. Um dos mais recentes, relatado pelo Ministro Luís Felipe Salomão, tratou da exibição de matéria jornalística considerada imprópria por expor "a vida e a intimidade de crianças e adolescentes cuja origem biológica era objeto de investigação", inclusive com o uso de expressões pejorativas, como informa o julgado.

Nessa perspectiva, o acórdão em questão constitui um interessante exemplo para a percepção das diferenças entre os danos sofridos pelos indivíduos diretamente atingidos e aqueles que decorrem da lesão aos paradigmas axiológicos da coletividade em geral, acarretando, portanto, uma violação objetiva que, igualmente, será passível de indenização. Diz, no ponto, o julgado:

> "3. A análise da configuração do dano moral coletivo, na espécie, não reside na identificação de seus telespectadores, mas sim nos prejuízos causados a toda sociedade, em virtude da vulnerabilização de crianças e adolescentes, notadamente daqueles que tiveram sua origem biológica devassada e tratada de forma jocosa, de modo a, potencialmente, torná-los alvos de humilhações e chacotas pontuais ou, ainda, da execrável violência conhecida por *bullying*.
>
> [...]
>
> 6. Nessa perspectiva, a conduta da emissora de televisão – ao exibir quadro que, potencialmente, poderia criar situações discriminatórias, vexatórias, humilhantes às crianças e aos adolescentes – traduz flagrante dissonância com a proteção universalmente conferida às pessoas em franco desenvolvimento físico, mental, moral, espiritual e social, donde se extrai a evidente intolerabilidade da lesão ao direito transindividual da coletividade, configurando-se, portanto, hipótese de dano moral coletivo indenizável, razão pela qual não merece reforma o acórdão recorrido."[28]

Além disso, a decisão citada reafirma o caráter *in re ipsa* do dano moral coletivo, destacando que não há necessidade de produção de prova dos prejuízos para a comunidade. O assunto, no ponto, também se encontra sedimentado no STJ, cuja jurisprudência admite várias modalidades de lesão moral presumida, *in re ipsa*, porquanto o dano e seus efeitos lesivos terminam se confundindo.[29] O dano moral coletivo vem

---

26. Cf. BRASIL. Superior Tribunal de Justiça Recurso Especial 1197654/MG, da 2ª Turma, Relator Ministro Herman Benjamin, julgado em 1º.03.2011, DJe 08.03.2012.
27. Cf. BRASIL. Superior Tribunal de Justiça. Agravo Regimental no Recurso Especial 1003126/PB, da 1ª Turma, Relator Ministro Benedito Gonçalves, julgado em 1º.03.2011, DJe 10.05.2011.
28. BRASIL. Superior Tribunal de Justiça. Recurso Especial 1.517.973, da 4ª Turma. Relator Ministro Luís Felipe Salomão, julgado em 16.11.2017, DJe 1º.02.2018.
29. Cf. BRASIL. Superior Tribunal de Justiça. Agravo Regimental no Agravo 1379761/SP, da 4ª Turma, Relator Ministro Luís Felipe Salomão, julgado em 26.04.2011, DJe 02.05.2011.

gozando, portanto, de plena acolhida na jurisprudência nacional, sobretudo por força da posição tomada pelo Superior Tribunal de Justiça, e mais recentemente também no Tribunal Superior do Trabalho, especialmente em situações de discriminação no local de laboral e trabalho escravo ou infantil.[30]

4. ILÍCITOS CONTRA A ADMINISTRAÇÃO: A ÚLTIMA FRONTEIRA DO DANO MORAL COLETIVO?

Um ponto, todavia, merece maior destaque em nossos comentários: a possibilidade de condenação por danos morais coletivos em decorrência de atos ilícitos cometidos contra a Administração Pública, vale dizer, por atos considerados como ímprobos, ou ainda mais claramente em razão de atos de corrupção. Aliás, essa parece ser a derradeira e mais atual face do dano moral coletivo. Se é certo que ele é devido mercê da violação de axiomas considerados de alta relevância para uma coletividade em sua idealidade e, por conseguinte, do próprio ordenamento jurídico, parece ser razoável admitir que em tais situações seja possível falar em sua aplicabilidade.

A questão, inclusive, tem implicações teóricas as mais diversas. Em primeiro lugar, parece iterativo que, sim, há uma manifesta lesão ao patrimônio imaterial de uma comunidade diante de um ato de improbidade ou corrupção, suposto que mais do que nunca tem-se a percepção que a lisura do homem público é um dos valores mais claramente protegidos pela ordem vigente. Quanto a isso, inclusive, pode-se fazer menção ao rumoroso caso *Cir. v. Fininvest,* julgado pela Corte de Cassação italiana e pela qual se asseverou que a corrupção de um agente do Estado, no caso, de um juiz, seria tão grave que atingiria um verdadeiro direito fundamental que todo cidadão tem a um funcionário público imparcial.[31]

Contudo, cuidar-se de uma lesão a um interesse coletivo, ou da própria Pessoa Jurídica de Dirieto Público prejudicada pelo ilícito? O problema possui relevância maior diante das disposições da Lei de Improbidade Administrativa e da Lei Anticorrupção (Leis 8.429/1992 e 12.846/2013), que falam, ainda que implicitamente, de tais danos ao admitir uma ampla ressarcibilidade do ofensor pelos danos que causar pela prática desses atos desonestos. Assim, como, por exemplo também conclui Modesto Carvalhosa, entender-se que tais danos possuem natureza coletiva e, desse modo, indenizáveis em caráter extrapatrimonial.[32] Há a possibilidade, outrossim, como

---

30. Cf. BRASIL. Tribunal Superior do Trabalho. Recurso de Revista 64100-69.2009.5.05.0038, da 5ª Turma. Relator Ministro Antonio José de Barros Levenhagen, julgado em 15.03.2017, *DEJT* 17.03.2017.
31. O trecho consta da página 165 da Sentença 21.255, de 27.06.2013, Rel. Consigliere Giacomo Travaglino, oriunda da 3ª Seção Civil da Suprema Corte de Cassação, que decidiu em instância final da disputa de *Cir. v. Fininvest*. A íntegra da decisão pode ser encontrada em: <http://www.giurdanella.it/wp-content/uploads/2013/09/lodo-mondadori.pdf.> Acesso em: 29 jun 2018.
32. CARVALHOSA, Modesto. *Comentários sobre a Lei Anticorrupção das Pessoas Jurídicas*. Lei 12.846/2013. São Paulo: RT, 2015, p. 394-395.

proclama agora outra parte da doutrina, de se vir a qualificá-los como uma variante do próprio dano coletivo: *o dano social*, sobre o que se falará melhor adiante.[33]

Nada obstante, em recente julgamento, o Superior Tribunal de Justiça pontificou no sentido de que "do eventual dano decorrente de ato de improbidade administrativa não decorre dano coletivo previsto no art. 81 da Lei 8.078/1990".[34] Interessante destacar, por fim, que o voto condutor utilizou argumento o fato de que a conduta do funcionário que se deixa corromper enseja, pela *ignomínia e pelo desvio moral que cria*, um dano; porém, esse não chega a ser coletivo, na medida em que não se pode inferi-lo como algo inerente a um contexto difuso ou coletivo.

Parece, desse modo, que a Corte Superior, embora reconhecendo a reparabilidade extrapatrimonial decorrente de um episódio de improbidade ou corrupção, não o admite como dano de natureza coletiva e sim de uma situação onde a própria pessoa jurídica de Direito Público é a titular do crédito, por haver sida denegrida em sua imagem. Esse, por sinal, vem a ser exatamente o raciocínio que foi utilizado no STJ, naquele que é considerado o principal precedente em torno do assunto, a saber, o 960926/PB.

Tratava-se o caso de uma ação de impobidade administrativa onde se discutia as sanções a serem aplicadas a um gestor público que não realizou as obras de construção de um hospital, tendo ainda desviado as verbas públicas correspondentes. Na visão do Superior Tribunal de Justiça, isso prejudicou a credibilidade da União perante os munícipes de Chalé, no Estado de Minas Gerais. Além disso, a *corrupção* em seu sentido amplo teria ocasionado verdadeiro sofrimento à coletividade.

Em seu voto, o relator, o então Ministro Castro Meira, afirmou que a pessoa jurídica de Direito Público poderia sofrer dano moral por um ato ímprobo em função do descrédito e do desprestígio que ele acarreta, trazendo "o desânimo dos agentes públicos e a descrença da população, que, inclusive, prejudique a consecução dos diversos fins da atividade da Administração pública".[35]

É certo, contudo, que o mesmo STJ já se posicionou no sentido contrário, a saber, de que a pessoa jurídica de Direito Público não poderia sofrer danos morais.[36] Haveria, então um impedimento para a incidência dos danos morais nessas hipóteses? Vale dizer, o particular lesado por um ato de corrupção poderia postular danos morais, em razão de o ato violar sua legítima esfera de interesses, mas à pessoa jurídica de

---

33. Qualificando expressamente o ato de corrupção como dano social: FREIDE, Reis; ARAGÃO, Luciano. Dos danos sociais. In: *Revista da EMERJ*, Rio de Janeiro, v. 19, n. 75, jul./set., 2016, p. 214.
34. BRASIL. Superior Tribunal de Justiça. Agravo Regimental no Agravo em Recurso Especial 478.386, da 1ª Turma. Relator para Acórdão Ministro Benedito Gonçalves, julgado em 20.06.2017, *DJe* 22.08.2017.
35. BRASIL. Superior Tribunal de Justiça. Recurso Especial 960.926, da 2ª Turma. Relator Ministro Castro Meira, julgado em 18.03.2008, *DJe* 1º.04.2008.
36. BRASIL. Superior Tribunal de Justiça. Recurso Especial 1258389, da 4ª Turma. Relator Ministro Luís Felipe Salomão, julgado em 17.12.2013, *DJe* 15.04.2014.

Direito Público não seria conferido igual direito? A resposta necessariamente deve ser negativa, sob pena de criar um paradoxo axiológico inadmissível.

E ela é, de fato, negativa: basta examinar de modo sistêmico ambas as decisões. O que aparentou ser dito no Recurso Especial 1258389/PB é que não existe genericamente uma ofensa à imagem ou à honra das pessoas jurídicas de Direito Público. No caso de atos de improbidade, neles, logicamente, abrangidos os de corrupção, todavia, já há previsão abstrata em legislação própria acerca da reparação integral do dano, o que, obviamente, abrange o moral. Talvez por isso o Ministro Castro Meira destacou, em seu voto, quando do julgamento do Recurso Especial 960926/PB, já mencionado: "Não há vedação legal ao entendimento de que cabem danos morais em ações que discutam improbidade administrativa seja pela frustração trazida pelo ato ímprobo na comunidade, seja pelo desprestígio efetivo causado à entidade pública que dificulte a ação estatal."

É forçoso observar, de todo modo, que, diante de um centro de gravidade mais definido, qual seja, a lesão direta a um interesse juridicamente protegido e associado a uma determinada pessoa (no caso, pessoa jurídica de Direito Público), a posição do STJ foi a de não reconhecer um dano moral coletivo. Corretamente, a jurisprudência da Corte reconheceu âmbitos distintos de aplicabilidade entre a lesão exercida sobre a personalidade e aquela que se projeta sobre a transcendência dos indivíduos, buscando critérios legítimos para os limites entre um caso e outro.

5. O RISCO DE UMA RESPONSABILIDADE POR MERA CONDUTA

Os danos coletivos, sejam sob o aspecto moral ou material, marcham igualmente no sentido de uma responsabilidade civil dinâmica e comprometida com os imperativos e torvelinhos da sociedade pós-moderna. Por outro lado, a admissão de danos morais coletivos realiza a consolidação do conceito do dano como lesão a um interesse juridicamente protegido, apartando-se, definitivamente, de um modelo patrimonialista que por séculos o caracterizou.

Um esclarecimento, todavia, faz-se necessário. Se, por um lado, não há como negar a existência de verdadeiros danos coletivos, os quais serviram, como mencionado, inclusive para superar a dicotomia entre os danos morais e os materiais, parece a nós algo exagerado a existência de um dano moral puramente coletivo. Desse modo, comungamos com o discurso daqueles que lhe negam existência jurídica autônoma.

Ou seja, justamente porquanto constituem uma modalidade de dano que possui o condão de transcender o dualismo entre o dano moral e o dano material é que se afigura relativamente contraditório predicar a possibilidade de um dano moral coletivo puro. Melhor esclarecendo, predicar a existência de um dano moral coletivo significa ir na fronteira daquilo que muitos autores denominam de responsabilidade civil sem dano, ou responsabilidade civil por mera conduta, o que sempre consideramos como verdadeira *contradictio in adjeto*.

Com efeito, em um viés mais radical, a Responsabilidade Civil sem danos é enunciada pela possibilidade que a mera conduta, isto é, o mero descumprimento de um dever legal possa ensejar uma "reparação". Sob essa perspectiva, a Responsabilidade Civil veria sua essência completamente alterada, voltando, em um retrocesso histórico de mais de dois mil anos, a se ocupar com a "mera" ilicitude/antijuridicidade. Advoga essa conformação extrema da Responsabilidade Civil, por exemplo, Suzanne Carval, para quem, ao lado da função reparatória, podem ser encontradas significativas evidências de sua aptidão para definir regras de comportamento, assim como sancionar eficazmente aqueles que as transgridam.[37]

Com efeito, no dano coletivo pode levar a tal resultado, caso não seja adequadamente compreendido porque, ao desconsiderar em seu conceito apenas os elementos transcendentes aos interesses de cunho individual, tende naturalmente a relegar a importância da concreta lesão aos valores que busca proteger. Nesses termos, realmente, o dano moral coletivo parece aproximar-se mais a uma categoria que pune uma "conduta lesiva" que propriamente um dano, o que, por coerência ao que vem sendo afirmado, necessita ser afastado. E é isso que, repetimos, há de ser evitado.

Como destaca Carlo Castronovo em relação ao conceito jurídico do dano ambiental na Itália, é imperativo buscar pelo menos na existência de um dano efetivo também quando se fala de interesses de caráter coletivo: que eles consistam efetivamente em uma lesão juridicamente relevante e não numa transgressão ao ordenamento em si mesmo.[38] Não foram outras, em nosso sentir, as conclusões apresentadas pelo Superior Tribunal de Justiça, quando do julgamento do Recurso Especial 1354536/SE, decidido sob a sistemática do art. 543-C do Código de Processo Civil, e que teve como pano de fundo precisamente uma demanda relativa a danos ambientais.

Segundo a elevada Corte, "o dano material somente é indenizável mediante prova efetiva de sua ocorrência, não havendo falar em indenização por lucros cessantes dissociada do dano efetivamente demonstrado nos autos".[39] Ao haver pronunciado-se nesses termos, o Tribunal deixou claro que não considera válida a existência de condenações de danos coletivos associadas à mera ilicitude, ou seja, o descumprimento de normas existentes no ordenamento. A elas, deve-se seguir a demonstração concreta de um dano, como pressuposto para a imposição de qualquer forma de Responsabilidade Civil.

---

37. Adaptação do original, cujo original é adiante transcrito: "Il nous semble tout a fait excessif, en effet, de déclarer, que la responsabilité civile a pour unique raison d'être, aujourd'hui, la réparation des dommages et qu'on ne peut par conséquent attendre d'elle qu'elle participe à l'oeuvre normative de notre système juridique. Il subsiste à l'évidence des manifestations significatives de son aptitude à définir des règles de comporttement ainsi qu'à sanctioner efficacement ce qui les transgresent." (CARVAL, Suzanne. *La responsabilité civile dans sa fonction de peine privée*. Paris: LGDJ, 1995, p. 13).
38. Cf. CASTRONOVO, Carlo. *La nuova responsabilità civile*. 3. ed. Milano: Giuffrè, 2006, p. 739.
39. Cf. BRASIL. Superior Tribunal de Justiça Recurso Especial 1354536/SE, da 2ª Turma. Relator Ministro Luis Felipe Salomão, da 2ª Seção, julgado em 26.03.2014, *DJe* de 05.05.2014.

Seja como for, a admissão dos danos coletivos, inclusive os morais, ou extrapatrimoniais como preferem seus defensores, demonstra como fluido poder revelar-se, nos tempos presentes, o reconhecimento de danos. Algo substancialmente diverso da realidade vivenciada em momento pretérito. Isso, a nosso sentir, constitui a prova cabal de que, diferentemente do passado, esse novel dinamismo fornece à Responsabilidade Civil o instrumental necessário para adequadamente evitar os danos sem, contudo, desgarrar-se de seus elementos constitutivos.

Na verdade, como finalmente, põem às claras Cristiano Chaves de Farias, Felipe Braga Netto e Nelson Rosenvald, o que a *páxis* em torno do tema vem revelando é que o *dano moral coletivo* tem se constituído como uma verdadeira pena civil, ou seja, uma multa punitiva com nome disfarçado.[40] E é justamente isso que constitui o problema em relação ao tema. Conforme se evidenciou acima, em vários julgamentos a Corte Superior procura deixar claro que o dano moral coletivo necessita da verificação de elementos concretos de lesão para sua reparação, procurando, desse modo, harmonizar com sistematicidade a nova modalidade à ideia de dano tal como descrita pela dogmática.

Contudo, ao destacar, com ênfase inclusive, a natureza *in re ipsa* dos danos morais coletivos, termina-se, na prática, realizando a associação entre eles e a *pena civil*, porquanto em termos descritivos fica impossível sindicar qualquer dos elementos próprios do dano em seu sentido tradicional. Aqui uma diferença se impõem: *pena civil* e responsabilidade por mera conduta não se confundem, pois, a primeira não afasta a noção de uma lesão efetiva do interese tutelado, mas apenas o consideram sob ótica mais fluida.

A ideia de pena civil, aqui, é colocada sob um recorte específico. Para os fins do presente estudo, considerar-se-á como tal a soma de dinheiro que o Poder Judiciário, em uma demanda de reparação civil, ordena que se pague à vítima, em certos casos, de modo complementar à reparação patrimonial efetivamente como forma de inibir determinadas condutas antijurídicas havidas como sensíveis pela ordem jurídica, por meio do temor do agravamento da indenização civil.

A redescoberta dessas penas civis opera-se por uma série de mecanismos. As *astreintes*, que possuem previsão legal no caso brasileiro, ostentam clara natureza de pena privada.[41] É, contudo, no âmbito daquilo que a prática da *Common Law* denomina de danos punitivos, na tradução literal da expressão inglesa *punitive damages*, que se concentram de modo especial as expectativas da doutrina em relação às prováveis novas vicissitudes da pena privada. Eles nascem, como amplamente divulgado, com o caso *Rookes v. Barbard*, julgado pela atual Suprema Corte da Inglaterra (então *House of Lords*) no ano de 1964. Os danos punitivos se caracterizam como uma forma de

---

40. A propósito, cf.: FARIAS, Cristiano Chaves de; NETTO, Felipe Braga; ROSENVALD, Nelson. *Novo Tratado de Responsabilidade Civil*. 2. ed. São Paulo, Saraiva, 2017, p. 362-366 (sobre o assunto, *vide o capítulo 5, infra*).
41. LOURENÇO, Paula Meira. *A função punitiva da responsabilidade civil*. Coimbra: Coimbra, 2006. p 154.

multa civil e não como uma indenização propriamente dita. Há um acréscimo pecuniário ao montante indenizatório por motivos de ordem propedêutica.

Danos punitivos e *astreintes* representam formas de penas privadas imponíveis pela autoridade judiciária para desestimular e coibir a prática de condutas nocivas. Ao impor uma sanção mais severa, sempre ao lado da indenização, essas *multas civis* ajudam a Responsabilidade Civil a cumprir sua missão de prevenir o dano do modo que lhe é inerente: pelo receio do agravamento do patrimônio do devedor. Houve uma época em que a reparação civil conseguia realizar essa tarefa, ou, de repente, nunca houve, mas nem por isso se veio a propor que ela deixasse de ser Responsabilidade Civil e voltasse a ser Direito dos Delitos.

Portanto, não se vê qualquer impedimento em se associar a ideia de *dano moral coletivo* com a de *pena civil*. Na verdade, ela é até preferível. A única coisa que não se pode conceber, todavia, é que pela ideia de dano moral coletivo se comece a entender que a simples violação por mera conduta resulte em pagamento de pena pecuniária sob o pálio da Responsabilidade Civil.

6. CONCLUSÃO: UM *TERCIUS GENUS* (?)

A evolução da Responsabilidade Civil levou ao reconhecimento de danos além daqueles de cunho material, rompendo o patrimonialismo que caracterizou o liberalismo jurídico do Século XIX. Ao fazê-lo, abriu-se a perspectiva de que outros interesses pudessem ser igualmente reconhecidos pelo Direito, mais especificamente a ideia de que pudesse ser indenizada a agressão a bens transindividuais, superando-se, assim, a tradicional noção de personalidade, ou seja, de uma vítima definida como titular do crédito, como pressuposto para a demanda.

Tal perspectiva possibilitou, no Brasil, a criação e rápida assimilação de um conceito ainda mais amplo: a configuração como danosa da violação aos valores inerentes a um mesmo grupo social.[42] Vale dizer, a) um *dano*, pois significante de uma lesão concreta; b) *moral*, porquanto tal lesão, por definição, estaria dirigida sempre ao patrimônio imaterial (valores); c) *coletivo*, no sentido amplo da expressão, para por em evidência que não se trata do patrimônio ideal de uma pessoa, ou só somatório de um número de pessoas, mas da transindividualidade enquanto entidade distinta deles.

O ponto, todavia, como é particularmente explicado pela doutrina francesa, é que ao falar de interese coletivo, coloca-se em perspectiva toda uma série de bens, serviços e, claro, padrões valorativos que não se enquadram na dinâmica dialógica do "dano material v. dano moral". Sim, é verdade. Pudera: o caráter binário do que se convencionou chamar de patrimonial e extrapatrimonial, como contrários dialé-

---

42. Cf. LEITE, José Rubens Morato; AYALA, Patrick de Araújo. *Dano ambiental*: do individual ao coletivo extrapatrimonial. 5. ed. São Paulo: Revista dos Tribunais, 2012. *passim*.

ticos, foi concebido em circunstância diversa e voltado para o indivíduo, não para a coletividade.

Por tal razão, fundamentalmente, é que tais categorias não podem ser usadas indistintamente quando se fala de *danos coletivos*. Essa, parece, é a distinção que não se pode deixar de levar em consideração quando se fala de *dano moral coletivo*: o dano moral, de fato, não cabe no coletivo. Daí porque todo o malabarismo da doutrina e da jurisprudência em esclarecer que, a despeito da evocação do qualificativo *moral*, tal forma de dano não se relaciona intimamente com o dano extrapatrimonial individual, já que suas premissas são diversas. Como visto, aliás, a primeira coisa que todos fazem ao falar de dano moral coletivo é que ele é uma *forma autônoma de dano*.

Não quer isso dizer, nem de longe, que se deixe de aplicar uma efetiva indenização pela violação de tais valores transcendentais da coletividade. Muito pelo contrário. O que se está a advogar é exatamente uma maior flexibilidade no arbitramento dos danos coletivos em decorrência de uma recategorização de suas bases. Ao invés de continuar colocando-lhe como apenas um dos lados da moeda, reproduzindo, como dito acima, a distensão dialética entre dano material e dano moral, que passe o dano coletivo a ser visto em sua inteireza: um feixe caleidoscópico de agressões a todo um universo transcendente ao indivíduo e, como tal, impossível de ser etiquetado em termos tão singelos.

Um *tercius genus*, portanto, destinado a contemplar a inevitável multivariedade de possibilidades lesivas que o reconhecimento dos danos a interesses coletivos acarreta.[43] Um *tercius genus* que congregue em si mesmo uma dinâmica diferente de imputabilidade e de conjuração probatória, as quais naturalmente devem ser diferentes das bases tradicionais. Um *tercius genus* que definitivamente confirme o *dano coletivo* como forma autônoma de dano, sem necessitar, para firmar-se, estar atrelado a um passado conservador e incapaz de ver o mundo com o olhar dos novos tempos.

7. REFERÊNCIAS BIBLIOGRÁFICAS

ALPA, Guido; BESSONE, Mario. *La responsabilità civile*. 3. ed. Milano: Giuffrè, 2001.

CARVAL, Suzanne. *La responsabilité civile dans sa fonction de peine privée*. Paris: LGDJ, 1995.

CATALA, Pierre *et alli*. *Avant-projet de reforme du droit des obligations (articles 1101 à 1386 du code civil) et du droit de la prescription (Articles 2234 à 2281 du Code Civil)*. Disponível em: <http://www.justice.gouv.fr/art_pix/RAPPORTCATALASEPTEMBRE2005.pdf.> Acesso em: 29 jun 2018.

---

43. Na doutrina nacional, a proposta de Antônio Junqueira de Azevedo busca admiti-las por meio dessa nova categoria por ele proposta: os danos sociais e que, ao que parece, não discrepa da proposta ora defendida, *vide*: "Os danos sociais são causa, pois, de indenização punitiva por dolo ou culpa grave, especialmente, repetimos, de atos que reduzem as condições coletivas de segurança e de indenização dissuasória de atos em geral de pessoa jurídica que trazem uma diminuição do índice de qualidade de vida da população." (AZEVEDO, Antônio Junqueira de. Por uma nova categoria de dano na responsabilidade civil: o dano social. In: AZEVEDO, Antônio Junqueira de. *Novos estudos e pareceres de direito privado*. São Paulo: Saraiva, 2009, p. 382).

AZEVEDO, Antônio Junqueira de. Por uma nova categoria de dano na responsabilidade civil: o dano social. In: AZEVEDO, Antônio Junqueira de. *Novos estudos e pareceres de direito privado*. São Paulo: Saraiva, 2009.

BARCELLONA, Mario. *Il Danno non Patrimoniale*. Milano: Giuffrè, 2008.

BELLO FILHO, Ney de Barros. *Direito ambiental*. 2. ed. Curitiba: IESDE, 2009.

BITTAR FILHO, Carlos Alberto. *Do dano moral coletivo no atual contexto jurídico brasileiro*. Disponível em: <www.egov.ufsc.br/portal/sites/default/files/anexos/30881-33349-1-PB.pdf>. Acesso em: 29 jun 2018.

CARVALHOSA, Modesto. *Comentários sobre a Lei Anticorrupção das Pessoas Jurídicas*. Lei 12.846/2013. São Paulo: RT, 2015.

CASTRONOVO, Carlo. *La nuova responsabilità civile*. 3. ed. Milano: Giuffrè, 2006.

FARIAS, Cristiano Chaves de; NETTO, Felipe Braga; ROSENVALD, Nelson. *Novo Tratado de Responsabilidade Civil*. 2. ed. São Paulo, Saraiva, 2017.

FREIDE, Reis; ARAGÃO, Luciano. Dos danos sociais. In: *Revista da EMERJ,* Rio de Janeiro, v. 19, n. 75, jul./set., 2016.

GODOY, Claudio Luiz Bueno de. *Responsabilidade civil pelo risco da atividade*. São Paulo: Saraiva, 2009.

GOLDENBERG, Isidoro H.; CAFFERATTA, Néstor A. *Daño ambiental*: problemática de su determinación causal. Buenos Aires: Abeledo-Perrot, 2001.

JOURDAN, Patrice. *Les principes de la responsabilité civile*. 6. ed. Paris: Dalloz, 2003.

LEITE, José Rubens Morato; AYALA, Patrick de Araújo. *Dano ambiental*: do individual ao coletivo extrapatrimonial. 5. ed. São Paulo: Revista dos Tribunais, 2012.

LOURENÇO, Paula Meira. *A função punitiva da responsabilidade civil*. Coimbra: Coimbra, 2006.

MAZEAUD, Henri; MAZEAUD; Léon; MAZEAUD, Jean; CHABAS, François. *Leçons de droit civil*: obligations theorie générale. 9. ed. Paris: Montchrestien, 1998, t. 2. v. 1.

MEDEIROS NETO, Xisto Tiago. *Dano Moral Coletivo*. 4. ed. São Paulo: LTr, 2014.

MELLO, Fernando de Paula Batista. O dano não patrimonial transindividual. In: *Revista de Direito do Consumidor: RDC*, v. 23, n. 96, nov./dez., 2014.

PERA, Flavio Samuele. In: VIOLA, Luigi (Coord.). *La responsabilità civile ed il danno*. Halley: Matelica, 2007.

PIERRE, Philippe. *L'indemnisation du préjudice moral en Droit français Synthèse*. Disponível em: <www.fondation-droitcontinental.org/fr/wp-content/uploads/2014/01/prejudice_moral_etude-fr.pdf>. Acesso em: 29 jun 2018.

ROGERS, W. V. H. *Winfield and Jolowicz on Tort*. 17. ed. Sweet & Maxwell: London, 2006.; HUNT, C. (2015). WILKINSON V DOWNTON REVISITED. *The Cambridge Law Journal*, 74(3), 392-395. doi:10.1017/S0008197315000793.

ROSSETTI, Marco. *Il danno ala salute*. Padova: CEDAM, 2009.

SCHREIBER, Anderson. *Novos paradigmas da responsabilidade civil*: da erosão dos filtros da reparação à diluição dos danos. 3. ed. São Paulo: Atlas, 2011.

TISSANDIER, Hélène. L'action en justice des syndicats. In: *Colloque Pratiques syndicales du Droit, Montreuil, les 11 & 12 maio, 2011*. Disponível em: <http://www.efp-cgt.org/wp-content/uploads/2012/12/cgt_ihs_mai2011_regles_action_en_justice_des_syndicats.pdf>. Acesso em: 29 jun 2018.

O PERCURSO DO "DANO MORAL COLETIVO" NA JURISPRUDÊNCIA DO SUPERIOR TRIBUNAL DE JUSTIÇA

Flaviana Rampazzo Soares

Mestre e Doutoranda em Direito pela Pontifícia Universidade Católica do Rio Grande do Sul (PUCRS). Professora. Bolsista Capes. Linha de pesquisa: eficácia e efetividade da Constituição e dos Direitos Fundamentais no Direito Público e Direito Privado.
e-mail: frampazzo@hotmail.com

Sumário: 1. Explicitação do enfoque da abordagem – 2. Dano moral coletivo ou dano extrapatrimonial coletivo: uma questão meramente semântica? – 3. A estreia opaca do dano moral coletivo no STJ: primeira fase com tendência refratária, embora com divergências – 4. A segunda fase do dano moral coletivo no STJ: resistências e admissão – 5. Conclusões – 6. Referências.

1. EXPLICITAÇÃO DO ENFOQUE DA ABORDAGEM

O designado "dano moral coletivo" é figura jurídica relativamente recente no direito brasileiro. Ele se estabelece, de modo útil, como tipo de dano imaterial indenizável, em razão de ocorrência que seja juridicamente apta e suficiente para ensejar uma obrigação dessa natureza, e atua como meio de proteção – por compensação com viés lenitivo –, de interesses transindividuais que sejam atingidos negativamente por essa ocorrência (da qual ocorra um dano imaterial).

A figura jurídica do dano extrapatrimonial coletivo é a demonstração da ruptura de uma percepção muito antiga e tradicional, segundo a qual os institutos típicos do direito privado seriam destinados ao atendimento e à proteção de interesses individuais com conotação patrimonial. Atualmente, a lógica é a de que o direito privado também contempla a proteção de direitos plurais e extrapatrimoniais.

Não obstante essas afirmações serem aceitáveis, gravitam na órbita do dano moral coletivo algumas dúvidas e incertezas – a começar pelo aspecto conceitual (o que o integra e o que não o integra), passando por questões substanciais e processuais (qual é a destinação da indenização, em que consiste e qual é a sua natureza, quem tem legitimidade e qual ou quais ações processuais seriam aptas a veicular essa pretensão). Como visto, alguns questionamentos quanto ao conteúdo (notadamente o teor conceitual e respectiva adequação), função e formatação dentro de uma estrutura processual que segue essencialmente formalista, tornaram o dano moral coletivo uma figura jurídica complexa na sua configuração e na sua aplicação.

Doutrinariamente, sobejam estudos tratando de seu conceito, possibilidade de uso e da sua recepção no ordenamento jurídico brasileiro, ou mesmo das condições necessárias para a sua aplicabilidade, o que é objeto específico de outros textos que compõem esta obra.

Esse artigo tem como objetivo explicitar o olhar do Superior Tribunal de Justiça (STJ) a respeito do tema, de modo descritivo, por meio da análise de acórdãos, com o objetivo de extrair o que essa Corte entende por dano moral coletivo e em quais situações e sob que circunstâncias a denominada voz de dano é aplicável.[1]

Para tanto, inicia-se essa exploração com uma breve referência quanto às expressões "dano moral" e "dano extrapatrimonial", com o objetivo de auxiliar na compreensão de uma parte do problema, a conceitual. O passo seguinte é o exame de alguns acórdãos proferidos por aquela Corte, com o consequente estudo dos julgados escolhidos e, ao final, uma síntese conclusiva dos aspectos mais relevantes que forem detectados ao longo desse trajeto.

2. DANO MORAL COLETIVO OU DANO EXTRAPATRIMONIAL COLETIVO: UMA QUESTÃO MERAMENTE SEMÂNTICA?

Tanto a doutrina quanto a jurisprudência brasileiras costumam tratar as expressões "dano moral" e "dano extrapatrimonial" ora como equivalentes[2] (entendidas como abrangentes de danos imateriais), ora como distintas (a primeira, como espécie; e a segunda, como gênero). Já houve oportunidades para uma descrição das inconveniências da equiparação conceitual,[3] bem como para questionar possíveis incompatibilidades que dela resultam, embora se reconheça que a designação mais usual é a do "dano moral", admitindo-se necessariamente que "o dano extrapatrimonial não se confunde com o dano moral. Em que pese a redação dos dispositivos legais, que aludem à expressão dano moral, mais preciso seria falar em dano extrapatrimonial".[4]

---

1. A pesquisa de jurisprudência considerou apenas acórdãos (não abrangeu decisões monocráticas), extraídos do site www.stj.jus.br, mediante busca da expressão "dano moral coletivo" na aba de pesquisa "jurisprudência do STJ". Foram analisados todos os acórdãos resultantes, de 2006 a 2010. A partir de 2010, aumentou consideravelmente o número de julgados e, por isso, o critério passou a ser o de coleta por amostragem por avaliação subjetiva de relevância do teor. Todos os acórdãos foram acessados entre os dias 15, 16 e 17.06.2018.
2. MEDEIROS NETO, Xisto Tiago de. *Dano Moral Coletivo*. São Paulo: LTr, 2004. p. 94-95. O autor sustenta que a Constituição Federal brasileira concedeu maior "leque de proteção a quaisquer interesses transindividuais", abrangendo a "sua expressão moral (extrapatrimonial)".
3. Sustentando a conveniência de um tratamento mais específico quanto aos danos patrimoniais, veja-se SOARES, Flaviana Rampazzo. Definição dos contornos dos danos extrapatrimoniais, a partir de uma abordagem comparada 2013. In: *Revista Eletrônica Ad Judicia OAB-ESA*. Ano 1. N. 1 – out. nov. Dez. 2013. Disponível em: http://www.oabrs.org.br/arquivos/file_527a3d2c61c18.pdf, acesso em 17.06.2018. A crítica a respeito de conceitos mais fragmentados consta em BODIN DE MORAES, Maria Celina. *Danos à pessoa humana*: uma leitura civil-constitucional dos danos morais. Rio de Janeiro: Editora Renovar, 2003. p. 270 e ss.
4. Esse é o entendimento de BESSA, Leonardo Roscoe. Dano moral coletivo. *Revista direito e liberdade*. V. 7., n. 3. Mossoró, jul-dez., 2007, p. 237-274, em especial o trecho das p. 266.

E, quando se admite que haveria a necessidade de reconhecer que o "dano moral coletivo" atende ao postulado de proteção de interesses imateriais coletivos não meramente anímicos, então essa figura jurídica deve ser compreendida como uma ofensa juridicamente relevante, que atinge interesse extrapatrimonial protegido no sistema jurídico, decorrente de violação indevida que afeta uma coletividade, em razão de uma conduta lesiva cuja responsabilidade pode ser imputada a alguém.[5]

Para Farias, Braga Netto e Rosenvald, o dano moral coletivo é "o resultado de toda ação ou omissão lesiva significante, praticada por qualquer pessoa contra o patrimônio da coletividade, considerada esta as gerações presentes e futuras", da qual importe a estas "um sentimento de repulsa por um fato danoso irreversível, de difícil reparação, ou de consequências danosas".[6]

Teixeira Neto refere que o dano moral coletivo está vinculado a um direito difuso ou ao direito coletivo *stricto sensu*, ao afirmar que o dano moral coletivo flui a partir da ofensa a interesse transindividual que é "titulado por um grupo indeterminado de pessoas ligadas por relação jurídica base (acepção coletiva estrita) ou por meras circunstâncias de fato (acepção difusa)", "sem apresentar consequências de ordem econômica", com "gravidade suficiente a comprometer, de qualquer forma, o fim justificador da proteção jurídica conferida ao bem difuso indivisível correspondente, no caso, a promoção da dignidade da pessoa humana."[7]

Não serviria, outrossim, para esse autor, aos direitos individuais homogêneos, os quais corresponderiam a uma espécie de junção de danos (imateriais e materiais) individualmente experimentados por diversas pessoas em razão de um mesmo fato, fato este único que, como dito, cria "diversas pretensões indenizatórias", mas que são veiculadas em uma única ação processual coletiva,[8] diferentemente dos direitos difusos e coletivos.

No mesmo sentido, BARBOSA, Fernanda Nunes; MULTEDO, Renata Vilela. Danos extrapatrimoniais coletivos. In: RUZYK, Carlos Eduardo Pianovski, *et al.* (Org.). *Direito civil constitucional* – a ressignificação da função dos institutos fundamentais do direito civil contemporâneo e suas consequências. Florianópolis: Conceito Editorial. 2014. p. 233-246, em especial na p. 241.

5. Convém mencionar que, não havendo unanimidade no tocante ao conceito, não seria diferente quanto ao seu conteúdo, inclusive na questão relativa ao denominado "dano social", se ele equivaleria ao dano extrapatrimonial coletivo ou se seria uma espécie deste (sobre o dano social, veja-se JUNQUEIRA DE AZEVEDO, Antônio. Por uma nova categoria de dano na responsabilidade civil: o dano social. *Revista trimestral de direito civil*. Rio de Janeiro, v. 19, p. 211-218, jul.-set. 2004).

6. BRAGA NETTO, Felipe; CHAVES DE FARIAS, Cristiano; ROSENVALD, Nelson. *Novo tratado de responsabilidade civil*. 2. ed. São Paulo: Saraiva, 2017. p. 357.

7. TEIXEIRA NETO, Felipe. *Dano moral coletivo*: a configuração e a reparação do dano extrapatrimonial por lesão aos interesses difusos. Curitiba: Juruá, 2014. p. 178-179 e 251-252.

8. BESSA, Leonardo Roscoe. *Dano moral coletivo...*, trecho das p. 245-246.
Em sentido semelhante, veja-se CARPENA, Heloísa. Questões atuais sobre o ressarcimento do dano moral coletivo. In: MARTINS, Guilherme Magalhães (coord.). *Temas de responsabilidade civil*. Rio de Janeiro: Lumen Juris, 2012. p. 223-235, especialmente na p. 225.
Como bem adverte Mazzilli: "*o mesmo interesse* não pode ser simultaneamente difuso, coletivo e individual homogêneo, pois se trata de espécies distintas. O que pode ocorrer é que uma combinação de fatos, sob

De toda forma, conforme destaca Lorenzetti, "na medida em que se reconhecem bens coletivos", também deve ser admitida a possibilidade de ocorrência de dano em relação a categoria do dano extrapatrimonial coletivo, quando houver injustificado prejuízo, sendo que, nesse caso, a "titularidade da pretensão ressarcitória não é individual, porque o bem afetado não o é; é grupal no caso em que se tenha concedido a um grupo a legitimação para atuar ou, ainda, que seja difusa".[9]

3. A ESTREIA OPACA DO DANO MORAL COLETIVO NO STJ: PRIMEIRA FASE COM TENDÊNCIA REFRATÁRIA, EMBORA COM DIVERGÊNCIAS

Os interesses difusos e os interesses coletivos são objeto de previsão normativa, a começar pelas várias disposições constitucionais que deles tratam, direta ou indiretamente, como por exemplo, na ação popular (art. 5º, inc. LXXIII), na ação direta de inconstitucionalidade (art. 102, inc. I, alínea "a") e na mais utilizada para a sua veiculação, que é a ação civil pública (art. 129, inc. III).[10]

O reconhecimento da importância jurídica desses interesses na ordem jurídica infraconstitucional brasileira é especialmente extraído dos textos do Código de Defesa do Consumidor – CDC (art. 6º, incisos VI e VII, e art. 81, parágrafo único, e incisos I, II e III) e da Lei da Ação Civil Pública – LACP (art. 1º, inciso IV, e art. 21), e o seu exercício pode decorrer do ajuizamento de ação civil pública ou ação coletiva, não obstante o CDC disponha, em seu art. 83, que a defesa de direitos nele protegidos pode ser exercia por "todas as espécies de ações capazes de propiciar a sua adequada e efetiva tutela".

Embora a LACP seja de 1985, e o CDC seja de 1990, o primeiro julgado do STJ a respeito da matéria, em meados da década de 2000, foi majoritariamente refratário ao acolhimento de pedido indenizatório por dano extrapatrimonial coletivo, o qual foi baseado na alegação de ocorrência de prejuízo indevido a interesses difusos ou coletivos *stricto sensu*.

No Recurso Especial (REsp) n. 598.281-MG, julgado em maio de 2006,[11] a matéria foi objeto de debate e dissenso entre os componentes da 1ª Turma do STJ

---

uma mesma relação jurídica, venha a provocar o surgimento de interesses transindividuais de mais de uma espécie, os quais podem ser defendidos num único processo coletivo". MAZZILLI, Hugo Nigro. *A defesa dos interesses difusos em juízo*: meio ambiente, consumidor, patrimônio cultural, patrimônio público e outros interesses. 26. ed. São Paulo: Saraiva, 2013. p. 59-60.

9. LORENZETTI, Ricardo. *Fundamentos do direito privado*. Trad. por Vera Maria Jacob de Fradera. São Paulo: Editora Revista dos Tribunais, 1998. p. 217-218.

10. Interessante estudo a respeito dos fundamentos contemporâneos da obrigação de indenizar, com ênfase nos princípios da justiça social e sob o enfoque da equidade intergeracional, consta em BARROSO, Lucas Abreu. Novas fronteiras da obrigação de indenizar e da determinação da responsabilidade civil. In: BARROSO, Lucas Abreu, *et al*. *A realização do direito civil*: entre normas jurídicas e práticas sociais. Curitiba: Juruá, 2011. p. 111-117.

11. "Processual civil. Ação civil pública. Dano ambiental. Dano moral coletivo. Necessária vinculação do dano moral à noção de dor, de sofrimento psíquico, de caráter individual. Incompatibilidade com a noção de

que participaram do julgamento. O recurso tinha origem em ação civil pública proposta pelo Ministério Público do Estado de Minas Gerais (MPMG), com pedido de suspensão de atividades de obras em dois loteamentos, sob o argumento de que elas geravam degradação ambiental indevida (erosão, destruição de matas e prejuízos a nascentes de água), até que medidas preventivas e reparatórias fossem tomadas, além da pretensão de responsabilização de agentes dos causadores dos danos ao meio ambiente, tanto por ação quanto por omissão.

O recurso ao STJ, apresentado pelo MPMG, tendo como recorridos o Município de Uberlândia e uma sociedade empresária da área imobiliária, tinha como objetivo reverter o entendimento do acórdão proferido pelo Tribunal de Justiça de Minas Gerais (TJMG), que havia rejeitado o pedido de condenação ao pagamento de indenização por dano moral coletivo, sob argumento de que não seria possível fixar condenação dessa natureza em ação civil pública, porque a mencionada voz de dano teria um caráter pessoal que seria incompatível com uma ação coletiva. No recurso, o MPMG alegou violação aos arts. 1º da Lei 7.347/1985 e 14, § 1º, da Lei 6.938/1981.[12]

O Min. Luiz Fux, em seu voto, afirmou que o meio ambiente recebeu proteção constitucional por meio do art. 225 da Constituição Federal (CF) e constitui "valor inestimável para a humanidade", de modo que a interpretação judicial não poderia "restringir essa proteção". Ademais, sustentou que a pretensão indenizatória (tanto por danos materiais quanto por danos imateriais) seria plausível no sistema jurídico brasileiro, pela interpretação sistemática do art. 1º da Lei 7.347/1995 e do art. 88 da Lei 8.884/1994, permitindo-se reparação civil por danos materiais e imateriais ("morais") causados ao meio ambiente – integrante da categoria de interesse difuso,

---

transindividualidade (indeterminabilidade do sujeito passivo e indivisibilidade da ofensa e da reparação). Recurso especial improvido". STJ. 1ª Turma. REsp n. 598.281. Rel. (para o acórdão) Min. Teori Albino Zavascki. J. em 02.05.2006. DJ 01.06.2006.

12. Lei 6.938 de 31 de agosto de 1981. "Art. 14. Sem prejuízo das penalidades definidas pela legislação federal, estadual e municipal, o não cumprimento das medidas necessárias à preservação ou correção dos inconvenientes e danos causados pela degradação da qualidade ambiental sujeitará os transgressores: I – à multa simples ou diária, (...). II – à perda ou restrição de incentivos e benefícios fiscais concedidos pelo Poder Público; III – à perda ou suspensão de participação em linhas de financiamento em estabelecimentos oficiais de credito; IV – à suspensão de sua atividade. § 1º Sem obstar a aplicação das penalidades previstas neste artigo, é o poluidor obrigado, independentemente da existência de culpa, a indenizar ou reparar os danos causados ao meio ambiente e a terceiros, afetados por sua atividade. O Ministério Publico da União e dos Estados terá legitimidade para propor ação de responsabilidade civil e criminal, por danos causados ao meio ambiente. (...)"

Lei 7.347 de 24 de julho de 1985

Art. 1º. Regem-se pelas disposições desta Lei, sem prejuízo da ação popular, as ações de responsabilidade por danos causados: I – ao meio-ambiente; II – ao consumidor; III – a bens e direitos de valor artístico, estético, histórico, turístico e paisagístico; IV – (Vetado).

Lei 8.884 de 11 de junho de 1994

"Art. 88. O art. 1º da Lei 7.347, de 24 de julho de 1985, passa a vigorar com a seguinte redação e a inclusão de novo inciso: Regem-se pelas disposições desta lei, sem prejuízo da ação popular, as ações de responsabilidade por danos morais e patrimoniais causados: (...) V – por infração da ordem econômica."

sendo possível tal compensação em razão do disposto no art. 1º da LACP e no art. 6º, inc. VI, do CDC.[13]

Indiretamente, o Min. Luiz Fux esclareceu o que entende por dano moral coletivo, ao referir uma espécie de ofensa anímica coletiva, quando afirmou que "o reconhecimento do dano moral ambiental não está umbilicalmente ligado à repercussão física no meio ambiente", mas, "à transgressão do sentimento coletivo, consubstanciado no sofrimento da comunidade, ou do grupo social, diante de determinada lesão ambiental".[14]

Em voto-vista, o Min. Teori Zavascki apegou-se ao aspecto anímico típico da expressão "dano moral" e expôs entendimento diverso do Min. Luiz Fux, ao sustentar que somente uma pessoa poderia experimentar dano moral, e que a "transindividualidade (= da indeterminabilidade do sujeito passivo e da indivisibilidade da ofensa e da reparação) da lesão", não poderia ser compatível com o dano moral coletivo.

Para o Min. Teori Zavascki, o dano moral "envolve, necessariamente, dor, sentimento, lesão psíquica" vinculados "à parte sensitiva do ser humano, como a intimidade, a vida privada, a honra e a imagem das pessoas", relacionada a "tudo aquilo que molesta gravemente a alma humana, ferindo-lhe gravemente os valores fundamentais inerentes à sua personalidade ou reconhecidos pela sociedade em que está integrado" e que, em face dessas características que são essencialmente individualizadas e personalíssimas, não seria possível falar em dano moral ao ambiente.[15]

Para o Ministro Zavascki, o problema não se limitaria à questão da possibilidade de veiculação de pedido de indenização por dano moral coletivo, mas também ao fato de que o MPMG deveria indicar, na fundamentação da petição inicial, "em que consistiria o alegado dano moral (pessoas afetadas, bens jurídicos lesados, etc.)", e seria um problema unicamente apresentar um pedido condenatório de arbitramento de quantia de dinheiro a título de danos morais, sem maiores esclarecimentos (fáticos e de fundamentos). Afirmou, além disso, que "nem toda conduta ilícita importa em dano moral", e tampouco seria possível "interpretar o art. 1º da Lei da Ação Civil Pública de modo a tornar o dano moral indenizável em todas as hipóteses descritas nos incisos I a V do art. 1º da referida lei".[16]

Em voto-vista, a Min. Denise Arruda acompanhou o entendimento do Min. Zavascki, no sentido de que o recurso deveria ser rejeitado, embora sob fundamento distinto. A Ministra referiu que, conquanto admitisse, em tese, a "possibilidade de ocorrência de dano moral em hipótese de verificação de dano ambiental", por acolher a teoria de Morato Leite (no sentido de que o dano extrapatrimonial coletivo sai da

---

13. Os trechos reproduzidos e referidos estão na p. 8, penúltimo parágrafo, além das p. 26 e 27, do acórdão do REsp.
14. Os trechos reproduzidos e referidos constam na p. 27, do acórdão do REsp.
15. Os trechos reproduzidos e referidos estão na p. 32, do acórdão do REsp.
16. Os trechos reproduzidos e referidos constam na p. 33, do acórdão do REsp.

esfera anímica e se baseia em "valores que afetam negativamente a coletividade, como é o caso da lesão imaterial ambiental"), afirmou que, na hipótese concreta, não haveria condição para admiti-lo em razão de aspecto formal, que seria a falta de comprovação do dano coletivo e difuso, "pois a r. sentença não identificou objetivamente tal tipo de dano (coletivo e difuso)", chegando a sugerir que a conduta dos réus não poderia ensejar dever de indenizar danos patrimoniais adicionados a danos extrapatrimoniais, ao sustentar que a responsabilização dos "réus pelo descaso e ilicitude das condutas" resultaria em "dupla condenação, pois tais aspectos autorizaram a condenação por danos materiais", além de rejeitar a possibilidade de análise do pedido sem "qualquer evidência de violação do sentimento coletivo da comunidade local".[17]

O Min. José Delgado, por sua vez, assentou seu voto acompanhando o Min. Luiz Fux, com base na doutrina de José Ricardo Alvarez Vianna,[18] que afirma ser o dano moral ambiental admissível no sistema jurídico brasileiro, o qual se evidencia por um "sentimento público de comoção e perturbação a determinada comunidade como decorrência da degradação ambiental".[19]

Para o desempate, o Min. Francisco Falcão emitiu voto na mesma linha dos Ministros Zavascki e Arruda, afirmando que a questão probatória seria relevante, embora nesse acórdão não tenha referido explicitamente seu entendimento no sentido de cabimento ou não do dano moral coletivo no sistema jurídico brasileiro. Afirmou o Min. Francisco Falcão que "o dano ambiental, não comporta, em sua generalidade, a responsabilização por dano moral do agente causador da ofensa ao meio ambiente", pois este depende de "comprovação de que o estrago alcançou a órbita subjetiva de terceiros, atingindo *uti singuli* a pessoa, de forma a lhe causar desconforto de caráter individual". Ademais, não referiu o Ministro se esse desconforto em caráter singular, cuja prova poderia ensejar condenação indenizatória por dano extrapatrimonial, excluiria a pretensão a indenização por dano moral coletivo, caso o pedido fosse apresentado em demanda individual, ou se seria complementar.[20]

Assim, no acórdão sob análise, foi possível constatar que não houve uma rejeição, *prima facie*, da ideia de que um dano extrapatrimonial coletivo relacionado ao meio ambiente que pudesse ser indenizado, embora cada um dos componentes da

---

17. Os trechos reproduzidos e referidos estão na p. 38, do acórdão do REsp.
"(...) tem-se como dano extrapatrimonial objetivo aquele que lesa interesses que não repercutem na esfera interna da vítima e dizem respeito a uma dimensão moral da pessoa no meio social em que vive, envolvendo sua imagem. Isto é, aquele que atinge valores imateriais da pessoa ou da coletividade, como, por exemplo, ao degradar o meio ambiente ecologicamente equilibrado ou a qualidade de vida, como um direito intergeracional, fundamental e intercomunitário." MORATO LEITE, José Rubens; AYALA, Patryck de Araújo. *Dano ambiental*: do individual ao coletivo extrapatrimonial. Teoria e prática. 7. ed. São Paulo: Editora Revista dos Tribunais, 2015. p. 276.
18. Veja-se, a respeito, a versão atualizada do estudo do referido autor, constante no Capítulo 5 da seguinte obra: VIANNA, José Ricardo Alvarez. *Responsabilidade civil por danos ao meio ambiente*. 2. ed. Curitiba: Juruá, 2009, em especial p. 149-153.
19. Os trechos reproduzidos e referidos constam nas p. 44-45, do acórdão do REsp.
20. Os trechos reproduzidos e referidos estão na p. 47, do acórdão do REsp.

1ª Turma tenha apresentado fundamentos distintos a alicerçar seus votos, expressando, assim, entendimentos destoantes em distintos aspectos da figura do dano moral coletivo, embora aparentemente complementares, quanto aos requisitos que entendiam necessários para que a análise do tema tivesse andamento, quais sejam, um pedido correto e devidamente fundamentado (atendimento aos requisitos da petição inicial), e prova do dano.

Em 2008, o tema retornou à pauta de julgamentos do STJ, por meio do REsp 797.963-GO, relatado pela Ministra Nancy Andrighi. No entanto, no acórdão desse recurso, a ênfase foi quanto ao reconhecimento da legitimidade ativa *ad causam* do Ministério Público para ajuizamento de ação civil pública para a defesa de interesses e direitos individuais homogêneos de beneficiários do Seguro Obrigatório de Danos Pessoais (DPVAT) que teriam recebido indenizações em quantias menores que as devidas. Na única menção quanto ao dano moral coletivo, o voto da relatora limita-se a referir que tal categoria "é controversa na doutrina e jurisprudência" e que a sua admissão seria questão de mérito, que extrapolaria o objeto recurso.[21]

No REsp 821.891, julgado no mesmo ano, não foi conhecido o recurso, sob o argumento de que não teria havido prequestionamento da alegada violação ao disposto no art. 1º, IV, da Lei 7347/1985, e aos arts. 186 e 927 do Código Civil (CC) de 1916, tendo reproduzido os termos do voto do Ministro Zavascki no REsp 598.281/MG. Ainda que tenha sido o caso de não conhecimento do recurso, o relator afirmou em seu voto que "há de se considerar que, no caso concreto, o autor não demonstra de forma clara e irrefutável o efetivo dano moral sofrido pela categoria social titular do interesse coletivo ou difuso, consoante se infere do voto condutor do acórdão hostilizado". A seguir, transcreveu trechos do acórdão recorrido, no sentido de que fraude à licitação não seria capaz de gerar "um abalo moral à coletividade", e, ainda, que esse dano não poderia ser admitido por "simples presunção".[22]

---

21. STJ. 3ª Turma. REsp 797963/GO. Rel. Min. Nancy Andrighi. J. em 07.02.2008. *DJe* 05.03.2008. "Processo civil. Legitimidade ativa do Ministério Público. Seguro obrigatório de danos pessoais – DPVAT. Direito individual homogêneo. Legitimidade e interesse processuais configurados. – O Ministério Público tem legitimidade processual extraordinária para, em substituição às vítimas de acidentes, pleitear o ressarcimento de indenizações devidas pelo sistema do Seguro Obrigatório de Danos Pessoais – DPVAT, mas pagas a menor. – A alegada origem comum a violar direitos pertencentes a um número determinado de pessoas, ligadas por esta circunstância de fato, revela o caráter homogêneo dos interesses individuais em jogo. Inteligência do art. 81, CDC. – Os interesses individuais homogêneos são considerados relevantes por si mesmos, sendo desnecessária a comprovação desta relevância. Precedentes. – Pedido, ademais, cumulado com o de ressarcimento de danos morais coletivos, figura que, em cognição sumária não exauriente, revela a pretensão a tutela de direito difuso em relação à qual o Ministério Público tem notórios interesse e legitimidade processual. Recurso Especial conhecido e provido". Tema semelhante também foi objeto do REsp 855.165.
No REsp 866.636-SP (o caso da ação civil pública relativo às pílulas de farinha), relatado na 3ª Turma pela Min. Nancy Andrighi e julgado em 29.11.2007, o recurso da fabricante do medicamento contraceptivo não foi conhecido, de forma que restou intacta a condenação havida nas instâncias inferiores de jurisdição, impondo condenação por dano extrapatrimonial coletivo.
22. STJ. 1ª Turma. REsp n. 821.891/RS. Rel. Min. Luiz Fux. J. em 08.04.2008. *DJe* 12.05.2008. "Processual civil. Administrativo. Ação civil pública. Improbidade administrativa. Fraude em licitação realizada pela

Em outubro de 2008, ocorreu o julgamento do REsp 636.021/RJ, o qual tratou da veiculação de novela (em reprise) com conteúdo inapropriado para crianças e adolescentes, em horário vespertino, objeto de ação civil pública proposta pelo Ministério Público do Estado do Rio de Janeiro contra uma rede de televisão. A decisão, não unânime, foi no sentido de anular o julgamento proferido em segundo grau de jurisdição, para permitir a apreciação do requerimento de produção de prova pericial formulado pela demandada (e recorrente). Embora esse recurso tenha sido julgado no mérito pela relatora, Ministra Nancy Andrighi, a divergência entre os componentes da 3ª Turma do STJ fez com que o acórdão fosse relatado pelo Ministro Sidnei Beneti.[23]

Não obstante tal percurso, importa a este exame que a Ministra Andrighi fez detalhada análise doutrinária a respeito do dano extrapatrimonial coletivo, afirmando que o direito civil atual se amplia, não se limitando à proteção única de interesses puramente individuais, e passa a admitir uma visão social, na qual o direito privado passa a tutelar direitos cuja titularidade não é apenas de uma pessoa: "Criam-se direitos cujo sujeito é uma coletividade difusa, indeterminada, que não goza de personalidade jurídica e cuja pretensão só pode ser satisfeita quando deduzida em juízo por representantes adequados".[24]

---

municipalidade. Anulação do certame. Aplicação da penalidade constante do art. 87 da Lei 8.666/93. Dano moral coletivo. Impossibilidade. Ausência de prequestionamento. Indicação de dispositivo não debatido na instância "a quo". 1. A simples indicação dos dispositivos tidos por violados (art. 1º, IV, da Lei 7347/85 e arts. 186 e 927 do Código Civil de 1916), sem referência com o disposto no acórdão confrontado, obsta o conhecimento do recurso especial. Incidência dos verbetes das Súmula 282 e 356 do STF. 2. *Ad argumentandum tantum*, ainda que ultrapassado o óbice erigido pelas Súmulas 282 e 356 do STF, melhor sorte não socorre ao recorrente, máxime porque a incompatibilidade entre o dano moral, qualificado pela noção de dor e sofrimento psíquico, e a transindividualidade, evidenciada pela indeterminabilidade do sujeito passivo e indivisibilidade da ofensa objeto de reparação, conduz à não indenizabilidade do dano moral coletivo, salvo comprovação de efetivo prejuízo dano. 3. Sob esse enfoque decidiu a 1ª Turma desta Corte, no julgamento de hipótese análoga, *verbis*: (...) 4. Nada obstante, e apenas *obiter dictum*, há de se considerar que, no caso concreto, o autor não demonstra de forma clara e irrefutável o efetivo dano moral sofrido pela categoria social titular do interesse coletivo ou difuso, consoante assentado pelo acórdão recorrido:"... *Entretanto, como já dito, por não se tratar de situação típica da existência de dano moral puro, não há como simplesmente presumi-la. Seria necessária prova no sentido de que a Municipalidade, de alguma forma, tenha perdido a consideração e a respeitabilidade e que a sociedade uruguaiense efetivamente tenha se sentido lesada e abalada moralmente, em decorrência do ilícito praticado, razão pela qual vai indeferido o pedido de indenização por dano moral*". 5. Recurso especial não conhecido".

23. STJ. 3ª Turma. REsp 636.021/RJ. Rel. (para acórdão) Min. Sidnei Beneti. J. em 02.10.2008. DJe 06.03.2009. "Ação civil pública – Ajuizamento pelo ministério público – Reprise de novela em horário vespertino – Alegação de não supressão suficiente de cenas de sexo e violência – Rejeição de requerimento de realização de prova sob o fundamento de que matéria prejudicada – Indeferimento de prova pericial – Alegação de necessidade não apreciada pelo tribunal de origem – Recurso especial provido – Anulação do julgamento dos embargos de declaração. Acolhida a alegação de que não apreciada pelos Embargos de Declaração a alegação de que havia necessidade de realização de prova pericial nos termos em que requerida, anula-se o Acórdão dos Embargos de Declaração, para que outro Acórdão seja proferido pelo Tribunal de Origem, permanecendo as demais matérias preliminares e de fundo por ora sem julgamento – Prevalência dos votos dos Min. Humberto Gomes de Barros e Ari Pargendler, nos termos do voto deste último, seguido pelo voto do Min. Sidnei Beneti, vencida a Min. Nancy Andrighi, que não conhecia do Recurso Especial. Recurso especial provido."

24. O trecho reproduzido consta na p. 11, do acórdão do REsp.

Ademais, a Ministra reforçou que, no sistema jurídico brasileiro, a ocorrência de lesão a interesse difuso ou coletivo extrapatrimonial, titularizado por um grupo de pessoas, enseja dano extrapatrimonial coletivo passível de compensação. Isso porque o dano moral corresponde "à lesão a um bem não suscetível de avaliação em dinheiro", uma vez que o conceito de patrimônio teria sido alterado no decorrer do tempo, para contemplar "bens insuscetíveis de precificação", sendo que a coletividade teria passado a titularizar esses "bens" insuscetíveis de valoração econômica (ainda que não tenha personalidade jurídica) e estes, quando violados, poderiam gerar uma obrigação de compensar, sendo legitimada para ajuizamento da ação quem tiver competência a tanto, definida por lei.[25]

Assim, embora o REsp tenha sido acolhido quanto ao ponto de natureza processual, e os demais ministros não tenham julgado a questão específica do dano moral coletivo, a Ministra Andrighi deixou claro, no julgamento, que divergia do então entendimento da maioria dos Ministros da 1ª Turma, que julgaram o REsp 598.281.[26]

A 1ª Turma, em 2009, seguia essencialmente o entendimento refratário à existência e autonomia da figura do dano extrapatrimonial coletivo (REsp 971.844[27]).

No final de 2009, a 2ª Turma teve a oportunidade de analisar a matéria, por intermédio do REsp 1057274. Este recurso, sob a relatoria da Ministra Eliana Calmon, tem origem em ação civil pública proposta pelo Ministério Público do Rio Grande do Sul, na qual foi postulada condenação de empresa de transporte coletivo, ao pagamento de compensação por danos extrapatrimoniais coletivos, sob o argumento de que a exigência de prévio cadastro e emissão de carteira específica, como requisito para exercício do direito de acesso gratuito ao transporte coletivo por parte das pessoas com mais de 65 anos de idade,[28] seria um comportamento ilícito e causador de dano.

---

25. Os trechos reproduzidos e referidos constam nas ps. 13, 14 e 15, do acórdão do REsp.
26. O trecho reproduzido consta nas p. 15 e 16, do acórdão do REsp.
27. STJ. 1ª Turma. REsp 971.844/RS. Rel. Min. Teori Albino Zavascki. J. em 03.12.2009. *DJe* 12.02.2010. "Processual civil e administrativo. Concessionária de serviço de telefonia. Postos de atendimento. Instalação. Ausência de previsão no contrato de concessão. Discricionariedade da administração pública. Fundamentos inatacados. Súmula 283/STF. Matéria fática. Súmula 07/STJ. Dano moral coletivo. Existência negada. Acórdão compatível com precedentes da 1ª Turma. Resp 598.281/MG, Min. Teori Albino Zavascki. *DJ* de 01.06.2006; REsp 821891, Min. Luiz Fux, *DJ* de 12.05.2008. Recurso Especial parcialmente conhecido e, nesta parte, desprovido".
28. STJ. 2ª Turma. REsp 1.057.274/RS. Rel. Min. Eliana Calmon. J. em 01.12.2009. *DJe* 26.02.2010. "Administrativo – Transporte – Passe livre – Idosos – Dano moral coletivo – Desnecessidade de comprovação da dor e de sofrimento – Aplicação exclusiva ao dano moral individual – Cadastramento de idosos para usufruto de direito – Ilegalidade da exigência pela empresa de transporte – Art. 39, § 1º do estatuto do idoso – Lei 10.741/2003, não prequestionado. 1. O dano moral coletivo, assim entendido o que é transindividual e atinge uma classe específica ou não de pessoas, é passível de comprovação pela presença de prejuízo à imagem e à moral coletiva dos indivíduos enquanto síntese das individualidades percebidas como segmento, derivado de uma mesma relação jurídica-base. 2. O dano extrapatrimonial coletivo prescinde da comprovação de dor, de sofrimento e de abalo psicológico, suscetíveis de apreciação na esfera do indivíduo, mas inaplicável aos interesses difusos e coletivos. 3. Na espécie, o dano coletivo apontado foi a submissão dos idosos a procedimento de cadastramento para o gozo do benefício do passe livre, cujo deslocamento foi custeado pelos interessados, quando o Estatuto do Idoso, art. 39, § 1º exige apenas a apresentação de documento de

Em seu voto, a Ministra relatora expressou ciência e discordância dos julgados anteriores a respeito do tema, provenientes da 1ª Turma, sob argumento de que a doutrina estava se encorpando no sentido de admitir a "pertinência e necessidade de reparação do dano moral coletivo", e que a "lesão aos interesses de massa não podem ficar sem reparação, sob pena de criar-se litigiosidade contida que levará ao fracasso do direito como forma de prevenir e reparar os conflitos sociais". Complementarmente, igualmente com base na doutrina, tratou dos requisitos para configuração da referida espécie de dano, que seriam: o nexo de causalidade, a "conduta antijurídica", intolerável por sua repercussão social, e a violação de interesses jurídicos extrapatrimoniais titularizados por uma coletividade.[29]

No que concerne à incidência da teoria do dano extrapatrimonial coletivo no caso concreto, afirmou que o art. 39, § 1º, da Lei 10.741/2003 (Estatuto do Idoso) não exige da pessoa idosa nada além da apresentação de documento pessoal que comprove a idade (superior a 65 anos) para que ela possa ser beneficiada pela gratuidade do transporte coletivo. No entanto, entendeu que não seria o caso de tratar da "a existência do dano moral coletivo" no caso concreto, conquanto tenha reconhecido a "antijuridicidade da conduta" da empresa de transporte coletivo, sob o argumento de que não teria ocorrido o prequestionamento do mencionado art. 39 do Estatuto do Idoso no REsp, bem como que não caberia ao STJ reanalisar fatos e a conduta da empresa de transportes feita pelo Tribunal de Justiça do Rio Grande do Sul, o qual entendeu ser justificável a conduta da demandada, que teria por objetivo "evitar fraudes e quantificar a quebra do equilíbrio econômico-financeiro do contrato de prestação de serviços de transporte".

Disso resulta que, embora a 2ª Turma tenha reconhecido a possibilidade, "em tese", de acolhimento da figura jurídica do dano extrapatrimonial coletivo, não via nesse REsp a oportunidade de sua aplicação ou, ao menos, a confirmação de sua incidência.

Assim, em uma primeira fase, é possível afirmar que o STJ não emitiu pronunciamento judicial de mérito em acórdão de Recurso Especial, que admitisse a categoria do dano extrapatrimonial coletivo (embora isoladamente alguns Ministros tenham acenado para essa possibilidade), cenário esse que vem a ser alterado a partir do REsp 1.114.893, que inaugura a "segunda fase" dessa figura jurídica na Corte, o que será objeto de análise no próximo item.

---

identidade. 4. Conduta da empresa de viação injurídica se considerado o sistema normativo. 5. Afastada a sanção pecuniária pelo Tribunal que considerou as circunstâncias fáticas e probatória e restando sem prequestionamento o Estatuto do Idoso, mantém-se a decisão. 5. Recurso especial parcialmente provido".

29. Os trechos reproduzidos estão nas p. 7 e 8 do acórdão do REsp.

4. A SEGUNDA FASE DO DANO MORAL COLETIVO NO STJ: RESISTÊNCIAS E ADMISSÃO

Em 2010, não obstante a 1ª Turma ainda se mantivesse refratária ao dano extrapatrimonial coletivo,[30] passa-se a vislumbrar uma guinada dos rumos do STJ a respeito da matéria, por intermédio do REsp 1.114.893, julgado pela 2ª Turma e relatado pelo Ministro Herman Benjamin.[31] O recurso tratou de ação civil pública com pedidos de recuperação de área ambientalmente degradada pelo exercício ilegal de garimpo de ouro em área de preservação permanente, e de indenização por dano moral coletivo. Nele, o questionamento jurídico sob análise era o da possibilidade de cumular os pedidos apresentados, e a 2ª Turma textualmente referiu que o princípio da reparação *in integrum* contempla "os deveres de restaurar e reparar os danos ambientais, de

---

30. STJ. 1ª Turma. AgRg no REsp 1.109.905-PR. Rel. Min. Hamilton Carvalhido. J. em 22.06.2010. *DJe* 03.08.2010. "Agravo regimental em recurso especial. Administrativo. Ação civil pública. Serviço de telefonia. Postos de atendimento. Reabertura. Danos morais coletivos. Inexistência. Precedente. Agravo improvido. 1. A Egrégia Primeira Turma firmou já entendimento de que, em hipóteses como tais, ou seja, ação civil pública objetivando a reabertura de postos de atendimento de serviço de telefonia, não há falar em dano moral coletivo, uma vez que "Não parece ser compatível com o dano moral a ideia da 'transindividualidade' (= da indeterminabilidade do sujeito passivo e da indivisibilidade da ofensa e da reparação) da lesão" (REsp 971.844/RS, Relator Ministro Teori Albino Zavascki, in *DJe* 12.02.2010). 2. No mesmo sentido: REsp 598.281/MG, Relator p/ acórdão Ministro Teori Albino Zavascki, in *DJ* 1º.06.2006 e REsp 821.891/RS, Relator Ministro Luiz Fux, in *DJe* 12.05.2008. 3. Agravo regimental improvido".

31. STJ. 2ª Turma. REsp 1.114.893/MG. Rel. Min. Herman Benjamin. J. em 16.03.2010. *DJe* 28.02.2012. "Administrativo. Ação civil pública. Garimpo ilegal de ouro em área de preservação permanente. Danos causados ao meio ambiente. Arts. 4º, VII, e 14, § 1º, da Lei 6.938/1981, e art. 3º da Lei 7.347/85. Princípios da *reparação integral* e do *poluidor-pagador*. Cumulação de obrigação de fazer (reparação da área degradada) e de pagar quantia certa (indenização). Possibilidade. Interpretação *in dubio pro natura* das normas ambientais. 1. A legislação de amparo dos sujeitos vulneráveis e dos interesses difusos e coletivos deve ser interpretada da maneira que lhes seja mais favorável e melhor possa viabilizar, no plano da eficácia, a prestação jurisdicional e a *ratio essendi* de sua garantia. 2. Na interpretação do art. 3º da Lei 7.347/85, a conjunção "ou" opera com *valor aditivo*, não introduz *alternativa excludente*. 3. No Direito brasileiro, vigora o princípio da reparação *in integrum* ao dano ambiental, que é multifacetário (ética, temporal e ecologicamente falando, mas também quanto ao vasto universo das vítimas, que vão do indivíduo isolado à coletividade, às gerações futuras e aos próprios processos ecológicos em si mesmos considerados). 4. Se a restauração ao *status quo ante* do bem lesado pelo degradador for imediata e completa, não há falar, como regra, em indenização. 5. A reparação ambiental deve ser feita da forma mais completa possível, de modo que a condenação a recuperar a área lesionada não exclui o dever de indenizar, sobretudo pelo dano que permanece entre a sua ocorrência e o pleno restabelecimento do meio ambiente afetado (= *dano interino* ou *intermediário*), bem como pelo *dano moral coletivo* e pelo *dano residual* (= degradação ambiental que subsiste, não obstante todos os esforços de restauração). 6. A obrigação de recuperar *in natura* o meio ambiente degradado é compatível e cumulável com indenização pecuniária por eventuais prejuízos sofridos. Precedentes do STJ. 7. Além disso, devem reverter à coletividade os benefícios econômicos que o degradador auferiu com a exploração ilegal de recursos ambientais, "bem de uso comum do povo", nos termos do art. 225, *caput*, da Constituição Federal, quando realizada em local ou circunstâncias impróprias, sem licença regularmente expedida ou em desacordo com os seus termos e condicionantes. 8. Ao STJ descabe, como regra, perquirir a existência de dano no caso concreto. Análise que esbarra, ressalvadas situações excepcionais, na Súmula 7/STJ. Tal juízo fático é de competência das instâncias *a quo*, diante da prova carreada aos autos. 9. Recurso Especial parcialmente provido para reconhecer a possibilidade, em tese, de cumulação de indenização pecuniária com as obrigações de fazer voltadas à recomposição *in natura* do bem lesado, devolvendo-se os autos ao Tribunal de origem para que verifique se, na hipótese, há dano indenizável e para fixar o eventual *quantum debeatur*".

forma objetiva, sem a exigência de prova de culpa e independentemente de eventuais sanções penal e administrativa cabíveis na espécie", permitindo a cumulação de pedidos de recuperação da área mais a indenização por meio de compensação pecuniária, seja pela redação dos arts. 4°, inc. VII e 14, § 1°, da Lei 6.938/1981, seja pela "interpretação sistemática das normas e princípios do Direito Ambiental".[32]

O relator resume seu entendimento da seguinte forma:

"Em síntese, fica o seguinte: a legislação de amparo dos sujeitos vulneráveis e dos interesses difusos e coletivos deve ser interpretada da maneira que lhes seja mais favorável e melhor possa viabilizar, no plano da eficácia, a prestação jurisdicional e a *ratio essendi* de sua garantia. Logo, na exegese do art. 3º da Lei 7.347/85, a conjunção "ou" *opera com valor aditivo*, não introduz *alternativa excludente*. Aplica-se o princípio da reparação *in integrum* ao dano ambiental, que é multifacetário (ética, temporal e ecologicamente falando, mas também quanto ao vasto universo das vítimas, que vão do indivíduo isolado à coletividade, às gerações futuras e aos próprios processos ecológicos em si mesmos considerados). Se a restauração ao *status quo ante* do bem lesado pelo degradador for imediata e completa, não há falar, como regra, em indenização. A obrigação de recuperar *in natura* o meio ambiente degradado é compatível e cumulável com indenização pecuniária por eventuais prejuízos sofridos, até a restauração plena do bem lesado, assim como por aqueles de natureza extrapatrimonial, como o dano moral coletivo. Além disso, devem reverter à coletividade os benefícios econômicos que o degradador auferiu com a exploração ilegal de recursos ambientais, "bem de uso comum do povo", nos termos do art. 225, *caput*, da Constituição Federal, quando realizada em local ou circunstâncias impróprias, ou sem licença regularmente expedida ou em desacordo com os seus termos e condicionantes."[33]

E, ao final do seu voto, o Min. Herman Benjamin sustenta que a indenização "não é para o dano especificamente já reparado, mas para os seus efeitos especialmente a privação temporária da fruição do patrimônio comum a todos os indivíduos, até sua efetiva recomposição".[34]

No REsp 1.197.654-MG, julgado em 2011,[35] a 2ª Turma tratou de ação proposta pelo Ministério Público com o objetivo de condenar companhia distribuidora de

---

32. Os trechos reproduzidos e as menções expostas estão nas p. 5 a 8 e 10 do acórdão do REsp.
33. Transcrição do trecho no voto das p. 11 e 12 do acórdão do REsp.
34. Esse entendimento foi repetido no REsp 1.180.078-MG (j. em 02.12.2010, DJe 28.02.2012), no REsp 1.145.083 (j. em 27.09.2011, DJe 04.09.2012), no REsp 1.198.727-MG. (j. em 14.08.2012, DJe 09.05.2013) e seguiu em 2013, no REsp 1.367.923-RJ (j. em 27.08.2013, DJE 06.09.2013).
35. STJ. 2ª Turma. REsp 1.197.654-MG. Rel. Min. Herman Benjamin. J. em 01.03.2011. DJe 08.03.2012. "Civil e processual civil. Ação civil coletiva. Interrupção de fornecimento de energia elétrica. Ofensa ao art. 535 do CPC não configurada. Legitimidade ativa do Ministério Público. Nexo de causalidade. Súmula 7/STJ. Dano moral coletivo. Dever de indenizar. 1. Cuida-se de Recursos Especiais que debatem, no essencial, a legitimação para agir do Ministério Público na hipótese de interesse individual homogêneo e a caracterização de danos patrimoniais e morais coletivos, decorrentes de *frequentes interrupções* no fornecimento de energia no Município de Senador Firmino, culminando com a falta de eletricidade nos dias 31 de maio, 1º e 2 de junho de 2002. Esse evento causou, entre outros prejuízos materiais e morais, perecimento de gêneros alimentícios nos estabelecimentos comerciais e nas residências; danificação de equipamentos elétricos; suspensão do atendimento no hospital municipal; cancelamento de festa junina; risco de fuga dos presos da cadeia local; e sentimento de impotência diante de fornecedor que presta com exclusividade serviço considerado essencial. 2. A solução integral da controvérsia, com fundamento suficiente, não caracteriza ofensa ao art. 535 do CPC. 3. O Ministério Público tem legitimidade ativa para atuar em defesa dos direitos

energia elétrica a indenizar danos patrimoniais e morais coletivos provenientes de "frequentes interrupções no fornecimento de energia" em determinado município. No julgado sob análise, manteve-se o acórdão do TJMG, que condenou a Companhia distribuidora ao pagamento de indenização por danos patrimoniais e morais coletivos, tendo em vista que o STJ afirmou que não seria sua atribuição a análise da prova quanto à sua ocorrência no caso concreto e tampouco no tocante à sua quantificação. O relator destacou que "a precária prestação de serviço de fornecimento de energia para a comunidade do município de Senador Firmino – MG – atinge, sem dúvida, o patrimônio moral das pessoas que lá se encontram".[36]

Em 2012, foi a vez da 3ª Turma ser mais contundente na defesa do dano extrapatrimonial coletivo, no REsp 1.221.756,[37] que tratou de ação civil pública com o objetivo de compelir um banco a manter caixa para atendimento de clientes no andar térreo de uma de suas agências, para viabilizar a acessibilidade de clientes prioritários (idosos, gestantes e pessoas com deficiência) aos serviços bancários, sem a necessidade de uso de escadaria, em prédio sem elevador, bem como para condená-lo ao pagamento de compensação por dano extrapatrimonial coletivo.

Massami Uyeda, Ministro relator, em seu voto, sustentou que o art. 6º, inc. VI, do CDC permite que haja "indenização por danos morais aos consumidores, tanto

---

difusos, coletivos e individuais homogêneos dos consumidores. Precedentes do STJ. 4. A apuração da responsabilidade da empresa foi definida com base na prova dos autos. Incide, *in casu*, o óbice da Súmula 7/STJ. 5. O dano moral coletivo atinge interesse não patrimonial de classe específica ou não de pessoas, uma afronta ao sentimento geral dos titulares da relação jurídica-base. 6. O acórdão estabeleceu, à luz da prova dos autos, que a interrupção no fornecimento de energia elétrica, em virtude da precária qualidade da prestação do serviço, tem o condão de afetar o patrimônio moral da comunidade. Fixado o cabimento do dano moral coletivo, a revisão da prova da sua efetivação no caso concreto e da quantificação esbarra na Súmula 7/STJ. 7. O cotejo do conteúdo do acórdão com as disposições do CDC remete à sistemática padrão de condenação genérica e liquidação dos danos de todos os munícipes que se habilitarem para tanto, sem limitação àqueles que apresentaram elementos de prova nesta demanda (Boletim de Ocorrência). Não há, pois, omissão a sanar. 8. Recursos Especiais não providos".

36. Transcrição dos trechos no voto das p. 5 e 12 do acórdão do REsp.
37. STJ. 3ª Turma. REsp 1.221.756. Rel. Min. Massami Uyeda. J. em 02/02/2012. DJe 10/02/2012. Ementa: "Recurso especial - Dano moral coletivo - Cabimento - Artigo 6º, VI, do Código de Defesa do Consumidor – Requisitos – Razoável significância e repulsa social – Ocorrência, na espécie – Consumidores com dificuldade de locomoção – Exigência de subir lances de escadas para atendimento – Medida desproporcional e desgastante – Indenização – Fixação proporcional – Divergência jurisprudencial – Ausência de demonstração – Recurso especial improvido. I – A dicção do artigo 6º, VI, Código de Defesa do Consumidor é clara ao possibilitar o cabimento de indenização por danos morais aos consumidores, tanto de ordem individual quanto coletivamente. II – Todavia, não é qualquer atentado aos interesses dos consumidores que pode acarretar dano moral difuso. É preciso que o fato transgressor seja de razoável significância e desborde os limites da tolerabilidade. Ele deve ser grave o suficiente para produzir verdadeiros sofrimentos, intranquilidade social e alterações relevantes na ordem extrapatrimonial coletiva. Ocorrência, na espécie. III – Não é razoável submeter aqueles que já possuem dificuldades de locomoção, seja pela idade, seja por deficiência física, ou por causa transitória, à situação desgastante de subir lances de escadas, exatos 23 degraus, em agência bancária que possui plena capacidade e condições de propiciar melhor forma de atendimento a tais consumidores. IV – Indenização moral coletiva fixada de forma proporcional e razoável ao dano, no importe de R$ 50.000,00 (cinquenta mil reais). V – Impõe-se reconhecer que não se admite recurso especial pela alínea "c" quando ausente a demonstração, pelo recorrente, das circunstâncias que identifiquem os casos confrontados. VI – Recurso especial improvido".

de ordem individual quanto coletivamente", desde que haja "razoável significância e desborde os limites da tolerabilidade" e que a conduta do banco seria reprovável pelo fato de sujeitar quem tem dificuldades de locomoção "à situação desgastante de subir escadas" para ser atendido em agência bancária "que, diga-se, possui plena capacidade e condições de propiciar melhor forma de atendimento que, curiosamente, é chamado de prioritário". Ademais, expressou claramente que a natureza da indenização "tem caráter propedêutico e possui como objetivos a reparação do dano e a pedagógica punição, adequada e proporcional ao dano".[38]

Em 2012, o Ministro Sidnei Beneti volta ao tema,[39] na 3ª Turma, dessa vez para relatar o REsp 1.291.213-SC, que tratava da oferta de plano de telefonia com omissão de informações relevantes aos consumidores, levando-os a erro na contratação, e da consequente imposição de condenação ao pagamento de compensação pecuniária por danos extrapatrimoniais coletivos e por danos morais individuais (mediante desconto percentual na conta telefônica dos consumidores do referido plano). O recurso da operadora de telefonia é rejeitado, sendo confirmada a condenação a

---

38. Referência e transcrição dos trechos no voto das p. 7 e 8 do acórdão do REsp.
39. STJ. 3ª Turma. REsp 1.291.213-SC. Rel. Min. Sidnei Beneti. J. em 30.08.2012. DJe 25.09.2012. "Recurso especial – Ação civil pública – Empresa de telefonia – Plano de adesão – Lig mix – Omissão de informações relevantes aos consumidores – Dano moral coletivo – Reconhecimento – Artigo 6º, VI, do Código de Defesa do Consumidor – Precedente da Terceira Turma desta Corte – Ofensa aos direitos econômicos e morais dos consumidores configurada – Determinação de cumprimento do julgado no tocante aos danos materiais e morais individuais mediante reposição direta nas contas telefônicas futuras – Desnecessários processos judiciais de execução individual – Condenação por danos morais difusos, igualmente configurados, mediante depósito no fundo estadual adequado. 1. – A indenização por danos morais aos consumidores, tanto de ordem individual quanto coletiva e difusa, tem seu fundamento no artigo 6º, inciso VI, do Código de Defesa do Consumidor. 2. – Já realmente firmado que, não é qualquer atentado aos interesses dos consumidores que pode acarretar dano moral difuso. É preciso que o fato transgressor seja de razoável significância e desborde os limites da tolerabilidade. Ele deve ser grave o suficiente para produzir verdadeiros sofrimentos, intranquilidade social e alterações relevantes na ordem extrapatrimonial coletiva. Ocorrência, na espécie. (REsp 1221756/RJ, Rel. Ministro Massami Uyeda, Terceira Turma, julgado em 02.02.2012, DJe 10.02.2012). 3. – No presente caso, contudo, restou exaustivamente comprovado nos autos que a condenação à composição dos danos morais teve relevância social, de modo que, o julgamento repara a lesão causada pela conduta abusiva da ora Recorrente, ao oferecer plano de telefonia sem, entretanto, alertar os consumidores acerca das limitações ao uso na referida adesão. O Tribunal de origem bem delineou o abalo à integridade psicofísica da coletividade na medida em que foram lesados valores fundamentais compartilhados pela sociedade. 4. – Configurada ofensa à dignidade dos consumidores e aos interesses econômicos diante da inexistência de informação acerca do plano com redução de custo da assinatura básica, ao lado da condenação por danos materiais de rigor moral ou levados a condenação à indenização por danos morais coletivos e difusos. 5. – Determinação de cumprimento da sentença da ação civil pública, no tocante à lesão aos participantes do "LIG-MIX", pelo período de duração dos acréscimos indevidos: a) por danos materiais, individuais por intermédio da devolução dos valores efetivamente cobrados em telefonemas interurbanos e a telefones celulares; b) por danos morais, individuais mediante o desconto de 5% em cada conta, já abatido o valor da devolução dos participantes de aludido plano, por período igual ao da duração da cobrança indevida em cada caso; c) por dano moral difuso mediante prestação ao Fundo de Reconstituição de Bens Lesados do Estado de Santa Catarina; d) realização de levantamento técnico dos consumidores e valores e à operacionalização dos descontos de ambas as naturezas; e) informação dos descontos, a título de indenização por danos materiais e morais, nas contas telefônicas. 6. – Recurso Especial improvido, com determinação (n. 5 supra)".

tais títulos, com referência expressa ao REsp 1.221.756, que havia recepcionado a possibilidade de indenização do dano moral coletivo.

A respeito do tema, a 4ª Turma, no REsp 1.293.606-MG, que tratava de cláusula abusiva (por ser restritiva) em plano de saúde, referiu a possibilidade de veiculação, em uma mesma ação civil pública, de pretensões relativas a direito individual homogêneo, direitos coletivos em sentido estrito e direitos difusos, pois "embora determinado direito não possa pertencer, a um só tempo, a mais de uma categoria" é possível que, "no mesmo cenário fático ou jurídico conflituoso, violações simultâneas de direitos de mais de uma espécie" possam ocorrer.

O Relator esclareceu que a ação civil pública que era objeto do REsp tinha natureza híbrida, por veicular pretensões relativas: (1) a direitos individuais homogêneos dos contratantes prejudicados concretamente pela cláusula restritiva pela negativa de tratamento; (2) a direitos coletivos relacionados a "ilegalidade em abstrato da cláusula contratual", que prejudica "igualmente e de forma indivisível" os contratantes do plano; (3) a direitos difusos de consumidores futuros (indeterminados e indetermináveis) do plano de saúde. Quanto ao aspecto (1), o relator mencionou que não seria possível desencadear dano coletivo, mas, quando há, "simultaneamente, violação de direitos individuais homogêneos, coletivos ou difusos", torna-se possível o reconhecimento, "ao lado do dano individual, também aquele de natureza coletiva" e, dessa forma, "por violação a direitos transindividuais, é cabível, em tese, a condenação por dano moral coletivo", entendido "como categoria autônoma de dano, a qual não se relaciona necessariamente com aqueles tradicionais atributos da pessoa humana (dor, sofrimento ou abalo psíquico)".[40]

Em 2013, a 1ª Turma mantinha o entendimento de não cabimento do dano extrapatrimonial coletivo,[41] embora: conhecesse a decisão do REsp 1.221.756-RJ; não costumasse reverter decisões provindas de instâncias inferiores que aplicavam condenações por esse tipo de dano (essencialmente por não conhecimento do recurso), e tratasse, em alguns recursos, da necessária comprovação do dano (o que sequer ensejaria a admissão do recurso).[42] Esse cenário tornou difícil a compreensão da coerência do pensamento da Turma a respeito da matéria.

---

40. Na análise do caso concreto, no entanto, a Turma concluiu que "na hipótese em julgamento, não se vislumbram danos coletivos, difusos ou sociais. Da ilegalidade constatada nos contratos de consumo não decorreram consequências lesivas além daquelas experimentadas por quem, concretamente, teve o tratamento embaraçado ou por aquele que desembolsou os valores ilicitamente sonegados pelo plano. Tais prejuízos, todavia, dizem respeito a direitos individuais homogêneos, os quais só rendem ensejo a condenações reversíveis a fundos públicos na hipótese da *fluid recovery*". STJ. 4ª Turma. REsp 1.293.606-MG. Rel. Min. Luis Felipe Salomão. J. em 02.09.2014. DJe 26.09.2014. Recurso Especial não provido.

41. STJ. 1ª Turma. AgRg no REsp 1305977-MG. Rel. Min. Ari Pargendler. J. em 09.04.2013. DJe 16.04.2013. "Processo civil. Ação civil pública. Danos morais coletivos. É inviável, em sede de ação civil pública, a condenação por danos morais coletivos. Agravo regimental desprovido."

42. STJ. 1ª Turma. AgRg no REsp 277.516-SP. Rel. Min. Napoleão Nunes Maia Filho. J. em 23.04.2013. DJe 03.05.2013. "Processual civil e administrativo. Agravo regimental no agravo em recurso especial. Exploração da atividade de bingo. Indenização por danos morais à coletividade. Necessidade de comprovação de efetivo

Ao mesmo tempo, em 2013, a 2ª Turma reforçava que o dano extrapatrimonial coletivo se desvinculava da ideia de sentimentos subjetivos (dor, repulsa etc.), e tinha um caráter objetivo e passível de tutela jurídica.[43] Na 2ª Turma, o dano moral coletivo passou a ter amplo acolhimento, em sucessivos julgados.[44]

Na 4ª Turma, em 2014, em recurso que tratava da questão relativa a possibilidade de imposição de obrigação, à companhia aérea, de prestar informação escrita aos consumidores sobre a situação de voos atrasados, houve dissenso. O Min. Luis Felipe Salomão pôs em relevo a obrigação de informar (como direito fundamental e não dependente de regulamentação para ser cumprido) e que a condenação por dano moral coletivo era correta e corresponderia a uma "sanção pecuniária, de caráter eminentemente punitivo", com a finalidade de "garantir tutela adequada aos direitos coletivos". Divergiu (voto-vencedor) o Min. Raul Araújo, o qual afirmou que o dever de informação, de modo genérico, "não depende de regulamentação para ser cumprido", mas que, concretamente, não poderia ser exigida da forma como foi postulada pelo Ministério Público ("é inviável o ajuizamento de ação civil pública para condenar certa companhia aérea a cumprir o dever de informar os passageiros acerca de atrasos e cancelamentos de voos, seguindo forma única e detalhada, sem levar em conta a generalidade de casos e sem amparo em norma específica, apenas com suporte no dever geral de prestar informações"). No entanto, o Min. Araújo, no que tange ao dano extrapatrimonial coletivo, também confirmou a sua natureza punitiva, ao opinar no sentido de que "a condenação em reparar o dano moral coletivo visa punir e inibir a injusta lesão da esfera moral de uma coletividade", mas que, no caso concreto, "não há como reconhecer a existência de dano coletivo na espécie em virtude da especificidade do pedido inicial".[45]

---

dano. Incidência da súmula 7/STJ. Agravo regimental desprovido. 1. Esta Corte já se manifestou no sentido de que não é qualquer atentado aos interesses dos consumidores que pode acarretar dano moral difuso. É preciso que o fato transgressor seja de razoável significância e desborde os limites da tolerabilidade. Ele deve ser grave o suficiente para produzir verdadeiros sofrimentos, intranquilidade social e alterações relevantes na ordem extrapatrimonial coletiva (REsp 1.221.756/RJ, Rel. Min. Massami Uyeda, *DJe* 10.02.2012). 2. A revisão do acórdão recorrido, a fim de perquirir se houve efetivo dano moral à coletividade, demandaria necessariamente reexame do material fático-probatório dos autos, providência inviável nesta Corte por incidência da Súmula 7 do STJ. 3. Agravo Regimental do Ministério Público Federal desprovido"

43. STJ. 2ª Turma. REsp 1.269.494-MG. Rel. Min. Eliana Calmon. J. em 24.09.2013. *DJe* 01.10.2013. "Ambiental, Administrativo e Processual civil. Ação civil pública. Proteção e preservação do meio ambiente. Complexo parque do sabiá. Ofensa ao art. 535, II, do CPC não configurada. Cumulação de obrigações de fazer com indenização pecuniária. Art. 3º da Lei 7.347/1985. Possibilidade. Danos morais coletivos. Cabimento. (...) 4. O dano moral coletivo ambiental atinge direitos de personalidade do grupo massificado, sendo desnecessária a demonstração de que a coletividade sinta a dor, a repulsa, a indignação, tal qual fosse um indivíduo isolado. 5. Recurso especial provido, para reconhecer, em tese, a possibilidade de cumulação de indenização pecuniária com as obrigações de fazer, bem como a condenação em danos morais coletivos, com a devolução dos autos ao Tribunal de origem para que verifique se, no caso, há dano indenizável e fixação do eventual *quantum debeatur*."

44. V.g.: STJ. 2ª Turma. AgRg no AREsp 737.887-SE. Rel. Min. Humberto Martins. J. em 03.09.2015. *DJe* 14.09.2015 (agravo regimental improvido, por unanimidade).

45. Trechos transcritos das p. 14, 15, 22 a 27 do acórdão.
STJ. 4ª. Turma. REsp 1303014/RS. Rel. Min. Luis Felipe Salomão. Rel. para o acórdão: Min. Raul Araújo. J. em 18.12.2014. *DJe* 26.05.2015. "Recurso especial. Consumidor. Processual civil. Ação civil pública.

No decorrer do ano de 2015, foram vários os recursos de diferentes Turmas do STJ, que não analisaram a questão do dano extrapatrimonial coletivo por alegada impossibilidade de revisão do contexto fático-probatório,[46] mas a 2ª Turma seguiu admitindo a indenização a tal título, como no REsp 1.410.698-MG,[47] que tratou de dano ambiental proveniente de loteamento rural clandestino, que invadiu área de preservação ambiental permanente, objeto de ação civil pública. No acórdão do mencionado recurso, o relator, Min. Humberto Martins, referiu que "o dano extrapatrimonial não se restringe às pessoas individualmente consideradas", pois representa uma "lesão na esfera moral de uma comunidade, isto é, a violação de valores coletivos, atingidos injustificadamente do ponto de vista jurídico", a qual "pode decorrer de dano ambiental (lesão ao equilíbrio ecológico, à qualidade de vida e à saúde da coletividade), desrespeito aos direitos do consumidor (publicidade abusiva, por exemplo), danos ao patrimônio histórico e artístico, violação da honra de determinada comunidade (negra, judaica, japonesa, indígena etc.) e até fraude a licitações", desvinculando-se "da prova da dor, sentimento ou abalo psicológico sofridos pelos indivíduos".

Em 2016, a 1ª Turma do STJ passa a admitir com maior naturalidade as condenações por dano extrapatrimonial coletivo, como demonstra o acórdão do AgRg no REsp 1.283.434-GO, que trata de ação civil pública proposta pelo Ministério Público do Estado de Goiás, com o objetivo de condenar indústria de leite por comercialização do produto em desconformidade com normas regulamentares.[48]

Transporte aéreo. Dever de informação. Formulário escrito. Inexistência de norma específica ao tempo da propositura da ação. Improcedência. Danos morais coletivos. Inocorrência. Recurso provido. 1. É inviável o ajuizamento de ação civil pública para condenar certa companhia aérea a cumprir o dever de informar os passageiros acerca de atrasos e cancelamentos de voos, seguindo forma única e detalhada, sem levar em conta a generalidade de casos e sem amparo em norma específica, apenas com suporte no dever geral de prestar informações contido no art. 6º, III, do Código de Defesa do Consumidor. 2. A condenação em reparar o dano moral coletivo visa punir e inibir a injusta lesão da esfera moral de uma coletividade, preservando, em *ultima ratio*, seus valores primordiais. Assim, o reconhecimento de dano moral coletivo deve se limitar às hipóteses em que configurada grave ofensa à moralidade pública, sob pena de sua banalização, tornando-se, somente, mais um custo para as sociedades empresárias, a ser repassado aos consumidores. 3. No caso concreto, não restou configurada a grave ofensa à moralidade pública a ensejar o reconhecimento da ocorrência de dano moral coletivo. 4. Recurso especial provido."

46. Por exemplo: STJ, 1ª Turma, AgRg no AREsp 623043, Rel. Min. Benedito Gonçalves, j. em 24.03.2015, *DJe* 07.04.2015; STJ, 2ª Turma, AgRg no AREsp 1.513.156, Rel. Min. Humberto Martins, j. em 18.08.2015, *DJe* 25.08.2015; STJ, 3ª Turma. AgRg no AREsp 181.435, Rel. Min. Ricardo Villas Bôas Cueva, j. em 10.03.2015, *DJe* 16.03.2015 e STJ, 4ª Turma, AgRg no AREsp 1.458.419, Rel. Min. Maria Isabel Gallotti, j. em 04.08.2015, *DJE* 12.08.2015. Todos os recursos foram rejeitados, por unanimidade.

47. STJ. 2ª Turma. REsp 1.410.698-MG. Rel. Min. Humberto Martins. J. em 23.06.2015. *DJe* 30.06.2015. Os trechos referidos constam nas p. 6, 7 e 8 do acórdão.

48. STJ. 1ª Turma. AgRg no REsp 1.283.434-GO. Rel. Min. Napoleão Nunes Maia Filho. J. em 07.04.2016. *DJe* 15.04.2016. "Processual civil e Administrativo. Ação civil pública. Comercialização de leite em desacordo com as normas regulamentares. Violação a direito do consumidor. Agravo regimental. Decisão que restabeleceu a sentença que condenou a empresa a pagar indenização por danos morais à coletividade no importe de R$ 20.000,00. Gravidade da conduta. Precedentes: (...). 1. Esta Corte já se manifestou no sentido de que atentado aos interesses dos consumidores que seja de razoável significância e desborde os limites da tolerabilidade gera dano coletivo, como ocorre no presente caso, dada a comprovada comercialização de leite com vício de qualidade. 2. Precedentes do STJ: (...). 3. Agravo Regimental a que se nega provimento."

Ainda em 2016, a 4ª Turma do STJ condena indústria de cigarros ao pagamento de danos extrapatrimoniais coletivos no importe de um milhão de reais, em razão de veiculação de publicidade ilícita.[49]

Em 2017, o cenário segue semelhante aos anos de 2015 e 2016, embora tenha sido julgado o interessante REsp 1.517.973-PE,[50] que tratou de pretensão indenizatória

---

49. STJ. 4ª Turma. REsp 1.101.949-DF. Rel. Min. Marco Buzzi. J. em 10.05.2016. *DJe* 30.05.2016. "Recurso especial – Ação civil pública – Dano moral coletivo – Divulgação de publicidade ilícita – Indenização – Sentença que acolheu o pedido inicial do MPDFT fixando a reparação em R$ 14.000.000,00 (quatorze milhões de reais) e determinou a elaboração de contrapropaganda, sob pena de multa diária – Inconformismos das rés – Apelação parcialmente provida para reduzir o *quantum* indenizatório e excluir da condenação obrigação de fazer contrapropaganda, bem como a multa monitória para a hipótese de descumprimento. Irresignação das rés – Ogilvy Brasil Comunicação Ltda. e da Souza Cruz S.A. – e do Ministério Público do Distrito Federal e Territórios. 1 (...) A veiculação, em caráter nacional, de propaganda/publicidade atinge número infindável de pessoas, de forma indistinta, nos mais diversos pontos deste país de projeção continental, sobretudo quando divulgada por meio da televisão – dos mais populares meios de comunicação de massa – gera, portanto, indiscutivelmente, interesse de natureza difusa, e não individual e disponível. Precedentes (...) 1.5.2. Além disso, a modificação do entendimento lançado no v. acórdão recorrido, o qual concluiu, após realização de contundente laudo pericial, pela caracterização de publicidade enganosa e, por conseguinte, identificou a responsabilidade da ora recorrente pelos danos suportados pela coletividade, sem dúvida demandaria a exegese do acervo fático-probatório dos autos, o que é vedado pelas Súmulas 5 e 7 do STJ. 1.5.3. Em razão da inexistência de uma mensagem clara, direta que pudesse conferir ao consumidor a sua identificação imediata (no momento da exposição) e fácil (sem esforço ou capacitação técnica), reputa-se que a publicidade ora em debate, de fato, malferiu a redação do art. 36, do CDC e, portanto, cabível e devida a reparação dos danos morais coletivos. 1.6. Quanto ao montante da indenização arbitrada (...) faz-se mister, portanto, a redução da indenização por danos morais coletivos ao valor de R$ 1.000.000,00 (hum milhão de reais), devidamente corrigidos. (...) 2.1.2. Do dano moral coletivo. Cabimento. Jurisprudência do STJ. Inegável a incidência da tese concernente à possibilidade de condenação por dano moral coletivo, mormente tratando-se, como se trata, de ação civil pública. Precedentes: (...) 4. Recurso especial da OGILVY Brasil Comunicação Ltda. e da Souza Cruz S/A parcialmente providos e desprovido o recurso especial do Ministério Público do Distrito Federal e Territórios."

50. STJ. 4ª Turma. REsp 1.517.973-PE. Rel. Min. Luis Felipe Salomão. J. em 16.11.2017. *DJe* 01.02.2018. "Recurso Especial. Ação civil pública. Dignidade de crianças e adolescentes ofendida por quadro de programa televisivo. Dano moral coletivo. Existência. 1. O dano moral coletivo é aferível *in re ipsa*, ou seja, sua configuração decorre da mera constatação da prática de conduta ilícita que, de maneira injusta e intolerável, viole direitos de conteúdo extrapatrimonial da coletividade, revelando-se despicienda a demonstração de prejuízos concretos ou de efetivo abalo moral. Precedentes. 2. Na espécie, a emissora de televisão exibia programa vespertino chamado "Bronca Pesada", no qual havia um quadro que expunha a vida e a intimidade de crianças e adolescentes cuja origem biológica era objeto de investigação, tendo sido cunhada, inclusive, expressão extremamente pejorativa para designar tais hipervulneráveis. 3. A análise da configuração do dano moral coletivo, na espécie, não reside na identificação de seus telespectadores, mas sim nos prejuízos causados a toda sociedade, em virtude da vulnerabilização de crianças e adolescentes, notadamente daqueles que tiveram sua origem biológica devassada e tratada de forma jocosa, de modo a, potencialmente, torná-los alvos de humilhações e chacotas pontuais ou, ainda, da execrável violência conhecida por *bullying*. 4. Como de sabença, o artigo 227 da Constituição da República de 1988 impõe a todos (família, sociedade e Estado) o dever de assegurar às crianças e adolescentes, com absoluta prioridade, o direito à dignidade e ao respeito e de lhes colocar a salvo de toda forma de discriminação, violência, crueldade ou opressão. 5. No mesmo sentido, os artigos 17 e 18 do ECA consagram a inviolabilidade da integridade física, psíquica e moral das crianças e dos adolescentes, inibindo qualquer tratamento vexatório ou constrangedor, entre outros. 6. Nessa perspectiva, a conduta da emissora de televisão – ao exibir quadro que, potencialmente, poderia criar situações discriminatórias, vexatórias, humilhantes às crianças e aos adolescentes – traduz flagrante dissonância com a proteção universalmente conferida às pessoas em franco desenvolvimento físico, mental, moral, espiritual e social, donde se extrai a evidente intolerabilidade da lesão ao direito transindividual da coletividade, configurando-se, portanto, hipótese de dano moral coletivo indenizável, razão pela qual não merece reforma o acórdão recorrido. 7. *Quantum* indenizatório arbitrado em R$ 50.000,00 (cinquenta mil reais). Razoabilidade e proporcionalidade reconhecidas. 8. Recurso especial não provido."

e de suspensão de exibição de programa televisivo, veiculada por meio de ação civil pública proposta contra emissora de televisão, que transmitia programas ofensivos aos direitos de crianças e adolescentes (pois devassava a sua origem biológica de modo humilhante ou, no mínimo, inadequado). No voto do relator, constou que, na atualidade, "a maioria ampla dos precedentes admite a possibilidade de condenação por dano moral coletivo, considerando-o como categoria autônoma de dano", além de reiterar que o seu reconhecimento não demanda "indagações acerca de dor psíquica, sofrimento ou outros atributos próprios do dano individual".[51]

Outro aspecto importante do referido acórdão foi o fato de admitir que o dano extrapatrimonial coletivo "é aferível *in re ipsa*, ou seja, sua configuração decorre da mera constatação da prática de conduta ilícita que, de maneira injusta e intolerável, viole direitos de conteúdo extrapatrimonial da coletividade" (afirmação distinta de alguns pronunciamentos anteriores, que exigiam prova concreta de prejuízo imaterial, para possibilitar a condenação em indenização por esse tipo de dano).[52]

No referido acórdão, foi aplicado o método bifásico de arbitramento indenizatório,[53] considerando que a média compensatória do STJ para esse tipo de dano é entre cinquenta e quinhentos mil reais, e as circunstâncias concretas (conduta dolosa, "causadora de dano de abrangência local"; "ofensor de grande capacidade econômica", proveito econômico superior a noventa mil reais por programa; relutância da emissora em ajustar termo de conduta com o Ministério Público e "significativa reprovabilidade social da lesão"), o que resultou em uma condenação no importe atualizado, na época da emissão do acórdão, de aproximadamente cento e trinta e cinco mil reais.[54]

Em 2018, o STJ, por meio da 3ª Turma – no caso de fornecedora de sardinhas enlatadas, que reduziu a quantidade de produto e aumentou o volume de óleo nas latas –, seguiu mantendo pronunciamentos judiciais que determinavam compensação por danos morais coletivos, reconhecendo-os como "categoria autônoma".[55]

No mencionado julgado, a 3ª Turma ampliou a possibilidade de indenização por danos morais coletivos a casos de direitos individuais homogêneos. Convém, assim, reproduzir o trecho do acórdão que trata desse ponto:

> Não se desconhece que parte da doutrina e também da jurisprudência perfilha o entendimento de que a tutela de direitos individuais homogêneos não poderia ensejar a condenação em danos morais coletivos.
>
> Com efeito, a doutrina que conclui nesse sentido adota como premissa a afirmação de que *"os direitos individuais homogêneos são direitos subjetivos individuais, que podem ser tratados*

---

51. Os trechos transcritos constam na p. 13 do acórdão do REsp.
52. O trecho transcrito está na parte final da p. 20 do acórdão do REsp.
53. STJ. 3ª T. REsp 1.152.541-RS, Rel. Min. Paulo de Tarso Sanseverino. J. em 13.09.2011. *DJe* 21.09.2011.
54. Os trechos referidos e transcritos estão nas p. 27-28 do acórdão do REsp.
55. STJ. 3ª. T. REsp 1.586.515-RS. J. em 22.05.2018, *DJe* 29.05.2018.

no processo coletivamente", razão pela qual "*o dano – moral e mesmo o material – terá que ser apurado individualmente, enquadrando-se na reparação dos danos pessoais, incluindo os morais*" (WATANABE, Kazuo. **Código brasileiro de defesa do consumidor: comentado pelos autores do anteprojeto.** Ada Pellegrini Grinover [et al.]. 10 ed. Vol. II. Rio de Janeiro: Forense, 2011, pág. 68, sem destaque no original).

Para os defensores dessa teoria, o dano moral coletivo somente poderia estar relacionado a lesões a direitos difusos ou coletivos, já que "*a violação de direitos individuais homogêneos não pode, ela própria, desencadear um dano que também não seja de índole individual, porque essa separação faz parte do próprio conceito dos institutos*" (REsp 1293606/MG, Quarta Turma, DJe 26.09.2014).

Entendo, contudo, de forma diversa, por considerar equivocada a premissa de que os direitos individuais homogêneos são meros direitos individuais que apenas podem ser tratados processualmente de forma coletiva.

Expostas estas considerações que representam a "linha do tempo" da passagem do dano extrapatrimonial coletivo nas Turmas do STJ que julgaram a matéria, parte-se para a apresentação das conclusões decorrentes da análise realizada.

5. CONCLUSÕES

No decorrer da exposição, constatou-se que:

a. O dano extrapatrimonial coletivo (também conhecido como dano moral coletivo) é figura jurídica recente na história do direito, e teve seus contornos jurídicos inicialmente estabelecidos por construção doutrinária, embora a legislação (notadamente o CDC e LACP) tenha tratado desse tema de modo genérico e superficial sob o aspecto substancial, e na, parte processual, abordou essencialmente as questões da legitimidade e das ações processuais aptas a veicular essas pretensões.

b. O dano extrapatrimonial coletivo é figura jurídica distinta do dano moral individual, constituindo voz de dano com conotação própria e independente, reconhecida pelo STJ notadamente a partir do REsp 1.114.893, julgado em 2010.

c. O primeiro acórdão do STJ a abordar o tema (REsp 598.281-MG, julgado em maio de 2006), concebeu o "dano moral coletivo" como se fosse um conjunto de danos morais individuais, de modo que a notória imprecisão técnica da expressão "moral" (substantivo masculino correspondente ao "estado de ânimo") acabou dificultando a sua admissão jurisprudencial nos primeiros julgamentos que trataram da matéria.

d. Somente a partir da admissão por parte do STJ (ainda que apenas implícita) no sentido de que o "dano moral coletivo" se distancia de questões meramente anímicas, pois ele é um "dano extrapatrimonial coletivo", é que aquela Corte passou a acolher a mencionada voz de dano com maior amplitude.

e. Os acórdãos do STJ analisados não costumam dar ênfase à questão do exame da natureza dos direitos envolvidos – difusos, coletivos e individuais homogêneos –, para acolher ou rejeitar pedido de compensação por danos extrapatrimoniais coletivos, sendo visível uma maior elasticidade conceitual de interesses difusos e coletivos para desvencilhar-se da classe dos direitos individuais homogêneos e permitir a indenização por dano moral coletivo, ou mesmo para manifestamente reconhecer a possibilidade de indenização a tal título, quando presente caso típico de direitos individuais homogêneos.[56]

f. Não fica clara, na análise dos acórdãos do STJ, uma concepção conceitual unitária entre as Turmas, que estabeleça os contornos e requisitos do dano extrapatrimonial coletivo, assim como não é possível visualizar se, para a Corte, a indenização concedida a tal título teria ou não finalidade punitiva (pois, por exemplo, no REsp 1.221.756 e no REsp 1.303.014 foi dito expressamente que a finalidade da compensação seria a de penalizar o ofensor, e, no REsp 1.198.727, foi salientado que a indenização não equivaleria a uma pena[57]). Resta pendente de esclarecimento se a análise da função dessa voz de dano decorreria do conceito em si ou de sua finalidade; do tipo de interesse jurídico lesado; possibilidade ou impossibilidade de evitar o dano; da reparação instantânea ou diferida por parte do lesante; da análise casuística da conduta da parte ofensora ou de outro critério.

g. Na atualidade, o STJ vem reiteradamente admitindo a voz de dano designada de "dano moral coletivo" ou, mais apropriadamente, "dano extrapatrimonial coletivo", e a tendência é a de considerá-lo dano *in re ipsa*.

6. REFERÊNCIAS

BARBOSA, Fernanda Nunes; MULTEDO, Renata Vilela. Danos extrapatrimoniais coletivos. In: RUZYK, Carlos Eduardo Pianovski, *et al*. (Org.). *Direito civil constitucional* – a ressignificação da função dos institutos fundamentais do direito civil contemporâneo e suas consequências. Florianópolis: Conceito Editorial. 2014. p. 233-246.

BARROSO, Lucas Abreu. Novas fronteiras da obrigação de indenizar e da determinação da responsabilidade civil. In: BARROSO, Lucas Abreu, *et al*.. *A realização do direito civil*: entre normas jurídicas e práticas sociais. Curitiba: Juruá, 2011.

---

56. Vide, por exemplo, o próprio REsp 1.586.515-RS, e o REsp 1.250.582-MG (STJ. 4ª Turma. Rel. Min. Luis Felipe Salomão. J. em 12.04.2016, *DJe* 31.05.2016), o qual tem a seguinte ementa: "Recursos especiais. Ministério Público de Minas Gerais. Afronta ao artigo 535 do CPC. Inobservância. Danos morais coletivos. Cabimento. Ramires Tosatti Júnior. Violação ao artigo 535 do CPC. Descabimento. Limitação da desconsideração da personalidade jurídica aos sócios que exercem cargo de gerência ou administração da sociedade limitada. Impossibilidade. Multa. Artigo 538, parágrafo único, do CPC. Afastamento. Recursos parcialmente providos. (...) 1.2. Estão presentes os requisitos para a concessão do dano moral coletivo, já que, na espécie, restou demonstrada a prática de ilegalidade perpetrada pelo Grupo empresarial, a qual afeta não apenas a pessoa do investidor (indivíduo), mas todas as demais pessoas (coletividade) que na empresa depositaram sua confiança e vislumbraram a rentabilidade do negócio. 1.3. Diante das nuances que se apresentam no caso em comento, estar-se-ia adequado à função do dano moral coletivo fixar a quantia de R$ 100.000,00 (cem mil reais) a ser revertida ao fundo constante do artigo 13 da Lei n. 7.347/85. 2. (...) 3. Recursos parcialmente providos."

57. Entendimento reiterado, por exemplo, no antes referido REsp 1.101.949, no qual consta, textualmente nas p. 25-26 do acórdão, que: "o arbitramento da indenização por dano moral deve ser feito com moderação, proporcionalmente ao grau de culpa, ao nível socioeconômico da parte autora e, ainda, ao porte econômico da ré, orientando-se o juiz pelos critérios sugeridos pela doutrina e pela jurisprudência, com razoabilidade, valendo-se de sua experiência e do bom-senso, atento à realidade da vida e às peculiaridades de cada caso."

BESSA, Leonardo Roscoe. Dano moral coletivo. *Revista direito e liberdade.* V. 7., n. 3. Mossoró, jul-dez., 2007, p. 237-274.

BODIN DE MORAES, Maria Celina. *Danos à pessoa humana*: uma leitura civil-constitucional dos danos morais. Rio de Janeiro: Editora Renovar, 2003.

BRAGA NETTO, Felipe; CHAVES DE FARIAS, Cristiano; ROSENVALD, Nelson. *Novo tratado de responsabilidade civil.* 2. ed. São Paulo: Saraiva, 2017.

CARPENA, Heloísa. Questões atuais sobre o ressarcimento do dano moral coletivo. In: MARTINS, Guilherme Magalhães (coord.). *Temas de responsabilidade civil.* Rio de Janeiro: Lumen Juris, 2012.

JUNQUEIRA DE AZEVEDO, Antônio. Por uma nova categoria de dano na responsabilidade civil: o dano social. *Revista trimestral de direito civil.* Rio de Janeiro, v. 19, p. 211-218, jul.-set. 2004.

LORENZETTI, Ricardo. *Fundamentos do direito privado.* Trad. por Vera Maria Jacob de Fradera. São Paulo: Editora Revista dos Tribunais, 1998.

MAZZILLI, Hugo Nigro. *A defesa dos interesses difusos em juízo:* meio ambiente, consumidor, patrimônio cultural, patrimônio público e outros interesses. 26. ed. São Paulo: Saraiva, 2013.

MEDEIROS NETO, Xisto Tiago de. *Dano Moral Coletivo.* São Paulo: LTr, 2004.

MORATO LEITE, José Rubens; AYALA, Patryck de Araújo. *Dano ambiental*: do individual ao coletivo extrapatrimonial. Teoria e prática. 7. ed. São Paulo: Editora Revista dos Tribunais, 2015.

SOARES, Flaviana Rampazzo. Definição dos contornos dos danos extrapatrimoniais, a partir de uma abordagem comparada 2013. In: *Revista Eletrônica Ad Judicia OAB-ESA.* Ano 1. n. 1, out.-dez. 2013. Disponível em: http://www.oabrs.org.br/arquivos/file_527a3d2c61c18.pdf.

TEIXEIRA NETO, Felipe. *Dano moral coletivo*: a configuração e a reparação do dano extrapatrimonial por lesão aos interesses difusos. Curitiba: Juruá, 2014.

VIANNA, José Ricardo Alvarez. *Responsabilidade civil por danos ao meio ambiente.* 2. ed. Curitiba: Juruá, 2009.

O DANO MORAL COLETIVO COMO UMA PENA CIVIL

Nelson Rosenvald

Pós-Doutor em Direito Civil na Università Roma Tre. Pós-Doutor em Direito Societário pela Universidade de Coimbra. Professor Visitante na Oxford University. Doutor e Mestre em Direito Civil pela PUC/SP. Procurador de Justiça do Ministério Público de Minas Gerais.

Sumário: 1. Introdução – 2. O dano moral coletivo – 3. A pena civil: 3.1 Noções gerais; 3.2 A sanção e a reparação; 3.3 As estremas da pena civil – 4. O dano moral coletivo como uma pena civil – 5. Conclusão – 6. Referências.

1. INTRODUÇÃO

Devemos manter o olhar atento para as vicissitudes do direito privado. O ordenamento jurídico não apenas protege direitos de caráter patrimonial e individual. A tutela reparatória exorbita a bipolaridade ínsita aos dois últimos séculos e alcança ilícitos extrapatrimoniais, mesmo de caráter grupal ou coletivo.

A temática do dano moral atravessou quatro estágios evolutivos nos últimos 26 anos. Antes da Constituição Federal de 1988 sequer era reconhecido como modelo jurídico autônomo e portador de disciplina particular. Apenas heroicos e difusos julgados reconheciam a incidência do dano extrapatrimonial, cada qual à sua maneira. Em um segundo momento, com o advento da Carta Magna de 1988, o direito à reparação pelo dano moral é integrado ao rol de direitos fundamentais da pessoa humana, estatuindo o inciso X do art. 5º serem *"invioláveis a intimidade, a vida privada, a honra e a imagem das pessoas, assegurado o direito a indenização pelo dano material ou moral decorrente de sua violação"*. Na mesma toada enfatiza o inciso V do art. 5º: *"o direito de resposta, proporcional ao agravo, além da indenização por dano material, moral ou à imagem"*. Não obstante o *status* conferido pela Constituição Federal, a doutrina hesitante deduziu o dano extrapatrimonial de maneira negativa, associando-o a dor, mágoa ou depressão do ofendido, amesquinhando o seu enorme potencial e condicionando a sua configuração à subjetividade de cada vítima.

O terceiro passo consistiu no refinamento do conceito do dano moral. Seja por sua conjugação à violação de direitos da personalidade ou da própria dignidade da pessoa humana, avulta considerar o dano extrapatrimonial como uma lesão concreta a um interesse existencial merecedor de tutela.

No quarto estágio e naquilo que mais nos interessa, para além de um redimensionamento qualitativo (já operado no terceiro passo), o dano moral adquire uma expansão quantitativa, albergando não apenas a ofensa à pessoa natural, mas alcançando ainda o dano reflexo decorrente de lesões causadas a entes queridos. Outrossim, passa a tutelar atributos objetivos inerentes à credibilidade de pessoas jurídicas abaladas por danos institucionais, como a sua honra, identidade, nome e imagem. Nessa linha, preceitua o art. 52 do Código Civil: "*Aplica-se às pessoas jurídicas, no que couber, a proteção dos direitos da personalidade*".

Ocorre que, mesmo essa quarta etapa do dano moral ainda se atém ao direito privado individual – conferindo legitimidade ativa apenas ao sujeito singularmente considerado, desconsiderando o novo paradigma do *direito privado coletivo*. Com efeito, nos dois últimos séculos o direito privado se restringiu ao direito do indivíduo, mesmo que em tempos mais recentes tenha evoluído por acolher categorias de interesses existenciais. Os grupos e classes de pessoas não eram sujeitos de direito, quanto mais toda a coletividade.

Contudo, em uma sociedade de massa, o direito privado alcança a esfera social, pois prevalece o princípio da solidariedade. Transitamos do sujeito isolado para o "*sujeito situado*", que se coloca diante de bens públicos escassos. Isso requer uma tutela jurídica diferenciada. Enquanto cada indivíduo titulariza a sua própria carga de valores, a comunidade possui uma dimensão ética, independentemente de suas partes. Ela possui valores morais e um patrimônio ideal a receber tutela. A violação da própria cultura de certa comunidade em seu aspecto imaterial produz o dano moral coletivo. Cuida-se de interesses afetos a uma generalidade indeterminada de sujeitos, seja uma comunidade ou um grupo com maior ou menor grau de coesão. A titularidade é difusa, pois, ao contrário do que se passa no direito privado individual, não há um vínculo de domínio ou imediatismo entre a pessoa e o interesse.

Diante de uma ordem constitucional que se centra no princípio da dignidade humana, qualquer dano injusto praticado contra interesses legítimos, mesmo que imateriais, é intolerável. A personalidade não mais se relaciona aos aspectos internos da pessoa, mas também a aspectos exteriores relativos às interações de grupos e da própria coletividade com os bens imateriais, de caráter transindividual e indivisível. Enquanto os interesses coletivos ostentam como titular um grupo de pessoas que se reúnem em defesa de objetivos comuns, os interesses difusos correspondem a um conjunto indeterminado e impreciso de pessoas não ligadas por qualquer base associativa, mas que se identificam em torno de expectativas comuns de uma melhor qualidade de vida.

2. O DANO MORAL COLETIVO

Três décadas depois da Carta de 88 –, não mais se discute a existência, entre nós, de danos morais individuais. Existem, ninguém questiona, interesses existenciais concretamente merecedores de tutela. Ainda é polêmica, contudo, a questão do dano moral coletivo (melhor seria denominar dano extrapatrimonial coletivo para evitar menções equivocadas a dor da comunidade, a aspectos subjetivos que não são relevantes aqui). Os estudos mais recentes limpam, por assim dizer, o conceito de dano extrapatrimonial coletivo de quaisquer subjetivismos. Não mais a dor, o sofrimento psíquico, nem mesmo o sofrimento coletivo. No lugar deles, são inseridos – para categorizar o dano extrapatrimonial coletivo – conceitos mais objetivos, como a perda da qualidade de vida de determinada comunidade. A lesão extrapatrimonial que provoca a perda da qualidade de vida pode assumir diversas formas, nem todas visíveis. Pode, por exemplo, aparecer sob a forma de poluição sonora que tira o sossego e traz aflição para determinada comunidade. A nítida a vinculação entre determinados ruídos, agressivos e persistentes, e a perda da qualidade de vida.

Podemos conceituar o dano moral coletivo como *o resultado de toda ação ou omissão lesiva significante, praticada por qualquer pessoa contra o patrimônio da coletividade, considerada esta as gerações presentes e futuras, que suportam um sentimento de repulsa por um fato danoso irreversível, de difícil reparação, ou de consequências históricas.*[1]

A Ação Civil Pública será proposta pelo Ministério Público, Defensoria Pública, associações civis e determinados órgãos públicos, cada qual com legitimidade autônoma, conforme preceitua o art. 5º da Lei 7.347/1985. O desiderato será a proteção de um bem de natureza coletiva, de cuja lesão resultou danos morais à coletividade, cujos membros podem ser determinados ou não. Nesse caso, estaremos tratando de interesses difusos ou coletivos. Além destes, não se olvide que a reparação pelo dano moral coletivo também alcança um terceiro interesse: os interesses individuais homogêneos. O interesse individual homogêneo é um interesse individual que, ao alcançar toda a coletividade, passa a ter relevância social, tornando-se indisponível. Assim, como sua preservação importa à comunidade como um todo, transcende à esfera de interesses puramente particulares. Aqui, os lesados são titulares de interesses individuais, cuja proteção pode ser deduzida coletivamente através de demanda dividida em duas etapas: a primeira, de conhecimento, é promovida pelo autor ideológico e termina com a fixação de uma indenização global, estimada segundo a gravidade do dano e o número de lesados; a segunda, de liquidação e execução, é proposta pelas vítimas individualmente, e termina com a condenação ao pagamento da indenização pelo prejuízo efetivamente sofrido, mediante a comprovação do dano e do nexo causal.

Em um primeiro momento, houve resistência à aceitação do dano moral coletivo. Em ação ajuizada pelo Ministério Público de Minas Gerais em face de empresa imobiliária que implantava loteamento causando danos ambientais, prevaleceu a tese de que o dano moral tido como dor, sofrimento psíquico, ostentaria caráter individual. Portanto, a transindividualidade da lesão seria incompatível com a ideia

---

1. Ou conforme Felipe Teixeira Neto, "aquele decorrente da lesão a um interesse de natureza transindividual titularizado por um grupo indeterminado de pessoas ligadas por meras circunstâncias de fato que, sem apresentar consequências de ordem econômica, tenha gravidade suficiente a comprometer, de qualquer forma, o fim justificador da proteção jurídica conferida ao bem difuso indivisível correspondente, no caso, a promoção da dignidade da pessoa humana". In *Dano moral coletivo*. Curitiba: Juruá: 2014, p. 253.

de dano extrapatrimonial. Não se poderia ofender "*mares, rios, a mata atlântica ou grupo de pessoas não identificadas*".[2] Ao desconsiderar o dano difuso, o referido precedente legitima a atividade lesiva e desqualifica os interesses existenciais da população atingida.[3]

Decisões como essa afetam a própria essência desse modelo jurídico, afinal, a caracterização do dano moral não se vincula nem se condiciona necessariamente à demonstração de efeitos negativos como perturbação, repulsa ou transtorno coletivo, visto que constituem esses elementos, quando perceptíveis coletivamente, mera consequência do dano produzido pela conduta do agente, não se apresentando, evidentemente, como pressuposto para a sua configuração. A concepção do dano moral coletivo se estabelece de forma objetiva, dizendo respeito ao fato que reflete uma violação intolerável de direitos coletivos e difusos, cuja essência é tipicamente extrapatrimonial.[4]

Sabemos que as cláusulas gerais de ilicitude (art. 186, CC) e de responsabilidade civil (art. 927, CC) possuem caráter prospectivo, pois transcendem as previsões legais e permitem a mais ampla tutela a qualquer forma de interesse jurídico digno de merecimento, mesmo que a incidência da reparação integral escape do binômio clássico ilícito individual/patrimonial e culmine por se referir ao coletivo/extrapatrimonial.

Toda a discussão teve início no setor dos danos ambientais. O meio ambiente detém valor inestimável para a humanidade. Cuida-se de bem de uso comum do povo – terceira geração de direitos fundamentais consagrada no art. 225 da Constituição Federal – consubstanciado em interesses indivisíveis ligados por uma premissa de solidariedade. O dano ambiental não lesa só o equilíbrio ecológico, como também valores precípuos da coletividade, qualidade de vida e saúde. Meio ambiente equilibrado é manifestação do direito à vida digna e veículo do desenvolvimento da personalidade humana, pois a saúde psicofísica se apoia no ambiente, compreendendo os bens naturais e culturais indispensáveis para a sua subsistência. Os bens coletivos possuem primazia hermenêutica. Isso significa que inexiste direito de propriedade sem salvaguarda ambiental. Como bem comum, o meio ambiente apresenta duas características: indivisibilidade dos benefícios – proibição da apropriação privada individual – e caráter difuso da titularidade – não exclusão dos benefícios –, sendo

---

2. STJ, REsp 598.281, rel. p/ acórdão Min. Teori Albino Zavascki, 1ª Turma, j. 2-5-2006, *DJ* 1º.06.2006.
3. AgRg no REsp 1305977-MG, rel. Min. Ari Pargendler, 1ª Turma, *DJe* 16.04.2013: "É inviável, em sede de ação civil pública, a condenação por danos morais coletivos".
4. MEDEIROS NETO, Xisto Tiago de. *Dano moral coletivo*. São Paulo: LTR, 2012, p. 345. Articula, na mesma linha teórica, Ricardo Luis Lorenzetti: "Em matéria de responsabilidade civil, fala-se de um 'declínio da responsabilidade individual', para destacar o fato de que o fenômeno imputativo se desloca do indivíduo para o grupo. Neste contexto intervém a 'teoria dos danos coletivos', que podem revestir formas ou expressões variadas e especiais como no caso do dano ecológico" (O direito e o desenvolvimento sustentável – teoria geral do dano ambiental moral, *Revista de Direito Ambiental*, n. 28, p. 139-140, São Paulo: Revista dos Tribunais).

de todos e das gerações futuras, ou seja, é de todos e não é de ninguém. A pessoa precede ao patrimônio.

Na medida em que se reconhecem bens coletivos, há também um dano derivado da lesão desse bem. Exorbitando ao dano coletivo patrimonial resultante da repercussão física no patrimônio ambiental, a Lei 8.884/1994 alterou o art. 1º da Lei 7.347/1985, inserindo reparação por danos morais causados a qualquer bem de natureza transindividual. De acordo com o texto vigente: "*Regem-se pelas disposições desta Lei, sem prejuízo da ação popular, as ações de responsabilidade por danos morais e patrimoniais causados: [...] IV – a qualquer outro interesse difuso ou coletivo*". Se, originariamente, o objeto da lei que disciplina a Ação Civil Pública versava, apenas, sobre os danos causados ao meio ambiente, consumidor e aos bens e direitos de valor artístico, estético, histórico, turístico e paisagístico, atualmente a referida ação abrange a responsabilidade do ofensor pelos danos extrapatrimoniais causados a quaisquer dos valores e direitos transindividuais amparados pela referida legislação.

Evidentemente, será preciso que o fato transgressor seja de razoável significância e desborde os limites da tolerabilidade. A propósito, se a doutrina e a jurisprudência, ao se pronunciarem sobre o dano extrapatrimonial individualmente considerado, ressaltam que as ofensas de menor importância, o aborrecimento banal ou a mera sensibilidade não são suscetíveis de serem indenizados, a mesma prudência deve ser observada em relação aos danos extrapatrimoniais da coletividade. Logo, a agressão deve ser significativa; o fato que agride o patrimônio coletivo deve ser de tal intensidade e extensão que implique na sensação de repulsa coletiva a ato intolerável.[5]

Adiante, no direito do consumidor também há explícita previsão do dano moral coletivo no inciso VI do art. 6º da Lei 8.078/1990: "*São direitos básicos do consumidor: [...] VI – a efetiva prevenção e reparação de danos patrimoniais e morais, individuais, coletivos e difusos*". Podemos exemplificar com uma categoria de consumidores de um bem como decorrência de publicidade desleal e, portanto, ilícita. Ilustrativamente, milhares de pessoas que adquirem determinada marca de carne de boi, eis que expostas a uma massiva difusão em meios televisivos da assepsia de todo o procedimento que cerca a atividade de abate e corte do produto, quando posteriormente se constata a comercialização defeituosa do dito gênero alimentício, posto desprovida de higiene, com risco para a saúde dos adquirentes e de todos aqueles expostos à publicidade.[6]

---

5. BIERNFELD, Dionísio Renz. *Dano moral ou extrapatrimonial ambiental*. São Paulo: LTr, 2009, p. 120.
6. STJ, *Informativo* 553, período: 11.02.2015. Segunda Turma. "Venda casada e dano moral coletivo *in re ipsa*. Configura dano moral coletivo *in re ipsa* a realização de venda casada por operadora de telefonia consistente na prática comercial de oferecer ao consumidor produto com significativa vantagem – linha telefônica com tarifas mais interessantes do que as outras ofertadas pelo mercado –, e, em contrapartida, condicionar a aquisição do referido produto à compra de aparelho telefônico. Inicialmente, cumpre ressaltar que o direito metaindividual tutelado na espécie enquadra-se na categoria de direitos difusos, isto é, tem natureza indivisível e possui titulares indeterminados, que são ligados por circunstâncias de fato, o que permite asseverar ser esse extensível a toda a coletividade. A par disso, por afrontar o direito à livre escolha do consumidor, a prática de venda casada é condenada pelo CDC, que, em seu art. 39, I, prescreve ser 'vedado ao fornecedor de produtos ou serviços, entre outras práticas abusivas: I – condicionar o fornecimento de produto ou de

A hipótese mais frequente na atuação da defesa do consumidor advém de demandas versando sobre a qualidade de produtos e serviços, em que se busca ressarcimento pelo defeito. Afirmam-se interesses individuais homogêneos quando os titulares do interesse estiverem reunidos pela origem comum do próprio dano, ou seja, quando o comportamento lesivo atingiu todos eles da mesma forma, ainda que a extensão do prejuízo sofrido – que será apenas comprovado em fase de liquidação de sentença – tenha sido diversa para cada um dos consumidores.[7] Admitir o dano moral coletivo ressarcível individualmente como lesão a interesse individual homogêneo pressupõe o abandono da equivocada definição do dano como dor ou outro sentimento que, naturalmente, jamais poderão ser comuns a um grupo de pessoas. Basta que o bem jurídico tutelado (vida, liberdade, honra, privacidade, intimidade etc.) seja afetado pela conduta para que se caracterize a lesão.[8]

Lembremos, ainda, que a coletividade exposta ao cigarro é consumidora por equiparação (CDC, arts. 2º, parágrafo único, 17 e 29). Aliás, qualquer que fosse o conceito que adotássemos de dano moral coletivo – ou dano extrapatrimonial coletivo, conforme achamos mais técnico –, a indústria do fumo seria chamada a responder civilmente. Seja o conceito tradicional de dor ou sofrimento (há outro exemplo *melhor* de dor e sofrimento coletivo do que esse? Quantas milhões de fa-

---

serviço ao fornecimento de outro produto ou serviço, bem como, sem justa causa, a limites quantitativos', devendo o Estado engendrar todos os esforços no sentido de reprimi-la. Desse modo, a prática de venda casada por parte de operadora de telefonia é prática comercial apta a causar sensação de repulsa coletiva a ato intolerável, tanto intolerável que encontra proibição expressa em lei. Portanto, afastar da espécie o dano moral coletivo é fazer tábula rasa da proibição elencada no art. 39, I, do CDC e, por via reflexa, legitimar práticas comerciais que afrontem os mais basilares direitos do consumidor" (REsp 1.397.870-MG, rel. Min. Mauro Campbell Marques, *DJe* 10.12.2014).

7. "Direito do consumidor. Hipótese de descabimento de condenação em indenização por dano moral coletivo. Não cabe condenação a reparar dano moral coletivo quando, de cláusula de contrato de plano de saúde que excluiu a cobertura de próteses cardíacas indispensáveis a procedimentos cirúrgicos cobertos pelo plano, não tenham decorrido outros prejuízos além daqueles experimentados por quem, concretamente, teve o tratamento embaraçado ou teve de desembolsar os valores ilicitamente sonegados pelo plano. Como categoria autônoma de dano, a qual não se relaciona necessariamente com os tradicionais atributos da pessoa humana relativos à dor, sofrimento ou abalo psíquico, é possível afirmar-se cabível o dano moral coletivo. Além disso, embora o mesmo direito não pertença, a um só tempo, a mais de uma categoria de direito coletivo (direitos difusos, coletivos em sentido estrito e individuais homogêneos), isso não implica dizer que, no mesmo cenário fático ou jurídico conflituoso, violações simultâneas de direitos de mais de uma espécie não possam ocorrer. No entanto, na hipótese não se vislumbra dano de ordem coletiva, cujas vítimas seriam os atuais contratantes do plano de saúde, nem de ordem difusa, cujas vítimas seriam os indetermináveis futuros contratantes do plano. Os prejuízos, na hipótese, dizem respeito a direitos individuais homogêneos. Na verdade, a cláusula contratual restritiva permanece inoperante até que algum contratante venha a pleitear o serviço por ela excluído. Antes disso, é mera previsão contratual abstrata, incapaz de gerar qualquer efeito fora da idealização normativa avençada. Aplica-se a antiga – e cotidianamente repetida – ideia segundo a qual a responsabilidade civil requer, de regra, ilegalidade da conduta (salvo exceções de responsabilização por ato lícito), dano e nexo causal. Se é certo que a cláusula contratual em apreço constitui reconhecida ilegalidade, não é menos certo que nem toda ilegalidade se mostra apta a gerar dano, circunstância essa que se faz presente no caso em exame" (STJ, *Informativo* 547, 08.10.2014, 4ª Turma, REsp 1.293.606-MG, rel. Min. Luis Felipe Salomão, j. 02.09.2014).

8. CARPENA, Heloísa. *Dano moral coletivo nas relações de consumo*. In: *O direito e o tempo*. Rio de Janeiro: Renovar, 2011, p. 839.

mílias – indeterminadas – sofreram terrivelmente por isso?); seja o conceito mais atual, que corresponde, por exemplo, à perda de qualidade de vida de determinada comunidade (também claríssimo no caso dos cigarros, cujos danos drenam bilhões dos sempre escassos recursos da saúde pública,[9] sem falar nos comprovados reflexos na saúde dos chamados fumantes passivos). Seja como lesão extrapatrimonial, seja como pena civil – de caráter pedagógico e punitivo –, a indenização se impõe nesses casos.

Em notável forma de concretização do princípio da dignidade da pessoa humana se posta o dano moral nas relações trabalhistas, como resposta ao trabalho infantil, ao desrespeito às normas de medicina e segurança do trabalho e lesões à honra e integridade psíquica de grupos de empregados, dentre outras formas arbitrárias do exercício das relações entre empregadores e empregados. A emergência dessa asserção é percebida na tragédia do trabalho escravo, infelizmente associada aos padrões culturais de uma sociedade historicamente patrimonialista e extremamente complacente com a banalização da vida. Em regra, o enredo é o mesmo: o empregador conduz os trabalhadores para a área rural e lá eles são isolados. Não podem ir para a cidade e se endividam, já que o que recebem têm de usar para pagar comida, aluguel, luz, água. Inexiste anotação na carteira, o salário é bem menor do que o prometido, os trabalhadores vivem em condições subumanas.

Pois bem, várias decisões consideram que a redução de trabalhadores à condição análoga a de escravos é fato produtor de danos que extravasam a órbita individual de cada um dos empregados lesados, alcançando valores objetivamente compartilhados por toda a comunidade, como: liberdade, igualdade, solidariedade e integridade psicofísica. Isso significa que além das eventuais ações autônomas ajuizadas por aqueles que sofrem tratamento desumano, o Ministério Público do Trabalho costumeiramente pleiteia a reparação pelo dano moral coletivo, traduzindo a intolerabilidade da ofensa a toda sociedade por uma das mais evidentes formas de desrespeito à condição humana.[10] Alternativamente, o ofensor poderá celebrar um TAC (Termo de Ajustamento de Conduta), cujo teor expressa o seu compromisso de não contratar trabalhadores

---

9. Caitlin Sampaio, pondera que as ações individuais contra as empresas de arma de fogo, nos Estados Unidos, parecem fadadas ao insucesso, ressaltando que, "por outro lado, as demandas patrocinadas pelas cidades norte-americanas contra as empresas de arma de fogo indicam uma maior possibilidade de sucesso porque tais ações judiciais são baseadas nos prejuízos ao sistema público de saúde que o tratamento médico de lesões com projétil de arma de fogo traz aos cofres públicos" (MULHOLLAND, Caitlin Sampaio. *A responsabilidade civil por presunção de causalidade*. Rio de Janeiro: GZ, 2010, p. 263). Um argumento que poderia ser utilizado –ainda que a doutrinadora não concorde com a tese – é o do desenvolvimento de atividade cujos bens de consumo são potencialmente perigosos e cuja danosidade é extrema.

10. "Dano moral coletivo. Consoante registrou o Tribunal *a quo*, está comprovado que a ora recorrente incorreu em conduta prejudicial aos seus empregados, ao descumprir as normas referentes à segurança e à medicina do trabalho. Ora, aquele que por ato ilícito causar dano, ainda que exclusivamente moral, fica obrigado a repará-lo. Assim, demonstrado que a recorrente cometeu ato ilícito, causando prejuízos a um certo grupo de trabalhadores e à própria ordem jurídica, não merece reparos a decisão proferida pela instância ordinária que a condenou a indenizar os danos morais coletivos" (TST, Processo: RR 15500-56.2010.5.17.0132, rel. Min. Dora Maria da Costa, 8ª Turma, 14.06.2013).

em seus estabelecimentos rurais sem registro em carteira profissional, cumprir com as normas de proteção à saúde e segurança no trabalho e colocar em dia, no prazo legal, os salários e verbas rescisórias de seus empregados.

Com a difusão doutrinária da conceituação do dano moral coletivo como lesão a interesses valorosos, indivisivelmente fruídos por todos os membros de um grupo ou da coletividade e que normalmente provocam a redução de sua paz espiritual ou anímica, a jurisprudência encontrou apoio para concretizar o modelo jurídico em variadas hipóteses de lesões a interesses que não se conciliam com aqueles titularizados pelos lesados diretos.

Podemos ilustrar pelas seguintes passagens: (a) violação da honra de uma comunidade difusa (raça, orientação sexual, etnia, deficiência);[11] programas televisivo que exibe quadro que poderia criar situações discriminatórias às crianças e aos adolescentes;[12] (b) discriminação contra idosos;[13] (c) interrupção de fornecimento de energia elétrica com transtornos à comunidade.

---

11. "Dano moral coletivo. Instituição financeira. A. No caso, o atendimento às pessoas idosas, com deficiência física, bem como àquelas com dificuldade de locomoção era realizado somente no segundo andar da agência bancária, após a locomoção dos consumidores por três lances de escada. Inicialmente, registrou o Min. Relator que a dicção do art. 6º, VI, do CDC é clara ao possibilitar o cabimento de indenização por danos morais aos consumidores tanto de ordem individual quanto coletivamente. Em seguida, observou que não é qualquer atentado aos interesses dos consumidores que pode acarretar dano moral difuso. É preciso que o fato transgressor seja de razoável significância e desborde dos limites da tolerabilidade. Ele deve ser grave o suficiente para produzir verdadeiros sofrimentos, intranquilidade social e alterações relevantes na ordem patrimonial coletiva. Na espécie, afirmou ser indubitável a ocorrência de dano moral coletivo apto a gerar indenização. Asseverou-se não ser razoável submeter aqueles que já possuem dificuldades de locomoção, seja pela idade seja por deficiência física seja por qualquer causa transitória, como as gestantes, à situação desgastante de subir escadas, exatos 23 degraus, em agência bancária que, inclusive, possui plena capacidade de propiciar melhor forma de atendimento aos consumidores prioritários. Por fim, considerou-se adequado e proporcional o valor da indenização fixado (R$ 50.000,00)" (STJ, *Informativo* 490, 3ª T, REsp 1.221.756-RJ, rel. Min. Massami Uyeda, j. 02.02.2012).

12. "A análise da configuração do dano moral coletivo, na espécie, não reside na identificação de seus telespectadores, mas sim nos prejuízos causados a toda sociedade, em virtude da vulnerabilização de crianças e adolescentes, notadamente daqueles que tiveram sua origem biológica devassada e tratada de forma jocosa, de modo a, potencialmente, torná-los alvos de humilhações e chacotas pontuais ou, ainda, da execrável violência conhecida por *bullying*. A citada conduta odiosa, que repercute de forma mais contundente e nociva na psique de crianças e adolescentes, apresenta tamanha relevância, que, atualmente, é objeto da Lei 13.185/2015. No caso dos autos, verifica-se que o quadro do programa televisivo analisado, ao expor a identidade (imagens e nomes) dos "genitores" das crianças e adolescentes, tornou-os vulneráveis a toda sorte de discriminações, ferindo o comando constitucional que impõe a todos (família, sociedade e Estado) o dever de lhes assegurar, com absoluta prioridade, o direito à dignidade e ao respeito e de lhes colocar a salvo de toda forma de discriminação, violência, crueldade ou opressão (art. 227 da Constituição da República de 1988). No mesmo sentido, os artigos 17 e 18 do ECA consagram a inviolabilidade da integridade física, psíquica e moral das crianças e dos adolescentes, inibindo qualquer tratamento vexatório ou constrangedor. Nessa perspectiva, a conduta da emissora de televisão – ao exibir quadro que, potencialmente, poderia criar situações discriminatórias, vexatórias, humilhantes às crianças e aos adolescentes – traduz flagrante dissonância com a proteção universalmente conferida às pessoas em franco desenvolvimento físico, mental, moral, espiritual e social, donde se extrai a evidente intolerabilidade da lesão ao direito transindividual da coletividade, configurando-se, portanto, hipótese de dano moral coletivo indenizável" (STJ, REsp 1.517.973-PE, Rel. Min. Luis Felipe Salomão, *DJe* 01.02.2018).

13. STJ, *informativo* 418, período: 30 de novembro a 4 de dezembro de 2009. Segunda Turma "Dano moral coletivo. Passe livre. Idoso. A concessionária do serviço de transporte público (recorrida) pretendia condicionar

3. A PENA CIVIL

3.1 Noções gerais

Historicamente, em sede de responsabilidade, o direito civil se distanciou do direito penal justamente pelas funções atribuídas a cada um desses setores do ordenamento jurídico. Diante de um ilícito, a reação do direito privado é indagar: o que se fez? Ou seja, o civilista mira o seu olhar para o fato antijurídico em si e as suas consequências sobre a pessoa da vítima. Contudo, diante do mesmo ilícito, o penalista questiona: quem fez? O direito penal volta a sua atenção para a pessoa do ofensor, suas circunstâncias e a reprovabilidade maior ou menor de seu comportamento.

Percebe-se então que reparação e pena são conceitos antagônicos. Através da função reparatória de danos, a responsabilidade civil se concentra no passado – no fato ocorrido –, com a missão de contenção de danos e recomposição do equilíbrio patrimonial rompido pela lesão. O que se quer é restaurar dentro do possível o contexto econômico reinante no momento imediatamente anterior ao dano. Isso se concretiza mediante a indenização de danos patrimoniais e a compensação de danos morais.

Já na pena prevalece uma função preventiva de ilícitos. O direito penal ergue os olhos para o futuro, pois ao aplicar a sanção punitiva, deseja desencorajar o autor do ilícito a reincidir. Aliás, não apenas ele, mas desestimular qualquer outra pessoa que queira praticar condutas antijurídicas semelhantes. Trata-se de uma missão de contenção de comportamentos.

Essa notável dicotomia se perpetuou nos ordenamentos da modernidade, fixando-se o paradigma da responsabilidade civil como técnica de reparação de danos, não importando a reprovabilidade da conduta e a capacidade econômica do ofensor. Na tradicional visão do direito civil, as sanções que lhe tocariam seriam apenas as restituitórias, reintegratórias e ressarcitórias, mas não as punitivas. O princípio da compensação como ato de justiça comutativa remonta a São Tomás de Aquino, na *Summa* e, posteriormente, a Hugo Grocio, na *De iure belli*. Isso remete a um direito privado do tipo reativo, que cuida do ilícito tão somente em caráter *ex post*. Quer dizer, um direito civil de fundo sub-rogatório que se presta basicamente a eliminar ou mitigar os efeitos danosos de um ato ilícito, ignorando completamente a sua ap-

---

a utilização do benefício do acesso gratuito ao transporte coletivo (passe livre) ao prévio cadastramento dos idosos junto a ela, apesar de o art. 38 do Estatuto do Idoso ser expresso ao exigir apenas a apresentação de documento de identidade. Vem daí a ação civil pública que, entre outros pedidos, pleiteava a indenização do dano moral coletivo decorrente desse fato. Quanto ao tema, é certo que este Superior Tribunal tem precedentes no sentido de afastar a possibilidade de configurar-se tal dano à coletividade, ao restringi-lo às pessoas físicas individualmente consideradas, que seriam as únicas capazes de sofrer a dor e o abalo moral necessários à caracterização daquele dano. Porém, essa posição não pode mais ser aceita, pois, o dano extrapatrimonial coletivo prescinde da prova da dor, sentimento ou abalo psicológico sofridos pelos indivíduos. Como transindividual, manifesta-se no prejuízo à imagem e moral coletivas e sua averiguação deve pautar-se nas características próprias aos interesses difusos e coletivos. Destarte, o dano moral coletivo pode ser examinado e mensurado. Diante disso, a Turma deu parcial provimento ao recurso do MP estadual" (REsp 1.057.274-RS, rel. Min. Eliana Calmon).

tidão *ex ante*, qual seja, de prevenir a prática do ilícito, pela via do direcionamento intimidativo da vontade dos particulares, mediante o seu próprio instrumental, sem a necessidade de recorrer a ameaças derivadas de aparatos sancionatórios exógenos (direito penal e administrativo).

Temos que reconhecer que nos últimos anos avançamos bastante em matéria de responsabilidade civil. Em sede de seus pressupostos tradicionais: ato ilícito, culpa, dano e nexo causal, muito caminhamos. Na teoria objetiva da responsabilidade civil, descarta-se a discussão quanto à conduta lícita ou ilícita do causador do dano, sendo bastante como nexo de imputação a existência de uma norma definidora da obrigação objetiva de indenizar ou da constatação pelo magistrado do risco inerente à atividade; a culpa frequentemente será dispensada nas hipóteses em que constatado um abuso do direito, bastará à imputação do dano que o agente tenha exercitado um direito – subjetivo ou potestativo – de forma excessiva, frustrando a boa-fé objetiva, os bons costumes ou a função econômico-social para a qual aquela situação jurídica lhe fora concedida. Isto é, abstrai-se o elemento volitivo do causador do dano, sendo suficiente o exame de proporcionalidade entre o ato de autonomia e a finalidade perseguida pelo agente. Por fim, no que concerne ao nexo causal, em algumas atividades particularmente nocivas, a reparação será deferida em prol da vítima, mesmo que em tese fosse possível a exclusão do liame entre a conduta do agente e o dano pelo fortuito ou pelo fato de terceiro. São situações em que alguém se obriga a indenizar pelo simples fato de que os danos ocorreram por ocasião do exercício de sua atividade, sendo a ela internalizados.

Indubitavelmente, o grande tema em matéria de responsabilidade civil na década de 1990 foi o dos danos morais. Mais de 20 anos transcorridos, não se chegou a nenhum critério que pacificasse o debate sobre sua quantificação. Certamente, uma das grandes dificuldades para essa não conclusão foi a falta de acordo sobre os exatos fundamentos da responsabilidade civil pelos danos morais, ou seja, sobre se a indenização consistiria somente uma espécie de compensação por lesões a direitos da personalidade ou se deveria também incluir um *plus*, os chamados *punitive damages*.[14]

A pena civil ingressa no direito privado como uma sanção punitiva de finalidade preventiva de ilícitos sociais. Agrega efetividade ao direito civil, sobremaneira na tutela de direitos da personalidade[15] e conflitos metaindividuais. O desprezo do

---

14. AZEVEDO, Antonio Junqueira de. *Por uma nova categoria de dano na responsabilidade civil: o dano social*. Rio de Janeiro: Revista Trimestral de Direito Civil, v. 19: Padma, 2004, p. 211.

15. Outro caso, julgado em 2007 pelo STJ, exemplifica bem a questão da pena civil. Em 1999, uma colônia de naturismo (pessoas que vivem nuas em comunidade) sediada numa cidade gaúcha recebeu uma equipe do SBT. O propósito da comunidade era desmistificar o naturismo, evidenciando que eles vivem familiarmente, sem qualquer conotação sexual. As cenas gravadas – conforme acordo firmado e objeto de cláusula contratual expressa – deveriam ser divulgadas exclusivamente no programa SBT Repórter, conduzido pelo jornalista Hermano Henning. As imagens foram, de fato, veiculadas no programa SBT Repórter. Porém, posteriormente, o SBT descumpriu o acordo, exibindo as imagens no programa do Ratinho, acompanhadas de comentários grosseiros e ofensivos. O STJ afirmou que "houve abuso e desrespeito na veiculação das imagens dos autores, membros da comunidade naturista, pelo SBT no Programa do Ratinho, inclusive, em

agressor para com valores mínimos de convivência social, seu pouco apreço à pessoa humana, ou, mesmo, o potencial danoso para a sociedade consistente na multiplicação de condutas como a causadora do dano, são circunstâncias que podem ensejar a imposição da sanção punitiva no direito privado. As estatísticas demonstram que o Poder Judiciário e, especialmente, os juizados especiais, converteram-se em repositórios de demandas de responsabilidade civil. Assombra a reiteração de demandas contra os mesmos réus, pelas mesmas práticas reveladoras de um profundo descaso com os seus clientes e a sociedade. Há uma subversão axiológica, haja vista que a lógica puramente patrimonialista e individualista – de uma racionalidade estritamente econômica – paira sobre situações jurídicas existenciais e metaindividuais. A eventual reparação de danos será um preço previamente conhecido e contabilizado pelo lesante.

Com efeito, a exigência de efetividade das normas aconselha que uma regra de direito privado capaz de conjugar um escopo dissuasório a uma consequência retributiva só possa ser inserida no sistema jurídico para desempenhar um papel inibitório em face de comportamentos antissociais com repercussão negativa coletiva ou difusa, consistente tanto em um deliberado agir para a causação de danos como, na maior parte dos casos, por uma grave negligência daquele que exercita uma atividade, consciente de sua danosidade. No mesmo sentido, Antônio Junqueira de Azevedo[16] enfatiza que *"um ato, se doloso ou gravemente culposo, ou se negativamente exemplar, não é lesivo somente ao patrimônio material ou moral da vítima, mas sim, atinge a toda a sociedade, num rebaixamento imediato do nível de vida da população, causa dano social"*.[17] O Professor da Universidade de São Paulo adverte que "o momento que estamos vivendo, especialmente no Brasil, de profunda insegurança quanto à própria vida e incolumidade física e psíquica, deveria levar todos os juristas, independentemente de seu campo de atuação, a refletir e procurar soluções para aquilo que poderíamos afirmar, pedindo desculpas, se for o caso, aos penalistas, como ineficiência do direito penal para impedir crimes e contravenções – atos ilícitos, na linguagem civilista. Segue-se daí que a tradicional separação entre o direito civil e o direito penal, ficando

---

descumprimento de cláusula contratual expressa, de forma deliberada". O SBT foi condenado a pagar R$ 1,4 milhão a naturistas (pessoas que optaram por viver sem roupa em comunidades próprias) ridicularizados no programa do Ratinho. Sustentou o relator que tal conduta "há de ser reprimida com rigor, não só pela gravidade da situação concreta, como pela necessidade de se coibir novas condutas semelhantes. Há que se dar o caráter punitivo adequado para que não se concretize a vantagem dos altos índices de audiência sobre os riscos advindos da violação dos direitos constitucionalmente garantidos, honra e dignidade" (STJ, REsp 838.550, rel. Min. Cesar Asfor Rocha, 4ª Turma, 14.02.2007).

16. AZEVEDO, Antônio Junqueira de. *Por uma nova categoria de dano na responsabilidade civil*: o dano social. Op. cit., p. 215.

17. Justamente em razão da profusão de atividades e condutas acintosamente desvaliosas, reveladoras de desprezo pela condição alheia e afrontosas ao bem-estar coletivo e à qualidade de vida, haverá margem para a aplicação da pena civil, que numa de suas facetas, no direito brasileiro, começa a ser conhecida pela denominação de "dano social". A ele faz explícita alusão o Enunciado 456 do Conselho de Justiça Federal: "A expressão 'dano' no art. 944 abrange não só os danos individuais, materiais ou imateriais, mas também os danos sociais, difusos, coletivos e individuais homogêneos a serem reclamados pelos legitimados para propor ações coletivas".

o primeiro com a questão da reparação e o último com a questão da punição, merece ser repensada".

Esse estado de coisas nos remete a um debate sobre as funções da responsabilidade civil, seja ela contratual ou extracontratual. Quer dizer, se inegáveis progressos se verificaram no que tange aos pressupostos (estrutura) da teoria da responsabilidade civil, não seria tempo de repensarmos as suas funções? Afinal, para que serve a responsabilidade civil? Não haveria um excesso de otimismo em crer que os mecanismos da responsabilidade civil seriam simultaneamente eficazes para: reparar os danos causados ao lesado; censurar o comportamento do lesante; minimizar riscos de futuros danos; e, principalmente, assegurar a prevalência da pessoa humana sobre o mercado?

Vamos supor que um ladrão furte a bolsa de uma senhora e um policial atento à situação persegue e captura o autor do fato, recupera os pertences e indaga a vítima se todos os pertences ainda estão na bolsa. A senhora responde afirmativamente e, tendo a convicção que não sofreu qualquer prejuízo, pede ao policial que libere o jovem meliante. Este atende ao pedido imediatamente. Perguntamos ao leitor, qual será a chance de o agente reincidir? A resposta: quase que 100%. Pois bem: se todos sabem que o direito penal não funciona dessa forma, sendo necessário que o Estado processe o agente, infelizmente essa cena de impunidade e estímulo à reiteração de ilícitos é a realidade no setor da responsabilidade civil.

Com efeito, algo que é bastante perceptível em uma sociedade de massas é a incapacidade de contenção de comportamentos ilícitos e um verdadeiro convite à prática de atos e atividades antijurídicas, sobremaneira pelo Estado e agentes econômicos. Basta ilustrar com o filme *The rainmaker* (no Brasil, *O homem que fazia chover*), que narra as primeiras vivências de advogado iniciante no mundo das ciências jurídicas. Baseado no livro homônimo de John Grisham, é dirigido por Francis Ford Coppola, tendo Matt Damon no papel principal do novato defensor Rudy Baylor, além de Jon Voight como o antagonista chefe dos advogados de conglomerado de seguros. O filme traz em primeiro plano o combate do idealista Rudy Baylor contra gigante da área de seguros (*great benefit*) na busca pelo justo auxílio médico devido ao segurado acometido por leucemia. Era urgente a realização de transplante de medula, valendo dizer que o beneficiário sempre honrara a tempo certo as prestações contratadas. Frente às reiteradas negativas, a luta se vai arrastando na justiça. O cliente definha a cada dia. Blindada por excelentes e bem pagos advogados, a companhia consegue ir adiando a definição jurídica do litígio, usando de artifícios e medidas meramente protelatórias, além de oferecer descabidas propostas de acordo. O doente não resiste. Morre poucos meses após o início da batalha processual. Considerado globalmente, o filme faz duras críticas à desumanização do exercício do direito e da advocacia em nome dos interesses econômicos ou particulares, habitualmente escusos, e jamais almejando – como deveria ser – a legalidade dos procedimentos e a própria justiça da decisão. Talvez a surpresa fique somente por conta da inusitada decisão do advogado de abandonar o exercício da profissão após aquele primeiro sucesso. Entendera ter atingido a realização máxima. Eventuais novos clientes não poderiam dele esperar resultados outros, inferiores àquele obtido. Conseguira veredicto tido por impossível, mas em que acreditava e pelo qual lutava. Fizera chover.

Pois bem! Se imaginarmos que uma seguradora insere uma cláusula dessa natureza nos contratos ou então sistematicamente se recusa a cobrir tratamentos de seus clientes, sem qualquer fundamento, exceto o intuito de obter lucros, temos a convicção que a calculadora do potencial ofensor acena positivamente para a efetivação do ato antijurídico, pela matemática da diferença entre os lucros obtidos com a conduta reprovável e o valor da compensação restrito ao equivalente dos danos praticados (e provados!). De cada dez clientes prejudicados, apenas um ou dois insistem em uma discussão no judiciário. Caso a sentença conceda uma reparação, nada mais fará a seguradora do que "restituir a bolsa furtada", recompondo a situação originária, sem qualquer perda econômica. Pelo contrário, furtou com êxito outras oito bolsas, sem qualquer censura por parte do direito civil.[18]

Esse estado de coisas denota que o paradigma reparatório é axiologicamente neutro e asséptico. Desconsidera o desvalor de comportamentos contrários ao direito, alimenta a impunidade e a proliferação de conflitos coletivos, encorajando diversos atores a compartilhar as nefastas práticas desestabilizadoras do já esgarçado tecido social. Portanto, urge perceber que o direito civil não deve se limitar a conter danos, mas também (e principalmente) a conter comportamentos antijurídicos, inibindo ilícitos e dissuadindo o potencial ofensor no sentido de respeitar o *neminem laedere*.

O exemplo do ladrão e da bolsa foi extraído de uma passagem da obra *A luta pelo direito*, de autoria de Ihering, em 1872. Há mais de 140 anos, portanto, já se fazia uma aguda crítica à forma pela qual o direito civil lidava com os conflitos individuais. O que dizer então das sociedades atuais, com a sua complexidade, pluralidade, abismos valorativos e recorrentes conflitos metaindividuais? Basta pensarmos na tutela das crescentes situações jurídicas da personalidade, de proteção de direitos metaindividuais – ambientais, culturais etc. –, na difusão de informações pelos diversos meios de imprensa e nas relações entre fornecedores e consumidores de produtos e serviços. E ainda, nas relações patrimoniais interprivadas em que sobreleva a liberdade de iniciativa econômica. Em comum, hipóteses em que o recurso à responsabilidade civil pela via exclusivamente ressarcitória muitas vezes será uma resposta tímida do ordenamento jurídico à necessidade social de contenção de comportamentos.

No âmbito de um ordenamento jurídico unitário, amparado no princípio da máxima atuação da Constituição, já não mais se tolera um sistema jurídico compar-

---

18. Fernanda Ivo Pires indaga se pessoas que ajam reiteradas vezes na prática de ilícito, sem se preocupar com a função social de seus atos, pode ser entendido como dentro de um padrão de honestidade, onde a cada um é dado o papel de fazer a sua parte, princípio entendido como uma das premissas do Direito? O fato é que "recordistas em causar danos se escondem atrás da responsabilidade objetiva, mesmo quando estejam praticando uma ilicitude" In *Honeste vivere*: Princípio inspirador da responsabilidade civil. In: ROSENVALD, Nelson e MILAGRES, Marcelo (coord.). *Responsabilidade civil – Novas tendências*. Indaiatuba: Foco, 2017, p. 41.

timentalizado. Os diversos ramos do direito rompem as extremas desenhadas pela dogmática jurídica, emprestam princípios e técnicas e recebem outros em troca, com o objetivo maior de alcançar soluções reais de tutela à pessoa humana e um contexto global volátil e incerto.

Na passagem do singular ao plural (a propriedade/as propriedades; a família/as famílias), cumpre também verificar a transposição do ilícito para os *"ilícitos"*, com a exaltação de um perfil funcional da responsabilidade civil, superando-se o esquema bipolar da responsabilidade aquiliana (dano patrimonial/moral).

A condenação a uma sanção punitiva na esfera civil serve como uma advertência ao ofensor por parte da sociedade, que não tolera tais atos "negativamente exemplares" e, pedagogicamente, sanciona o agente (prevenção especial) e todos os potenciais autores de ilícitos análogos (prevenção geral).

Se o direito civil quer se reconstruir com efetividade para os desafios do século XXI, é necessário que a doutrina e os aplicadores do direito constatem que o contexto socioeconômico e cultural requer que a responsabilidade civil assuma novas técnicas de controle social, prioritariamente uma função preventiva. O fundamental das sanções civis punitivas é reagir contra a perspectiva em voga, que invariavelmente remete a responsabilidade civil à pessoa da vítima e ao dano, abstraindo-se da pessoa do agente, de sua culpa e, principalmente, de qualquer aptidão preventiva. Elas podem e devem atuar como uma resposta a essa lacuna na teoria da responsabilidade civil, deferindo ao credor ou ao lesado a percepção de um montante superior ao dano efetivo. Em outros casos, se fará presente mesmo que inexista demonstração concreta de lesão patrimonial ou extrapatrimonial. Indiferente a uma eventual sanção reintegratória, cuida-se de um misto de prevenção de atuações ilícitas e punição pela ofensa a um dever ou obrigação. Mais do que acautelar e sancionar, ela reafirma a prevalência da pessoa e de sua especial dignidade como referenciais do Estado Democrático de Direito.

3.2. A sanção e a reparação

Se verdadeiramente desejamos compreender o significado da pena civil e sua correlação com a responsabilidade civil, cabe dominar os conceitos de sanção e de ilícito.

Em uma primeira aproximação, definimos o conceito em sentido amplo de sanção jurídica como uma medida estabelecida pelo sistema para reforçar a observância da norma. Quando a sanção é prevista para a violação de uma obrigação, duas perspectivas distintas se abrem como reação ao ilícito: surgem as sanções restituitórias e as sanções punitivas. No primeiro grupo, inserem-se todas as sanções capazes de restabelecer a situação jurídica anterior ao ilícito, dentre elas as sanções ressarcitórias, em que o retorno ao estado originário é alcançado por um equivalente econômico. Trata-se de sanções sucessivas, eis que apenas eliminam ou atenuam danos. Já no grupo das sanções punitivas, a ameaça precede à violação da norma com imposição de desvantagem para o agente violador. Essa é a sua índole preventiva. A sua previsão será exercitada seja mediante dissuasão (a ameaça de um mal como consequência do ilícito), seja mediante persuasão (ao intimidar com uma sanção punitiva, o ordenamento comunica uma valoração negativa do comportamento objeto de proibição).[19]

Em realidade, a sanção punitiva é a "ameaça de uma futura sanção", tendendo a operar como intimidação psicológica nos confrontos com os potenciais transgressores. O conteúdo da ameaça é uma reação específica em consequência de uma hipotética, mas bem definida, transgressão, cuja verificação é incerta. O nexo entre ação e reação subsiste mesmo assim, só que é simplesmente antecipado.[20]

Destarte, as sanções punitivas civis são aplicadas excepcionalmente, a título preventivo, como sanção por ter o ofensor incorrido em condutas sumamente demeritórias. Deseja-se o desencorajamento. Assim, há uma dissuasão mediante a ameaça de um mal como reação a um ilícito. Contudo, falhando a ameaça intimidativa pela prática do ilícito, surge a pena, como retribuição moral em face do agente.

Com efeito, não se poderá ignorar as sanções preventivas, que miram a própria proteção do bem jurídico (v. g., interdito possessório, busca e apreensão), com destaque na espécie para a importante tutela inibitória, cuja feição acautelatória *ex ante* atua como potente elemento dissuasivo de potenciais comportamentos ofensivos a interesses alheios, com destaque para a defesa das situações jurídicas da personalidade.

A técnica inibitória é instrumento de dissuasão (*deterrence*) que encontra assento no art. 5º, inciso XXXV, da CF, "*a lei não excluirá da apreciação do Poder Judiciário lesão ou ameaça a direito*", bem como nos artigos 12 do Código Civil e parágrafo único do art. 497 do Código de Processo Civil. A ação inibitória, explica Massimo Bianca,[21] insere-se no âmbito da responsabilidade extracontratual. Esse reconhecimento não se concilia com a concepção que reduz a responsabilidade civil a uma técnica de alocação de danos a cargo de um responsável segundo vários critérios de imputação. Uma sanção que proíbe determinados comportamentos não teria espaço em um sistema de mera alocação de danos. O remédio inibitório se insere coerentemente no sistema de responsabilidade civil como um mecanismo de reação ao ilícito, assumindo relevo central o comportamento lesivo a interesses protegidos.

A outro giro, o conceito de ilícito jurídico é estreitamente conexo com o de sanção. A qualificação formal do ilícito é operada pelo direito positivo de acordo com a natureza e o regime jurídico da sanção. Essa conexão pode ser interpretada em senso meramente funcional, pois a sanção é o meio de prevenir ilícitos e de reparar

---

19. PADOVANI, Túlio. Lectio brevis sulla sanzione. In: *Le pene private / a cura di Francesco D. Busnelli e Gianguido Scalfi*. Milano: Giuffrè, 1985, p. 60.
20. GAVAZZI, Giacomo. *Elementi di teoria dell diritto*. Torino: G. Giappichelli, 1986, p. 63.
21. BIANCA, Massimo. *L`inibitoria come rimedio di prevenzione dell' illecito, in studi in onore di Nicolò Lipari*, Tomo I, Milano: Giuffrè, 2008, p. 304.

aqueles que já se verificaram. O contraste entre a vontade do particular e a vontade da norma imperativa evidencia o ilícito. Mas, a doutrina se limita a se referir ao ilícito para caracterizar a responsabilidade civil e o efeito desfavorável da reparação de danos, desconhecendo a recorrência de um ilícito não danoso.[22] Substitui-se uma noção ampla e indiscriminada de ilícito por conceito restrito de ilícito danoso, que descuida da decisiva consideração de que a intervenção do direito se realiza no sentido de tornar possível uma reação a uma situação de contraste entre aquilo que foi estatuído e um certo comportamento, prescindindo da causa que determinou o ilícito. Portanto, a noção de ilícito se estende a uma série de *fattispecies*, nas quais a proibição de determinados atos gera a aplicação de uma sanção em sentido amplo, de forma a infligir um mal ao transgressor.[23]

O ilícito poderá ser tratado pelo ordenamento de duas formas diferentes: pelo seu valor "*sintomático*" ou por seu valor "*causal*". No primeiro caso, a valoração considera o ato de ruptura do ordenamento jurídico, a violação de um preceito por si só; enquanto no segundo caso, o desvalor do comportamento é diretamente proporcional à consideração e à relevância dos efeitos que derivam do ilícito no plano do ordenamento. Na pena civil, a sanção se prende a um ilícito sintomático. As penas civis possuem finalidade punitiva primária, pois o essencial da sanção será uma função preventiva de dissuasão da conduta em si. Desrespeitado o preceito pela mera prática da conduta, haverá a retribuição do ilícito pela imposição da pena, sem qualquer subordinação à verificação de um dano ou de seus efeitos.

Assim, a incidência de uma sanção punitiva pela prática de um ato ilícito poderá ser fonte de responsabilidade civil, independentemente da aferição concreta de danos patrimoniais ou extrapatrimoniais, seja por não existirem ou serem de difícil percepção. Vale dizer, a função sancionatória se dará cumulativamente, lateralmente à função reparatória da responsabilidade civil, ou mesmo à margem desta. Nesse caso, haverá a responsabilidade civil sem dano. A pena constitui uma punição pela transgressão da norma, enquanto a reparação persegue unicamente a restauração da lesão praticada por outro sujeito.

A melhor forma de se encontrar uma noção autônoma para a sanção punitiva civil é justamente a demonstração de sua distinção quanto à reparação de danos, operando em planos diversos com os seus próprios desideratos. A pena como retribuição ao autor do ilícito, a reparação como reação ao dano e seus efeitos. Se a pena e a reparação fossem instrumentos alternativos à escolha do lesado, poder-se-ia justificar a opção entre um e outro – tal como se dá entre a resolução do contrato e a

---

22. Pietro Trimarchi sintetiza que "*não é inútil relembrar que somente a responsabilidade do ato ilícito requer que o dano seja causalmente coligado com a conduta do responsável*" (*Causalità e danno*. Milano: Giuffrè, 1967, p. 14).
23. SCOGNAMIGLIO, Renato. *Responsabilità civile e danno*. Milano: Giappichelli, 2010, p. 22.

tutela específica (art. 475, CC). Porém, a própria distinção nos planos estrutural e finalístico permite a cumulação entre a reparação e a pena privada.[24]

Função satisfativa e função punitiva/preventiva são aspectos distintos, se bem que eventualmente complementares, em um processo de responsabilidade civil. A primeira mira a contenção do dano em si. A segunda, o desenvolvimento de mecanismos de contenção do comportamento do ofensor, prescindindo das consequências que concretamente essa conduta possa determinar. Os confins da compensação de danos são evidentemente aqueles dados pelas circunstâncias da vítima, sejam esses danos patrimoniais ou extrapatrimoniais. Danos emergentes, lucros cessantes, perda de uma chance, dano moral ou à imagem, em comum a todos eles, o magistrado se abstém de ingressar na esfera do ofensor a fim de avaliar a reprovabilidade de seu comportamento ou a repercussão da ofensa em seu patrimônio. A compensação de danos nem sempre demandará o ato ilícito, como sói acontecer na obrigação objetiva de indenizar. Na pena, como veremos, avulta o aspecto subjetivo, em certos casos não sendo sequer suficiente para a sua deflagração a simples culpa, mas um comportamento doloso ou uma culpa grave. Uma coisa é dissuasão, outra é satisfação.

A condenação a uma pena civil aquiliana não guarda relação com os valores apurados a título de indenização por danos patrimoniais ou compensação de danos extrapatrimoniais. Inexiste liame obrigatório entre essas figuras, apesar de na prática caminharem juntas. Aliás, sequer haverá a necessidade da constatação de danos reparáveis para que o magistrado estipule uma sanção punitiva no âmbito da responsabilidade civil.

---

24. A empresa de telefonia Brasil Telecom foi condenada a indenizar em R$ 20,4 mil, por danos morais, a morte de um cliente que sofreu um enfarte enquanto tentava cancelar um serviço usando o sistema de *Call Center*, vindo a falecer dois dias depois. A decisão foi tomada pela 3ª Turma Recursal Cível dos Juizados Especiais do Rio Grande do Sul, por unanimidade, reformando decisão de primeira instância, na qual o processo havia sido extinto sem o julgamento do mérito. A ação foi ajuizada na Comarca de Uruguaiana, pela viúva do cliente, que era a titular da linha telefônica. O cliente havia solicitado o cancelamento do serviço em junho de 2008. Depois de muitas tentativas, o requerimento foi atendido em agosto e setembro. Entretanto, a cobrança voltou a ser efetuada em outubro, razão pela qual o cliente voltou a ligar para o serviço de *Call Center* da empresa. A esposa alegou que o precário serviço prestado pelo *Call Center* da Brasil Telecom levou o marido a falecer. Ela afirmou que, devido ao mau atendimento, a pressão arterial do marido aumentou e ele sofreu enfarte agudo, enquanto falava com o *Call Center*, depois de ficar, aproximadamente, 45 minutos ao telefone. O óbito ocorreu dois dias após a internação hospitalar. O Juiz de Direito Carlos Eduardo Richinitti, relator do processo, entendeu que o histórico de problemas que o cliente vinha tendo com a empresa, reconhecida pelo mau atendimento à clientela, permitiu a conclusão de que houve causalidade entre a morte e o atendimento da Brasil Telecom. O relator observou que *"comprovada a situação, é inegável que a autora tem direito ao dano moral pretendido, configurado na perda irreparável de um ente querido"*. Ele acrescentou: *"inquestionável que a dor advinda da perda não se paga com 40 salários mínimos, mas se atenua não só pelo ganho financeiro, mas também pelo natural sentimento de que a revolta do marido, do pai, desconsiderado a ponto de ter sua tranquilidade existencial abalada, não restou impune"*. Ressaltou que a decisão serve, também, de alerta à empresa para que revise sua conduta no relacionamento com os clientes: *"senão por obrigação legal, pela repercussão econômica decorrente da falta de atenção àquele que, mais do que o lucro, na medida em que se trata de uma concessão estatal, é sua razão de ser, no caso o cidadão"*. Vê-se dessa tragédia que o magistrado tratou como dano moral aquilo que seria também aferido pelo ângulo da pena civil, apesar de a fundamentação da sentença indevidamente amalgamar um ao outro.

A despeito de quais sejam os atos sancionados e em qual modo e intensidade, ao perguntarmos pelo escopo de se aplicar uma pena de modo geral, a única resposta possível parece ser esta: o escopo principal da pena é o de influir sobre a conduta dos membros da coletividade, fazendo com que estes se abstenham de cometer certos atos, consentindo com uma vida social que esteja de acordo com certos modelos de comportamento considerados desejáveis.

Naquilo que se deseja para o futuro, caberá à pena civil exercer o papel de *"preço pela culpa"*.[25] O exame do comportamento negligente do agente e de seu descaso pelos direitos alheios não é um dado sepultado pelo triunfo da teoria objetiva. A aferição da culpa ainda possui relevante autonomia, por um ponto de vista diverso da condição do sujeito vitimado, no qual releve a qualificação em termos subjetivos da conduta do ofensor. Em situações extremas em que houver uma lacuna no sistema sancionatório reparatório, lateralmente à reintegração, surgirá a pena, com a sua função de desestímulo. A função preventiva/punitiva não será banalizada, posto adotada excepcionalmente, para aquelas situações que exijam uma resposta exemplar do ordenamento jurídico em face de comportamentos sumamente desvalorosos. Ou seja, ela atuará como *extrema ratio*, reservando-se aos casos mais graves. Tal como na fábula de Esopo, em que a rã destrói a si mesma em uma tentativa de inflar, de forma a ser tão grande como um boi, essa é uma advertência para aqueles que pretendem a pena privada como uma panaceia para todos os comportamentos contrários ao direito.

3.3. As estremas da pena civil

Dedicamos este item à lapidação de duas importantes afirmações: (a) a pena civil não guarda nenhuma identidade com os danos extrapatrimoniais; (b) a pena civil só se justifica como sanção se conjugada a comportamentos caracterizados pelo dolo ou culpa grave; senão vejamos:

> a) Comumente, encontramos sentenças e decisões nos tribunais superiores em que o *quantum* do dano moral é remetido à fórmula: extensão da lesão ao bem jurídico da personalidade + condição econômica do ofensor + punição do ofensor pela gravidade de seu agir.[26]

---

25. ZOPPINI, Andrea. *La pena contratuale*. Milano: Giuffrè, 1991, p. 316.

26. "Para proceder a uma sistematização dos critérios mais utilizados pela jurisprudência para o arbitramento da indenização por prejuízos extrapatrimoniais, destacam-se, atualmente, as circunstâncias do evento danoso e o interesse jurídico lesado. Quanto às referidas circunstâncias, consideram-se como elementos objetivos e subjetivos para a avaliação do dano a gravidade do fato em si e suas consequências para a vítima (dimensão do dano), a intensidade do dolo ou o grau de culpa do agente (culpabilidade do agente), a eventual participação culposa do ofendido (culpa concorrente da vítima), a condição econômica do ofensor e as condições pessoais da vítima (posição política, social e econômica)" (STJ, REsp 959.780-ES, rel. Min. Paulo de Tarso Sanseverino, *Informativo* 470, de 29.04.2011).

Assim se coloca o Supremo Tribunal Federal:[27] "*Impende assinalar, de outro lado, que a fixação do quantum pertinente à condenação civil imposta ao Poder Público – presentes os pressupostos de fato soberanamente reconhecidos pelo Tribunal a quo – observou, no caso ora em análise, a orientação que a jurisprudência dos Tribunais tem consagrado no exame do tema, notadamente no ponto em que o magistério jurisprudencial, pondo em destaque a dupla função inerente à indenização civil por danos morais, enfatiza, quanto a tal aspecto, a necessária correlação entre o caráter punitivo da obrigação de indenizar (punitive damages), de um lado, e a natureza compensatória referente ao dever de proceder à reparação patrimonial, de outro*".[28]

Discordamos da linha de raciocínio que pauta as decisões dos nossos tribunais superiores. Consiste em grave erro de perspectiva do magistrado aferir a malícia do agente ou o seu desprezo pelas situações existenciais alheias ao momento da justificação e do cálculo do valor do dano moral (além de sua condição financeira). Ao identificar ofensas à dignidade da pessoa humana, o julgador apenas observará a extensão do dano (bem jurídico ofendido) e o impacto da lesão na esfera psicofísica da vítima, sem qualquer consideração a respeito das razões que impeliram o agente a praticar o ilícito, ou finalidade inibitória.[29]

Ao se confundir a função desestimuladora e a compensatória, na mesma e única condenação, por consequência, gera-se uma insatisfatória reparação dos danos, como também uma insuficiente ou mesmo imperceptível prevenção e punição de comportamentos lesivos.[30]

Como corolário lógico, tem-se a perplexidade com a reiterada fórmula das decisões judiciais sobre o tema, pois não se limitam a cumular no interior do dano moral

---

27. STF, AI 455846, *Informativo* 364, rel. Min. Celso Mello.
28. Ilustrativamente, em julgamento que versou sobre dano à honra de político, por maioria de votos o STJ considerou que: "*Essa Corte tem-se pronunciado no sentido de que o valor de reparação do dano deve ser fixado em montante que desestimule o ofensor a repetir a falta, sem constituir, de outro lado, enriquecimento indevido. No caso, o desestímulo ao tipo de ofensa, juridicamente catalogada como injúria, deve ser enfatizado. Não importa quem seja o ofendido, o sistema jurídico reprova sejam-lhe dirigidos qualificativos pessoais ofensivos à honra e à dignidade. A linguagem oferece larga margem de variantes para externar a crítica sem o uso de palavras e expressões ofensivas. O desestímulo ao escrito injurioso em grande e respeitado veículo de comunicação autoriza a fixação da indenização mais elevada, à moda do punitive dammage do direito anglo-americano, revivendo lembranças de suas consequências para a generalidade da comunicação de que o respeito à dignidade pessoal se impõe a todos. Por outro lado, não se pode deixar de atentar aos fundamentos da qualidade da ofensa pessoal considerados pela douta maioria no julgamento, salientando que o recorrente, absolvido, mesmo que por motivos formais, da acusação da prática do crime de corrupção e ainda que sancionado com o julgamento político do impeachment, veio a cumprir o período legal de exclusão da atividade política e, posteriormente, eleito senador da República, chancelado pelo respeitável fato da vontade popular. Diante dessa e de outras considerações, definiu-se o valor de R$ 500 mil, fixado à dosagem equitativa em consideração às circunstâncias objetivas e subjetivas da ofensa, ligadas ao fato e suas consequências, bem como à capacidade econômica dos ofensores e à pessoa do ofendido*". REsp 1.120.971-RJ, rel. Min. Sidnei Beneti, *Informativo* 492, de 09.03.2012.
29. Essa questão já era debatida pelos autores clássicos. Georges Ripert, ao se pronunciar sobre a pena, assinalou que "*O que na realidade visa a condenação não é a satisfação da vítima mas a punição do autor*" (*A regra moral nas obrigações civis*. São Paulo: Bookseller, 2000, p. 339).
30. OLIVEIRA, Rodrigo Pereira Ribeiro de. *O caráter desestimulador do dano moral*. Belo Horizonte: Arraes, 2014, p. 3.

as funções compensatória e punitiva, como ainda advertem que o montante fixado deverá punir exemplarmente o ofensor, sem que a vítima possa enriquecer.[31] Como bem alerta Adalmo Santos Jr., trata-se de "*elucubração cerebrina fantasmagórica, pois na mesma equação deve conciliar o inconciliável. Resulta que uma regra anula a outra, até que se chegue ao nada*".[32]

Por isso, consideramos que tão salutar quanto a discussão sobre a introdução da sanção punitiva no Brasil é a própria delimitação das estremas do dano moral. Se dele expurgarmos aquilo que não lhe pertence, passaremos a perceber que aquele excesso poderia perfeitamente se ajustar a outro modelo jurídico. Recentemente, o Superior Tribunal de Justiça começou a implantar prudente critério bifásico de fixação de danos extrapatrimoniais e, consequentemente, de delimitação de seus confins: "*Na primeira etapa, deve-se estabelecer um valor básico para a indenização, considerando o interesse jurídico lesado, com base em grupo de precedentes jurisprudenciais que apreciaram casos semelhantes. Na segunda etapa, devem ser consideradas as circunstâncias do caso, para fixação definitiva do valor da indenização, atendendo a determinação legal de arbitramento equitativo pelo juiz*".[33]

> b) O dolo ou a culpa grave do ofensor não serão critérios de identificação da responsabilidade civil, mas sim da pena civil a ela acrescida. A clássica afirmação Jheringiana "*sem culpa nenhuma responsabilidade*" impregnou toda uma cultura jurídica de derivação romana e constituiu aquilo que Castronovo[34] batizou como "*sistema culpocêntrico*". Podemos hoje substituí-la por "*sem dolo nenhuma pena civil aquiliana*".

Quando da aplicação do dano extrapatrimonial, o juiz não poderá desviar o seu olhar do fato objetivo do dano e de seu impacto sobre a pessoa da vítima, conforme o critério bifásico há pouco assinalado. Esse será o norte da fundamentação deste capítulo da sentença, pois o exame da reprovabilidade do comportamento do ofensor em nada se relaciona com a compensação ou a satisfação devida ao ofendido pelo abalo do bem jurídico da personalidade.

É preciso, pois, distinguir: (i) uma coisa é arbitrar-se a reparação pelo dano moral que, fundada em critérios de ponderação axiológica, tenha caráter compensatório à vítima, levando-se em consideração – para a fixação do montante – a concreta posição da vítima, a espécie do prejuízo causado e, inclusive, a conveniência de dissuadir o

---

31. "*Ademais, essa Corte tem-se pronunciado no sentido de que o valor de reparação do dano deve ser fixado em montante que desestimule o ofensor a repetir a falta, sem constituir, de outro lado, enriquecimento indevido*" (STJ, Informativo 492, 09.03.2012, REsp 1.120.971-RJ, rel. Min. Sidnei Beneti).
32. SANTOS JUNIOR, Adalmo. *Indenização punitiva em danos patrimoniais*, Revista de Direito Privado, v. 8, n. 30, p. 9-48, abr./jun., 2007, p. 44. Esclarece o autor que "*se a teoria é ruim, pior ainda é a aplicação em casos concretos. No caso em que o autor da conduta tiver grande poder econômico e a vítima for pobre, a aplicação da regra é impossível, pois qualquer ínfimo valor que o juiz arbitrar a título de punição, estará arriscando de enriquecer a vítima. Aplicar-se-ia a regra então somente nos casos em que a vítima for abastada, pois nesses casos poderia ser dada uma indenização com caráter inibitório-pedagógico sem que enriquecesse a vítima*".
33. REsp 1152541-RS, rel. Min. Paulo de Tarso Sanseverino, 3ª Turma, DJe 21.09.2011.
34. CASTRONOVO, Carlo. *La nuova responsabilità civile*. 3. ed. Milano: Giuffrè, 2006, p. 322.

ofensor, em certos casos, podendo mesmo ser uma indenização "alta" (desde que guarde proporcionalidade axiologicamente estimada ao dano causado); (*ii*) outra coisa é adotar-se a doutrina dos *punitive damages* que, passando ao largo da noção de compensação, significa efetivamente – e exclusivamente – a imposição de uma pena, com base na conduta altamente reprovável (dolosa ou gravemente culposa) do ofensor, como é próprio do direito punitivo.[35]

De fato, o intuito de punir aquele que age com desprezo às situações existenciais alheias não pode repercutir em sede de acréscimo do *quantum* reparatório do dano moral. O dolo influencia outros âmbitos do fato ilícito. A intencionalidade de uma conduta consente no aparecimento de consequências que de outra forma não seriam reconduzíveis ao direito nos estreitos lindes do dano extrapatrimonial.[36]

4. O DANO MORAL COLETIVO COMO UMA PENA CIVIL

Até agora percebemos que a doutrina majoritária concebe o dano moral coletivo como lesão a valiosos interesses metaindividuais e extrapatrimoniais, dano esse distinto do que porventura possa sofrer aqueles que compõem essa coletividade. Dessa forma, para que se possa aceitar a reparabilidade de um dano no interno desse modelo jurídico é preciso aceitar a ideia de que o dano moral transcende a pessoa e alcança um ente ideal e transindividual, seja ele a coletividade ou um grupo.

O ponto nevrálgico do dissídio reside na consideração de que existem ofensas a determinados bens que alcançam situações jurídicas existenciais e perpassam a órbita individual, tornando-se difusos, pela indeterminabilidade do sujeito passivo e indivisibilidade do objeto e enorme importância, alcançando a dignidade em sentido coletivo.

Pois bem, não comungamos desse entendimento. Porém, nossa linha de argumentação jamais se identifica com a ultrapassada noção do dano moral como dor, mágoa ou qualquer outro aspecto subjetivo. Em verdade, fiéis à nossa linha de pensamento, consideramos que o dano moral ostenta natureza individual e se prende unicamente a uma ofensa a interesses existenciais de cada pessoa humana, em sua concretude. Assumimos uma posição contramajoritária ao reputarmos que uma lesão extrapatrimonial não pode atingir uma comunidade abstratamente considerada, com total independência perante os prejuízos que cada um de seus membros possa experimentar.

Partimos de um argumento filosófico: para que possamos aquiescer com a ideia de um dano moral transindividual é necessário responder positivamente a essa asserção: *a espécie é uma entidade distinta dos indivíduos que a compõem*? Vale dizer,

---

35. MARTINS COSTA, Judith; PARGENDLER, Mariana. *Usos e abusos da função punitiva*, Revista da AJURIS, Porto Alegre, v. 32, n. 100, p. 229-262, out./dez. 2005, p. 257.
36. FRANZONI, Massimo. *Il dolo nel fatto illecito*. in studio in onore di Piero Schlesinger. Tomo III. Milano: Giuffrè, 2004, p. 2171.

a espécie humana pode significar algo muito diferente do total de indivíduos que a formam? Para muitos, essa afirmação pode ser sedutora, pois promete uma transcendência, libertando-nos da prisão da existência individual e subjetiva, fazendo com que possamos emergir de nossa finitude e tomar parte de algo maior. Todavia, cremos que há um equívoco em conceder valor a essa abstração. Por que achamos que "o bem da espécie" é algo bom em si mesmo e que tem valor? A espécie não possui consciência nem tem inteligência. O valor que há na espécie não pode ser encontrado no seu nível, mas no nível dos indivíduos. Devemos cuidar de seres humanos e não da abstração "humanidade". Os seres humanos podem aprender, pensar e se desenvolver intelectualmente com autenticidade; a humanidade só pode fazer isso de uma forma metafórica. A vida humana contém a fonte e a medida do seu próprio valor, sem que tenhamos que recorrer a agentes, propósitos ou princípios exteriores à nossa própria existência.[37]

Transpondo para o plano jurídico o argumento humanista de que a vida de uma pessoa humana é a única fonte possível de sentido, tem-se que é possível haver moralidade sem apoio em transcendências ao considerarmos que um dano moral só pode ofender o plano existencial do indivíduo. Contudo, isso não implica concluir que o recurso do ordenamento ao dano moral coletivo deva ser simplesmente desprezado. Pelo contrário, merece valorização, mas sob outra justificativa, não como um dano sofrido por um ente abstrato, mas como uma pena civil direcionada ao ofensor, de caráter pedagógico e punitivo.

Em um exemplo extremo, Ramon Pizarro[38] cita uma empresa que cause uma contaminação ambiental por poluição excessiva afetando um pequeno município. Suponhamos que seja ajuizada ação civil pública, na qual, além do dano patrimonial coletivo, requer-se o restabelecimento do equilíbrio alterado, mediante a realização das obras pertinentes a tal fim e que, além disso, todos os moradores da localidade reclamem e obtenham a reparação do dano moral que individualmente tenham experimentado por força da referida contaminação. Seria possível ainda sustentar que o ofensor deve indenizar um imaginário dano coletivo que afeta toda a comunidade abstratamente considerada, distinto e independente do dano moral individual que tenha sido condenada a indenizar a cada um da totalidade dos membros da mesma, em virtude das ações individuais já acolhidas pelo Judiciário? A resposta negativa nos parece a única aceitável em um viés unicamente reparatório.

---

37. Julian Baggini enfatiza que "a ideia de que o sentido da vida é trabalhar em prol do bem da espécie já foi justificada através da teoria da evolução. Mas isso é uma maneira pobre de defender este ponto de vista. Dizer que o ponto central da evolução é o avanço da espécie é má ciência. Muitos teóricos da evolução, atualmente, concordam com Richard Dawkins quando ele diz que 'a unidade fundamental da seleção e, portanto, do interesse próprio, não é a espécie, nem o grupo, nem muito menos, estritamente falando, o indivíduo. É o gene a unidade básica da hereditariedade'. A maioria dos que discordam de Dawkins acha que o indivíduo é a unidade básica de seleção, e não a espécie nem o gene. Isso significa que mesmo falando descuidadamente sobre um suposto 'propósito da evolução', ele acabaria sendo a sobrevivência de nossos genes ou dos indivíduos, não a sobrevivência nem o avanço da espécie" (Para que serve tudo isso? São Paulo: Zahar, 2008, p. 80-82).

38. PIZARRO, Ramón Daniel. Daño moral. Hammurabi: Buenos Aires, 2004, p. 280.

Evidentemente, se o único escopo do dano moral coletivo for de caráter compensatório, não haveria razão que justificasse uma segunda condenação do ofensor a uma reparação quando todos aqueles que fossem afetados pela atividade lesiva já tivessem acolhidas as suas pretensões individuais. Partindo da premissa de que a função reparatória objetiva restaurar o patrimônio da vítima cujo equilíbrio fora rompido pela lesão, temos que esse objetivo logrou alcance em cada uma das demandas autônomas propostas por cada vítima.

Portanto, a nosso sentir, o modelo jurídico do dano moral coletivo, seja em sua delimitação conferida pelo CDC (art. 6º, VI, Lei 8.078/1990) ou na forma mais ampla do inciso IV do art. 1º da Lei 7.347/1985 – posto passível de estipulação diante de lesão a qualquer interesse difuso ou coletivo –, não passa de peculiar espécie de pena civil, criativamente desenhada no ordenamento brasileiro, em nada se assemelhando com a natureza do dano extrapatrimonial.

A melhor forma de se encontrar uma noção autônoma para a sanção punitiva civil é justamente a demonstração de sua distinção quanto à reparação de danos, ambas operando em planos diversos com os seus próprios desideratos. A pena como retribuição ao autor do ilícito, a reparação como reação ao dano e seus efeitos. Enquanto a primeira incide em função da própria natureza ilícita do ato, a última incide em função de seus efeitos danosos. São múltiplas as possibilidades funcionais das sanções punitivas e pedagógicas, basta que lembremos o odioso cálculo que prefere que o dano ocorra (porque seria mais barato indenizá-lo) a preveni-lo.

As penas civis se propõem a realizar uma tutela efetiva, com critério funcional preventivo/punitivo, naquelas hipóteses em que a reparação por si só não é idônea a desestimular o ofensor à prática de ilícitos, principalmente nas hipóteses em que a calculadora do potencial ofensor acena positivamente para a efetivação do ato antijurídico, pela matemática da diferença entre os lucros obtidos com a conduta reprovável e o valor da compensação restrito ao equivalente dos danos praticados (e provados!).

Ilustre-se com o nefasto e recorrente episódio do "trabalho escravo". Quando o Ministério Público do Trabalho ajuíza ACP objetivando a condenação do empregador pelo dano moral coletivo, a fundamentação é centrada no fato de que o trabalho em condições análogas à de escravo afeta individualmente cada uma das vítimas, como também, concomitantemente, valores difusos, (art. 81, parágrafo único, I, CDC), atingindo objeto indivisível e sujeitos indeterminados, violando preceitos constitucionais como os princípios fundamentais da dignidade da pessoa humana (art. 1º, III) e dos valores sociais do trabalho (art. 1º, IV), de modo que não se pode declinar ou quantificar o número de pessoas que sentirão o abalo psicológico, a sensação de angústia, desprezo, infelicidade ou impotência em razão da violação das garantias constitucionais causada pela barbárie do trabalho escravo. Assim, a reparação pecuniária do dano moral individual reverte para o próprio trabalhador vítima da submissão às condições análogas de escravo, e a reparação do dano moral coletivo, em razão de possuir objeto indivisível e sujeitos indeterminados, reverte-se em benefício de toda a sociedade por meio do depósito da condenação pecuniária no Fundo de Amparo ao Trabalhador (FAT). Aqui impende compartimentar as finalidades do dano moral individual e do coletivo. O dano moral individual ao trabalhador será a compensação por sua reificação, vilipêndio a sua integridade psicofísica. Todavia, a autônoma condenação pelo dano moral coletivo significará primariamente um valor pelo desestímulo ao ofensor, uma sanção a quem, com a sua atitude de menoscabo, agravou interesses coletivos dignos de tutela. Some-se à finalidade sancionatória o fulcro preventivo que desestimula o ofensor a reiterar a prática de ilícitos metaindividuais, bem como o aspecto pedagógico, de alerta a potenciais lesantes que se proponham à prática do mesmo comportamento reprovável. Não se olvide ainda que acidentalmente essa sanção também servirá como uma espécie de satisfação à coletividade por uma conduta particularmente ultrajante à consciência coletiva.

Diz-se, com propriedade, que não será qualquer atentado a interesses coletivos ou difusos que poderá acarretar dano moral difuso. É preciso que o fato transgressor seja de razoável significância e desborde dos limites da tolerabilidade. Ele deve ser grave o suficiente para produzir verdadeiros sofrimentos, intranquilidade social e alterações relevantes na ordem coletiva. Ocorre que não será o momento da avaliação do dano moral o adequado para a aferição da capacidade econômica do ofensor (nem também o grau de sua culpa). O dano extrapatrimonial, justamente por seus fins compensatórios, refere-se apenas à avaliação da lesão existencial sofrida pela vítima sem qualquer destaque à reprovabilidade do comportamento do ofensor ou às suas peculiaridades financeiras. No instante em que o magistrado determina o valor da reparação pelo dano moral, inexiste qualquer sanção preventiva ou punitiva, pois o valor encontrado servirá tão somente como uma satisfação à vítima pela ofensa à sua dignidade.

A nosso sentir, é um equívoco sustentar que o dano moral coletivo consiste em um misto de reparação de danos metaindividuais e remédio inibitório e punitivo em face do ofensor. É na essência do mesmo desvio de perspectiva que remete a doutrina e os tribunais a considerar que o dano moral individual possui duas funções: compensatória e pedagógica.[39] O dano moral coletivo seria uma versão jurídica de *Dr. Jekyll e Mr. Hyde*.[40]

---

39. "O valor do dano moral tem sido enfrentado no STJ com o escopo de atender a sua dupla função: reparar o dano buscando minimizar a dor da vítima e punir o ofensor, para que não volte a reincidir" (STJ, EDcl no REsp 845001-MG, rel. Min. Eliana Calmon, 2ª Turma, *DJe* 24-9-2009).

40. *Strange case of Dr Jekyll and Mr Hyde* (BR: O médico e o monstro/PT: O estranho caso de Dr. Jekyll e Mr. Hyde) é um livro de ficção científica escrito pelo autor escocês Robert Louis Stevenson e publicado originalmente em 1886. Trata de um advogado londrino chamado Gabriel John Utterson que investiga estranhas coincidências entre seu velho amigo, Dr. Henry Jekyll, e o misantropo Edward Hyde. A obra é conhecida por sua representação vívida do fenômeno de múltiplas personalidades, divididas no sentido que dentro da mesma pessoa existe tanto uma personalidade boa, quanto má, ambas muito distintas uma da outra. O impacto do romance foi tal que se tornou parte do jargão inglês, com a frase "Jekyll e Hyde" usada para se referir a uma pessoa que age de forma moralmente diferente dependendo da situação.

O rebuscamento do argumento esconde o real alcance e plasticidade do modelo jurídico do dano moral coletivo. A condenação pelo dano moral punitivo não mira a tutela de um pretenso bem jurídico coletivo da personalidade, mas, adverte Maria Celina Bodin,[41] *"aqui a ratio será a função preventiva-precautória, que o caráter punitivo inegavelmente possui, em relação às dimensões do universo a ser protegido. Ela teria como parâmetros de quantificação as probabilidades de risco que hoje já podem ser avaliáveis objetivamente"*. Essa probabilidade de risco, a nosso juízo, prende-se à aferição da intencionalidade do comportamento do agente e à eventual reincidência em ilícitos de caráter difuso.

Da mesma maneira, o dano moral coletivo decorrente de lesão ambiental de grande impacto é uma pena civil de evidente feição inibitória, que bem se amolda aos princípios da precaução e do poluidor-pagador.[42] A atuação preventiva – tal como a precaução – busca remédios antecipatórios contra o dano ambiental. Com a aplicação do princípio do poluidor pagador, procura-se corrigir os custos sociais das externalidades negativas em face de quem inicialmente provocou a poluição. Ele arcará com os custos da neutralização dos danos. Porém, não se trata exclusivamente de um princípio de compensação de danos causados pela deterioração, ou seja, este não se resume na fórmula *"poluiu pagou"*. Seu alcance é maior, incluindo ainda os custos de prevenção e de repressão ao dano ambiental.[43] Para tanto, a pena civil ingressa não apenas no dano ambiental, mas na proteção contra ilícitos metaindividuais de especial repercussão.

Além do prisma teórico, em termos de efetividade a Ação Civil Pública é a via mais adequada à efetivação da pena civil, pois através de uma única demanda é possível a obtenção da totalidade do montante decorrente de uma dada situação fática lesiva a um interesse difuso, evitando-se não apenas decisões contraditórias, mas que o produto da sanção punitiva não seja retido por uns poucos, em detrimento de muitos. A coisa julgada será *erga omnes e ultra partes*, sem que incida qualquer discussão a respeito de enriquecimento sem causa, pois o valor será destinado a um Fundo.[44]

Não por outra razão, o STJ inadmitiu pleito individual por "dano social", no qual o autor da demanda pleiteia que a verba condenatória seja destinada a um terceiro (entidade beneficente). Segundo o tribunal, *"o pleito não poderia ter sido julgado*

---

41. MORAES, Maria Celina Bodin de. *Punitive damages* em sistemas civilistas. In: *Na medida da pessoa humana*. Rio de Janeiro: Renovar, 2010, p. 379.
42. Como adverte Marcos Catalan, "é impérios destacar que a ideia de precaução é mais ampla que a de prevenção, não podendo ser cingida em um único princípio, posto que aquela impõe uma atuação racional na utilização dos bens ambientais, não bastando portanto que o exercício das condutas humanas se paute pela mera adoção de medidas visando afastar o perigo, ou seja, evitam-se as consequências do desconhecido, enquanto a última determina que não se produzam efeitos nocivos se conhecida sua origem". In *Proteção constitucional do meio ambiente*. São Paulo: Método, 2008, p. 65.
43. BENJAMIN, Antonio Herman; *O princípio poluidor-pagador e a reparação do dano ambiental*. In: *Dano ambiental: prevenção, reparação e repressão*. São Paulo: Revista dos Tribunais, p. 231.
44. GONÇALVES, Vitor Fernandes. *A punição na responsabilidade civil*. Distrito Federal: Brasília Jurídica, 2005, p. 242-244.

procedente, pois esbarraria na ausência de legitimidade para postulá-lo. Isso porque os danos sociais são admitidos somente em demandas coletivas e, portanto, somente os legitimados para propositura de ações coletivas têm legitimidade para reclamar acerca de supostos danos sociais decorrentes de ato ilícito, motivo por que não poderiam ser objeto de ação individual".[45]

Essa diferente forma de apreciação do dano moral coletivo não apenas se ajusta àquilo que essencialmente ela representa, como também – é o que cremos – eliminará o questionamento quanto a sua admissibilidade. Trata-se de espécie de pena civil, acolhida pelo princípio da reserva legal e que é aceita com menos resistência pela doutrina, pois não repercute a controvérsia do enriquecimento sem causa, já que, como uma sanção punitiva que objetiva dar uma resposta à sociedade, nada mais correto do que o depósito dos valores em fundos predeterminados, sejam eles públicos ou privados de natureza pública.

Com efeito, nas ações civis os fundos específicos (ambiental, consumidor) já recebem 100% do valor do *"dano moral coletivo"*. Com espeque no art. 13 da Lei 7.347/1985, *"havendo condenação em dinheiro, a indenização pelo dano causado reverterá a um fundo gerido por um Conselho Federal ou por Conselhos Estaduais de que participarão necessariamente o Ministério Público e representantes da comunidade, sendo seus recursos destinados à reconstituição dos bens lesados"*.

Todavia, o dano moral coletivo só poderá ser legitimamente traduzido como pena civil no momento em que se der uma reforma legislativa, acrescendo-se à lei da Ação Civil Pública um dispositivo capaz de estabelecer os critérios objetivos e subjetivos mínimos para a sua aplicação como sanção punitiva.

A nosso sentir, prevalecem três requisitos para a quantificação da pena civil:

1. *A extensão (gravidade) da lesão* – Por certo que a avaliação acerca do bem jurídico ofendido pelo autor do ilícito é o aspecto mais relevante para a quantificação de danos emergentes, lucros cessantes, perda de uma chance, dano moral, dano à imagem

---

45. STJ, *Informativo* 552, período: 17 de dezembro de 2014. Segunda Seção. "Impossibilidade de fixação, *ex officio*, de indenização por danos sociais em ação individual. É nula, por configurar julgamento *extra petita*, a decisão que condena a parte ré, de ofício, em ação individual, ao pagamento de indenização a título de danos sociais em favor de terceiro estranho à lide. Inicialmente, cumpre registrar que o dano social vem sendo reconhecido pela doutrina como uma nova espécie de dano reparável, decorrente de comportamentos socialmente reprováveis, pois diminuem o nível social de tranquilidade, tendo como fundamento legal o art. 944 do CC. Desse modo, diante da ocorrência de ato ilícito, a doutrina moderna tem admitido a possibilidade de condenação ao pagamento de indenização por dano social, como categoria inerente ao instituto da responsabilidade civil, além dos danos materiais, morais e estéticos. Registre-se, ainda, que na V Jornada de Direito Civil do CJF foi aprovado o Enunciado 455, reconhecendo a existência do denominado dano social: 'A expressão dano no art. 944 abrange não só os danos individuais, materiais ou imateriais, mas também os danos sociais, difusos, coletivos e individuais homogêneos a serem reclamados pelos legitimados para propor ações coletivas'. A par disso, importa esclarecer que a condenação à indenização por dano social reclama interpretação envolvendo os princípios da demanda, da inércia e, fundamentalmente, da adstrição/congruência, o qual exige a correlação entre o pedido e o provimento judicial a ser exarado pelo Poder Judiciário, sob pena da ocorrência de julgamento *extra petita*" (Rcl 12.062-GO, rel. Ministro Raul Araújo, j. 12.01.2014).

ou qualquer outra consequência econômica ou existencial de um comportamento sumamente desvalioso. Contudo, não podemos ignorar a particularidade da pena civil como instrumento que defere ao direito privado a aptidão de prevenir ofensas a bens coletivos e, em um segundo momento, sancionar punitivamente aquele que ignora o preceito primário da norma. Portanto, há uma inequívoca relação entre a extensão do dano e a medida da pena civil, pois quanto maior a gravidade do comportamento antijurídico, maior a reprovação social e, via de consequência, maior a necessidade de o sistema desestimular atividades e condutas que possam ofender uma pluralidade potencial de vítimas.

2. *Grau da culpa do ofensor* – Esse é o critério que com maior veemência potencializa a pena civil. O giro hermenêutico decorre da superação do sacrossanto binômio público/privado, pelo qual a aferição do comportamento do agente caberia ao direito público na fixação da pena e a repercussão do dano sobre o lesado ao direito privado por ocasião da reparação. Implica ainda superar a noção de que a culpa e o dolo são equivalentes, na medida em que a extensão do dano seja a única referência para a responsabilidade civil (art. 944, CC). A abordagem da pena civil parte justamente da ideia oposta. Devemos fraturar as regras da responsabilidade civil segundo aquilo que seja um comportamento doloso ou culposo do autor do ilícito. A justificativa é a seleção de finalidades do sistema civil: quando ilícito é culposo, a função da responsabilidade civil será a de reintegrar a vítima a uma situação semelhante à que se encontrava antes da produção dos danos decorrentes da conduta negligente, imprudente ou imperita do ofensor; ao invés, se o ilícito for doloso, constatados os elementos objetivos necessários à sua incidência, será o agente sancionado por uma pena civil de finalidade preventiva geral e especial.

3. *A condição patrimonial do autor do ilícito* – a capacidade econômica do ofensor é um relevante dado para a aplicação da pena civil, pois falamos de *desestímulo, dissuasão, prevenção*, como traços predominantes dessa sanção. Quando o causador do dano é uma pessoa jurídica dotada de amplos recursos econômicos, a desconsideração quanto a esse fator privará a sanção de seu principal impacto: a coerção indireta. As grandes corporações, justamente pela sua capacidade de distribuir produtos com maior rapidez, em um maior número de localidades, serão capazes de atingir um maior número de pessoas no exercício de suas atividades; grandes empresas do setor de comunicações potencializam a capacidade de produção de danos à privacidade e à honra. Ademais, grandes empresas – principalmente as que operam em setores de pouca competitividade – possuem mecanismos mais sofisticados e precisos para optar por intencionalmente praticar ilícitos tendo o conhecimento de que os danos patrimoniais e morais que repercutirão contra si serão menores que o lucro que obterá ao praticar comportamentos reprováveis. Certamente, se maior o potencial econômico da empresa, maiores as possibilidades de obter grandes lucros à custa de violações de direitos de um considerável público de "*anônimos*". Outrossim, não será o momento da avaliação do dano moral o adequado para a aferição da capacidade econômica do ofensor (nem também o grau de sua culpa). O dano extrapatrimo-

nial, justamente por seus fins compensatórios, refere-se apenas à avaliação da lesão existencial sofrida pela vítima sem qualquer destaque ao comportamento do ofensor ou às suas peculiaridades financeiras. No instante em que o magistrado determina o valor da reparação pelo dano moral, inexiste qualquer sanção preventiva ou punitiva, pois o valor encontrado servirá tão somente como uma satisfação à vítima pela ofensa à sua dignidade.[46]

A soma dos três requisitos – gravidade da ofensa, graduação da culpa, capacidade econômica do ofensor[47] – propicia uma ponderada quantificação da sanção punitiva, que será acrescida, em vista de respeito às garantias constitucionais, de três critérios de proporcionalidade abstratamente estabelecidos pela norma e já comentados: (a) vedação de excesso relativamente a um teto de condenação; (b) vedação de excesso com relação a um múltiplo dos valores arbitrados a título de compensação de danos; (c) o sujeito a benefício de quem a soma da pena civil será direcionada.[48]

Por fim, a sanção punitiva civil só existe se amparada normativamente, caso contrário, estar-se-ia violando o princípio da legalidade (*nulla poena sine lege*). Somos peremptórios no sentido de que só haverá pena civil aquiliana no Brasil com o reconhecimento pelo legislador em norma específica. Com Zagrebelsky,[49] na determinação e na seleção dos fundamentos culturais consiste a função de discernimento. Não admitimos que a pena civil possa ser extraída diretamente – ou seja,

---

46. Uma positiva conjunção dos requisitos ora aventados se encontra no Decreto 2.181/1997, que ao dispor sobre a organização do Sistema Nacional do Consumidor, traça as sanções administrativas que recaem sobre fornecedores de produtos ou serviços, com base nos seguintes critérios: "*Art. 28. Observado o disposto no art. 24 deste Decreto pela autoridade competente, a pena de multa será fixada considerando-se a gravidade da prática infrativa, a extensão do dano causado aos consumidores, a vantagem auferida com o ato infrativo e a condição econômica do infrator, respeitados os parâmetros estabelecidos no parágrafo único do art. 57 da Lei n. 8.078, de 1990*". E em complemento: "*Art. 26. Consideram-se circunstâncias agravantes: I – ser o infrator reincidente; II – ter o infrator, comprovadamente, cometido a prática infrativa para obter vantagens indevidas; III – trazer a prática infrativa consequências danosas à saúde ou à segurança do consumidor; IV – deixar o infrator, tendo conhecimento do ato lesivo, de tomar as providências para evitar ou mitigar suas consequências; V – ter o infrator agido com dolo; VI – ocasionar a prática infrativa dano coletivo ou ter caráter repetitivo; VII – ter a prática infrativa ocorrido em detrimento de menor de dezoito ou maior de sessenta anos ou de pessoas portadoras de deficiência física, mental ou sensorial, interditadas ou não; VIII – dissimular-se a natureza ilícita do ato ou atividade; IX – ser a conduta infrativa praticada aproveitando-se o infrator de grave crise econômica ou da condição cultural, social ou econômica da vítima, ou, ainda, por ocasião de calamidade*".
47. O art. 1.621 do *Code civil* de Québec põe em destaque a sanção punitiva na responsabilidade civil, nos critérios da gravidade da culpa do ofensor e de sua situação patrimonial, limitando a condenação ao suficiente para se assegurar a função preventiva.
48. FAVA, Pasquale. *La responsabilità civile*. Milano: Giuffrè, 2006, p. 226-227. O autor aduz que está em curso um movimento legislativo de reforma dos *punitive damages*, conformando o instituto aos cânones de razoabilidade. Os mais importantes seriam: (a) identificar claramente a tipologia dos ilícitos punitivos que dariam margem ao pagamento das vítimas; (b) fixá-los apenas quando o ofensor tiver agido com dolo ou fraude; (c) estabelecer limites máximos; (d) exigir que a apuração da conduta reprovável do ofensor seja devidamente provada; (e) impedir que pelo mesmo fato possam ser irrogados danos punitivos múltiplos (por exemplo, na hipótese em que várias pessoas concorrem para produzir o dano); (f) atribuir uma parte da soma ao Estado ou a Fundos de Assistência Pública, na perspectiva de uma utilização pública mais eficiente.
49. ZAGREBELSKY, Gustavo. *Fragilità e forza dello stato costituzionale*. Napoles: Editoriale Scientifica, 2006, p. 12.

sem a intermediação de regras – das cláusulas gerais dos arts. 186 ou 927, *caput*, do Código Civil e submetida a uma decisão judicial que extrairá o conteúdo da pena civil conforme a concretude da hipótese.[50]

Um dispositivo que condicione a sua fixação à apuração da conduta deliberada do lesante (dolo ou culpa grave), a sua indiferença perante o ilícito e a sorte do bem lesado, além de sua condição econômica avantajada, sobretudo naquilo que diga respeito ao proveito econômico por ele obtido como consequência do ilícito difuso. Enquanto isso não se der, o dano moral coletivo continuará a ser indevidamente tratado como uma espécie de dano moral.

5. CONCLUSÃO

A tutela preventiva-repressiva dos *punitive damages* dá margem a graves perplexidades, em todos os níveis, sobremaneira no que tange à lateralidade da pena privada aos danos efetivos e ao montante das condenações sancionatórias. A verdade é que a função dissuasiva-aflitiva assusta as empresas causadoras de danos. Elas alegam excesso nas sanções (*overdeterrence*) e uma possível saída do mercado como consequência da aplicação das medidas de danos punitivos; assusta ainda as empresas de seguros, que apenas reconduzem os danos punitivos ao interior da garantia assegurada.[51]

Em um Estado de Direito, o importante é que haja uma conformidade entre a pena civil e o princípio da proporcionalidade. O direito de propriedade é submetido a uma reserva legal, seja no sentido de que só poderá sofrer limitação através de lei, como do fato de que essa lei possa se justificar do ponto de vista substancial. Em uma sociedade democrática, a agressão à propriedade do ofensor pela via de uma pena civil será consentida quando necessária e proporcional.

Nossa postura é francamente favorável à cominação de sanções com função primária de desestímulo e retribuição para aquelas hipóteses em que comportamentos reprováveis ofendem interesses sociais. Necessariamente, caberá ao direito civil – tal como já se imputa ao direito administrativo – a regulamentação dos novos instrumentos de tutela, para tanto evitando excessos em sua aplicação. Isso demanda a avaliação sobre os legitimados ativos e passivos, os bens jurídicos especialmente protegidos e os limites e proporções de valores das penas civis.

A pena civil reforça a noção de lei como um reino de realização moral em vez de mero ajuste técnico. Ela transmite que mesmo atores poderosos não podem "*fugir com*" o comportamento terrível. Ao enfatizar a inevitabilidade do ordenamento jurídico, as

---

50. Marcelo Calixto considera admissível a fixação da sanção punitiva, "*como forma de desestímulo ao ofensor, desde que haja previsão legal específica*" (*A culpa na responsabilidade civil*. Rio de Janeiro: Renovar, 2008, p. 310).

51. Giovanni Facci comenta ainda sobre uma "*overdeterrence*", quando o potencial causador do dano fosse constrangido, para reduzir os riscos dos acidentes, a assumir iniciativas tão onerosas a ponto de abandonar a atividade (*Le obbligazioni*. A cura di Massimo Franzoni. Roma: Utet Giuridica, 2004, p. 18).

sanções punitivas inibem impulso reinante para desassociar a lei da moralidade. É aí que entra a pena civil: talvez o instrumento mais importante no repertório legal para se pronunciar a desaprovação moral de criminosos economicamente formidáveis.

O tecido social brasileiro se esgarça. As relações interprivadas se amesquinham com a proliferação de condutas maliciosas. Por qual motivo devemos negar a adequação da responsabilidade civil à sociedade em que estamos inseridos? A diretriz da eticidade que norteia o Código Civil não pode se transformar em letra morta no universo dos atos ilícitos. A complexidade de nossos dias repercute, cada vez mais, nas soluções jurídicas a que chegamos. O dever do intérprete – sobretudo diante de danos não lineares e complexos, consiste em construir redes de conexões conceituais que propiciem soluções compatíveis com a democracia constitucional brasileira. Cabe sempre contextualizar os horizontes de sentido que perpassam o direito de danos dos nossos dias. Apenas para evidenciar que uma perspectiva histórica e dinâmica da responsabilidade civil oferece imensas possibilidades funcionais para o intérprete.

6. REFERÊNCIAS

AZEVEDO, Antonio Junqueira de. *Por uma nova categoria de dano na responsabilidade civil: o dano social.* Rio de Janeiro: Revista Trimestral de Direito Civil, v. 19: Padma, 2004.

BAGGINI, Julian. *Para que serve tudo isso?* São Paulo: Zahar, 2008.

BENJAMIN, Antonio Herman; *O princípio poluidor-pagador e a reparação do dano ambiental.* In: *Dano ambiental: prevenção, reparação e repressão.* São Paulo: Revista dos Tribunais, 1993.

BIANCA, Massimo. *L'inibitoria come rimedio di prevenzione dell' illecito, in studi in onore di Nicolò Lipari,* Tomo I, Milano: Giuffrè, 2008.

BIERNFELD, Dionísio Renz. *Dano moral ou extrapatrimonial ambiental.* São Paulo: LTr, 2009.

CALIXTO, Marcelo. *A culpa na responsabilidade civil.* Rio de Janeiro: Renovar, 2008.

CARPENA, Heloísa. *Dano moral coletivo nas relações de consumo.* In: *O direito e o tempo.* Rio de Janeiro: Renovar, 2011.

CASTRONOVO, Carlo. *La nuova responsabilità civile.* 3. ed. Milano: Giuffrè, 2006.

CATALAN, Marcos. *Proteção constitucional do meio ambiente.* São Paulo: Método, 2008.

FACCI, Giovanni. *Le obbligazioni.* A cura di Massimo Franzoni. Roma: Utet Giuridica, 2004.

FAVA, Pasquale. *La responsabilità civile.* Milano: Giuffrè, 2006.

FRANZONI, Massimo. *Il dolo nel fatto illecito. in studio in onore di Piero Schlesinger.* Tomo III. Milano: Giuffrè, 2004.

GAVAZZI, Giacomo. *Elementi di teoria dell diritto.* Torino: G. Giappichelli, 1986.

GONÇALVES, Vitor Fernandes. *A punição na responsabilidade civil.* Distrito Federal: Brasília Jurídica, 2005.

LORENZETTI, Ricardo Luis. O direito e o desenvolvimento sustentável – teoria geral do dano ambiental moral, *Revista de Direito Ambiental,* n. 28, p. 139-140, São Paulo: Revista dos Tribunais.

MARTINS COSTA, Judith; PARGENDLER, Mariana. *Usos e abusos da função punitiva, Revista da AJURIS,* Porto Alegre, v. 32, n. 100, p. 229-262, out./dez. 2005.

MEDEIROS NETO, Xisto Tiago de. *Dano moral coletivo*. São Paulo: LTR, 2012.

MORAES, Maria Celina Bodin de. *Punitive damages* em sistemas civilistas. In: *Na medida da pessoa humana*. Rio de Janeiro: Renovar, 2010.

MULHOLLAND, Caitlin Sampaio. *A responsabilidade civil por presunção de causalidade*. Rio de Janeiro: GZ, 2010.

OLIVEIRA, Rodrigo Pereira Ribeiro de. *O caráter desestimulador do dano moral*. Belo Horizonte: Arraes, 2014.

PADOVANI, Túlio. Lectio brevis sulla sanzione. In: *Le pene private / a cura di Francesco D. Busnelli e Gianguido Scalfi*. Milano: Giuffrè, 1985.

PIRES, Fernanda Ivo. *Honeste vivere:* Princípio inspirador da responsabilidade civil. In: ROSENVALD, Nelson e MILAGRES, Marcelo (coord.). *Responsabilidade civil – novas tendências*. Indaiatuba: Foco, 2017.

PIZARRO, Ramón Daniel. *Daño moral*. Hammurabi: Buenos Aires, 2004.

RIPERT, Georges. *A regra moral nas obrigações civis*. São Paulo: Bookseller, 2000.

SANTOS JUNIOR, Adalmo. *Indenização punitiva em danos patrimoniais, Revista de Direito Privado*, v. 8, n. 30, p. 9-48, abr./jun., 2007.

SCOGNAMIGLIO, Renato. *Responsabilità civile e danno*. Torino: G. Giappichelli, 2010.

TEIXEIRA NETO, Felipe. *Dano moral coletivo*. Curitiba: Juruá: 2014.

TRIMARCHI, Pietro. *Causalità e danno*. Milano: Giuffrè, 1967.

ZAGREBELSKY, Gustavo. *Fragilità e forza dello stato costituzionale*. Napoles: Editoriale Scientifica, 2006.

ZOPPINI, Andrea. *La pena contratuale*. Milano: Giuffrè, 1991.

REFLEXÕES SOBRE OS CHAMADOS DANOS MORAIS COLETIVOS[1]

Renata Vilela Multedo

Doutora e Mestre em Direito Civil pela UERJ. Professora Titular de Direito Civil do Grupo IBMEC. Professora dos cursos de pós-graduação *lato sensu* em Direito Privado Patrimonial (DPP) e em Direito das Famílias e das Sucessões da PUC-Rio (DFS). Professora do curso de pós-graduação *lato sensu* do CEPED-UERJ. Professora da Escola de Magistratura do Estado do Rio de Janeiro – EMERJ. Membro do Coselho Executivo da Civilistica.com – Revista Eletronica de Direito Civil. Membro efetivo do IAB, do IBDFAM e do IBDCivil. Membro fundadora do IBERC. Advogada.

Fernanda Nunes Barbosa

Doutora em Direito Civil pela Universidade do Estado do Rio de Janeiro (UERJ). Mestre em Direito Privado pela Universidade Federal do Rio Grande do Sul (UFRGS). Professora de Direito Civil da Faculdade Porto-Alegrense/FAPA e do Mestrado em Direitos Humanos do UniRitter. Advogada.

> *La solidarietà si manifesta tutte le volte che si entra nella Dimensione uniersalistica, come solidarietà tra le persone per quanto riguarda, ad exempio, la tutela generale della saluute; tra le genezazioni per quanto riguarda le sistema della pensioni; e i relazioni a determinati beni, tra i e quelle future. Una solidarietà, dinque, intragenerazionale e intergeranerazionale.*
>
> - Stefano Rodotà[2]

Sumário: 1. Introdução. 2. A ampliação da tutela dos interesses difusos e coletivos no direito brasileiro. 3. A natureza dos danos extrapatrimoniais coletivos e a impossibilidade da mera transposição da doutrina do dano moral. 4. A tutela dos interesses extrapatrimoniais coletivos nas relações de consumo e o papel da responsabilidade civil. 5. Conclusão. 6. Bibliografia.

1. INTRODUÇÃO

A responsabilidade civil vem atuando como uma primeira forma de tutela de interesses que se encontram à margem do direito positivado,[3] e por isso sua con-

---

1. As ideias aqui expostas foram desenvolvidas originariamente no artigo Danos Extarpatrimonias Coletivos. BARBOSA, Fernanda Nunes; VILELA MULTEDO, Renata. *Revista de Direito do Consumidor*, v. 93, p. 29-45, 2014.
2. *Solidarietà: un'utopia necessaria*. Roma: Laterza, 2014, p.51. Tradução livre: A solidariedade se manifesta todas as vezes em que se entra na dimensão universal, como solidariedade entre as pessoas no que concerne, por exemplo, à tutela geral da saúde; entre as gerações no que concerne aos sistema previdenciário; e em relação a determinados bens, dentre os quais os ambientais, também entre as gerações presentes e aquelas futuras. Uma solidariedade, portanto, intrageracional e intergeracional.
3. Stefano Rodotà. Entrevista. *Revista Trimestral de Direito Civil*, n. 11, jul.-set. 2002, pp. 287-288.

trução tem sido prediminantemente jurisprudencial. Os órgãos judicantes, como os primeiros a sentirem as mudanças sociais,[4] são demandados a dar respostas aos novos interesses trazidos pela sociedade, que não se encontram, na maioria das vezes, pacificados na ordem social. Daí dizer-se que a responsabilidade é hoje um conceito-chave, cujo papel tem sido, especialmente no Brasil, o de contornar demandas sociais reprimidas ao longo de nossa história, a exemplo das que envolvem matéria de consumo e prestação de serviços públicos.

Paralelamente a tantas transformações ocorridas na seara da responsabilidade civil, soma-se a variedade de funções que esta vem exercendo na contemporaneidade. Evidenciam assim um duplo fenômeno: a conquista de uma maior proteção à pessoa humana, de um lado, e a ausência de critérios na seleção dos interesses envolvidos, de outro, possibilitando com isso a associação de qualquer interesse à dignidade da pessoa humana para fins de indenização, numa evidente inversão dos valores constitucionais.[5]

Fato é que a proliferação de novos danos requer uma investigação mais profunda acerca das funções atribuídas à responsabilidade civil (também chamada *Direito de danos*), sobretudo diante do risco de banalização do dano moral e da mercantilização dos interesses existenciais, haja vista "que a multiplicação de novas figuras de dano venha a ter hoje como único limite a fantasia do intérprete e a flexibilidade da jurisprudência".[6]

É justamente nesse novo cenário, que surgem novos interesses dignos de tutela. Novos "não apenas por derivarem de situações fáticas inéditas, mas principalmente porque, apresentando uma natureza extrapatrimonial ou coletiva, vêm exigir a revisão dos meios tradicionais de tutela do direito privado forjados sob uma ótica essencialmente patrimonial e individualista".[7] Este é o caso dos chamados danos morais coletivos, que em variadas hipóteses vêm ganhando grande espaço nos tribunais brasileiros, em que pese as diversas controvérsias que sua definição, função e quantificação ainda envolvem.[8]

As dificuldades que giram em torno do tema não são poucas, pois quando o assunto é a reparação de danos de ordem extrapatrimonial, a doutrina se mostra

---

4. Maria Celina Bodin de Moraes. A constitucionalização do direito civil e seus efeitos na responsabilidade civil. *Na medida da pessoa humana*. Rio de Janeiro: Renovar, 2010, p. 323.
5. Stefano Rodotà. *Il problema della responsabilità civile*. Milano: Giuffrè, 1967, p. 17.
6. Stefano Rodotà. *Il problema della responsabilità civile*, cit., p. 79.
7. Gustavo Tepedino; Anderson Schreiber. As penas privadas no direito brasileiro. In: Sarmento, Daniel; Galdino, Flávio. *Direitos fundamentais: estudos em homenagem ao Professor Ricardo Lobo Torres*. Rio de Janeiro: Renovar, 2006, pp. 499-525.
8. O STJ divulgou o avanço da matéria na jurisprudência da Corte, destacando que "caso a caso, os ministros analisam a existência desse tipo de violação, independentemente de os atos causarem efetiva perturbação física ou mental em membros da coletividade". *Dano moral coletivo avança e inova na jurisprudência do STJ*. Disponível em http://www.stj.jus.br/portal_stj/publicacao/engine.wsp?tmp.area=398&tmp.texto=106083. Acesso em 17 jun. 2018.

unânime em relação à dificuldade que permeia tanto o processo de qualificação como principalmente o de quantificação dos danos.[9]

Sob esse prisma, importante mencionar que o presente artigo, que tem como marco teórico a constitucionalização do direito civil, objetiva provocar uma reflexão no que tange à necessidade de se edificar uma categoria específica para a conceituação e qualificação dos danos extrapatrimoniais que não atingem a pessoa humana, em especial, os danos coletivos.

2. A AMPLIAÇÃO DA TUTELA DOS INTERESSES DIFUSOS E COLETIVOS NO DIREITO BRASILEIRO

O legislador constituinte dedicou especial atenção à tutela dos interesses difusos e coletivos. Não só ressaltou, em diversas passagens do texto constitucional, o caráter coletivo e social de diversos direitos materiais, como ampliou os meios processuais de tutela de interesses metaindividuais.[10]

O fundamento infraconstitucional para tutela dos interesses difusos, coletivos e individuais homogêneos no direito brasileiro encontra-se na Lei da Ação Civil Pública (Lei 7.347/85)[11], no Código de Defesa do Consumidor, dentre outros instrumentos normativos.[12] O artigo 117 do CDC integra ainda, de forma absoluta, os dois diplomas legais e o art. 83 dispõe "que para a defesa dos direitos e interesses protegidos por este Código são admissíveis todas as espécies de ações capazes de propiciar sua adequada e efetiva tutela".

O CDC divide ainda em seu artigo 6º, inciso VI, os direitos do consumidor em relação à prevenção e à reparação, dispondo que "são direitos básicos do consumidor: a efetiva prevenção e reparação de danos patrimoniais e morais, individuais, coletivos e difusos;" e o inciso VII do mesmo dispositivo prevê "o acesso aos órgãos judiciários e administrativos, com vistas à prevenção ou reparação de danos patrimoniais e morais, individuais, coletivos e difusos [...]".

---

9. Ver por todos, Maria Celina Bodin de Moraes. *Danos à pessoa humana: uma leitura civil-constitucional dos danos morais*. Rio de Janeiro: Renovar, 2003, p. 270 e ss.
10. A Constituição de 1988 instituiu o mandado de segurança coletivo (art. 5º, LXX); possibilitou aos sindicatos e associações defender em juízo interesses da respectiva coletividade (art. 5º, XXI e 8º, III); ampliou o objeto da ação popular (art. 5º, LXXIII); aumentou o número de legitimados para propositura de ação direta de inconstitucionalidade e, finalmente, fez referência expressa à ação civil pública, para a proteção do "patrimônio público e social, do meio ambiente e de outros interesses difusos e coletivos", cuja promoção é função institucional do Ministério Público, sem exclusão de outros entes (art. 129, III e § 1º).
11. O art. 1º da Lei 7.347/85 (Lei da Ação Civil Pública) com redação dada pela Lei 8.884/94 dispõe que "Regem-se, pelas disposições desta lei, sem prejuízo da ação popular, as ações de responsabilidade por danos morais e patrimoniais causados: I – ao meio ambiente; II – ao consumidor; III – a bens e direitos de valor artístico, estético, histórico, turístico e paisagístico; IV – a qualquer outro interesse difuso ou coletivo: V – por infração da ordem econômica".
12. Tais como o Estatuto do Idoso, o Estatuto da Criança e do Adolescente, a Lei n. 7.853/89 e a Lei n. 7.913/89.

Segundo a Ministra do STJ Nancy Andrighi, uma das consequências dessa evolução legislativa seria o reconhecimento de que "nosso ordenamento jurídico não exclui a possibilidade de que um grupo de pessoas venha a ter um interesse difuso ou coletivo de natureza não patrimonial lesado, nascendo aí a pretensão de ver tal dano reparado. Nosso sistema jurídico admite, em poucas palavras, a existência de danos extrapatrimoniais coletivos, ou, na denominação mais corriqueira, de danos morais coletivos".[13]

Ricardo Lorenzetti observa que "na medida em que se reconhecem bens coletivos, há também um dano dessa categoria derivado da lesão desse bem. A titularidade da pretensão ressarcitória não é individual porque o bem afetado não o é; é grupal no caso em que se tenha concedido a um grupo a legitimação para atuar ou, ainda, que seja difusa"[14].

O avanço legal da proteção aos interesses extrapatrimoniais coletivos também é destacado por Xisto Tiago de Medeiros Neto

> A ampliação dos danos passíveis de ressarcimento reflete-se destacadamente na abrangência da obrigação de reparar quaisquer lesões de índole extrapatrimonial, em especial as de natureza coletiva, aspecto que corresponde ao anseio justo, legítimo e necessário apresentado pela sociedade de nossos dias. Atualmente, tornaram-se necessárias e significativas para a ordem e a harmonia social a reação e a resposta do Direito em face de situações em que determinadas condutas vêm a configurar lesão a interesses: juridicamente protegidos, de caráter extrapatrimonial, titularizados por uma determinada coletividade. Ou seja, adquiriu expressivo relevo jurídico, no âmbito da responsabilidade civil, a reparação do dano moral coletivo (em sentido lato).[15]

O diploma consumerista diferencia ainda, em seu artigo 81, os interesses difusos, coletivos e individuais homogêneos, considerando que

> I – interesses ou direitos difusos, assim entendidos, para efeitos deste código, os transindividuais, de natureza indivisível, de que sejam titulares pessoas indeterminadas e ligadas por circunstâncias de fato; II – interesses ou direitos coletivos, assim entendidos, para efeitos deste código, os transindividuais, de natureza indivisível de que seja titular grupo, categoria ou classe de pessoas ligadas entre si ou com a parte contrária por uma relação jurídica base;
>
> III – interesses ou direitos individuais homogêneos, assim entendidos os decorrentes de origem comum.[16]

---

13. STJ. REsp 636.021/RJ, 3ªT., Rel. Min. Nancy Andrighi, Rel. p/ Acórdão Min. Sidnei Beneti, DJ 06/03/2009.
14. Ricardo Luis Lorenzetti. *Fundamentos do direito privado*. Tradução de Vera Maria Jacob de Fradera. São Paulo: Revista dos Tribunais, 1998, pp.217-218.
15. Xisto Tiago de Medeiros Neto. *Dano moral coletivo*. São Paulo, LTr, 2004, p. 134.
16. Heloísa Carpena exemplifica os danos difusos como aqueles decorrentes de hipóteses de propaganda abusiva ou enganosa; os coletivos *stricto sensu*, decorrentes de contratos de adesão; e individuais homogêneos, como aqueles identificados nas demandas ajuizadas por vício de qualidade de produtos sempre em que for alcançada a esfera individual de cada um dos membros de uma coletividade atingida por conduta, os quais farão jus à indenização também individualizada, mediante a comprovação da extensão do dano e do nexo causal, feita oportunamente em liquidação de sentença. (Heloisa Carpena. Questões atuais sobre o ressarcimento do dano moral coletivo. In: Martins, Guilherme Magalhães (coord.). *Temas de responsabilidade civil*. Rio de Janeiro: Lumen Juris, 2012. p.225).

No entanto, fundamental e elucidativa é a distinção realizada por Leonardo Bessa entre a tutela dos direitos individuais homogêneos e a tutela dos direitos difusos e coletivos. Como esclarece o autor, a tutela dos direitos individuais homogêneos, instituída sob a inspiração das *class actions for damages* do direito norte-americano, objetiva o ressarcimento dos danos (morais e materiais) pessoalmente sofridos em decorrência do mesmo fato. Dessa forma, não se vincula à tutela dos direitos difusos e coletivos, uma vez que se trata apenas "de um aproveitamento do provimento jurisdicional coletivo para posterior liquidação de um dano individual. [...] No caso, o pedido de condenação genérica pode abranger os danos materiais e morais. Mas na hipótese, é bom ressaltar, não se trata, à evidência, de *dano moral coletivo* e sim de *soma* de danos morais individuais" [17].

3. A NATUREZA DOS DANOS EXTRAPATRIMONIAIS COLETIVOS E A IMPOSSIBILIDADE DA MERA TRANSPOSIÇÃO DA DOUTRINA DO DANO MORAL

Conceito bastante difundido em doutrina é aquele que qualifica o chamado "dano moral coletivo" como "a injusta lesão da esfera moral de uma dada comunidade, ou seja, é a violação antijurídica de um determinado círculo de valores coletivos".[18-19]

Já Antonio Junqueira de Azevedo refere-se ao dano moral coletivo como um "dano social", definindo-o como "um ato que atinge a toda a sociedade num rebaixamento imediato do nível de vida da população. [...] Isto é particularmente evidente quando se trata da segurança, que traz diminuição da tranquilidade social, ou de

---

17. Leonardo Roscoe Bessa. Dano moral coletivo. *Revista de Direito do Consumidor* n. 59. São Paulo, Revista dos Tribunais, jul-set, 2006, pp. 85-86.
18. Carlos Alberto Bittar Filho. Dano moral coletivo no atual contexto brasileiro. *Revista de Direito do Consumidor*. n. 12. São Paulo, Revista dos Tribunais, out-dez, 1994, p. 55. No mesmo sentido e em abordagem voltada ao dano ambiental, Patrícia Ribeiro Serra Vieira.. *A responsabilidade civil objetiva no direito de danos*. Rio de Janeiro: Forense, 2004, pp. 105 e seg.
19. Da jurisprudência do STJ é de registrar-se o importante precedente da sua Segunda Turma, Rel. Min. Eliana Calmon, REsp 1.057.274/RS, DJ 26/02/2010, cuja ementa resume: "ADMINISTRATIVO – TRANSPORTE – PASSE LIVRE – IDOSOS – DANO MORAL COLETIVO – DESNECESSIDADE DE COMPROVAÇÃO DA DOR E DE SOFRIMENTO – APLICAÇÃO EXCLUSIVA AO DANO MORAL INDIVIDUAL – CADASTRAMENTO DE IDOSOS PARA USUFRUTO DE DIREITO – ILEGALIDADE DA EXIGÊNCIA PELA EMPRESA DE TRANSPORTE – ART. 39, § 1º DO ESTATUTO DO IDOSO – LEI 10.741/2003 VIAÇÃO NÃO PREQUESTIONADO. 1. O dano moral coletivo, assim entendido o que é transindividual e atinge uma classe específica ou não de pessoas, é passível de comprovação pela presença de prejuízo à imagem e à moral coletiva dos indivíduos enquanto síntese das individualidades percebidas como segmento, derivado de uma mesma relação jurídica-base. 2. O dano extrapatrimonial coletivo prescinde da comprovação de dor, de sofrimento e abalo psicológico, suscetíveis de apreciação na esfera do indivíduo, mas inaplicável aos interesses difusos e coletivos. 3. Na espécie, o dano coletivo apontado foi a submissão dos idosos a procedimento de cadastramento para o gozo do benefício do passe livre, cujo deslocamento foi custeado pelos interessados, quando o Estatuto do Idoso, art. 39, § 1º exige apenas a apresentação de documento de identidade. 4. Conduta da empresa de viação injurídica se considerado o sistema normativo. 5. Afastada a sanção pecuniária pelo Tribunal que considerou as circunstâncias fáticas e probatória e restando sem prequestionado o Estatuto do Idoso, mantém-se a decisão. 5. Recurso especial parcialmente provido."

quebra de confiança, em situações contratuais ou extracontratuais, que acarreta redução da qualidade coletiva de vida".[20]

Nessa linha de entendimento, mostra-se pertinente a decisão que condenou a operadora de telefonia Claro a pagar danos morais coletivos no valor de 30 milhões de reais, direcionados ao Fundo Federal de Direitos Difusos, por "dano moral público". A decisão teve por base o reiterado descumprimento pela fornecedora das regras do Decreto 6.523/08, que instituiu o Serviço de Atendimento ao Consumidor (SAC). A ação civil pública foi proposta pelo Ministério da Justiça, em conjunto com Procons, Ministério Público, Defensoria Pública e entidades civis de defesa do consumidor. O desrespeito ao consumidor e às regras básicas que têm por objetivo garantir um canal efetivo de atendimento às suas demandas foram destacadas como o cerne da motivação condenatória.[21]

A natureza pública dos interesses difusos e coletivos é também ressaltada em doutrina para destacar a importância da distinção entre a tutela da pessoa humana individualizada e a tutela dos valores de uma determinada comunidade. Nesse sentido, Luiz Gustavo Grandinetti Carvalho define o dano moral coletivo como um dano não patrimonial a interesse difuso e ressalta que "quando se protege o interesse difuso, o que se está protegendo, em última instância, é o interesse público".[22] Destaca o autor que

> o interesse público pode ser tutelado pelo modo clássico de tutela dos interesses públicos, tipificando-se a conduta do agente causador do dano como crime e sancionando com uma pena criminal, mas pode ocorrer, por razões várias, que o ordenamento jurídico não tipifique tal conduta como crime, caso em que os instrumentos próprios para a proteção de interesses privados acabam assumindo nítida função substitutiva da sanção penal; [...] Com essa conformação e preocupação, surge o recém denominado dano moral coletivo, o qual deixa a concepção individualista caracterizadora da responsabilidade civil para assumir uma outra mais socializada, preocupada com valores de uma determinada comunidade e não apenas com o valor da pessoa individualizada.[23]

Em decisão de sua Segunda Turma, o STJ concluiu que o dano moral coletivo pode ser examinado e mensurado. Para a Ministra Eliana Calmon, o dano extrapatrimonial coletivo prescindiria da prova da dor, sentimento ou abalo psicológico sofridos pelos indivíduos. Segundo a Ministra, "é evidente que uma coletividade de índios pode sofrer ofensa à honra, à sua dignidade, à sua boa reputação, à sua história, costumes e tradições".[24]

---

20. Antonio Junqueira de Azevedo. Por uma nova categoria de dano na responsabilidade civil: o dano social. *Revista Trimestral de Direito Civil*. Rio de Janeiro, v.19, jul./set. 2004, p.215.
21. http://www.idec.org.br/em-acao/em-foco/claro-devera-pagar-30-milhes-de-reais-por-dano-moral-coletivo. Acesso em 10 dez. 2017.
22. Luiz Gustavo Grandinetti Castanho de Carvalho. Responsabilidade por dano não-patrimonial a interesse difuso (dano moral coletivo). *Revista da Emerj*. v. 3, n. 9, 2000, pp. 24-31.
23. Luiz Gustavo Grandinetti Castanho de Carvalho. Responsabilidade por dano não-patrimonial a interesse difuso, *cit.*, pp. 24-31.
24. STJ. REsp 1.057.274/RS, 2ªT. Rel. Min. Eliana Calmon, DJ 26/02/2010. Vide nota 17.

Em caso rumoroso do noticiário nacional, o Ministério Público Federal em Uberlândia/MG ajuizou ação pleiteando *dano moral coletivo*, por agressão injustificável ao patrimônio moral da nação cigana, contra a Editora Objetiva e o Instituto Antônio Houaiss, pela publicação do Dicionário Houaiss, pedindo a condenação dos réus ao pagamento de indenização no valor de R$ 200 mil. Conforme notícia amplamente divulgada na mídia, a intenção era alcançar a supressão de quaisquer referências preconceituosas contra a referida minoria étnica. "Ao se ler em um dicionário, por sinal extremamente bem conceituado, que a nomenclatura 'cigano' significa aquele que trapaceia, velhaco, entre outras coisas do gênero, ainda que se deixe expresso que é uma linguagem pejorativa, ou, ainda, que se trata de acepções carregadas de preconceito ou xenofobia, fica claro o caráter discriminatório assumido pela publicação", diz o procurador Cléber Eustáquio Neves.[25]

No entanto, a problemática reside justamente na extensão de conceitos como o de dano moral, próprio para tutelar situações existenciais da pessoa humana, para tratar de maneira similar realidades jurídicas tão diversas. Com efeito, a existência de interesses extrapatrimoniais e coletivos merecedores de tutela não significa que esta proteção deva se dar por meio da doutrina do dano moral.[26] Em verdade, configura-se um grave equívoco metodológico tratar o ressarcimento do dano moral à pessoa humana como uma categoria jurídica neutra.[27]

Em relação à concepção subjetiva do dano moral que se evidencia em sentimentos como a dor, a angústia, o sofrimento e a humilhação pública, ou seja, "no desequilíbrio da normalidade psíquica, nos traumatismos emocionais, na depressão ou no desgaste psicológico, nas situações de constrangimento moral",[28] parece de

---

25. http://noticias.terra.com.br/educacao/mpf-alega-preconceito-e-pede-fim-da-circulacao-do-dicionario-houaiss,0ee842ba7d2da310VgnCLD200000bbcceb0aRCRD.html. Acesso em 10 jul. 2018.
26. Judith Martins-Costa critica a utilização da expressão "dano moral" de uma forma genérica, para abarcar todos os tipos de danos extrapatrimoniais. Segundo a autora, "Em nossa opinião, o mais conveniente seria acabar de vez com o uso da expressão 'dano moral' em caráter genérico, como o faz a doutrina mais recente, para assentar o emprego da expressão 'danos extrapatrimoniais' como indicativa do gênero do qual seriam espécies os 'danos à personalidade' e os demais danos extrapatrimoniais antes assinalados, inclusive os danos morais em sentido próprio, isto é, os que atingem a honra e a reputação. Seria alcançada, assim, a reunião numa mesma etiqueta – dano extrapatrimonial – das duas definições mais correntes na doutrina: a que identifica a área não-patrimonial com os prejuízos de caráter moral; e a que constrói tal definição em termos residuais, reconduzindo à categoria a heterogeneidade dos danos, quaisquer que sejam não configuráveis em termos patrimoniais". (Judith Martins-Costa. Do inadimplemento das obrigações (arts. 389 a 420). In: Sálvio de Figueiredo Teixeira (coord.), *Comentários ao novo Código*, v. 5, t. II. Rio de Janeiro: Forense, 2004, p. 349).
27. É também nesse sentido que se critica o conteúdo do Enunciado da Súmula 227 do STJ: "A pessoa jurídica pode sofrer dano moral".
28. Como afirma Yussef Said Cahali, "Na realidade, multifacetário o ser anímico, tudo aquilo que molesta gravemente a alma humana, ferindo-lhe gravemente os valores fundamentais inerentes à sua personalidade ou reconhecidos pela sociedade em que está integrado, qualifica-se, em linha de princípio, como dano moral; não há como enumerá-los exaustivamente, evidenciando-se na dor, na angústia, no sofrimento, na tristeza pela ausência de um ente querido falecido; no desprestígio, na desconsideração social, no descrédito à reputação, na humilhação pública, no devassamento da privacidade; no desequilíbrio da normalidade psíquica, nos traumatismos emocionais, na depressão ou no desgaste psicológico, nas situações de constrangimento moral." (Yussef Said Cahali. *Dano moral*, 2. ed., rev. atualiz. e ampl., São Paulo: Revista dos Tribunais, 1998, p. 20-21).

forma evidente que há uma impossibilidade de aplicação dessa concepção em relação à coletividade. Este era o fundamento, inclusive, que sustentou até pouco tempo julgados do STJ, que negavam o cabimento do dano moral coletivo sob o argumento de que seria "necessária sua vinculação com a noção de dor, sofrimento psíquico e de caráter individual, incompatível, assim, com a noção de transindividualidade – indeterminabilidade do sujeito passivo, indivisibilidade da ofensa e de reparação da lesão".[29]

De forma exemplificativa, em outro julgado, de 2008, o STJ seguiu este mesmo entendimento, defendendo a incompatibilidade entre o dano moral, qualificado pela noção de dor e sofrimento psíquico e a transindividualidade, evidenciada pela indeterminabilidade do sujeito passivo e indivisibilidade da ofensa objeto de reparação, sob o argumento de que caso não haja a comprovação de efetivo prejuízo ou dano à coletividade, a indenizabilidade do dano moral coletivo não será passível de ser exigida.[30]

Todavia, mesmo com a substituição da conceituação do dano moral estritamente ligado à violação de um direito subjetivo por uma concepção objetiva,[31] que conceitua

---

29. STJ. Resp 971.844/RS, 1ªT. Rel. Min. Teori Zavascki, DJ 12/02/2010.
30. STJ. Resp 821.891/RS, 1ªT. Rel. Min. Luiz Fux, DJ 08/04/2008, cuja ementa se encontra a seguir: PROCESSUAL CIVIL. ADMINISTRATIVO. AÇÃO CIVIL PÚBLICA. IMPROBIDADE ADMINISTRATIVA. FRAUDE EM LICITAÇÃO REALIZADA PELA MUNICIPALIDADE. ANULAÇÃO DO CERTAME. APLICAÇÃO DA PENALIDADE CONSTANTE DO ART. 87 DA LEI 8.666/93. DANO MORAL COLETIVO. IMPOSSIBILIDADE. AUSÊNCIA DE PREQUESTIONAMENTO. INDICAÇÃO DE DISPOSITIVO NÃO DEBATIDO NA INSTÂNCIA "A QUO". 1. A simples indicação dos dispositivos tidos por violados (art. 1º, IV, da Lei 7347/85 e arts. 186 e 927 do Código Civil de 1916), sem referência com o disposto no acórdão confrontado, obsta o conhecimento do recurso especial. Incidência dos verbetes das Súmula 282 e 356 do STF. 2. Ad argumentandum tantum, ainda que ultrapassado o óbice erigido pelas Súmulas 282 e 356 do STF, melhor sorte não socorre ao recorrente, máxime porque a incompatibilidade entre o dano moral, qualificado pela noção de dor e sofrimento psíquico, e a transindividualidade, evidenciada pela indeterminabilidade do sujeito passivo e indivisibilidade da ofensa objeto de reparação, conduz à não indenizabilidade do dano moral coletivo, salvo comprovação de efetivo prejuízo dano. 3. Sob esse enfoque decidiu a 1ª Turma desta Corte, no julgamento de hipótese análoga, verbis: "PROCESSUAL CIVIL. AÇÃO CIVIL PÚBLICA. DANO AMBIENTAL. DANO MORAL COLETIVO. NECESSÁRIA VINCULAÇÃO DO DANO MORAL À NOÇÃO DE DOR, DE SOFRIMENTO PSÍQUICO, DE CARÁTER INDIVIDUAL. INCOMPATIBILIDADE COM A NOÇÃO DE TRANSINDIVIDUALIDADE (INDETERMINABILIDADE DO SUJEITO PASSIVO E INDIVISIBILIDADE DA OFENSA E DA REPARAÇÃO). RECURSO ESPECIAL IMPROVIDO." (REsp 598.281/MG, Rel. Ministro LUIZ FUX, Rel. p/ Acórdão Ministro TEORI ALBINO ZAVASCKI, PRIMEIRA TURMA, julgado em 02.05.2006, DJ 01.06.2006) 4. Nada obstante, e apenas obiter dictum, há de se considerar que, no caso concreto, o autor não demonstra de forma clara e irrefutável o efetivo dano moral sofrido pela categoria social titular do interesse coletivo ou difuso, consoante assentado pelo acórdão recorrido:"... Entretanto, como já dito, por não se tratar de situação típica da existência de dano moral puro, não há como simplesmente presumi-la. Seria necessária prova no sentido de que a Municipalidade, de alguma forma, tenha perdido a consideração e a respeitabilidade e que sociedade uruguaiense efetivamente tenha se sentido lesada e abalada moralmente, em decorrência do ilícito praticado, razão pela qual vai indeferido o pedido de indenização por dano moral". 5. Recurso especial não conhecido. (STJ. Resp 821891/RS, 1ªT. Rel. Min. Luiz Fux, DJ 08/04/2008).
31. Como assinalado por Carlos Edison do Rêgo Monteiro Filho, a corrente objetiva que define o dano moral a partir da lesão a bens jurídicos extrapatrimoniais pode ser dividida em três correntes distintas, "desenvolvidas conforme a violação atinja os seguintes bens tutelados: direitos da personalidade, patrimônio ideal e

o dano moral como violação aos direitos da personalidade[32], ou sob a perspectiva do direito civil constitucional[33], que o define como lesão à dignidade[34] a fim de tutelar a pessoa humana da forma mais ampla possível, também não se vislumbra a possibilidade da mera transposição da doutrina do dano moral, edificada para tutelar os interesses existenciais da pessoa humana, para tutelar interesses de uma coletividade.

Um acórdão interessante do STJ sobre a defesa coletiva de interesses de portadores de deficiência visual – que compõem um grupo determinado de pessoas -, em relação à instituição financeira que não disponibilizava as contratações bancárias em braille se fundamentou principalmente no princípio da dignidade da pessoa humana. A compreensão, reflexão e decisão informada acerca das cláusulas contratuais e escolhas de serviços que melhor se adequem e atendam às necessidades desse grupo, requerem a disponibilização das mesmas em método braille. O posicionamento do órgão superior foi no sentido de configuração de dano extrapatrimonial coletivo, uma vez que a lesão ou ameaça de lesão atingiu valores e interesses fundamentais do grupo, sendo necessário ressarcir essa coletividade de seu "patrimônio aviltado".[35]

---

dignidade humana". (Carlos Edison do Rêgo Monteiro Filho. *Elementos de responsabilidade civil por dano moral*. Rio de Janeiro: Renovar, 2000, p.108).

32. Assim sustenta Paulo Luiz Netto Lôbo, que a interação entre os danos morais e os direitos da personalidade é intensa a ponto de tornar necessário o questionamento sobre "a possibilidade de existência daqueles fora do âmbito destes". O autor conclui afirmando não haver hipótese de danos morais além das violações aos direitos da personalidade: "nenhum dos casos deixa de enquadrar-se em um ou mais de um tipo." (Paulo Luiz Netto Lôbo. Danos morais e direitos da personalidade. *Revista Trimestral de Direito Civil*, n. 6, p. 79 e ss., abr./jun. 2001).

33. Concepção que se adota neste estudo.

34. Como discorre Maria Celina Bodin de Moraes, "A importância de conceituar o dano moral como a lesão à dignidade humana pode ser medida pelas consequências que gera, a seguir enunciadas. Assim, em primeiro lugar, toda e qualquer circunstância que atinja o ser humano em sua condição humana, que (mesmo longinquamente) pretenda tê-lo como objeto, que negue a sua qualidade de pessoa, será automaticamente considerada violadora de sua personalidade e, se concretizada, causadora de dano moral a ser reparado. Acentue-se que o dano moral, para ser identificado, não precisa estar vinculado à lesão de algum "direito subjetivo" da pessoa da vítima, ou causar algum prejuízo a ela. A simples violação de uma situação jurídica subjetiva extrapatrimonial (ou de um "interesse não patrimonial") em que esteja envolvida a vítima, desde que merecedora da tutela, será suficiente para garantir a reparação". (Maria Celina Bodin de Moraes. *Danos à pessoa humana*, cit., pp.188 e ss.).

35. RECURSO ESPECIAL. AÇÃO CIVIL PÚBLICA. AÇÃO DESTINADA A IMPOR À INSTITUIÇÃO FINANCEIRA DEMANDADA A OBRIGAÇÃO DE ADOTAR O MÉTODO BRAILLE NOS CONTRATOS BANCÁRIOS DE ADESÃO CELEBRADOS COM PESSOA PORTADORA DE DEFICIÊNCIA VISUAL. 1. FORMAÇÃO DE LITISCONSÓRCIO PASSIVO NECESSÁRIO. DESCABIMENTO, NA HIPÓTESE. 2. DEVER LEGAL CONSISTENTE NA UTILIZAÇÃO DO MÉTODO BRAILLE NAS RELAÇÕES CONTRATUAIS BANCÁRIAS ESTABELECIDAS COM CONSUMIDORES PORTADORES DE DEFICIÊNCIA VISUAL. EXISTÊNCIA. NORMATIVIDADE COM ASSENTO CONSTITUCIONAL E LEGAL. OBSERVÂNCIA. NECESSIDADE. 3. CONDENAÇÃO POR DANOS EXTRAPATRIMONIAIS COLETIVOS. CABIMENTO. 4. IMPOSIÇÃO DE MULTA DIÁRIA PARA O DESCUMPRIMENTO DAS DETERMINAÇÕES JUDICIAIS. REVISÃO DO VALOR FIXADO. NECESSIDADE, NA ESPÉCIE. 5. EFEITOS DA SENTENÇA EXARADA NO BOJO DE AÇÃO CIVIL PÚBLICA DESTINADA À TUTELA DE INTERESSES COLETIVOS STRICTO SENSU. DECISÃO QUE PRODUZ EFEITOS EM RELAÇÃO A TODOS OS CONSUMIDORES PORTADORES DE DEFICIÊNCIA VISUAL QUE ESTABELECERAM OU VENHAM A FIRMAR RELAÇÃO CONTRATUAL COM A INSTITUIÇÃO FINANCEIRA DEMANDADA EM TODO O TERRITÓRIO NACIONAL. INDIVISIBILIDADE DO DIREITO TUTELADO. ARTIGO 16 DA LEI N. 7.347/85. INAPLICABILIDADE, NA

Como se vê, qualquer que seja a acepção de dano moral adotada constata-se uma incoerência valorativa com a principiologia constitucional. A aplicação direta dos princípios constitucionais à normativa civil[36] impõe a "construção de uma nova dogmática do direito privado com coerência axiológica",[37] ou seja, à luz dos fundamentos e objetivos da república. Sob esse enfoque, a solução interpretativa[38] do caso concreto só se afigura legítima se compatível com a legalidade constitucional.

ESPÉCIE. PRECEDENTES. 7. RECURSO ESPECIAL PARCIALMENTE PROVIDO. 1. (...)In casu, está-se, pois, diante da defesa coletiva de interesses coletivos stricto sensu, cujos titulares, grupo determinável de pessoas (consumidores portadores de deficiência visual), encontram-se ligados com a parte contrária por uma relação jurídica base preexistente à lesão ou à ameaça de lesão. E, nesse contexto, os efeitos do provimento judicial pretendido terão repercussão na esfera jurídica dos consumidores portadores de deficiência visual que estabeleceram, ou venham a firmar relação contratual com a instituição financeira demandada, exclusivamente. 2. Ainda que não houvesse, como de fato há, um sistema legal protetivo específico das pessoas portadoras de deficiência (Leis ns. 4.169/62, 10.048/2000, 10.098/2000 e Decreto n. 6.949/2009), a obrigatoriedade da utilização do método braille nas contratações bancárias estabelecidas com pessoas com deficiência visual encontra lastro, para além da legislação consumerista in totum aplicável à espécie, no próprio princípio da Dignidade da Pessoa Humana. (...) 3. A jurisprudência do Superior Tribunal de Justiça tem perfilhado o posicionamento de ser possível, em tese, a configuração de dano extrapatrimonial coletivo, sempre que a lesão ou a ameaça de lesão levada a efeito pela parte demandada atingir, sobremodo, valores e interesses fundamentais do grupo, afigurando-se, pois, descabido negar a essa coletividade o ressarcimento de seu patrimônio imaterial aviltado. 3.1 No caso, a relutância da instituição financeira demandada em utilizar o método Braille nos contratos bancários de adesão estabelecidos com pessoas portadoras de deficiência visual, conferindo-se-lhes tratamento manifestamente discriminatório, tem o condão de acirrar sobremaneira as inerentes dificuldades de acesso à comunicação e à informações essenciais dos indivíduos nessa peculiar condição, cuja prática, para além de consubstanciar significativa abusividade contratual, encerrar verdadeira afronta à dignidade do próprio grupo, coletivamente considerado. (...)6. A sentença prolatada no bojo da presente ação coletiva destinada a tutelar direitos coletivos stricto sensu – considerada a indivisibilidade destes – produz efeitos em relação a todos os consumidores portadores de deficiência visual que litigue ou venha a litigar com a instituição financeira demandada, em todo o território nacional. Precedente da Turma. 7. Recurso especial parcialmente provido. (STJ. Resp 1315822/RJ, 3ªT. Rel. Min. Marco Aurélio Bellizze, DJ 24/03/2015).

36. Como destaca Perlingieri: "As normas constitucionais, que ditam os princípios de relevância geral, são de direito substancial e não meramente interpretativas; o recurso a elas, também em sede de interpretação, se justifica, como qualquer outra norma, como expressão de um valor ao qual a própria interpretação não se pode subtrair. É importante constatar que os valores e os princípios constitucionais são normas". (Pietro Perlingieri. *O direito civil na legalidade constitucional,* Rio de Janeiro: Renovar, 2010, p.580).

37. Assim, elucida Gustavo Tepedino, "na construção desta dogmática, há de se diferenciar, em primeiro lugar, as relações jurídicas patrimoniais das existenciais, já que fundadas em lógicas díspares. Tal diversidade valorativa deve preceder, como premissa metodológica, à atividade interpretativa. A pessoa humana é o centro do ordenamento, impondo-se assim tratamento diferenciado entre os interesses patrimoniais e os existenciais. Em outras palavras, as situações patrimoniais devem ser funcionalizadas às existenciais". (Gustavo Tepedino. O direito civil-constitucional e suas perspectivas atuais, cit., pp. 364-365).

38. A superação da atividade interpretativa como um modelo teórico formalista, diante da insuficiência do método da subsunção, demanda do aplicador do direito, como pondera Gustavo Tepedino: "abandonar, definitivamente, a noção da subsunção, como técnica binária, baseada em etapas sucessivas e lógico-dedutivas, pela qual o intérprete primeiro qualifica para depois enquadrar o suporte fático na norma. A norma jurídica é um *posterius* e não um *prius*, de tal modo que, do processo interpretativo, produz-se, a um só tempo, a norma interpretada e o fato qualificado. O sistema jurídico assim concebido faz convergir a atividade legislativa e interpretativa na aplicação do direito, que permanece aberto a todos os matizes norteadores da vida em sociedade. Daí a imprescindibilidade da fundamentação das decisões e da argumentação que as legitimam". (Gustavo Tepedino. Editorial. *Revista Trimestral de Direito Civil,* n. 35. Rio de Janeiro, Padma, 2008.

Por esta razão, é forçoso reconhecer que o legislador, ao tutelar interesses difusos e coletivos, conferiu a uma coletividade direitos informados por valores extrapatrimoniais para além daqueles ligados estritamente à pessoa humana, aos quais a referência a um conteúdo "moral" não se afigura a mais adequada.

Leonardo Bessa aproxima o dano extrapatrimonial na área de direitos metaindividuais à ofensa ao bem jurídico do direito penal, e destaca que a lesão em si a tais interesses independe de afetação paralela de patrimônio ou de higidez psicofísica[39]. Nesse sentido, observa que

> A noção se aproxima da *ofensa ao bem jurídico* do direito penal que, invariavelmente, dispensa resultado naturalístico, daí a distinção de crimes material, formal e de mera conduta, bem como se falar em crime de perigo. Em outros termos, há que se perquirir, analisando a conduta lesiva em concreto, se o interesse que se buscou proteger foi atingido. Para ilustrar, a mera veiculação de publicidade enganosa ou abusiva (art. 37 do CDC), independentemente de qualquer aquisição de produto ou serviço ou ocorrência de danos material ou moral (individual), configura lesão a direitos difusos e enseja, portanto, a condenação por *dano moral coletivo* que, repita-se, possui exclusivo caráter punitivo.[40]

Se por um lado pode-se discutir se a indenização paga em virtude do dano (chamado por alguns de moral coletivo e aqui defendido como extrapatrimonial coletivo) possui de fato *exclusivo* caráter punitivo ou não – tendo em vista que se pode aduzir a possibilidade de uma função também compensatória pela ofensa aos valores coletivos, ainda que secundária – por outro se mostra patente que não só danos individuais extrapatrimoniais encontram, contemporaneamente, tutela na ordem jurídica pátria.[41]

---

39. Leonardo Roscoe Bessa. Dano moral coletivo, *cit.*, p.102.
40. Leonardo Roscoe Bessa. Dano moral coletivo, *cit.*, p.103.
41. Nesse sentido, ainda, destaca-se decisão do STJ acerca do dano "moral" coletivo ambiental, cuja ementa assim define: DIREITO PROCESSUAL CIVIL E AMBIENTAL. CUMULAÇÃO DAS OBRIGAÇÕES DE RECOMPOSIÇÃO DO MEIO AMBIENTE E DE COMPENSAÇÃO POR DANO MORAL COLETIVO. Na hipótese de ação civil pública proposta em razão de dano ambiental, é possível que a sentença condenatória imponha ao responsável, cumulativamente, as obrigações de recompor o meio ambiente degradado e de pagar quantia em dinheiro a título de compensação por dano moral coletivo. Isso porque vigora em nosso sistema jurídico o princípio da reparação integral do dano ambiental, que, ao determinar a responsabilização do agente por todos os efeitos decorrentes da conduta lesiva, permite a cumulação de obrigações de fazer, de não fazer e de indenizar. Ademais, deve-se destacar que, embora o art. 3º da Lei 7.347/1985 disponha que "a ação civil poderá ter por objeto a condenação em dinheiro ou o cumprimento de obrigação de fazer ou não fazer", é certo que a conjunção "ou" – contida na citada norma, bem como nos arts. 4º, VII, e 14, § 1º, da Lei 6.938/1981 – opera com valor aditivo, não introduzindo, portanto, alternativa excludente. Em primeiro lugar, porque vedar a cumulação desses remédios limitaria, de forma indesejada, a Ação Civil Pública – importante instrumento de persecução da responsabilidade civil de danos causados ao meio ambiente –, inviabilizando, por exemplo, condenações em danos morais coletivos. Em segundo lugar, porque incumbe ao juiz, diante das normas de Direito Ambiental – recheadas que são de conteúdo ético intergeracional atrelado às presentes e futuras gerações –, levar em conta o comando do art. 5º da LINDB, segundo o qual, ao se aplicar a lei, deve-se atender "aos fins sociais a que ela se dirige e às exigências do bem comum", cujo corolário é a constatação de que, em caso de dúvida ou outra anomalia técnico-redacional, a norma ambiental demanda interpretação e integração de acordo com o princípio hermenêutico *in dubio pro natura*, haja vista que toda a legislação de amparo dos sujeitos vulneráveis e dos interesses difusos e coletivos há sempre de ser compreendida da maneira que lhes seja mais proveitosa e melhor possa viabili-

4. A TUTELA DOS INTERESSES EXTRAPATRIMONIAIS COLETIVOS NAS RELAÇÕES DE CONSUMO E O PAPEL DA RESPONSABILIDADE CIVIL

Com efeito, o instituto da responsabilidade civil, especialmente a partir do surgimento da sociedade de massa – examinada, entre tantas outras obras, em "A Sociedade Pós-Industrial", de Domenico de Masi – vem sofrendo profundas alterações em seus pressupostos, que vão desde a ampliação dos chamados fatores de atribuição da responsabilidade até a conceituação de dano indenizável. Dano patrimonial, moral, estético, dano pela perda de uma chance, dano ao projeto de vida, etc. Considerando os diversos riscos a que as pessoas hoje estão submetidas, foi, sem dúvida, necessário que o Direito repensasse o instituto pelo qual se recompõem os danos – daí a expressão "Direito de Danos"- tornando-o, como hoje o vemos, uma das grandes expressões da solidariedade constitucional.

Nesse percurso, os tribunais e a doutrina, especialmente aquela mais atenta aos direitos dos vulneráveis[42] (dentre os quais incluímos consumidores e trabalhadores), reconheceu a indenizabilidade dos chamados danos morais coletivos.

Se por um lado não se afigura adequada tal denominação, por outro se mostra evidente que a tutela dos interesses extrapatrimoniais coletivos não pode ser desconsiderada pela responsabilidade civil, tanto em sua função compensatória/reparatória dos danos, quanto no que toca à sua função pedagógico-punitiva. No que tange à tutela do consumidor, o fundamento normativo pode ser encontrado nos já referidos artigos 6°, VI, e 81; e, ainda, no próprio artigo 1° do CDC, ao estabelecer as bases nas quais se funda a normativa consumerista, assim dispondo: "O presente código estabelece normas de proteção e defesa do consumidor, de *ordem pública e interesse social*, nos termos dos arts. 5°, inciso XXXII, 170, V, da Constituição Federal e art. 48 de suas Disposições Transitórias." (grifou-se)

---

zar, na perspectiva dos resultados práticos, a prestação jurisdicional e a *ratio essendi* da norma. Por fim, a interpretação sistemática das normas e princípios ambientais leva à conclusão de que, se o bem ambiental lesado for imediata e completamente restaurado, isto é, restabelecido à condição original, não há falar, como regra, em indenização. Contudo, a possibilidade técnica, no futuro, de restauração *in natura* nem sempre se mostra suficiente para reverter ou recompor integralmente, no âmbito da responsabilidade civil, as várias dimensões do dano ambiental causado; por isso não exaure os deveres associados aos princípios do poluidor-pagador e da reparação integral do dano. Cumpre ressaltar que o dano ambiental é multifacetário (ética, temporal, ecológica e patrimonialmente falando, sensível ainda à diversidade do vasto universo de vítimas, que vão do indivíduo isolado à coletividade, às gerações futuras e aos processos ecológicos em si mesmos considerados). Em suma, equivoca-se, jurídica e metodologicamente, quem confunde prioridade da recuperação *in natura* do bem degradado com impossibilidade de cumulação simultânea dos deveres de repristinação natural (obrigação de fazer), compensação ambiental e indenização em dinheiro (obrigação de dar), e abstenção de uso e nova lesão (obrigação de não fazer). REsp 1.328.753-MG, Rel. Min. Herman Benjamin, julgado em 28/5/2013. (Informativo n. 526 STJ).

42. Destaca-se, aqui, uma categoria de vulneráveis cuja fragilidade é agravada ainda pela idade: os idosos. Sobre este grupo de hipervulneráveis, veja-se: Fabiana Rodrigues Barletta. *O Direito à Saúde da Pessoa Idosa*. São Paulo: Saraiva, 2010.

Em importante acórdão da Corte Superior sobre a matéria, o Ministro Sidnei Beneti (REsp 1.291.213/SC),[43] em controvérsia que examinava a possibilidade de condenação em danos morais coletivos, em ação civil pública, porquanto determinada empresa de telefonia deixara de informar adequadamente os consumidores aderentes a novo plano, reconheceu a incidência do supracitado direito básico do consumidor positivado no art. 6º, VI, do CDC. Constou, ainda, da íntegra da decisão (que referia outros julgados da Corte no mesmo sentido) a seguinte passagem: *"No caso vertente, não restam dúvidas acerca dos danos morais experimentados pelos consumidores de telefonia, enganados que foram pela empresa demandada."*[44]

A jurisprudência do STJ, no entanto, quando reconhece a figura do dano moral [extrapatrimonial] coletivo tem sido cautelosa ao afirmar que *não é qualquer atentado aos interesses dos consumidores que pode acarretar dano moral difuso. É preciso que o fato transgressor seja de razoável significância e desborde os limites da tolerabilidade. Ele deve ser grave o suficiente para produzir verdadeiros sofrimentos, intranquilidade social e alterações relevantes na ordem extrapatrimonial coletiva.*[45]

Não se sustenta, com isso, que os equívocos no que toca à ideia geral de indenização punitiva, igualmente afirmada em alguns julgados das cortes estaduais principalmente, tenham passado despercebido pela melhor doutrina civilista[46].

O problema assume ainda maiores proporções em face da precariedade da fundamentação das decisões em nossos tribunais, haja vista que os julgados "tratam de forma unitária quantias atribuídas a títulos inteiramente diversos, fundados em fatos e argumentos distintos",[47] tornando impossível distinguir-se a parcela concedida a título de compensação do dano daquela que se pretende atribuir a título de punição do ofensor. Nesse contexto, a imprevisibilidade das decisões acaba por impedir o

---

43. STJ. 3ªT. DJ 25/09/2012.
44. Em outra relevante decisão da Corte, proveniente de sua 2ª Turma, referiu-se que: "O dano moral coletivo atinge interesse não patrimonial de classe específica ou não de pessoas, uma afronta ao sentimento geral dos titulares da relação jurídica-base". Nesse caso, pleiteava o Ministério Público a caracterização de danos patrimoniais e morais coletivos, decorrentes de frequentes interrupções no fornecimento de energia no Município de Senador Firmino, culminando com a falta de eletricidade nos dias 31 de maio, 1º e 2 de junho de 2002, em evento que causou, entre outros prejuízos materiais e morais, perecimento de gêneros alimentícios nos estabelecimentos comerciais e nas residências; danificação de equipamentos elétricos; suspensão do atendimento no hospital municipal; cancelamento de festa junina; risco de fuga dos presos da cadeia local; e sentimento de impotência diante de fornecedor que presta com exclusividade serviço considerado essencial. STJ. REsp 1.197.654/MG. Rel. Min. Antônio Herman Benjamin. DJ 08/03/2012.
45. REsp 1.221.756/RJ, Rel. Min. MASSAMI UYEDA, DJe 10.02.2012.
46. Ver por todos: Maria Celina Bodin de Moraes. Punitive damages em sistemas civilistas: problemas e perspectivas. *Revista Trimestral de Direito Civil*. Rio de Janeiro, v.5. n.18, abr./jun. 2004, pp.45-78. Tepedino, Gustavo; Schreiber, Anderson. As penas privadas no direito brasileiro. In: Sarmento, Daniel; Galdino, Flávio. *Direitos fundamentais: estudos em homenagem ao Professor Ricardo Lobo Torres*. Rio de Janeiro: Renovar, 2006, pp. 499-525.
47. Anderson Schreiber. Arbitramento do dano moral no novo Código Civil. *Revista Trimestral de Direito Civil*, Rio de Janeiro, ano 3, n. 10, abr./jun. 2002, pp. 3-24.

controle da racionalidade da sentença. "Esta é a linha que separa o arbitramento da arbitrariedade".[48]

Contudo, é de se destacar que mesmo os autores críticos ou restritivos quanto à atribuição de uma função punitiva à responsabilidade civil consideram a possibilidade de sua aplicação no âmbito da tutela dos direitos difusos e coletivos.

Sob essa ótica, Maria Celina Bodin de Moraes cogita excepcionalmente uma função punitiva para situações de ofensa a direitos difusos:

> É de aceitar-se, ainda, um caráter punitivo na reparação de dano moral para situações potencialmente causadoras de lesões a um grande número de pessoas, como ocorre nos direitos difusos, tanto na relação de consumo quanto no Direito Ambiental. Aqui, a *ratio* será a função preventivo-precautória, que o caráter punitivo inegavelmente detém, em relação às dimensões do universo a ser protegido[49].

Nessa esteira, Leonardo Bessa ressalta que a tutela dos interesses difusos e coletivos "independe de qualquer afetação ou abalo à integridade psicofísica da coletividade" e que portanto, tal categoria de dano "não se confunde com a indenização por dano moral [...]". Defende o autor que "a condenação judicial por *dano moral coletivo* é sanção pecuniária, com caráter eminentemente punitivo, em face de ofensa a direitos coletivos ou difusos nas mais diversas áreas (consumidor, meio ambiente, ordem urbanística etc.)".[50]

Essa "ofensa à integridade psicofísica da coletividade", de fato, pode ser de questionável existência e não se confunde com a "repulsa social", utilizada como norte para a grande maioria das decisões pretorianas. Nesse sentido, por exemplo, pode-se destacar o acódão do STJ,[51] no qual se reconheceu a "repulsa social" e a consequente ocorrência de "dano moral coletivo", na espécie, pelo fato de o réu ter submetido os consumidores com dificuldade de locomoção a subirem alguns lances de escada para poderem ser atendidos em agência bancária. Na mesma linha, o TJSP, pela sua 4ª Câmara de Direito Privado, condenou a empresa Amil Assistência Médica Internacional a pagar indenização punitiva "de cunho social" no valor de R$ 1 milhão. O autor da ação, consumidor individual, recebeu pelos danos morais a quantia de R$ 50 mil. Para os julgadores, o *dano social* ficou caracterizado em razão da necessidade de se coibir a prática de reiteradas recusas a cumprimento de contratos de seguro saúde. Segundo o Desembargador Relator, Carlos Teixeira Leite Filho, "No caso, há que se considerar que o pedido administrativo do segurado ocorreu após várias decisões sobre esse assunto e que, mesmo assim, a seguradora deixou de conceder a cobertura, daí obrigando o conveniado a promover esta ação, contestada e, após decidida com

---

48. Maria Celina bodin de moraes. *Danos à pessoa humana, cit.*, p. 270.
49. Maria Celina bodin de moraes. *Danos à pessoa humana, cit.*, p. 263.
50. Leonardo Roscoe Bessa. Dano moral coletivo, *cit.*, p. 78.
51. REsp 1221756/RJ, Rel. Min. Massami Uyeda, DJe 10 de fevereiro de 2012.

argumentos e fundamentos sempre sabidos e conhecidos da seguradora, não parece razoável imaginar que seu recurso pudesse alcançar esse específico êxito."[52]

Com efeito, alguns argumentos são bastante fortes para o reconhecimento do caráter punitivo do dano extrapatrimonial coletivo, principalmente pelo fato de na hipótese dos direitos difusos e coletivos não subsistir uma das principais críticas em relação à função punitiva da indenização, qual seja, contrariar o princípio do enriquecimento sem causa, atualmente positivado no art. 884 do Código Civil, uma vez que o valor da condenação não se destina ao autor da ação, mas é convertido em benefício da própria comunidade, ao ser destinado ao Fundo[53] criado pelo art. 13 da Lei 7.347/85 (Lei da Ação Civil Pública), regulamentado, em nível nacional, pela Lei 9.008/95.[54]

5. CONCLUSÃO

Como restou demonstrado, se a compensação dos danos extrapatrimoniais ainda é um assunto tormentoso no campo da responsabilidade civil, certo é que a transposição mecânica da doutrina do dano moral para tutelar interesses difusos e coletivos não poderia deixar de suscitar menos controvérsias.

A escassa doutrina em relação à própria conceituação e quantificação dos assim chamados danos morais coletivos vem fazendo com que as decisões judiciais não encontrem o necessário respaldo científico para sua fundamentação, tornando-as suscetíveis e influenciáveis a interesses incompatíveis com a principiologia constitucional.

Basta uma breve análise da jurisprudência para se constatar a grande dificuldade que as decisões judiciais encontram para estabelecer alguma equivalência entre o dano e a sua reparação.[55] O problema já se inicia pela própria incerteza que tem o julgador em definir qual a natureza do interesse que se pretende tutelar, bem como a função da indenização.

Em verdade, as próprias categorias de danos precisam ser revistas, uma vez que a dicotomia danos morais/danos materiais se mostra insuficiente para abarcar outros interesses de ordem extrapatrimonial e coletiva.

---

52. TJSP. Apelação Cível nº 0027158-41.2010.8.26.0564, Julg. 18.07.2014.
53. De acordo com § 3º do art. 1º da Lei 9.008/95: "Os recursos serão aplicados na recuperação de bens, na promoção de eventos educativos, científicos e na edição de material informativo especificamente relacionados com a natureza da infração ou do dano causado, bem como da modernização administrativa dos órgãos públicos responsáveis pela execução das políticas relativas às áreas mencionadas no § 1º ".
54. Leonardo Roscoe Bessa. Dano moral coletivo, *cit.*, p. 106.
55. STJ busca parâmetros para uniformizar valores de danos morais. Disponível em: <http://www.stj.gov.br/portal_stj/publicacao/engine.wsp?tmp.area=398&tmp.texto=93679>. Acesso em 14 de abril 2011.

6. BIBLIOGRAFIA

Azevedo, Antonio Junqueira de. Por uma nova categoria de dano na responsabilidade civil: o dano social. *Revista Trimestral de Direito Civil*. Rio de Janeiro, v.19, , jul./set. 2004, pp.211-218.

Barletta, Fabiana Rodrigues. *O Direito à Saúde da Pessoa Idosa*. São Paulo: Saraiva, 2010.

Bessa, Leonardo Roscoe. Dano moral coletivo. *Revista de Direito do Consumidor*. São Paulo: RT. v.59, pp. 78-108.

Bodin de Moraes, Maria Celina. Punitive damages em sistemas civilistas: problemas e perspectivas. *Revista Trimestral de Direito Civil*. Rio de Janeiro, v.5. n.18, abr./jun. 2004, pp.45-78.

_____. *Danos à pessoa humana: uma leitura civil-constitucional dos danos morais*. Rio de Janeiro: Renovar, 2003.

_____. O princípio da solidariedade. In: Peixinho, Manoel Messias (et al.) (org.). *Os princípios da Constituição de 1988*. Rio de Janeiro: Lumen Juris, pp. 167-190, 2001.

Bittar Filho, Carlos Alberto. Do dano moral coletivo no atual contexto jurídico brasileiro. *Revista de Direito do Consumidor*. São Paulo, v.12, out./dez. 1994, pp. 44-62.

Carpena, Heloisa. Questões atuais sobre o ressarcimento do dano moral coletivo. In: Martins, Guilherme Magalhães (coord.). *Temas de responsabilidade civil*. Rio de Janeiro: Lumen Juris, 2012, pp.223-235.

_____. Dano moral coletivo nas relações de consumo. In: Tepedino, Gustavo; Fachin, Luiz Edson. *O Direito e o Tempo: embates jurídicos e utopias contemporâneas*. Rio de Janeiro: Renovar, 2008, pp.827-846.

Carvalho, Luís Gustavo Grandinetti Castanho de. Responsabilidade pelo dano não-patrimonial a interesse difuso (dano moral coletivo). *Revista da EMERJ*. Rio de Janeiro, 2000, n. 09, pp.21-42..

Lorenzetti, Ricardo Luis. *Fundamentos do direito privado*. Tradução de Vera Maria Jacob de Fradera. São Paulo: Revista dos Tribunais, 1998.

Lotufo, Renan. Dano moral coletivo. In: Martins, Guilherme Magalhães (coord.). *Temas de responsabilidade civil*. Rio de Janeiro: Lumen Juris, 2012, pp.279-290.

Mancuso, Rodolfo de Camargo. *Interesses difusos; conceito e legitimação para agir.* 2.ed. São Paulo: Revista dos Tribunais, 1991.

Marques, Cláudia Lima. (coord.) *Diálogo das Fontes:* do conflito à coordenação de normas do direito brasileiro. São Paulo: Revista dos Tribunais, 2012.

Martins-Costa, Judith. Do inadimplemento das obrigações (arts. 389 a 420). In: Sálvio de Figueiredo Teixeira (coord.). *Comentários ao novo Código*, v. 5, t. II. Rio de Janeiro: Forense, 2004.

Martins, Guilherme Magalhães. *Temas de responsabilidade civil*. Rio de Janeiro: Lumen Juris, 2012.

Medeiros Neto, Xisto Tiago de. *Dano moral coletivo*. São Paulo, LTr, 2004.

Monteiro Filho, Carlos Edison do Rêgo. *Elementos de responsabilidade civil por dano moral*. Rio de Janeiro: Renovar, 2000,

Moreira, José Carlos Barbosa. Tutela jurisdicional dos interesses coletivos ou difusos. *Temas de Direito Processual* (Terceira Série). São Paulo: Saraiva, 1984.

Perlingieri, Pietro. *O direito civil na legalidade constitucional*. Rio de Janeiro: Renovar, 2010.

Rodotà, Stefano. *Il problema della responsabilità civile*. Milano: Giuffrè, 1967, p. 17.

_____. Entrevista. *Revista Trimestral de Direito Civil*, n. 11, jul.-set. 2002, p. 287-288.

Tepedino, Gustavo. *Direito Civil Contemporâneo:* Novos problemas à luz da legalidade constitucional. São Paulo: Atlas, 2008.

_____. A tutela da personalidade no ordenamento civil-constitucional brasileiro. In: *Temas de Direito Civil*. 4ª ed. rev. e atual. Rio de Janeiro: Renovar, 2008.

_____. A evolução da responsabilidade civil no Direito brasileiro e suas controvérsias na atividade estatal. In: *Temas de Direito Civil*. 4ª ed. rev. e atual. Rio de Janeiro: Renovar, 2008.

_____. O futuro da responsabilidade civil. Editorial. *Revista Trimestral de Direito Civil*, n. 24, Rio de Janeiro: Padma, out.- dez. 2005.

_____.; Schreiber, Anderson. As penas privadas no direito brasileiro. In: Sarmento, Daniel; Galdino, Flávio. *Direitos fundamentais: estudos em homenagem ao Professor Ricardo Lobo Torres*. Rio de Janeiro: Renovar, 2006, pp. 499-525.

Vieira, Patrícia Ribeiro Serra. *A responsabilidade civil objetiva no direito de danos*. Rio de Janeiro: Forense, 2004.

PARTE 2
DANO MORAL E SUAS RELAÇÕES COM OS DIREITOS DIFUSOS E COLETIVOS

DANO MORAL COLETIVO E DIREITO AMBIENTAL

Elcio Nacur Rezende

Pós-Doutor, Doutor e Mestre em Direito. Professor dos Programas de Pós-graduação em Direito da Escola Superior Dom Helder Câmara e da Faculdade Milton Campos. Procurador da Fazenda Nacional.

Renato Campos Andrade

Mestre em Direito. Professor da Escola Superior Dom Helder Câmara. Advogado.

Sumário: 1. Introdução – 2. Responsabilidade Civil – Da reparação integral ao aspecto punitivo – 3. Dano ambiental – Do individual ao coletivo – 4. Dano moral ambiental – Individual e coletivo – 5. O dano moral coletivo decorrente da degradação ambiental – 6. Considerações finais – 7. Bibliografia.

1. INTRODUÇÃO

A Responsabilidade Civil é, indubitavelmente, uma das questões mais tormentosas da Ciência Jurídica, graças, dentre outros motivos, a inexorável dinamicidade das relações interpessoais do mundo contemporâneo.

Com efeito, as pessoas naturais e jurídicas são capazes de criar, com incrível velocidade, novos contornos sociais que exigem dos juristas respostas céleres e criativas para insólitas situações, imputando ao causador de danos uma correta atribuição de responsabilidade como consequência dos seus atos.

Certamente a construção de uma doutrina jurídica robusta, bem como sua aplicação estatal, especialmente pelo Poder Judiciário, é elemento condutor da redução de comportamentos danosos, mormente ilícitos, na medida em que se demonstra coercitiva e pedagogicamente que não se pode lesar ninguém.

A questão da responsabilidade civil urge ainda com mais relevo quando o bem lesado não é individualizado, ou seja, quando não é possível identificar com precisão quais pessoas foram vítimas do comportamento do lesante.

Nesse quadro, apresenta-se como melhor exemplo do intitulado danos a direitos difusos, o Dano Ambiental.

Afinal, quando se provoca um dano ao meio ambiente, não existem, necessariamente, pessoas precisamente identificadas como vítimas e sim, todas as pessoas da atual e futuras gerações.

O dano ambiental, graças às características de ser, em regra: indivisível, cumulativo, transfronteiriço, intergeracional, de difícil quantificação pecuniária, possui, dentre outras peculiaridades, grande dificuldade de reparação, pelo que exige tratamento jurídico especial.

Nesse sentido, a responsabilidade civil genérica, embora de fundamental importância ao estudo da responsabilidade civil ambiental, não se presta, por si só, como única razão jurídica capaz de dar supedâneo contundente para a formação de uma doutrina que aponta para a solução diante da degradação ambiental causada por alguém.

Uma das principais características do dano ambiental é seu caráter difuso, como já dito. De fato, diante da constatação que o meio ambiente sofreu degradação, comumente, não se identifica com clareza as pessoas vitimadas.

A poluição do ar, das águas, da terra são fatos que afligem a vida de todos os seres que ora vivem, bem como, os que virão.

É importante, portanto, que se conscientize que o dano ao meio ambiente não produz somente vítimas que ora vivem, tampouco se circunscreve a limitações geográficas, pelo contrário, ao se provocar danos ambientais as presentes e futuras gerações de diversas localidades sentirão os efeitos da degradação. Ademais, repita-se, normalmente não se é possível precisar com clareza as pessoas que foram prejudicadas com o comportamento danoso.

Vejamos, por exemplo, a poluição de um grande rio, como, há pouco mais de dois anos aconteceu em razão do maior acidente ambiental ocorrido no Brasil por ocasião do rompimento da barragem de minério de ferro de Fundão, município de Mariana em Minas Gerais. O rio Doce, grande manancial de águas, foi seriamente poluído com os resíduos da mineração e, por consequência, a população de dezenas de municípios, tanto em Minas Gerais quanto no estado do Espírito Santo, foram vitimadas com a degradação das águas que matavam a sua sede, alimentavam os animais, irrigavam suas plantações etc.

Nesse exemplo, simples e contundente, demonstra-se facilmente que o dano ambiental é difuso, pois ao contrário do que inicialmente possa parecer, não somente a população dos municípios que o Rio Doce banha que foram prejudicadas, mas milhões de pessoas que eventualmente, direta ou indiretamente, tenham contato com a água daquele curso d'água como, por exemplo, um viajante que estava de passagem por um município ou um consumidor longínquo de alimentos originados da região diretamente atingida.

Outrossim, também se engana quem pensa que somente os que ora vivem são as vítimas daquele dano, as futuras gerações, os ainda não nascidos, lamentavelmente, também sofrerão com as imensuráveis perdas causadas com a denominada tragédia de Mariana. Por anos, décadas ou séculos, a degradação do solo e das águas persistirão, inviabilizando a agricultura e retirando da comunidade de Bento Rodrigues, localidade destruída com o rompimento da barragem, a possibilidade de voltar a viver no chão que escolheram.

De se indicar que os danos sofridos não se limitam a um caráter meramente patrimonial, visto que não se pode olvidar da afetação extrapatrimonial gerada pelo dano ambiental.

Por tudo o exposto nesta introdução, surge a importância do estudo do dano moral coletivo no direito ambiental, como uma nuance do importante estudo de responsabilidade civil.

Justamente, pois, em razão de ser o dano ambiental eminentemente difuso e provocar muito mais que danos materiais, se faz importantíssimo o estudo do dano extrapatrimonial decorrente da degradação ao meio ambiente.

Afinal, se impossível é determinar-se, com precisão, as pessoas que são vítimas do dano ambiental, bem como, que os danos extrapatrimoniais são indiscutivelmente gerados quando alguém destrói o ambiente em que vivemos, apresenta-se, neste texto, o estudo do dano moral coletivo ambiental.

2. RESPONSABILIDADE CIVIL – DA REPARAÇÃO INTEGRAL AO ASPECTO PUNITIVO

A responsabilidade civil, surgida com um viés de vingança privada, teve seu ápice com a sedimentação do princípio da reparação integral do dano. A ideia foi, sempre que possível, a recomposição da vítima ao *status quo ante*. Diante da impossibilidade, abrir-se-ia o caminho para a reparação pecuniária a ser arbitrada judicialmente.

Sampaio (2003, p. 87 a 96) lembra a cronologia da responsabilidade, que perpassou pela imposição da própria força na antiguidade; pela Lei do Talião, em que a vingança era direito da vítima, que com o tempo entendeu que o pagamento era mais interessante que a vingança privada, momento em surge a pena, para obtenção do perdão do lesado; posteriormente, a autoridade pública passou a intervir para a fixação do valor da pena; e passa-se para o reconhecimento de ofensas coletivas e não somente individuais em decorrência que alguns ilícitos atingiam não somente indivíduos, mas à autoridade pública e coletividade.

O Autor indica que se deve especialmente aos romanos a inserção do elemento culpa, com a figura do *bonus pater famílias*, a partir do qual se avaliaria a conduta dos homens. Sampaio lembra que alguns atribuem essa inovação à figura à *Lex Aquilia*, mas que outros a refutam.

Os tempos remotos indicam o início com a responsabilidade contratual, de maneira em que só se versaria sobre reparação ou punição para o lesante que tivesse uma relação jurídica anterior com a vítima, ou seja, deveria se tratar de um descumprimento dentro de um contrato.

Ato contínuo, chega-se na *lex aquilia* que, dentre outras alterações, versa sobre a responsabilidade civil extracontratual.

O caminhar e evolução da responsabilidade civil, fundada primeiramente na culpa, indicava que a vítima deveria comprovar o dano, nexo causal, conduta do lesante, bem como dolo ou culpa *stricto sensu* (imprudência, imperícia e negligência).

O que no início pareceu uma grande evolução passou a encontrar óbice por não realizar perfeitamente a razão de ser da responsabilidade civil – reparação do dano –, visto que a comprovação da culpa era, muitas vezes, tarefa demais hercúlea, que culminava com a impunidade do lesante.

Sampaio (2003, p. 77) retrata essa situação e explica que a evolução tecnológica e científica gerou situações geradoras de perigos e riscos e culminou na ideia de substituir a culpa pelo risco:

> A ideia de substituir a culpa pelo risco da atividade como fundamento da obrigação de reparar propagou-se com a insuficiência da doutrina clássica em atender à realidade posterior à revolução industrial. A obrigatoriedade de provar culpa em casos de danos resultantes de emprego de máquinas em processos produtivos e, outrossim, de automóveis, fez com que se desenvolvessem correntes de pensamento que procuraram facilitar às vítimas, a obtenção de reparação, em especial de danos sofridos em acidentes de trabalho ou de trânsito.

O autor reforça que a transmutação para a responsabilidade objetiva ocorreu em virtude da superação de óbices que a necessidade de provar a culpa acarretava.

No mesmo sentido Gomes, Coelho e Rezende:

> (...) o sentido evolutivo demandou o surgimento das teorias do risco, que transmudam o foco da culpa para o risco. Isso significa dizer que caso o lesante tenha criado um risco para a sociedade, responderá independentemente de comprovação de culpa. Trata-se da responsabilidade objetiva. (CAVALIERI, apud GOMES, 2016, p. 26)

Ao citar Sergio Cavalieri, abordando a Responsabilidade Civil, Sampaio (2003, p. 80) arremata:

> O processo evolutivo da responsabilidade civil e da teoria objetiva percorreu diversas etapas, como facilitação da prova – muitas vezes deduzida de circunstâncias do evento danoso e de antecedentes de quem dele participara; presunção de culpa, ampliação do âmbito da responsabilidade contratual para abrigar situações em que se pudesse inverter o ônus da prova, até alcançar-se a responsabilidade sem culpa, a partir de previsões legais. (Sampaio, 2003, p. 80).

Ganha especial relevância a responsabilidade objetiva em virtude da sociedade de risco, de Ulrich Beck (1999) que discorreu sobre as novas responsabilidades da humanidade diante das condições atuais da tecnociência e sua larga capacidade de destruição.

O sentido de tratar a evolução da responsabilidade civil é que se trata da base fundante da responsabilidade ambiental, conforme precisos ensinamentos de Gomes, Coelho e Rezende:

É inegável que a base da responsabilidade ambiental é a responsabilidade civil. Inicialmente entendida como subjetiva, exigia-se do sujeito que causasse uma lesão decorrente de sua conduta culposa, a reparação do *status quo ante*. Contudo, percebeu-se que a necessidade de se comprovar não somente o fato, mas também a culpa, inviabilizava a reparação do dano. Nesse momento, começa a delinear-se a ideia de responsabilidade objetiva, segundo a qual compete à parte provar apenas a existência do dano e do nexo causal entre o prejuízo e a conduta do agente para que haja o dever de indenizar (Gomes et al, 2016, p. 11).

Os autores enfatizam que foi o Direito Civil o primeiro a se preocupar com o ambientalismo, muito antes do direito ambiental se transformar em ramo autônomo, visto que trata da relação do homem com o espaço em que vive.

Para referendar essas afirmações basta verificar os dispositivos civilistas acerca do direito de propriedade, sua utilização e fruição, os direitos de vizinhança, entre outros.

As questões ambientais são pautas atuais e comuns nas discussões mundiais, nacionais e locais.

A demanda ambiental ganha relevância diante da cada vez mais clara limitação da resiliência planetária. Os danos ambientais e os riscos da sociedade tecnológica demandam tratamento urgente e efetivo.

Novamente se recorre a Ulrich Beck para explicitar a necessidade da evolução da responsabilidade. O autor indica que a sociedade do século XXI é uma sociedade global de risco, na qual há grandes alterações na sociedade e na amplitude dos riscos, que agora são globais e de difícil mensuração.

Esse entendimento é corroborado pelas palavras de Sampaio (2003, p. 9):

> No âmbito do Direito muito pode ser feito para conservar o meio ambiente sadio e melhorar as condições e a qualidade de vida. No que concerne à reparação de danos causados, é imperioso aperfeiçoar os atuais mecanismos da responsabilidade civil, para torná-los mais eficazes e, assim, capazes de contribuir para a manutenção do equilíbrio ecológico da qualidade de vida, em benefício de todos.

Nesse sentido, parece correta a aplicação da responsabilidade ambiental objetiva, inclusive em sua versão mais rígida, a teoria do risco integral, na qual não se admite as excludentes de responsabilidade.

> Pela teoria do risco integral, todavia, o dever de indenizar se faz presente tão só em face do dano, ainda nos casos de culpa exclusiva da vítima, fato de terceiro, caso fortuito ou força maior. Dado seu extremo, nosso Direito só adotou essa teoria em casos excepcionais (...) (CAVALIERI FILHO, 2010, p. 145).

Gomes, Coelho e Rezende (2016, p. 26) indicam que a teoria do risco integral demonstra uma maior preocupação com a dificuldade de identificar o nexo causal e consequentemente punir o agente, pelo que a o risco potencial da lesão ao meio ambiente atrai tal responsabilidade.

Farias, Rosenvald e Netto (2014, p. 548) ensinam que o risco integral se trata de responsabilidade objetiva absoluta, com causalidade pura, sendo aplicada em casos excepcionais "a imposição de uma obrigação objetiva de indenizar, mesmo que as circunstâncias evidenciem a existência de uma excludente de nexo causal. Isso significa que uma pessoa terá de responder por danos que não causou".

Rosenvald (2017, p. 21) retrata que a responsabilidade civil demanda fluidez com os tempos atuais para "exprimir uma ideia de reparação, punição ou precaução, conforme a dimensão temporal e espacial em que se coloque".

Certamente o mesmo se espera da responsabilidade ambiental, pelo que o risco integral e aplicação das funções reparatória, punitiva e precaucional se mostram atuais e pertinentes. Quanto a essas, vale os ensinamentos do professor Rosenvald (2017, p. 13):

> (...) (1) Função reparatória: a clássica função de transferência de danos do patrimônio do lesante ao lesado como forma de reequilíbrio patrimonial; (2) Função punitiva: sanção consistente na aplicação de uma pena civil ao ofensor como forma de desestímulo de comportamentos reprováveis; (3) Função precaucional: possui o objetivo de inibir atividades potencialmente danosas.

Rosenvald (2017, p. 13) indica que a prevenção não seria uma quarta função, mas um princípio que transita entre todas as funções citadas com "inegável plasticidade e abertura semântica, consistindo uma necessária consequência da incidência das três funções anteriores".

A responsabilidade civil punitiva encontra resistência em parte da doutrina e jurisprudência, especialmente por supostamente não haver disposição legal expressa que permita sua aplicação.

Contudo, o próprio Código Civil (2002) possui dispositivos que determinam a aplicação de punições acima dos danos causados, como nos casos das sanções ao condômino que habitualmente descumpre com seus deveres e para o construtor/plantador que, de má-fé, constrói em terreno alheio. Esses casos seriam exemplos da aplicação das *punitive damages*.

Há um problema de nomenclatura a respeito das *punitive damages*, que seriam a aplicação da responsabilidade civil punitiva. Higa (2016, p. 278-280) indica que nem a nomenclatura "danos punitivos" ou "indenização punitiva" são ideais. A primeira, porque não é possível falar em dano que vise punir e, a segunda, porque indenização traduz a ideia de reparação, não condizente com punição. Para o autor, o melhor é manter a expressão internacional, "punitive damages".

De toda sorte, Higa (2016, p. 322) reconhece como pressuposto para sua aplicação que se trate de "ato censurável, dentro ou fora do campo contratual" que atinja "um patamar capaz de justificar a exprobação via pena pecuniária".

O autor justifica a aplicação da punição e toma emprestada a justificativa do direito americano

A gravidade do ato ilícito implica dizer que alguns atos são mais censuráveis que outros. Assim, condutas praticadas com dolo devem ser apenadas de forma mais severa do que as realizadas com culpa gravíssima. Mais do que isso, se houver elementos que agravem ou atenuem, eles também devem ser levados em consideração, já que o castigo deve ser proporcional ao delito, conforme apontado pela Suprema Corte em Solen v. Helm (HIGA, 2016, p. 420).

Perfeitamente condizente, portanto, com o direito brasileiro[1] e, especialmente, quando se tratar de danos ambientais, tendo em vista que se deve desestimular ao máximo a repetição de condutas extremamente danosas e que, sem a responsabilidade punitiva, seriam compensadoras para o agressor.

O que se tem notado é que a jurisprudência quanto à responsabilidade ambiental tem caminhado com certo rigor. O Superior Tribunal de Justiça editou teses que respaldam tal tratamento:

> Tese 3: Não há direito adquirido a poluir ou degradar o meio ambiente, não existindo permissão ao proprietário ou posseiro para a continuidade de práticas vedadas pelo legislador.
>
> Tese 7: Os responsáveis pela degradação ambiental são coobrigados solidários, formando-se, em regra, nas ações civis públicas ou coletivas litisconsórcio facultativo.
>
> Tese 9: A obrigação de recuperar a degradação ambiental é do titular da propriedade do imóvel, mesmo que não tenha contribuído para a deflagração do dano, tendo em conta sua natureza *propter rem*.
>
> Tese 10: A responsabilidade por dano ambiental é objetiva, informada pela teoria do risco integral, sendo o nexo de causalidade o fator aglutinante que permite que o risco se integre na unidade do ato, sendo descabida a invocação, pela empresa responsável pelo dano ambiental, de excludentes de responsabilidade civil para afastar sua obrigação de indenizar.

A incidência da responsabilidade ambiental revela uma preocupação especial devidamente ressaltada por Lemos (2003, p. 95) ao indicar que nem mesmo uma licença de funcionamento significa um "salvo conduto" para as atividades da empresa, visto que a legalidade do ato não ilide eventual responsabilidade.

Cumpre, então, verificar o âmbito da responsabilidade ambiental, especialmente quanto à verificação do dano ambiental.

3. DANO AMBIENTAL – DO INDIVIDUAL AO COLETIVO

Um elemento primordial na responsabilidade civil e muito importante na responsabilidade ambiental é o dano. Contudo, trata-se de elemento cuja caracterização,

---

1. Higa (2016, p. 420) indica que sem a punição o agressor se evade da obrigação de indenizar, especialmente em razão dos "erros de execução". Os erros de execução estariam na incapacidade das cortes em fixar indenizações "perfeitas", inclusive pela ausência de informações precisas a respeito da nocividade do produto ou desestímulo econômico para buscar baixas indenizações, além dos problemas probatórios, custos do processo, aversão ao litígio etc.

por vezes difícil, já que somente será notado no futuro ou é desconhecido, de difícil imaginação, mas possível.

Sampaio (2003, p. 185) indica que o "equilíbrio do meio ambiente, indispensável para a continuidade da vida, é tratado, juridicamente, como bem de uso comum do povo", de maneira em que ações degradadoras violam direito subjetivo constitucionalmente protegido "de todo e qualquer indivíduo integrante de determinada coletividade de desfrutar do meio ambiente equilibrado".

O artigo 3º[2] da Lei 6.938 (BRASIL, 1.981), que trata sobre a Política Nacional do Meio Ambiente elenca alguns conceitos, donde se pode extrair o que seria poluição.

Adede y Castro (2006, p. 96-97) relata que poluição é a degradação da qualidade ambiental resultante de atividades que de forma direta ou indireta:

a) prejudiquem a saúde, a segurança e o bem-estar da população;

b) criem condições adversas às atividades sociais e econômicas;

c) afetem, desfavoravelmente, a biota;

d) afetem as condições estéticas ou sanitárias do meio ambiente;

e) lancem matérias ou energia em desacordo com os padrões ambientais estabelecidos; (Adede y Castro, 2006, p. 96-97)

De onde extrai que:

Assim, degradar é agir positiva ou negativamente, ativa ou passivamente para modificar uma determinada realidade ambiental criada de forma natural, de forma que o grau de excelência, importância ecológica e beleza, seja diminuído, como prejuízo para sociedade. Este prejuízo será social, cultural, paisagístico e econômico, pois os bens naturais representam qualidade de vida (ADEDE Y CASTRO, 2006, p. 96).

---

2. Art. 3º Para os fins previstos nesta Lei, entende-se por:
   I – meio ambiente, o conjunto de condições, leis, influências e interações de ordem física, química e biológica, que permite, abriga e rege a vida em todas as suas formas;
   II – degradação da qualidade ambiental, a alteração adversa das características do meio ambiente;
   III – poluição, a degradação da qualidade ambiental resultante de atividades que direta ou indiretamente:
   a) prejudiquem a saúde, a segurança e o bem-estar da população;
   b) criem condições adversas às atividades sociais e econômicas;
   c) afetem desfavoravelmente a biota;
   d) afetem as condições estéticas ou sanitárias do meio ambiente;
   e) lancem matérias ou energia em desacordo com os padrões ambientais estabelecidos;
   IV – poluidor, a pessoa física ou jurídica, de direito público ou privado, responsável, direta ou indiretamente, por atividade causadora de degradação ambiental;
   V – recursos ambientais, a atmosfera, as águas interiores, superficiais e subterrâneas, os estuários, o mar territorial, o solo, o subsolo e os elementos da biosfera.
   V – recursos ambientais: a atmosfera, as águas interiores, superficiais e subterrâneas, os estuários, o mar territorial, o solo, o subsolo, os elementos da biosfera, a fauna e a flora. (Redação dada pela Lei 7.804, de 1989)

Cumpre esclarecer que nem toda alteração ambiental poderá ser considerada um dano, conforme Lemos, ao citar diversos julgados:

> São exemplos de dano ambiental, reconhecidos pela jurisprudência: a pesca proibida, a ocupação irregular de área de proteção ambiental, o derramamento de produto químico no mar, a inundação de área pela construção de usina hidroelétrica, o depósito de lixo doméstico da cidade a céu aberto, em local declarado por lei área especial de preservação ambiental (LEMOS, 2003, p. 86).

A importância em se identificar o dano ambiental não se limita à reparação, mas transcende para prevenção, precaução e preservação do meio ambienta para as gerações futuras. O princípio da responsabilidade intergeracional requer uma atenção especial e rígida quanto às atividades humanas, especialmente as degradadoras.

Os direitos das futuras gerações em gozar de igual qualidade ambiental constam em diversos documentos de Direito Internacional e também na Constituição da República (BRASIL, 1988), em seu artigo 225,[3] parte final, da qual se extrai a imposição ao Poder Público e coletividade quanto ao meio ambiente, visto que possuem "o dever de defendê-lo e preservá-lo para as presentes e futuras gerações".

Tal fato é atestado por Carvalho (2011, p. 193) que afirma: "o direito humano à proteção ambiental abrange um compêndio de direitos construídos no esforço para proteger o meio ambiente, bem como a vida humana e sua dignidade". O autor constata que a deterioração pode colocar em perigo tanto a vida das presentes quanto das futuras gerações. Não se pode olvidar a seriedade da nossa atual conjuntura desenvolvimentista predatória.

Os danos ambientais podem atingir proporções absurdas, como retrata o acidente nuclear da usina em Chernobyl, ocorrido no início da década de oitenta, com a explosão de um dos reatores e que gerou milhares de mortes e cujos efeitos foram sentidos em outros países, como Itália e Dinamarca e por várias pessoas por décadas a fio.

Para resguardar os atingidos e o meio ambiente, Gomes, Coelho e Rezende, ao lembrar Rodrigues (2016, p. 127), indicam as três formas de tutela: a específica, reparatória *in natura* e reparatória *in pecunia*.

A tutela específica seria o cumprimento da obrigação de fazer ou não fazer da forma que foi contraída, inclusive com aplicação de multa, já a tutela *in natura* se consubstanciaria na recomposição da área afetada ao estado anterior ao dano (fato normalmente impossível) e, por fim, a reparatória *in pecunia* seria a condenação na reparação pecuniária.

Os ensinamentos de Barroso (2006, p. 86), ao citar Annelise Steigleder, resumem bem este capítulo:

---

3. Art. 225. Todos têm direito ao meio ambiente ecologicamente equilibrado, bem de uso comum do povo e essencial à sadia qualidade de vida, impondo-se ao Poder Público e à coletividade o dever de defendê-lo e preservá-lo para as presentes e futuras gerações.

A responsabilidade objetiva por dano ambiental tem como pressupostos "o dano ou risco de dano e o nexo de causalidade entre a atividade e o resultado, efetivo ou potencial", configurando o agente, principal responsável pela reparação, o poluidor.

Importante salientar que o dano ambiental pode atingir a esfera individual e coletiva, a depender dos afetados.

O dano ambiental individual seria um prejuízo aos bens titularizados, como de propriedade e saúde, decorrentes da degradação ambiental. "É o caso, por exemplo, de problemas de saúde pessoal em decorrência da emissão de gases poluentes; e da infertilidade do solo de uma fazenda em razão de poluição do lençol freático (SCHREIBER, 2015, p. 91).

Entretanto, Leite e Ayala (2015, p. 43) lembram que a lesão ambiental direta tem uma concepção imaterial, por se tratar de um bem jurídico autônomo e não meramente individual. Ao se ultrapassar a esfera meramente individual, o dano ambiental se torna coletivo com "caracterização mais abrangente e solidária, tratando-se, ao mesmo tempo, de um direito individual e um direito da coletividade".

Tal afirmação se justifica em razão de o direito ao meio ambiente ecologicamente equilibrado estar ligado ao direito fundamental de todos à qualidade de vida, "valor imaterial da coletividade" (Leite e Ayala, 2015, p. 43).

O dano ambiental coletivo seria o prejuízo de uma coletividade de pessoas.

No caso do dano ambiental a tutela, normalmente, abarcará ambas as esferas individual e coletiva:

> Com efeito, em vista do interesse individual próprio e do meio ambiente, a finalidade principal do interessado não tem por objetivo imediato a proteção do meio ambiente, que estará sendo tutelado, de forma indireta, pela atitude do demandante, isto é, o interesse protegido, de forma direta, é a lesão ao patrimônio da coletividade, contribuindo para sua proteção e para o exercício indireto da cidadania ambiental. Porém, mesmo em vista do interesse individual próprio, poderá o demandante valer-se do aparato específico do meio ambiente e fundar o seu pedido em responsabilidade objetiva, (...) provando que sua lesão pessoal foi oriunda de um ato de poluição, degradação ambiental ou risco provocado pelo demandado (LEITE e AYALA, 2015, p. 160).

Os danos apontados podem ser extraídos de maneira patrimonial e merecem uma análise sobre sua inserção como danos extrapatrimoniais.

4. DANO MORAL AMBIENTAL – INDIVIDUAL E COLETIVO

O dano moral está ligado a um aspecto extrapatrimonial, enquanto o dano material, de natureza patrimonial. Isso significa que aquele não possui conteúdo econômico imediato e, esse, sim.

Com a Constituição Federal de 1988 (BRASIL), a discussão sobre a possibilidade da indenização pecuniária reparatória em razão do dano moral se encerra, na medida do artigo 5°, inciso V, de forma expressa ressalta o direito a reparação por danos considerados morais, dispondo que "*é assegurado o direito de resposta, proporcional ao agravo, além da indenização por dano material, moral ou à imagem*". Ainda no artigo 5º, em seu inciso X, é expresso:

"são invioláveis a intimidade, a vida privada, a honra e a imagem das pessoas, assegurado o direito à indenização pelo dano material ou moral decorrente de suas violações".

Assim, a Constituição Federal baseou seus preceitos no Princípio da Dignidade da Pessoa Humana, previsto no seu artigo 1º, inciso III, consagrado como valor jurídico de nossa carta magna, tendo por escopo a proteção de todos contra ofensas superiores a questões patrimoniais.

Por outro lado, o dano patrimonial que sempre foi passível de indenização, mede-se pela extensão do dano e pode ser quantificado.

O aspecto patrimonial pode envolver os danos emergentes (o que a vítima efetivamente perdeu), lucros cessantes (o que a vítima razoavelmente deixou de ganhar) e a perda de uma chance (que se situa entre o dano efetivo e o hipotético).

Conforme Farias, Rosenvald e Peixoto (2014, p. 286), em todos os três casos "está o fato de que a estimativa definida para fins de reparação de danos sempre envolverá a apreciação do conjunto de relações econômicas do indivíduo, apreciáveis em dinheiro e terá uma função indenizatória ou ressarcitória".

Já o dano extrapatrimonial, que no Direito Pátrio abrange os danos morais "pode ser conceituado como uma lesão a um interesse existencial concretamente merecedor de tutela".[4]

O dano extrapatrimonial, por ser impossível de mensuração, deve ser compensado com um valor arbitrado, especialmente, de forma judicial.

A necessidade de se abordar o dano moral é que nem sempre a lesão ambiental será aferida economicamente.

Segundo o Montenegro (2005, p. 95) o dano moral é extraído dos reflexos negativos de lesões e direitos da personalidade como "a honra, a liberdade, a saúde, a integridade física e psíquica, a imagem, o nome, a intimidade, a privacidade", que não possuem dimensão econômica, posto que "vinculado ao plano subjetivo, à dignidade pessoal e a outros atributos ligados à personalidade".

O dano moral, na maioria das vezes é analisado de forma puramente subjetiva, de maneira a se tentar vislumbrar que a vítima sofreu um verdadeiro abalo passível de compensação ou se tratou de meros aborrecimentos, não passíveis de responsabilização.

Contudo, os valiosos ensinamentos de Peixoto inferem que a análise deve ser mais pormenorizada:

---

4. Farias, Cristiano Chaves et al. *Curso de Direito Civil: Teoria geral da responsabilidade civil*: responsabilidade civil em espécie. Volume 3. Salvador: Editora JusPodium, 2014, p. 336.

Por isto, quando se diz na doutrina ou nos tribunais a conhecida sentença "trata-se de um mero aborrecimento ou dissabor comum das relações cotidianas", não se quer afirmar que a lesão não foi grave o suficiente para caracterizar um dano extrapatrimonial. Em verdade, o que se pretende é asseverar que naquela lide não houve concreta afetação da dignidade da pessoa do suposto ofendido, pois se os aborrecimentos, triviais e comuns, fossem hábeis a provocar a reparação moral, não haveria dia em que não fôssemos contemplados com uma reparação, e talvez, muito provavelmente, condenados também em prestá-la. Porque o dia a dia, pela sua ordem natural, traz aborrecimentos que o direito, em princípio, não valora (FARIAS, 2014, p. 339).

Na esteira da Constituição Federal de 1988, o Código Civil Brasil de 2002, garantido expressamente a reparação dos danos morais, afirmou no artigo 927.

> Art. 927. Aquele que, por ato ilícito (arts. 186 e 187), causar dano a outrem, fica obrigado a repará-lo.
>
> Parágrafo único. Haverá obrigação de reparar o dano, independentemente de culpa, nos casos especificados em lei, ou quando a atividade normalmente desenvolvida pelo autor do dano implicar, por sua natureza, risco para os direitos de outrem.

O Código Civil (2002), em seu artigo 186, ademais dispõe:

> Art. 186. Aquele por ação, omissão voluntária, negligência ou imprudência, violar direito e causar dano a outrem, ainda que exclusivamente moral, comete ato ilícito.

O marco do estudo e, provavelmente, um dos momentos mais importantes da questão foi a Conferência de Estocolmo em 1972, que, entre outros temas, estabeleceu que os Estados devem contribuir para que as vítimas de atividades poluidoras tenham o direito à correspondente indenização.

Nesse sentido o Princípio 22:

> Os Estados devem cooperar para continuar desenvolvendo o direito internacional no que se refere à responsabilidade e à indenização às vítimas da poluição e de outros danos ambientais que as atividades realizadas dentro da jurisdição ou sob o controle de tais Estados causem a zonas fora de sua jurisdição.

No direito brasileiro, a Lei Federal 6.938 de 31 de agosto de 1981,[5] estabeleceu a Política Nacional de Meio Ambiente, ressaltando a importância da preservação ambiental e, no que interessa a este texto, elegendo a responsabilidade civil objetiva como fundamento maior para imputação do dever reparatório ao degradador.

Constata-se que essa lei estabeleceu que é poluidor *a pessoa física ou jurídica, de direito público ou privado, responsável, direta ou indiretamente, por atividade causadora de degradação ambiental* (art. 3º, IV). E degradação ambiental é, senão, a *alteração adversa das características do meio ambiente* (art. 3º, II).

Vale dizer, que se houver alteração que afete as condições e as características do meio ambiente, imputa-se ao poluidor o dever de reparar, sem que seja necessá-

---

5. A Lei Federal 6.938/1981, em seu anexo VIII, incluído pela Lei Federal 10.165/2000, traz quadro exemplificativo de atividades potencialmente poluidoras.

rio discutir a presença do elemento volitivo (culpa ou dolo) é o que se conclui pela literalidade do art. 14, § 1º, da indigitada Lei 6.938/1981:

> § 1º Sem obstar a aplicação das penalidades previstas neste artigo, é o poluidor obrigado, independentemente da existência de culpa, a indenizar ou reparar os danos causados ao meio ambiente e a terceiros, afetados por sua atividade. O Ministério Público da União e dos Estados terá legitimidade para propor ação de responsabilidade civil e criminal, por danos causados ao meio ambiente.

Resta então verificar se é possível sua ocorrência no que tange ao direito ambiental.

Schreiber (2015, p. 86) destaca que para a inserção da tutela dos interesses coletivos e difusos em um ordenamento construído sobre bases individuais foi necessário o rompimento realizado pela processualística contemporânea, especialmente por meio das ações coletivas.

Ao lembrar do professor Vladimir Passos de Freitas, Schreiber (2015, p. 300), indica que haverá dano ambiental extrapatrimonial quando a lesão resultar em reflexos negativos a bens de natureza imaterial, provocando "o sofrimento psíquico, de afeição ou físico à vítima". Conclui que a lesão individual, ligada à degradação, estará verificada o dano ambiental extrapatrimonial.

O autor revela que a tutela dos interesses supraindividuais surgiu para enfrentar a limitação da dicotomia tradicional dano moral e patrimonial e propor novos problemas, como o dano moral coletivo. Este "pressupõe a figura que seja possível causar dano moral de forma difusa, afetando-se uma comunidade de pessoas, para além da individualidade de cada um.[6]

A importância do dano ambiental permite sua apreciação patrimonial e extrapatrimonial:

> O dano moral ambiental pode ocorrer, por exemplo, na hipótese de destruição de uma floresta existente em área indígena, repercutindo direta e imediatamente no modo de vida dos índios, afetando sua qualidade de vida ou o desenvolvimento de seus costumes e tradições, bem como a projeção de seus valores para as futuras gerações. Resulta da impossibilidade dessa comunidade de estar e desfrutar de suas terras saudáveis, ecologicamente equilibradas, como, aliás, lhe assegura a Constituição Federal (art. 231, § 1º) (MONTENEGRO, 2005, p. 95).

Schreiber (2015, p. 88-89) indica que há uma divergência jurisprudencial relevante no Direito brasileiro, especialmente entre a primeira e segunda turmas do egrégio Superior Tribunal de Justiça. Em uma, a tese do dano moral ambiental é rechaçada, enquanto, na outra, a segunda turma, é amplamente aceita:

> "a restauração *in natura* nem sempre é suficiente para reverter ou recompor integralmente, no terreno da responsabilidade civil, o dano ambiental causado, daí não exaurir o universo dos deveres associados aos princípios do poluidor-pagador e da reparação *in integrum*. A reparação ambiental

---

6. Schreiber, Anderson. *Novos paradigmas da responsabilidade civil*: da erosão dos filtros da reparação à diluição dos danos. São Paulo: Atlas, 2015, p. 88.

deve ser feita da forma mais completa possível, de modo que a condenação a recuperar a área lesionada não exclui o dever de indenizar, sobretudo pelo dano que permanece entre a sua ocorrência e o pleno restabelecimento do meio ambiente afetado (= dano interino ou intermediário), bem como pelo dano moral coletivo e pelo dano residual (= degradação ambiental que subsiste, não obstante todos os esforços de restauração.[7]

Conforme Lemos (2003, p. 86), a reparação ambiental tem dois aspectos, de acordo com o art.14, § 1°, da Lei 6.938 (BRASIL, 1981), consistentes na reparação coletiva do dano ambiental e na esfera do patrimônio do particular atingido.

Indica que a reparação pecuniária coletiva será destinada a um Fundo de reconstituição dos Bens Lesados, enquanto o dano individual ou individual homogêneo se destinará para o particular ou comunidade lesada.

Ressalta a autora (2003, p. 87) que tanto o dano particular quanto o ambiental genérico devem ser reparados.

Fato é que a lesão ambiental gera múltiplas consequências:

> O dano extrapatrimonial está muito vinculado ao direito da personalidade, mas não restringido, pois este é conhecido tradicionalmente como atinente à pessoa física e no que concerne ao direito ambiental, abraçando uma caracterização mais abrangente e solidária, tratando-se, ao mesmo tempo, de um direito individual e um direito da coletividade. O direito ao meio ambiente ecologicamente equilibrado está ligado a um direito fundamental de todos e se reporta à qualidade de vida que se configura como valor imaterial da coletividade (LEITE e AYALA, 2015, p. 274).

O dano individual ambiental está, portanto, ligado a um prejuízo na propriedade ou saúde de um indivíduo, originado pela degradação ambiental. Leite e Ayala (2015, p. 274) citam os danos à saúde pessoal pela emissão de gases poluentes e infertilidade de uma fazenda em razão da contaminação do lençol freático.

Mas para se tratar de dano moral ambiental não basta a ofensa a determinado bem, com repercussão na saúde da população por meio da poluição. É imprescindível que, além do dano físico, exista "também ofensa ao sentimento de determinada comunidade. Trata-se de sofrimento de caráter difuso ou coletivo. Dessa forma, nem todo dano patrimonial ambiental será também um dano moral" (LEMOS, 2003, p. 101).

Na valiosa lição de Leite e Ayala (2015, p. 301), ao lembrar Lorenzetti:

> (...) quando o interesse ambiental atingido é o difuso, fala-se em dano extrapatrimonial objetivo. Este, por sua vez, caracteriza-se pela lesão a valor imaterial coletivo, pelo prejuízo proporcionado a patrimônio ideal da coletividade, relacionado à manutenção do equilíbrio ambiental e da qualidade de vida.

No que se refere ao dano moral coletivo:

> Com a difusão majoritária na doutrina da conceituação do dano moral coletivo como lesão a interesses valorosos, indivisivelmente fruídos por todos os membros de um grupo ou da coletivi-

---

7. STJ, REsp 1.180.078/MG, Rel. Ministro Herman Benjamin, 2ª Turma, *DJe* de 28.02.2012.

dade e que normalmente provocam a redução de sua paz espiritual ou anímica, a jurisprudência do Superior Tribunal de Justiça encontrou apoio para concretizar o modelo jurídico em variadas hipóteses de lesões a interesses que não se conciliam com aqueles titularizados pelos lesados diretos. (FARIAS, 2014, p. 389).

Não se olvide, conforme tratado por Lemos (2003, p. 101), que a reparação completa se dá em relação aos danos materiais causados e aos danos morais, todos devidamente indenizados e reparados e que muitas vezes o dano ambiental não alcança pessoas específicas e identificáveis.

De maneira a arrematar os dois capítulos anteriores, cumpre remeter a responsabilidade ambiental para o campo da responsabilidade objetiva, pelo risco integral e com a implicação do aspecto punitivo.

Rosenvald (2017, p. 131), ao versar sobre o aspecto punitivo das astreintes, traz valiosos ensinamentos para a reparação ambiental, que respaldam a responsabilização patrimonial, extrapatrimonial, coletiva e individual:

> (...) para a tutela específica do direito ambiental, deve-se analisar os desdobramentos desta medida. Para uma sociedade empresária multinacional que toma suas decisões baseadas na lógica capitalista do custo-benefício, o que significa intimá-la de que se não fizer, ou deixar de fazer será multada em um valor diário, limitado a outra quantia?

A fim de se conjugar com os danos metaindividuais com responsabilidade civil, valem as palavras de Lemos (2003, p. 91), para o qual "a evolução para a teoria do risco ou objetiva acompanhou o desenvolvimento industrial e cultural, vindo de uma concepção individualista para a atualidade da preservação dos interesses metaindividuais, caminhado cada vez mais para o coletivo".

5. O DANO MORAL COLETIVO DECORRENTE DA DEGRADAÇÃO AMBIENTAL

Exposta as razões da existência do dano moral e do dano ambiental, mormente as características jurídicas, conclui-se, facilmente, que diante da degradação ambiental, especialmente as de grande extensão, o dano extrapatrimonial não atinge pessoas identificáveis, quer por questões intergeracionais quer, simplesmente, pelo fato do dano ambiental ser, eminentemente, difuso.

Nesse raciocínio, uma coletividade identificável com liame intrínseco entre as vítimas (dano coletivo) ou não (dano difuso), possui fundamento jurídico para a postulação do dano moral coletivo decorrente de degradação ao meio ambiente.

Tal assertiva possui respaldo constitucional e legal, na medida em que o abalo psíquico comumente verificado nas pessoas que sentiram o ambiente em que vivem ser degradado é insofismável, bem como, retirar das futuras gerações o gozo do bem-estar proporcionado por ambiente ecologicamente equilibrado é, no mínimo, atitude covarde.

Nesse quadro, pode-se afirmar que dano moral coletivo é tema atual, não somente ligado ao Direito Ambiental, mas também ao direito consumerista e laboral.

A Lei 7.347/1985 (BRASIL,1985) ,que dispõe sobre a Ação Civil Pública, no seu artigo 1º estabeleceu expressamente a possibilidade de responsabilização por danos morais causados ao meio ambiente e a qualquer outro interesse coletivo ou difuso. Não obstante, o artigo 81 do Código de Defesa do Consumidor, Lei 8.078/1990 (BRASIL, 1990), também estipula:

> Art. 81. A defesa dos interesses e direitos dos consumidores e das vítimas poderá ser exercida em juízo individualmente, ou a título coletivo.
>
> Parágrafo único. A defesa coletiva será exercida quando se tratar de:
>
> I – interesses ou direitos difusos, assim entendidos, para efeitos deste código, os transindividuais, de natureza indivisível, de que sejam titulares pessoas indeterminadas e ligadas por circunstâncias de fato;
>
> II – interesses ou direitos coletivos, assim entendidos, para efeitos deste código, os transindividuais, de natureza indivisível de que seja titular grupo, categoria ou classe de pessoas ligadas entre si ou com a parte contrária por uma relação jurídica base;
>
> III – interesses ou direitos individuais homogêneos, assim entendidos os decorrentes de origem comum.

O dano moral coletivo, superando o aspecto íntimo de uma vítima, tem alcance meta ou transindividual, envolvendo direitos coletivos e difusos, e até mesmo individuais homogêneos, conforme se extrai na leitura do artigo acima transcrito.

Nessa inteligência, pode-se identificar um dano moral coletivo na maior parte das degradações ambientais significativas, vez que uma coletividade de pessoas, normalmente sem liame subjetivo, sofre e sofrerá com redução da qualidade ambiental.

Nesse sentido, ao contrário do dano moral individual, cujo indivíduo possui legitimidade particular para propor uma ação de reparação pelo dano sofrido, no dano moral coletivo a possibilidade de se exigir a reparação é matéria complexa, exigindo do jurista, sobretudo os que têm o direito processual por objeto de estudo, mais atenção. Afinal, o dano moral coletivo é analisado com base em uma visão transindividual, impondo maior acuidade para a demonstração da legitimidade postulatória.

Essa questão é resolvida, com certa facilidade, na medida em que a Lei 7.347/1985 (BRASIL, 1985), que trata da Ação Civil Pública, dispõe sobre os legitimados para propor, dentre outras medidas, ações que visam a reparação por danos ambientais, tanto objetivando a indenização pecuniária, quanto a reparatória, tanto em matéria patrimonial quanto extrapatrimonial (danos morais), cada vez mais comuns na sociedade em que vivemos, como afirmado por Ayala (2015) citando Beck:

> as incertezas são trazidas pela sociedade de risco (Risck Society), em fase de transição, advinda da sociedade industrial. Beck vê uma dimensão perigosa para o desenvolvimento [...]. Estas incertezas, trazidas pela sociedade em transição e de risco, afetam todas as áreas, inclusive o direito e, em especial o direito ambiental [...] (LEITE; AYALA, 2015, p. 36-37).

Justamente por vivermos em uma sociedade de risco, tão alardeada por Beck, exige-se do jurista o estudo dos danos coletivos, mormente os de caráter difuso e que afrontam bens de grande valor jurídico, social e, sobretudo, indispensáveis à vida humana, como o meio ambiente ecologicamente equilibrado.

Nesse diapasão, uma correta, rápida e eficaz imputação de reparar o dano causado à coletividade é medida que se impõe para que se possa viver com dignidade, como advertem José Rubens Morato Leite, Jailson José de Melo, Luciana Cardoso Pilati e Woldemar Jamundá:

> Dessa forma, importante e necessário faz-se a inclusão da responsabilização por danos morais ambientais nesse sistema. A responsabilização por danos morais ambientais enseja mais uma possibilidade para a efetiva e integral compensação do dano, servindo também à certeza da aplicação da sanção civil. Tem, portanto, função reparatória, porque a indenização é utilizada para a recuperação do ambiente afetado; punitiva e pedagógica, para que o causador do dano não volte a cometê-lo (LEITE, 2006, p. 299).

A condenação por danos morais coletivos ao degradador ambiental, em arremate é medida necessária, com robusta fundamentação jurídica, como ressalta Morato Leite e Ayala (LEITE; AYALA, 2015, p. 299):

> [...] pois em muitos casos, será impossível o ressarcimento patrimonial, de maneira que a reparação do dano extrapatrimonial ambiental atuará como alternativa válida de certeza da sanção civil do agente em face da lesão ao patrimônio ambiental coletivo. Deve-se ter no Brasil um aparato legislativo rigoroso de responsabilidade civil ambiental, objetivam apresentar mais uma alternativa confiável de proteção do meio ambiente. A imputação da responsabilidade do dano extrapatrimonial ambiental está em consonância comam maior integralidade possível da sanção civil, respaldada a pela lei específica. Além do que, aperfeiçoa a função pedagógica da responsabilidade civil, por meio de seu caráter punitivo (LEITE; AYALA, 2015, p. 299).

Conclui-se, portanto, que o dever de reparar o dano moral sofrido coletivamente diante da degradação ambiental é exigível, para que se propicie uma resposta jurídica no âmbito da responsabilidade civil, ao execrável comportamento daquele que danificou um bem inquestionavelmente necessário à Dignidade da Pessoa Humana.

6. CONSIDERAÇÕES FINAIS

No presente texto demonstrou-se a importância do estudo da responsabilidade civil ambiental, asseverando os motivos pelos quais o Direito Civil não é suficiente, em seus aspectos tradicionais construídos há séculos, a fundamentar as consequências jurídicas da degradação ao meio ambiente.

Com efeito, este artigo apresentou que o dano ambiental possui muitas características que lhe são próprias, razão pela qual se fez necessário a construção de um ramo jurídico denominado Direito Ambiental, este sim, capaz de construir sólida doutrina que possibilita impor ao degradador do meio ambiente um comportamento reparatório e, eventualmente, arcar com uma sanção punitiva.

Inexoravelmente, os danos ambientais causam a todos os seres humanos uma dor, por vezes inenarrável, que superam, em muito, aspectos patrimoniais. A perda do lar familiar diante de uma tragédia, por exemplo, gera um sofrimento muito superior ao dinheiro correspondente aos tijolos ou da televisão que ali se assistia com entes queridos.

O meio ambiente é, justamente, o lar que todos estamos inseridos.

Nessa inteligência, o dano moral gerado pela deterioração ambiental é de fácil percepção e de indiscutível cabimento.

Todavia, explica o texto que ao contrário do dano civil estrito, quando se verifica um dano ambiental não é, comumente, identificável as suas vítimas, pelo contrário, normalmente o dano ambiental é difuso e, por vezes, coletivo. Assim, um significativo número de pessoas possui legitimidade para exigir do degradador a reparação extrapatrimonial.

A adoção legal da responsabilidade civil de caráter objetivo, vale dizer, a que dispensa a perquirição do elemento psíquico (dolo ou culpa), bem como, a adoção da teoria do risco integral pelos tribunais, na qual afasta, por sua vez, a necessidade de pesquisa sobre o nexo causal, facilitou, deveras, a imputação de responsabilidade ambiental.

Ademais, para além da responsabilidade objetiva pela teoria do risco integral, o próprio texto da Constituição Federal de 1998 também ao expressar a possibilidade da reparação do dano moral, extirpou a discussão sobre a possibilidade da cumulação por danos extrapatrimoniais e materiais.

Conclui-se, em resposta à pergunta fixada como problema deste artigo, que o dano moral coletivo decorrente da deterioração ambiental existe insofismavelmente e, sobretudo, deve ser reparado, como instrumento que propicia à atual geração, bem como às vindouras, o gozo de um ambiente saudável homenageando o Princípio da Dignidade da Pessoa Humana.

7. BIBLIOGRAFIA

Adede y Castro, João Marcos. *Tutela civil do meio ambiente*. Porto Alegre: Sergio Antonio Fabris, Ed., 2006.

Barroso, Lucas Abreu. *A obrigação de indenizar e a determinação da responsabilidade civil por dano ambiental*. Rio de Janeiro: Forense, 2006.

BECK, Ulrich. *La sociedad del riesgo global*. Madrid: Siglo Veintuno de España Editores, 2002.

BRASIL. Código Civil, Lei 10.406, de 10 de janeiro de 2002, <http://www.planalto.gov.br/ccivil_03/leis/2002/L10406.htm>. Consultado em: 26.05.2018.

BRASIL. Constituição da República Federativa do Brasil, de 5 de outubro de 1988, <http://www.planalto.gov.br/ccivil_03/Constituicao/Constituiçao.htm>. Consultado em 26.05.2018.

BRASIL. Lei 6.938, de 31 de agosto de 1.981, <http://www.planalto.gov.br/ccivil_03/leis/2002/L6938.htm>. Consultado em: 26.05.2018.

BRASIL. Lei Federal 7.347, de 24 de julho de 1985. Disponível em: <http://www.planalto.gov.br/ccivil_03/Leis/L7347orig.htm>. Acesso em: 17.05.2018.

BRASIL. Lei Federal 8.078, de 11 de setembro de 1990. Disponível em: <http://www.planalto.gov.br/ccivil_03/Leis/l8078.htm>. Acesso em: 10.06.2018.

BRASIL, Superior Tribunal de Justiça. Resp 1.180.078/MG. 2ª Turma. Relator: Herman Benjamin. Pesquisa de Jurisprudência. Julgado em 28.02.2012. Disponível em: <http://m.tjrs.jus.br/#form_jurisprudencia> Acesso em: 28.05.2018.

BRASIL, Superior Tribunal de Justiça. Pesquisa de Jurisprudência. Disponível em: <http://www.stj.jus.br/SCON/>. Acesso em: 28.05.2018.

CARVALHO, Edson Ferrreira de. *Meio ambiente e direitos humanos*. Curitiba: Juruá Editora, 2011.

CAVALIERI FILHO, Sergio. *Programa de responsabilidade civil*. 9. ed. São Paulo: Atlas, 2010.

FARIAS, Cristiano et al. *Curso de Direito Civil: Teoria geral da responsabilidade civil: responsabilidade civil em espécie*. Volume 3. Salvador: Editora JusPodium, 2014.

Gomes, Coelho e Rezende, Magno Federici, João Nélio Câmara e Elcio Nacur. *Astreintes e responsabilidade civil ambiental: regulamentação, interpretação e efetividade do processo*. Rio de Janeiro: Lumen Juris, 2016.

HIGA, Flávio da Costa. *Responsabilidade civil punitiva: os punitive damages no direito brasileiro*. Rio de Janeiro: Lumen Juris, 2016.

LEMOS, Patricia Faga Iglecias. *Responsabilidade civil por dano ao meio ambiente*. São Paulo: Editora Juarez de Oliveira, 2003.

Leite e Ayala, José Rubens Morato e Patryck de Araújo. *Dano ambiental: do individual ao coletivo extrapatrimonial: teoria e prática*. 7.ed. rev., atual e ampl. São Paulo: Editora Revista dos Tribunais, 2015.

Montenegro, Magda. *Meio ambiente e responsabilidade civil*. São Paulo: IOB Thomson, 2005.

ONU. Assembleia Geral das Nações Unidas. *Declaração da Conferência da ONU sobre o Meio Ambiente (Estocolmo, em 1972)*. Disponível em: <https://www.unenvironment.org/Documents.Multilingual/Default.asp?DocumentID=97&ArticleID=1503&l=en>. Acesso em: 18.05.2018.

PENNING, Dionis Mauri. *A Judicialização do Dano Moral Coletivo do Patrimônio Cultural*. Veredas do Direito: Direito Ambiental e Desenvolvimento Sustentável, Belo Horizonte, v. 10, n. 20, p. 79, abr. 2014. ISSN 21798699. Disponível em: <http://www.domhelder.edu.br/revista/index.php/veredas/article/view/358/367>. Acesso em: 12.05.2018.

REZENDE, Elcio Nacur; BIZAWU, Kiwonghi. *Responsabilidade civil por danos ambientais no brasil e em angola*: Um Estudo Panorâmico Comparado da Teoria do Risco Criado versus A Teoria do Risco Integral nos Ordenamentos Positivados do Brasil e Angola. 2013. XXII Encontro Nacional do CONPEDI / UNINOVE Tema: Sociedade global e seus impactos sobre o estudo e a efetividade do Direito na contemporaneidade de 13 a 16 de novembro de 2013 Universidade Nove de Julho – UNINOVE / São Paulo – SP. Disponível em: <http://www.publicadireito.com.br/publicacao/uninove/livro.php?gt=162>. Acesso em: 10.04.2018.

REZENDE, Elcio Nacur; RIBEIRO, José Cláudio Junqueira. *Responsabilidade civil ambiental pela negligência na disposição adequada de resíduos sólidos: Uma análise crítica-construtiva em prol do Desenvolvimento Sustentável através do "Punitive Damage"*. 2014. Disponível em: <www.publicadireito.com.br/artigos/?cod=705c03a1245566a3>. Acesso em: 15.05.2018.

ROSENVALD, Nelson. *As funções da responsabilidade civil: a reparação e a pena civil*. 3 ed. São Paulo: Saraiva 2017.

Sampaio, Francisco Jose Marques. *Evolução da responsabilidade civil e reparação de danos ambientais*. Rio de Janeiro: Renovar, 2003.

Schreiber, Anderson. *Novos paradigmas da responsabilidade civil: da erosão dos filtros da reparação à diluição dos danos*. São Paulo: Atlas, 2015.

DANO MORAL COLETIVO E LESÃO À ORDEM URBANÍSTICA

Annelise Monteiro Steigleder

Mestre em Direito pela Universidade Federal do Paraná. Doutoranda em Planejamento Urbano e Regional pela Faculdade de Arquitetura da Universidade Federal do Rio Grande do Sul. Promotora de Justiça no Estado do Rio Grande do Sul.

Sumário: 1. Introdução – 2. A responsabilidade civil por danos à ordem urbanística – 3. O dano moral coletivo e as sensibilidades no espaço da cidade – 4. Conclusões – 5. Bibliografia.

1. INTRODUÇÃO

O presente artigo objetiva aprofundar os estudos sobre o dano moral coletivo, propondo-se a refletir sobre a possibilidade de seu reconhecimento e sobre o seu conteúdo, quando associado a danos urbanísticos. Em princípio, se pode afirmar que o dano moral coletivo associado ao dano urbanístico tem por objeto a agressão a valores imateriais associados a direitos fundamentais inseridos no "cluster"[1] que conforma o direito à cidade sustentável, que, sob o marco do Estado Democrático de Direito e a partir do disposto no art. 182 da Constituição Federal de 1988 e do Estatuto da Cidade (Lei 10.257/2001), incorpora o ideal de "cidade para todos", assim como apregoava Henri Levébvre.[2]

O ideal de uma cidade justa e inclusiva, que sirva como espaço material para a realização plena dos direitos de personalidade, é elaborado a partir da interpretação sistêmica do texto constitucional, cujo art. 1º reconhece a primazia do princípio da dignidade da pessoa humana e o dever estatal de combater as desigualdades sociais e de erradicar a pobreza. A Constituição, além de afirmar a necessidade de o espaço urbano cumprir sua função social para garantir o bem estar aos habitantes da cidade (art. 182), afirma os direitos fundamentais ao patrimônio cultural e ao ambiente ecologicamente equilibrado (arts. 216 e 225), compondo, assim, a base jurídica para que se possa identificar o conteúdo de danos extrapatrimoniais causados pela violação de funções da cidade.

Colocam-se como questões para o presente estudo: a responsabilidade civil é adequada ao enfrentamento dos danos urbanísticos e à compensação de danos mo-

---

1. MELLO, Cláudio Ari. Elementos para uma teoria jurídica do direito à cidade. In *Revista de Direito à Cidade*. V. 09, n. 2, p. 437-462.
2. LEFEBVRE, Henri. *O direito à cidade*. São Paulo: Centauro, 2001, p. 19.

rais coletivos associados a tais categorias de lesões? Qual o conteúdo do dano moral coletivo urbanístico?

Para dar conta destes questionamentos, em primeiro lugar propomos uma reflexão sobre a possibilidade de a responsabilidade civil ser um instrumento adequado ao enfrentamento dos danos à ordem urbanística, pontuando, de início, a necessidade de enfrentar a imprecisão conceitual do "dano urbanístico". A expansão das funções da cidade, relacionada à ampliação das necessidades existenciais humanas, torna complexa a caracterização do objeto material suscetível de dano, suscitando a importância de problematizar se essa categoria de danos limita-se a impactar a infraestrutura urbana, ou se alcança aspectos imateriais, como o sossego e a qualidade de vida.

Em segundo lugar, procuraremos demonstrar a importância dos conceitos de imaginário e de sensibilidade para a identificação dos valores de uso que se projetam sobre a cidade, esta definida como um bem sociocultural. Por fim, avançaremos sobre hipóteses de danos morais coletivos associados a lesões à ordem urbanística, procurando identificar as situações em que haverá, ou não, sobreposição com o dano ambiental e com outras categorias de danos a direitos de personalidade.

2. A RESPONSABILIDADE CIVIL POR DANOS À ORDEM URBANÍSTICA

A configuração do direito à cidade sustentável representa uma importante transmutação no objeto do Direito Urbanístico, cuja origem remete para a tutela do ordenamento territorial, de padrões estabelecidos no plano diretor e em leis de zoneamento.[3] Esse ramo do direito, responsável por garantir os padrões do desenvolvimento urbano, surgiu como reação do Direito Público para a solução de problemas urbanos associados ao crescimento desordenado das cidades. A *ratio* de seus instrumentos passa pela categorização das coisas em bens jurídicos, públicos ou privados, a fim de que seu uso possa ser planejado, garantindo-se segurança jurídica e estabilidade às relações sociais, pressupostos inafastáveis para o desenvolvimento da sociedade e para o exercício dos direitos proprietários. Em sua gênese, é movido por crenças higienistas, liberais e desprovidas de preocupações com a justiça social.

Todavia, com o advento da Constituição Federal de 1988 e do Estatuto da Cidade (Lei 10.257/2001), o cenário de atuação do Direito Urbanístico altera-se completamente. O art. 182 da Constituição Federal de 1988 prevê que "a política de desenvolvimento urbano, executada pelo poder público municipal, conforme diretrizes gerais fixadas em lei, tem por objetivo o pleno desenvolvimento das funções sociais da cidade e garantir o bem estar de seus habitantes". O § 1º do dispositivo impõe a obrigatoriedade de elaboração do plano diretor para municípios com mais de vinte mil habitantes, e o § 2º afirma que "a propriedade urbana cumpre sua função

---

3. Idem, p.36.

social quando atende às exigências fundamentais de ordenação da cidade expressas no plano diretor".

Por sua vez, o art. 2º, I, do Estatuto da Cidade expressamente afirma, como diretriz da política urbana, "a garantia do direito a cidades sustentáveis, entendido como o direito à terra urbana, à moradia, ao saneamento ambiental, à infraestrutura urbana, ao transporte e ao lazer, para as presentes e futuras gerações".

Mello[4] define o direito à cidade como um "cluster" de direitos, titularizado "pela coletividade indeterminável e potencialmente indeterminável formada pelas pessoas que habitam ou usam o espaço urbano que constitui a cidade". Aduz que se trata "de um direito transgeracional, já que o valor político-moral e jurídico na justiça e sustentabilidade da cidade não se restringe aos indivíduos hoje existentes", alcançando as gerações futuras.[5] Para o autor, o direito à cidade deve ser compreendido como o direito à cidade justa, democrática e inclusiva.

Delgadillo vislumbra três dimensões do direito à cidade: a *utópica*, decorrente de uma construção coletiva que se identifica com o ideal de construção de uma sociedade mais justa, democrática e inclusiva; *a dimensão dos direitos sociais*, que reconhece a existência das profundas desigualdades, motivo pelo qual a cidade é o *lócus* para que as prestações econômicas e sociais corretivas entre os desiguais sejam implementadas, e, por fim, a terceira dimensão, denominada de *política e de políticas públicas*, segundo a qual as questões relacionadas à moradia e ao urbanismo – especialmente a regularização de áreas ocupadas e a obtenção de recursos para tanto – devem integrar a agenda política, demandando do Poder Executivo a elaboração de políticas sociais, de modernização e de urbanização, com a captação dos recursos necessários ao custeio.

Para o autor, o direito à cidade se distingue pela predominância da dimensão utópica, que foi construída por diversos coletivos sociais e que não reivindica a reconquista de uma cidade perdida, mas a conquista de uma cidade que não tivemos, de uma cidade para todos.[6] Trata-se, aqui, do resgate da utopia de Lefébvre, para quem o direito à cidade significava o direito à vida urbana, compreendido não como uma posição jurídica, mas como uma condição básica de um humanismo e de uma democracia renovadas, que possibilitassem o uso intenso dos lugares de encontro e de intercâmbio social e cultural.

---

4. MELLO, Cláudio Ari. Elementos para uma teoria jurídica do direito à cidade. In *Revista de Direito da Cidade*. V. 9, n. 2, p. 437-462, p. 443. O autor afirma que a mudança de paradigma por meio da qual foi alterada a estrutura conceitual dos direitos subjetivos foi institucionalizada com a Lei da Ação Civil Pública (Lei 7.347/1985) e organizada pelo Código de Defesa do Consumidor (Lei 8.078/1990), cujo art. 81 classificou os direitos transindividuais em direitos difusos, direitos coletivos em sentido estrito e direitos individuais homogêneos, consoante a determinação do sujeito e a divisibilidade do objeto.

5. Idem, p. 444.

6. DELGADILLO, Victor. El derecho a la ciudad en la Ciudad de México: utopia, derechos sociales y políticas públicas. En CARRION, Fernando e ERAZO, Jaime. *El derecho a la ciudad en América Latina*: Visiones desde la política. Ciudad de México: PUEC UNAM – IDRC CRDI, p. 73-90.

Outro conteúdo importante para a compreensão do direito à cidade sustentável consiste em identificar as funções sociais da cidade a que se refere o art. 182 da Constituição Federal. No campo do urbanismo, a definição dessas funções relaciona-se aos valores de uso da cidade e das propriedades urbanas. O valor de uso contrapõe-se ao valor de troca e permite que se reconheça a cidade como o suporte da fruição de atributos imateriais que compõem a identidade de grupos humanos, proporcionando qualidade de vida às pessoas.[7]

Para a compreensão do que isso significa, um ponto de partida é a Carta de Atenas,[8] de 1933, que assinala as quatro funções básicas da cidade: habitação, trabalho, diversão e circulação, e enfatiza que cada indivíduo deve ter acesso às alegrias, ao bem estar do lar e à beleza da cidade. Porém, trata-se de formulação que vem sendo ampliada em decorrência das demandas da vida contemporânea, o que induz à conclusão de que não existe um rol exaustivo das funções da cidade.

Nesse sentido, Prestes sustenta "que as cidades contemporâneas, para além de recrear, trabalhar, morar e circular, têm outras funções....Preservar o meio ambiente, exercer a democracia participativa, dar conta de direitos básicos (saúde, educação, assistência social, cultura), dotar de infraestrutura urbana, providenciar o saneamento, propiciar trabalhos a seus habitantes, atuar na economia, reverter a exclusão social, tratar a regularização fundiária e a produção de habitação popular como política pública, fazem parte das funções das cidades contemporâneas".[9] Por esse motivo, considera equivocada a posição que reduz as funções da cidade às funções da Carta de Atenas.

Na Carta Mundial pelo Direito à Cidade, produzida durante o Fórum Social Mundial Policêntrico, de 2006, o conceito de direito à cidade foi definido como "o usufruto equitativo das cidades dentro dos princípios de sustentabilidade, democracia, equidade e justiça social". Afirma-se, ademais, a interdependência entre o direito à cidade e todos os direitos humanos internacionalmente reconhecidos, concebidos integralmente, e inclui, portanto, todos os direitos civis, políticos, econômicos, sociais, culturais e ambientais que já estão regulamentados nos tratados internacionais de direitos humanos.[10]

---

7. O valor de troca refere-se ao valor de mercado de determinado imóvel, ao passo que o valor de uso relaciona-se à qualidade que possui um imóvel para satisfazer uma necessidade humana. A respeito ver: LOGAN, John & MOLOTCH, Harvey. *Urban Fortunes*. The political economy of place. 1987, p. 258, e GELOBTER, Michel. *The Meaning of Urban Environmental Justice*. V. 21, n. 3, Fordham Urban Law Journal, 1994, p. 845, LAHORGUE, Mário Leal. Cidade: obra e produto. *Geosul*, Florianópolis, v.17, n.33, p 45-60, jan./jun. 2002. Disponível em: [https://periodicos.ufsc.br/index.php/geosul/article/viewFile/13786/12656], acesso em: 30.06.2018.
8. A Carta de Atenas foi escrita como conclusão ao Congresso Internacional de Arquitetos e Técnicos de Monumentos Históricos, que ocorreu em outubro de 1931.
9. PRESTES, Vanêsca Buzelato. *Dimensão constitucional do direito à cidade e formas de densificação no Brasil*. Dissertação de Mestrado. Programa de Pós-graduação em Ciências Jurídicas e Sociais. Pontifícia Universidade Católica do Rio Grande do Sul. Porto Alegre, 2008, p. 157.
10. Disponível em: [http://www.polis.org.br/uploads/709/709.pdf], acesso em: 18.03.2018.

A formulação do art. 2º, I, do Estatuto, com expressa referência ao conteúdo da Carta Mundial pelo Direito à Cidade, foi referenciada em acórdãos do Tribunal de Justiça de São Paulo, ao apontar para a configuração de um "plexo de direitos fundamentais" elencados no artigo 2º, I e II do Estatuto da Cidade,[11] e ao interpretar o núcleo semântico da expressão direito à cidade a partir da leitura dos direitos fundamentais insertos na Constituição Federal. Em um dos acórdãos, o Tribunal afirmou que se trata de um "direito difuso e coletivo de toda uma comunidade de usufruir do espaço da cidade. Espaço que pode ser caracterizado como verdadeiro meio ambiente urbano, a fazer incidir, em sua proteção, toda a principiologia constitucional aplicável ao direito fundamental ao meio ambiente saudável".[12]

O Superior Tribunal de Justiça também tem um precedente, no qual reconheceu lesão ao direito à cidade, em virtude da desafetação de área de uso comum do povo (praça) para a categoria de bem dominical, a fim de que o imóvel fosse doado ao INSS, com o propósito de instalação de uma nova agência do órgão federal na cidade. Considerou a importância da manutenção de áreas verdes de fruição coletiva para a garantia do bem estar humano nas cidades.[13]

A partir do exposto, a cidade, como espaço vivido, é um bem sociocultural,[14] o lugar das sociabilidades desde os tempos mais remotos,[15] cujas funcionalidades ultrapassam a perspectiva do somatório das funções sociais das propriedades individuais. Identifica-se, no conteúdo da função social da cidade, uma dimensão que se projeta sobre o conjunto de bens públicos e privados espacializados no território urbano, dimensão esta de natureza imaterial, titularizada por pessoas indeterminadas, diretamente vinculada aos atributos que tornam possível o bem-estar aos habitantes da cidade.[16] Alguns exemplos desses atributos, relacionados a valores de uso, são:

---

11. Tribunal de Justiça de São Paulo. 12ª Câmara, Seção de Direito Público, Apelação 0051315-60.2012.8.26.0515, Rel. Des. Ribeiro de Paula, julgado em 12.12.2015. Reconheceu-se ofensa ao direito à cidade, definido com amparo no Estatuto da Cidade e na Carta Mundial pelo Direito à Cidade, produzido pelo Fórum Mundial de 2006, em decorrência de danos materiais e morais associados a enchentes, agravadas pela omissão do Município quanto à implantação de sistema de drenagem de águas pluviais.

12. Tribunal de Justiça de São Paulo. Órgão Especial. Ação Direito de Inconstitucionalidade 9055901.19.2008.8.26.0000, Rel. Des. Renato Nalini, julgado em 04.05.2011. O Tribunal reconheceu a inconstitucionalidade de uma lei municipal que autorizava o fechamento de ruas sem saída.

13. Superior Tribunal de Justiça, Resp 1135807/RS, Rel. Ministro Herman Benjamin, 2ª Turma, julgado em 15.04.2010, *DJe* 08.03.2012. O Relator afirma que "praças, jardins, parques e bulevares públicos urbanos constituem uma das mais expressivas manifestações do processo civilizatório, porquanto encarnam o ideal de qualidade de vida da cidade, realidade físico-cultural refinada no decorrer de longo processo histórico em que a urbe se viu transformada, de amontoado caótico de pessoas e construções toscas adensadas, em ambiente de convivência que se pretende banhado pelo saudável, belo e aprazível".

14. NYGAARD, Paul Dieter. *Espaço da cidade, segurança e participação popular.* Porto Alegre: Livraria do Arquiteto, 2010.

15. MUMFORD, Lewis. *A cidade na história.* Suas origens, transformações e perspectivas. São Paulo: Martins Fontes, 2008.

16. TEIXEIRA NETO, Felipe. *Dano moral coletivo.* A configuração e a reparação do dano extrapatrimonial por lesão aos interesses difusos. Curitiba: Juruá Editora, 2014, p. 135.

valores hedônicos, culturais, estéticos, paisagísticos, religiosos, recreativos, percepção de segurança, sossego, tranquilidade.

São esses atributos que resultam atingidos, por exemplo, quando da ocorrência de engarrafamentos que aumentam os tempos de viagem em patamares intoleráveis,[17] da poluição atmosférica veicular a tornar tóxico o ar das cidades,[18] da poluição sonora, da poluição visual, das inundações e deslizamentos que forçam deslocamentos de populações, da descaracterização de espaços públicos e de bens protegidos por seu valor cultural, da implantação de loteamentos clandestinos e ocupações precárias, desprovidas de saneamento básico e equipamentos públicos. Estas hipóteses, que atingem tanto bens materiais como imateriais, configuram danos à ordem urbanística, compreendida como um interesse difuso.[19]

No entanto, em pesquisa jurisprudencial sobre o tema, observa-se a inexistência de precedentes reconhecendo, em ação civil pública, a possibilidade de reparação de danos urbanísticos associados aos distúrbios na mobilidade urbana, o que indica a normalização dessas situações tão perturbadoras no cotidiano das cidades, que resultam assimiladas pelo direito como dissabores normais da vida nas metrópoles. O dano urbanístico é uma categoria ainda muito pouco explorada e surge associado a danos ambientais (loteamentos clandestinos em áreas de preservação permanente, poluição sonora, poluição visual) ou a danos a consumidores (também nos casos dos loteamentos clandestinos).

Nas cidades brasileiras, a urbanização descontrolada evidencia a correlação entre o agravamento dos problemas ambientais e urbanísticos e a pobreza. A insuficiência de renda torna impossível o acesso à terra urbanizada formal,[20] empurrando os mais pobres para áreas periféricas, desprovidas de infraestrutura e dotadas de atributos ambientais frágeis. Como resultado, têm-se cidades profundamente desiguais, frag-

---

17. Uma pesquisa sobre Mobilidade da População Urbana, produzida pela Confederação Nacional de Transporte, em agosto de 2017, identificou que, nos municípios com população total acima de 3 milhões de habitantes, a duração média das viagens é de, aproximadamente, 46,2 minutos, o que faz com que as pessoas passem quase duas horas em congestionamentos, isso considerando-se apenas os deslocamentos para ida e volta ao trabalho. Disponível em: [https://www.ntu.org.br/novo/upload/Publicacao/Pub636397002002520031.pdf], acesso em: 22.06.2018.

18. Conforme relatório divulgado pela Organização Mundial de Saúde em maio de 2018, 90% da população mundial respira ar contaminado. O estudo abrangeu 4.300 cidades de 108 países e informa que sete milhões de pessoas morrem a cada ano em consequência da exposição a partículas finas que penetram profundamente nos pulmões e no sistema cardiovascular, o que pode causar acidentes vasculares cerebrais, doenças cardíacas e câncer. Dados disponíveis no Serviço Nacional de Saúde de Portugal: [https://www.sns.gov.pt/noticias/2018/05/02/oms-poluicao-atmosferica/], acesso em: 22.06.2018.

19. Os interesses difusos são definidos pelo art. 81 do Código de Defesa do Consumidor (Lei 8.078/1990) como os transindividuais, de natureza indivisível, de que sejam titulares pessoas indeterminadas e ligadas por circunstâncias de fato.

20. ABRAMO, Pedro. A cidade COM-FUSA: a mão inoxidável do mercado e a produção da estrutura urbana nas grandes metrópoles latino-americanas. *Revista Brasileira de Estudos Urbanos e Regionais*. Associação Nacional de Pós-graduação e pesquisa em planejamento urbano e regional. V. 9, n. 2 (2007).

mentadas, em que a vivência de cidade para expressiva parcela da população é uma experiência de medo, insegurança e privação.

Este cenário tende a se agravar já que 54,5% da população mundial vive em cidades, conforme o Relatório divulgado em 2016 pelo Programa das Nações Unidas para Assentamentos Humanos (ONU-Habitat). A estimativa é de que, em 2050, com uma população projetada em 9 bilhões de pessoas, esse número chegará a 70%.[21]

Sob o ponto de vista jurídico, os problemas urbanos acima referidos constituem danos à ordem urbanística, que constitui um interesse difuso tutelado pela Lei 7.347/1985, em seu art. 1º, VI.[22] Os danos materiais e morais a interesses difusos podem conviver com danos a interesses individuais, associados à mesma situação fática. Todavia, o seu conteúdo é distinto, notadamente no que concerne à dimensão extrapatrimonial.

Quanto ao conceito de "ordem urbanística", é importante pontuar que este não deve ser compreendido como equivalente a "ordenamento territorial". Expressa o conjunto normativo que disciplina o planejamento urbano, o uso e a ocupação do solo e a proteção do patrimônio cultural e ambiental localizado nas cidades, adotando-se aqui uma perspectiva que enfatiza o novo conteúdo do Direito Urbanístico a partir do direito fundamental à cidade sustentável.[23]

A lesão material ao tecido urbano e às funções sociais da cidade é incontroversa nos diversos exemplos citados, mas em nem todos os casos haverá sentido em reconhecer o direito à indenização por dano moral coletivo.[24] É que, como regra, a responsabilidade civil não é um instrumento jurídico capaz de assimilar pretensões

---

21. Disponível em: [http://cdn.plataformaurbana.cl/wp-content/uploads/2016/06/wcr-full-report-2016.pdf], acesso em: 10.06.2018.

22. Os interesses difusos, conforme Teixeira Neto, funcionam como mecanismos de promoção da dignidade humana, pois constituem "a externalização de necessidades coletivas individualmente sentidas" (TEIXEIRA NETO, p. 141). A ordem urbanística foi incluída na Lei 7347/1985 pelo Estatuto da Cidade (Lei 10.257/2001). Até o advento desta alteração legislativa a ordem urbanística era tutelada sob a categoria "outros interesses difusos" inserida na mesma lei.

23. BRASIL, Luciano de Faria. O conceito de ordem urbanística. Conteúdo e alcance. *Revista do Ministério Público do RS*, Porto Alegre, n. 69, maio 2011 – ago. 2011, p. 164. O autor afirma a natureza bifronte do conceito de ordem urbanística: "de um lado, a ordem urbanística tomada como o ordenamento normativo relativo a um segmento específico da totalidade do sistema jurídico, servindo também como fio condutor da matéria para a finalidade específica da tutela processual coletiva; de outro, a ordem urbanística vista como o retrato das relações sociais presentes na realidade urbana, figura impregnada não apenas de uma índole representacional ou descritiva, mas também de uma dimensão prescritiva, gerada por um suporte normativo que fornece o paradigma aplicável" (p. 167). Por sua vez, Sundfeld afirma que a ordenação é a forma como a política urbana viabilizará o pleno desenvolvimento das funções sociais do todo (a cidade) e das partes (cada propriedade particular), partindo-se da ideia de que "sem política urbana o crescimento urbano é desordenado e distorcido" (SUNFELD, Carlos Ari. O Estatuto da Cidade e suas Diretrizes Gerais (art. 2º). In: DALLARI, Adilson Abreu; FERRAZ, Sérgio (Coordenadores). *Estatuto da Cidade (Comentários à Lei Federal 10.257/2001)*. 3ª edição, atualizada de acordo com as Leis ns. 11.673, de 8.5.2008 e 11.977, de 7.7.2009. São Paulo: Malheiros, 2010, p. 54).

24. Este direito seria veiculado em ação civil pública e a indenização se destinaria ao Fundo de Recuperação de Bens Lesados a que se refere o art. 13 da Lei 7.347/1985.

de implantação de políticas públicas. O seu desenvolvimento teórico se deu no contexto de se buscar a restauração do patrimônio lesado de vítimas específicas, em uma perspectiva *ex post*. Portanto, em um esquema pontual em que existe um lesante e um lesado identificáveis e um dano certo e atual.

A medida em que a sociedade se torna cada vez mais complexa, com a intensificação dos riscos e com a pulverização das vítimas, novas funções são atribuídas à responsabilidade civil, por conta da incidência dos princípios da prevenção e da precaução,[25] a permitirem que o instituto também se volte ao impedimento dos danos e de sua repetição. Em determinados temas, se tem veiculado pretensões de implementação de políticas públicas, como se dá, por exemplo, em ações judiciais em que se busca o encerramento de lixões, com a remediação da área contaminada, ou a regularização de loteamentos clandestinos. Mas, mesmo nestes casos, têm-se esquemas de imputação estruturados a partir da responsabilidade civil por omissão do Município. Alega-se que a implantação de determinado loteamento clandestino decorreu de falhas no exercício do poder de polícia e da atuação ilícita do loteador. Em outras situações, em que as ocupações do solo urbano são resultado de ação de grupos sociais, por vezes, figura apenas o Município como réu, diante da dificuldade de identificação dos ocupantes.[26]

Todavia, a expansão da urbanização descontrolada, como resultado de séculos de desigualdade econômica,[27] tem desafiado essa estrutura de imputação de responsabilidade civil. A regularização fundiária e o provimento de políticas habitacionais dependem de previsão orçamentária do Município e de planejamento urbano fundado em hierarquização dos conflitos existentes, a partir de critérios técnicos, tais como a localização ou não em área de risco (alto, médio, baixo), o número de famílias envolvidas, a existência de equipamentos sociais etc. Recentemente, a Lei 13.465/2017 estabeleceu procedimentos e critérios para a regularização fundiária urbana de ocupações consolidadas de interesse social e de interesse específico em áreas de preservação permanente e em outros espaços urbanos,[28] em um movimento que força o Direito a reconhecer quadros de irreversibilidade, apesar das perdas de qualidade urbana, ambiental e paisagística, associadas a estas situações.

---

25. LOPEZ, Teresa Ancona. *Princípio da precaução e Evolução da Responsabilidade Civil*. São Paulo: Quartier Latin, 2010.
26. Com o tempo, estes grupos tendem a se organizar em Associações de Moradores ou em Cooperativas Habitacionais e passam a lutar pelo direito à moradia. Não raramente, uma ação civil pública que se inicia para a desocupação das áreas, em virtude de seu valor ambiental, ou uma ação de reintegração de posse movida pelo proprietário, termina em acordo para a regularização da área e sua aquisição pelos ocupantes. O Tribunal de Justiça do Estado do Rio Grande do Sul implantou o Centro Judiciário de Solução de Conflitos e Cidadania e um de seus objetivos é a pacificação de conflitos fundiários de dimensão coletiva. A respeito, ver: [http://www.cnj.jus.br/noticias/cnj/80022-tjrs-utiliza-conciliacao-para-resolver-conflitos-de-reintegracao-de-posse], acesso em: 20.06.2018.
27. A respeito, ver DAVIS, Mike. *Planeta Favela*. São Paulo: Boitempo, 2006.
28. Lei 13.465/1017, art. 11, inciso II – Núcleo urbano informal: aquele clandestino, irregular ou no qual não foi possível realizar, por qualquer modo, a titulação de seus ocupantes, ainda que atendida a legislação vigente à época de sua implantação ou regularização;

Sob a perspectiva de quem vê as ocupações urbanas irregulares e clandestinas de fora, trata-se de um dano ao ordenamento territorial, à paisagem e ao meio ambiente. Mas quem está dentro da favela também é vítima de danos, decorrentes da omissão estatal na implementação de direitos fundamentais sociais, dentre os quais se assinalam o direito à moradia, o direito ao saneamento, o direito à saúde. É inegável o dano aos direitos de personalidade destas pessoas,[29] que tem alcance geracional, pois a privação da moradia adequada traz consigo a subtração de oportunidades de sociabilidade, de obtenção de emprego futuro, de acesso à educação.[30] Portanto, esse cenário desafia o Direito, impondo-lhe um quadro de escassez e de injustiça social urbana[31] que devem ser equacionados através de políticas públicas proporcionais.

Os adquirentes dos lotes, que implantam suas moradias independentemente de autorização municipal, são, ao mesmo tempo, vítimas do loteador clandestino e causadores dos danos ambientais e ao ordenamento territorial. Na mesma linha de reflexão, os ocupantes de áreas de risco são concomitantemente causadores de danos ambientais e vítimas da situação de profundo abandono por parte do Estado. O dano urbanístico, portanto, apresenta um efeito "bumerangue", pois prejudica o próprio causador do dano, também titular de direitos inseridos no cluster do direito à cidade, que estão sendo atingidos em maior ou menor grau por suas próprias ações. Neste quadro, os causadores do dano à configuração planejada da cidade passam à condição concomitante de vítimas da falta de planejamento urbano e da falta de políticas habitacionais para população de baixa renda.

Lôbo afirma que os fundamentos constitucionais da responsabilidade civil são voltados essencialmente à afirmação de três valores: a primazia do interesse da vítima, a máxima reparação do dano e a solidariedade social.[32] Veja-se que a ocupação desordenada do solo urbano, no quadro da responsabilidade civil, poderia justificar a imposição ao Município do dever de promover a regularização fundiária, o que seria uma forma de "reparação" do dano urbanístico material, embora parcial, pois o ideal de retorno ao *status quo ante* é inalcançável, já que pressuporia a retirada das

---

III – núcleo urbano informal consolidado: aquele de difícil reversão, considerados o tempo da ocupação, a natureza das edificações, a localização das vias de circulação e a presença de equipamentos públicos entre outras circunstâncias a serem avaliadas pelo Município.

29. Muitos estudos empíricos na área do Urbanismo são elaborados para demonstrar as consequências para a qualidade de vida dos moradores de favelas, que não se limitam à privação de moradia adequada. Os estudos apontam para a correlação entre a criminalidade, a pobreza e a urbanização desigual. PESSOA, Mariana Lisboa. *Ocupação irregular e regularização fundiária de interesse social em Áreas de Proteção Ambiental*: O caso da Ilha Grande dos Marinheiros. Dissertação de Mestrado. PROPUR, 2014. MARZULO, Eber Pires. *Espaço dos pobres*: identidade social e territorialidade na modernidade tardia. Tese de Doutorado, Programa de Pós-Graduação em Planejamento Urbano e Regional da Universidade Federal do Rio de Janeiro, 2005.

30. KÁTZMAN, Rúben. *Seducidos y abandonados*. El aislamiento social de los pobres urbanos. Revista de la CEPAL, 75, p. 171-189. Disponível em: [https://www.cepal.org/publicaciones/xml/6/19326/katzman.pdf].

31. Sobre o tema da justiça social, ver: BAGGIO, Roberta Camineiro. *Justiça ambiental entre redistribuição e reconhecimento*: a necessária democratização da proteção da natureza. Tese de Doutorado. Universidade Federal de Santa Catarina. Pós-graduação em Direito, Florianópolis, 2008.

32. LOBO, Paulo Luiz Netto. Direito Civil. *Obrigações*. São Paulo: Saraiva, 2011, p. 23.

famílias e a recomposição integral da área degradada, com o reassentamento destas mesmas famílias em áreas planejadas.

Em tese, em virtude do princípio da reparação integral, o dano a valores imateriais e às funções sociais lesadas, que não serão restabelecidas, deveria ser reparado. Todavia, haveria sentido em pleitear indenização por dano moral coletivo[33] nesses casos de urbanização descontrolada? Qual seria a função dessa indenização? Ela teria o condão de compensar a perda dos atributos imateriais da cidade?

Pereira vislumbra o dano moral coletivo associado à lesão à ordem urbanística nos casos de loteamentos clandestinos e favelas, argumentando que "um loteamento clandestino que deixa marcas indeléveis na vida e na visão da cidade, representadas pela enorme concentração populacional numa região que não se encontra estruturada geograficamente com equipamentos urbanos, comunitários e serviços públicos ou de utilidade pública, constitui-se em lesão significativa e intolerável para a coletividade".[34] O autor também agrega às hipóteses de configuração de dano moral urbanístico as infrações ao zoneamento urbano, como nos casos de invasões das vias públicas por camelôs, de instalação de equipamentos publicitários irregulares, que causam poluição visual, a ocupação indevida de áreas públicas, os loteamentos fechados.[35]

Não concordamos com a generalização do reconhecimento do dano moral coletivo para todas estas situações de hipotético dano urbanístico, pois partimos da premissa de que essa categoria de danos demanda aferir lesão a atributos imateriais da cidade, como bem sociocultural. Na verdade, a configuração do "dano urbanístico" pressupõe a identificação de bens jurídicos tutelados pelo cluster de direitos fundamentais inseridos no direito à cidade sustentável e a subsequente ponderação entre os princípios jurídicos que poderão estar em colisão. Não nos parece que a existência de camelôs configure um dano urbanístico, especialmente em um quadro de crise econômica e de desemprego, como o ora enfrentado pelo país. Trata-se de estratégia de sobrevivência, como a de tantos andarilhos urbanos (catadores de resíduos, biscateiros, guardadores de carros, engraxates etc.).

Além disso, tal entendimento reflete a intenção de punir os infratores que violaram a normas urbanísticas, o que discrepa do sistema jurídico pátrio por falta de amparo legal, ainda que se identifiquem precedentes no Superior Tribunal de Justiça

---

33. Sobre o desenvolvimento teórico do conceito de dano moral coletivo, consultar: LEITE, DANTAS e FERNANDES, Daniele Cana Verde. O dano moral ambiental e sua reparação. *Revista de Direito Ambiental*. SP: RT, v. 04, out/dez. 1996, p.61; RAMOS, André de Carvalho. Ação civil pública e o dano moral coletivo. *Revista de Direito do Consumidor*, São Paulo, v.25, p.81-82, jan./mar., 1998; PACCAGNELLA, Luís Henrique. Dano moral ambiental. Revista de Direito Ambiental, SP: RT, ano 4, v. 13, jan;mar. 1999, p.45-46.

34. PEREIRA, Marco Antonio Marcondes. Dano moral contra a coletividade: ocorrências na ordem urbanística. In *Temas de Direito Urbanístico*. v. 03, Ministério Público do Estado de São Paulo: Imprensa Oficial, 2001, p.228.

35. Idem, p. 232.

que reconheçam como cabíveis os *punitive dammages*.[36] Seria muito importante que houvesse, expressamente, a previsão legal nesse sentido,[37] pois, então, a responsabilidade civil poderia exercer, com maior eficiência, função dissuasória pela perspectiva de aplicação de uma sanção ao infrator.

Consideramos que, no âmbito da argumentação jurídica e diante do quadro normativo vigente, a fundamentação para a exigência do dano moral coletivo deve passar pelo reconhecimento da lesão a valores de uso imateriais, a partir da perspectiva compensatória, embasada no princípio da reparação integral. Este princípio deve ser ponderado com os demais direitos fundamentais que podem estar afetados no caso concreto, sobretudo com o direito à moradia e à dignidade das famílias que habitam lugares precários, a fim de se aferir a injustiça do dano.

Nesse contexto, o pedido de indenização por dano moral coletivo deve ser avaliado criteriosamente inclusive para que possa ponderar a possibilidade de sua reversão em benefício da própria regularização fundiária a ser implementada na área, ao invés de ser destinado para o Fundo de Recuperação de Bens Lesados a que se refere o art. 13 da Lei 7.347/1985. Entendemos que a reparação do dano moral coletivo não se limita à indenização pecuniária, podendo ser proporcionada por outros meios compensatórios.

No entanto, a jurisprudência pátria não tem se debatido sobre as peculiaridades do dano à ordem urbanística e muito menos sobre o dano moral coletivo que lhe possa corresponder. Em um caso de implantação de um loteamento clandestino em uma área de preservação permanente[38] localizada na zona rural, o dano moral coletivo foi fundamentado a partir do dano ambiental e da submissão dos moradores da região "a condições precárias de sobrevivência". Confira-se trecho da ementa:

> "(...) O dano moral coletivo, assim entendido o que é transindividual e atinge uma classe específica ou não de pessoas, é passível de comprovação pela presença de prejuízo à imagem e à moral coletiva dos indivíduos enquanto síntese das individualidades percebidas como segmento, derivado de uma mesma relação jurídica-base. (...) O dano extrapatrimonial coletivo prescinde da comprovação de dor, de sofrimento e de abalo psicológico, suscetíveis de apreciação na esfera do indivíduo, mas inaplicável aos interesses difusos e coletivos" (REsp 1.057.274/RS, Rel. Ministra Eliana Calmon, 2ª Turma, julgado em 01.12.2009, *DJe* 26.02.2010).

---

36. Sobre o tema, ver ainda: VAZ, Caroline. *Funções da responsabilidade civil*. Da reparação à punição e dissuasão. Os punitive damages no Direito Comparado e Brasileiro. Porto Alegre: Livraria do Advogado, 2009, p. 22.

37. Afirma Rosenvald: "a nosso ver, o dano transindividual não passa de peculiar espécie de pena civil, criativamente desenhada no ordenamento jurídico brasileiro para, de forma inibitória, coibir lesões ambientais ou consumeiristas de grande impacto, amoldando-se aos princípios da precaução e do poluidor-pagador. Todavia, o dano moral coletivo só será legitimamente traduzido como pena civil no momento em que uma reforma legislativa acrescer à legislação um dispositivo capaz de estabelecer critérios objetivos e subjetivos mínimos para a sua aplicação como sanção punitiva". ROSENVALD, Nelson. *O direito civil em movimento*. Desafios contemporâneos. 2. Ed. Salvador: JusPodium, 2018, p. 232.

38. As áreas de preservação permanente são protegidas pelo art. 4º da Lei 12.651/2012 (Código Florestal), vedando-se a implantação de loteamentos.

5. No caso, o dano moral coletivo surge diretamente da ofensa ao direito ao meio ambiente equilibrado. Em determinadas hipóteses, reconhece-se que o dano moral decorre da simples violação do bem jurídico tutelado, sendo configurado pela ofensa aos valores da pessoa humana. Prescinde-se, no caso, da dor ou padecimento (que são consequência ou resultado da violação). Nesse sentido: REsp 1.245.550/MG, Rel. Ministro Luis Felipe Salomão, 4ª Turma, DJe 16.04.2015.

Recurso especial provido[39].

O acórdão em questão não adentrou na temática da lesão à ordem urbanística, embora a implantação de loteamentos clandestinos guarde relação direta com a expansão descontrolada da cidade e com a falta de infraestrutura. Aparentemente, embora o acórdão faça referência expressa a precedentes que reconhecem o princípio da reparabilidade integral do dano ambiental, o intuito foi punir o loteador clandestino por sua conduta antissocial, ao promover o parcelamento ilegal do solo em área rural, que não poderia ser urbanizada.

Em outro caso, o Ministro Marco Aurélio Bellizze, do Superior Tribunal de Justiça, valeu-se da função punitiva da responsabilidade civil para fundamentar a indenização por dano moral coletivo, arbitrado em cento e cinquenta mil reais, decorrente da implantação de loteamento clandestino.[40] Colacionou precedente de relatoria da Ministra Nancy Andrighi,[41] no qual o dano moral coletivo foi conceituado como

"a violação injusta e intolerável de valores fundamentais titularizados pela coletividade (grupos, classes ou categorias de pessoas). Tem a função de: a) proporcionar uma reparação indireta à lesão de um direito extrapatrimonial da coletividade; b) sancionar o ofensor; e c) inibir condutas ofensivas a esses direitos transindividuais".

O precedente considerou que "se, por um lado, o dano moral coletivo não está relacionado a atributos da pessoa humana e se configura *in re ipsa*, dispensando a demonstração de prejuízos concretos ou de efetivo abalo moral, de outro, somente ficará caracterizado se ocorrer uma lesão a valores fundamentais da sociedade e se essa vulneração ocorrer de forma injusta e intolerável". O relator ponderou que o loteador ludibriou a confiança dos adquirentes dos lotes, gerando neles "a falsa expectativa de realizarem o sonho da casa própria, uma vez que aqueles tinham conhecimento da inviabilidade da implantação do loteamento popular ofertado"; e que "destarte, a indenização por danos morais, diante de sua natureza dúplice, não deve ser vista apenas sob o ângulo de quem deve ser indenizado, mas também sob o ângulo daquele que deve indenizar".

---

39. Superior Tribunal de Justiça. Recurso Especial 1410698/MG, Rel. Ministro Humberto Martins, 2ª. Turma, julgado em 23.06.2015, DJe 30.06.2015.
40. Superior Tribunal de Justiça, Agravo em Recurso Especial 1.312.148 – SP, Relator Min. Marco Aurélio Bellizze, j. em 29.06.2018.
41. Superior Tribunal de Justiça. Recurso Especial 1.643.365/RS.

Veja-se que os valores imateriais considerados nesse precedente judicial relacionam-se à boa-fé e às expectativas dos adquirentes, e não à ordem urbanística propriamente dita.

Em outro precedente, ainda, o Superior Tribunal de Justiça, ao apreciar um caso em que se alegava a responsabilidade civil por omissão do Município em razão da falta de fiscalização quanto à implantação de loteamento clandestino, negou o pedido de indenização por dano moral coletivo, considerando que a responsabilidade da Prefeitura limitava-se a executar as obras essenciais a serem implantadas para melhoria da malha urbana, tais como arruamentos, esgoto, energia e iluminação pública, de modo a atender aos moradores já instalados.[42] Quanto à caracterização do dano moral coletivo, afirmou que este seria cabível quando o dano "ultrapassa os limites do tolerável e atinge, efetivamente, valores coletivos, o que não foi constatado pela corte de origem", mas não especificou quais valores coletivos deveriam ser lesados para o preenchimento do suporte fático.

Assim, verifica-se a necessidade de avançar no conteúdo do dano moral coletivo associado à lesão à ordem urbanística. Seria possível afirmar sua autonomia em relação ao dano ambiental ou ao dano às pessoas lesadas em suas expectativas? No que consistiriam "os valores coletivos lesados"?

3. O DANO MORAL COLETIVO E AS SENSIBILIDADES NO ESPAÇO DA CIDADE

Após um breve período em que o Superior Tribunal de Justiça rechaçou o reconhecimento do dano moral coletivo a pretexto de que não estaria caracterizado o sentimento psíquico de dor,[43] os tribunais passaram admitir a configuração do dano moral coletivo diante da lesão a bens dotados de valor ambiental ou cultural significativo para a comunidade, compreendendo que sentimentos de angústia e tristeza relacionam-se com as possíveis consequências do dano, não atuando no plano do reconhecimento jurídico do dano.[44] Assim, por exemplo, o precedente do Tribunal de Justiça de Minas Gerais, ao afirmar que "não é possível preservar a memória de um povo sem, ao mesmo tempo, preservar os espaços por ele utilizados e as manifestações cotidianas de seu viver".[45]

---

42. Superior Tribunal de Justiça, Recurso Especial 1.727.742/SC, Min. Mauro Campbell Marques, j. 29.06.2018.
43. Superior Tribunal de Justiça. Recurso Especial 598.281-MG, Rel. Min. Teori Zavascki, j. em 02.05.2006.
44. MORAES, Maria Celina Bodin. *Danos à pessoa humana*. Uma leitura civil-constitucional dos danos morais. RJ: Renovar, 2003, p. 131. No mesmo sentido: RAMOS, André de Carvalho. Ação civil pública e o dano moral coletivo. *Revista de Direito do Consumidor*, SP: RT, v. 25, jan/mar 1998, p.83.
45. O precedente tratou da destruição de um imóvel da década de 20, localizado no Município de Araguari, denominado de antigo "Relicário", o qual se encontrava em processo de tombamento, com expedição de notificação de tombamento provisório ao proprietário. (TJMG – Apelação Cível 1.0035.09.161507-6/001, Relator(a): Des.(a) Washington Ferreira, 7ª Câmara Cível, julgamento em 11.12.2012, publicação da súmula em 14.12.2012).

Como observa Schreiber, o dano moral coletivo não significa a soma de danos morais individuais,[46] "mas lesão a um interesse que se afirma pertencer não a qualquer pessoa individual, mas a toda uma coletividade determinada ou indeterminada de pessoas, um interesse que seria indivisível entre os seus titulares".[47] Na mesma linha, Teixeira Neto esclarece que, "mesmo repercutindo de modo individual em cada uma das pessoas singularmente consideradas enquanto membros de uma coletividade, não podem ser apropriados por qualquer delas, não podendo, pois, serem atribuídos a qualquer sujeito".[48]

No direito positivo brasileiro, a previsão do dano moral coletivo ou dano extrapatrimonial[49] surgiu com as alterações introduzidas pela Lei 8.884/1994 no sistema da ação civil pública, seguindo-se grande produção teórica sobre a configuração dessa categoria de dano, elaborada a partir da ideia de que os entes morais e os grupos humanos poderiam ser titulares de uma espécie de "honra objetiva",[50] porquanto titulares de valores morais e de um patrimônio ideal que mereça proteção jurídica.

Para Bittar Filho, dano moral coletivo é a injusta lesão da esfera moral de uma dada comunidade, ou seja, é a violação antijurídica de um determinado círculo de valores coletivos. Refere que "quando se fala em dano moral coletivo, está-se fazendo menção ao fato de que o patrimônio valorativo de uma certa comunidade (maior ou menor), idealmente considerada, foi agredido de maneira absolutamente injustificável do ponto de vista jurídico: quer isso dizer, em última instância, que se feriu a própria cultura, em seu aspecto imaterial".[51]

Essa elaboração jurídica é complementada por estudos dos campos do urbanismo e da história cultural, que enriquecem a caracterização do dano moral coletivo aplicado ao contexto das cidades. Um referencial teórico muito importante para o tema é o conceito de imaginário,[52] que é composto pela sensibilidade compartilhada entre os indivíduos que integram os diversos grupos sociais, resultando em expressões culturais comuns aos membros das comunidades, tais como "atos, ritos, palavras, imagens, objetos da vida material e em materialidades do espaço construído".[53]

---

46. Os danos individuais homogêneos podem ser tutelados através de ação coletiva, conforme art. 81, III, do CDC.
47. SCHREIBER, Anderson. *Dano moral coletivo por corrupção*. Publicado em 06.09.2017, disponível em [http://genjuridico.com.br/2018/01/30/dano-moral-coletivo-por-corrupcao/], acesso em: 30.06.2018.
48. TEIXEIRA NETO, p. 142.
49. Utilizaremos a expressão como sinônima da expressão "dano moral coletivo ou difuso".
50. Superior Tribunal de Justiça, Recurso Especial 60.033-2-MG, Rel. Min. Ruy Rosado de Aguiar, 4ª. Turma, j. em 09.08.1995.
51. BITTAR FILHO, Carlos Alberto. Do dano moral coletivo no atual contexto jurídico brasileiro. *Revista de Direito do Consumidor*, SP: RT, v. 12, out/dez. 1994, p. 55.
52. PESAVENTO, Sandra Jatahy. Sensibilidades: escrita e leitura da alma. In LANGUE, Fréderique (org). *Sensibilidades na história. Memórias singulares e identidades sociais*. Porto Alegre, Editora da UFRGS, 2007, p. 05.
53. Idem, p. 14.

Consoante leciona Pesavento, "as sensibilidades são uma forma de apreensão e de conhecimento do mundo para além do conhecimento científico, que não brota do racional ou das construções mentais mais elaboradas".[54] Para a autora, as sensibilidades de cada época incidem "sobre as formas de valorizar, de classificar o mundo, ou de reagir diante de determinadas situações e personagens sociais. Em suma, as sensibilidades estão presentes na formulação imaginária do mundo que os homens produzem em todos os tempos".

O reconhecimento do imaginário permite atribuir à cidade uma dimensão imaterial, que proporciona que seu conceito transcenda a ideia de cidade como um lugar que congrega um aglomerado de edifícios, onde pessoas exercem distintas funções. As práticas, hábitos comuns, sentimentos e tradições que formam a cultura dos grupos humanos que habitam o lugar correspondem à alma da cidade, vivificando-a.[55] Assim, a cidade é um espaço sociocultural, compreendido, nas palavras de Lefébvre, como o suporte de um "modo de viver, mais ou menos intenso ou degradado: a sociedade urbana. Na base econômica do 'tecido urbano' aparecem fenômenos de uma outra ordem, num outro nível, o da vida social e 'cultural'", que é carregada por um sistema de objetos (água, eletricidade, gás etc.) e por um sistema de valores (lazer, práticas culturais, costumes, modas, preocupações com segurança etc.).[56]

Portanto, a cidade, como bem sociocultural, é composta por elementos materiais (naturais adaptados e construídos) e imateriais (símbolos, imagens e valores), reflexos de um processo de intensa interação entre a sociedade e o seu espaço,[57] que, em conjunto, produzem novas demandas sociais e culturais altamente complexas. Essa complexidade decorre da grande heterogeneidade existente mesmo em grupos sociais que, aparentemente, têm os mesmos interesses,[58] o que atribui aos conflitos a característica de serem inter e intra grupos sociais. Ou seja, há conflitos entre os

---

54. PESAVENTO, Sandra Jatahy. Sensibilidades: escrita e leitura da alma. In LANGUE, Fréderique (org). *Sensibilidades na história*. Memórias singulares e identidades sociais. Porto Alegre, Editora da UFRGS, 2007, p. 19. Também para Leenhardt, a sensibilidade é "uma propriedade do ser humano, que define sua capacidade de sentir emoções", não pertencendo à ordem da razão, nem da inteligência conceitual (LEENHARDT, Jacques. Sensibilidade e sociabilidade. In RAMOS, Alcides *et alii* (org.). *Olhares sobre a história*. Culturas, sensibilidades e sociabilidades. São Paulo: Editora HUCITECT, 2010, p. 27).
55. MELLO, Luiz de Anhaia. *Problemas de urbanismo*. Bases para a resolução do problema técnico, Escolas Profissionais Salesianas, São Paulo, 1929, p.49.
56. LEFEBVRE, Henri. *O direito à cidade*. São Paulo: Centauro, 2001, p. 19.
57. NYGAARD, Paul Dieter. *Espaço da cidade, segurança e participação popular.* Porto Alegre: Livraria do Arquiteto, 2010, p. 49.
58. Idem. O autor sinaliza que "ao longo do processo de interação entre sociedade e espaço, cada grupo vai, assim, projetando uma determinada 'cidade que deseja', que contém uma dimensão ideal e material particular. A idealização dessa 'cidade que deseja' traz implícita uma interpretação crítica da cidade que aí está, a 'cidade para todos', que chamamos de 'cidade que não querem'. Ao longo do processo de interação com o espaço, e mesmo entre si, os diferentes grupos vão tentando concretizar, via leis, obras, investimentos, pressões etc., as suas particulares idealizações e interpretações. Com isso, fica conflagrado no espaço da cidade uma dinâmica de movimentos conflituosos, cada um perseguindo suas próprias visões e ideias, tentando moldar o espaço à sua maneira e na razão direta de sua força empreendedora" (p. 51).

grupos sociais, por representarem diferentes posições e percepções sobre a cidade, e, dentro de cada grupo, dadas as diferenças de expectativas individuais.

Toda essa carga valorativa atua diretamente na construção jurídica do conceito de dano moral coletivo, que passa pela ponderação dos valores e interesses lesados. Um exemplo didático do que se quer afirmar é o caso do "Carnaval de Rua do Rio de Janeiro", que tem atraído multidões de pessoas todos os anos para as apresentações dos 473 blocos de carnaval que ocorrem nos espaços públicos, ao longo de diversos dias.[59] É evidente o conflito de valores e interesses: de um lado os moradores dos bairros impactados pelas aglomerações urbanas, formadas por milhares de foliões, que atraem ruídos, resíduos, impactos na mobilidade; e outro o interesse cultural, já que o carnaval é um evento popular consolidado na cultura brasileira.

O Tribunal de Justiça do Rio de Janeiro enfrentou o tema, ao apreciar ação civil pública movida pelo Ministério Público Estadual contra as empresas patrocinadoras do carnaval de rua, que pleiteava indenização por danos materiais e morais coletivos associados ao evento carnavalesco.[60] Embora não tenha considerado caracterizado o dano moral coletivo associado ao carnaval de rua propriamente dito, reputado pelo Tribunal como "uma tradição cultural, democrática e popular que deve ser valorizada", nos termos do art. 215 da Constituição Federal de 1988, entendeu que a dispersão dos foliões para dentro dos bairros caracterizava o dano moral coletivo.

O acórdão considerou como uma perturbação intolerável a permanência de milhares de foliões nos bares "até altas horas, interditando a rua com caixa de som, em verdadeiro bloco estático, o que impede o ir e vir e sossego dos moradores, de forma fora dos padrões. Dessa forma, acarreta aos moradores danos anormais, que não podem ser tolerados, nem mesmo no carnaval".

O que é interessante nesse precedente judicial é a complexidade dos valores considerados como suporte para o dano moral coletivo (cultura, sossego, tradições), que foram qualificados como um tipo de dano ambiental no acórdão e ponderados entre si. Têm-se os ruídos e as algazarras dos foliões, o que poderia ensejar a caracterização do dano moral coletivo ambiental, mas tem-se, ao mesmo tempo, a valorização do direito de ir e vir dos moradores.

Essa é a complexidade que envolve o dano moral coletivo quando associado ao urbanismo. Possivelmente, o seu reconhecimento aparecerá associado ao dano ambiental ocorrido no espaço construído, como se dá nos casos de poluição sonora ou atmosférica, sempre que houver a ultrapassagem dos limites de tolerância em uma escala transindividual, que prejudique a qualidade de vida e o bem-estar da comunidade (e não apenas de um grupo estrito de vizinhos). Ou, ainda, nas hipó-

---

59. Disponível em: [https://g1.globo.com/rj/rio-de-janeiro/carnaval/2018/noticia/veja-a-lista-de-todos-os-blocos-do-carnaval-do-rio-2018.ghtml], acesso em: 22.06.2018.
60. Tribunal de Justiça do Rio de Janeiro, Apelação Cível 0427740-11.2010.8.19.0001, 7ª Vara Cível, Relatora Des. Márcia Ferreira Alvarenga, j. em 09.12.2015.

teses de supressão de vegetação em espaços urbanos sem licenciamento ambiental, que, além dos impactos na biodiversidade, reduzem o bem-estar humano, por conta das funcionalidades que a vegetação cumpre nas cidades (efeito térmico, retenção de particulados, configuração de paisagem), e, ainda, nos casos de poluição visual decorrente da instalação de painéis publicitários em locais proibidos (entorno de bens tombados, por exemplo).[61]

A poluição visual, consoante conceito de Castanheiro, consiste na "violação estética de um padrão paisagístico médio a ser aferido em cada caso, seja afetando uma paisagem naturalmente bela, ou portadora de outro predicado relevante, ou alterando uma paisagem urbana de maneira desarmônica e agressiva".[62] A valorização da "estética urbana", no contexto da tutela jurídica da paisagem urbana, justifica-se, segundo Rufinoni, em razão de sua importância para o processo de compreensão do ambiente edificado como patrimônio cultural.[63] Aponta para a contribuição de Buls, que, em 1893, impulsionado pela obra de Camilo Sitte, aprofundou o estudo estético dos ambientes urbanos e elaborou princípios gerais sobre tais espaços em obra intitulada "Estética das Cidades", a qual descreve a cidade construída como objeto histórico e cognitivo. Trata-se de enfoque valioso, pois permite a compreensão do sentido jurídico da poluição visual como uma forma de alteração adversa que atinge a harmonia estética, artística e paisagística, seja de edificações, seja de ambiências formadas por conjuntos arquitetônicos, como é o caso dos centros históricos das cidades, que reúnem conjuntos de edifícios e espaços públicos que conformam um espaço harmônico, que remete à memória e contribui para a construção da identidade do lugar, como um espaço geográfico dotado de alta carga simbólica.

Por fim, vislumbram-se hipóteses de danos morais coletivos associados à ordem urbanística nos danos à infraestrutura urbana, como ocorreria, por exemplo, na hipótese de implantação de um grande projeto urbano, como um shopping center, sem a adoção das medidas mitigadoras e compensatórias na mobilidade urbana. Os congestionamentos das vias públicas certamente prejudicarão a qualidade de vida dos habitantes da cidade, aumentando o tempo das viagens, o que concorre para o aumento do nível de *stress*, com prejuízos cumulativos para a saúde humana. No entanto, não foram encontrados precedentes sobre esta tipologia de danos.

---

61. Reconhecendo dano moral coletivo associado a instalação de painéis publicitários no centro histórico de São João Del Rey: Tribunal de Justiça de Minas Gerais. Apelação Cível 1.0625.15.004285/001, Relator Des. Geraldo Augusto, 1ª Câmara Cível, j. em 26.07.2016.
62. CASTANHEIRA, Ivan Carneiro. A poluição visual: formas de enfrentamento pelas cidades. *Revista Internacional de Direito e Cidadania*, n. 4, p. 63-78, junho/2009, disponível em: [http://www.egov.ufsc.br/portal/sites/default/files/anexos/33343-42646-1-PB.pdf], acesso em 20.09.2017.
63. RUFINONI, Manoela Rossinetti. Os estudos de Estética Urbana e a percepção da cidade artefato no alvorecer do século XX, in. *Revista CPC*, São Paulo, n.14, p. 1-187, maio 2012/out. 2012. Disponível em: [https://www.revistas.usp.br/cpc/article/download/45354/48966], acesso em: 13.09.2017.

4. CONCLUSÕES

O conteúdo do dano moral coletivo associado às lesões à ordem urbanística ainda é muito pouco desenvolvido pela doutrina e pela jurisprudência. Uma hipótese explicativa é a imprecisão conceitual do dano urbanístico, elaborado a partir do "cluster" dos direitos fundamentais que informam o direito à cidade sustentável e das funções sociais da cidade. O dano urbanístico é sempre pluriofensivo, atingindo diversos bens jurídicos protegidos pelo Direito. Além disso, em determinado caso concreto, específicos direitos fundamentais poderão se apresentar em conflito, demandando a ponderação de valores que estejam em colisão, para a identificação das soluções a serem adotadas no plano da responsabilidade civil. É o caso do direito à moradia e do direito à paisagem, em uma hipótese de ocupação clandestina; ou dos direitos ao sossego e às livres manifestações culturais, no caso do carnaval de rua.

Também cumpre observar a tendência de expansão dos direitos fundamentais que dependem do espaço urbano para sua realização, o que conduz para a consequente expansão do horizonte dos possíveis danos urbanísticos. Se, por um lado, essa tendência pode reforçar argumentativamente a efetividade dos direitos fundamentais que se projetam no território, como é o caso do direito à moradia, por outro lado, o conceito de dano urbanístico carece de precisão: tudo integra a cidade, que se relaciona com tudo e com todos.

E, como consequência disto, torna-se árdua a tarefa de delimitar o conteúdo de eventual dano moral coletivo associado ao dano urbanístico. Por isso, os acórdãos relacionados a danos morais coletivos apontam para agressões ambientais, culturais ou a direitos de consumidores. Não há especificação de conteúdos que envolvam o espaço urbano, propriamente dito, apesar da riqueza de conhecimentos produzidos a respeito do valor sociocultural das cidades, nos campos do urbanismo da história cultural.

A perturbação da qualidade de vida associada aos congestionamentos, à poluição atmosférica difusa, à poluição sonora têm sido normalizadas e absorvidas pelo direito como impactos que devem ser tolerados como parte da vida em grandes cidades.

No que tange à responsabilidade civil, sobretudo quando da existência de grandes territórios urbanos ocupados clandestinamente ao longo do tempo, este instrumento apresenta limitações ao enfrentamento das situações fáticas. Por isso, devem ser refutadas as soluções pontuais, descoladas de políticas públicas de planejamento territorial mais abrangentes. Nesses casos, a postulação da reparação pontual dos danos e da condenação ao pagamento de dano moral coletivo deverá ser ponderada com os demais direitos de personalidade violados, avaliando-se a possibilidade de os valores indenizatórios acaso cominados serem destinados à regularização fundiária.

5. BIBLIOGRAFIA

ABRAMO, Pedro. A cidade COM-FUSA: a mão inoxidável do mercado e a produção da estrutura urbana nas grandes metrópoles latino-americanas. *Revista Brasileira de Estudos Urbanos e Regionais*. Associação Nacional de Pós-graduação e pesquisa em planejamento urbano e regional. V. 9, n. 2 (2007).

BAGGIO, Roberta Camineiro. *Justiça ambiental entre redistribuição e reconhecimento*: a necessária democratização da proteção da natureza. Tese de Doutorado. Universidade Federal de Santa Catarina. Pós-graduação em Direito, Florianópolis, 2008.

BRASIL, Luciano de Faria. O conceito de ordem urbanística. Conteúdo e alcance. *Revista do Ministério Público do RS*, Porto Alegre, n. 69, maio 2011 – ago. 2011.

CASTANHEIRA, Ivan Carneiro. A poluição visual: formas de enfrentamento pelas cidades. *Revista Internacional de Direito e Cidadania*, n. 4, p. 63-78, junho/2009, disponível em: [http://www.egov.ufsc.br/portal/sites/default/files/anexos/33343-42646-1-PB.pdf], acesso em: 20.09.2017.

DAVIS, Mike. *Planeta Favela*. São Paulo: Boitempo, 2006.

DELGADILLO, Victor. El derecho a la ciudad en la Ciudad de México: utopia, derechos sociales y políticas públicas. En CARRION, Fernando e ERAZO, Jaime. *El derecho a la ciudad en América Latina*: Visiones desde la política. Ciudad de México: PUEC UNAM – IDRC CRDI, p. 73-90.

GELOBTER, Michel. *The Meaning of Urban Environmental Justice*. V. 21, n. 3, Fordham Urban Law Journal, 1994.

KÁTZMAN, Rúben. *Seducidos y abandonados*. El aislamiento social de los pobres urbanos. Revista de la CEPAL, 75, p. 171-189. Disponível em: [https://www.cepal.org/publicaciones/xml/6/19326/katzman.pdf].

LAHORGUE, Mário Leal. Cidade: obra e produto. Geosul, Florianópolis, v.17, n.33, p 45-60, jan./jun. 2002. Disponível em: [https://periodicos.ufsc.br/index.php/geosul/article/viewFile/13786/12656], acesso em: 30.06.2018.

LEFEBVRE, Henri. *O direito à cidade*. São Paulo: Centauro, 2001.

LEITE, DANTAS e FERNANDES, Daniele Cana Verde. O dano moral ambiental e sua reparação. *Revista de Direito Ambiental*. SP: RT, v. 04, out/dez. 1996.

LEENHARDT, Jacques. Sensibilidade e sociabilidade. In RAMOS, Alcides *et alii* (org.). *Olhares sobre a história*. Culturas, sensibilidades e sociabilidades. São Paulo: Editora HUCITECT, 2010.

LOBO, Paulo Luiz Netto. Direito Civil. *Obrigações*. São Paulo: Saraiva, 2011.

LOGAN, John & MOLOTCH, Harvey. *Urban Fortunes*. The political economy of place. 1987.

LOPEZ, Teresa Ancona. Princípio da precaução e Evolução da Responsabilidade Civil. São Paulo: Quartier Latin, 2010.

MELLO, Luiz de Anhaia. *Problemas de urbanismo*. Bases para a resolução do problema technico, Escolas Profissionais Salesianas, São Paulo, 1929.

MELLO, Cláudio Ari. Elementos para uma teoria jurídica do direito à cidade. In *Revista de Direito à Cidade*. V. 09, n. 2, p. 437-462.

MORAES, Maria Celina Bodin. *Danos à pessoa humana*. Uma leitura civil-constitucional dos danos morais. RJ: Renovar, 2003.

MUMFORD, Lewis. *A cidade na história*. Suas origens, transformações e perspectivas. São Paulo: Martins Fontes, 2008.

NYGAARD, Paul Dieter. *Espaço da cidade, segurança e participação popular.* Porto Alegre: Livraria do Arquiteto, 2010.

PACCAGNELLA, Luís Henrique. Dano moral ambiental. *Revista de Direito Ambiental,* SP: RT, ano 4, v. 13, jan./mar. 1999, p.45-46.

PEREIRA, Marco Antonio Marcondes. Dano moral contra a coletividade: ocorrências na ordem urbanística. In *Temas de Direito Urbanístico.* v. 03, Ministério Público do Estado de São Paulo: Imprensa Oficial, 2001.

PESAVENTO, Sandra Jatahy. Sensibilidades: escrita e leitura da alma. In LANGUE, Fréderique (org). *Sensibilidades na história.* Memórias singulares e identidades sociais. Porto Alegre, Editora da UFRGS, 2007.

PESSOA, Mariana Lisboa. *Ocupação irregular e regularização fundiária de interesse social em Áreas de Proteção Ambiental*: O caso da Ilha Grande dos Marinheiros. Dissertação de Mestrado. PROPUR, 2014.

PRESTES, Vanêsca Buzelato. *Dimensão constitucional do direito à cidade e formas de densificação no Brasil.* Dissertação de Mestrado. Programa de Pós-graduação em Ciências Jurídicas e Sociais. Pontifícia Universidade Católica do Rio Grande do Sul. Porto Alegre, 2008.

RAMOS, André de Carvalho. Ação civil pública e o dano moral coletivo. *Revista de Direito do Consumidor,* São Paulo, v. 25, p.81-82, jan./mar., 1998.

ROSENVALD, Nelson. *O direito civil em movimento.* Desafios contemporâneos. 2ª Ed. Salvador: JusPodium, 2018.

RUFINONI, Manoela Rossinetti. Os estudos de Estética Urbana e a percepção da cidade artefato no alvorecer do século XX, in. *Revista CPC,* São Paulo, n.14, p. 1-187, maio 2012/out. 2012. Disponível em: [https://www.revistas.usp.br/cpc/article/download/45354/48966], acesso em: 13.09.2017.

SCHREIBER, Anderson. *Dano moral coletivo por corrupção.* Publicado em 06.09.2017, disponível em: [http://genjuridico.com.br/2018/01/30/dano-moral-coletivo-por-corrupcao/], acesso em: 30.06.2018.

SUNFELD, Carlos Ari. O Estatuto da Cidade e suas Diretrizes Gerais (art. 2º). In: DALLARI, Adilson Abreu; FERRAZ, Sérgio (Coordenadores). *Estatuto da Cidade (Comentários à Lei Federal 10.257/2001).* 3. edição, atualizada de acordo com as Leis ns. 11.673, de 8.5.2008 e 11.977, de 7.7.2009. São Paulo: Malheiros, 2010.

TEIXEIRA NETO, Felipe. *Dano moral coletivo.* A configuração e a reparação do dano extrapatrimonial por lesão aos interesses difusos. Curitiba: Juruá Editora, 2014.

VAZ, Caroline. *Funções da responsabilidade civil.* Da reparação à punição e dissuasão. Os punitive damages no Direito Comparado e Brasileiro. Porto Alegre: Livraria do Advogado, 2009.

A TRAVESSIA DO INDIVIDUAL AO SOCIAL: DANO MORAL COLETIVO NAS RELAÇÕES DE CONSUMO

Guilherme Magalhães Martins

Doutor e Mestre em Direito Civil pela UERJ. Promotor de Justiça no Estado do Rio de Janeiro. Professor adjunto de Direito Civil da Faculdade Nacional de Direito-UFRJ.

Sumário: 1. Introdução – 2. A dimensão coletiva da dignidade da pessoa humana. Fundamentos do dano moral coletivo na sistemática do Código de Defesa do Consumidor – 3. A visão do tema na jurisprudência do Superior Tribunal de Justiça – 4. A função punitiva do dano moral coletivo – 5. Tipologia do dano moral coletivo: interesses difusos, direitos coletivos e direitos individuais homogêneos. Publicidade enganosa e abusiva – 6. Conclusões – 7. Bibliografia.

O Direito é como Saturno devorando seus próprios filhos: renovação alguma lhe é possível sem romper com o passado(Rudolf Von Ihering).[1]

1. INTRODUÇÃO

A explosão da civilização das máquinas, que também se torna civilização das massas, coloca em gradual evidência a insuficiência da ideia de um indivíduo que, seja para o bem ou para o mal, seja o único centro de imputação da própria esfera existencial.[2]

O reconhecimento de novas esferas de projeção da dignidade da pessoa humana ampliou as áreas de interesses protegidos pela ordem jurídica,[3] notadamente as de natureza coletiva. O tema marca a difícil coexistência de modelos fundados em bases patrimonialistas com aqueles voltados para a proteção da pessoa humana de maneira mais ampla.[4]

---

1. *A lucta pelo direito*. Tradução José Tavares Bastos. Porto: Chadron, 1910. p. 10
2. CASTRONOVO, Carlo. *La nuova responsabilitá civile*. Milano: Giuffrè, 2006. p. 276.
3. Norberto Bobbio defende uma concepção finalística ou teleológica da história, considerando os vários eventos como "sinais ou indícios reveladores de um processo não necessariamente intencional no sentido de uma direção pré-estabelecida, despontando o debate atual sobre os direitos do homem como um sinal premonitório do progresso moral da humanidade". BOBBIO, Norberto. *A era dos direitos*. Tradução de Carlos Nelson Coutinho. Rio de Janeiro: Campus, 1992. p. 5 e 6.
4. CARPENA, Heloisa. Questões atuais sobre o ressarcimento do dano moral coletivo. In: MARTINS, Guilherme Magalhães (coord.). *Temas de responsabilidade civil*. Rio de Janeiro: Lumen Juris, 2012. p. 225.

O presente estudo terá como ponto de referência implacável o princípio da dignidade da pessoa humana, fonte da unidade do ordenamento civil-constitucional, seja nas situações jurídicas individuais ou metaindividuais, de modo que

> em sede de responsabilidade civil, e, mais especificamente, de dano moral, o objetivo a ser perseguido é oferecer a máxima garantia à pessoa humana, com prioridade, em toda e qualquer situação da vida social em que algum aspecto de sua personalidade esteja sob ameaça ou tenha sido lesado.[5]

A dignidade da pessoa humana e o livre desenvolvimento da personalidade se revestem de notável importância na tutela ressarcitória da pessoa em diversas situações, sendo que qualquer conduta lesiva que atinja interesses aparentemente patrimoniais pode, consideradas sua gravidade e a debilidade da vítima, ir de encontro a valores fundamentais.[6]

Aspectos existenciais decorrentes de um contrato, considerada a vulnerabilidade dos consumidores, bem como a sede constitucional da defesa do consumidor(CR, art. 5º, XXXII e art. 170, V), poderão dar ensejo ao dano moral, ultrapassando, em diversas situações, a barreira do indivíduo.

A responsabilidade civil passa por um processo de despersonalização e desindividualização, face às novas situações subjetivas, justificando, dentre outras situações, a prevenção e reparação dos danos morais coletivos. A responsabilidade, dessarte, se transfere do indivíduo ao grupo, pelo viés dos organismos sociais.[7]

A compreensão do dano moral coletivo vincula-se aos direitos metaindividuais e aos respectivos instrumentos de tutela, exigindo uma análise da responsabilidade civil sob o viés não somente estrutural, como sobretudo funcional, tendo em vista o princípio da precaução, conferindo tutela não só às relações de consumo, como também ao meio ambiente, patrimônio cultural, ordem urbanística e outros bens que extrapolem o interesse individual.[8]

Trata-se, para Antonio Junqueira de Azevedo,[9] que prefere a expressão *dano social*,

---

5. MORAES, Maria Celina Bodin de. *Danos à pessoa humana;* uma leitura civil-constitucional dos danos morais. Rio de Janeiro: Renovar, 2003. p. 182.
6. NAVARRETTA, Emanuella. I danni non patrimoniali nella responsabilità extracontratuale. In: _____ . *I danni non patrimoniali;* lineamenti sistematici e guida alla liquidazione. Milano: Giuffrè, 2004. p. 34. Prossegue a autora: "se, por exemplo, os moradores de um condomínio fazem retardar a instalação de um elevador, impedindo que um paraplégico saia de casa, não será necessário nem de postular um direito a sair de casa ou um direito existencial que abranja o passeio diário, podendo-se simplesmente constatar que a vítima foi atingida no livre desenvolvimento da sua personalidade" (tradução livre)
7. JOURDAIN, Patrice. *Les príncipes de la responsabilité civile.* 6. ed. Paris: Dalloz, 2003. p. 15.
8. BESSA, Leonardo Roscoe. Dano moral coletivo. In: MARQUES, Claudia Lima; MIRAGEM, Bruno. *Doutrinas essenciais;* Direito do Consumidor. v. 5. São Paulo: Revista dos Tribunais, 2011. p. 492.
9. Por uma nova categoria de dano na reponsabilidade civil: o dano social. *Revista Trimestral de Direito Civil.* Rio de Janeiro, v. 19, p. 215, jul./set. 2004. Emblemático o seguinte acórdão do Tribunal de Justiça de São Paulo, que julgou procedente o pedido em ação civil pública movida pelo Ministério Público, reconhecendo

de um ato que atinge a toda a sociedade, num rebaixamento imediato do nível de vida da população (...) Isto é particularmente evidente quando se trata da segurança, que traz diminuição da tranquilidade social, ou de quebra de confiança, em situações contratuais ou extracontratuais, que acarreta redução da qualidade coletiva de vida.

Na observação de Ricardo Lorenzetti,[10] trata-se de situações jurídicas cuja titularidade não é individual, mas coletiva:

> Na medida em que se reconhecem bens coletivos, há também um dano dessa categoria derivado da lesão desse bem. A titularidade da pretensão ressarcitória não é individual porque o bem afetado não o é; é grupal no caso em que se tenha concedido a um grupo a legitimação para atuar ou, ainda, que se difusa.

Os danos morais, seguindo não exaustivamente a tipologia do art. 81, I a III do Código de Defesa do Consumidor, poderão, segundo Heloísa Carpena,[11] ser difusos, como nas hipóteses de propaganda abusiva ou enganosa, coletivos, como na responsabilidade civil decorrente de contratos de adesão, ou individuais homogêneos, estes

---

o dano moral coletivo: "Ação civil pública. Dano moral coletivo. Ocorrência. Indenização. Necessidade. Presença dos requisitos para a aplicação de punição pela publicação de imagens e reportagem obscena, contrária à moral pública. Veiculação televisiva de inúmeras pessoas nuas filmadas no Parque do Ibirapuera em São Paulo, tanto por tomadas aéreas quanto terrestres, além de comentários jocosos e inadequados para o público, no horário em que foi exibido o programa Domingo Legal. Comprovação, através de documentação farta acostada à inicial, trazendo o teor obsceno das fotografias de nudez completa e detalhada, bem como dos comentários lascivos de pessoas localizadas no palco ao lado do apresentador. Entendimento de que a violação a direitos difusos não é, via de regra, patrimonial, mas sim moral, por atuar na esfera das convicções e impressões subjetivas de um número determinável de pessoas acerca dos fatos. Constatação de que a coletividade foi prejudicada por meio de veiculação de publicação obscena, gerando, portanto, o dano difuso a ser indenizado" (TJ-SP, Câmara Especial, Apelação Cível 139-525-0/5, rel. Des. Ademir Benedito, j. 11.06.2007).

Vale mencionar, em matéria de improbidade administrativa, em ação civil pública movida pelo Ministério Público do Rio de Janeiro para averiguar as irregularidades no empreendimento *Cidade da Música*, o seguinte acórdão, da Desembargadora Teresa de Andrade Castro Neves: "Agravo de instrumento. Direito administrativo. Direito coletivo. Ação civil pública por ato de improbidade administrativa. Dano moral coletivo. Possibilidade. Ausência das hipóteses legais de indeferimento da inicial. Recebimento da peça inaugural e regular. Prosseguimento da ação coletiva. (...) 2. O dano moral pleiteado pelo *parquet*, em nome da sociedade, é legítimo e pode ser perseguido através de ação civil pública por ato de improbidade administrativa. Honra do grupo social (*sic*) que não pode ficar sem reparação moral. Lei da Ação Civil Pública que prevê ressarcimento integral do dano causado à coletividade, não restringindo o dano moral coletivo. A *ratio legis* engloba o dano moral coletivo, sendo inegável a possibilidade de o Ministério Público persegui-lo em sede de ação civil pública referente à prática de ato de improbidade administrativa pelas partes envolvidas no processo. Interesse de agir presente"(TJ-RJ, 20ª CC, agravo de instrumento 0063854-51.2009.8.19.0000, j.04.08.2010, rel. Des. Teresa de Andrade Castro Neves).

10. *Fundamentos do direito privado*. Tradução de Vera Maria Jacob de Fradera. São Paulo: Revista dos Tribunais, 1998. p. 217-218. Prossegue o Ministro da Suprema Corte argentina: "Anos atrás, indicou-se a possibilidade jurídica do dano moral coletivo, assinalando-se que muitos prejuízos tocam a categorias de pessoas: usuários de telefones, a comunidade habitacional de um prédio, os consumidores de uma publicidade desleal, que poderiam ver afetados sentimentos globais.

Um avanço muito grande nesse tema foi dado pelo artigo 43 da Constituição Nacional, ao reconhecer a legitimação para agir das associações com fins de deduzir o amparo quando há lesão de direitos que protegem o ambiente, a concorrência, os direitos de incidência coletiva, em geral".

11. Op. cit., p. 228.

identificados nas demandas ajuizadas por vício de qualidade de produtos, e sempre que for alcançada a esfera individual de cada um dos membros da coletividade atingida pela conduta, os quais farão jus à indenização também individualizada, mediante a comprovação da extensão do dano e do nexo causal, feita oportunamente em liquidação de sentença.

Este artigo pretende ainda discutir o cabimento da função punitiva ou pedagógica do dano moral, em face do interesse social vinculado aos interesses difusos e direitos coletivos. Embora a designação dano extrapatrimonial coletivo, com vasto campo de abrangência, seja mais aconselhável, este trabalho, em homenagem à tradição da jurisprudência brasileira, sobretudo em questões de nomenclatura, usará a expressão dano moral coletivo como sinônimo de dano extrapatrimonial coletivo. [12]

---

12. Sobre o tema, merece referência a excelente obra de Felipe Teixeira Neto: "Seguindo a tradição francesa, a designação dano moral – em tradução à expressão *dommage* moral – costumava ser a mais empregada em Portugal quando da vigência do Código Civil de 1867; no Brasil assim permanece até os dias de hoje, especialmente após a sedimentação desse costume pela Constituição da República de 1988 (Art. 5°., incisos V e XX) e pelo Código Civil de 2002(art. 186). Não há como se deixar de consignar, contudo, ser um tanto inapropriada, ao menos com a conotação de que, em língua portuguesa, o dano moral pode adquirir, impondo, além de uma série de equívocos quanto à sua definição, um conteúdo restrito, a abranger apenas os prejuízos relacionados aos bens ou valores de ordem moral.
Na linha preconizada pela tradição germânica e solidificada pela experiência jurídica italiana, a designação *dano não patrimonial*, por certo, tem sido a mais usual nos diversos países, tanto que expressamente acolhida pelo art. 496 do Código Civil Português de 1966. A par dos elogios que lhe são dispensados (...) tem o inconveniente de ser apresentada por meio de proposição negativa, tendo o seu conteúdo delimitado por exclusão a partir da ideia de dano patrimonial.
Daí que, de rigor, mesmo diante de diversas outras designações possíveis, tem-se assinalado a conveniência do uso da expressão dano extrapatrimonial, a qual tem se mostrado com vasto campo de abrangência, semelhante àquele extraível da designação prevista de modo literal da lei portuguesa sem, contudo, ter o inconveniente de estar predisposta numa noção negativa. Quanto mais porque o prefixo latino *extra* encerra a noção de algo que está "fora de", ou seja, em posição exterior, sendo bastante oportuno identificar os danos que estão além dos prejuízos de ordem patrimonial e não os que são a eles simplesmente contrapostos por uma negação, tal qual ocorre com a expressão dano não patrimonial". TEIXEIRA NETO, Felipe. *Dano moral coletivo*. Curitiba: Juruá, 2014.p. 45-47.
No mesmo sentido, a visão das autoras Fernanda Nunes Barbosa e Renata Vilela Multedo, para quem, a partir da nomenclatura danos extrapatrimoniais coletivos, que "a existência de interesses extrapatrimoniais e coletivos merecedores de tutela, não significa que esta proteção deva se dar por meio da doutrina do dano moral. Em verdade, configura-se um grave equívoco metodológico tratar o ressarcimento do dano moral à pessoa humana como uma categoria jurídica neutra.
Em relação à concepção subjetiva do dano moral que se evidencia em sentimentos como a dor, a angústia, o sofrimento e a humilhação pública, ou seja, ou seja, 'no desequilíbrio da normalidade psíquica, nos traumatismos emocionais, na depressão ou no desgaste psicológico, nas situações de constrangimento moral', parece de forma evidente que há uma impossibilidade de aplicação dessa concepção em relação à coletividade(...). Todavia, mesmo com a substituição da conceituação do dano moral estritamente ligado à violação aos direitos da personalidade, ou sob a perspectiva do direito civil constitucional, que o define como lesão à dignidade, a fim de tutelar a pessoa humana de forma mais ampla possível, também não se vislumbra a possibilidade de mera transposição da doutrina do dano moral, para tutela interesses de uma coletividade. Como se vê, qualquer que seja a concepção de dano moral adotada constata-se uma incoerência valorativa com a principiologia constitucional. A aplicação direta dos princípios constitucionais à normativa civil impõe a construção de uma nova dogmática do direito privado com coerência axiológica, ou seja, à luz dos fundamentos e objetivos da república. Sob esse enfoque, a solução interpretativa do caso concreto só se afigura legítima se compatível com a legalidade constitucional. Por esta razão, é forçoso reconhecer que o legislador, ao tutelar interesses difusos e coletivos, conferiu a uma coletividade direitos informados por valores extrapatrimoniais para além daqueles ligados estritamente à pessoa humana, aos quais a referência a um conceito 'moral' não se configura a mais adequada (...) Se por um lado pode-se

O dano moral coletivo parece vir lentamente superando toda uma série de questionamentos sofridos de longa data, num processo semelhante àquele enfrentado pelo dano moral individual até a promulgação da atual Constituição da República. Num segundo momento, começam a surgir perplexidades acerca do arbitramento do dano moral coletivo, que deverá considerar a dimensão social e metaindividual dos interesses envolvidos.

2. A DIMENSÃO COLETIVA DA DIGNIDADE DA PESSOA HUMANA. FUNDAMENTOS DO DANO MORAL COLETIVO NA SISTEMÁTICA DO CÓDIGO DE DEFESA DO CONSUMIDOR

Lado a lado com a dignidade da pessoa humana (art. 1º, III) e a solidariedade social (art. 3º, I),[13] a Constituição da República reconhece, no Título II (Dos direitos e garantias fundamentais), Capítulo I (Dos direitos e deveres individuais e coletivos).

A dignidade da pessoa humana ultrapassa os limites da individualidade, como bem observa Ingo Wolfgang Sarlet:[14]

> Pelo fato de a dignidade da pessoa encontrar-se ligada à condição humana de cada indivíduo, não há como descartar uma necessária dimensão comunitária (ou social) desta mesma dignidade de cada pessoa e de todas as outras pessoas, justamente por serem todos iguais em dignidade e direitos (na iluminada fórmula da Declaração Universal de 1948) e pela circunstância de nesta condição conviverem em determinada comunidade ou grupo. O próprio Kant – ao menos assim nos parece – sempre afirmou (ou, pelo menos, sugeriu) o caráter intersubjetivo e relacional da dignidade da pessoa humana, sublinhando inclusive a existência de um dever de respeito no âmbito da comunidade dos seres humanos.

A previsão do dano moral coletivo no ordenamento infraconstitucional brasileiro encontra apoio na redação dada ao art. 1º da Lei 7.347/1985 pela Lei 8.884/1994:[15]

---

discutir se a indenização paga em virtude do dano(chamado por alguns de moral coletivo e aqui defendido como extrapatrimonial coletivo) possui de fato exclusivo caráter punitivo ou não – tendo em vista que se pode aduzir a possibilidade de uma função também compensatória pela ofensa aos valores coletivos, ainda que secundária – por outro se mostra patente que não só danos individuais extrapatrimoniais encontram, contemporaneamente, tutela na ordem jurídica pátria" BARBOSA, Fernanda Nunes; MULTEDO, Renata Vilela. Danos extrapatrimoniais coletivos. *Revista de Direito do Consumidor*. São Paulo, v. 93, p. 37-39, maio/junho 2014

13. Como expressão da solidariedade social, "cada um dos membros de uma categoria, classe, grupo ou meio, segundo a natureza do bem a tutelar, se protege a si mesmo e ao mesmo tempo sua área de significação protege a todos os demais. O meio ambiente não é o de sua própria casa, mas aquele que geograficamente e socialmente está envolvido na manifestação destrutiva ou deteriorante". STIGLITZ, Gabriel. Daño moral individual y colectivo: medioambiente, consumidor y dañosidad colectiva. *Revista de Direito do Consumidor*. São Paulo, v. 19, p. 71, jul./set. 1996(tradução livre).

14. *Dignidade da pessoa humana e direitos fundamentais*. 4.ed. Porto Alegre: Livraria do Advogado, 2006. p. 52.

15. A expressão "danos morais" foi acrescentada àquele dispositivo legal pela Lei 8.884/1994, como se verifica da redação original do artigo: " Art. 1º. Regem-se, pelas disposições desta lei, sem prejuízo da ação popular, as ações de responsabilidade pelos danos causados: da ação popular, as ações de *responsabilidade por danos morais* e patrimoniais causados: I – ao meio ambiente; II – ao consumidor; III – à ordem urbanística; IV –

Art. 1º. Regem-se pelas disposições desta Lei, sem prejuízo da ação popular, as ações de *responsabilidade por danos morais* e patrimoniais causados: I – ao meio ambiente; II – ao consumidor; III – à ordem urbanística; IV – a bens e direitos de valor artístico, estético, histórico, turístico e paisagístico; V – por infração da ordem econômica e da economia popular; VI – à ordem urbanística(g.n.)

O artigo 6º, VI da Lei 8.078/1990, por sua vez, elenca dentre os direitos básicos do consumidor "a efetiva prevenção e reparação de danos patrimoniais e morais, individuais, coletivos e difusos", tendo como instrumento o acesso aos órgãos judiciais e administrativos (VII).

A definição de consumidor, em especial a dos consumidores por equiparação, prevista nos arts. 2º, parágrafo único, 17 e 29 do Código de Defesa do Consumidor, amolda-se perfeitamente à dimensão coletiva da relação de consumo. A reparação e prevenção do dano moral coletivo, portanto, decorre do reconhecimento da coletividade como titular de bens imateriais valiosos. [16]

O artigo 81, *caput*, do Código de Defesa do Consumidor contempla ainda a tutela individual e coletiva, ao dispor que "a defesa dos interesses e direitos dos consumidores e das vítimas poderá ser exercida em juízo individualmente, ou a título coletivo".

O artigo 81, parágrafo único, do Código de Defesa do Consumidor define as hipóteses de defesa coletiva do consumidor em juízo,[17] quando se tratar de:

"I – interesses ou direitos difusos, assim entendidos, para efeitos deste Código, os transindividuais, de natureza indivisível, de que sejam titulares pessoas indeterminadas e ligadas por circunstâncias de fato;

II – interesses ou direitos coletivos, assim entendidos, para efeitos deste Código, os transindividuais de natureza indivisível de que seja titular grupo, categoria ou classe de pessoas ligadas entre si ou com a parte contrária por uma relação jurídica base;

---

a bens e direitos de valor artístico, estético, histórico, turístico e paisagístico; V – por infração da ordem econômica e da economia popular. VI – à ordem urbanística".

16. SANTANA, Héctor Valverde. *Dano moral no direito do consumidor.* São Paulo: Revista dos Tribunais, 2009. p. 170. Para o autor," a coletividade é titular de valores materiais e imateriais protegidos pelo sistema jurídico, mas que não se confundem com o patrimônio material ou moral dos indivíduos que a compõem".

17. No ensinamento de José Carlos Barbosa Moreira, ao definir o interesse difuso, "em muitos casos, o interesse em jogo, comum a uma pluralidade indeterminada (e praticamente indeterminável) de pessoas, não comporta decomposição num feixe de interesses individuais que se justapusessem como entidades singulares, embora análogas. Há, por assim dizer, uma comunhão universal de que participam todos os possíveis interessados, sem que se possa discernir, sequer idealmente, onde acaba a "quota" de um e onde começa a do outro. Por isso mesmo, instaura-se entre os destinos dos interessados tão firme união, que a satisfação de um só implica de modo necessário a satisfação de todos; e, reciprocamente, a lesão de um só constitui, *ipso facto*, lesão da inteira coletividade. Por exemplo: teme-se que a realização de obra pública venha a causar danos graves à flora e à fauna da região, ou acarrete a destruição de monumento histórico ou artístico. A possibilidade de tutela do "interesse coletivo" na preservação dos bens em perigo, como exista, necessariamente se fará sentir de modo uniforme com relação à totalidade dos interessados. Com efeito, não se concebe que o resultado seja favorável a alguns e desfavorável a outros. Ou se preserva o bem, e todos os interessados são vitoriosos; ou não se o preserva, e todos saem vencidos". MOREIRA, José Carlos Barbosa. Tutela jurisdicional dos interesses coletivos ou difusos. *Temas de Direito Processual (Terceira Série).* São Paulo: Saraiva, 1984. p. 195-196.

III – interesses ou direitos individuais homogêneos, assim entendidos os decorrentes de origem comum".

Os direitos coletivos, portanto, pressupõem um vínculo jurídico básico, ao passo que os interesses difusos se baseiam numa identidade de situações de fato.[18]

Já os direitos individuais homogêneos, como identifica Antonio Herman Benjamin,[19] são direitos divisíveis,

> de modo que seus titulares podem ser identificados e determinados, assim como a quantificação de suas eventuais pretensões. Da mesma forma, tratam-se de direitos disponíveis, podendo o titular do direito deixar de exercê-lo quando chamado a agir ou ainda exercê-lo paralelamente aos demais legitimados através de litisconsórcio ativo (...) *A principal finalidade desses direitos é a de permitir a prestação jurisdicional, de maneira mais uniforme, ágil e eficiente, aos consumidores lesados em decorrência de um mesmo fato de responsabilidade do fornecedor*, assim como a ampliação da legitimação para agir dos diversos órgãos e entidades previstos no art. 82 do CPC. *São, por esse ângulo, acidentalmente supraindividuais: a relevância de seu tratamento molecular não decorre de uma indivisibilidade natural de seu objeto (interesses e direitos públicos e difusos), nem da organização e existência de uma relação-jurídica base (interesses coletivos* stricto sensu*), mas da necessidade de facilitação do acesso à justiça aos seus titulares, como decorrência do mandamento constitucional de promoção da defesa dos consumidores – embora não se restrinjam ao âmbito das relações de consumo.*(g.n.)

Em caso de condenação na ação de reparação de danos morais coletivos relacionados a direitos individuais homogêneos, o valor apurado destina-se às vítimas, mediante prévia liquidação (CDC, arts. 97 a 100). Já no caso dos direitos difusos e coletivos, a condenação reverterá para o fundo (*"fluid recovey"*) criado pelo artigo 13 da Lei 7.347/1985.[20]

Os danos morais que têm por vítima a sociedade devem receber uma solução e uma destinação em favor da coletividade,[21] através do fundo de reconstituição dos bens lesados.

O caso é de dano *in re ipsa*, devendo ser o agente responsabilizado pelo simples fato da violação a um determinado círculo de valores coletivos.[22]

---

18. MANCUSO, Rodolfo de Camargo. *Interesses difusos*; conceito e legitimação para agir. 2. ed. São Paulo: Revista dos Tribunais, 1991. p. 62. O autor aponta entre ambas as categorias "duas diferenças básicas, uma de ordem quantitativa, outra de ordem qualitativa: sob o primeiro enfoque, verifica-se que o interesse difuso concerne a um universo *maior* do que o interesse coletivo, visto que, enquanto aquele pode mesmo concernir até a toda a humanidade, este apresenta maior amplitude, já pelo fato de estar adstrito a uma 'relação-base', a um 'vínculo jurídico', o que o leva a se aglutinar junto a grupos sociais definidos".
19. BENJAMIN, Antônio Herman; MARQUES, Claudia Lima; MIRAGEM, Bruno. *Comentários ao Código de Defesa do Consumidor*. 3. ed. São Paulo: Revista dos Tribunais, 2010. p. 1303.
20. STIGLITZ, op. cit., p. 73; SANTANA, op. cit., p. 172.
21. LOTUFO, Renan. Dano moral coletivo. In: MARTINS, Guilherme Magalhães. *Temas de responsabilidade civil*. Rio de Janeiro: Lumen Juris, 2012. p. 289.
22. Para Carlos Alberto Bittar Filho, "(...) chega-se à conclusão de que o dano moral coletivo é a injusta lesão da esfera moral de uma dada comunidade, ou seja, é a violação antijurídica de um determinado círculo de valores coletivos. Quando se fará em dano moral coletivo, está-se fazendo menção ao fato de que o patrimônio (sic) valorativo de uma certa comunidade (maior ou menor), idealmente considerado, foi agredido de

É importante destacar a legitimidade do Ministério Público na propositura das ações coletivas (art. 82, I, Código de Defesa do Consumidor), tendo em vista sua missão institucional dirigida aos interesses sociais e individuais indisponíveis, consoante o art. 127 da Constituição da República.

Em relação aos danos consideravelmente graves e irreversíveis, sobretudo aqueles que podem se produzir a longo prazo, comprometendo o bem-estar das gerações futuras, deve ser ainda reconhecida a função de precaução ou antecipação do dano, tendo em vista a preservação da segurança dos consumidores.[23]

Revela-se de grande importância, com vistas à concretização do princípio da precaução, a imposição de obrigações de fazer ou não fazer, hoje consagradas no Código Civil, art. 247 e seguintes, com forte influência do Código de Processo Civil, em especial no artigo 461 e seus parágrafos, implicando uma tendência de despatrimonialização da responsabilidade civil. [24]

Boa parte da jurisprudência mais recente, sobretudo dos Tribunais de Justiça Estaduais, tem reconhecido, lado a lado com a imposição do dano moral coletivo, obrigações de fazer ou não fazer, assegurando-se à coletividade o direito de não ser vítima.

3. A VISÃO DO TEMA NA JURISPRUDÊNCIA DO SUPERIOR TRIBUNAL DE JUSTIÇA

Mais uma vez, tenta-se vestir uma instituição nova com trajes antigos, na tentativa de transportar integralmente os pressupostos da responsabilidade civil nas relações privadas individuais para a compreensão do dano moral coletivo.[25]

Tal tendência é ainda espelhada por boa parte da jurisprudência nacional, devendo ser mencionado, em especial, o julgamento, pelo Superior Tribunal de Justiça, do Recurso Especial 598.281-MG,[26] que suscitou intenso debate naquela corte, em

---

forma absolutamente injustificável do ponto de vista jurídico: quer isso dizer, em última instância, que se feriu a própria cultura, em seu aspecto imaterial". BITTAR FILHO, Carlos Alberto. Do dano moral coletivo no atual contexto jurídico brasileiro. *Revista de Direito do Consumidor*. São Paulo, v. 12, p. 55, out./dez. 1994

23. VINEY, Geneviève; JOURDAIN, Patrice. *Traité de droit civil*. Lês effets de la responsabilité. 2. ed. Paris: LGDJ, 2001. p. 21.
24. MARTINS, Guilherme Magalhães. Risco, solidariedade e responsabilidade civil. In: _____. (coord.). *Temas de responsabilidade civil*. Rio de Janeiro: Lumen Juris, 2012. p. XIII.
25. BESSA, op. cit., p. 4.
26. STJ, 1ª T., relator para o acórdão Min. Teori Zavascki, rel. Min. Luiz Fux, j.02.05.2006. A decisão de primeiro grau julgou procedente o pedido, inclusive em relação ao dano moral, considerando o descaso e ilicitude da conduta dos réus para com o meio ambiente da comarca de Uberlândia. Todavia, em sede de recurso de apelação, o Tribunal de Justiça de Minas Gerais reformou a sentença, por considerar que "a condenação dos apelantes em dano moral é indevida, posto que o dano moral é todo sofrimento causado ao indivíduo em decorrência de qualquer agressão aos atributos da personalidade ou aos seus valores pessoais, portanto de caráter individual, inexistindo qualquer previsão de que a coletividade possa ser sujeito passivo do dano moral".

face de ação civil pública proposta pelo Ministério Público em virtude de ofensa ao meio ambiente decorrente de construção e ocupação de área por loteamentos, tendo como réus o construtor e o Município de Uberlândia.

A 1ª Turma do Superior Tribunal de Justiça, seguindo o raciocínio do Ministro Teori Albino Zavascki, relator para o acórdão, negou provimento, por maioria, ao Recurso Especial, em decisão assim ementada:

> Processual Civil. Ação civil pública. Dano ambiental. Dano moral coletivo. Necessária vinculação do dano moral à noção de dor, de sofrimento psíquico, de caráter individual. Incompatibilidade com a noção de transindividualidade (indeterminabilidade do sujeito passivo e indivisibilidade da ofensa e da reparação.

Embora vencido, o Ministro Luiz Fux, em seu voto, observou, à luz da leitura do dano moral a partir da Constituição de 1988, encontrar-se ultrapassada a barreira do indivíduo , tendo em vista que "o meio ambiente ostenta na modernidade valor inestimável para a humanidade, tendo por isso alcançado a eminência de garantia constitucional":

> Ação civil pública. Danos ao meio ambiente. Dano material e moral. Art. 1º da Lei 7.347/85. 1. O art. 1º. da Lei 7.347/85 dispõe: "Regem-se pelas disposições desta Lei, sem prejuízo da ação popular, as ações de *responsabilidade por danos morais* e patrimoniais causados: I – ao meio ambiente; II – ao consumidor; III – à ordem urbanística; IV – a bens e direitos de valor artístico, estético, histórico, turístico e paisagístico; V – por infração da ordem econômica e da economia popular. VI – à ordem urbanística. 2. O meio ambiente ostenta na modernidade valor inestimável para a humanidade, tendo por isso alcançado a eminência de garantia constitucional. 3. O advento do novel ordenamento constitucional – no que concerne à proteção do dano moral – possibilitou ultrapassar a barreira do indivíduo para abranger o dano extrapatrimonial à pessoa jurídica e à coletividade. 4. No que pertine à necessidade de reparação por dano moral a interesses difusos como sói ser o meio ambiente amparam-na o art. 1º da Lei da Ação Civil Pública e o art. 6º, VI do CDC. 5. Com efeito, o meio ambiente integra inegavelmente a categoria de interesse difuso, posto inapropriável *uti singuli*. Consectariamente, a sua lesão, caracterizada pela diminuição na qualidade da vida da população, pelo desequilíbrio ecológico, pela lesão a um determinado espaço protegido, acarreta incômodos físicos ou lesões à saúde da coletividade, revelando atuar ilícito contra o patrimônio ambiental, constitucionalmente protegido. 6. Deveras, os fenômenos, analisados sob o aspecto da repercussão física ao ser humano e aos demais elementos do meio ambiente, constituem dano patrimonial ambiental. 7. O dano moral ambiental caracteriza-se quando, além dessa repercussão física no patrimônio ambiental, sucede ofensa ao sentimento difuso ou coletivo – v.g. o dano causado a uma paisagem causa impacto no sentimento da comunidade de determinada região, quer como v.g. a supressão de certas árvores na zona urbana ou localizadas na mata próxima ao perímetro urbano. 8. Consectariamente, o reconhecimento do dano moral ambiental não está umbilicalmente ligado à repercussão física do meio ambiente, mas, ao revés, relacionado à transgressão do sentimento coletivo, consubstanciado no sofrimento da comunidade, ou do grupo social, diante de determinada lesão ambiental. 9. Destarte, não se pode olvidar que o meio ambiente pertence a todos, porquanto a Carta Magna de 1988 universalizou esse direito, erigindo-o como um bem de uso comum do povo. Desta sorte, em se tratando de proteção ao meio ambiente, podem coexistir o dano patrimonial e o dano moral, interpretação que prestigia a real exegese da Constituição em favor de um ambiente sadio e equilibrado. 10. Sob o enfoque infraconstitucional a Lei 8.884/94 introduziu alteração na LACP, segundo a qual

passou a restar expresso que a ação civil pública objetiva a responsabilidade por danos morais e patrimoniais causados a qualquer dos valores transindividuais de que cuida a lei. 11. Outrossim, a partir da Constituição de 1988, há duas esferas de reparação: a patrimonial e a moral, gerando a possibilidade de o cidadão responder pelo dano patrimonial causado e também, cumulativamente, pelo dano moral, um independente do outro.

Acima de tudo, impende ressaltar que, ao contrário do apontado em ambos os votos acima transcritos, a configuração do dano moral coletivo independe de qualquer afetação ou abalo à integridade psicofísica da coletividade.[27] Deve-se evitar a confusão entre a causa, que é o próprio dano, com seu efeito, tantas vezes qualificado nas decisões judiciais como dor, sofrimento, aborrecimento ou abalo, dentre outras expressões.

Embora, em prejuízo da boa técnica, o acórdão acima tenha adotado o critério da dor para a identificação do dano moral, a solução acima adotada não descartou a possibilidade de reconhecê-lo como lesão a um bem jurídico de natureza coletiva,[28] visto que a atividade lesiva não poderia ter prevalecido sobre os interesses existenciais da população local, amparada pela dignidade da pessoa humana.

Já em outro importante precedente, o Recurso Especial 1.057.274-RS, julgado pela 2ª Turma do Superior Tribunal de Justiça, em 26 de fevereiro de 2010, tendo como relatora a Ministra Eliana Calmon, aquela Corte se afastou da comprovação da dor e sofrimento, afirmando serem estes restritos ao dano moral individual.[29]

Porém, contraditoriamente, tal decisão não reconheceu o dano moral coletivo em ação civil pública movida pelo Ministério Público do Rio Grande do Sul em face de empresa de transportes, tendo em vista os valores pagos pelos idosos por conta da exigência de prévio cadastramento destes:[30]

---

27. BESSA, op. cit., p. 491-492.
28. CARPENA, op. cit., p. 232.
29. A ementa é a seguinte: "Dano moral coletivo. Passe livre. Idoso. A concessionária do serviço de transporte público (recorrida) pretendia condicionar a utilização do benefício do acesso gratuito ao transporte coletivo (passe livre) ao prévio cadastramento dos idosos junto a ela, apesar de o art. 38 do Estatuto do Idoso ser expresso ao exigir apenas a apresentação de documento de identidade. Vem daí a ação civil pública que, entre outros pedidos, pleiteava a indenização do dano moral coletivo decorrente desse fato. Quanto ao tema, é certo que este Superior Tribunal tem precedentes no sentido de afastar a possibilidade de configurar-se tal dano à coletividade, ao restringi-lo às pessoas físicas individualmente consideradas, que seriam as únicas capazes de sofrer a dor e o abalo moral necessários à caracterização daquele dano. Porém, essa posição não pode mais ser aceita, pois o dano extrapatrimonial coletivo prescinde da prova da dor, sentimento ou abalo psicológico sofridos pelos indivíduos. Como transindividual, manifesta-se no prejuízo à imagem e moral coletivas e sua averiguação deve pautar-se nas características próprias aos interesses difusos e coletivos. Dessarte, o dano moral coletivo pode ser examinado e mensurado. Diante disso, a Turma deu parcial provimento ao recurso do MP estadual". REsp 1.057.274-RS, Rel. Min. Eliana Calmon, julgado em 1º.12.2009.
30. Segundo um trecho da fundamentação do voto da relatora, " As relações jurídicas caminham para uma massificação e a lesão aos interesses de massa não pode ficar sem reparação, sob pena de criar-se litigiosidade contida que levará ao fracasso do Direito como forma de prevenir e reparar os conflitos sociais. A reparação civil segue em seu processo de evolução iniciada com a negação do direito à reparação do dano moral puro para a previsão de reparação de dano a interesses difusos, coletivos e individuais homogêneos, ao lado do já consagrado direito à reparação pelo dano moral sofrido pelo indivíduo e pela pessoa jurídica (sic)".

Administrativo. Transporte. Passe livre. Idosos. Dano moral coletivo. Desnecessidade de comprovação da dor e de sofrimento. Aplicação exclusiva ao dano moral individual. Cadastramento de idosos para usufruto de direito. Ilegalidade da exigência pela empresa de transporte. Art. 39, § 1º, do Estatuto do Idoso, Lei 10.741/2003.

O argumento empregado pela relatora para afastar o dano moral coletivo desconsiderou a normativa constitucional sobre o tema, baseando-se no fato de que

> Não tendo havido prequestionamento do dispositivo constante da Lei 10.741/2003, considerando que o Tribunal afastou a presença de dano moral na conduta da empresa diante do contexto fático probatório insuscetível de apreciação em Recurso Especial, considerando ainda a recente vigência do Estatuto do Idoso quando da ocorrência dos fatos de que falam os autos, entendo que efetivamente é uma demasia punir a empresa impondo-lhe indenização por dano moral, muito embora seja reprovável a exigência de cadastrar os idosos para auferirem um direito que lhes está assegurado independentemente de qualquer providência, senão a apresentação de um documento que o identifique como maior de 65 (sessenta e cinco) anos.

Já em precedente mais recente, no Recurso Especial 1.221.756-RJ, que teve como relator o Ministro Massami Uyeda, julgado em 02.02.2012, reconheceu-se o dano moral coletivo em ação civil pública movida pelo Ministério Público, tendo em vista o atendimento inadequado aos consumidores prioritários:

> O atendimento às pessoas idosas, com deficiência física, bem como àquelas com dificuldade de locomoção, era realizado somente no segundo andar da agência bancária, após a locomoção dos consumidores por três lances de escada.

No julgamento acima, o Superior Tribunal de Justiça ainda segue o pressuposto da dor ou sofrimento, atentando, porém, à necessidade de verificação da gravidade do fato transgressor, observadas a " razoável significância e desborde dos limites da tolerabilidade".

Trata-se, portanto, de critério de aferição da gravidade da conduta, que, nos termos do voto do relator, é enxergada sob um viés patrimonialista, inobservando a metodologia civil-constitucional. O dano, ainda nos termos do mencionado acórdão, "deve ser grave o suficiente para produzir verdadeiros sofrimentos, intranquilidade social e alterações relevantes na ordem patrimonial (*sic*) coletiva".

A solução adotada pelo acórdão ainda merece críticas do ponto de vista do *quantum* arbitrado, correspondente a R$ 50.000,00, nitidamente desproporcional aos direitos coletivos envolvidos e à função preventiva ou punitiva da indenização.

Em julgamento mais recente, de 15 de maio de 2018, em acórdão da lavra da Ministra Assuete Magalhães, o Superior Tribunal de Justiça manteve a indenização por dano moral coletivo aplicada pelo TRF4 em ação civil pública movida pelo Ministério Público Federal em face de empresa de transporte autuada por mais de 360 infrações por excesso de peso cometidas em fiscalizações realizadas pelas autoridades de trânsito. Ao inadmitir o Recurso Especial, a relatora manteve *quantum* indenizatório de 350.000,00, proporcional à gravidade da conduta da ré e à quantidade de infrações.[31]

---

31. A ementa é a seguinte: " AgInt no Agravo Em Recurso Especial 1.161.016 – RS (2017/0216262-7) Relatora Ministra Assuete Magalhães – Administrativo e processual civil. Agravo interno no agravo em recurso especial. Ação civil pública. Danos morais coletivos. Alegada negativa de prestação jurisdicional. Deficiência de fundamentação. Súmula 284/STF. Acórdão recorrido que, à luz das provas dos autos, concluiu pela responsabilidade civil da recorrente. Pretendida redução do *quantum* indenizatório. Impossibilidade de revisão, na via especial. Súmula 7/STJ. Divergência jurisprudencial. Dissídio não demonstrado. Agravo interno improvido. I. Agravo interno aviado contra decisão que julgara recurso interposto contra *decisum* publicado na vigência do CPC/2015. II. Na origem, trata-se de Ação Civil Pública, ajuizada pelo Ministério Público Federal em face da Cooperativa Regional Agropecuária Sul Catarinense, buscando a imposição, à ré, de obrigação de não fazer, para que se abstenha de transitar com veículos com excesso de peso, em desacordo com a legislação de trânsito, sob pena de multa. O acórdão do Tribunal de origem reformou, em parte, a sentença, que julgara improcedente o pedido, para estabelecer, "considerando a atividade desenvolvida pela ré, o elevado número de infrações, a revelar conduta abusiva, e a ofensa a diversos direitos tutelados pela Constituição Federal, com inegáveis prejuízos à coletividade", a indenização por danos morais coletivos, fixados em R$ 350.000,00 (trezentos e cinquenta mil reais). III. Quanto à alegação de negativa de prestação jurisdicional, verifica-se que, apesar de apontar como violados os arts. 489, II, e 1.022 do CPC/2015, a agravante não evidencia qualquer vício, no acórdão recorrido, deixando de demonstrar no que consistiu a alegada ofensa ao citado dispositivo, atraindo, por analogia, a incidência da Súmula 284 do Supremo Tribunal Federal ("É inadmissível o recurso extraordinário, quando a deficiência na sua fundamentação não permitir a exata compreensão da controvérsia"). Nesse sentido: STJ, AgInt no AREsp 1.134.984/MG, Rel. Ministro Sérgio Kukina, 1ª Turma, *DJe* de 06.03.2018. IV. O Tribunal de origem, à luz das provas dos autos, considerou "a contumácia da demandada, que por mais de 360 ocasiões foi autuada em razão de veículos a seu serviço transitarem com excesso de peso" e "a atividade desenvolvida pela ré, o elevado número de infrações, a revelar conduta abusiva, e a ofensa a diversos direitos tutelados pela Constituição Federal, com inegáveis prejuízos à coletividade", fixando a indenização por danos morais coletivos. A alteração desse entendimento demandaria incursão no conjunto fático-probatório dos autos, o que é vedado, no âmbito do Recurso Especial, pela Súmula 7 desta Corte. V. No que tange ao *quantum* indenizatório, "a jurisprudência do Superior Tribunal de Justiça é no sentido de que a revisão dos valores fixados a título de danos morais somente é possível quando exorbitante ou insignificante, em flagrante violação aos princípios da razoabilidade e da proporcionalidade, o que não é o caso dos autos. A verificação da razoabilidade do quantum indenizatório esbarra no óbice da Súmula 7/STJ" (STJ, AgInt no AREsp 927.090/SC, Rel. Ministro Herman Benjamin, 2ª Turma, *DJe* de 08.11.2016). No caso, o Tribunal de origem, à luz das provas dos autos e em vista das circunstâncias fáticas do caso, fixou a indenização por danos morais coletivos em R$ 300.000,00 (trezentos mil reais), considerando "a atividade desenvolvida pela ré, o elevado número de infrações, a revelar conduta abusiva, e a ofensa a diversos direitos tutelados pela Constituição Federal, com inegáveis prejuízos à coletividade". Tal contexto não autoriza a redução pretendida, de maneira que não há como acolher a pretensão do recorrente, em face da Súmula 7/STJ. VI. Descabimento do Recurso Especial com base no dissídio jurisprudencial, pois as mesmas razões que inviabilizaram o conhecimento do apelo, pela alínea a do permissivo constitucional, servem de justificativa quanto à sua alínea c. VII. Agravo interno improvido. Acórdão que consistiu a alegada ofensa ao citado dispositivo, atraindo, por analogia, a incidência da Súmula 284 do Supremo Tribunal Federal ("É inadmissível o recurso extraordinário, quando a deficiência na sua fundamentação não permitir a exata compreensão da controvérsia"). Nesse sentido: STJ, AgInt no AREsp 1.134.984/MG, Rel. Ministro Sérgio Kukina, 1ª Turma, *DJe* de 06.03.2018. IV. O Tribunal de origem, à luz das provas dos autos, considerou "a contumácia da demandada, que por mais de 360 ocasiões foi autuada em razão de veículos a seu serviço transitarem com excesso de peso" e "a atividade desenvolvida pela ré, o elevado número de infrações, a revelar conduta abusiva, e a ofensa a diversos direitos tutelados pela Constituição Federal, com inegáveis prejuízos à coletividade", fixando a indenização por danos morais coletivos. A alteração desse entendimento demandaria incursão no conjunto fático-probatório dos autos, o que é vedado, no âmbito do Recurso Especial, pela Súmula 7 desta Corte. V. No que tange ao *quantum* indenizatório, "a jurisprudência do Superior Tribunal de Justiça é no sentido de que a revisão dos valores fixados a título de danos morais somente é possível quando exorbitante ou insignificante, em flagrante violação aos princípios da razoabilidade e da proporcionalidade, o que não é o caso dos autos. A verificação da razoabilidade do quantum indenizatório esbarra no óbice da Súmula 7/STJ" (STJ, AgInt no AREsp 927.090/SC, Rel.

No Recurso Especial 1.517.973-PE, oriundo de ação civil pública movida pelo Ministério Público de Pernambuco, o Superior Tribunal de Justiça, em voto do Ministro Luis Felipe Salomão, de 16 de novembro de 2017, reconheceu, ainda que de forma moderada, no valor de R$ 50.000,00, o dano moral coletivo em face de órgão de imprensa, além da suspensão da exibição de programas televisivos ofensivos aos direitos humanos de crianças e adolescentes, idosos e pessoas com deficiência, denominados *Bronca Pesada, Investigação de Paternidade* e *Papeiro da Cinderela*.[32] O

Ministro Herman Benjamin, 2ª Turma, DJe de 08/11/2016). No caso, o Tribunal de origem, à luz das provas dos autos e em vista das circunstâncias fáticas do caso, fixou a indenização por danos morais coletivos em R$ 300.000,00 (trezentos mil reais), considerando "a atividade desenvolvida pela ré, o elevado número de infrações, a revelar conduta abusiva, e a ofensa a diversos direitos tutelados pela Constituição Federal, com inegáveis prejuízos à coletividade". Tal contexto não autoriza a redução pretendida, de maneira que não há como acolher a pretensão do recorrente, em face da Súmula 7/STJ. VI. Descabimento do Recurso Especial com base no dissídio jurisprudencial, pois as mesmas razões que inviabilizaram o conhecimento do apelo, pela alínea a do permissivo constitucional, servem de justificativa quanto à sua alínea c. VII. Agravo interno improvido".

32. A ementa é a seguinte: "Recurso Especial 1.517.973 - PE (2015/0040755-0) Relator Ministro Luis Felipe Salomão. Recurso especial. Ação civil pública. Dignidade de crianças e adolescentes ofendida por quadro de programa televisivo. Dano moral coletivo. Existência. 1. O dano moral coletivo é aferível *in re ipsa*, ou seja, sua configuração decorre da mera constatação da prática de conduta ilícita que, de maneira injusta e intolerável, viole direitos de conteúdo extrapatrimonial da coletividade, revelando-se despicienda a demonstração de prejuízos concretos ou de efetivo abalo moral. Precedentes. 2. Na espécie, a emissora de televisão exibia programa vespertino chamado "Bronca Pesada", no qual havia um quadro que expunha a vida e a intimidade de crianças e adolescentes cuja origem biológica era objeto de investigação, tendo sido cunhada, inclusive, expressão extremamente pejorativa para designar tais hipervulneráveis. 3. A análise da configuração do dano moral coletivo, na espécie, não reside na identificação de seus telespectadores, mas sim nos prejuízos causados a toda sociedade, em virtude da vulnerabilização de crianças e adolescentes, notadamente daqueles que tiveram sua origem biológica devassada e tratada de forma jocosa, de modo a, potencialmente, torná-los alvos de humilhações e chacotas pontuais ou, ainda, da execrável violência conhecida por *bullying*. 4. Como de sabença, o artigo 227 da Constituição da República de 1988 impõe a todos (família, sociedade e Estado) o dever de assegurar às crianças e aos adolescentes, com absoluta prioridade, o direito à dignidade e ao respeito e de lhes colocar a salvo de toda forma de discriminação, violência, crueldade ou opressão. 5. No mesmo sentido, os artigos 17 e 18 do ECA consagram a inviolabilidade da integridade física, psíquica e moral das crianças e dos adolescentes, inibindo qualquer tratamento vexatório ou constrangedor, entre outros. 6. Nessa perspectiva, a conduta da emissora de televisão – ao exibir quadro que, potencialmente, poderia criar situações discriminatórias, vexatórias, humilhantes às crianças e aos adolescentes – traduz flagrante dissonância com a proteção universalmente conferida às pessoas em franco desenvolvimento físico, mental, moral, espiritual e social, donde se extrai a evidente intolerabilidade da lesão ao direito. Transindividual da coletividade, configurando-se, portanto, hipótese de dano moral coletivo indenizável, razão pela qual não merece reforma o acórdão recorrido. 7. *Quantum* indenizatório arbitrado em R$ 50.000,00 (cinquenta mil reais). Razoabilidade e proporcionalidade reconhecidas. 8. Recurso especial não provido. "Conforme relatado na petição inicial, "Na inicial, o *parquet* estadual noticiou que a emissora ré veiculava o programa "Bronca Pesada", das segundas às sextas-feiras (às 7h e às 12h25) e aos sábados (às 12h15), apresentado pelo jornalista e radialista Cardinot, no qual havia um quadro denominado "Investigação de Paternidade", em que a dignidade de crianças e adolescentes era constantemente vilipendiada. Afirmou que o citado apresentador expunha os menores "ao ridículo por não ter a paternidade reconhecida e, ato contínuo, os menosprezava dizendo ser filho de tiquim, não apenas expondo-os à discriminação e à crueldade do escárnio público, como também, e até mais propriamente, induzindo, incentivando e veiculando novas formas de discriminação social, pela difusão de expressões de baixo nível vestidas com o manto da comédia" (fl. 2). Aduziu, outrossim, que, no programa 'Papeiro da Cinderela" (exibido de segunda a sexta-feira, no horário das 11h às 11h30 e sábados das 12h30 às 14h15), o apresentador, 'vestido de forma estereotipada, encarnando o personagem Cinderela, costumava fazer inúmeras referências jocosas e ofensas principalmente dirigidas a pessoas homoafetivas, valendo-se de expressões como 'sapatão', 'sargento', 'general', 'frango'" (fl. 4). Alegou

pedido inicial, formulado pelo Ministério Público de Pernambuco, era de R$ 1 milhão, e o *quantum* arbitrado pelo Tribunal de Justiça de Pernambuco, confirmado pelo Superior Tribunal de Justiça, foi de R$ 50.000,00, que adotou o método bifásico. [33]

4. A FUNÇÃO PUNITIVA DO DANO MORAL COLETIVO

A função do dano moral coletivo é, mediante a imposição de novas e graves sanções jurídicas para determinadas condutas, atender aos objetivos de precaução e prevenção, de modo a conferir real e efetiva tutela às relações de consumo que ultrapassarem o interesse individual. Leonardo Roscoe Bessa defende, nesse aspecto, uma aproximação com a finalidade do direito penal, haja vista sua natureza repressiva. [34]

---

que, nos referidos programas televisivos (de maior audiência no Estado de Pernambuco), sobressaía "uma postura constante de veiculação e propagação de ideias preconceituosas, discriminatórias e homofóbicas".

33. Segue um trecho da fundamentação do voto do relator: "Nesse passo, suprimidas as circunstâncias específicas da lesão a direitos individuais de conteúdo extrapatrimonial, creio ser possível o emprego do referido método bifásico para a quantificação do dano moral coletivo. Assim, em primeira fase, verifica-se que julgados desta Corte, ao reconhecerem dano moral coletivo, consideraram razoável a fixação de valores entre R$ 50.000,00 (cinquenta mil reais) e R$ 500.000,00 (quinhentos mil reais), o que tem o condão de traduzir a relevância do interesse transindividual lesado (REsp 1.101.949/DF, Rel. Ministro Marco Buzzi, 4ª Turma, julgado em 10.05.2016, DJe 30.05.2016; REsp 1.250.582/MG, Rel. Ministro Luis Felipe Salomão, 4ª Turma, julgado em 12.04.2016, DJe 31.05.2016; REsp 1.315.822/RJ, Rel. Ministro Marco Aurélio Bellizze, 3ª Turma, julgado em 24.03.2015, DJe 16.04.2015; e REsp 1.291.213/SC, Rel. Ministro Sidnei Beneti, 3ª Turma, julgado em 30.08.2012, DJe 25.09.2012). Por sua vez, em segunda fase, observadas as nuances do caso concreto (conduta dolosa causadora de dano de abrangência local; ofensor de grande capacidade econômica; incontroverso proveito econômico no importe de mais de R$ 90.000,00 – noventa mil reais – por programa; omissão apesar de sucessivos requerimentos do Ministério Público para a celebração de Termo de Ajustamento de Conduta; e significativa reprovabilidade social da lesão), considero razoável e adequado à função do dano moral coletivo o arbitramento da quantia de R$ 50.000,00 (cinquenta mil reais), consoante estabelecido na origem".

34. Op. cit., p. 506. A função punitiva das indenizações em face do mencionado *dano social* é também defendida com veemência pelo professor Antonio Junqueira de Azevedo, op. cit., p. 212 e 213: " o momento que estamos vivendo, especialmente no Brasil, de profunda insegurança quanto à própria vida e incolumidade física e psíquica, deveria levar todos os juristas, como insuficiência do direito penal para impedir crimes e contravenções – atos ilícitos, na linguagem civilista. Segue-se daí que a tradicional separação entre direito civil e penal, ficando o primeiro com a questão da reparação e o último com a questão da punição, merece ser repensada. Do nosso lado, o lado civilista, cumpre lembrar, antes mais nada, que não é verdade que o direito civil não puna".

Já Luiz Gustavo Grandinetti de Carvalho, defendendo a função punitiva, embora com fundamentos diversos, destaca que: "(...)a tutela de um interesse público não provoca necessariamente a imposição de uma sanção de natureza penal, mas qualquer outra sanção admitida implicitamente pelo ordenamento jurídico por razões de política legislativa, do mesmo modo que o interesse tutelado não precisa necessariamente estar expresso no ordenamento jurídico, mas basta que se deduza das normas e princípios que o regem, especialmente os de sede constitucional

Em consequência, é perfeitamente possível que o ordenamento jurídico, protegendo um interesse público dedutível de seus princípios, imponha, à sua violação, uma sanção de natureza não penal. Em outros termos, o ordenamento jurídico pode tutelar diretamente o interesse público com outras formas de sanções, como a sanção peculiar ao direito privado: o ressarcimento ou a reintegração específica. E não há necessidade de existir norma específica determinando a reparação, mas basta que o interesse esteja protegido pelo sistema normativo, que compreende não só a norma mas também os princípios gerais" CARVALHO, Luís Gustavo Grandinetti Castanho de. Responsabilidade por dano não patrimonial a interesse difuso(dano moral coletivo). *Revista da EMERJ*. Rio de Janeiro, v. 3, p. 29, 2000.

Embora negue como regra no direito brasileiro a função punitiva do dano moral, a professora Maria Celina Bodin de Moraes[35] admite que

> É de aceitar-se, ainda, um caráter punitivo na reparação de dano moral para situações potencialmente causadoras de lesões a um grande número de pessoas, como ocorre nos direitos difusos, tanto na relação de consumo quanto no Direito Ambiental. Aqui, a *ratio* será a função preventivo-precautória, que o caráter punitivo inegavelmente detém, em relação às dimensões do universo a ser protegido.

A "pena", nas palavras de Antonio Junqueira de Azevedo,[36] funciona como reparação à sociedade, visando restaurar o nível social de tranquilidade diminuída pelo ato ilícito:

> Por outro lado, o mesmo raciocínio deve ser feito quanto aos atos que levam à conclusão de que não devam ser repetidos, atos negativamente exemplares – no sentido de que sobre eles cabe dizer "Imagine se todas as vezes fosse assim!". Também esses atos causam um rebaixamento do nível coletivo de vida – mais especificamente na qualidade de vida. Se, por exemplo, uma empresa de transporte aéreo atrasa sistematicamente os seus voos, não basta, na ação individual de um consumidor, a indenização pelos danos patrimoniais e morais da vítima. É evidente que essa empresa – ou outra que a imite – , está diminuindo as expectativas de bem-estar de toda a população. É muito diferente o passageiro sair de casa confiante quanto ao cumprimento dos horários de seus compromissos ou, nas mesmas condições, sair na angústia do imprevisível. As sociedades têm um nível de qualidade de vida que até mesmo mensurado estatisticamente, por exemplo, com os índices de desenvolvimento humano (IDH).

Como argumento adicional para o reconhecimento do caráter punitivo do dano extrapatrimonial coletivo, deve ser lembrado que o valor da condenação não vai para o autor da ação coletiva, mas é convertido para a própria comunidade, ao ser destinado ao Fundo criado pelo art. 13 da Lei 7.347/1985, regulamentado pela Lei 9.008/1995. Afasta-se, assim, a crítica quanto à possibilidade de a função punitiva gerar o enriquecimento da vítima.[37]

A função punitiva, voltada a desestimular as condutas antijurídicas, tendo em vista a gravidade e a extensão do dano moral coletivo, desempenha importante papel na fixação das indenizações.

---

35. *Danos à pessoa humana*, op. cit., p. 263. E prossegue: Nesses casos, porém, o instituto não pode se equiparar ao dano punitivo como hoje é conhecido, porque o valor a maior da indenização, a ser pago 'punitivamente, não deverá ser destinado ao autor da ação, mas, coerentemente com o nosso sistema, e em obediência às previsões da Lei 7.347/85, servirá a beneficiar um número maior de pessoas, através do depósito das condenações em fundos já especificados".
36. Op. cit., p. 215
37. BESSA, Leonardo Roscoe, op. cit., p. 522. A doutrina admite a possibilidade de o fundo ser usado com certa flexibilidade, para uma reconstituição que não precisa e por vezes nem pode ser exatamente a reparação do mesmo bem lesado, embora, sobrevindo condenação em pecúnia, o valor deva ser usado em uma finalidade compatível com a causa. Cf. COSTA, Marcelo Freire Sampaio. *Dano moral (extrapatrimonial) coletivo*. São Paulo: LTr, 2009. p. 78.

5. TIPOLOGIA DO DANO MORAL COLETIVO: INTERESSES DIFUSOS, DIREITOS COLETIVOS E DIREITOS INDIVIDUAIS HOMOGÊNEOS. PUBLICIDADE ENGANOSA E ABUSIVA

A reparação do dano moral coletivo não se confunde com a soma dos danos morais individuais, mas pode ser coligada à tipologia de interesses metaindividuais do artigo 81, parágrafo único, I a III do CDC.

Como bem observa Heloisa Carpena, no caso dos interesses difusos, o exemplo mais comum ocorre nas demandas coletivas envolvendo publicidade ilícita – enganosa ou abusiva – " cuja divulgação constitua lesão à privacidade ou à honra da comunidade onde a peça publicitária é exposta",[38] inclusive em relação às indústrias do cigarro.[39]

Em matéria de publicidade enganosa,[40] a capacidade de indução em erro significa a potencialidade lesiva da mensagem publicitária, em se tratando de um

---

38. Dano moral coletivo nas relações de consumo. In: TEPEDINO, Gustavo; FACHIN, Luiz Edson (coord.). *O direito e o tempo*; embates jurídicos e utopias contemporâneas. Rio de Janeiro: Renovar, 2008. p. 837.

39. Embora polêmica a matéria, merece ser citado importante sentença da 19ª Vara Cível de São Paulo, que julgou procedente o pedido em ação coletiva movida pela Associação de Defesa da Saúde do Fumante entrou com uma ação coletiva em face das indústrias de cigarro Souza Cruz e Philip Morris. No julgamento do mérito, houve a condenação das rés ao pagamento de indenização moral e material, por omitirem informações sobre a periculosidade de fumo e por veicularem propaganda abusiva e enganosa. A sentença foi proferida em 02 de fevereiro de 2004 pela juíza Adaísa Bernardi Isaac Halpern, , no processo 000.95.523167-9 - Procedimento Ordinário (em geral) – Associação de Defesa da Saúde do Fumante – ADESF – Souza Cruz S/A – Philip Morris Marketing S/A – Fls.3212/3215:Proc. 95.523167-9 Vistos. 1.Fls. 3140 e 3150. "(...) Julgo Procedente esta ação coletiva para reconhecer o dano provocado pela falta de informação das rés aos seus consumidores, aqui representados pela Associação de Defesa da Saúde do Fumante, na forma acima exposta, condenando-as solidariamente a indenizá-los por danos materiais em valor a ser apurado em liquidação de sentença (artigos 608 e 609, CPC), bem como danos morais na forma acima exposta. Da mesma forma, condeno as requeridas a adequarem suas embalagens e publicidade ao que determinam os artigos 31, 9º, 6º, III e 36 da Lei 8.078/90, para cumprimento da Política Nacional de Relações de Consumo (art. 4º, CDC), informando os dados técnicos de seu produto cigarro, como sua composição química, precauções de uso, responsável técnico, a periculosidade ou nocividade que apresenta, em até 60 dias, sob pena de pagamento de multa diária de R$100.000,00 (cem mil reais), conforme o art. 461 CPC, sem prejuízo do que previsto pelos §§ 5º e 6º, do artigo citado. Em razão da sucumbência, condeno a requerida ao pagamento das custas, despesas processuais e extraprocessuais diretamente relacionadas com a ação e comprovadas, bem como honorários advocatícios que fixo em R$ 100.000,00 (cem mil reais) por equidade, considerando a complexidade da ação proposta e sua longa instrução, bem como o tempo consumido dos profissionais que nela atuaram". Posteriormente, a sentença foi cassada em sede de recurso de apelação, tendo sido prolatada, no dia 16 de maio de 2011, nova sentença, pelo mesmo Juízo da 19ª Vara Cível da Capital de São Paulo, da lavra da juíza Fernanda Gomes Camacho, julgando improcedente o pedido inicial, ante a ausência de comprovação da prática de publicidade ilícita pelas rés.

40. Acerca do tema, o Tribunal de Justiça do Rio de Janeiro, em voto da lavra da Desembargadora Cristina Teresa Gaulia, reconheceu o dano moral coletivo em matéria de publicidade enganosa sobre empréstimos pessoais para aposentados e pensionistas do INSS: " Apelações cíveis. Ação coletiva de consumo movida pelo Ministério Público. Publicidade enganosa em empréstimo pessoal consignado para aposentados e pensionistas do INSS. Omissão de informe sobre a taxa de juros praticada e outros encargos(...)Violação dos princípios da informação, da transparência, e dos deveres anexos à boa-fé objetiva. Publicidade enganosa por omissão. Mídia televisiva, impressa e radiofônica. Percentual da taxa de juros e demais encargos, valor total do empréstimo e periodicidade do pagamento que deveriam constar da publicidade de forma clara, objetiva e em igual destaque às demais informações relativas ao contrato de empréstimo consignado"(TJ-RJ, 5ª Câmara Cível, apelação cível 2009.001.05452, j. 26.08.2009)." O dano moral coletivo, de

dado de aferição objetiva, afastado de qualquer consideração sobre a má-fé do anunciante[41] ou mesmo da circunstância de o consumidor efetivamente incorrer em equívoco. A potencialidade lesiva da publicidade abusiva, identificada exemplificativamente pelo artigo 37, § 2º, do Código de Defesa do Consumidor, justifica o mesmo tratamento.

Seria ainda o caso dos danos em matéria ambiental, que normalmente atingem interesse difuso.

Por outro lado, poderá haver dano moral a interesse coletivo nos casos de sorteio de prêmios, quando os agraciados, diferentemente do anunciado pelo fornecedor, descobrem que não há prêmio a receber, ou em face da inserção de cláusulas abusivas em contratos de adesão:[42]

> Nessas situações, é frequente a constatação de que o objetivo do falso sorteio era apenas obter dados pessoais dos consumidores, a serem utilizados como ferramenta de *marketing*. Os titulares do interesse são pelo menos identificáveis, bastando essa característica para defini-lo como coletivo. Também poderá surgir o dano moral em demandas relativas à proteção do con-

---

maneira exemplar, foi arbitrado em R$ 500.000,00, tendo em vista o expressivo número de ações em face da financeira ré em curso naquele Tribunal. Vale transcrever um trecho da fundamentação do acórdão: "superada a questão da existência do dano moral coletivo, pela formulação enganosa(antiética!), visando o ludíbrio de aposentados e pensionistas (agressão ao comportamento de boa-fé objetiva, que se exige de uma grande empresa, no âmbito de uma sociedade com cidadania de baixa densidade, porque mal formada e desinformada, resta esclarecer que a fixação de indenização por dano moral coletivo visa o empoderamento dos cidadãos brasileiros a partir de iniciativas educacionais, informativas e modernizadoras com a verba do referido Fundo".

41. PASQUALOTTO, Adalberto. *Os efeitos obrigacionais da publicidade no Código de Defesa do Consumidor.* São Paulo: Revista dos Tribunais, 1997. p. 121.
42. CARPENA, Dano moral coletivo, op. cit., p. 838. Nesse sentido, o Tribunal de Justiça de Minas Gerais, em hipótese de publicidade enganosa de hospedagem para qualquer local do país, reconheceu o respectivo dever de reparação: "Ação civil pública. Ministério público. Legitimidade. Direito difuso. Propaganda enganosa. Viagens para qualquer lugar do país. Dano moral coletivo. A propaganda enganosa, consistente na falsa promessa a consumidores, de que teriam direito de se hospedar em rede de hotéis durante vários dias por ano, sem nada pagar, mediante a única aquisição de título da empresa, legitima o Ministério Público a propor ação civil pública, na defesa coletiva de direito difuso, para que a ré seja condenada, em caráter pedagógico, a indenizar pelo dano moral coletivo, valor a ser recolhido ao Fundo de Defesa de Direitos Difusos, nos termos do art. 13 da Lei 7347/85" (TJ-MG, 15ª Câmara Cível, apelação 1.0702.02.029297-6/001, rel. Des. Guilherme Luciano Baeta Nunes, j. 23.06.2006).

O Tribunal de Justiça do Distrito Federal e Territórios reconheceu o dano moral coletivo em face da veiculação de propaganda ilícita em prejuízo da coletividade, em ação civil pública movida pelo Ministério Público: "Ação civil pública. Dano moral coletivo. Propaganda ilícita. Indenização. 1. O Ministério Público tem legitimidade e interesse processual para ajuizar ação civil pública na qual postula indenização por dano moral coletivo em face da exibição de propaganda pela mídia televisiva (...) 6. A condenação em valor pecuniário a ser revertida ao Fundo de Defesa dos Direitos Difusos observou, estritamente, os limites da demanda proposta, portanto não há julgamento *extra petita*, tampouco violação ao art. 460 do CPC. 7. Constatada a ilicitude da propaganda, impõe-se às rés a responsabilidade solidária de indenizar os danos morais coletivos dela decorrentes(...) 9. O dano moral coletivo ocorre quando a violação a direito metaindividual causa lesão extrapatrimonial, como a que decorre da propaganda ilícita, que lesiona a sociedade em seus valores coletivos. 10. A valoração da compensação à lesão coletiva deve observar as finalidades punitiva e preventiva, consideradas a repercussão lesiva da propaganda, o grau de culpa na sua produção e veiculação e os malefícios causados à população (TJ-DF, 4ª Câmara Cível, apelação cível 2004011102028-0, rel. Des. Vera Andrighi, j. 14.03.2007).

sumidor contra cláusulas abusivas em contratos de adesão. Nesses casos, presente a relação jurídica-base com a parte contrária, que permite a identificação dos consumidores contratantes, o interesse é coletivo.

O mesmo pode ser dito em relação à comercialização de combustível adulterado, com vistas à majoração da lucratividade do negócio, caso em que o Tribunal de Justiça do Estado do Rio de Janeiro reconheceu a indenização pelo dano moral coletivo, arbitrada em R$ 70.000,00, sem prejuízo da obrigação de não fazer, sob pena de multa diária de R$ 5.000,00.[43]

A cobrança abusiva de tarifas bancárias para liquidação antecipada de empréstimos a uma coletividade de consumidores configura igualmente direito coletivo, conforme já reconhecido pelo Tribunal de Justiça do Rio de Janeiro no seguinte acórdão:[44]

> Ação civil pública proposta pelo Ministério Público objetivando compelir o réu, instituição financeira, a se abster de efetuar a cobrança de tarifa por ocasião da liquidação antecipada dos contratos de mútuo e financiamento, a inserir em seus contratos cláusulas que permitam essa cobrança e a declaração da nulidade dessas cláusulas, sob pena de multa, bem como a indenizar seus consumidores por danos moral e material. Sentença que julga procedente o pedido, arbitrando indenização por dano moral coletivo em R$ 50.000,00 (...) Dever de indenizar corretamente reconhecido na sentença.

Da mesma forma, constitui direito coletivo a ausência de fornecimento, por instituição bancária, de extratos e demais documentos em *braile,* para os portadores de deficiência visual, em sede de ação civil pública movida pelo Ministério Público, a fim de que os clientes portadores de necessidades especiais possam usufruir, na íntegra, dos serviços mantidos por aquela entidade, sem que fiquem na dependência de terceiros para consulta a informações que são, em regra, sigilosas. O Tribunal de Justiça do Estado do Rio de Janeiro inclusive aplicou abrangência nacional aos efeitos da coisa julgada, afastando a limitação territorial prevista pelo art. 16 da Lei 7.347/1985, na alteração legislativa promovida pela Lei 9.494/1997.[45]

Para Leonardo Roscoe Bessa,[46] não poderá haver dano moral coletivo em face dos direitos individuais homogêneos, pois constitui-se em hipótese de condenação judicial em valor pecuniário com função punitiva em face da ofensa a direitos

---

43. TJ-RJ, 7ª Câmara Cível, apelação cível 0059087-40.2004.8.19.0001, rel. Des. José Geraldo Antonio, j. 18.01.2011.

44. TJ-RJ, 8ª Câmara Cível, apelação cível 2009.001.10861, rel. Des. Ana Maria Pereira de Oliveira, j. 14.07.2009.

45. TJ-RJ, 12ª Câmara Cível, apelação cível 0050269-94.20007.8.19.0001, rel. Des. Lúcia Maria Miguel da Silva Lima, j. 01.02.2011: "Apelação cível. Ação civil pública. Obrigação de fazer consistente na condenação da instituição financeira à entrega aos correntistas deficientes visuais dos extratos e documentos bancários em braile. Cumprimento da convenção interamericana de combate à deficiência. Dano moral coletivo adequadamente arbitrado. provimento parcial do apelo para atribuição de efeitos *erga omnes* ao julgado, com abrangência a todo o território nacional". O dano moral coletivo, no caso, foi fixado pela sentença em R$ 500.000,00, condenação essa mantida pelo acórdão.

46. Op. cit., p. 523.

Em sentido contrário, afirma Heloísa Carpena que "poderá ainda haver dano moral coletivo em face dos direitos individuais homogêneos "em praticamente todas as demandas versando qualidade de produtos ou serviços, em que se busca indenização para ressarcimento de vício ou defeito".[47]

Com efeito, a força promocional dos princípios da dignidade da pessoa humana (CR, art. 1º, IV), tomada em sua acepção coletiva, e da solidariedade social (CR, art. 3º, I), justifica o cabimento do dano moral coletivo nessas relações de consumo, com vistas à proteção das vítimas, sem prejuízo das indenizações individuais.

Isso se deve ao tratamento legal da matéria, por força do art. 81, III, do CDC, superando a natureza dos direitos individuais homogêneos,[48] que, embora acidentalmente individuais, na expressão de Herman Benjamin, são ligados pela origem comum,[49] que os transforma em sua tutela:

> A origem comum, na medida em que surjam como consequência de um mesmo fato ou ato, e a homogeneidade que os caracteriza implicam a perda de sua condição atômica e estruturalmente isolada e a sua transformação em interesses merecedores de tratamento processual supraindividual. A introdução da disciplina legal dos interesses individuais homogêneos no ordenamento brasileiro traduz inovação, cuja inspiração adveio das *class actions,* típicas do sistema de *common law* e representa um grande avanço rumo à efetividade de direitos supraindividuais. *Pense-se em um número elevado de consumidores lesados, cada um, em valores insignificantes – proporcionalmente aos custos de obtenção do provimento jurisdicional – como na venda de determinado produto em quantidade inferior ao montante especificado, ou no reforçado peso político de uma ação coletiva de indenização movida por familiares de vítimas de um acidente aéreo, ou, ainda, nos clientes de instituição financeira que objetivem a repetição de tarifas pagas indevidamente. Nesses casos, a repercussão social causada pela multiplicidade de eventos oriundos de um fato comum denota a relevância da tutela coletiva dos interesses* (g.n.).

Na busca de uma concretização das hipóteses que possam configurar o dano moral coletivo nas relações de consumo, destaca Gabriel Stiglitz:[50]

---

47. Op. cit., p. 839. Acrescenta a autora que "admitir o dano moral coletivo ressarcível individualmente, como lesão a direito individual homogêneo, pressupõe o abandono da equivocada definição do dano como dor ou outro sentimento que, naturalmente, jamais poderão ser comuns a um grupo de pessoas. Basta que o bem jurídico tutelado (vida, liberdade, honra, privacidade, intimidade etc.) seja afetado pela conduta para que fique caracterizada a lesão. As consequências que daí decorram – dor, desconforto, angústia, o que for – são irrelevantes para a determinação do dano, importando apenas para sua quantificação".

48. O seguinte acórdão do Tribunal de Justiça do Estado do Rio de Janeiro reconheceu o dano moral coletivo no valor de R$ 50.000,00 em virtude da ausência, em agência bancária, de caixa convencional, no andar térreo, para atendimento a idosos, deficientes físicos e gestantes: "Ação civil pública. Agência bancária. Inexistência de caixa convencional no andar térreo, para atendimento prioritário de pessoas idosas, portadoras de deficiência física e gestantes. Descumprimento da Lei 10.098/2000 e da Lei Estadual 4.374/04" (apelação cível 2008.001.64608, 7ª Câmara Cível, rel. Des. Carlos C. Lavigne de Lemos, j. 24.06.1999. Segundo um trecho da fundamentação do acórdão, "no caso em exame, a manutenção de um caixa convencional, para atender a uma categoria de consumidores, interessa à coletividade, não apenas aos correntistas ou pensionistas do banco, mas a todos os que compareçam à agência, para os mais diversos fins, que se enquadram naquelas classes de pessoas".

49. *Comentários ao Código de Defesa do Consumidor,* op. cit., p. 1303-1304.

50. Op. cit., p. 71-72.

O defeito de um produto fabricado que causa prejuízo, não se circunscreve a uma ou várias pessoas, mas afeta, indiscriminadamente, de um modo geral ou coletivo, a um grupo social determinado (...) A situação (...) que poderia derivar do inadimplemento "em série" causado por uma empresa, coincidentemente em um conjunto de contratos, valendo-se de cláusulas uniformes e vexatórias (v.g. exonerativas de responsabilidade), e à custa do sacrifício simultâneo de necessidades e interesses relativamente vitais, por exemplo, do grupo de inquilinos ou pensionistas de uma "pequena comunidade habitacional" que não é dotada de condições dignas de vida, ou dos usuários de serviços telefônicos que como "categoria" padecem – como consequência idêntica e comum da inexecução do compromisso do Estado empresário – de uma restrição ao direito adquirido de comunicar-se com seus semelhantes.

6. CONCLUSÕES

A responsabilidade civil passa por um processo de despersonalização e desindividualização, face às novas situações subjetivas, justificando, dentre outras situações, a prevenção e reparação dos danos morais coletivos.

Caminha-se, assim, no sentido da superação de um modelo fundado em base patrimonialista e individualista, diante de atos que atingem a sociedade como um todo, tendo em vista a dimensão coletiva da dignidade da pessoa humana.

Nesse viés, a dimensão social dos interesses envolvidos justifica a função punitiva do dano moral coletivo.

Seguindo a tipologia dos interesses metaindividuais do artigo 81, I a III, do Código de Defesa do Consumidor, o dano moral coletivo pode decorrer da ofensa a interesses difusos, direitos coletivos ou mesmo de direitos individuais homogêneos, o que se justifica pela força promocional dos princípios da dignidade da pessoa humana (CR, art. 1º, IV), tomada em sua acepção coletiva, e da solidariedade social (CR, art. 3º, I).

Embora a jurisprudência ainda padeça da falta de critérios seguros para o arbitramento das indenizações por dano moral coletivo, lentamente vão sendo superadas as controvérsias levantadas num momento anterior acerca do seu cabimento. A função punitiva, voltada a desestimular as condutas antijurídicas, tendo em vista a gravidade e a extensão do dano moral coletivo, é de grande importância na fixação das indenizações.

7. BIBLIOGRAFIA

ANDRADE, André Gustavo de. *Dano moral & indenização punitiva*. 2.ed. Rio de Janeiro: Lumen Juris, 2009.

AZEVEDO, Antonio Junqueira de. Por uma nova categoria de dano na responsabilidade civil: o dano social. *Revista Trimestral de Direito Civil*. Rio de Janeiro, v. 19, p. 211-218, jul./set. 2004.

BARBOSA, Fernanda Nunes; MULTEDO, Renata Vilela. Danos extrapatrimoniais coletivos. *Revista de Direito do Consumidor*. São Paulo, p. 29-45, maio/ jun. 2014.

BESSA, Leonardo Roscoe. Dano moral coletivo. In: MARQUES, Claudia Lima; MIRAGEM, Bruno. *Doutrinas essenciais*; Direito do Consumidor. v. 5. São Paulo: Revista dos Tribunais, 2011. p. 491-525.

BITTAR FILHO, Carlos Alberto. Do dano moral coletivo no atual contexto jurídico brasileiro. *Revista de Direito do Consumidor.* São Paulo, v. 12, p. 44-62, out./dez. 1994.

BOBBIO, Norberto. *A era dos direitos.* Tradução de Carlos Nelson Coutinho. Rio de Janeiro: Campus, 1992.

CARPENA, Heloisa. Questões atuais sobre o ressarcimento do dano moral coletivo. In: MARTINS, Guilherme Magalhães (coord.). *Temas de responsabilidade civil.* Rio de Janeiro: Lumen Juris, 2012. p. 223-235.

_____. Dano moral coletivo nas relações de consumo In: TEPEDINO, Gustavo; FACHIN, Luiz Edson. *O Direito e o Tempo:* embates jurídicos e utopias contemporâneas. Rio de Janeiro: Renovar, 2008. p. 827-846.

CARVALHO, Luís Gustavo Grandinetti Castanho de. Responsabilidade pelo dano não-patrimonial a interesse difuso (dano moral coletivo). *Revista da EMERJ.* Rio de Janeiro, n. 9, p. 21-42, 2000.

CASTRONOVO, Carlo. *La nuova responsabilitá civile.* Milano: Giuffrè, 2006.

COSTA, Marcelo Freire Sampaio. *Dano moral (extrapatrimonial) coletivo.* São Paulo: LTr, 2009.

JOURDAIN, Patrice. *Les príncipes de la responsabilité civile.* 6.ed. Paris: Dalloz, 2003.

LORENZETTI, Ricardo Luis. *Fundamentos do direito privado.* Tradução de Vera Maria Jacob de Fradera. São Paulo: Revista dos Tribunais, 1998.

LOTUFO, Renan. Dano moral coletivo. In: MARTINS, Guilherme Magalhães (coord.). *Temas de responsabilidade civil.* Rio de Janeiro: Lumen Juris, 2012. p. 279-290.

MANCUSO, Rodolfo de Camargo. *Interesses difusos;* conceito e legitimação para agir. 2.ed. São Paulo: Revista dos Tribunais, 1991.

MARQUES, Claudia Lima; BENJAMIN, Antônio Herman; MIRAGEM, Bruno. *Comentários ao Código de Defesa do Consumidor.* 3. ed. São Paulo: Revista dos Tribunais, 2010.

MARTINS, Guilherme Magalhães. Risco, solidariedade e responsabilidade civil. In: _____. (coord.). *Temas de responsabilidade civil.* Rio de Janeiro: Lumen Juris, 2012.

MORAES, Maria Celina Bodin de. *Danos à pessoa humana:* uma leitura civil-constitucional dos danos morais. Rio de Janeiro: Renovar, 2003.

MOREIRA, José Carlos Barbosa. Tutela jurisdicional dos interesses coletivos ou difusos. *Temas de Direito Processual (Terceira Série).* São Paulo: Saraiva, 1984.

NAVARRETTA, Emanuela. I danni non patrimoniali nella responsabilità extracontrattuale. In : _____ (org.). *I danni non patimoniali;* lineamenti sistematici e guida alla liquidazione. Milano: Giuffrè, 2004.

PASQUALOTTO, Adalberto. *Os efeitos obrigacionais da publicidade no Código de Defesa do Consumidor.* São Paulo: Revista dos Tribunais, 1997.

SANTANA, Héctor Valverde. *Dano moral no direito do consumidor.* São Paulo: Revista dos Tribunais, 2009.

SARLET, Ingo Wolfgang. *Dignidade da pessoa humana e direitos fundamentais.* 4.ed. Porto Alegre: Livraria do Advogado, 2006.

STIGLITZ, Gabriel. Daño moral individual y colectivo: medioambiente, consumidor y dañosidad colectiva. *Revista de Direito do Consumidor.* São Paulo, v. 19, p. 68-76, jul./set. 1996.

TEIXEIRA NETO, Felipe. *Dano moral coletivo.* Curitiba: Juruá, 2014.

VINEY, Geneviève; JOURDAIN, Patrice. *Traité de droit civil.* Lês effets de la responsabilité. 2. ed. Paris: LGDJ, 2001.

O DIREITO DO CONSUMIDOR À SEGURANÇA ALIMENTAR E A RESPONSABILIDADE CIVIL PELO "DANO MORAL COLETIVO"

Caroline Vaz

Doutora em Direito pela Universidade de Zaragoza, Espanha. Mestre e Especialista em Direito pela PUC-RS. Professora de Direito Civil na PUC/RS, dos Cursos Preparatórios da FMP (Fundação Escola Superior do Ministério Público) e Professora Convidada do Curso de pós-graduação em Direito do Consumidor da UFRGS. Coordenadora do Centro de Apoio do Consumidor e da Ordem Econômica- CAOCON. Promotora de Justiça do Estado do Rio Grande do Sul. Autora de livros e artigos publicados em revistas jurídicas.

Sumário: 1. Aspectos introdutórios ao tema – 2. A responsabilidade civil nas relações de consumo: 2.1 O risco como fator de incidência da responsabilidade civil nas relações de consumo; 2.2 A influência do risco para a responsabilidade civil nas relações de consumo – 3. A tutela dos interesses transindividuais dos consumidores e o "dano moral coletivo": 3.1 Da caracterização dos interesses ou direitos coletivos lato sensu; 3.2 Os danos aos interesses transindividuais e a sua indenização/compensação; 3.3 Características básicas e casos de admissibilidade dos danos morais coletivos – 4. Critérios existentes para fixação de um valor a título de indenização por dano moral coletivo: 4.1 Reflexões doutrinárias e jurisprudenciais acerca da fixação do quantum a título de dano moral coletivo; 4.2 Dano moral coletivo e a função punitiva da responsabilidade civil em relação à segurança alimentar do consumidor – 5. Considerações finais – 6. Referências.

1. ASPECTOS INTRODUTÓRIOS AO TEMA

As novas perspectivas da responsabilidade civil quanto às funções que vêm sendo reconhecidas pela jurisprudência brasileira alargam o espectro de reparação de danos ou de compensação destes não somente no âmbito de interesse individual dos consumidores, mas também de forma coletiva. Tal mudança de paradigma e o reconhecimento de que existem danos presumidos e danos iminentes, levam à necessidade da adoção de medidas antecipatórias e, portanto, preventivas. Ainda, danos que afrontem valores relevantes de uma determinada comunidade, gerando indignação, repulsa etc., caracterizam-se como danos extrapatrimoniais e como tais devem ser considerados juridicamente.

Assim, à responsabilidade civil de um modo geral, e mais especificamente dos fornecedores, para além das especificidades do Código de Defesa do Consumidor (Lei 8.078/1990) e da Lei da Ação Civil Pública (Lei 7.347/1985), incumbe a pacificação social por meio da tutela coletiva dos chamados interesses transindividuais, os quais se estabelecem entre os interesses públicos e privados, e são compartilhados por grupos, classes ou categorias de pessoas, os quais excedem ao âmbito estritamente individual, mas não chegam propriamente a constituir interesse público, como adverte Mazzilli.[1]

O enfrentamento do tema não tem sido fácil pela doutrina e menos ainda pela jurisprudência, pois a caracterização desses danos transindividuais e principalmente de um "dano moral coletivo" dos consumidores, conforme vem sendo denominado, é algo complexo e sem paradigmas no sistema jurídico brasileiro. Contudo, não se pode olvidar que à luz do Direito Civil-Constitucional, sendo a defesa dos consumidores um direito fundamental positivado tanto no catálogo dos direitos e garantias fundamentais, art. 5º, XXXII, como no título referente à ordem econômica, art. 170, V, da Constituição Federal vigente, ao Estado incumbe dar a máxima eficácia possível a estes, na forma que a lei federal dispõe, qual seja, o Código de Defesa do Consumidor (Lei 8.078/1990), no art. 81.

2. A RESPONSABILIDADE CIVIL NAS RELAÇÕES DE CONSUMO

Dentre os pressupostos da responsabilidade civil de um modo geral, a conduta, o dano, o nexo de causalidade e o fator de incidência (culpa ou risco), o dano merece especial atenção. Isso porque não se pode falar em responsabilizar alguém civilmente se não existiu um dano a ser reparado ou, caso ele seja potencial, um dano a ser evitado.

Nesse sentido, o Código de Defesa do Consumidor, em diversas passagens, traz de forma clara a adoção do princípio da prevenção,[2] quando também deveria fazê-lo quanto ao da precaução.[3]

2.1. O risco como fator de incidência da responsabilidade civil nas relações de consumo

Utilizando-se a diferenciação entre risco e perigo, parte dos estudiosos sobre o tema entende que há distinção entre os princípios da precaução e prevenção, a qual passa pela distinção entre risco (que corresponde à precaução) e perigo (que corresponde à prevenção). O risco pode ser entendido como possibilidade de ocorrer uma situação de perigo. Este, por sua vez, consiste na possibilidade de ocorrer um dano.

O Professor José Rubens Morato Leite assevera que

---

1. MAZZILLI, Hugo Nigro. *A defesa dos interesses difusos em juízo*. 26. ed. São Paulo: Saraiva, 2013. p. 50.
2. Cap. III e IV da Lei 8.078/1990.
3. Segundo Ayala e Leite, "o princípio da prevenção é invocado para proibir a repetição da atividade que já se sabe perigosa, uma vez que há informações certas e precisas sobre a periculosidade e o risco fornecido pela atividade ou comportamento, que, assim, revela situação de maior verossimilhança do potencial lesivo que aquela controlada pelo princípio da precaução. Este, por sua vez, aplica-se nas situações onde haja risco de perigo potencial, isto é, há evidências verossímeis que levam a considerar que determinada atividade seja perigosa, não sendo possível qualificar nem quantificar integralmente o risco e seus efeitos devido à insuficiência ou caráter inconclusivo dos dados científicos disponíveis na avaliação dos riscos" (LEITE, José Rubens Morato; AYALA, Patryck de Araújo. *Direito ambiental na sociedade de risco*. Rio de Janeiro: Forense Universitária, 2002. p. 57).

o conteúdo cautelar do princípio da prevenção é dirigido pela ciência e pela detenção de informações certas e precisas sobre a periculosidade e o risco corrido da atividade ou comportamento, que, assim, revela situação de maior verossimilhança do potencial lesivo que aquela controlada pelo princípio da precaução.[4]

Para arrematar, traz a lição de Canotilho, aplicando os princípios em comento aos interesses coletivos *lato sensu*:

> comparando-se o princípio da precaução com o da atuação preventiva, observa-se que o segundo exige que os perigos comprovados sejam eliminados. Já o princípio da precaução determina que a ação para eliminar possíveis impactos danosos ao ambiente seja tomada antes de um nexo causal ter sido estabelecido com evidência científica absoluta.[5]

Assim, segundo o entendimento diferenciador dos princípios tomando por base o critério do risco, tem-se que a precaução melhor se afina com a situação do risco alimentar, quando se refere à inclusão de substâncias cujos efeitos ao homem são desconhecidos. Nesse sentido, está se falando de riscos abstratos, que podem ocorrer, e não de uma situação de perigo iminente e concreto, ou seja, o qual é certo que ocorrerá, quando incidiria, então, o princípio da prevenção. Exsurge, ainda, a necessidade de se verificar de que modo o risco influencia especificamente a responsabilidade civil por danos (concreto, presumido, iminente etc.) decorrentes do consumo de alimentos.

2.2. A influência do risco para a responsabilidade civil nas relações de consumo

A responsabilidade civil nas suas funções tradicionais de reparação e compensação traz ao consumidor individualmente lesado pelo fornecimento de um produto ou serviço a possibilidade de ver seu dano material indenizado e eventual dano extrapatrimonial compensado, como um lenitivo ao sofrimento, ou qualquer abalo psíquico experimentado.

No entanto, desde um ponto de vista de precaução, quando se utiliza o risco como parâmetro para a aplicação do direito, visando a evitar um dano concreto, percebe-se que essas funções não são suficientes. De outra banda, antes mesmo de chegar às funções da responsabilidade civil nas relações de consumo, é necessário avaliar quais os fatores de incidência sobre os quais se debruça o reconhecimento da responsabilidade de fornecedores de produto ou serviços atualmente.

Nesse contexto, a Lei 8.078/1990 adotou a responsabilidade civil objetiva como regra, cujo fator de incidência é o risco e não a culpa, a qual ainda é a regra no direito civil em geral, caracterizadora da responsabilidade civil subjetiva.

---

4. LEITE, José Rubens Morato. *Dano Ambiental:* do individual ao coletivo extrapatrimonial. 2. ed. São Paulo: Revista dos Tribunais, 2003. p. 226.
5. LEITE, José Rubens Morato. *Dano Ambiental:* do individual ao coletivo extrapatrimonial. 2. ed. São Paulo: Revista dos Tribunais, 2003. p. 36.

Portanto, usa-se a ideia da responsabilidade objetiva para resolver os casos em que não se identificava culpa por parte dos protagonistas, descartando-se, pois, a necessidade de culpa subjetiva.

Segundo Anderson Schreiber, a perda desta força da contenção da culpa resulta no aumento do fluxo de ações de indenização a exigir provimento jurisdicional favorável, concluindo: "corrói-se o primeiro dos filtros tradicionais da responsabilidade civil, sendo natural que as atenções se voltem – como, efetivamente têm se voltado – para o segundo obstáculo à reparação, qual seja, a demonstração do nexo de causalidade".[6]

Tomou-se como premissa que essa modalidade de responsabilidade visa a reparação dos danos causados por atividades perigosas, ocasionados por acidentes de consumo, danos resultantes da poluição ambiental, entre outros.

A Responsabilidade Objetiva traz, no entanto, diferentes enfoques, merecendo destaque, consoante a lição de Facchini, as teorias do risco-proveito, do risco-criado e a ideia de garantia.[7]

Pela teoria do risco-proveito, responsável é aquele que tira proveito da atividade danosa, com base no princípio de que, onde está o ganho, aí reside o encargo – *ubi emolumentum, ibi onus*.[8]

Para a teoria do risco-criado, sendo um de seus principais adeptos o doutrinador Caio Mário da Silva Pereira,[9] "aquele que, em razão de sua atividade ou profissão, cria um perigo, está sujeito à reparação do dano que causar, salvo prova de haver adotado todas as medidas idôneas a evitá-lo".

Já a ideia de garantia[10] é utilizada quando, por exemplo, o autor direto do dano é desprovido de bens ou renda, esclarece Facchini.[11] Ou seja, continua ele,

> [...] o legislador ao responsabilizar os pais pelos atos de seus filhos menores, teria visado a assegurar às vítimas a efetivação de seu direito à indenização dos prejuízos injustamente sofridos, direito este que seria comprometido se dependesse unicamente da solvibilidade do autor direto do ato danoso.

---

6. SCHREIBER, Anderson. *Novos paradigmas da responsabilidade civil:* da erosão dos filtros da reparação à diluição dos danos. 5. ed. São Paulo: Atlas, 2013. p. 51.
7. FACCHINI Neto, Eugênio. Funções e modelos da responsabilidade aquiliana no novo código. *Revista Jurídica*, Porto Alegre, n. 309, jul. 2003. p. 24.
8. CAVALIERI FILHO, Sérgio. *Programa de responsabilidade civil.* 3. ed. São Paulo: Malheiros, 2002. p. 144.
9. PEREIRA, Caio Mário da Silva. *Responsabilidade civil.* 12. ed. Rio de Janeiro: Forense. p. 24. 2018.
10. FACCHINI Neto, Eugênio. Funções e modelos da responsabilidade aquiliana no novo código. *Revista Jurídica*, Porto Alegre, n. 309, jul. 2003. p. 25. Ressalta Eugênio Facchini Neto que uma ideia, a qual transita sob a mesma denominação, porém com configuração distinta, foi formulada por B. Starck. Diz ele que todos possuem direito à vida e à integridade corporal, da mesma forma que tem direito à integridade material dos bens que lhe pertencem. Existindo esses direitos subjetivos, "eles devem ser protegidos e garantidos pelo Direito (Objetivo)".
11. FACCHINI Neto, Eugênio. Funções e modelos da responsabilidade aquiliana no novo código. *Revista Jurídica*, Porto Alegre, n. 309, jul. 2003. p. 25.

Mais recentemente, a doutrina vem revendo tais teorias de modo a adequá-las a microssistemas jurídicos contemporâneos, como às relações de consumo. Assim, nas palavras de Cavalieri, fazendo alusão ao Código Civil em vigor, aduz que "o Código esposou aqui a teoria do risco do empreendimento (ou empresarial), que se contrapõe à teoria do risco do consumo".[12] E segue explicando:

> [...] pela teoria do risco do empreendimento, todo aquele que se disponha a exercer uma atividade no mercado de consumo tem o dever de responder pelos eventuais vícios ou defeitos dos bens e serviços fornecidos. Independentemente de culpa. Esse dever é imanente do dever de obediência às normas técnicas e de segurança, bem como os critérios de lealdade, quer perante os bens e serviços ofertado, quer perante os destinatários dessas ofertas [...].[13]

Assim, a outrora teoria do risco-proveito reveste-se agora de teoria do empreendimento. Tal denominação justifica-se, a partir do momento em que se percebe, da análise em conjunto com a sociologia jurídica, de que se vive em uma sociedade de risco, a partir de determinadas atividades, inclusive de colocação de alimentos em circulação. Segundo Ulrich Beck, um dos precursores no tema, "Risco é o enfoque moderno da previsão e controle das consequências futuras da ação humana, as diversas consequências não desejadas da modernização radicalizada".[14]

A problemática do risco, portanto, para as relações de consumo, tem relevo na evidência de que os consumidores não conseguem perceber, na maioria das vezes, a existência dessas situações. Até porque, como prelecionar Beck,

> essa relativa invisibilidade dos riscos e sua dependência do saber científico-tecnológico indicam que a existência e distribuição social dos riscos estão mediatizadas por princípios inteiramente argumentativos, pois frequentemente o que prejudica a saúde e destrói a natureza não pode ser conhecido pela percepção dos indivíduos, pelos próprios olhos, mas depende, para sua constatação objetiva, do parecer de um *expert*.[15]

Resta ao Direito, assim, por suas vias de controle social, amparado por outros ramos científicos, tornar visível referidas situações.

O Código de Defesa do Consumidor trouxe como direito básico do consumidor o direito à informação, o que nem sempre é efetivado de forma clara e veraz, como estabelecido no artigo 6º, III, por parte dos fornecedores de produtos e serviços. Nesse sentido, quando o risco se transforma em dano efetivo, lesando não somente um consumidor individual, mas direta ou indiretamente diversos consumidores, entende-se cada vez mais possível a reflexão sobre a configuração de um dano moral coletivo também como instrumento para a precaução ao risco.

---

12. CAVLIERI FILHO, Sérgio. *Programa de responsabilidade civil*. 8. ed. São Paulo: Atlas, 2009. p. 171-172.
13. CAVLIERI FILHO, Sérgio. *Programa de responsabilidade civil*. 8. ed. São Paulo: Atlas, 2009. P. 172.
14. BECK, 1998, p. 13.
15. BECK, Ulrich. *La sociedad del riesgo:* hacia uma nueva modernidad. Barcelona: Paidós, 2006. p. 39-40.

3. A TUTELA DOS INTERESSES TRANSINDIVIDUAIS DOS CONSUMIDORES E O "DANO MORAL COLETIVO"

Inicialmente importa definir os interesses transindividuais no sistema jurídico vigente, haja vista precedente necessário para o reconhecimento ou não de um dano moral nessa dimensão.

Numa perspectiva histórica, é muito recente a possibilidade de reconhecimento da responsabilidade civil por danos transindividuais. Foi na década de 80, com a entrada em vigor das Leis 6.938/1981 e 7.347/1985, as quais versam sobre os danos ambientais e sua responsabilidade civil e sobre a ação civil pública, respectivamente, a situação mereceu novos contornos.

Nestas, o nascedouro dos marcos legislativos que superaram quaisquer dúvidas sobre a possibilidade de determinadas condutas lesarem bens que não pertenciam somente à esfera de disponibilidade individual, mas também a um grupo por vezes determinado e por vezes indeterminado de pessoas.

O artigo 1º da Lei 7.347/1985 menciona: "regem-se pelas disposições desta Lei, [...] sem prejuízo da ação popular, as ações de responsabilidade por danos morais e patrimoniais causados [...]" ao meio ambiente (inciso I), ao consumidor (inciso II), a bens e direitos de valor artístico, estético, histórico, turístico e paisagístico (inciso III), a qualquer outro interesse difuso ou coletivo (inciso IV), por infração da ordem econômica (inciso V); e à ordem urbanística (inciso VI)".

Portanto, o instituto do dano moral já era mencionado, quando se admitia a possibilidade de ocorrência de "dano moral transindividual", causado não às pessoas individualmente lesadas e determinadas, mas, sim, à coletividade, grupos, classes ou categoria de pessoas (indeterminados ou indetermináveis). Todavia, tal previsão não teve a repercussão nesse sentido quando da entrada em vigor da lei.

Posteriormente, com a vigência do Código de Defesa do Consumidor, Lei 8.078/1990, as diferentes espécies de interesses transindividuais foram explicadas pelo legislador.

3.1. Da caracterização dos interesses ou direitos coletivos *lato sensu*

A legislação consumerista trouxe a possibilidade de se verificar, portanto, quando interesses transindividuais teriam suas classificações como difusos, coletivos ou individuais homogêneos. Em razão do diálogo das fontes,[16] estabelecido no artigo 7º desta legislação, se entende aplicáveis as categorias do artigo 81, parágrafo único, inciso I, do Código de Defesa do Consumidor à Lei da Ação Civil Pública que tem

---

16. Diálogo que significa a aplicação simultânea, coordenada e sistemática destas duas leis principais e coexistentes no Direito Privado brasileiro. Três serão, em resumo, os diálogos entre o CC/2002 e o CDC: o *diálogo sistemático de coerência*, o *diálogo sistemático de complementariedade e subsidiariedade* em antinomias (reais ou aparentes) e o *diálogo de coordenação e adaptação sistemática*.

abrangência mais ampla no que diz ao objeto da tutela, e define os *interesses ou direitos difusos* como "[...] os transindividuais, de natureza indivisível, de que sejam titulares pessoas indeterminadas e ligadas por circunstâncias de fato." Para Hugo Nigro Mazzilli

> [...] compreendem grupos menos determinados de pessoas (melhor do que pessoas *indeterminadas*, são antes pessoas *indetermináveis*), entre as quais inexiste vínculo jurídico ou fático se preciso. São como um *feixe ou conjunto de interesses individuais, de objeto indivisível, compartilhados por pessoas indetermináveis, que encontrem unidas por circunstâncias de fatos conexas*.[17]

A primeira característica recai sobre o *titular* do direito que não é um único indivíduo. Trata-se, pois, de um direito que pertence a um grupo de pessoas e não à administração pública ou ao particular que aspiram uma mesma pretensão, que é de natureza indivisível. Ou seja, não há possibilidade de fracionar o direito entre os membros que compõem a coletividade envolvida. Ainda, esses interesses referem-se aos titulares como *pessoas indeterminadas*. A coletividade titular do direito é formada por sujeitos indeterminados ou indetermináveis individualmente. Ou seja, não é possível identificar um a um os envolvidos.

Os titulares, simplesmente, não são identificados ou identificáveis por conta da dimensão do direito e pelo número de sujeitos que podem estar envolvidos. Para se tentar ter uma ideia do alcance dessa característica, Hugo Mazzilli menciona as seguintes situações: "[...] Como determinar exatamente quais as pessoas lesadas em razão de terem tido acesso a uma propaganda enganosa, divulgada pela rádio ou televisão?"[18]

Diante disso fica, então, fácil de compreender que a indeterminação dos titulares se refere, portanto, à impossibilidade de estabelecer o número de pessoas que têm o mesmo direito. Eles não têm condições de se organizar em grupo de modo a abranger todos os possíveis interessados. Não porque não querem, mas, sim, porque não sabem onde estão e quem são os sujeitos que se encontram com o mesmo direito violado.

Finalmente, a quarta característica é que os titulares estão ligados por uma *circunstância de fato* que os unem sendo, pois, dispensável a necessidade de uma relação jurídica base. Para Mazzilli, "[...] no caso dos interesses difusos, a lesão ao grupo não decorrerá da relação jurídica em si, mas sim da situação fática resultante [...]".[19]

Dessa forma, um leite adulterado com substâncias tóxicas à saúde, como Formol, por exemplo, que é colocado em circulação no comércio, pode ser adquirido e ingerido por qualquer consumidor, que terá possível dano à sua integridade física ou psíquica.

---

17. MAZZILLI, Hugo Nigro. *A defesa dos interesses difusos em juízo*. 26. ed. São Paulo: Saraiva, 2013. p. 53.
18. MAZZILLI, Hugo Nigro. Op. Cit. p. 54.
19. MAZZILLI, Hugo Nigro. Op. Cit. p. 53.

O artigo 81, parágrafo único, inciso II, do Código de Defesa do Consumidor, por sua vez, diz serem os ***interesses ou direitos coletivos stricto sensu*** "[...] os transindividuais, de natureza indivisível de que seja titular grupo, categoria ou classe de pessoas ligadas entre si ou com a parte contrária por uma relação jurídica base". (Grifou-se)

Essa modalidade de direito, nas palavras de Hugo Mazzilli "[...] são transindividuais indivisíveis, de um grupo determinado ou determinável de pessoas, reunidas por uma relação jurídica básica comum".[20] No que tange à titularidade, será um *grupo, categoria ou classe de pessoas, sendo* determináveis. Não é preciso que a pessoa seja sindicalizada ou vinculada à associação ou entidade de classe, basta que tenha alguma relação jurídica em comum.

Por exemplo, os consumidores que sofreram alguma "indisposição ou moléstia" à saúde, em virtude da alimentação ingerida num restaurante determinado. Na área da saúde, muito corriqueiramente se diagnosticam as DTAs (Doenças Transmitidas por Alimentos).[21]

Por fim, o artigo 81, parágrafo único, inciso III, do Código de Defesa do Consumidor, assevera ser os ***interesses ou direitos individuais homogêneos*** aqueles "[...] decorrentes de origem comum". Para Rodolfo de Camargo Mancuso "[...] temos um interesse que só é efetivo na *forma* por que é exercido, não em sua essência. Um feixe de interesses individuais não se transforma em interesse coletivo pelo só fato de o exercício ser coletivo. A essência permanece individual".[22]

Para Hugo Mazzilli: "[...] são aqueles de grupo, categoria ou classe de pessoas determinadas ou determináveis, que compartilham prejuízos divisíveis, de origem comum, normalmente oriundos de uma mesma circunstância de fato [...]."[23] Arremata:

> A homogeneidade existe em razão de um conceito relacional, que, segundo pensamos, em relação ao sistema processual coletivo, deve ser feito sob a luz de um aspecto quantitativo e qualitativo. O qualitativo é o de que devem possuir uma origem comum (não necessariamente idêntica), compreendida sob o aspecto da causa de pedir próxima ou remota. O quantitativo diz respeito ao fato de tais interesses homogêneos devem possuir, efetivamente, uma considerável extensão dos indivíduos, de tal forma, que seja lícito atribuir-lhes um caráter de 'homogêneos', portanto, com dimensão social que justifique, pois, um tratamento coletivo.[24]

> Tanto os interesses individuais homogêneos como os difusos originam-se de circunstâncias de fato comuns; entretanto, são indetermináveis os titulares de interesses difusos, e o objeto de seu interesse é indivisível; já nos interesses individuais homogêneos, os titulares são determinados ou

---

20. MAZZILLI, Hugo Nigro. Op. Cit. p. 53.
21. Mais explicações sobre o tema disponível em: [http://portalarquivos.saude.gov.br/images/pdf/2017/maio/29/Apresentacao-Surtos-DTA-2017.pdf]. Último acesso em: 20.05.2018.
22. MANCUSO, Rodolfo de Camargo. *Jurisdição Coletiva e Coisa Julgada. Teoria das Ações Coletivas*, 3 ed., revista, atualizada e ampliada. São Paulo: Editora Revista dos Tribunais, 2012, p. 53.
23. MAZZILLI, Hugo Nigro. Op. Cit. p. 53.
24. RODRIGUES, Marcelo Abelha. *Ação civil pública e meio ambiente*. Rio de Janeiro: Forense Universitária, 2003. p. 46.

determináveis, e o objeto da pretensão é divisível (isto é, o dano ou a responsabilidade se caracterizam por sua extensão divisível ou individualmente variável entre os integrantes do grupo).[25]

A título ilustrativo, poder-se-ia afirmar que os consumidores que adquiriram produtos vencidos num supermercado e que ficaram doentes após o seu consumo, têm um interesse individual lesado, a saúde, com repercussões diferenciadas a cada um, sendo a mesma origem fática. Daí a homogeneidade. Contudo, no presente caso, é possível verificar quem sofreu prejuízos para além do vício do produto (art. 18, § 6º, inciso I), à integridade física ou psíquica, considerada fato do produto ou acidente de consumo (art. 12 da Lei em comento), quais sejam, as pessoas que adquiriram o alimento vencido naquele supermercado, o ingeriram e "passaram mal".

Bem. Assim entendidos os interesses transindividuais passíveis de classificação quanto ao número de pessoas atingidas, importa saber o que pode ser buscado por esses grupos em sede de responsabilidade civil dos fornecedores (art. 3º, Lei 8.078).

3.2. Os danos aos interesses transindividuais e a sua indenização/compensação

Até o ano de 1988, existiam discussões sobre a possibilidade da reparação de prejuízos reconhecidos como danos morais. Contudo, a Constituição Federal de 1988, em seu artigo 5º, incisos V e X, trouxe esta previsão expressa. Nessa esteira, relembram Farias, Rosenvald e Netto, que até meados dos anos sessenta, o STF dizia de modo peremptório: "Não é admissível que os sofrimentos morais deem lugar à reparação pecuniária, se deles não decorre nenhum dano material".[26]

O que se verifica no direito contemporâneo, no entanto, é o crescimento, uma tendência de ampliação das hipóteses de danos que até então não eram admitidos. Danos morais puros, impuros, diretos ou indiretos, danos existenciais, são designações novas a prejuízos caracterizados de forma distinta e com distintas consequências às pessoas.[27]

Assim, diante da complexidade do tema da Responsabilidade Civil, traz-se o foco para um dos pressupostos: o dano. Sobre este, colaciona-se a doutrina de Cavalieri Filho.

> (...) O dano é, sem dúvida, o grande vilão da responsabilidade civil. Não haveria que se falar em indenização, nem em ressarcimento, se não houvesse o dano. Pode haver responsabilidade sem culpa, mas não pode haver responsabilidade sem dano. A obrigação de indenizar só ocorre quando alguém pratica ato ilícito e causa dano a outrem. O dano encontra-se no centro da regra de responsabilidade civil. O dever de reparar pressupõe o dano e sem ele não há indenização

---

25. MAZZILLI, Hugo Nigro. Op. Cit. p. 57.
26. FARIAS, Cristiano Chaves; ROSENVALD, Nelson e NETTO, Felipe Peixoto Braga. **Curso de direito civil: responsabilidade civil.** Salvador: JusPodivm, 2014. p. 329.
27. Para maior aprofundamento sobre o tema vide: SOARES, Flaviana Rampazzo. **Responsabilidade Civil por Dano existencial.** Porto Alegre: Livraria do Advogado. 2009.

devida. Não basta o risco de dano, não basta a conduta ilícita. Sem uma consequência concreta, lesiva ao patrimônio econômico ou moral, não se impõe o dever de reparar.[28]

Para Francisco Amaral, "também é possível violar direito da personalidade, que são direitos subjetivos que têm por objeto os bens e valores essenciais da pessoa, no seu aspecto físico, moral e intelectual".[29]

No que tange à natureza jurídica do pagamento "da reparação" por dano moral, Cavalieri Filho entende que "a reparação monetária seria pena privada imposta pelo direito civil ao agente que praticou o dano".[30] Ou seja, entende, como grande parte da doutrina brasileira, haver uma função sancionadora, uma verdadeira pena civil.

Já Aguiar Dias percebe a função de satisfação da vítima e a penalização, mas como forma de apaziguamento social.[31]

Aliás, é este mesmo autor, que na esteira de Savatier, conceitua o dano moral por exclusão: "aquilo que não pode ser considerado dano *patrimonial* é dano *moral*,[32] "não decorre da natureza do direito, bem ou interesse lesado, mas do efeito da lesão, do caráter de sua repercussão sobre o lesado", de modo que "tanto é possível ocorrer dano patrimonial em consequência de lesão a bem não patrimonial, como dano moral por efeito da ofensa a bem material".[33]

De outra mão, é necessária a mudança de paradigma, para chegar-se ao cerne desse artigo, saindo de uma visão individual, para a coletiva. A discussão do dano moral coletivo, previsto na Lei 7.347/1985 (Lei da Ação Civil Pública) exigiu alusão aos direitos coletivos. Surge, então, a interpretação quanto às indenizações de caráter punitivo, deixando de existir uma responsabilidade civil apenas ressarcitória e compensatória, esta, caracterizadora do dano moral individual. Como referido, a doutrina passou a identificar o surgimento de espécies autônomas de dano, dentre estas, o dano moral coletivo. O Direito Consumerista teve grande protagonismo, ao lado do Ambiental, no debate dessa nova espécie.

Carlos Alberto Bittar Filho entendia classicamente o dano moral individual como o resultado de golpe desfechado contra a esfera psíquica ou a moral, em se tratando de pessoa física. A agressão fere a pessoa no mundo interior do psiquismo, traduzindo-se por reações desagradáveis, desconfortáveis ou constrangedoras, bem como trazendo à tona o fato de que o homem é dividido em corpo e espírito.[34]

---

28. CAVALIERI FILHO, Op. Cit. p. 77-78.
29. AMARAL, Francisco. Direito civil: introdução. 7ª ed. rev., atual. e aum. Rio de Janeiro: Renova, 2008. p. 559.
30. CAVALIERI FILHO, Op. Cit. p. 27.
31. DIAS, José de Aguiar. Da responsabilidade civil. 12 edição. Rio de Janeiro: Editora Lumen Juris, 2012. p. 856.
32. DIAS, José de Aguiar. Op. Cit. p. 771-772.
33. DIAS, José de Aguiar. Op. Cit. p. 771-772.
34. BITTAR FILHO, Carlos Alberto. *Reparação Civil por Danos Morais*. São Paulo: RT, 1993.

Conforme Bittar Filho,[35]

> Em consonância com essas noções, observa-se que a responsabilização do agente se realiza pelo simples fato da violação de direitos da personalidade do lesado (*damnum in re ipsa*). Os danos em tela são perceptíveis pelo senso comum, porque interferem com a natureza humana, cumprindo a respectiva identificação, em concreto, ao juiz, a quem compete fixar a reparação cabível, que pode ser pecuniária, de regra, e não pecuniária, ou de ambas as naturezas. Confere-se ao prudente arbítrio do juiz essa missão, influenciando-se seu trabalho por certos fatores admitidos, principalmente na doutrina e na jurisprudência, relacionados ao caso concreto, como a gravidade da lesão, a posição das partes e sua situação econômica, alguns previstos por expresso em leis. A par disso, certas leis traçam critérios identificadores da indenização cabível, auxiliando a tarefa do magistrado, acompanhados, ademais, pela ação da doutrina e da jurisprudência, formando-se ora acervo considerável, que vem sendo utilizado nos casos submetidos aos tribunais. Admitem-se novas formas de reparação, não pecuniárias, ganhando relevo, atualmente, o sancionamento através de prestação de serviços à coletividade, que, nascido na área penal, vem estendendo-se a questões de cunho civil. Na reparação pecuniária, prospera, ademais, a tese da exacerbação da indenização devida, em razão do vulto do direito atingido, assumindo aquela a força inibidora de que necessita (*punitive damages*), para permitir que se alcance efetivo sancionamento do lesante e desestímulo à sociedade para novas investidas do gênero. Vem-se admitindo, por fim, a cumulação entre as reparações por danos morais e por danos patrimoniais, possibilitando-se, assim, ao lesado a satisfação, em um só processo, dos interesses lesados pelo mesmo fato gerador.

Assim, há dano moral quando a vítima sofre abalo psíquico decorrente de ofensa a direitos personalíssimos como a honra, o nome, à integridade física, dentre outros bens indisponíveis do ser humano, eis que vinculados à sua dignidade.

Contemporaneamente, contudo, em virtude de princípios como a Dignidade da Pessoa Humana, art. 1º, inciso III, e da Solidariedade Social, estabelecido no artigo 3º, inciso I, ambos da Constituição Federal de 1988, é possível se falar também nesses mesmos valores, mas que não são pertinentes aos indivíduos, mas a todos os indivíduos considerados no seu conjunto, dentro de uma determinada coletividade/comunidade.

Percebe-se, como viável, o pleito de "reparabilidade" de outros entes despersonalizados por meio da defesa dos direitos difusos e coletivos. O individualismo deu lugar à possibilidade de que fossem defendidos interesses da coletividade, tanto na esfera judicial como na extrajudicial. Como mencionado, o respeito a valores morais não está restrito aos indivíduos, pessoa física ou jurídica. Com efeito, pelo dano moral.

No mesmo sentido, sustenta Carlos Alberto Bittar Filho:

> [...] o direito vem passando por profundas transformações, que podem ser sintetizadas pela palavra "socialização". Efetivamente, o direito como um todo – e o Direito Civil não tem sido uma exceção – está sofrendo, ao longo do presente século, profundas e paulatinas mudanças, sob o impacto da evolução da tecnologia em geral e das alterações constantes havidas no tecido social. Todas essas mutações têm direção e sentido certos: conduzem o Direito ao primado claro e insofismável do coletivo sobre o individual. Como não poderia deixar de ser, os reflexos desse

---

35. BITTAR FILHO, Op. Cit.

panorama de mudança estão fazendo-se sentir na teoria do dano moral, dando origem à novel figura do dano moral coletivo, objeto específico do presente estudo.[36]

E termina o autor fazendo a seguinte indagação: "Ora, se o indivíduo pode ser vítima de dano moral, por que a coletividade não poderia sê-lo?" E o próprio responde ao seu questionamento:

> Assim como cada indivíduo tem sua carga de valores, também a comunidade, por ser um conjunto de indivíduos, tem uma dimensão ética. [...] Por isso mesmo, instaura-se entre os destinos dos interessados tão firme união, que a satisfação de um só implica de modo necessário a satisfação de todas; e, reciprocamente, a lesão de um só constitui, *ipso facto*, lesão da inteira coletividade.[37]

Com essa percepção, o dano moral coletivo passou por nova evolução quando desvinculado estritamente a dor psíquica, pois não somente esta poderia causá-lo, mas, sim, qualquer conjunto de valores de uma coletividade, que, uma vez violados, igualmente merece consideração do sistema jurídico.

Felipe Teixeira Neto, no mesmo sentido, quando se refere a possibilidade de danos morais coletivos a interesses difusos:

> (...) verificada a importância da proteção dos interesses difusos para a salvaguarda da dignidade da pessoa humana, a transindividualidade e a indivisibilidade que lhes são características não constituem obstáculos à verificação da existência, ao menos em tese, de danos morais em decorrência da sua violação quando tais interesses revistam-se, por evidente, de natureza imaterial...[38]

Em última análise, o significado da coletividade é o alicerce dos direitos e valores coletivos, dos quais ela é fonte. Portanto, o campo do dano moral é bastante vasto, englobando tanto o individual, quanto a coletividade, tendo que sua aplicação vem crescendo e atingindo cada vez mais envolvidos, sejam como passivos, ou ativos, especialmente numa sociedade com ciência e tecnologia altamente desenvolvidas, onde o risco do empreendimento é uma realidade

Para tanto, adverte Teixeira Neto,

> (...) é premissa teórica inarredável adotar-se uma noção objetiva de dano moral vinculada não a sentimentos humanos subjetivos ou a uma identidade moral propriamente dita, mas ao comprometimento do fim efetivamente almejado com proteção de direitos e interesses de ordem pessoal, no caso, a promoção da dignidade da pessoa humana por meio do pleno desenvolvimento da personalidade de todos e de cada um.[39]

---

36. BITTAR FILHO, Carlos Alberto. *Do dano moral coletivo no atual contexto jurídico brasileiro*. Disponível em: [http://egov.ufsc.br/portal/sites/default/files/anexos/30881-33349-1-PB.pdf]. Último acesso em: 10.06.2018.
37. BITTAR FILHO, Carlos Alberto. *Do dano moral coletivo no atual contexto jurídico brasileiro*. Disponível em: [http://egov.ufsc.br/portal/sites/default/files/anexos/30881-33349-1-PB.pdf]. Último acesso em: 10.06.2018.
38. TEIXEIRA NETO, Felipe. **Dano Moral Coletivo: a configuração e a reparação do dano extrapatrimonial por lesão aos interesses difusos**. Curitiba: Juruá, 2014. p. 146.
39. TEIXEIRA NETO, Felipe. Op. Cit. p. 146.

Assim, doutrina e igualmente a jurisprudência vem assentando entendimento acerca das características configuradoras do dano moral coletivo.

3.3. Características básicas e casos de admissibilidade dos danos morais coletivos

No contexto de solidariedade, com uma sociedade preocupada com a proteção da dignidade da pessoa humana, percebe-se, desde a transição do Estado Liberal ao atual Estado Social e Democrático de direito, a mudança de parâmetros para se definir situações de responsabilidade civil, mormente quando os danos versarem sobre lesão a bens imateriais de uma determinada coletividade.

A Lei 8.078/1990 com a finalidade de diminuir a vulnerabilidade do consumidor diante do fornecedor, tornou-se a principal disposição de nosso ordenamento jurídico que fundamenta o dano moral coletivo, ao mencionar no seu art. 6º: "São direitos básicos do consumidor: (...)VI – a efetiva prevenção e reparação de danos patrimoniais e morais, individuais, coletivos e difusos. VII – o acesso aos órgãos do judiciário e administrativos, com vistas à prevenção ou reparação de danos patrimoniais e morais, individuais, coletivos ou difusos, assegurada a proteção jurídica, administrativa e técnica aos necessitados".

O dano moral coletivo é a lesão na esfera moral de uma comunidade, isto é, a violação de valores coletivos, que se atingidos coletivamente e injustificadamente, merecem amparo. O CDC cria direitos a uma coletividade que pode ser indeterminada, e que não goza de personalidade jurídica como visto.

Nas palavras de Hugo Nigro Mazzilli: "Interesses coletivos e difusos e individuais homogêneos sempre existiram, não são novidade de algumas poucas décadas. Nos últimos anos apenas se acentuou a preocupação doutrinária e legislativa em identificá-los e protegê-los jurisdicionalmente, agora sob o processo coletivo."[40]

Após todas essas considerações acerca da análise significativa do dano moral coletivo, Bittar traz considerações específicas quanto a aplicabilidade dos valores coletivos:

> Em primeiro lugar, aparecem os valores constantes do artigo 1º, I a III, da Lei Federal 7.347, de 24.7.85: os relativos ao meio ambiente, ao consumidor e ao patrimônio artístico, estético, histórico, turístico e paisagístico, sobre os quais há vastíssima literatura especializada. Não nos estenderemos sobre o assunto, exaustivamente analisado pela moderna doutrina. Mas cumpre-nos trazer à colação algumas importantes manifestações de nossa jurisprudência a respeito da matéria: a) "... cabe ao Judiciário identificar o valor histórico e estético do bem, independentemente do critério administrativo"; b) em tese, é cabível a ação civil pública com a finalidade de transferência das instalações de empresa apontada como poluidora; c) o reconhecimento de que determinada coisa tem valor estético, histórico, turístico ou paisagístico pode ser feito pelo Poder Judiciário,

---

40. (2004, p. 58).

não sendo privativo do Legislativo ou do Executivo; d) a denominação de uma rua tem valor histórico, suscetível de ser amparado pela ação civil pública; e) "Ação civil pública. Restauração de área livre, de lazer do povo, prejudicada por iniciativa administrativa tendente à construção de monumento lesivo à unidade e simplicidade da paisagem. Demanda procedente. Sentença mantida em reexame".

Assim, chega-se à conclusão de que o dano moral coletivo seria a injusta lesão da esfera moral de uma dada comunidade, ou seja, a violação antijurídica de um determinado círculo de valores coletivos. Faz-se, então, menção ao fato de que o patrimônio valorativo de uma comunidade foi agredido de maneira injustificável do ponto de vista jurídico. Ocorrido o dano moral coletivo, de caráter extrapatrimonial, surge automaticamente uma relação jurídica obrigacional que pode ser assim destrinchada, conforme Carlos Alberto Bittar Filho:

> a) sujeito ativo: a coletividade lesada (detentora do direito à reparação); b) sujeito passivo: o causador do dano (pessoa física, ou jurídica, ou então coletividade outra, que tem o dever de reparação); c) objeto: a reparação - que pode ser tanto pecuniária quanto não pecuniária. Sobre essa relação incide a teoria da responsabilidade civil.[41]

Leite e Ayala também entendem ser possível a ocorrência de dano moral coletivo:

> De fato, a coletividade pode ser afetada quanto a seus valores extrapatrimoniais e devem ser reparados. Um dos pressupostos é denotado por meio da seguinte assertiva: se o indivíduo pode ser ressarcido por lesão a um dano moral, não há óbice para que a coletividade não venha ser reparada, considerando que, do contrário, estaria se evidenciando um dano sem obrigação de compensação.
>
> Percebe-se com a referida passagem que a coletividade pode sofrer dano relacionado à sua honra, sendo possível a indenização por dano moral, da mesma forma que aconteceria se a honra abalada fosse de um indivíduo dessa coletividade.[42]

Outrossim, destaca-se a possibilidade de um dano moral coletivo pela falta de restrição do texto constitucional acerca do tema, já que a Constituição Federal de 1988, em seu art. 5º, inciso V, não limita a incidência de danos morais apenas ao indivíduo.[43]

Portanto, quando a coletividade de consumidores está exposta a alimentos que não foram produzidos de acordo com as regras sanitárias ou agropecuárias vigentes, ou ainda, quando intencionalmente um fornecedor, seja produtor, importador, comerciante etc. disponibiliza alimentos que não estão em condições adequadas de

---

41. BITTAR FILHO, Carlos Alberto. *Do dano moral coletivo no atual contexto jurídico brasileiro*. Disponível em: [http://egov.ufsc.br/portal/sites/default/files/anexos/30881-33349-1-PB.pdf]. Último acesso em: 10.06.2018.
42. BITTAR FILHO, Carlos Alberto. *Do dano moral coletivo no atual contexto jurídico brasileiro*. Disponível em: [http://egov.ufsc.br/portal/sites/default/files/anexos/30881-33349-1-PB.pdf]. Último acesso em: 10.06.2018.
43. Art. 5º Todos são iguais perante a lei, sem distinção de qualquer natureza, garantindo-se aos brasileiros e aos estrangeiros residentes no País a inviolabilidade do direito à vida, à liberdade, à igualdade, à segurança e à propriedade, nos termos seguintes: [...] V – é assegurado o direito de resposta, proporcional ao agravo, além da indenização por dano material, moral ou à imagem (...). Disponível em: [http://www.planalto.gov.br/ccivil_03/constituicao/constituicao.htm]. Último acesso em: 10.06.2018.

consumo, sabendo do risco ou assumindo este e a consequente violação do direito à saúde, à vida ou até mesmo negando o dever de informar adequada e vorazmente, não há dúvidas de que essa conduta é ultrajante, desrespeitadora ao dever de garantia, lealdade que se quer ver nas relações de consumo.

Os Tribunais do país, inclusive o Superior Tribunal de Justiça, igualmente tem se mostrado sensível ao reconhecimento do dano moral coletivo quando há acidentes de consumo, mas inclusive no que tange a vícios do produto (artigos 12 e 18 da Lei 8.078/1990).

Recentemente o STJ, em decisão da lavra da Ministra Nancy Andrighi, no REsp 1586515 RS, Recurso Especial 2016/0046140-8, assim se manifestou sobre os danos morais coletivos m matéria de alimentos:

> (...) 7. *In casu*, os interesses tutelados na presente ação civil pública atingem a universalidade dos potenciais **consumidores** dos produtos da recorrente, e não apenas casos pontuais nos quais verificada a discrepância entre a quantidade de sardinha e a informação constante na embalagem, e o interesse individual homogêneo tutelado na presente ação refere-se aos deveres de confiança, boa-fé e informação, intrínsecos à relação consumerista, que possuem relevância social e potencial de afligir os valores fundamentais da proteção ao **consumidor**.
>
> 8. A ação coletiva pode ser ajuizada em face de um único fornecedor de produtos ou serviços, pois, entre ele e os demais, não há uma relação jurídica única e incindível que demande julgamento uniforme, não havendo, assim, litisconsórcio necessário.
>
> 9. A ação coletiva de tutela de interesses individuais homogêneos se desdobra em duas fases, sendo que, na primeira, são tratados os aspetos padronizados das relações jurídicas e, na segunda, os individualizados, entre os quais a definição do *quantum debeatur*. Assim, por se encontrar a presente ação na primeira fase, carece de interesse recursal o recorrente para discutir a prova do efetivo **dano** material causado aos **consumidores**.
>
> 10. O **dano moral coletivo** é categoria autônoma de **dano** que não se identifica com aqueles tradicionais atributos da pessoa humana (dor, sofrimento ou abalo psíquico), mas com a violação injusta e intolerável de valores fundamentais titularizados pela coletividade (grupos, classes ou categorias de pessoas). Tem a função de: a) proporcionar uma reparação indireta à lesão de um direito extrapatrimonial da coletividade; b) sancionar o ofensor; e c) inibir condutas ofensivas a esses direitos transindividuais.
>
> 11 A grave lesão de interesses individuais homogêneos acarreta o comprometimento de bens, institutos ou valores jurídicos superiores, cuja preservação é cara a uma comunidade maior de pessoas, razão pela qual é capaz de reclamar a compensação de **danos morais coletivos**.
>
> 12. Na hipótese concreta, foram indicadas vulnerações graves à moralidade pública contratual, de significância razoável que ultrapassa os limites da tolerabilidade, razão pela qual foram verificados os requisitos necessários à condenação da recorrente à compensação de danos morais coletivos.

No Tribunal de Justiça do Rio Grande do Sul o tema tem sido recorrente, a partir de práticas fraudulentas contra o consumidor, que tem sua integridade física e psíquica colocada em risco por fornecedores que adulteram a composição do leite, alimento essencial para muitos consumidores, especialmente crianças. Nestes casos, reiteradamente também vem se reconhecendo a configuração de dano moral coletivo:

Apelações cíveis. Direito privado não especificado. Ação coletiva. Fraude do leite. Operação leite compensado IV. Adulteração e comercialização de produto com vício de qualidade. Cerceamento de defesa. Não configurado. Preclusão consumativa. Produtos inadequados para o consumo. Falha no produto e na prestação de serviço. Responsabilização da ré por danos morais coletivos e individuais. Dano moral configurado. *Quantum* indenizatório. Majorado. A oferta de leite impróprio ao consumo humano é grave o suficiente para produzir intranquilidade social e risco direto à saúde dos consumidores a justificar a condenação em expressivo valor a título de dano moral coletivo. Condenação genérica a título de interesses individuais homogêneos, pendente de posterior liquidação. Possibilidade. Artigos 81, III, 91, 95 e 97 do CDC. Consolidação da multa. Possibilidade. Preliminar recursal rejeitada. Recurso de apelação do réu desprovido e recurso do autor parcialmente provido. (Apelação Cível 70074423534, 15ª Câmara Cível, Tribunal de Justiça do RS, Relator: Adriana da Silva Ribeiro, Julgado em: 07.03.2018).

Portanto, a jurisprudência e a doutrina vêm, *paripassu*, evoluindo no enfrentamento e reconhecimento dessa nova espécie de dano na área das relações de consumo.

Ainda, exemplificando a importância do dano moral coletivo, André de Carvalho Ramos afirma "imagine-se o dano moral gerado por propaganda enganosa ou abusiva. O consumidor em potencial sente-se lesionado e vê aumentar seu sentimento de desconfiança na proteção legal do consumidor, bem como no seu sentimento de cidadania".

Imagine-se a propagando que oferta alimento saudável livre de substâncias "X ou Y", enquanto, na verdade, existem "traços ou quantidade ainda que mínima dessa substância no alimento". Por exemplo, alimentos sem açúcar, mas feito de fruta, que tem a frutose, açúcar natural da fruta. Alimentos que não informam substâncias conhecidamente alergênicas. O consumidor fica alijado do direito à informação que lhe é básico, podendo, no caso concreto, sofrer consequências por vezes irreversíveis e, consequentemente, irreparáveis à sua saúde e à própria vida por vezes.

Conforme tudo que foi exposto, é possível perceber que a complexa teoria da responsabilidade civil, junto do instituto do dano moral, vêm, cada vez mais, caminhando no sentido indispensável da coletividade. Substitui, assim, o indivíduo como único centro das relações jurídicas, ampliando seu raio de incidência, rumo à coletividade determinada, determinável ou indeterminada de indivíduos.

4. CRITÉRIOS EXISTENTES PARA FIXAÇÃO DE UM VALOR A TÍTULO DE INDENIZAÇÃO POR DANO MORAL COLETIVO

Desde o estudo inicial dos danos morais restou essa pendência na legislação e na jurisprudência: como oferecer segurança jurídica a partir de arbitramento judicial para fixação do *quantum indenizatório* do dano?

Os critérios para fixação do *quantum* a ser pago a título de dano moral coletivo é discussão persistente sobre o tema. No presente artigo, não se pode deixar passar *in albis*.

4.1. Reflexões doutrinárias e jurisprudenciais acerca da fixação do quantum a título de dano moral coletivo

Para Roberto Senise Lisboa, os critérios para a fixação do valor são: "1) a situação socioeconômica do agente, 2) a gravidade da extensão do dano; e 3) a observação da função do desestímulo da reincidência.[44]

Lista-se, a seguir, esses e outros parâmetros que podem ser utilizados na fixação do valor do dano moral de acordo com a interpretação doutrinária e jurisprudencial vigente.

(A) Extensão do dano – Art. 944, do Código Civil: quanto maior o dano, maior a indenização. A preocupação, portanto, é exclusivamente com a figura da vítima, cujo dano se busca apagar ou ao menos minorar.

(B) Grau de culpa do agente e contribuição causal da vítima – Arts. 944, parágrafo único e 945 do Código Civil. Quanto maior o grau de culpa do agente maior tende a ser a indenização. Se o agente agiu com dolo ou culpa grave, a reparação do dano é integral. Se agiu com culpa leve ou culpa levíssima, reduz a indenização por equidade (redução equitativa da indenização ou contribuição causal com redução por equidade).

(C) Condições gerais dos envolvidos – São as condições econômicas, financeiras, culturais, sociais etc.

(D) Vedação do enriquecimento sem causa – O valor não pode gerar a ruína do ofensor nem o enriquecimento do ofendido. Aqui, utiliza-se do critério da proporcionalidade.

(E) Caráter pedagógico e punitivo da decisão para que o infrator não repita o evento ou a conduta danosa – Para que este instituto possa ser utilizado, necessário se faz a ocorrência prévia de 02 (dois) requisitos obrigatórios e 01 (hum) facultativo, quais sejam, respectivamente, *(01)* a *ocorrência de dano moral; (02)* a *culpa de natureza grave do ofensor;* e *(03)* ocorrência de um lucro com ato ilícito do infrator.

O Tribunal de Justiça do Estado do Rio Grande do Sul, na acima citada operação Leite Compensado, em uma de suas 11 fases desde 2013, sinalizou alguns vetores para fins de fixar o valor da compensação/punição pelo pagamento do dano moral coletivo.

Responsabilidade objetiva da empresa pela colocação no mercado de produto adulterado. Danos morais coletivos e individuais homogêneos. A responsabilidade pela disponibilização de leite com adição de formaldeído no mercado de consumo é objetiva, pois tem a empresa obrigação de entregar produto de qualidade, sem adulteração de qualquer espécie, ao contrário do ocorrido, nos termos dos arts. 10, 12, 18, § 6º, II, e 39, VIII, do CDC. O fato de também ter sido vítima da fraude de terceiros, pois o leite adquirido já estaria adulterado, não afasta a sua responsabilidade. Além de ser ela objetiva, houve negligência na análise da qualidade do produto recebido. Verificadas falhas em seu dever de controlar a qualidade da matéria-prima recebida, que foi beneficiada e colocada no mercado, mesmo sendo imprópria, é responsável pelos danos. De acordo com as provas, disponibilizou à venda mais de 900.000 litros de leite UHT da marca Mu-Mu em que foi detectada a presença de formaldeído, colocando em risco a saúde dos consumidores. E não

---

44. LISBOA, Roberto Senise. *Manual de direito civil*. 7. ed. São Paulo: Saraiva, 2013. v. 2, Direito das Obrigações e Direito Civil. p. 320-321.

nasceu com o Memo n. 113/2013 do Ministério da Agricultura, emitido em 18/02/2013, a responsabilidade pela verificação da adição de formaldeído no leite adquirido cru dos produtores. O Decreto 30.691/1952, que aprovou o "Regulamento da Inspeção Industrial e Sanitária de Produtos de Origem Animal" RIISPOA do Ministério da Agricultura, Pecuária e Abastecimento MAPA, já estabelecia a vedação de beneficiamento de leite adulterado ou fraudado, dispondo também acerca da realização de exame químico para a verificação da qualidade e da existência de substâncias estranhas ao leite. A Instrução Normativa 68/2006 do MAPA, editada para "Oficializar os Métodos Analíticos Oficiais Físico-Químicos, para Controle de Leite e Produtos Lácteos, em conformidade com o anexo desta Instrução Normativa, determinando que sejam utilizados nos Laboratórios Nacionais Agropecuários", expressamente prevê, dentre os "IV Métodos qualitativos", a realização de teste para a detecção de formaldeído no leite e em produtos lácteos. Prescinde o dano extrapatrimonial coletivo da comprovação de dor, sofrimento ou abalo psicológico, os quais são suscetíveis de apreciação na esfera do indivíduo. *Verificada situação que importe lesão à esfera moral de uma comunidade, com violação de direito transindividual, envolvendo não apenas a dor psíquica, mas qualquer abalo negativo à moral da coletividade, resta configurado o dano moral coletivo.* Dano moral coletivo. *Quantum.* Redução. Verificada a presença de formaldeído em lotes de leite comercializados, produto cancerígeno, nocivo à saúde humana, a intensa repercussão nos meios de comunicação acerca dos males que o consumo da substância era capaz de provocar, a angústia e apreensão dos consumidores, bem como a capacidade econômica da empresa, sem perder de vista que agiu imediatamente após ter conhecimento dos fatos, inclusive com *recall* publicado em jornais de grande circulação, e sua preocupação comprovada para corrigir e controlar o problema, é caso de redução do elevadíssimo montante fixado a título de danos morais coletivos para R$ 700.000,00. Atendimento também aos princípios da proporcionalidade e da razoabilidade, inclusive porque não foram verificadas fraudes no restante da extensa gama de produtos industrializados pela empresa.(...)[45] Grifou-se.

Percebe-se *in casu* a adoção dos critérios de repercussão do dano, a capacidade econômica da pessoa jurídica (agente/fornecedor) e o comportamento (grau de censurabilidade) da conduta desta.

Assim, sem adentrar a fundo na discussão sobre admitir ou não o caráter punitivo da indenização (*punitive damages*)[46] para fins de pacificação social, vale registrar alguns dos principais argumentos contra a utilização desse instituto: o **primeiro** é

---

45. Apelação Cível 70074403031, 21ª Câmara Cível, Tribunal de Justiça do RS, Relator: Almir Porto da Rocha Filho, Julgado em: 22.11.2017.

46. Necessário realizar um acordo semântico para esclarecer que se utiliza neste feito a expressão "prestações punitivas ou dissuasórias" por ser uma tradução autoexplicativa na língua portuguesa do instituto que é conhecido por *punitive damages, exemplary damages, vindictive damages, deterrent damages, smart money*, entre outros, a fim de se evitar o que ocorre por vezes na pesquisa de direito estrangeiro, ou seja, que a nomenclatura se sobreponha ao significado. Isso porque ao pé da letra "punitive damages" quer significar *punição por decorrência dos danos, por causa dos danos* e, assim sendo, entende-se inapropriada a locução "indenização punitiva" utilizada por parte da doutrina brasileira, pois reporta à finalidade reparatória da responsabilidade civil, que não é o objeto da figura anglo-saxônica em comento, a qual corresponde ao pagamento de uma quantia além do ressarcimento pelos prejuízos sofridos pela vítima. Da mesma forma, não se pode concordar com "danos punitivos", tradução corriqueiramente utilizada para o Português, já que a categoria jurídica em análise não trata de dano, pelo contrário, refere-se a um valor a ser pago pelo agente que causou o dano, com a finalidade não de ressarcir a vítima, mas de punir seu causador pela conduta ilícita, bem como para desencorajar a este e as demais pessoas da sociedade de praticarem ato semelhante. Portanto, não são os danos que punem ou desencorajam, mas a prestação pecuniária a ser entregue pelo agente causador destes".

a falta de regra expressa que autorize a utilização desse tipo de sanção; o **segundo argumento** é a existência da regra contida no artigo 944, do Código Civil, no sentido de que a indenização mede-se pela extensão do dano.[47]

A noção de indenização punitiva, porque distanciada da tradição do *civil law* ainda encontra considerável resistência de uma parte da doutrina, que tem apresentado várias objeções motivadas pelo temor da repercussão que o instituto pode provocar nas relações socioeconômicas. Para Anderson Schereiber, a utilização dos *punitive damages* se distancia do original norte-americano e "[...] cria-se uma espécie bizarra de indenização, em que ao responsável não é dado conhecer em que medida está sendo apenado e em que medida está simplesmente compensando o dano, atenuando, exatamente, o efeito dissuasivo que consiste na principal vantagem do instituto."[48]

Outro argumento é no sentido de que, ao se valer do *punitive damages*, há, inevitavelmente, uma "quebra" entre a esfera civil e penal, pois se aplica a um ilícito civil uma pena, sem balizamento legal, golpeando o princípio da *nullum crimen, nulla poena sine lege* estampada no o artigo 5º, XXXIX, da Constituição Federal. Nesse sentido, tem-se o magistério de Wilson Melo da Silva:

> Para que haja pena, mister se torna, em cada caso, um texto legal expresso que a comine e um delito que a justifique", ou seja, *nulla poena sine lege*. Para que haja dano, basta a simples infringência da ampla regra do *neminem laedere*. O delito, no dano, é apenas o fato gerador, a circunstância determinante dele. E o que no juízo cível se busca ressarcir é apenas a consequência do delito, ou seja, o dano [...] Mira-se, na responsabilidade civil, a pessoa do ofendido e não a do ofensor; a extensão do prejuízo, para a graduação do *quantum* reparador, e não a culpa do autor.[49]

O problema é que a pena, no Direito Civil (sistema aberto) à diferença do Direito Penal (sistema fechado, pautado em tipos legais), se relaciona à violação de um dever de conduta (valores sociais, boa-fé objetiva, ética etc.), conduz a uma sanção dúplice: (a) a punição do agente (em danos punitivos, *punitive damages* reversíveis para a sociedade por meio de fundo de recuperação de bens lesados, proteção de direitos difusos etc., nos termos da Lei 7.347/1985); e (b) a compensação dos danos (reversível para a indenização da vítima).

Entretanto, com a devida vênia, esses argumentos devem ser afastados, pois dentro do próprio Código Civil Brasileiro tem-se institutos de natureza penal tais como a arras (artigos 418 e 420 do Código Civil) e o pagamento em dobro (artigo 940 do Código Civil). Ainda, quando a própria Constituição Federal trouxe a possibilidade de dano moral, não elencou rol taxativo de aplicação a essa espécie de responsabilização.

---

47. Sobre o tema: VAZ, Caroline. *Funções da Responsabilidade Civil: da reparação à punição e dissuasão*. Porto Alegre: Livraria do Advogado, 2009.
48. SCHREIBER, Anderson. *Novos paradigmas da responsabilidade civil*: da erosão dos filtros da reparação à diluição dos danos. São Paulo: Atlas, 2007. p. 201.
49. MELO DA SILVA, Wilson. Responsabilidade civil: atualização em matéria de responsabilidade por danos morais. *Revista Jurídica*, Porto Alegre, n. 231, jan. 1997. p. 11.

De outra banda, Yussef Said Cahali alude um caráter tríplice da indenização do dano moral: "[...] reparar, punir, admoestar ou prevenir."[50] Sergio Cavalieri Filho também enxerga, ao lado da finalidade satisfatória, uma função punitiva da indenização:

> Com efeito, o ressarcimento do dano moral não tende à *restitutio in integrum* do dano causado, tendo mais uma genérica *função satisfatória*, com a qual se procura um bem que recompense, de certo modo, o sofrimento ou a humilhação sofrida. Substitui-se o conceito de equivalência, próprio do dano material, pelo de compensação, que se obtém atenuando, de maneira indireta, as consequências do sofrimento. Em suma, a composição do dano moral realiza-se através desse conceito – compensação –, que, além de diverso do ressarcimento, baseia-se naquilo que Ripert chamava "substituição do prazer, que desaparece, por um novo". Por outro lado, não se pode ignorar a necessidade de se impor uma pena ao causador do dano moral, para não passar a infração e, assim, estimular novas agressões. A indenização funcionará também como uma espécie de *pena privada* em benefício da vítima.[51]

Portanto, o propósito geral dessa espécie de indenização é o de punir o ofensor, estabelecendo uma sanção que lhe sirva de exemplo para que não repita o ato lesivo, além de dissuadir comportamentos semelhantes por parte de outros que tenham a intenção de adotar uma conduta semelhante.

Por fim, após as breves considerações acerca dos parâmetros, não se poderia deixar de destacar o acórdão oriundo do Recurso Especial 1.152.541/RS,[52] em que o colendo Superior Tribunal de Justiça apresentou um método bifásico de indenização sendo que, na primeira fase, fixa-se um valor básico para a indenização, considerando o interesse jurídico violado e os precedentes semelhantes para indenização deste. Em um segundo momento, examina-se as circunstâncias do caso para a fixação definitiva do valor da indenização, atendendo-se à determinação legal de arbitramento equitativo pelo magistrado. *Mutatis mutandi*, acredita-se possível se avaliar também este critério para o dano moral coletivo.

Atualmente, alguns dos principais parâmetros a serem observados na fixação do valor a título de danos morais são *(01)* a extensão do dano; *(02)* as condições pessoais e econômicas das partes envolvidas; *(03)* moderação e razoabilidade, atendendo-se à realidade da vida e às peculiaridades de cada caso, de forma a não haver o enriquecimento sem causa da vítima e; *(04)* modernamente (e para parte da doutrina), uma carga de desestímulo cumulado com um cunho pedagógico (*punitive damages*) para que o infrator não torne a repetir o ato ilícito.

Resta claro, portanto, que o *quantum* a ser fixado a título de dano moral dependerá da boa aplicação dos critérios no caso específico e, como um todo, da experiência e do bom senso, sendo que tal decisão sempre se sujeitará à revisão dos tribunais em caso de recurso.

---

50. CAHALI, Yussef Said. *Dano moral*. 4. ed., rev., atual. e ampl. São Paulo: Revista dos Tribunais, 2011. p. 175.
51. CAVALIERI FILHO, Sérgio. Op. Cit. p. 96.
52. BRASIL. Superior Tribunal de Justiça. 3ª Turma. Recurso Especial 1.152.541/RS. Relator: Paulo de Tarso Sanseverino. Julgamento: 13.09.2011. Publicação em 21.09.2011.

A responsabilidade civil, como visto, passa por constantes modificações, à luz de novas situações prejudiciais que afetam desde interesses materiais até os mais elementares direitos imateriais. Nesta senda, trilha cada vez mais um caminho para além da *restituitio in integrum*, típica dos danos individuais, mas funções outras como a de prevenção e precaução de riscos a toda sociedade, antes mesmo de se tornarem danos concretos.

Em razão de tais constatações, justifica-se o debate acerca do "dano moral coletivo" ou "dano extrapatrimonial transindividual", quando se transfere a responsabilidade do indivíduo ao grupo, seja este determinado ou determinável de pessoas.

Repise-se: na sistemática clássica, até a Constituição Federal de 1988, a reparação por danos morais só existia quando havia dano material, sendo reparáveis danos imateriais com efeitos também patrimoniais. A Carta Magna inovou com a previsão expressa de indenização por dano material, moral e à imagem (art. 5º, incisos V e X), trazendo novos paradigmas para essas lesões a bens jurídicos que não estavam tuteladas pelo Direito pátrio.

Maria Celina Bodin de Moraes, referindo-se à reparação do dano moral, como forma de proteção à dignidade, bem ilustra o pensamento da doutrina no início do reconhecimento do instituto e sua aplicação na sistemática jurídica brasileira. Segundo ela, a "reparação do dano moral":

> corresponde neste novo ambiente, à contrapartida do princípio da dignidade da pessoa humana: é o reverso da medalha. Quando a dignidade é ofendida, há que se reparar o dano injusto sofrido. O problema já não é de fundamento e sim de consequência: como indenizar a dignidade atingida? Há que se punir o ofensor, além de compensar a vítima, dado o valor do bem jurídico lesionado? Que critérios utilizar para tornar aceitável pela razão – razoável – esta operação?[53]

Desde essa compreensão incipiente da doutrina, passando pelo reconhecimento de outros danos extrapatrimoniais, como o dano estético, e a possibilidade de se cumular indenizações de dano estético e moral, resta clara a admissibilidade paulatina dos danos morais coletivos ou danos extrapatrimoniais transindividuais. Resta mais forte o debate, contudo, quanto à fixação desse valor.

4.2. Dano moral coletivo e a função punitiva da responsabilidade civil em relação à segurança alimentar do consumidor

Diante do exposto até aqui, com base numa análise sistemática da Responsabilidade Civil e suas funções, com enfoque principal na função punitiva e dissuasória, ligada diretamente ao instituto do Dano Moral Coletivo, propõe-se correlacionar esta mesma Responsabilidade Civil com o Dano Moral no âmbito do Direito do Consu-

---

53. FARIAS, Cristiano Chaves; ROSENVALD, Nelson; NETTO, Felipe Peixoto Braga. Op. Cit. p. 326.

midor, para fins de avaliar seu dimensionamento quanto à temática da Segurança Alimentar.[54]

Ao longo do século XX, a chamada sociedade de consumo se intensificou em razão dos avanços tecnológicos de produção. O Capitalismo, conhecido pela urgência de produção, pela produção em massa, pela visibilidade, pelo seu alcance, adentrou na produção de mercadorias, formou uma nova visão de lucro, expandiu os objetivos empresariais. Suas raízes da Revolução Industrial o tornaram a potência que move a sociedade de hoje que é cada vez mais consumista. Entretanto, o mesmo trouxe consigo uma onda de críticas e problemas.

O Código de Defesa do Consumidor, criado nos anos 90, passou a tutelar essas relações e sua abrangência e desde o seu princípio, a relação entre consumidor e fornecedor traz a noção de necessidade de amparo pela legislação. O consumidor é sempre a parte mais vulnerável (fraca, tecnicamente, juridicamente, sócio-financeiramente e do ponto de vista informacional[55]), e, por este motivo, necessita de amparos, necessita de equilíbrio, por este motivo o Código de Defesa do Consumidor surgiu para adotar princípios e normas com o objetivo de harmonizar as relações de consumo.

Como salienta Roberto Senise Lisboa na obra "Responsabilidade Civil nas Relações de Consumo", a proteção dos direitos extrapatrimoniais do consumidor é o fundamento da responsabilidade pelo fato do produto e do serviço, e acrescenta:

> [...] O consumidor, decorrente do fornecimento de produtos e serviços, enseja a reparação do prejuízo. Não é necessária a existência do dano *in concreto* para que o fornecedor se submeta à responsabilidade pelo acidente de consumo. Como o pensamento modernista e pós-modernista privilegiam a prevenção do dano, é perfeitamente viável a adoção de medidas preventivas, a fim de que a coletividade de consumidores não se submeta a prejuízos desnecessários [...] A adoção de medidas preventivas de acidentes de consumo é de extrema importância, pois a segurança do destinatário final do produto e do serviço deve ser preservada. A ameaça de ofensa aos direitos extrapatrimoniais do consumidor individual ou coletivamente considerado pode também dar causa à responsabilidade pelo fato do produto e do serviço, sujeitando-se o fornecedor à tutela preventiva aplicável mediante a retirada do objeto que se encontra na iminência de entrada no mercado de consumo e se apresente com uma potencialidade de dano além da normalidade.[56]

Com os avanços e crescimento de produção, os conflitos entre consumidor e fornecedor começaram a acontecer. Práticas abusivas passaram a ser frequentes nas

---

54. Segurança alimentar possui diversas dimensões fundamentais, consoante estabelecido pela própria FAO: "quantidade de alimentos suficiente; qualidade e sanidade da alimentação e garantia de acesso digno a esses alimentos". A abordagem da autora é no sentido da existência de políticas públicas e privadas voltadas para que o alimento chegue seguro ao consumidor, ou seja, na perspectiva da qualidade, de modo que seja consumido hígido e não venha a trazer quaisquer danos à integridade física ou psíquica deste. Para maior aprofundamento do tema, VAZ, Caroline. *Direito do consumidor à segurança alimentar e responsabilidade civil*. Porto Alegre: Livraria do Advogado, 2015.

55. MARQUES, Claudia Lima; MIRAGEM, Bruno. *O novo direito privado e a proteção dos vulneráveis*. São Paulo: Revista dos Tribunais, 2012. p. 111.

56. LISBOA, Roberto Senise. *Manual de direito civil*. 7. ed. São Paulo: Saraiva, 2013. v. 2, Direito das Obrigações e Direito Civil. p. 255-256.

relações de consumo, e o consumidor passou a ser cada vez mais lesado e prejudicado. O dano moral, aquele que afeta o estado psíquico, moral e intelectual de uma pessoa, causado pelo fornecedor ao consumidor, passou a ser cada vez maior. O que sempre se buscou com a imposição da responsabilidade civil foi a proteção da vítima, resguardando-a, da melhor forma possível, e, consequentemente, com o surgimento dos problemas nas relações de consumo, as funções da responsabilidade civil não poderiam mais limitar-se a simplesmente reparar o dano, era necessária a punição aos que praticavam ilícitos civis.

Em seu art. 91, o Código de Defesa do Consumidor preceitua aqueles que são legitimados para promover em nome próprio e no interesse de outras vítimas e seus sucessores, ação coletiva de responsabilidade pelos danos sofridos, art. 82 do mesmo código.

"Art. 91. Os legitimados de que trata o art. 82 poderão propor, em nome próprio e no interesse das vítimas ou seus sucessores, ação civil coletiva de responsabilidade pelos danos individualmente sofridos, de acordo com o disposto nos artigos seguintes."

Esclareça-se, inicialmente, que as ações versadas nos artigos 91 da lei consumerista, procuram proteger aquela coletividade de que trata o parágrafo único do art. 2°, bem como o consumidor por equiparação de que nos falam os arts. 17 e 29, com o fito de proteger a coletividade que possa sofrer um dano por decorrência do fato de produto (arts. 12 a 17) ou por propaganda enganosa (arts. 36 a 38).

Não obstante as ações que versam no art. 91 do diploma legal em comento procurem zelar pelos interesses individuais, a decisão de procedência condenará o réu pelos danos provocados, não excluindo a lei a destinação da indenização a objetivos diversos das reparações pessoais, quando estas se mostrarem impossíveis de serem alcançadas ou inadequadas.

No Direito do Consumidor, a função compensatória da responsabilidade civil é determinante na valoração de danos morais, pois faz referência àquele que sofreu o dano, no caso, o consumidor. As demais funções não são unanimidades na doutrina e jurisprudência, mas são frequentemente utilizadas para fundamentar a indenização por dano moral. A função preventiva tem o fito de evitar que o causador do dano volte a praticar o mesmo ou outros fatos danosos, bem como refletir tal efeito para a sociedade. A função punitiva, por sua vez, é voltada à punição da conduta do ofensor, por meio da diminuição do seu patrimônio.

Afinal, como bem observa Nelson Rosenvald, as funções existentes merecem uma reflexão quanto à sua eficácia, devendo, nesse contexto, ampliar a Responsabilidade seu espectro de abrangência.

"[...] deslocando-se o objeto da responsabilidade para o cuidado com outrem, vulnerável e frágil, será possível responsabilizar alguém como sujeito capaz de se designar por seus próprios atos – portando, agente moral apto a aceitar regras –, como substituir a ideia de reparação pela *precaução*, na qual o sujeito será responsabilizado pelo apelo à virtude da *prudência*. Ao invés da culpa e da coerção, a responsabilidade encontra novo fundamento moral na circunspecção

– e, por que não, no cuidado –, reformulando, portando, a sua velha concepção, levando-a para longe do singelo conceito inicial de obrigação de reparar ou de sofrer pena. A responsabilidade mantém a sua vocação retrospectiva – em razão da qual somos responsáveis pelo que fizemos –, acrescida de uma orientação prospectiva, imputando-nos a escolha moral pela virtude, sob pena de nos responsabilizarmos para o futuro.[57]

A partir desse entendimento, passa-se a compreender que a função punitiva da responsabilidade civil nas relações de consumo é marcada por controvérsias, tanto doutrinárias quanto jurisprudenciais. Parte da doutrina argumenta que é tarefa do direito penal reprimir e punir condutas, ressaltando que a responsabilidade civil pertence apenas ao campo do direito privado. Mas há um consenso ainda que diminuto sobre a insuficiência da função reparatória e compensatória para o objetivo de pacificação.

Em sentido contrário, Caroline Vaz, em sua obra Direito do Consumidor à Segurança Alimentar e Responsabilidade Civil traz a necessidade de encontrar novas alternativas à precaução de riscos, propondo função punitiva e dissuasória à responsabilidade civil nas relações de consumo alimentícia".[58] A intenção é utilizar essas funções da responsabilidade civil para punir civilmente o causador do prejuízo concreto, ou abstrato, provável à saúde e à vida humana pela falta de informação adequada quanto aos componentes do alimento nas embalagens. E, ainda, dissuadir o mesmo e outros fornecedores repetirem tal conduta.

Pertinente reiterar que as principais funções da responsabilidade civil continuam sendo a reparatória e a compensatória. Todavia, busca-se incitar a reflexão sobre a possibilidade de, em casos excepcionais, quando diga respeito ao direito fundamental à informação, e de forma a proteger a saúde e a vida dos consumidores, serem vislumbradas outras funções a esse ramo do direito, como as funções dissuasória e punitiva.

No âmbito do Direito do Consumidor é imprescindível a avaliação do caso concreto em razão da disparidade econômica da empresa responsável pelo dano concreto ou potencial. Quando envolvidas grandes empresas no polo passivo da demanda, entende-se que o valor da indenização com caráter punitivo e dissuasório deve ser elevado, do mesmo modo que quando o polo passivo for composto por empresas de menor potencial econômico, a mesma indenização não deve ter valor excessivo.

Nessa acepção, a doutrina de Caroline Vaz sobre a aplicação dos *punitive damages* da responsabilidade civil ao direito de consumo:

> [...] quanto aos direitos dos consumidores, igualmente não basta o Estado agir quando provocado por algum prejuízo sofrido por um ou diversos consumidores lesados. A postura na ordem global desta sociedade de risco deve ser sempre pró-ativa, no sentido de buscar, da melhor forma

---

57. ROSENVALD, Nelson. *As funções da responsabilidade civil, a reparação e a pena civil*. 5 ed. São Paulo: Editora Atlas S.A., 2014. p. 9.
58. VAZ, Caroline. *Funções da Responsabilidade Civil – da reparação à punição e dissuasão*. Porto Alegre: Livraria do Advogado, 2009.

possível, medidas preventivas para evitar lesões a bens fundamentais tão atacados pelo rápido avanço científico e tecnológico.[59]

As grandes empresas optam, às vezes, por manter práticas lesivas ao consumidor quando estas são mais vantajosas economicamente, com isso, conclui-se, que é mais frutuoso para a empresa pagar indenizações insignificantes aos lesados, diante do lucro obtido, do que investir em melhorias na qualidade de seus produtos e/ou serviços.

Assim, o consumidor continua sendo lesado, sendo obrigado a demandar juridicamente para concretizar aquilo que é seu por direito e garantia. Inacreditavelmente essa problemática ocorre com a alimentação tal qual com outros bens de consumo, sem que nenhuma medida mais enérgica por parte do Estado, ou do próprio setor, seja pensada ou adotada para frear tais ilícitos. Nessa esteira, a função punitiva da responsabilidade civil assume o caráter punitivo da indenização, prestando a função social da qual o dano moral deve exercer. Parece, salvo melhor juízo, que o dano moral coletivo, bem vem desenvolvendo esse mister.

E, nesse contexto, a autora reforça a ideia de serem mais eficientes os sistemas para dotarem os indivíduos e instituições de instrumentos acautelatórios a fim de que ameaças sejam sustadas ou desfeitas antes mesmo da prática prejudicial aos direitos.

Complementa Caroline Vaz,

> Nesse momento, exsurge como propício e irremediável a adoção de institutos que se identifiquem com tal finalidade, daí as sugestões das estratégias mencionadas, onde se inserem com pertinência as prestações punitivas/dissuasórias. Para tanto, é necessário a intervenção do Poder Judiciário, ou das chamadas funções essenciais à Justiça, para que os autores de ilícitos, que denotam especial intenção de lesar os consumidores ou que se colocam indiferentes diante da possibilidade de lesão, possam ser punidos e dissuadidos efetivamente e não fazerem (Teoria do Desestímulo), adotando medidas pertinentes para tanto.[60]

A partir desse entendimento, passa-se a pensar no foco como sendo a eliminação do lucro indevido; as empresas responsáveis pela lesão aos consumidores deveriam estar investindo na segurança e qualidade dos produtos de fornecem.

A importação do caráter punitivo da responsabilidade civil, no âmbito do dano moral coletivo, nas relações de consumo pelo Poder Judiciário, é de suma importância, de modo a promover um imperativo ético de não lesionar o consumidor. A mudança no ordenamento jurídico quanto a aplicação de multas com caráter do instituto dos *punitive damages/exemplary damages*, irá, efetivamente, trazer o equilíbrio necessário a adequação nas relações de consumo, e, consequentemente, trará o aperfeiçoamento no fornecimento de produtos e na prestação de serviços.

---

59. VAZ, Caroline. *Direito do Consumidor Segurança Alimentar e Responsabilidade Civil*. Porto Alegre: Livraria do Advogado. p. 180.
60. VAZ, Caroline Vaz. *O direito do consumidor à segurança alimentar*. Op. Cit. p. 182.

5. CONSIDERAÇÕES FINAIS

Os desafios da sociedade contemporânea não passam ao largo do Direito. Desde o reconhecimento da responsabilidade civil e sua função reparatória, novas espécies de danos, a bens jurídicos tutelados diversos, especialmente aos personalíssimos, denotam a mudança de postura de um Direito patrimonialista para personalista.

O foco da responsabilidade civil cada vez mais é a preocupação com a vítima em relação aos danos injustos por ela sofrido. Essas vítimas, individualmente consideradas, tiveram o reconhecimento positivado da possibilidade de indenização por danos imateriais, ou danos morais, somente na Constituição Federal de 1988. Esta trouxe significativa mudança ao universo jurídico a partir dos princípios fundamentais da Dignidade da Pessoa Humana e da Solidariedade Social.

O foco da responsabilidade civil sob essa luz da alteridade se amplia, abarcando novos danos que merecem reconhecimento quanto aos prejuízos autônomos do dano material e dos danos morais puros. Mais. Essa perspectiva solidarista possibilita se repensar o direito a partir do alcance dos danos concretos ou possíveis de se concretizar de acordo com sua origem, bem lesado, divisibilidade do direito/interesse, enfim, características de direitos transindividuais, que com a entrada em vigor da Lei 8.078/1990, passam a se caracterizar como individuais homogêneos, coletivos *stricto senso*, difusos. Vale dizer, lesão a interesses que vão além da esfera individual, mas que atingem uma coletividade de indivíduos determinada, determinável ou indeterminada.

Se o dano moral individual era subjetivo, o dano moral coletivo tende à objetividade, afinal, seu conteúdo é a lesão a valores éticos, configurando-se no desrespeito, indiferença para com o senso comum do que é aceitável dentro dessa coletividade.

Assim, a doutrina e a jurisprudência reconhecem paulatinamente a configuração desse dano moral coletivo autônomo, mas segue o debate de sua natureza jurídica e a forma de fixação do *quantum*.

A temática da segurança alimentar na seara consumerista, notoriamente nos casos em que se busca na responsabilidade civil a proteção dos consumidores contra o risco da ingestão de alimentos que possam ser prejudiciais à integridade física e psíquica, para além então das questões patrimoniais, se apresenta como bom paradigma ao debate do tema, com precedentes do STJ e Tribunal de Justiça do Rio Grande do Sul nesse sentido.

Analisando paralelamente essa novel caracterização de dano moral coletivo (Dano Mora Transindividual) e os *punitive damages (prestações punitivas)*, negados pela maioria da doutrina e jurisprudência brasileira, nela se reconhece a possibilidade de um caráter sancionador, punitivo, ante a finalidade da responsabilidade civil nesses casos, especialmente quando demonstrada a indiferença dos fornecedores de alimentos para com a saúde e a vida dos consumidores, fazendo crer, quiçá, tenha vindo essa nova espécie a servir de passagem às outras funções da responsabilidade civil, sempre excepcionais, é bem verdade, de punir e dissuadir.

6. REFERÊNCIAS

BECK, Ulrich. *La sociedad del riesgo:* hacia uma nueva modernidad. Barcelona: Paidós, 2006.

BRASIL. Superior Tribunal de Justiça. 3 Turma. Recurso Especial n. 1.152.541/RS. Relator: Paulo de Tarso Sanseverino. Julgamento: 13 set. 2011. Publicação em 21 set. 2011.

BRASIL. Superior Tribunal de Justiça. 4. Turma. Recurso Especial n. 389.879/MG (2001/0179252-6). Relator: Sálvio de Figueiredo Teixeira. Julgamento: 16.04.2002. Publicação em: 02.09.2002.

CAHALI, Yussef Said. *Dano moral.* 4. ed., rev., atual. e ampl. São Paulo: Revista dos Tribunais, 2011.

CAVALIERI FILHO, Sérgio. *Programa de responsabilidade civil.* 3. ed. São Paulo: Malheiros, 2002.

_____. *Programa de responsabilidade civil.* 8. ed. rev., aum. e atual. São Paulo: Malheiros, 2008.

_____. *Programa de responsabilidade civil.* 8. ed. São Paulo: Atlas, 2009.

FACCHINI Neto, Eugênio. Funções e modelos da responsabilidade aquiliana no novo código. *Revista Jurídica,* Porto Alegre, n. 309, jul. 2003.

FARIAS, Cristiano Chaves; ROSENVALD, Nelson; NETTO, Felipe Peixoto Braga. *Curso de direito civil:* responsabilidade civil. Salvador: JusPodivm, 2014.

LEITE, José Rubens Morato. *Dano Ambiental:* do individual ao coletivo extrapatrimonial. 2. ed. São Paulo: Revista dos Tribunais, 2003.

LEITE, José Rubens Morato; AYALA, Patryck de Araújo. *Direito ambiental na sociedade de risco.* Rio de Janeiro: Forense Universitária, 2002.

LENZA, Pedro. *Teoria geral da ação civil pública.* 2. ed., rev., atual. e ampl. São Paulo: Revista dos Tribunais, 2005.

LISBOA, Roberto Senise. *Manual de direito civil.* 7. ed. São Paulo: Saraiva, 2013. v. 2, Direito das Obrigações e Direito Civil.

MARQUES, Claudia Lima; MIRAGEM, Bruno. *O novo direito privado e a proteção dos vulneráveis.* São Paulo: Revista dos Tribunais, 2012.

MAZZILLI, Hugo Nigro. *A defesa dos interesses difusos em juízo.* 26. ed. São Paulo: Saraiva, 2013.

MELO DA SILVA, Wilson. Responsabilidade civil: atualização em matéria de responsabilidade por danos morais. *Revista Jurídica,* Porto Alegre, n. 231, jan. 1997.

PEREIRA, Caio Mário da Silva. *Responsabilidade civil.* 12. ed. Rio de Janeiro: Forense, 2018.

RODRIGUES, Marcelo Abelha. *Ação civil pública e meio ambiente.* Rio de Janeiro: Forense Universitária, 2003.

ROSENVALD, Nelson. *As funções da responsabilidade civil:* a reparação e a pena civil. 5 ed. São Paulo: Editora Atlas S.A., 2014.

SCHREIBER, Anderson. *Novos paradigmas da responsabilidade civil:* da erosão dos filtros da reparação à diluição dos danos. São Paulo: Atlas, 2007.

SCHREIBER, Anderson. *Novos paradigmas da responsabilidade civil:* da erosão dos filtros da reparação à diluição dos danos. 5. ed. São Paulo: Atlas, 2013.

TEIXEIRA NETO, Felipe. *Dano Moral Coletivo: a configuração e a reparação do dano extrapatrimonial por lesão aos interesses difusos*. Curitiba: Juruá, 2014.

VAZ, Caroline. *Funções da responsabilidade civil*: da reparação à punição e dissuasão. Porto Alegre: Livraria do Advogado. 2009.

VAZ, Caroline. *Direito do consumidor à segurança alimentar e responsabilidade civil*. Porto Alegre: Livraria do Advogado, 2015.

VENTURI, Elton. *Processo civil coletivo. A tutela jurisdicional dos direitos difusos, coletivos e individuais homogêneos no Brasil:* perspectivas de um código brasileiro de processos coletivos.

DANO MORAL COLETIVO NAS RELAÇÕES TRABALHISTAS

André Araújo Molina

Professor Titular da Escola Superior da Magistratura Trabalhista de Mato Grosso (ESMATRA/MT), Professor convidado do Centro de Formação do Tribunal Superior do Trabalho (CEFAST) e de diversas Escolas Judiciais de Tribunais Regionais do Trabalho. Doutor em Filosofia do Direito (PUC/SP), Mestre em Direito do Trabalho (PUC/SP), Especialista em Direito Processual Civil (UCB/RJ) e em Direito do Trabalho (UCB/RJ), Bacharel em Direito (UFMT) e Juiz do Trabalho Titular no TRT da 23ª Região (Mato Grosso).
e-mail: aamolina@bol.com.br

Ney Maranhão

Professor Adjunto do Curso de Direito da Universidade Federal do Pará (Graduação e Pós-Graduação *stricto sensu*). Doutor em Direito do Trabalho pela Universidade de São Paulo (USP), com estágio de Doutorado-Sanduíche junto à Universidade de Massachusetts (Boston/EUA). Mestre em Direitos Humanos pela Universidade Federal do Pará (UFPA). Especialista em Direito do Trabalho pela Universidade de Roma – La Sapienza (Itália). Professor convidado de diversas Escolas Judiciais de Tribunais Regionais do Trabalho. Juiz Titular da 2ª Vara do Trabalho de Macapá (AP) (TRT da 8ª Região/PA-AP).
e-mail: ney.maranhao@gmail.com

Sumário: 1. Introdução – 2. A evolução do conceito de dano moral – 3. O dano moral coletivo e a possibilidade de sua ocorrência na esfera laboral – 4. O dano moral coletivo trabalhista e a jurisprudência do Tribunal Superior do Trabalho – 5. Conclusões – 6. Referências.

1. INTRODUÇÃO

Neste texto, promovemos estudo técnico-científico do chamado *dano moral coletivo* no âmbito das relações jurídicas de trabalho. Para tanto, inicialmente, recuperamos a evolução do conceito de dano moral e, em seguida, cuidamos do dano moral coletivo, propriamente dito, e das justificativas viabilizadoras de sua ocorrência também na esfera laboral. Após, analisamos o tema à luz da polêmica Lei 13.467/2017, que imprimiu a chamada Reforma Trabalhista, e estabelecemos diálogo com o Tribunal Superior do Trabalho por meio de análise crítica de alguns de seus principais acórdãos concernentes ao assunto.

2. A EVOLUÇÃO DO CONCEITO DE DANO MORAL

Inspirados pela visão patrimonialista do Código Civil francês de 1804, os juristas do século XIX não admitiam os danos extrapatrimoniais como uma categoria autônoma, sendo apenas com os estudiosos das décadas seguintes que se reconheceu a sua existência e ressarcibilidade, além dos prejuízos financeiros que eram gerados pelos atos ilícitos. Aos novos prejuízos extrapatrimoniais autônomos foi dado o nome de "dano moral", em uma perspectiva negativista, como tudo aquilo que estava fora do patrimônio, como bem se observa da doutrina de René Savatier: "(...) dano moral é todo sofrimento humano que não é causado por uma perda pecuniária".[1] Para essa posição, a classificação do dano levava em consideração o ente atingido. Se violado um objeto, intitulava-se de dano patrimonial, mas se a violação alcançava ente que não poderia ser apreciado monetariamente, como aspectos íntimos do ser humano, então estava-se diante dos danos morais, razão pela qual embutiu-se no conceito dos últimos as exteriorizações psíquicas da vítima da lesão.

Nessa perspectiva excludente e negativista dos danos morais, todo dano que não configurasse dano emergente ou lucro cessante poderia candidatar-se a ser identificado como dano moral, desde que estivesse acompanhado de dor, vexame, sofrimento etc.,[2] cuja posição também recolheu elementos subjetivos relacionados às repercussões sentimentais do ato ilícito sobre a vítima (*pretium doloris*).

Expoente da posição subjetiva clássica entre nós, Yussef Said Cahali conceitua dano moral como tudo aquilo que molesta gravemente a alma humana, ferindo os valores fundamentais inerentes à personalidade ou reconhecidos pela sociedade em que a vítima esteja integrada, sendo evidenciado na dor, na angústia, no sofrimento, na tristeza pela ausência de um ente querido, no desprestígio, na desconsideração social, no descrédito à reputação, na humilhação pública, no devassamento da privacidade, no desequilíbrio da normalidade psíquica, nos traumatismos e nas demais situações de desgaste psicológico.[3]

A posição subjetivista dos danos morais propiciou um didático debate jurisprudencial em torno da configuração ou não dessa espécie de dano no caso de um passageiro de companhia aérea que teve a sua bagagem extraviada durante o transporte para uma viagem de férias ao exterior.

No julgamento de segunda instância pelo Tribunal de Justiça do Rio de Janeiro, foi mantida a sentença originária no sentido de rejeitar a indenização por danos morais, sob o fundamento de que "a simples sensação de desconforto ou aborrecimento, ocasionado pela perda ou extravio de bagagens, não constitui dano moral, suscetível de ser objeto de reparação civil."

A decisão de rejeição foi mantida pelo Superior Tribunal de Justiça, mas pelo argumento técnico de que a Convenção de Varsóvia veda o ressarcimento por danos morais no transporte aéreo, embora tenha o Ministro Relator, a partir de suas percepções subjetivas, discordado das conclusões do tribunal fluminense. Para o Ministro Eduardo Ribeiro: "Considero, ao contrário do acórdão, que o aborrecimento,

---

1. Savatier, *Traité de la responsabilité civile*, n. 525.
2. Facchini Neto e Wesendonck, Danos existenciais, p. 232.
3. Cahali, Dano moral, p. 22-23.

extremamente significativo, seria, em tese, suscetível de ser indenizado.". O mesmo Ministro, conforme ainda as suas percepções pessoais, não considerou o extravio de bagagem, desta feita em viagem de retorno das férias, suscetível de danos morais, na medida em que na viagem de volta restou apenas o incômodo à passageira de diligenciar a reposição do que fora perdido, fazendo as compras necessárias.[4]

Até que a questão originária foi levada ao Supremo Tribunal Federal, ocasião em que a Corte admitiu o recurso extraordinário e reformou o acordão, sob os seguintes fundamentos:

> Ninguém coloca em dúvida as repercussões nefastas do extravio de bagagem em excursão, especialmente quando realizada fora do País. Os transtornos são imensos, ocasionando os mais diversos sentimentos para o viajante. No que concerne ao dano moral, há que se perquirir a humilhação e, consequentemente, o sentimento de desconforto provocado pelo ato, o que é irrefutável na espécie.[5]

O que se percebe claramente nas idas e vindas da jurisprudência quanto ao caso concreto em revisão, é que o conceito subjetivo de dano moral gerava uma apreciação irracional, casuística e conforme as percepções subjetivas do juiz, afetando gravemente a igualdade, a segurança jurídica e a pacificação social.

Outro inconveniente do conceito subjetivo é a consequente exigência de prova material quanto ao dano moral, na medida em que se este é toda lesão que gera dor, vexame, sofrimento ou humilhação, deverá, por revelar-se fato constitutivo do seu direito, a vítima provar nos autos essas suas manifestações subjetivistas, o que levou ao extremo de se rejeitar indenização por danos morais em acidente de trabalho, no qual o operário perdeu dois dedos da mão, pois o autor não trouxe aos autos "um único elemento de convicção no sentido de que o acidente na mão direita tenha repercutido a ponto de abalar o psiquismo do recorrente em sua estrutura afetiva ou emocional",[6] bem como rejeitou-se a indenização por danos morais no caso de uma famosa atriz brasileira que teve as suas fotografias capturadas de uma revista masculina especializada e depois republicada, sem o seu consentimento, em jornal de grande circulação e distribuição gratuita.[7]

---

4. STJ – 3ª Turma – REsp 158.535 – Rel. Min. Eduardo Ribeiro – *DJ* 09.10.2000.
5. STF – 2ª Turma – RE 172.720 – Rel. Min. Marco Aurélio – DJ 21.02.1997.
6. Acordão do 2º TACívSP – Processo 00873031/1998. A decisão foi reformada pelo Superior Tribunal de Justiça ao argumento que a perda de dois dedos da mão gera sofrimento passível de caracterizar dano moral, independente de prova, na medida em que decorrente do senso comum, sendo, por isso, presumível. (STJ – 3ª – REsp 260.792 – Rel. Min. Ari Pargendler – *DJ* 23.10.2000).
7. TJRJ – II Grupo de Câmaras Cíveis – Emb. Inf. 250/1999 na Ap. Cível 10.139/1998 – Rel. Des. Wilson Marques – j. 29.09.1999 e publicado na RDTJRJ, n. 41, p. 184-187. Dessa decisão houve recurso ao Superior Tribunal de Justiça, o qual, por apertada maioria e contra o voto do Ministro Relator, reformou a decisão fluminense para conceder a indenização por danos morais. O fundamento da Ministra Nancy Andrighi, redatora do acordão, ainda presa à posição subjetivista, resume-se na seguinte passagem: "É possível a concretização do dano moral independentemente da conotação média de moral, posto que a honra subjetiva tem termômetro próprio inerente a cada indivíduo. É o decoro, é o sentimento de autoestima, de avaliação própria que possuem valoração individual, não se podendo negar esta dor de acordo com sentimentos

Nos limites do Direito do Trabalho, destaca-se uma censurável decisão de Tribunal Regional do Trabalho, na qual rejeitou-se a indenização por danos morais no caso de um trabalhador que era transportado constantemente pelo empregador na carroceria de um veículo destinado ao transporte de animais, sem segurança e proteção à sua integridade física, além de ocorrer em meio a fezes de suínos e bovinos. Para o relator do acórdão:

> Se o veículo é seguro para o transporte de gado também o é para o transporte do ser humano, não constando do relato bíblico que Noé tenha rebaixado a sua dignidade como pessoa humana e como emissário de Deus para salvar as espécies animais, com elas coabitando a sua Arca em meio semelhante ou pior do que o descrito na petição inicial (em meio a fezes de suínos e bovinos).[8]

Como decorrência da posição subjetivista clássica, relacionada aos aspectos sentimentais da vítima, desenvolveu-se no Brasil, à moda da jurisprudência francesa e italiana de séculos passados,[9] a tese de que a indenização por danos morais cumpre uma dupla função: compensatória, enquanto lenitivo para aplacar os sentimentos de desgosto da vítima, e a punitiva, enquanto mecanismo de desestímulo e pedagogia para que o causador do dano não reincida na conduta, além de se considerar, sem autorização legislativa doméstica e, inclusive, de forma inconstitucional, na fixação do valor, a condição socioeconômica das partes, a reiteração da conduta e o grau de sofrimento do lesado, cujos aspectos estão sendo combatidos e colocados em situação de constrangimento pela doutrina mais atual.[10]

A imprecisão conceitual, a exigência de prova material e os censuráveis resultados jurisprudenciais que a posição negativista proporcionam, de acordo com os aspectos subjetivos de cada julgador, bem como a utilização de critérios genéricos e

---

alheios. (...) A publicação de imagem sem a exclusividade necessária ou em produto jornalístico que não é próprio para o contexto, acarreta a depreciação da imagem e, em razão de tal depreciação, a proprietária da imagem experimenta dor e sofrimento" (STJ – 3ª Turma – REsp 270.730/RJ – Rel. p/ ac. Min. Nancy Andrighi – *DJ* 07.05.2001).

8. TRT 3ª Região – 7ª Turma – RO 01023.2002.081.03.00-0 – Rel. Juiz Milton V. Thibau de Almeida – *DJ* 25.03.2003.
9. Judith Martins–Costa aponta para os diversos equívocos cometidos pela jurisprudência brasileira quanto ao dano moral, destacando "o entendimento retrógrado consistente na identificação do dano moral com sentimentos de tristeza, dor, vexame ou humilhação, ideia essa importada da doutrina estrangeira (francesa e italiana) dos finais do séc. XIX e inícios do séc. XX." (Martins-Costa, Dano moral à brasileira, p. 7098).
10. "É translúcida a opção da jurisprudência brasileira por castigar o ofensor em sede de reparação dos prejuízos imateriais, inclusive majorando o *quantum* em caso de reincidência, numa providência tipicamente penal. (...) Todavia, ao contrário de garantir clareza, essa técnica de decidir cria uma figura completamente excêntrica, pela qual não se permite ao réu saber até que ponto está meramente compensando a lesão extrapatrimonial e a partir de que ponto está sendo penalizado. Do mesmo modo, é incognoscível ao autor se a reparação atinge aquilo que ele pretende e se o castigo ao réu lhe parece suficiente. (...) Ao que nos parece, contudo, a repetição universal de parâmetros tão diversificados de quantificação dos prejuízos imateriais oculta, na maior parte das vezes, uma decisão irrefletida, que busca, com a reiteração de critérios ubíquos, ocultar a deficiência ou até mesmo a ausência de fundamentação. Não se podem tolerar julgamentos que impliquem somente na transcrição das mesmas fórmulas e autotextos, com a atribuição de uma quantia aleatória ao final, sem desnudar as minúcias do caso concreto que, supostamente, permitiram inferir a justiça e correção daquele valor." (Higa, Responsabilidade civil punitiva, p. 233-235).

ilegais para o arbitramento das indenizações, incentivaram a doutrina jurídica a migrar para uma posição objetiva dos danos morais, procurando definir o seu conceito a partir da centralidade da pessoa humana em nosso ordenamento jurídico (art. 1º, III, da Constituição de 1988).

Maria Celina Bodin de Moraes, uma notória defensora da posição objetivista-constitucional dos danos morais, aponta que o erro mais comum na nossa jurisprudência é identificado na própria conceituação do dano moral (considerando-o do ponto de vista da subjetividade, das sensações pessoais), erro sobre o qual todos os demais aspectos da reparação do dano moral foram sendo construídos – também eles distorcidos, tal e qual o seu fundamento. Para a autora, o equívoco conceitual originário, com frequência impressionante, gera arbitrariedades, imprevisibilidades e incertezas; em uma palavra: injustiça.[11]

A construção do conceito objetivo-constitucional dos danos morais teve como antecedente a observação de que ao final da Segunda Guerra, barbarizados pelas atrocidades cometidas pelo nazismo, a comunidade internacional engajou-se em um pacto pela prevalência dos direitos humanos, cujo traço mais evidente foi a migração da dignidade humana do discurso filosófico para o jurídico, com a sua incorporação na Carta das Nações Unidas de 1945, na Constituição italiana de 1947, na Declaração Universal dos Direitos Humanos de 1948, na Lei Fundamental alemã de 1949, na Constituição portuguesa de 1976 e na Constituição brasileira de 1988, ocupando a centralidade dos sistemas jurídicos dos países democráticos.[12-13]

Funcionando como fundamento jurídico dos Estados Democráticos, deriva da dignidade da pessoa humana que os direitos fundamentais positivados pelas constituições representam suas especificações nos diversos ramos do Direito. Cada direito fundamental enunciado representa a incidência da dignidade humana, um reflexo em determinada situação específica, ou seja, o resultado da intermediação legislativa constitucional ao mediar as suas eficácias prestacionais e protetivas aos casos especiais. Peter Häberle nos ensina que no sistema constitucional alemão, os direitos fundamentais subsequentes ao artigo 1º da Lei Fundamental, que garante a proteção da dignidade humana, assim como os objetivos estatais, têm a dignidade como premissa e encontram-se a seu serviço.[14]

O próximo passo foi reconhecer a força normativa da dignidade humana e a sua aplicação direta nas relações jurídicas, sem a necessidade de intermediação

---

11. Bodin de Moraes, Danos à pessoa humana, p. 55.
12. "A dignidade da pessoa humana é o princípio central do sistema jurídico, sendo significativo vetor interpretativo, verdadeiro valor-fonte que conforma e inspira todo o ordenamento constitucional vigente em nosso País e que traduz, de modo expressivo, um dos fundamentos em que se assenta, entre nós, a ordem republicana e democrática consagrada pelo sistema de direito constitucional positivo" (STF – HC 85988-PA (MC) - Rel. Min. Celso de Mello – decisão monocrática – DJU 10.06.2005).
13. Para maiores aprofundamentos, consultar: MOLINA, André Araújo. Os direitos fundamentais na pós-modernidade. O futuro do Direito e do Processo do Trabalho. Rio de Janeiro: Lumen Juris, 2017.
14. Häberle, A dignidade humana como fundamento da comunidade estatal, p. 81.

legislativa ordinária, seja na relação entre os cidadãos e o Estado (eficácia vertical), como também nas relações entre os particulares (eficácia horizontal).[15] A admissão das eficácias da dignidade humana nas relações privadas, incluindo as relações de trabalho, proporcionou constatar-se a possibilidade fático-jurídica da sua violação direta, cuja principal repercussão são os danos morais indenizáveis.

A admissão de que a dignidade humana irradia seus efeitos para todas as relações jurídicas, tanto em face do Estado quanto entre os particulares, instigou os autores de cada um dos ramos do direito a conceituar as aplicações parcelares da dignidade. Fabio De Mattia, ainda no final da década de 1970, considerava que os direitos humanos são os mesmos direitos que os da personalidade, porém, deve-se entender que quando se fala dos direitos humanos ou fundamentais, referimo-nos aos direitos essenciais do indivíduo em relação ao direito público, para protegê-lo contra as investidas do Estado. Já quando analisamos os direitos da personalidade, sem dúvida nos encontramos diante dos mesmos direitos, porém sob o ângulo do direito privado, isto é, nas relações entre particulares, devendo-se, pois, defendê-los frente aos atentados cometidos por outras pessoas.[16]

Gustavo Tepedino também defende que a dignidade humana ocupa o centro do ordenamento jurídico, irradiando suas eficácias tanto para o direito público quanto para o privado, razão pela qual diz que atualmente precisamos superar a dicotomia entre os dois ramos em busca de posicionar a pessoa humana como valor unitário e carente de proteção integral. Para o autor, os direitos da personalidade do direito privado nada mais são que os direitos fundamentais do direito público, vistos por diferentes perspectivas descritivas. "Tem-se a personalidade como o conjunto de características e atributos da pessoa humana, considerada como objeto de proteção por parte do ordenamento jurídico."[17]

Anderson Schreiber, perfilhando a mesma posição, igualmente anota que os direitos da personalidade consistem em atributos essenciais da pessoa humana, cujo reconhecimento jurídico resulta de uma evolução de conquistas históricas, de sorte que o mesmo tema foi tratado sob diferentes enfoques e nomenclaturas. No plano do direito internacional, os atributos da personalidade humana merecedores de tutela são denominados de direitos humanos, no plano constitucional de direitos fundamentais e no plano do direito privado de direitos da personalidade, entretanto "trata-se, como se vê, do mesmíssimo fenômeno encarado por facetas variadas. O valor tutelado é idêntico e unitário: a dignidade humana".[18]

---

15. Para maiores aprofundamentos, consultar: MOLINA, André Araújo. *Teoria dos Princípios Trabalhistas*. A aplicação do modelo metodológico pós-positivista ao Direito do Trabalho. São Paulo: Atlas, 2013.
16. De Mattia, Direitos da Personalidade II, p. 150.
17. Tepedino, Temas de Direito Civil, p. 27.
18. Schreiber, Direitos da personalidade, p. 13.

A partir da premissa da existência da tutela jurídica da dignidade humana, avança o autor para conceituar o dano moral como "a lesão a qualquer dos direitos de personalidade, sejam expressamente reconhecidos ou não pelo Código Civil."[19]

A violação direta da dignidade humana, seja na perspectiva dos direitos humanos e fundamentais dos tratados e da Constituição, ou na vertente civil dos direitos da personalidade, é, também para nossa compreensão, o atual critério para verificação objetiva da ocorrência dos danos morais nas situações concretas.

Judith Martins-Costa combate a posição subjetivista clássica, apontando todos os equívocos desde a sua importação descontextualizada do direito comparado, bem como as consequências judiciais equivocadas, para posicionar o seu conceito dentro da vertente objetivista. Para ela, dano moral é o dano produzido em virtude de ato antijurídico na esfera jurídica extrapatrimonial de outrem, seja principalmente como agravo a direito da personalidade, seja como reflexo extrapatrimonial de lesão à esfera patrimonial,[20] normalmente afetando os seguintes direitos da personalidade: direito à vida e à saúde, integridade moral, intimidade, vida privada, identidade e a expressão singular pessoal, a imagem, à autonomia pessoal, à boa reputação, à etnia, à opção sexual, à religião, à educação etc.[21]

Já Maria Celina Bodin de Moraes aprofunda o conceito objetivo dos danos morais, para condensar a sua lição na seguinte passagem:

> Uma vez que está constitucionalmente determinado que a proteção da dignidade humana é objetivo primordial do ordenamento, pode-se concluir que, na realidade, toda e qualquer circunstância que atinja o ser humano em sua condição humana, que (mesmo longinquamente) pretenda tê-lo como objeto, e que negue sua qualidade de pessoa, de fim em si mesmo, será automaticamente considerada violadora de sua personalidade e, se concretizada, causadora de dano moral a ser indenizado. Dano moral será, em consequência, a lesão a algum dos substratos que compõem, ou conformam, a dignidade humana, isto é, a violação a um desses princípios: I. liberdade; II. igualdade; III. solidariedade; e IV. integridade psicofísica de uma pessoa. (...) A reparação do dano moral corresponde, no ambiente de constitucionalização em que vivemos, à contrapartida do princípio da dignidade humana: é o reverso da medalha. Quando a dignidade é lesada, há que se reparar o dano injustamente sofrido.[22]

Anderson Schreiber também contribui com a observação de que a conceituação de dano moral como lesão à personalidade humana opõe-se ao antigo entendimento segundo o qual o dano moral configurar-se-ia nas demonstrações de dor, vexame, sofrimento ou humilhação. Tal entendimento subjetivo, ainda frequente nos nossos tribunais, tem a flagrante desvantagem de deixar a configuração do dano moral ao sabor das emoções subjetivas da vítima e, pior ainda, do próprio juiz. E arremata o citado autor:

---

19. Ibidem, p. 16.
20. Martins-Costa, Dano moral à brasileira, p. 7091.
21. Ibidem, p. 7085-7087.
22. Bodin de Moraes, Dano moral: conceito, função, valoração, p. 361-378.

A toda evidência, a definição do dano moral não pode depender do sofrimento, dor ou qualquer outra repercussão sentimental do fato sobre a vítima, cuja efetiva aferição, além de moralmente questionável, é faticamente impossível. A definição do dano moral como lesão a atributo da personalidade tem a extrema vantagem de se concentrar sobre o objeto atingido (o interesse lesado), e não sobre as consequências emocionais, subjetivas e eventuais da lesão. A reportagem que ataca, por exemplo, a reputação de paciente em coma não causa, pelo particular estado da vítima, qualquer dor, sofrimento, humilhação. Apesar disso, a violação à sua honra configura dano moral e exige reparação.[23]

Sérgio Cavalieri Filho também está entre os defensores da posição objetivista dos danos morais, cuja tese é construída a partir da observação de que a Constituição de 1988 colocou o homem no vértice do ordenamento jurídico, fazendo dele a primeira e decisiva realidade, transformando os seus direitos em fio condutor de todos os ramos jurídicos. Segue que à luz da Constituição, conceitua-se o dano moral como a violação do direito à dignidade humana. E é justamente por considerar a inviolabilidade da intimidade, da vida privada, da honra e da imagem corolário do *direito à dignidade* que a Constituição inseriu em seu art. 5º, V e X, a reparação do dano moral.

Nessa perspectiva objetiva – prossegue Sérgio Cavalieri Filho – o dano moral não está necessariamente ligado a alguma reação psíquica da vítima. Pode haver ofensa à dignidade da pessoa humana, configurando-se dano moral, sem dor, vexame, sofrimento, assim como pode haver dor, vexame, sofrimento, sem violação da dignidade. As reações orgânicas e psíquicas podem ser até consequências e não causas de dano moral.

E finaliza o autor com a tese de que com essa ideia abre-se espaço para o reconhecimento do dano moral em relação a várias situações nas quais a vítima não é passível de detrimento anímico, como ocorre com doentes mentais, pessoas em estado vegetativo, crianças de tenra idade. Por mais pobre que seja a pessoa, ainda que totalmente destituída de formação cultural, emprego ou bens materiais, ainda que destituída de consciência, mas pela simples condição de ser humano, será detentora de um conjunto de bens integrantes de sua personalidade, que é a sua dignidade humana, cuja agressão convencionou-se chamar de dano moral.[24]

Transportando o conceito objetivo-constitucional do dano moral para as relações de trabalho, estaria ele configurado quando a dignidade humana de um dos sujeitos da relação jurídica especial fosse violada de forma antijurídica pela conduta do outro, afrontando diretamente os substratos constitucionais e internacionais que compõe a dignidade da pessoa humana, como a liberdade, igualdade, solidariedade e a integridade psicofísica, além dos mesmos direitos decorrentes da dignidade e vistos pela perspectiva do direito civil, como direitos da personalidade garantidos

---

23. Ibidem, p. 17.
24. Cavalieri Filho, Programa de responsabilidade civil, p. 101.

pelo sistema,[25] como a honra, intimidade, identidade pessoal, nome etc., independentemente de prova material das repercussões internas da violação sobre a vítima.

Anderson Schreiber, estudando a violação dos direitos da personalidade nas relações de trabalho, diz que a violação à honra no ambiente laboral é apenas uma das variadíssimas maneiras de se atingir a dignidade humana. O uso indevido de imagem, a discriminação genética, a invasão de privacidade, o furto de dados pessoais, a agressão física ou psicológica são exemplos de outros perigos que cercam a condição humana e são suscetíveis de violação, gerando danos morais no bojo dos contratos de trabalho.[26]

A objetivação do dano moral, enquanto violação da dignidade humana e dos direitos da personalidade, dispensando-se prova da repercussão sentimental do ato lesivo sobre a vítima, proporcionou que a doutrina revisasse diversas das suas inconsistências anteriores, desde os requisitos de configuração, as funções e os critérios utilizados para o arbitramento da indenização.

O primeiro deles é o reconhecimento do dano moral às crianças de tenra idade, aos enfermos, às pessoas com percepção sensorial reduzida e à pessoa jurídica,[27] todos, a despeito de não serem completamente suscetíveis aos sentimentos e às manifestações psíquicas, são destinatários da dignidade humana e dos direitos da personalidade, inclusive as pessoas jurídicas em relação a alguns direitos fundamentais que lhes são aplicados.

O legislador ordinário (art. 52 do CC), por opção político-legislativa, andou muito bem em estender alguns direitos da personalidade para a proteção das pessoas jurídicas, mas essa extensão não confere à pessoa jurídica os direitos informados por valores inerentes à pessoa humana, logicamente. Gustavo Tepedino anota que o dispositivo civilista limitou-se a permitir a aplicação, por empréstimo, da técnica da tutela da personalidade, e apenas no que couber,[28] a qual será muito útil no bojo das relações de trabalho, nas quais, normalmente,

---

25. Adriano de Cupis, um dos autores clássicos quanto ao tema dos direitos da personalidade, indica que integram esse rol o direito à vida e à integridade física, o direito sobre as partes destacadas do corpo e o direito sobre o cadáver, o direito à liberdade, o direito ao resguardo (honra e segredo), o direito à identidade pessoal (nome, título e sinal pessoal) e o direito moral do autor. (De Cupis, Os direitos da personalidade, *passim*). Contudo, para falar com Gustavo Tepedino, não podemos esquecer que o rol catalográfico dos direitos da personalidade, indicado pelos autores ou dispostos em determinado direito positivo – como nos artigos 11 a 21 do Código Civil brasileiro – não encerram rol taxativo. Para Tepedino: "Os preceitos ganham contudo algum significado se interpretados como especificação analítica da cláusula geral de tutela da personalidade prevista no Texto Constitucional no art. 1º, III (a dignidade humana como valor fundamental da República). A partir daí, deve-se o interprete afastar-se da ótica tipificadora seguida pelo Código Civil, ampliando a tutela da pessoa humana não apenas no sentido de contemplar novas hipóteses de ressarcimento mas, em perspectiva inteiramente diversa, no intuito de promover a tutela da personalidade mesmo fora do rol de direitos subjetivos previstos pelo legislador codificador." (Tepedino, Temas de Direito Civil, p. 37).

26. Schreiber, op. cit., p. 9.

27. "Súmula n. 227 do STJ. A pessoa jurídica pode sofrer dano moral".

28. Ibidem, p. 55-56.

são as pessoas jurídicas que ocupam um dos polos da relação e serão, inclusive, destinatárias da proteção legal e por empréstimo dos direitos da personalidade, podendo sofrer danos morais, como nos casos exemplificados por José Geraldo da Fonseca,[29] de abalo de crédito, da sua reputação, da credibilidade, do nome comercial e da imagem corporativa.

Nessa mesma linha de entendimento acrescenta Thiago Carvalho Borges que a pessoa jurídica possui uma finalidade e que esta determina a sua condição existencial. Logo, a violação de um direito da personalidade de uma pessoa jurídica, que dificulte ou comprometa o atingimento da finalidade institucional prevista no seu ato constitutivo, representa um dano moral.[30] Aplicamos o conceito do autor para reconhecer, por exemplo, que causa dano moral à uma instituição de ensino com fins religiosos, as manifestações públicas de um professor que ofende os dogmas defendidos pela religião, ridicularizando a matéria de ensino religioso que é adotada em sua grade curricular, cujas manifestações atacam os fins existenciais da própria instituição ideológica, pessoa jurídica suscetível de ter direitos da personalidade violados e, com isso, sofrer danos morais indenizáveis.

Tanto evoluiu a doutrina a respeito da configuração dos danos morais às pessoas jurídicas, gerando uma consagração jurisprudencial, que a Lei 13.467 de 2017, intitulada de "reforma trabalhista", positivou no art. 223-B da CLT que causa dano extrapatrimonial a ação ou omissão que ofenda a esfera moral da pessoa jurídica.

A objetivação do conceito também propiciou a admissão do dano moral sofrido pela vítima nos casos de morte fulminante, como na hipótese de óbito do trabalhador em acidente do trabalho, derivando para o reconhecimento de que os danos morais próprios da vítima transmitem-se aos seus herdeiros, independente do dano moral sofrido, indiretamente e propriamente, pelos próprios herdeiros (dano indireto, reflexo ou em ricochete).

Durante anos, raciocinando a partir do conceito subjetivo, a jurisprudência entendia que aqueles que morreram em eventos trágicos instantâneos, não tiveram tempo de sofrer, de sentir dor, de sorte que não havia danos morais da vítima, cuja solução judicial foi defender a sua não configuração e, ainda que se entendessem configurado, haveria a intransmissibilidade dos danos morais da vítima.[31]

---

29. Fonseca, Dano moral da pessoa jurídica, p. 63.
30. Borges, Sobre o dano moral à pessoa jurídica, p. 132.
31. "A presente ação não foi proposta *iure proprio,* tendo em vista que a indenização que se pretende não se refere aos danos morais indiretos sofridos pelas autoras, ora recorrentes, em razão da morte de seu genitor, mas diz respeito aos danos sofridos por este último em decorrência de prática de calúnia pelo ora recorrido, tendo sido a presente ação proposta *iure hereditatis*. Não se justifica que aquele que não sofreu qualquer dano, seja direto ou indireto, venha pleitear indenização, pois não se atingiu qualquer bem jurídico, patrimonial ou moral a ele pertencente. Reconhece-se, assim, que carecem as recorrentes de legitimidade ativa *ad causam* para pleitear a indenização dos danos morais sofridos por seu genitor" (STJ – 3ª Turma – REsp n. 302.029/RJ – Rel. Min. Nancy Andrighi – DJ 01.10.2001).

A posição antiga, caudatária da doutrina da época[32] e tendo em vista o Código Civil de 1916, era no sentido de que o dano moral configurava-se a partir das manifestações psíquicas do lesado, de modo que não se efetivava nas hipóteses de morte instantânea. E defendia a corrente clássica que, mesmo nos casos em que o ato lesivo não gerasse a morte instantânea, ocasionando o sofrimento da vítima, em caso de morte posterior desta, não estavam os herdeiros autorizados a sucederem no direito de ajuizar a ação para cobrança da indenização moral, na medida em que intransmissível o dano moral anteriormente configurado com o sofrimento da vítima.

Na década de 1990, Wilson Melo da Silva defendia que os danos morais dizem respeito ao foro íntimo, eis que o patrimônio ideal da vítima é marcadamente individual e seu campo de incidência o mundo interior de cada um de nós. Logo, os bens morais são inerentes à pessoa, incapazes, por isso, de subsistir sozinhos, desaparecendo com o próprio indivíduo. Podem os terceiros compartilhar da minha dor, sentindo, eles próprios, por eles mesmos, as mesmas angústias que eu. O que se não concebe, porém, é que as minhas dores, as minhas angústias, possam ser transferidas para terceiros.[33]

Apenas em um segundo momento é que evoluiu a jurisprudência para a transmissibilidade dos danos morais, condicionada ao prévio ajuizamento da ação. Isto é, continuava entendendo-se pela não ocorrência nas mortes instantâneas, mas nos casos em que a vítima morreu posteriormente, raciocinava-se que ela sofreu o dano, ajuizou a ação (a demonstrar que sentiu dor, humilhação, sofrimento), vindo a falecer durante o curso do processo, ocasião em que admitia-se a transmissibilidade do direito aos herdeiros e somente nesses casos da condicionante.[34]

Um terceiro estágio da evolução jurisprudencial, embora ainda abordando o dano moral na vertente subjetiva, foi retirar a condicionante do ajuizamento prévio da ação, para entender que mesmo nos casos em que a vítima sobreviveu ao ato lesivo, mas não ajuizou a ação imediatamente, a sua morte posterior não impedia que os créditos (dano moral já configurado) fossem transmitidos com a herança, autorizando que o espólio perseguisse a condenação em juízo, cuja nova posição foi consagrada na doutrina[35] e na jurisprudência do Superior Tribunal de Justiça.[36]

---

32. Nesse sentido, exemplificativamente: SILVA, Luís Renato Ferreira da. Da legitimidade para postular indenização por danos morais. *Revista AJURIS,* Porto Alegre, ano XXIV, vol. 70, p. 185-205, jul. 1997 e BITTAR, Carlos Alberto. *Reparação civil por danos morais.* 3 ed. São Paulo: RT, 1997.
33. Silva, O dano moral e sua reparação, p. 648-649.
34. "Dano moral. Ressarcimento. Se a indenização se faz mediante pagamento em dinheiro, aquele que suportou os danos tinha direito de recebê-la e isso constituiu crédito que integrava seu patrimônio, transmitindo-se a seus sucessores. Possibilidade de os herdeiros prosseguirem com a ação já intentada por aquele que sofreu os danos." (STJ – 3ª Turma - REsp n. 219.619/RJ – Rel. Min. Eduardo Ribeiro – DJ 03.04.2000).
35. Enunciado 454 da V Jornada de Direito Civil de 2012, do Conselho da Justiça Federal: "O direito de exigir reparação a que se refere o art. 943 do Código Civil abrange inclusive os danos morais, ainda que a ação não tenha sido iniciada pela vítima."
36. Por todos, STJ – 3ª Turma – REsp n. 343.654/SP – Rel. Min. Carlos Alberto Menezes Direito – *DJ* 01.07.2002, STJ – 1ª Turma – REsp 978.651/SP – Rel. Min. Denise Arruda – *DJE* 26.03.2009 e STJ – Corte Especial –

Mais recentemente, uma nova evolução, já abordando o tema a partir do conceito objetivo-constitucional do dano moral, foi migrar a interpretação da doutrina e dos tribunais para admitir que a morte fulminante agride a dignidade humana da vítima, em seus aspectos mais relevantes que são a própria vida e a integridade física, independente de dor, vexame ou manifestações psíquicas, de sorte que há dano moral próprio, doutrinariamente conceituado como "dano morte",[37] cobrado em juízo pelos herdeiros necessários ou o espólio,[38] sem prejuízo do dano moral destes, que tiveram as suas próprias dignidades ofendidas com o falecimento do ente próximo (dano por ricochete[39]), posição construída a partir da interpretação dos artigos 12, parágrafo único, e 943 do Código Civil, a qual já foi inclusive sufragada pelo Tribunal Superior do Trabalho em julgado recente da SBDI-1.[40]

3. O DANO MORAL COLETIVO E A POSSIBILIDADE DE SUA OCORRÊNCIA NA ESFERA LABORAL

Além das conquistas dogmáticas alcançadas a partir da evolução do conceito de dano moral, referidas no tópico antecedente, também observamos que a objetivação

---

EREsp n. 978.651/SP – Rel. Min. Felix Fischer – *DJE* 10.02.2011. Do acórdão desse último julgado, extrai-se o seguinte trecho elucidativo da sua ementa: "A posição atual e dominante que vigora nesta c. Corte é no sentido de embora a violação moral atinja apenas o plexo de direitos subjetivos da vítima, o direito à respectiva indenização transmite-se com o falecimento do titular do direito, possuindo o espólio ou os herdeiros legitimidade ativa ad causam para ajuizar ação indenizatória por danos morais, em virtude da ofensa moral suportada pelo *de cujus*.".

37. PINTO JUNIOR, Amaury Rodrigues. O dano morte. A existência jurídica do *pretium mortis*. *Revista Síntese Trabalhista e Previdenciária*, vol. 27, n. 318, p. 72-88, dezembro 2015 e WESENDONCK, Tula; ETTORI, Daniella Guimarães. *Pretium Mortis*: questões controvertidas acerca da responsabilidade civil em decorrência do dano morte – um estudo comparado entre o direito brasileiro e o português. *Revista Jurídica Luso-Brasileira*, ano 3 (2017), n. 1, p. 729-761.

38. Especificamente em relação aos créditos derivados do contrato de trabalho, inclusive os decorrentes de acidente do trabalho, a Lei 6.858/1980, regulamentada pelo Decreto 85.845/1980, dispensa a abertura de inventário ou arrolamento para o ajuizamento da ação, na qual se buscam créditos do *de cujus*, bastando que os autores/sucessores, em nome próprio, e não qualificados como representantes do espólio, comprovem a condição de dependentes habilitados perante a Previdência Social. Nada obstante a lei específica trabalhista dispense a ação de inventário, o TST tem entendido pela legitimidade concorrente do espólio, quando a parte já tenha aberto ação de inventário ou arrolamento, notadamente nos casos em que a vítima-trabalhador tenha deixados bens de natureza civil a inventariar (vide nota abaixo).

39. Em publicação doutrinária específica quanto ao tema dos danos morais reflexos no contrato de trabalho, Rubia Zanotelli de Alvarenga ensina que "o dano reflexo se apresenta configurado quando o prejuízo atinge, por via oblíqua, pessoa próxima da vítima direta do ato ilícito. Compreende, assim, a situação de pessoa que sofre reflexos de um dano causado a outra pessoa. Tal entendimento se justifica porque o dano causado a uma determinada pessoa pode ter reflexos patrimoniais e morais para a própria vítima ou para terceira pessoa que dela dependa afetiva e economicamente." (Alvarenga, Responsabilidade do empregador por dano moral reflexo, p. 45).

40. "O espólio tem legitimidade ativa para pleitear pagamento de indenização por danos morais quando o prejuízo a ser reparado foi experimentado pelo próprio empregado, em razão de acidente de trabalho. Hipótese que não se confunde com aquela em que o pleito de indenização é oriundo do dano sofrido pelos herdeiros" (TST – SBDI1 - E-RR-1187-80.2010.5.03.0035 - Rel. Min. Brito Pereira, Red. p/ acórdão Min. Márcio Eurico Vitral Amaro – *DEJT* 04.11.2016).

do conceito proporcionou o atual reconhecimento dos danos morais coletivos. Estes últimos, muito caros às ações civis públicas e ações civis coletivas na jurisdição trabalhista, somente puderam ser indenizados a partir da premissa de que ocorre dano moral com a violação objetiva dos direitos fundamentais. Decorre que, havendo direitos fundamentais de várias dimensões, entre os quais os difusos, coletivos e individuais homogêneos, cuja titularidade pertence aos grupos ou à sociedade, a violação destes últimos geram os danos morais coletivos.

O clássico Arion Sayão Romita escreveu que entre os direitos, há alguns cujo titular é o indivíduo considerado isoladamente; outros, cujo titular é o indivíduo considerado como membro do grupo; finalmente, há ainda alguns direitos cujo titular é o grupo. Daí a classificação dos direitos em individuais e coletivos. A partir dessa premissa classificatória, concluiu o autor que:

> Dizia eu que uma coletividade, como tal considerada (abstraindo-se a pessoa dos indivíduos que a integram), pode ser atingida pelos efeitos de um ato ilícito, causador de dano moral. Daí a noção de dano moral coletivo. Não só os indivíduos têm direitos: os grupos também os têm. A violação do direito do grupo (ou coletividade) pode gerar dano moral coletivo.[41]

Já Xisto Tiago de Medeiros Neto defende que os danos morais coletivos correspondem à lesão injusta e intolerável a interesses ou direitos titularizados pela coletividade (considerada em seu todo ou em qualquer de suas expressões – grupo, classes ou categorias de pessoas), os quais possuem natureza extrapatrimonial, refletindo valores e bens fundamentais para a sociedade, não sendo suficiente a mera infringência da lei vigente para a sua configuração.[42] É por isso que para o citado autor, a caracterização do dano moral coletivo não se vincula ou condiciona à demonstração efetiva dos efeitos negativos, como o abalo psíquico, a consternação social ou a repulsa coletiva, sendo que os sentimentos coletivos, se perceptíveis, são mera consequência do dano moral coletivo produzido e não pressuposto para a sua caracterização.[43]

Disso segue que, como decomposição prática do conceito de dano moral nas relações de trabalho, tem-se que, quando o juiz trabalhista verificar que ocorreu violação da dignidade da pessoa humana, dos direitos humanos previstos nos tratados internacionais ou dos direitos da personalidade, do trabalhador ou do empregador, inclusive em relação às pessoas jurídicas, no que couber, no bojo de uma relação de trabalho, estar-se-á atendido o requisito do dano para a condenação na indenização por danos morais, individuais ou coletivos, independentemente de qualquer manifestação psíquica, subjetiva e exterior da vítima da ofensa, bem como dispensando-se qualquer prova material das consequências da violação, devendo-se atentar para a contextualização social em que o ato lesivo foi praticado.

---

41. Romita, Dano moral coletivo, p. 80.
42. Medeiros Neto, Dano moral coletivo, p. 137.
43. Medeiros Neto, O dano moral coletivo e o valor da sua reparação, p. 288.

Importante resgatar que o direito do trabalho se construiu, histórica e cientificamente, à luz do reconhecimento jurídico de interesses metaindividuais, mais precisamente daqueles decorrentes da percepção coletiva de grupos de trabalhadores sujeitos às mesmas vivências laborais. A figura do dano moral coletivo, portanto, coaduna-se perfeitamente com a própria gênese supraindividual do ramo justrabalhista e, por isso, naturalmente, tende a encontrar nas relações de trabalho, com maior facilidade, realidades fenomênicas denunciadoras de sua existência.

Perceba-se, ainda, que a Constituição Federal de 1988, também no tocante ao mundo do trabalho, delineou premissas axiológicas nucleares para o convívio civilizado de nossa sociedade, na esteira do que se espera, minimamente, de um verdadeiro Estado Democrático de Direito. Não sem razão, estabeleceu os valores sociais do trabalho e da livre-iniciativa como fundamentos de nossa República Federativa (art. 1º, IV), a valorização do trabalho humano como alicerce da ordem econômica (art. 170, *caput*) e o primado do trabalho como base da ordem social (art. 193). Noutras palavras: nossa Carta Magna atribui às relações jurídico-laborais significância central para a nossa sociedade, erigindo um plexo de valores cujo desrespeito intolerável, para além de seguramente afetar os contratantes da relação de trabalho, individualmente considerados, também pode suscitar prejuízo inaceitável a interesses coletivos estruturalmente importantes para a nossa comunidade política.[44]

Essa enorme carga de relevância sociopolítica – que, como vimos, está a revestir a dinâmica concreta dos vínculos trabalhistas – tem se recrudescido ainda mais com o crescente despertamento de boa parte da doutrina para o que se afirma ser uma abordagem *jusambiental* dos elos jurídico-laborativos. Deveras, se o meio ambiente do trabalho é reconhecido pela própria Constituição Federal, expressamente, como faceta integrante do meio ambiente em geral (art. 200, VIII), sendo ainda direito fundamental dos trabalhadores a efetiva redução dos riscos inerentes ao trabalho, por meio de normas de saúde, higiene e segurança (art. 7º, XXII), sendo certo, ademais, que *todos* têm direito a um meio ambiente equilibrado (art. 225, *caput*), então há de se concluir, juridicamente, de maneira inequívoca, que também o meio ambiente do trabalho deve receber tutela jurídica via Direito Ambiental com vistas a se manter devidamente equilibrado e sadio, em prol da melhoria de uma benfazeja condição *socioambiental* da classe trabalhadora (CF, arts. 7º, *caput* e XXII, c/c 200, VIII e 225, *caput*). Por consequência, também o meio ambiente laboral há de merecer grau de atenção típico de matéria de ordem pública, à vista da relevante tônica de interesse transindividual que esse prisma naturalmente suscita à discussão – afinal, como bem

---

44. Daí nossa discordância com a assertiva doutrinária de que "uma lesão extrapatrimonial não pode atingir uma comunidade abstratamente considerada, com total independência perante os prejuízos que cada um de seus membros possa experimentar. [...] Portanto, a nosso sentir, o modelo jurídico do dano moral coletivo [...] não passa de peculiar espécie de pena civil, criativamente desenhada no ordenamento brasileiro, em nada se assemelhando com a natureza do dano extrapatrimonial" (FARIAS, Cristiano Chaves de; BRAGA NETTO, Felipe Peixoto; ROSENVALD, Nelson. *Novo tratado de responsabilidade civil*. São Paulo: Atlas, 2015, p. 349-351).

se sabe, nunca haverá vida digna em um contexto labor-ambiental hostil e desequilibrado, ou seja, poluído.[45]

Essa mesma percepção, captadora de um cada vez mais intenso reconhecimento da nótula de transindividualidade que impregna as relações jurídico-trabalhistas, pode ser visualizada com o advento da Emenda Constitucional 45/2004. Como é de amplo conhecimento, essa alteração constitucional operou grandiosa ampliação da competência material afeta à Justiça do Trabalho, que, doravante, passou a processar e julgar não apenas as clássicas discussões jurídicas havidas entre empregado e empregador (critério de matiz subjetivo), mas, também, qualquer litígio envolvendo a tutela jurídica geral do trabalho digno e da regularidade nas relações laborais coletivas, independentemente da específica natureza jurídica do liame trabalhista a enlaçar os envolvidos (critério de matiz objetivo). Embora essa alteração, de fato, tecnicamente, seja de ordem processual, temos que, axiologicamente, expressa significativa alteração do campo material de importância de atuação da Justiça do Trabalho e, a nosso ver – o que mais nos importa aqui –, o fortalecimento da própria centralidade do valor *social* do trabalho – e não apenas do valor *contratual* – para a nossa comunidade, como fundamento da República (CF, art. 1º, IV).

Tudo isso, como estamos a evidenciar, detém clara envergadura metaindividual, o que só legitima e sobreleva a importância da reflexão dos danos morais coletivos também na esfera das relações trabalhistas. Logo, o art. 1º da Lei 7.347/1985, ao preceituar que "*regem-se pelas disposições desta Lei, sem prejuízo da ação popular, as ações de responsabilidade por danos morais e patrimoniais causados: [...] IV – a qualquer outro interesse difuso ou coletivo*", decerto também deve legitimar a prevenção, repressão e reparação de danos morais difusos, coletivos e individuais homogêneos perpetrados na seara trabalhista, quando o fato representar violação a interesses extrapatrimoniais constitucionalmente assentados como nucleares para a comunidade.

Ao fim deste tópico, cumpre fazer referência à reforma trabalhista, estabelecida no Brasil com a Lei 13.467/2017, com destaque para o novel art. 223-B da CLT, ao regrar que "causa dano de natureza extrapatrimonial a ação ou omissão que ofenda a esfera moral ou existencial da pessoa física ou jurídica, as quais são as titulares exclusivas do direito à reparação". É que, de acordo com porção minoritária da doutrina:

---

45. Para um amplo estudo do meio ambiente do trabalho à luz de uma abordagem jusambiental, confira-se, entre outros: MARANHÃO, Ney. *Poluição labor-ambiental*: abordagem conceitual da degradação das condições de trabalho, da organização do trabalho e das relações interpessoais travadas no contexto laborativo. Rio de Janeiro: Lumen Juris, 2017; FELICIANO, Guilherme Guimarães; URIAS, João; (Coord.). *Direito ambiental do trabalho*: apontamentos para uma teoria geral. São Paulo: LTr, 2013. v. 1; FELICIANO, Guilherme Guimarães; URIAS, João; MARANHÃO, Ney; SEVERO, Valdete Souto (Coord.). *Direito ambiental do trabalho*: apontamentos para uma teoria geral. São Paulo: LTr, 2015. v. 2; FELICIANO, Guilherme Guimarães; URIAS, João; MARANHÃO, Ney; (Coord.). *Direito ambiental do trabalho*: apontamentos para uma teoria geral. São Paulo: LTr, 2017. v. 3; FELICIANO, Guilherme Guimarães; EBERT, Paulo Roberto Lemgruber (Coord.). *Direito ambiental do trabalho*: apontamentos para uma teoria geral. São Paulo: LTr, 2018. v. 4.

"[...] o dano moral coletivo trabalhista, de que é titular a coletividade abstratamente analisada, aparentemente foi excluído de reparação pelo art. 223-B da CLT, desde que a lesão coletiva tenha ocorrido após a vigência da Lei 13.467/2017. Isso quer dizer que a Justiça poderá reconhecer o dano, mas não poderá determinar a sua reparação. Normalmente a reparação do dano coletivo reverte para o FAT (Fundo de Amparo ao Trabalhador) ou outro órgão escolhido pelo Ministério Público na inicial. Agora, não mais haverá reparação por dano moral coletivo".[46]

Essa tese, porém, não se sustenta. Em primeiro lugar, porque tal proposta exegética fere de morte o princípio da reparação integral, portador de assento tanto infraconstitucional (CC, art. 944, caput) quanto constitucional (CF, art. 5º, V e X). Em segundo lugar, porque, como bem acentua outra parcela da doutrina:

"[...] ao referir que "por dano de natureza extrapatrimonial deve ser compreendido todo aquele que implique ofensa à esfera moral ou existencial da pessoa física ou jurídica" (CLT, art. 223-B), fica evidente que o legislador reformista centra seu foco na regência de danos extrapatrimoniais estritamente individuais, não importando, por óbvio, qualquer óbice à continuidade do reconhecimento da figura do dano moral coletivo no âmbito trabalhista, modalidade de dano extrapatrimonial de natureza metaindividual que continua detendo amparo normativo próprio e diferenciado (CF, art. 5º, X; Lei n. 7.347/85, art. 1º; Lei n. 8.078/90, art. 6º, VI)".[47]

Com isso, consignamos nossa convicção jurídica no sentido de que, mesmo com o advento da Lei 13.467/2017, o dano moral coletivo trabalhista não só permanece passível de reconhecimento jurídico quanto, igualmente, de plena e efetiva reparação.

4. O DANO MORAL COLETIVO TRABALHISTA E A JURISPRUDÊNCIA DO TRIBUNAL SUPERIOR DO TRABALHO

O dano moral coletivo, para além do seu reconhecimento doutrinário, também é objeto de proveitosa discussão jurisprudencial na esfera trabalhista, sendo aviado, na maior parte dos casos, no bojo das ações de natureza jurídica coletiva, como as ações civis públicas e as ações civis coletivas, de titularidade do Ministério Público do Trabalho e Sindicatos, tendo acolhida nos Tribunais há alguns anos.

O Tribunal Superior do Trabalho, cumprindo o papel de Corte uniformizadora da jurisdição especializada, igualmente tem reconhecido a incidência do dano moral coletivo no direito do trabalho, razão pela qual torna-se relevante para a pesquisa inventariar e debater algumas decisões paradigmáticas deste Tribunal, apontando inconsistência e correções.

---

46. CASSAR, Vólia Bomfim. *Direito do trabalho*. 14. ed. Rio de Janeiro: Forense; São Paulo: Método, 2017, p. 910.
47. SOUZA JÚNIOR, Antonio Umberto de; SOUZA, Fabiano Coelho de; MARANHÃO, Ney; AZEVEDO NETO, Platon Teixeira de. *Reforma trabalhista*: análise comparativa e crítica da Lei n. 13.467/2017 e da MP n. 808/2017. 2. ed. São Paulo: Editora Rideel, 2018, p. 124.

Em um primeiro caso,[48] cuidava-se de ação civil pública proposta pelo Ministério Público do Trabalho em razão de acidente grave sofrido por trabalhador da construção civil que atuava na laje de um *Shopping Center* em Salvador-BA, tendo, além dos pedidos de adequação do meio ambiente do trabalho, com obrigações de fazer, também o pleito de condenação das empresas construtoras em danos morais coletivos. O Regional baiano deu razão ao autor da ação e, além da imposição das obrigações de fazer, condenou as rés no valor de R$ 100.000,00 (cem mil reais) a título de indenização por dano moral coletivo, solidariamente, na medida em que estavam mantendo trabalhadores em atividades perigosas na construção civil, sem a observância das normas de saúde e segurança no meio ambiente do trabalho, submetendo todo o grupo de empregados a um meio ambiente do trabalho inseguro.

O Tribunal Superior do Trabalho manteve na íntegra a decisão regional, eis que verificou a ocorrência do dano moral coletivo, pela violação do direito coletivo ao meio ambiente do trabalho equilibrado, de sorte que rejeitou o agravo de instrumento das rés, que pretendiam ver admitido o recurso de revista e, no mérito, reformada a decisão regional. Essa decisão demonstra o que acentuamos alhures: a enorme importância da perspectiva jusambiental na apreciação das relações trabalhistas, imprimindo-lhes uma relevantíssima tônica publicista também legitimadora, no particular, de implicações extrapatrimoniais de ordem metaindividual.

Julgado recentíssimo e bastante elucidativo[49] ocorreu no contexto de uma ação civil pública proposta pelo Ministério Público do Trabalho em face de empregador que realizou a terceirização em atividades que se inserem nos fins do seu empreendimento, em burla ao entendimento pacificado na Súmula 331 do TST. A Corte regional reconheceu a ilicitude da terceirização para estabelecer a existência do vínculo de emprego direto, porém rejeitou a indenização por danos morais coletivos. Já a Corte Superior, ao enfrentar as razões de recurso de revista do Ministério Público do Trabalho, restabeleceu a sentença originária, que havia condenado o empregador em reparação por dano moral coletivo no valor de R$ 30.000,00 (trinta mil reais), segundo os pertinentes fundamentos que se encontram resumidos no seguinte trecho da ementa do acórdão:

> A jurisprudência desta Corte entende que a terceirização ilícita de atividade-fim dá ensejo à configuração do dano moral coletivo, uma vez que há precarização das condições de trabalho, com evidente violação das normas de proteção trabalhista que transcende a esfera individual.

Outro caso interessante[50] refere-se à ação civil pública do Ministério Público do Trabalho proposta em face de uma rede supermercadista que exigia dos seus empregados a realização de jornada extenuante, conjugada com a prática ilegal de

---

48. TST – 4ª Turma – AIRR 1138-21.2010.5.05.0023 – Rel. Des. Conv. Cilene Ferreira Amaro Santos – *DEJT* 17.06.2016.
49. TST – 2ª Turma – RR 646-93.2015.5.20.0004 - Rel. Min. Maria Helena Mallmann – *DEJT* 01.06.2018.
50. TST – 4ª Turma – ARR 14900-80.2006.5.01.0080 – Rel. Min. Maria de Assis Calsing – *DEJT* 03.04.2012.

coagi-los a anotar os cartões de ponto e retornar ao trabalho. O Regional fluminense deu parcial razão ao autor da demanda, condenando a empregadora em obrigações de fazer e não fazer em relação ao controle de jornada e à sua limitação, legal e constitucional, porém rejeitou o pedido de dano moral coletivo ao argumento de que os direitos vindicados eram individuais homogêneos, não gerando repercussões de ordem difusa ou coletiva que justificasse a indenização.

Ao apreciar o recurso de revista do Ministério Público do Trabalho, o Tribunal Superior do Trabalho disse que os direitos individuais homogêneos são espécies dos direitos coletivos em sentido amplo, a legitimar o *Parquet* laboral para a sua defesa judicial, bem como que a sua reiterada violação ofende não apenas os direitos trabalhistas dos empregados individualmente considerados, mas, também, direitos fundamentais de toda a coletividade, motivos pelos quais reformou a decisão local para condenar a empregador no pagamento da indenização por danos morais coletivos no valor de R$ 1.000.000,00 (um milhão de reais).

A mesma posição de que a violação de direitos individuais homogêneos do grupo de trabalhadores, em desrespeito ao meio ambiente do trabalho sadio e equilibrado, pode gerar a condenação em dano moral coletivo foi reafirmada em precedente recentíssimo,[51] no qual o Tribunal Superior decidiu o caso de uma empregadora que desrespeitava o direito ao descanso semanal remunerado dos seus empregados, submetendo-os a uma jornada semanal além dos limites legais e constitucionais. A Corte Superior, considerando ter o autor demonstrado a violação de direitos fundamentais relacionados à saúde, segurança e ao meio ambiente do trabalho sadio, manteve a condenação na indenização por danos morais coletivos, contudo, reduzindo-a para o valor de R$ 30.000,00 (trinta mil reais).

Da revisão dos julgados do Tribunal Superior do Trabalho, verifica-se que esta corte tem recepcionado com correção a evolução doutrinária que o tema experimentou, para admitir a ocorrência de dano moral coletivo todas as vezes em que direitos fundamentais dos trabalhadores de ordem metaindividual – como os difusos, coletivos em sentido estrito e individuais homogêneos – forem sistematicamente violados, mormente aqueles que guardam relação direta com o meio ambiente do trabalho, extrapolando a esfera individual, para causar dano a direitos de toda a coletividade.

5. CONCLUSÕES

À luz do exposto, concluímos que a figura jurídica do *dano moral coletivo* ganhou espaço com o advento da objetivação do conceito do dano moral, porquanto somente puderam ser indenizados a partir da premissa de que ocorre dano moral com a violação objetiva dos direitos fundamentais.

---

51. TST – 8ª Turma – RR 17460-65.2013.5.16.0004 – Rel. Min. Dora Maria da Costa – *DEJT* 15.06.2018.

Demais disso, frisamos que o direito do trabalho se construiu, histórica e cientificamente, à luz do reconhecimento jurídico de interesses metaindividuais, mais precisamente daqueles decorrentes da percepção coletiva de grupos de trabalhadores sujeitos às mesmas vivências laborais, de maneira que a figura do dano moral coletivo se alinha perfeitamente com essa própria gênese supraindividual do ramo justrabalhista e, por isso, naturalmente, tende a encontrar nas relações de trabalho, com maior facilidade, realidades fenomênicas denunciadoras de sua existência.

Igualmente, pontuamos que nossa Carta Magna atribui às relações jurídico-laborais significância central para a nossa sociedade, erigindo um plexo de valores cujo desrespeito intolerável, para além de seguramente afetar os contratantes da relação de trabalho, individualmente considerados, também pode suscitar prejuízo inaceitável a interesses coletivos estruturalmente importantes para a nossa comunidade política, sendo que essa enorme carga de relevância sociopolítica que está a revestir a dinâmica concreta dos vínculos trabalhistas tem se recrudescido ainda mais com o crescente despertamento de boa parte da doutrina para o que se afirma ser uma abordagem *jusambiental* dos elos jurídico-laborativos.

No tocante à reforma trabalhista, consignamos nossa tranquila convicção jurídica no sentido de que, mesmo com o advento da Lei 13.467/2017, o dano moral coletivo trabalhista não só permanece passível de reconhecimento jurídico quanto, igualmente, de plena e efetiva reparação.

Pontuamos, neste estudo, em arremate, que o Tribunal Superior do Trabalho tem recepcionado com correção a evolução doutrinária que o tema experimentou, para admitir a ocorrência de dano moral coletivo todas as vezes em que direitos fundamentais dos trabalhadores de ordem metaindividual – como os difusos, coletivos em sentido estrito e individuais homogêneos – forem sistematicamente violados, mormente aqueles que guardam relação direta com o meio ambiente do trabalho, extrapolando a esfera individual, para causar dano a direitos de toda a coletividade.

6. REFERÊNCIAS

ALVARENGA, Rúbia Zanotelli de. Responsabilidade do empregador por dano moral reflexo. *Revista Eletrônica do Tribunal Regional do Trabalho da 4ª Região*, Rio Grande do Sul, ano XII, n. 190, p. 45/53, março 2016.

BITTAR, Carlos Alberto. *Reparação civil por danos morais*. 3 ed. São Paulo: RT, 1997.

BODIN DE MORAES, Maria Celina. *Danos à pessoa humana*. Uma leitura civil-constitucional dos danos morais. Rio de Janeiro: Renovar, 2003.

_____. Dano moral: conceito, função, valoração. *Revista Forense*, vol. 413, p. 361-378, jan/jun. 2011.

BORGES, Thiago Carvalho. Sobre o dano moral à pessoa jurídica. *Revista Trimestral de Direito Civil – RTDC*, Rio de Janeiro, ano 11, v. 41, p. 117/132, jan./mar. 2010.

CAHALI, Yussef Said. *Dano Moral*. 3 ed. São Paulo: RT, 2005.

CASSAR, Vólia Bomfim. *Direito do trabalho*. 14. ed. Rio de Janeiro: Forense; São Paulo: Método, 2017.

CAVALIERI FILHO, Sérgio. *Programa de Responsabilidade Civil*. 6 ed. São Paulo: Malheiros, 2005.

DE CUPIS, Adriano. *Os direitos da personalidade*. 2 ed. Trad. Afonso Celso Furtado Rezende. São Paulo: Quorum, 2008.

DE MATTIA, Fabio. Direitos da Personalidade. In: *Enciclopédia Saraiva de Direito*, vol. 28, São Paulo, Saraiva, 1979.

FACCHINI NETO, Eugenio; WESENDONCK, Tula. Danos existenciais: "precificando" lágrimas? *Revista de Direitos e Garantias Fundamentais*, Vitória, n. 12, p. 229-267, jul./dez. 2012.

FARIAS, Cristiano Chaves de; BRAGA NETTO, Felipe Peixoto; ROSENVALD, Nelson. *Novo tratado de responsabilidade civil*. São Paulo: Atlas, 2015.

FONSECA, José Geraldo da. Dano moral da pessoa jurídica. *Revista do Tribunal Superior do Trabalho*, Brasília, vol. 75, n. 4, p. 43/64, out./dez. 2009.

HÄBERLE, Peter. A dignidade humana como fundamento da comunidade estatal. In: SARLET, Ingo Wolfgang (org.). *Dimensões da Dignidade*. Ensaios de Filosofia do Direito e Direito Constitucional. 2 ed. Porto Alegre: Livraria do Advogado, 2009.

HIGA, Flávio da Costa. *Responsabilidade civil punitiva*. Os "punitive damages" no direito brasileiro. Rio de Janeiro: Lumen Juris, 2016.

MARANHÃO, Ney. *Poluição labor-ambiental*: abordagem conceitual da degradação das condições de trabalho, da organização do trabalho e das relações interpessoais travadas no contexto laborativo. Rio de Janeiro: Lumen Juris, 2017.

MARTINS-COSTA, Judith. Dano moral à brasileira. *Revista do Instituto de Direito Brasileiro*, Lisboa, ano 3 (2014), n. 9, p. 7073/7122.

MEDEIROS NETO, Xisto Tiago de. *Dano moral coletivo*. 2. ed. São Paulo: LTr, 2007.

_____. O dano moral coletivo e o valor da sua reparação. *Revista do Tribunal Superior do Trabalho*, vol. 78, n. 4, p. out./dez. 2012.

MOLINA, André Araújo. *Os direitos fundamentais na pós-modernidade*. O futuro do Direito e do Processo do Trabalho. Rio de Janeiro: Lumen Juris, 2017.

_____. *Teoria dos Princípios Trabalhistas*. A aplicação do modelo metodológico pós-positivista ao Direito do Trabalho. São Paulo: Atlas, 2013.

PINTO JUNIOR, Amaury Rodrigues. O dano morte. A existência jurídica do *pretium mortis*. *Revista Síntese Trabalhista e Previdenciária*, vol. 27, n. 318, p. 72/88, dezembro 2015.

ROMITA, Arion Sayão. Dano moral coletivo. *Revista do Tribunal Superior do Trabalho*, vol. 73, n. 02, p. 79/87, abr/jun 2007.

SAVATIER, René. *Traité de la responsabilité civile em droit français civil, administratif, professionel, procedural*: conséquences et aspects divers. Paris: Librairié Génêrale de Droit et de Jurisprudence, 1939, t. II.

SCHREIBER, Anderson. *Direitos da Personalidade*. 3 ed. São Paulo: Atlas, 2014.

SILVA, Luís Renato Ferreira da. Da legitimidade para postular indenização por danos morais. *Revista AJURIS*, Porto Alegre, ano XXIV, vol. 70, p. 185-205, jul.1997.

SILVA, Wilson Melo da. *O dano moral e sua reparação*. 3 ed. Rio de Janeiro: Forense, 1999.

SOUZA JÚNIOR, Antonio Umberto de; SOUZA, Fabiano Coelho de; MARANHÃO, Ney; AZEVEDO NETO, Platon Teixeira de. *Reforma trabalhista*: análise comparativa e crítica da Lei n. 13.467/2017 e da MP n. 808/2017. 2. ed. São Paulo: Editora Rideel, 2018.

TEPEDINO, Gustavo. *Temas de Direito Civil*. 3 ed. Rio de Janeiro: Renovar, 2004.

WESENDONCK, Tula; ETTORI, Daniella Guimarães. *Pretium Mortis*: questões controvertidas acerca da responsabilidade civil em decorrência do dano morte – um estudo comparado entre o direito brasileiro e o português. *Revista Jurídica Luso-Brasileira*, Lisboa, ano 3 (2017), n. 1, p. 729-761.

PROTEÇÃO DO VULNERÁVEL E O DANO MORAL COLETIVO: ANÁLISE DA VIABILIDADE E FUNDAMENTOS EMBASADOS NA CONSTITUIÇÃO DA REPÚBLICA, NO ESTATUTO DA CRIANÇA E DO ADOLESCENTE E NO ESTATUTO DO IDOSO

Fabiana Barletta

Professora Colaboradora de Teoria dos Direitos Fundamentais e de Direito e Vulnerabilidade do PPGD-UFRJ. Área de Concentração: Teorias Jurídicas Contemporâneas. Linha de pesquisa: Democracia, Instituições e Desenhos Institucionais. Pós-Doutora em Direito Público e Filosofia do Direito pela UFRGS sob a supervisão de Claudia Lima Marques. Doutora em Teoria do Estado e Direito Constitucional pela PUC-Rio. Mestre em Direto Civil pela UERJ. Professora-Associada de Direito Civil na graduação da FND-UFRJ. E-mail; fabianabarletta2@gmail.com

Roberta Densa

Doutora em Direitos Difusos e Coletivos pela Pontifícia Universidade Católica de São Paulo (PUC/SP), mestre em Direito Político e Econômico pela Universidade Presbiteriana Mackenzie (2005), especialista em Direito das Obrigações, Contratos e Responsabilidade Civil pela Escola Superior de Advocacia, graduada em Direito pela Universidade Presbiteriana Mackenzie (1997). Professora de Direito Civil e Direitos Difusos e Coletivos. Editora Jurídica na Editora Foco. Foi editora responsável pelos conteúdos das obras jurídicas publicadas pela editora Atlas e editora executiva de aquisições e novos projetos da Editora Saraiva. Professora da Universidade São Judas Tadeu e da Faculdade de Direito de São Bernardo do Campo. Autora da obra "Proteção jurídica da criança consumidora" publicado pela Editora Foco e do livro "Direito do Consumidor" publicado pela Editora Atlas (9ª edição). Membro da Comissão dos Direitos da Criança e do Adolescente da OAB/SP nos biênios 2007-2009 e 2010-2011.

Sumário: 1. Introdução – 2. Fundamentos e destinatários do Estatuto da Criança e do Adolescente (ECA) – 3. Fundamentos e destinatários do Estatuto do Idoso (EI) – 4. Direitos fundamentais da criança, do adolescente e da pessoa idosa: 4.1 Do direito à saúde no Estatuto da Criança e do Adolescente; 4.2 Do direito à liberdade, respeito e dignidade no Estatuto da Criança e do Adolescente; 4.3 Do direito fundamental à saúde no Estatuto do Idoso (EI) – 5. Fundamentos para o dano moral coletivo: 5.1 Conceito e critérios para distinção dos direitos difusos, coletivos e individuais homogêneos – 6. Da proteção judicial dos interesses individuais, individuais homogêneos, difusos e coletivos – 7. Posicionamento do Superior Tribunal de Justiça acerca do dano moral coletivo: 7.1 Proteção da integridade física de menor infrator em entidade de atendimento; 7.2 Exibição indevida da intimidade e vida privada de crianças e adolescentes por programação televisiva; 7.3 Passe livre de idoso – 8. Conclusões – 9. Referências.

1. INTRODUÇÃO

A ideia de pesquisar os fundamentos do Estatuto da Criança e do Adolescente e do Estatuto do Idoso tem como ponto de partida a paridade desses diplomas normativos. De fato, a Lei 8.069/1990 e a Lei 10.741/2003 são estruturadas de forma similar, desde os seus fundamentos constitucionais, sua principiologia, passando pela extensa lista de direitos fundamentais, pelas medidas de proteção, pelas entidades de atendimento presentes em ambas e por regras específicas sobre tutela individual e coletiva.

Nossa hipótese é baseada na ideia de que o dano moral coletivo poderá ser requerido sempre que os direitos fundamentais dos grupos estudados deixarem de ser respeitados para que o problema do desrespeito aos mais vulneráveis em razão da maior ou da menor idade seja pelo menos amenizado.

O objetivo do texto é promover reflexão sobre a possibilidade de compensação por danos morais coletivos na esfera dos direitos infanto-juvenis e da pessoa idosa, analisando os direitos fundamentais desses grupos vulneráveis.

Partiremos da análise dos grupos protegidos e dos fundamentos legais de proteção, especialmente da proteção constitucional.

Posteriormente, elencaremos os direitos fundamentais em cada um dos estatutos próprios das crianças, dos adolescentes, dos nascituros e dos idosos. Elegeremos alguns direitos para, de forma didática, demonstrar nossa hipótese.

Por fim, apontaremos os dispositivos processuais que justificam o pedido do dano moral coletivo em juízo e traremos alguns casos já avaliados pelo Superior Tribunal de Justiça para análise crítica dos julgados.

2. FUNDAMENTOS E DESTINATÁRIOS DO ESTATUTO DA CRIANÇA E DO ADOLESCENTE (ECA)

O legislador constituinte reservou alguns dispositivos especiais para a proteção da infância e juventude. O principal deles, sem dúvidas, é o artigo 227, que em seu *caput* traduz o princípio da proteção integral à criança e ao adolescente, determinando à *família*, à *sociedade* e ao *Estado* o dever de cuidar das pessoas consideradas vulneráveis e hipervulneráveis,[1]-[2] fazendo cumprir os direitos conferidos pelo nosso ordenamento jurídico.

---

1. A jurisprudência do STJ entendeu serem hipervulneráveis pessoas em condições de vulnerabilidade agravada, a saber: portadores de doença celíaca, cf. REsp. 586316/MG. 2ª Turma. Julgado em 17.04.2007. Relator: Min. Herman Benjamin; índios, cf. REsp 1064009/SC. 2ª Turma. Julgado em 27.04.2011; Relator: Min. Herman Benjamin; deficientes auditivos, cf. REsp 9315/RJ. 1ª Seção. Julgado em 25.11.2004. Relator para o acórdão: Min. Herman Benjamin; crianças, cf. REsp. 1188105/RJ. 4ª Turma. Julgado em 05.03.2013. Relator: Min. Luis Felipe Salomão.
2. Sobre o tema: DENSA, Roberta; NISHIYAMA, Adolfo Mamoro. *A Proteção dos Consumidores Hipervulneráveis: os portadores de deficiência, os idosos, as crianças e os adolescentes*. In: Claudia Lima Marques; Bruno

Os destinatários da proteção do ECA são as crianças e os adolescentes. Criança, para os fins da proteção legal, é a pessoa que tem entre zero e doze anos de idade. Adolescente, por sua vez, é pessoa que tem entre doze anos completos e 18 anos. Vale notar que mesmo o adolescente emancipado na forma da Lei civil, é considerado destinatário da proteção integral trazida pela legislação especial.[3]

A proteção integral garantida pelo nosso ordenamento tem suas origens na Convenção Internacional dos Direitos da Criança em 1959, que coloca no epicentro legislativo a criança como um sujeito de Direitos.[4]

O documento trouxe, pela primeira vez, o princípio da proteção integral, que está fundamentada em três pilares, a saber: i. crianças e adolescentes são *sujeitos de direitos* e estão em condição de pessoa em desenvolvimento; ii. possuem o direto à convivência familiar e iii. possuem prioridade absoluta.

Nosso ordenamento jurídico reconhece[5] a criança e o adolescente como *sujeitos de direitos* que gozam de especial proteção, sendo certo podermos encontrar regras de proteção a tais sujeitos desde a Constituição da República brasileira de 1988, passando pelo Código Civil e pelo Estatuto da Criança e do Adolescente entre outras Leis setoriais protecionistas.

A proteção integral[6] visa ao desenvolvimento físico, mental, moral, espiritual e social da criança e do adolescente. Segundo este princípio, é dever da família, sociedade e Estado garantirem todas as necessidades da pessoa em desenvolvimento, tais como educação, saúde, alimentação, lazer e convivência familiar e comunitária.

A garantia prioritária outorgada aos incapazes, de modo absoluto ou relativo, também decorre da proteção integral.[7] A eles é dada a prerrogativa de receber, com prioridade, socorro e proteção em qualquer situação. Os direitos colacionados no artigo 227 da Constituição da República são reconhecidos às crianças e aos adolescentes com "absoluta prioridade".[8] Podemos afirmar, portanto, que o legislador

---

Miragem. (Org.). Doutrinas Essenciais – Direito do Consumidor. São Paulo: Revista dos Tribunais, 2011, v. II, p. 431-461.

3. BARBOZA, Heloisa Helena. *O estatuto da criança e do adolescente e a disciplina da filiação no código civil*. In: O melhor interesse da criança: um debate interdisciplinar. Coord. PEREIRA, Tania da Silva. Rio de Janeiro: Renovar, 2000, p. 115.
4. O primeiro documento internacional a manifestar preocupação com os Direitos da Criança foi a Declaração dos Direitos da Criança de Genebra de 1924.
5. Veja-se sobre a temática do reconhecimento HONNET, Axel. *Luta por reconhecimento: a garantia moral dos conflitos sociais*. Tradução de: REPA, Luiz. São Paulo: Editora 34. 2003, p.117-179 que, de Maquiavel e Hobbes passa por Winnicott entre outras autoridades em psicologia e psicanálise apresenta a forma de reconhecimento do amor.
6. Trata-se hoje de princípio expresso também no artigo 1º do Estatuto da Criança e do Adolescente.
7. Sobre o tema, veja-se DENSA, Roberta. *Proteção jurídica da criança consumidora*. Indaiatuba: Editora Foco, 2018, p. 40.
8. Além do dispositivo constitucional supracitado, o princípio da prioridade absoluta foi melhor explicitado pelo artigo 4º do Estatuto da Criança e do Adolescente. Vejamos: Artigo 4º "É dever da família, da comunidade, da sociedade em geral e do Poder Público assegurar, com absoluta prioridade, a efetivação dos direitos

constituinte elevou ao nível constitucional o princípio da prioridade absoluta no atendimento a crianças e aos adolescentes.[9]

Dar proteção integral é garantir um crescimento saudável, respeitando os limites cognitivos, físicos e psíquicos da criança dentro da família, da sociedade e da cultura em que ela vive. Dito de outro modo, dar proteção integral é garantir a eficácia dos direitos fundamentais do hipervulnerável em desenvolvimento conforme entendimento do STJ ao tratar dos danos morais configurados diante de publicidade abusiva dirigida às crianças cf. REsp. 1188105/RJ. 4ª Turma. Julgado em 05.03. 2013.

3. FUNDAMENTOS E DESTINATÁRIOS DO ESTATUTO DO IDOSO (EI)

Em relação à pessoa idosa dedicou-se o artigo 230 da Constituição da República de 1988. Por meio dele a família, a *sociedade* e o *Estado* foram dirigidos[10] a fim de garantir aos idosos o direito de serem amparados,[11] assegurando o direito de sua participação em sociedade, defendendo sua dignidade e bem-estar e o direito à vida na finitude, momento da velhice ou de quando a existência da pessoa natural está mais próxima da morte.[12]

Compreende-se que o princípio do melhor interesse do idoso advém da abertura do texto constitucional em seu artigo 5º, § 2º, para direitos não (expressamente) previstos que se pautam nos próprios princípios constitucionais e que é simultaneamente composto pelos subprincípios da proteção integral (artigo 2º do EI) e da prioridade absoluta (artigo 3º do EI), com a modificação trazida pela Lei 11.785 de 2008, que acrescentou o inciso IX ao referido artigo, inclusive para receber o imposto de renda.

O subprincípio da proteção integral assegura ao idoso, tanto por meio da Constituição da República de 1988 como pelo Estatuto do Idoso e outros meios especificados em políticas que devem ser concretizadas, oportunidades e facilidades para a preservação de sua saúde física e mental e de seu aperfeiçoamento moral, intelectual, espiritual e social, em condições de liberdade e dignidade.[13]

---

referentes à vida, à saúde, à alimentação, à educação, ao esporte, ao lazer, à profissionalização, à cultura, à dignidade, ao respeito, à liberdade e à convivência familiar e comunitária. Parágrafo único. A garantia de prioridade compreende: a) Primazia de receber proteção e socorro em qualquer circunstância; b) Precedência de atendimento nos serviços públicos e ou relevância pública; c) Preferência na formulação e na execução de políticas sociais públicas; d) Destinação privilegiada de recursos públicos nas áreas relacionadas com a proteção à infância e à juventude.

9. ALMEIDA STEFANO, Isa Gabriela e RODRIGUES, Oswaldo Peregrina. *O idoso e a dignidade da pessoa humana*, p. 241-262. In: O cuidado como valor jurídico. Organizadores: PEREIRA. Tania da Silva e OLIVEIRA, Guilherme. Rio de Janeiro: Forense: 2008.
10. CANOTILHO, José Joaquim Gomes. *Direito constitucional e teoria da constituição*. 6 ed. Coimbra: Almedina, 2002.
11. Sobre o dever de amparo vejam-se os artigos 229 e 230 da Constituição da República Brasileira de 1988.
12. BARLETTA, Fabiana Rodrigues. *O direito à saúde da pessoa idosa*. São Paulo: Saraiva, 2010, p. 37-85.
13. BARLETTA, Fabiana Rodrigues. *O direito à saúde da pessoa idosa*. São Paulo: Saraiva, 2010, p. 94-101.

Os destinatários do Estatuto do Idoso seriam as pessoas com idade igual ou superior a 60 anos de idade, na forma do artigo 1º. Adotou-se, portanto, o critério cronológico para proteção, independentemente a condição social, biológica ou financeira da pessoa.[14]

Contudo, em 2017 a Lei protecionista do Idoso sofreu mudança ao nosso ver prejudicial ao grupo vulnerável, porque [15] "o plenário do Senado aprovou, no dia 21.06.2017, Projeto de Lei que concedeu prioridade para pessoas acima de 80 anos em relação aos demais idosos". O texto alterou o Estatuto do Idoso, no que trata dos direitos das pessoas com idade a partir de 60 anos, para "garantir a preferência dos mais velhos"[16] que, segundo a relatora do projeto, Senadora Regina Souza (PT-PI) seria, (implicitamente) "vantajoso" pois, segundo ela: "como a Lei diz que é a partir dos 60, todo mundo chega e usa a prioridade, independente de observar se atrás tem uma pessoa com mais de 80". A Senadora também "ressaltou ainda que, em contendas judiciais, é ainda mais importante a preferência para os octogenários porque 'não adianta atender ao direito depois que a pessoa morre". E de modo equivocado de entender o não vantajoso para o grupo como "vantagem" para os mais idosos, o Projeto seguiu para sanção presidencial logrando êxito. Hoje em dia consta do art. 3º, § 2º, do EI que: "dentre os idosos é assegurada prioridade especial aos maiores de oitenta anos, atendendo-se suas necessidades sempre preferencialmente em relação aos demais idosos".

Contudo, o que ocorreu foi o desmonte da *mens legis* edificada no Estatuto do Idoso que se construiu no Brasil em 2003. No nascedouro do Estatuto do Idoso, não se entendia que a velhice fosse uma etapa de vida a ser vencida. Pode-se afirmar isso em face da regra do artigo 8º do EI em que o envelhecimento (e por consequência suas especiais vicissitudes) é considerado um direito personalíssimo, posto que, além de fundamental, é direito da personalidade[17] e porque o artigo 1º da referida lei não teve seu conteúdo alterado no que dispõe. Nota-se, portanto, que envelhecer é direito da personalidade concedido de forma peculiar às pessoas de idades longevas.[18] Se, de um lado, a velhice carrega consigo processos degenerativos intrínsecos, a medicina possui, por outro, instrumentos para que debilidades próprias do envelhecimento não sejam experimentadas com violento sofrimento físico e psíquico.

---

14. BARLETTA, Fabiana Rodrigues. *O direito à saúde da pessoa idosa*. São Paulo: Saraiva, 2010, p. 28- 35.
15. Disponível em: [http://agenciabrasil.ebc.com.br/politica/noticia/2017-06/senado-aprova-alteracao-do-estatuto-do-idoso-para-dar-preferencia]. Ultimo acesso em 26.07.2018.
16. Disponível em: [http://agenciabrasil.ebc.com.br/politica/noticia/2017-06/senado-aprova-alteracao-do-estatuto-do-idoso-para-dar-preferencia]. Último acesso em 26.07.2018.
17. BARLETTA, Fabiana Rodrigues. O direito à autonomia do consumidor (idoso e doente) de planos de saúde em casos de emissão de "consentimento informado" e/ou de "diretivas antecipadas" e a responsabilidade civil do fornecedor dos serviços de saúde. In: *Revista de Direito do Consumidor*. v. 113. São Paulo: RT. Set-Out. 2017, p. 31-56, "passim".
18. Segundo DE CUPIS, Adriano. *Os direitos da personalidade*. Tradução de: REZENDE, Afonso Celso Furtado. Campinas: Romana, 2004, p. 29, os direitos da personalidade são direitos subjetivos de essencialidade para a pessoa.

É importante frisar que o direito dos nossos dias lida com categorias de pessoas vulneráveis, que necessitam de tratamento desigual no sentido material da desigualdade, ou seja, para sujeitos mais fracos haverá "direitos diferentes".[19] O idoso é vulnerável, dentre tantos outros fatores, também porque adoece mais. A vulnerabilidade do idoso por conta de seus declínios psicofísicos revela-se evidente.

4. DIREITOS FUNDAMENTAIS DA CRIANÇA, DO ADOLESCENTE E DA PESSOA IDOSA

Os direitos fundamentais da criança e do adolescente estão previstos do artigo 7º ao artigo 69 do Estatuto da Criança e do Adolescente. São eles: o direito à vida e à saúde (artigo 7º ao artigo 14); o direito à liberdade, ao respeito e à dignidade (artigo 15 ao artigo 18-B); o direito à convivência familiar e comunitária (artigo 19 ao artigo 52-D); o direito à educação, à cultura, ao esporte e ao lazer (artigo 53 ao artigo 59); o direito à profissionalização e à proteção no trabalho (artigo 60 ao artigo 69).

Os direitos fundamentais da pessoa idosa, por sua vez, estão previstos nos artigos 8º até o artigo 42 do Estatuto do Idoso. São eles: o direito à vida (artigo 8º ao artigo 9º); o direito à liberdade, ao respeito e à dignidade (artigo 10); o direito aos alimentos (artigo 11 ao 14); o direito à saúde (artigo 15 ao 19); o direito à educação, à cultura, esporte e lazer (artigo 20 ao 25); o direito à profissionalização e ao trabalho (artigo 26 ao 28); o direito à previdência social (artigo 29 ao 32); à assistência social (artigo 33 ao 36); o direito à habitação (artigo 37 ao 38) e o direito ao transporte (artigo 39 ao 42).[20]

Optamos por não exaurir a explicação sobre os direitos fundamentais das crianças, adolescentes e da pessoa idosa. Faremos sucinta explicação sobre alguns direitos fundamentais, para basear casos concretos trazidos a título de exemplo de lesão aos referidos direitos fundamentais desses grupos vulneráveis. É a lesão a tais direitos que gerará o dano moral coletivo.

4.1. Do direito à saúde no Estatuto da Criança e do Adolescente (ECA)

O artigo 7º do ECA prevê como direito fundamental dos menores a proteção à vida, à saúde, incluindo o tratamento ao toxicômano, aos alcóolatras, o transplante de órgãos e tecidos entre outros, exigindo do Poder Público políticas públicas para efetivação destes direitos.

Além do tratamento destinado aos infantes, o ECA prevê também o atendimento à *gestante* pelo SUS, desde o pré-natal até o nascimento. Vale lembrar que a *mens legis*

---

19. MARQUES, Claudia Lima e MIRAGEM. Bruno. *O novo direito privado e a proteção dos vulneráveis*. São Paulo. RT. 2013, p. 16.
20. De forma simples e objetiva, inclusive escrito para leigos em Direito, veja-se BARLETTA, Fabiana Rodrigues. *Tudo que você precisa ouvir sobre direito do idoso*. Audiolivro. São Paulo: Saraiva, 2010.

quis proteger o nascituro, razão pela qual os direitos da gestante foram incluídos no Estatuto da Criança e do Adolescente.

Está previsto também na Lei o apoio alimentar à gestante e à nutriz, através do Poder Público (artigo 8º, § 3º) ou por meio do pagamento dos alimentos gravídicos pelo responsável pela criança em gestação. Outro importante direito fundamental da criança, estampado no artigo 9º do ECA, é o direito ao aleitamento materno. A norma é reforçada pelo artigo 50, I, da Constituição da República e pelo artigo 396 da CLT.

Com a finalidade de garantir atendimento à gestante, ao nascituro e ao bebê, o artigo 10 do Estatuto da Criança e do Adolescente traz uma série de obrigações a serem cumpridas pelo hospital ou pela casa de saúde quando do nascimento da criança. Dentre as obrigações, está, por exemplo, a de manter o prontuário médico por 18 (dezoito) anos e fornecer declaração de nascido vivo, além de fazer a identificação de recém-nascido através da impressão plantar e das digitais da mãe.

Outra obrigação explícita no artigo 10 da Lei é de fazer exame de diagnóstico de doenças. Atualmente poucos são os exames considerados obrigatórios em nossas maternidades. O teste do pezinho é certamente o mais conhecido e tem por finalidade detectar doenças metabólicas, genéticas ou infeciosas.

O direito ao atendimento à saúde através do Sistema Único de Saúde (SUS) para crianças e adolescentes está previsto no artigo 11 do estatuto menorista. Frise-se que o atendimento deve ser integral à saúde, quer dizer: as crianças e adolescentes têm direito ao atendimento médico, de enfermeiros, de fisioterapeutas, de dentistas e de todos os profissionais da área de saúde que necessitar.

Além disso, a Lei menorista, pontua que o Estado deve proporcionar atendimento especializado à pessoa com deficiência, além do fornecimento de medicamentos e próteses. Outro direito da criança e do adolescente é ter consigo, durante a internação, a presença de um acompanhante nas hipóteses de internação (artigo 12). Outra obrigação do Estado é a de promover, por intermédio do SUS, programas de assistência médica e odontológica para prevenção de doenças infantis, bem como fazer campanhas de educação sanitária para toda a sociedade.

O Estado deve também oferecer campanhas de vacinação a determinadas doenças consideradas infecto contagiosas. Veja que o Ministério da Saúde mantém uma lista das vacinas que devem ser, obrigatoriamente, oferecidas às crianças e aos adolescentes. Podemos citar, como exemplo, a vacina da poliomielite, a vacina contra sarampo e contra a tuberculose, entre outras. Cumpre notar que "é obrigatória a vacinação das crianças nos casos recomendados pelas autoridades sanitárias" (artigo 14 do ECA). Desse modo, nas hipóteses recomendadas pela autoridade sanitária, os pais ou responsáveis pelo menor são obrigados a levar seus filhos ou pupilos para a vacinação.

4.2. DO DIREITO À LIBERDADE, RESPEITO E DIGNIDADE NO ESTATUTO DA CRIANÇA E DO ADOLESCENTE

Os direitos à liberdade, ao respeito e à dignidade estão garantidos nos artigo 15 até o artigo 18. O direito à liberdade, já expresso na Constituição da República como direito de todos, é reforçado pelo artigo 16 do ECA, que esclarece que o direito à liberdade compreende o direito de ir, vir e estar nos logradouros públicos e espaços comunitários, ressalvadas as restrições legais; manifestar a opinião e expressão; exercer sua crença e culto religioso; brincar, praticar esportes e se divertir; participar da vida familiar e comunitária, sem discriminação; participar da vida política, na forma da Lei, e buscar refúgio, auxílio e orientação.

Já o direito ao respeito "consiste na inviolabilidade da integridade física, psíquica e moral da criança e do adolescente, abrangendo a preservação da imagem, da identidade, da autonomia, dos valores, ideias e crenças, dos espaços e objetos pessoais" (artigo 17).

4.3. Do direito fundamental à saúde no Estatuto do Idoso (EI)

O direito à saúde afigura-se, entre os direitos fundamentais dos idosos, como direito de ordem prioritária, pois somente o idoso saudável tem a aptidão de usufruir outros direitos seus. A saúde não se restringe a ausência de doenças e deve ser concebida como uma situação global de bem-estar e pode ser oferecido pela via pública ou privada.[21]

A saúde pública está inserida na seguridade social e tem como peculiaridade não exigir uma contrapartida de quem requer auxílio. Ela é direito de todos. Como todas as pessoas, o idoso tem direito de usar e fruir do direito à saúde pública pois, no Brasil, a saúde, além de direito de todos, entrega ao Estado o dever de prestá-la por meio do Sistema Único de Saúde (SUS).[22]

A atenção à saúde do idoso deveria ser prestada de maneira integral na forma em que o Estatuto do Idoso foi concebido inicialmente. Desse modo, o Sistema Único de Saúde – SUS –, daria atenção especial às doenças que afetam preferencialmente os idosos como, por exemplo, insuficiências cardíacas ou coronarianas, insuficiências pulmonares e doenças neuropsiquiátricas como, por exemplo, o Alzheimer.

Ademais, as ações e serviços do SUS – *de lege lata* – deveriam visar à prevenção e a manutenção da saúde do idoso por meio de políticas públicas tais como: cadastramento da população idosa em base territorial; atendimento geriátrico e gerontológico em ambulatórios; criação de unidades geriátricas de referência com pessoal

---

21. A saúde do idoso como direito prioritário é o tema central da tese de BARLETTA, Fabiana Rodrigues. *O direito à saúde da pessoa idosa*. São Paulo: Saraiva, 2010.
22. BARLETTA, Fabiana Rodrigues. *O direito à saúde da pessoa idosa*. São Paulo: Saraiva, 2010, p. 132-182, *passim*.

especializado nas áreas de geriatria e gerontologia social; reabilitação orientada pela geriatria e gerontologia para redução nas sequelas decorrentes dos agravos de saúde.

É direito do idoso que não tenha condição de se locomover o atendimento domiciliar, incluindo a internação, o que significa ter um serviço *homecare*, na forma do art. 15 do Estatuto do Idoso, para a pessoa que dele necessitar e não estiver em condição de se locomover, inclusive para idosos abrigados e acolhidos por instituições públicas, filantrópicas ou sem fins lucrativos e eventualmente conveniadas com o Poder Público.

Demais disso, independentemente da situação financeira do idoso, o Poder Público estaria na forma do referido Estatuto e de sua base axiológica incumbido da tarefa de lhe oferecer, de maneira gratuita, medicamentos, especialmente os de uso continuado na forma do artigo 3º § 2º, o que, na prática, costuma não ocorrer, pois não é sempre que esse direito se implementa sem provocação do Poder Judiciário, e quando o Poder Judiciário é provocado, algumas vezes entende que, em razão da escassez de recursos[23] entre outras necessidades, tal direito possa ficar sem concretude (eficácia social).[24]

O Poder Público também está incumbido de fornecer aos idosos, sem cogitar de sua situação financeira e gratuitamente, próteses, órteses e outros recursos relativos ao seu tratamento, habilitação ou reabilitação na forma da Lei (ainda no artigo 3º, § 2º). Os idosos portadores de deficiência ou limitação incapacitante possuem atendimento especializado para esses agravos na forma do artigo 3º, §4º, de acordo com a Lei de Inclusão da Pessoa com Deficiência de 2015, também chamada de Estatuto da Pessoa com Deficiência, Lei 13. 146 de 06 de julho de 2015.[25]

Ao idoso internado ou em observação foi assegurado o direito ao acompanhante, devendo o órgão de saúde – que poderia ser o SUS ou o plano privado de saúde – proporcionar as condições adequadas para a permanência desse acompanhante em tempo integral junto ao idoso, segundo o critério médico. Nesses casos, caberia ao profissional de saúde responsável pelo tratamento conceder autorização para o acompanhamento do idoso ou, no caso de impossibilidade, justificá-la por escrito na forma do artigo 16 em seu parágrafo único.

---

23. Sobre a teoria alemã do o mínimo existencial em virtude da escassez de recursos, veja-se, no Brasil, a doutrina de TORRES, Ricardo Lobo. *A cidadania multidimensional na era dos direitos*. In: Teoria dos Direitos Fundamentais. 2 ed. Organizador: TORRES, Ricardo Lobo. Rio de Janeiro: Renovar, 2001, p. 297.
24. Segundo SARLET, Ingo Wolfgang. *A eficácia dos direitos fundamentais*. 3 ed. Porto Alegre: Livraria do Advogado, 2003, p. 223 a 225. "Não se pode esquecer é que o problema da eficácia da eficácia do Direito engloba tanto a eficácia jurídica, quanto a social. Ambas – a exemplo do que ocorre com a eficácia e a aplicabilidade – constituem aspectos diversos do mesmo fenômeno, já que situados em planos distintos (o do dever-ser e o do ser), mas que se encontram intimamente ligados entre si, na medida em que ambos servem e são indispensáveis à realização integral do Direito."
25. Veja-se ALMEIDA, Vitor e BARBOZA, Heloisa Helena. *Comentários ao Estatuto da Pessoa com Deficiência à luz da Constituição da República*. Belo Horizonte: Fórum, 2018, p- 29-34 sobre a Convenção da Pessoa om Deficiência e seu protocolo facultativo ao qual o Estatuto da Pessoa com Deficiência se vinculou.

De outra banda, importante regra que o Estatuto do Idoso impôs aos planos privados de saúde foi o dever de não aumentar as prestações pagas pelo idoso em razão de sua idade, o que mudou por entendimento do STJ em favor dos planos de saúde com base no art. 15, parágrafo único, da Lei 9.656 de 1998. Observe-se que, de início, o STJ entendia que se aplicava o artigo 15, § 3º, do EI e os planos de saúde continuariam podendo fazer os reajustes temporários como faz aos outros segurados. O que era expressamente vedado é que, por ter sessenta anos ou mais, fossem cobrados valores diferenciados aos idosos, discriminando-os. Assim, após completar os 60 (sessenta) anos previstos no original Estatuto do Idoso que entrou em vigor no Brasil em 2003, a pessoa não poderia ter a quantia paga ao plano de saúde majorada por completar qualquer idade igual ou superior a esta.

Mesmo que o idoso tivesse assinado um contrato de prestação de saúde em que fosse permitida a majoração de sua prestação pela idade, essa cláusula, por ser abusiva, seria considerada nula e não alcançaria validade na forma do artigo 51 do Código de Defesa do Consumidor.[26]

Mesmo que o idoso tivesse pactuado o aumento do valor pago ao plano de saúde antes da vigência do Estatuto do Idoso e completasse a idade prevista no contrato que possibilitaria a majoração, o advento do respectivo Estatuto afastou, inclusive, a validade desta hipótese no início de sua vigência, conforme entendimento inicial do STJ.[27] Em síntese: em nenhum caso o idoso poderia, por ter atingido a idade de

---

26. Posição pioneira nesse sentido, é a de MARQUES, Claudia Lima. *Contratos no código de defesa do consumidor: o novo regime das relações contratuais.* 5 ed. São Paulo: Revista dos Tribunais, 2006. p.633: "Ainda hoje a lei especial de 1998 determina, em seu art. 35-G, que se aplicam 'subsidiariamente aos contratos entre usuários e operadoras de produtos que tratam o inciso I e o § 1º do art. 1º desta Lei as disposições da Lei 8.078, de 1990'. Repita-se que este artigo da lei especial não está dogmaticamente correto, pois determina que norma de hierarquia constitucional, que é o CDC (art. 48 do ADCT), tenha apenas aplicação subsidiária à norma de hierarquia infraconstitucional, que é a Lei 9.656/1998, o que dificulta a interpretação da lei e prejudica os interesses dos consumidores que queira proteger. Sua *ratio* deveria ser a aplicação cumulativa de ambas as leis, no que couber, uma vez que a Lei 9.656/1998 trata com mais detalhes dos contratos de planos privados de assistência à saúde do que o CDC, que é norma principiológica e anterior à lei especial. Neste sentido, importante repetir que há superioridade hierárquica do CDC, que deveria ser aplicado prioritariamente, como concorda parte da doutrina.

    Informa-se que adiante a autora faz uma minuciosa análise das cláusulas sem validade (nulas) por serem abusivas 897-1088.

27. STJ. Recurso Especial 989380. 3ª Turma. Recorrente: Ministério Público do Estado do Rio Grande do Norte. Recorrida: UNIMED Natal Cooperativa de Trabalho Médico. Relatora: Ministra Nancy Andrighi. Julgado em: 06.11.2008, *verbis*: "Direito civil e processual civil. Estatuto do Idoso. Planos de Saúde. Reajuste de mensalidades em razão de mudança de faixa etária. Vedação. O plano de assistência à saúde é contrato de trato sucessivo, por prazo indeterminado, a envolver transferência onerosa de riscos, que possam afetar futuramente a saúde do consumidor e seus dependentes, mediante a prestação de serviços de assistência médico-ambulatorial e hospitalar, diretamente ou por meio de rede credenciada, ou ainda pelo simples reembolso das despesas. Como característica principal, sobressai o fato de envolver execução periódica ou continuada, por se tratar de contrato de fazer de longa duração, que se prolonga no tempo; os direitos e obrigações dele decorrentes são exercidos por tempo indeterminado e sucessivamente. Ao firmar contrato de plano de saúde, o consumidor tem como objetivo primordial a garantia de que, no futuro, quando ele e sua família necessitarem, obterá a cobertura nos termos em contratada. O interesse social que subjaz do Estatuto do Idoso, exige sua incidência aos contratos de trato sucessivo, assim considerados os planos de saúde, ainda que firmados anteriormente à vigência do Estatuto Protetivo. Deve ser declarada a abusividade

sessenta anos ou mais sofrer, em razão da idade, majoração na quantia paga ao seu plano de saúde.

Contudo, houve mudanças significativas no Estatuto do Idoso e em sua interpretação[28] que confrontaram com sua *mens legis* baseada no princípio do melhor interesse do idoso.[29] Daí surge a urgência da propositura de ações coletivas *lato sensu* pelos legitimados constitucionais[30] do grupo hipervulnerável chamado popularmente de terceira idade.[31] Tais ações deverão ser propostas especialmente se verificados danos morais coletivos quando atingidos direitos personalíssimos (ou fundamentais) dos hipervulneráveis idosos, crianças, adolescentes e até nascituros.[32]

5. FUNDAMENTOS PARA O DANO MORAL COLETIVO

A doutrina clássica do Direito Civil aponta para a existência de três elementos para a configuração da responsabilidade civil: culpa, nexo e o dano. Destes elementos,

---

e consequente nulidade de cláusula contratual que prevê reajuste de mensalidade de plano de saúde calcada exclusivamente na mudança de faixa etária – de 60 e 70 anos respectivamente, no percentual de 100% e 200%, ambas inseridas no âmbito de proteção do Estatuto do Idoso. Veda-se a discriminação do idoso em razão da idade, nos termos do art. 15, § 3º, do Estatuto do Idoso, o que impede especificamente o reajuste das mensalidades dos planos de saúde que se derem por mudança de faixa etária; tal vedação não envolve, portanto, os demais reajustes permitidos em lei, os quais ficam garantidos às empresas prestadoras de planos de saúde, sempre ressalvada a abusividade. Recurso especial conhecido e provido."

28. Atualmente em virtude da *aparente* colisão entre as disposições da Lei 10.741 de 2003 (Estatuto do Idoso) em seu art. 15 § 3º o STJ que dispõe: É assegurada a atenção integral à saúde do idoso, por intermédio do Sistema Único de Saúde – SUS, garantindo-lhe o acesso universal e igualitário, em conjunto articulado e contínuo das ações e serviços, para a prevenção, promoção, proteção e recuperação da saúde, incluindo a atenção especial às doenças que afetam preferencialmente os idosos. § 3º *É vedada a discriminação do idoso nos planos de saúde pela cobrança de valores diferenciados em razão da idade*, e que possui prioridade em face de tratar de dois atores constitucionais (o consumidor e o idoso) o STJ tem entendido que deve valer o disposto da Lei 9.656 de 1998 (Lei de Planos de Saúde) na forma do seu art. 15, parágrafo único: A variação das contraprestações pecuniárias estabelecidas nos contratos de produtos de que tratam o inciso I e o § 1º do art. 1º desta Lei, em razão da idade do consumidor, somente poderá ocorrer caso estejam previstas no contrato inicial as faixas etárias e os percentuais de reajustes incidentes em cada uma delas, conforme normas expedidas pela ANS, ressalvado o disposto no art. 35-E. (Redação dada pela Medida Provisória 2.177-44, de 2001).

Parágrafo único. É vedada a variação a que alude o *caput* para consumidores com mais de sessenta anos de idade, que participarem dos produtos de que tratam o inciso I e o § 1º do art. 1º, ou sucessores, há mais de dez anos. (Redação dada pela Medida Provisória 2.177-44, de 2001).

29. O princípio do melhor interesse do idoso foi pensado e desenvolvido com a ideia de soma do subprincípio da prioridade do idoso e do subprincípio da proteção integral do idoso com base na possibilidade do artigo 5º, § 2º, da Constituição brasileira de 1988, como explicado por BARLETTA, Fabiana Rodrigues. *O direito à saúde da pessoa idosa*. São Paulo: Saraiva, 2010, p. 94-112, *passim*.

30. Veja-se nesse particular BARLETTA, Fabiana Rodrigues e MAIA, Maurilio Casas. Idosos e planos de saúde: os necessitados constitucionais e a tutela coletiva via defensoria pública reflexões sobre o conceito de coletividade consumidora após a Adin n.3943 e o EResp.192.577. In: RDC. V. 106. Jul/Ago, 2016.

31. MARQUES, Claudia Lima e MIRAGEM. Bruno. *O novo direito privado e a proteção dos vulneráveis*. São Paulo. RT. 2013, p. 178-195 *passim*.

32. Sobre ações coletivas *lato sensu* veja-se BARLETTA, Fabiana Rodrigues. *O direito à saúde da pessoa idosa*. São Paulo: Saraiva, 2010, p. 297-306. *passim*.

a culpa tem sido amplamente discutida e, em muitos casos, não deve ser analisada como elemento para configuração do dever de indenizar quando a Lei prevê a responsabilidade civil objetiva como regra.

Segundo doutrina majoritária, o dano injusto (ainda) é um dos elementos fundamentais para a caracterização da responsabilidade civil, visto que o dever de compensar o prejuízo moral encontra sua razão de ser quando ocorre uma violação injusta a um bem ou direito alheio.

Ocorrido o dano é obrigatória a reparação ou compensação que conduza, na medida do possível, as coisas ao estado em que se encontravam antes do ato danoso. Nos últimos anos, a temática do dano extrapatrimonial trouxe intensos debates e ricos trabalhos teóricos. Antes da promulgação da Constituição da República de 1988, muito se questionou a existência e a compensação do dano extrapatrimonial, contudo, atualmente podemos afirmar que a responsabilidade civil já possui (até) funções sociais e, segundo magistério de Nelson Rosenvald, à função reparatória pela indenização foi acrescentada a "prevenção de danos". Na função punitiva, à pena civil compensatória foi acrescida a "prevenção de ilícitos". Em sua "função de precaução" foi também acrescentada a ideia de "prevenção de riscos", conforme magistério do referido autor.[33]

Neste sentido, a atual Constituição da República garantiu o pleno reconhecimento e autonomia do dano extrapatrimonial, tendo em vista a positivação do princípio da dignidade da pessoa humana e também seu reconhecimento axiológico, como um dos fundamentos da República (artigo 1º, inciso III), e a expressa referência à indenização por dano moral como um direito fundamental (artigo 5º, incisos V e X).[34]

Ato contínuo, o legislador estabeleceu o direito à efetiva prevenção e reparação de danos morais como um direito básico do consumidor (artigo 6º, incisos VI e VII, do CDC) e assegurou a existência do dano moral no Código Civil de 2002 (artigo 186).

Chiara Antonia Spadaccini Teffé adverte que parte da doutrina prefere designar o dano que não é material como extrapatrimonial ou ainda dano existencial, com o que concordamos. Para a autora as expressões dano extrapatrimonial ou ainda dano existencial contemplariam melhor as hipóteses de "violação ou lesão a todos os bens, valores e direitos não patrimoniais constitucionalmente tutelados, tendo-se como fundamento a efetiva proteção da dignidade humana e seus quatro corolários – a igualdade, a integridade psicofísica, a liberdade e a solidariedade.[35]

---

33. ROSENVALD, Nelson. *As funções da responsabilidade civil: a reparação e a pena civil*. 3. Ed. São Paulo: Saraiva, 2017, p. 28-34, *passim*.
34. Sobre reconhecimento veja-se FRASER Nancy. *Da redistribuição ao reconhecimento? Dilemas da justiça numa era "pós socialista"*. Tradução de SIMÕES, Júlio de Assis. In: Cadernos de Campo. São Paulo, n.14/15. 2006. Mimeo. p. 233 – 237, *passim*.
35. TEFFÉ. Chiara Antonia Spadaccini De *Dano extrapatrimonial coletivo nas relações de consumo*. Disponível em: [http://www.publicadireito.com.br/artigos/?cod=402505605ae8401]. Último acesso em: 10.07.2018.

Defende-se que a sua existência não estaria vinculada necessariamente a qualquer sensação negativa que o agente possa sentir ou sofrer, bastando a existência de um dano injusto a bens, valores e direitos de uma determinada *pessoa* ou *coletividade* para nascer o dever de reparar.[36]

Essa concepção para o dano extrapatrimonial permite oferecer uma ampla e adequada proteção à pessoa, uma vez que abarca uma esfera maior de interesses e tem como objetivo proteger bens, direitos e valores não patrimoniais constitucionalmente tutelados, em âmbito individual ou coletivo, o que proporciona uma interpretação mais atualizada com as demandas da sociedade.[37]

Sendo assim, qualquer lesão aos direitos fundamentais da pessoa idosa, da criança e do adolescente, do nascituro – elencados ou não em legislação especial – podem ser objeto de tutela e da respectiva compensação por dano moral (ou extrapatrimonial).

5.1. Conceito e critérios para distinção dos direitos difusos, coletivos e individuais homogêneos

O interesse metaindividual pode ser classificado do seguinte modo: i. interesses difusos, ii. interesses difusos coletivos e iii. interesses individuais homogêneos. O conceito e a distinção entre os interesses coletivos *lato sensu* foi inserido em nosso ordenamento jurídico pelo Código de Defesa do Consumidor em seu artigo 81. Vejamos:

i. *direitos difusos*: são os transindividuais, de natureza indivisível, de que sejam titulares pessoas indeterminadas e ligadas por circunstância de fato (artigo 81, I); ii. *direitos coletivos*: são os transindividuais de natureza indivisível de que seja titular grupo, categoria ou classe de pessoas ligadas entre si ou com a parte contrária por uma relação jurídica base (artigo 81, II) e iii. *direitos individuais homogêneos*: assim entendidos os decorrentes de origem comum (artigo 81, III).

Em razão da dicção legal, podemos verificar que o critério utilizado para distinção entre os direitos difusos, coletivos e individuais homogêneos é subjetivo, objetivo e de origem. O critério é *subjetivo* porque analisa os titulares dos interesses (pessoas determinadas ou indeterminadas); é *objetivo* posto que analisa a divisibilidade do

---

36. Cf. Reflexões de TEFFÉ. Chiara Antonia Spadaccini De *Dano extrapatrimonial coletivo nas relações de consumo*. Disponível em: [http://www.publicadireito.com.br/artigos/?cod=402505605ae8401]. Último acesso em: 10.07.2018 embasada na tese de livre docência de (MORAES, Maria Celina Bodin de. *Danos à pessoa humana: uma Leitura civil-constitucional dos danos morais*. Rio de Janeiro: Renovar, 2003, p. 165-192.) conclui sucintamente que: "Mesmo que faça uso da nomenclatura dano moral, adotada majoritariamente pelo Superior Tribunal de Justiça brasileiro, Maria Celina Bodin de Moraes apresenta um entendimento que dialoga diretamente com a abordagem proposta neste artigo para o dano extrapatrimonial: "(...) o dano moral não pode ser reduzido à "lesão a um direito da personalidade, nem tampouco ao "efeito extrapatrimonial da lesão a um direito subjetivo, patrimonial ou extrapatrimonial". Tratar-se-á sempre de violação da cláusula geral de tutela da pessoa humana, seja causando-lhe um prejuízo material, seja violando direito (extrapatrimonial) seu, seja, enfim, praticando, em relação à sua dignidade, qualquer "mal evidente" ou "perturbação", mesmo se ainda não reconhecido como parte de alguma categoria jurídica."
37. TEFFÉ, Chiara Antonia Spadaccini de. *Dano extrapatrimonial coletivo nas relações de consumo*. Disponível em: [http://www.publicadireito.com.br/artigos/?cod=402505605ae8401]. Último acesso em: 10.07.2018.

interesse (divisível ou indivisível) e também é de *origem*, quando analisa a origem do interesse (se de fato ou de negócio jurídico).

Vejamos: i. em relação ao *critério subjetivo*, se os sujeitos forem indeterminados o interesse poderá ser difuso ou, ainda, se os sujeitos forem determinados ou determináveis, o interesse poderá ser coletivo ou individual homogêneo; ii. já em relação ao *critério objetivo*, o interesse poderá ser difuso ou coletivo se for indivisível; – ainda em relação ao critério objetivo o interesse poderá ser também individual homogêneo se for divisível; iii. por fim, em relação ao *critério de origem*, o interesse será difuso se as pessoas estiverem ligadas por uma circunstância de fato, será coletivo se unidas por uma relação jurídica base e individual homogêneo se ligadas por uma origem comum[38].

É possível, ainda, que uma mesma situação fática dê origem a um interesse metaindividual que pode cumular as subespécies acima explicadas. Quer dizer, é possível que um mesmo fato possa caracterizar a existência de um interesse difuso, coletivo e individual homogêneo.[39] Tome-se como exemplo um medicamento disponível no mercado de consumo que, posteriormente à sua colocação no mercado, se detectam nele efeitos colaterais graves, impedindo que o fabricante mantenha o produto no mercado com fundamento no artigo 10 do Código de Defesa do Consumidor, em razão da sua alta periculosidade. Pode-se, neste caso, identificar a necessidade de proteção de um *interesse difuso* em razão do risco de parte da população adquirir o medicamento, e de um *interesse individual homogêneo* configurado pelos danos causados aos consumidores que utilizaram o medicamento.

Na Constituição da República de 1988, o legislador positivou uma série de normas relativas à defesa e à tutela dos direitos coletivos e difusos, o que garante à Carta o patamar de fundamento e, concomitantemente, o mandamento de proteção desses direitos. Encontram-se previstos como direitos fundamentais o direito à ampla reparação de danos morais (artigo 5°, V e X), à defesa do consumidor (artigo 5°, XXXII), à legitimidade das entidades associativas para representar seus filiados judicial ou extrajudicialmente (artigo 5°, XXI) e ao mandado de segurança coletivo

---

38. Sobre o tema, veja-se: DENSA, Roberta. *Interesses Públicos Transindividuais: fronteiras contemporâneas entre o direito público e o privado e repercussões práticas nas ações coletivas*. In: Marques Neto, Floriano Peixoto de Azevedo; Almeida, Fernando Dias Menezes de; Nohara, Irene Patrícia; Marrara, Thiago. (Org.). Direito e Administração Pública: estudos em homenagem a Maria Sylvia Zanella Di Pietro. 1ed. São Paulo: Editora Atlas S/A., 2013, v, p. 225-245.

39. Nesse sentido, ensina NERY JÚNIOR Nelson. *Código brasileiro de defesa do consumidor comentado pelos autores do anteprojeto*, 8 ed. Rio de Janeiro: Forense Universitária, 2004, p. 1.000.: "O mesmo fato pode dar ensejo à pretensão difusa, coletiva e individual. O acidente com o *Bateau Mouche IV*, que teve lugar no Rio de Janeiro no final de 1.988, poderia abrir oportunidade para a propositura de ação individual por uma das vítimas do evento pelos prejuízos que sofreu (direito individual), ação de indenização em favor de todas as vítimas ajuizadas por entidade associativa (direito individual homogêneo), ação de obrigação de fazer movida por associação das empresas de turismo que têm interesse na manutenção da boa imagem desse setor da economia (direito coletivo), bem como ação ajuizada pelo Ministério Público, em favor da vida e segurança das pessoas, para que seja interditada a embarcação a fim de se evitarem novos acidentes (direitos difusos)".

(artigo 5º, LXX). Além disso, é função institucional do Ministério Público a defesa de todos os direitos difusos e coletivos (artigo 129, II, III e § 1º).

Sendo assim, qualquer lesão aos direitos fundamentais da criança, do adolescente, do idoso ou mesmo do nascituro – por exemplo, (direito ao meio ambiente em condições de salubridade para a gestante) que tenham afetado a coletividade, podem suscitar pedido de danos morais coletivos a serem requeridos conforme regras do Processo Civil Coletivo.[40]

6. DA PROTEÇÃO JUDICIAL DOS INTERESSES INDIVIDUAIS, INDIVIDUAIS HOMOGÊNEOS, DIFUSOS E COLETIVOS

É sabido que os direitos *difusos, coletivos* e *individuais homogêneos* são tutelados pelos procedimentos coletivos por meio do microssistema formado pela Lei de Ação Civil Pública e pelo Código de Defesa do Consumidor.

Vale lembrar, no entanto, que o Estatuto da Criança e do Adolescente e o Estatuto do Idoso também trazem regras processuais quanto à tutela individual e coletiva do idoso que prevalecem sobre o núcleo duro da tutela coletiva em razão de serem consideradas Leis especiais.

Nessa toada, o Estatuto da Criança e do Adolescente destinou os artigos 208 a 224 para regrar os aspectos processuais em relação à tutela coletiva de direitos. O Estatuto do Idoso, por seu turno, o fez nos artigos 78 ao 92, quando cuidou dos interesses difusos, coletivos e individuais indisponíveis ou homogêneos.

Em primeiro lugar, é bom que se diga, a Lei menorista e o Estatuto do Idoso admitem tutela coletiva de direitos para a defesa de *direito individual indisponível*. Significa dizer que caberá ação coletiva para a defesa de apenas uma única criança ou adolescente que tenha seus direitos indisponíveis violados.[41] Assim, além da defesa dos direitos difusos, coletivos, e individuais homogêneos, a tutela coletiva também se presta à defesa dos *direitos individuais indisponíveis*.[42]

---

40. MAIA, Maurilio Casas e VASCONCELOS, Fernando. *O direito à saúde: por uma base constitucional e consumerista.* In: Reflexões sobre o Direito à Saúde. Coord. MAIA, Maurilio Casas e SILVA, Anderson Lincoln Vital da Silva. Florianópolis: Empório do Direito, 2016, p. 21-23.

41. Recurso Repetitivo – Tema 766: tese jurídica firmada: "O Ministério Público é parte legítima para pleitear tratamento médico ou entrega de medicamentos nas demandas de saúde propostas contra os entes federativos, mesmo quando se tratar de feitos contendo beneficiários individualizados, porque se refere a direitos individuais indisponíveis, na forma do artigo 1º da Lei 8.625/1993 (Lei Orgânica Nacional do Ministério Público). 7. No caso concreto, o aresto prolatado pelo eg. Tribunal de origem está conforme o posicionamento desta Corte Superior, mormente quando, neste caso, o processo diz respeito a interesse de menor, em que a atuação do Ministério Público já se encontra legitimada com base nesse único aspecto de direito. 8. Recurso especial conhecido e não provido. 9. Recurso julgado sob a sistemática do artigo 1.036 e seguintes do CPC/2015 e artigo 256-N e seguintes do Regimento Interno deste STJ". (STJ, REsp 1.682.836/SP, Primeira Seção, Rel. Min. Og Fernandes, DJe 30.04.2018).

42. STJ, 4ª Turma, AgRg no REsp 1379509/MG, Rel. Min. Luis Felipe Salomão, DJe 31.08.2015. Recurso especial. Direitos individuais homogêneos. Ação coletiva de reparação de danos materiais e morais. Criança e adolescente. Contratação por empresário intermediário de clubes de futebol. Condições precárias de

Demais disso, o ECA, em seu artigo 208, determina que se regem pelas suas disposições as ações de responsabilidade por ofensa aos direitos assegurados à criança e ao adolescente, referentes ao não oferecimento ou oferta irregular do ensino obrigatório; de atendimento educacional especializado aos portadores de deficiência; de atendimento em creche e pré-escola às crianças de zero a cinco anos de idade; de ensino noturno regular, adequado às condições do educando; de programas suplementares de oferta de material didático-escolar, transporte e assistência à saúde do educando do ensino fundamental; de serviço de assistência social visando à proteção à família, à maternidade, à infância e à adolescência, bem como ao amparo às crianças e adolescentes que dele necessitem; de acesso às ações e serviços de saúde; de escolarização e profissionalização dos adolescentes privados de liberdade; de ações, serviços e programas de orientação, apoio e promoção social de famílias e destinados ao pleno exercício do direito à convivência familiar por crianças e adolescentes; de programas de atendimento para a execução das medidas socioeducativas e aplicação de medidas de proteção; de políticas e programas integrados de atendimento à criança e ao adolescente vítima ou testemunha de violência.

De outra banda, o artigo 79 do Estatuto do Idoso dispõe que são regidos por seus dispositivos as ações responsabilidade por ofensa aos direitos assegurados ao idoso, referentes à omissão ou ao oferecimento insatisfatório de acesso às ações e serviços de saúde; atendimento especializado ao idoso portador de deficiência ou com limitação incapacitante; atendimento especializado ao idoso portador de doença infectocontagiosa e serviço de assistência social visando ao amparo do idoso. Veja-se que tais hipóteses não excluem da proteção judicial não excluem outros interesses

---

alojamento e higiene. Extinção do processo. Ilegitimidade ativa do ministério público. Manutenção. Perda superveniente do objeto. Substituídos que se tornaram maiores de idade. Direito individual disponível. Interesse social inexistente. 1. Cuida-se de ação coletiva de indenização por dano moral e material ajuizada pelo Ministério Público do Estado de Minas Gerais e pelo Ministério Público do Trabalho da 3ª Região em face de empresário de futebol, tendo sido alegado que os 19 (dezenove) substituídos, então menores de idade, estavam em condições precárias de acomodação, saúde, alimentação e higiene, circunstância que seria violadora de preceitos do Estatuto da Criança e do Adolescente. 2. Bem ou mal, uma vez extinta a ação por ilegitimidade do *Parquet*, no estágio em que se encontra o processo, ocorreu a perda superveniente de objeto do presente recurso especial, em razão da substancial alteração do cenário fático-jurídico subjacente à causa. 3. "Não se pode estabelecer sinonímia entre interesse social e interesse coletivo de particulares, ainda que decorrentes de lesão coletiva de direitos homogêneos. Direitos individuais disponíveis, ainda que homogêneos, estão, em princípio, excluídos do âmbito da tutela pelo Ministério Público (CF, artigo 127). [...] cumpre ao Ministério Público, no exercício de suas funções institucionais, identificar situações em que a ofensa a direitos individuais homogêneos compromete também interesses sociais qualificados" (RE 631.111, Relator(a): Min. Teori Zavascki, Tribunal Pleno, julgado em 07.08.2014, DJe 30.10.2014). 4. Atualmente, a tutela buscada pelo Ministério Público circunscreve-se tão somente a direitos patrimoniais de pessoas maiores de idade e capazes de, por conta própria, deduzir suas pretensões de forma individual. Vale dizer que os direitos em conflito são disponíveis e não se revestem de inegável interesse social. 5. O Ministério Público, no caso em apreço, não intentava debelar um problema social, mas sim fazer as vezes de um grupo reduzidíssimo de substituídos mediante a tutela coletiva de direitos, os quais, muito embora à época do ajuizamento fossem de relevância transcendental em razão da especial proteção conferida pelo ordenamento jurídico à criança e ao adolescente, atualmente, não despontam com tamanha grandeza de modo a autorizar a legitimação extraordinária do Parquet. Extinção do processo por ilegitimidade ativa do Ministério Público mantida. 6. Agravo regimental não provido.

difusos, coletivo, individuais indisponíveis ou homogêneos, próprios do idoso, protegidos em lei, conforme dicção do paragrafo único do referido artigo. Logo, se houver violação a outros direitos coletivos em sentido lato, haverá subsídio para a propositura do pedido de indenização por dano moral coletivo.

Caso esteja configurada a lesão aos direitos fundamentais da pessoa idosa e o consequente dever de compensar os danos morais, os valores deverão ser encaminhados ao Fundo do Idosos (onde houver) ou, na falta deste, ao Fundo Municipal de Assistência Social, ficando todos os valores vinculados ao atendimento ao idoso (como consta do *caput* do artigo 84 do Estatuto do Idoso).

7. POSICIONAMENTO DO SUPERIOR TRIBUNAL DE JUSTIÇA ACERCA DO DANO MORAL COLETIVO

Em pesquisa realizada perante o Superior Tribunal de Justiça, utilizando como palavras-chave "dano moral" e "direitos dos idosos" e "direitos da criança e do adolescente", encontramos interessantes casos julgados envolvendo a matéria aqui tratada, reforçando a hipótese de que o dano moral coletivo deve ser compensado sempre que houver lesão aos direitos fundamentais do grupo atingido.

7.1. Proteção da integridade física de menor infrator em entidade de atendimento

A proteção integral de crianças e adolescentes abrange, inclusive, menores infratores. Caso a prática de ato infracional tenha como consequência a aplicação de medida socioeducativa, as entidades de atendimento devem atender ao objetivo da aplicação da medida que é a educação e a ressocialização do adolescente. Trata-se de um direito fundamental garantido pelo artigo 17 do Estatuto da Criança e do Adolescente.

Evidentemente, a saúde e a segurança física e psíquica do adolescente devem ser asseguradas pela entidade de atendimento e também pelo Município ou pelo Estado ao qual a entidade de atendimento esteja atrelada. Caso a integridade física do adolescente não seja preservada, é cristalino o direito a compensação por danos morais individuais e coletivos.

O caso concreto levado ao Superior Tribunal de Justiça[43] discutiu a legitimidade do Ministério Público para requerer danos morais de natureza difusa por tratamento desumano e vexatório aos internos durante rebeliões havidas em entidade de aplicação de medida socioeducativa de responsabilidade do Estado do Rio Grande do Sul.

O Tribunal de origem condenou o Estado do Rio Grande do Sul ao pagamento de indenização por danos morais ao Fundo Municipal dos Direitos da Criança e

---

43. STJ, 2ª Turma, AgRg no REsp 1368769/SP, Rel. Min. Humberto Martins, DJe 14.08.2013.

do Adolescente. A ação foi proposta pelo Ministério Público do Rio Grande do Sul, sendo que o STJ afirmou a legitimidade de parte para "promover o inquérito civil e a ação civil pública para a proteção dos interesses individuais, difusos ou coletivos relativos à infância e à adolescência", nos termos do artigo 201 do Estatuto da Criança e do Adolescente.

Nesse caso, em nosso entendimento de forma acertada, o Superior Tribunal de Justiça entendeu estar caracterizada a responsabilidade civil do Estado e o dever de compensação por danos morais difusos e coletivos pela falta de segurança dos adolescentes que estavam cumprindo a medida socioeducativa de internação.

7.2. Exibição indevida da intimidade e vida privada de crianças e adolescentes por programação televisiva

Falamos no item 3 sobre o direito ao respeito da criança e do adolescente. Esse direito inclui a intimidade, vida privada e imagem em quaisquer circunstâncias, especialmente em relação à programação televisiva que, pelo seu potencial de disseminar informações e imagens, pode trazer sérios danos aos infantes.

Nesse sentido, a 4ª turma do Superior Tribunal de Justiça analisou caso concreto em que um programa de televisão exibiu quadro intitulado "Investigação de Paternidade", expondo a vida e a intimidade das crianças e adolescentes. Além disso, o apresentador utilizou expressões jocosas e humilhantes para se referir aos menores e à situação que vivenciavam.

Sem dúvidas, potencialmente, o programa poderia criar situações discriminatórias, vexatórias, humilhantes às crianças e aos adolescentes, desrespeitando o princípio geral de proteção integral à crianças e adolescentes.

Eis trecho do acórdão:

> "A análise da configuração do dano moral coletivo, na espécie, não reside na identificação de seus telespectadores, mas sim nos prejuízos causados a toda sociedade, em virtude da vulnerabilização de crianças e adolescentes, notadamente daqueles que tiveram sua origem biológica devassada e tratada de forma jocosa, de modo a, potencialmente, torná-los alvos de humilhações e chacotas pontuais ou, ainda, da execrável violência conhecida por *bullying*. A citada conduta odiosa, que repercute de forma mais contundente e nociva na psique de crianças e adolescentes, apresenta tamanha relevância, que, atualmente, é objeto da Lei 13.185/2015. No caso dos autos, verifica-se que o quadro do programa televisivo analisado, ao expor a identidade (imagens e nomes) dos "genitores" das crianças e adolescentes, tornou-os vulneráveis a toda sorte de discriminações, ferindo o comando constitucional que impõe a todos (família, sociedade e Estado) o dever de lhes assegurar, com absoluta prioridade, o direito à dignidade e ao respeito e de lhes colocar a salvo de toda forma de discriminação, violência, crueldade ou opressão (artigo 227 da Constituição da República de 1988). No mesmo sentido, os artigos 17 e 18 do ECA consagram a inviolabilidade da integridade física, psíquica e moral das crianças e dos adolescentes, inibindo qualquer tratamento vexatório ou constrangedor".[44]

---

44. STJ, REsp 1.517.973/PE, Rel. Min. Luis Felipe Salomão, julgado em: 16.11.2017, DJe 01.02.2018.

Assim, a TV E Rádio Jornal do Comércio LTDA. foi condenada ao pagamento de indenização por danos morais coletivos no valor de R$ 50.000,00, em consonância com a hipótese introdutória proposta nesse artigo.

7.3. Passe livre de idoso

Em relação aos direitos da pessoa idosa, o Tribunal Superior de Justiça entendeu que uma concessionária de serviço de transporte público não poderia submeter idosos a um procedimento de cadastramento prévio para o gozo do benefício expressamente previsto no artigo 38 do Estatuto do Idoso.[45]

Por essa razão, a concessionária de serviço público foi condenada ao pagamento de compensação por danos morais. Vale notar, no entanto, que o acórdão externou entendimento de que o dano moral estaria fundamentado em dor, sofrimento e humilhação, e que "é passível de comprovação pela presença de prejuízo à imagem e à moral coletiva dos indivíduos enquanto síntese das individualidades percebidas como segmento, derivado de uma mesma relação jurídica-base". Nesse particular, conforme já colocamos, entendemos que o dano moral não se configura por dor, sofrimento ou humilhação, mas por lesão aos direitos fundamentais (ou da personalidade) da pessoa ou de seu grupo.[46] Se bem jurídico de natureza fundamental desse grupo minoritário coletivamente hipervulnerável é atingido haverá, em nossa maneira de perceber, a configuração do dano moral coletivo. Demais disso, o dano moral nesses casos de lesão aos direitos da personalidade de grupos tão vulneráveis, talvez pudesse ser presumido *in re ipsa* pois, de fato, seria desnecessária a sua comprovação, em face dos valores existenciais violados.

8. CONCLUSÕES

1. Por determinação constitucional, a família, a sociedade e o Estado têm solidariamente dever de cuidar das pessoas consideradas vulneráveis (nascituros, crianças, adolescentes e idosos) fazendo cumprir todos os direitos conferidos pelo nosso ordenamento jurídico na forma dos artigos 226, 227, 229 e 230 da Constituição brasileira de 1988.

2. Os direitos fundamentais da criança e do adolescente estão previstos no artigo 7º até o artigo 69 do Estatuto da Criança e do Adolescente. Já os direitos fundamentais da pessoa idosa estão previstos nos artigos 8º até o artigo 42 do Estatuto do Idoso. Ambas as Leis setoriais citadas possuem um rol de direitos exemplificativos que não se exaurem nestas Leis, pois acima delas há os direitos fundamentais constitucionais.

---

45. STJ, REsp 1.057.274-RS, Rel. Min. Eliana Calmon, julgado em 1º.12.2009.
46. Baseamo-nos na doutrina de MORAES, Maria Celina Bodin de. *Danos à pessoa humana: uma leitura civil-constitucional dos danos morais*. Rio de Janeiro: Renovar, 2003, p. 155-164, *passim*.

3. Em consequência, qualquer lesão aos direitos fundamentais, do nascituro, da criança e do adolescente ou da pessoa idosa – elencados ou não em legislação especial – podem ser objeto tanto de tutela preventiva como da respectiva compensação por dano moral ou extrapatrimonial (individual, difuso e coletivo).

4. O Estatuto da Criança e do Adolescente e o Estatuto do Idoso admitem tutela coletiva via responsabilização civil por violação de direitos coletivos e também para a defesa dos direitos individuais indisponíveis pelo mesmo acesso: o da compensação por dano moral. Os julgados trazidos à baila à guisa de conclusão confirmam as potencialidades do dano moral coletivo pontuadas na hipótese introdutória.

5. Por essa razão, caberá ação coletiva para a defesa de apenas uma única criança ou um único adolescente, um único nascituro ou um só idoso – que tenha seus direitos indisponíveis violados. Logo, além da defesa dos direitos difusos, coletivos e individuais homogêneos, a tutela coletiva também se presta à defesa dos direitos individuais indisponíveis.

6. Caso esteja configurada a lesão aos direitos fundamentais da pessoa idosa e o consequente dever de compensar os danos morais, os valores deverão ser encaminhados ao Fundo do Idosos (onde houver) ou, na falta deste, ao Fundo Municipal de Assistência Social, ficando todos os valores vinculados ao atendimento ao idoso (artigo 84 do Estatuto do Idoso).

7. O dano moral coletivo poderá ser requerido quando direitos fundamentais dos grupos estudados deixarem de ser respeitados para que o problema do desrespeito aos direitos dos hipervulneráveis (em razão da maior ou da menor idade) seja, por força das sanções civis aplicadas, pelo menos suavizado.

9. REFERÊNCIAS

ALMEIDA, Vitor e BARBOZA, Heloisa Helena. *Comentários ao Estatuto da Pessoa com Deficiência à luz da Constituição da República*. Belo Horizonte: Fórum, 2018.

DE CUPIS, Adriano. *Os direitos da personalidade*. Tradução de: REZENDE, Afonso Celso Furtado. Campinas: Romana, 2004.

BARBOZA, Heloisa Helena. *O estatuto da criança e do adolescente e a disciplina da filiação no código civil*. In: O melhor interesse da criança: um debate interdisciplinar. Coord. PEREIRA, Tania da Silva. Rio de Janeiro: Renovar, 2000.

BARLETTA, Fabiana Rodrigues. *O direito à saúde da pessoa idosa*. São Paulo: Saraiva, 2010.

_____ *O direito à autonomia do consumidor (idoso e doente) de planos de saúde em casos de emissão de "consentimento informado" e/ou de "diretivas antecipadas" e a responsabilidade civil do fornecedor dos serviços de saúde. In: Revista de Direito do Consumidor*. v. 113. São Paulo: RT. Set-Out. 2017.

_____. *Tudo que você precisa ouvir sobre direito do idoso*. Audiolivro. São Paulo: Saraiva, 2010.

_____. *Idosos e planos de saúde: os necessitados constitucionais e a tutela coletiva via defensoria pública reflexões sobre o conceito de coletividade consumidora após a Adin n.3943 e o EREspe1.192.577*. In: RDC. V. 106. Jul/Ago, 2016.

CANOTILHO, José Joaquim Gomes. *Direito constitucional e teoria da constituição.* 6 ed. Coimbra: Almedina, 2002.

DENSA, Roberta. Proteção jurídica da criança consumidora. 1. ed. Indaiatuba: Editora Foco, 2018.

_____; NISHIYAMA, Adolfo Mamoro. *A Proteção dos Consumidores Hipervulneráveis: os portadores de deficiência, os idosos, as crianças e os adolescentes.* In: Claudia Lima Marques; Bruno Miragem. (Org.). Doutrinas Essenciais – Direito do Consumidor. 1ªed.São Paulo: Revista dos Tribunais, 2011, v. II, p. 431-461.

_____. *Interesses Públicos Transindividuais: fronteiras contemporâneas entre o direito público e o privado e repercussões práticas nas ações coletivas.* In: Marques Neto, Floriano Peixoto de Azevedo; Almeida, Fernando Dias Menezes de; Nohara, Irene Patrícia; Marrara, Thiago. (Org.). Direito e Administração Pública: estudos em homenagem a Maria Sylvia Zanella Di Pietro. 1ed.São Paulo: Editora Atlas S/A., 2013, v, p. 225-245.

DEL-CAMPO, Eduardo Roberto Alcântara; OLIVEIRA, Thales Cezar de. *Estatuto da Criança e do Adolescente.* São Paulo: Atlas, 2009.

FRASER Nancy. *Da redistribuição ao reconhecimento? Dilemas da justiça numa era "pós socialista".* Tradução de SIMÕES, Júlio de Assis. In: Cadernos de Campo. São Paulo, n.14/15. 2006. Mimeo.

HONNET, Axel. *Luta por reconhecimento: a garantia moral dos conflitos sociais.* Tradução de: REPA, Luiz. São Paulo: Editora 34. 2003.

ISHIDA, Válter Kenji. *Estatuto da Criança e do Adolescente.* Doutrina e Jurisprudência. 15. ed. São Paulo: Atlas, 2014.

KOHM, Lynne Marie. Tracing the foundations of de best interests of the child standard in American jurisprudence. (November 9, 2008). *10 Journal of law & family studies* 337 (2008).

MARQUES, Claudia Lima e MIRAGEM. Bruno. *O novo direito privado e a proteção dos vulneráveis.* São Paulo: Revista dos Tribunais, 2013.

MAIA, Maurilio Casas e VASCONCELOS, Fernando. *O direito à saúde: por uma base constitucional e consumerista.* In: Reflexões sobre o Direito à Saúde. Coord. MAIA, Maurilio Casas e SILVA, Anderson Lincoln Vital da. Florianópolis: Empório do Direito, 2016.

_____ MAIA, Maurilio Casas. Idosos e planos de saúde: os necessitados constitucionais e a tutela coletiva via defensoria pública reflexões sobre o conceito de coletividade consumidora após a Adin n.3943 e o ERespe1.192.577. In: RDC. V. 106. Jul/Ago, 2016.

MORAES, Maria Celina Bodin de. *Danos à pessoa humana: uma leitura civil-constitucional dos danos morais.* Rio de Janeiro: Renovar, 2003.

MOREIRA, Barbosa. *A proteção jurídica dos interesses coletivos.* In: Temas de direito processual, terceira série. São Paulo: Saraiva, 1984.

NERY JR, Nelson. Et. al. *Código brasileiro de defesa do consumidor comentado pelos autores do anteprojeto,* 8 ed. Rio de Janeiro: Forense Universitária, 2004.

RODRIGUES, Pais e RODRIGUES, Maria Manuel Pais. *O doente idoso: patologia geral e terapêutica.* In: Separata do Jornal do Médico. Porto, 1978.

TEFFÉ, Chiara Antonia Spadaccini de. *Dano extrapatrimonial coletivo nas relações de consumo.* Disponível em: [http://www.publicadireito.com.br/artigos/?cod=402505605ae8401]. Último acesso em 10.07.2018.

VENOSA, Sílvio de Salvo. *Direito civil:* parte geral. 10. ed. São Paulo: Atlas, 2010. v. 1.

_____. *Direito civil*: teoria geral das obrigações e teoria geral dos contratos. 10. ed. São Paulo: Atlas, 2010. v. 2.

_____. *Direito civil*: responsabilidade civil. 4. ed. São Paulo: Atlas, 2010.

ROSENVALD, Nelson. *As funções da responsabilidade civil: a reparação e a pena civil*. 3. ed. São Paulo: Saraiva, 2017.

Segundo SARLET, Ingo Wolfgang. *A eficácia dos direitos fundamentais*. 3 ed. Porto Alegre: Livraria do Advogado, 2003.

STJ REsp 9315/RJ. 1ª Seção. Julgado em 25.11.2004. Relator para o acórdão: Min. Herman Benjamin.

STJ REsp. 586316/MG. 2ª Turma. Julgado em 17.04.2007. Relator: Min. Herman Benjamin.

STJ. Resp 989380. 3ª Turma. Relatora: Ministra Nancy Andrighi. Julgado em: 06.11.2008.

STJ. REsp 1.057.274-RS, Rel. Min. Eliana Calmon, julgado em 1º.12.2009.

STJ. REsp 1064009/SC. 2ª Turma. Julgado em 27.04.2011; Relator: Min. Herman Benjamin.

STJ. REsp. 1188105/RJ. 4ª Turma. Julgado em 05.03. 2013.

STJ. 4ª Turma, AgRg no REsp 1379509/MG, Rel. Min. Luis Felipe Salomão, DJe 31.08.2015.

STJ. REsp 1.517.973/PE, Rel. Min. Luis Felipe Salomão, julgado em 16.11.2017, DJe 01.02.2018.

STJ. REsp 1.682.836/SP, Primeira Seção, Rel. Min. Og Fernandes, DJe 30.04.2018.

DANO MORAL COLETIVO E O TABACO: PRECEDENTES JURISPRUDENCIAIS PARADIGMÁTICOS

Renata Domingues Balbino Munhoz Soares

Doutora e Mestre em Direito Político e Econômico pela Universidade Presbiteriana Mackenzie. Especialista em Direito Privado pela Escola Paulista da Magistratura. Professora de Direito Civil e Empresarial do Mackenzie. Coordenadora do Grupo de Estudo "Direito e Tabaco" do Mackenzie. Advogada em São Paulo. Autora do livro "Direito e Tabaco. Prevenção, Reparação e Decisão", Atlas/Grupo Gen.

Sumário: 1. Introdução – 2. Dano moral coletivo e o tabaco – 3. Precedente jurisprudencial: tabaco e publicidade enganosa e/ou abusiva – 4. Precedente jurisprudencial: tabaco e provadores de cigarros como atividade laboral – 5. Conclusão – 6. Bibliografia.

1. INTRODUÇÃO

A Convenção-Quadro para o Controle do Tabaco prevê, no artigo 19, que, "para fins de controle do tabaco, as Partes considerarão a adoção de medidas legislativas ou a promoção de suas leis vigentes, para tratar da responsabilidade penal e civil (...)".

A responsabilidade civil da indústria tabagista no Brasil decorre dos malefícios que o tabaco causa aos fumantes e fumantes passivos, por doenças tabaco-relacionadas, incapacidades e morte.

Tem legitimidade ativa para a propositura de ações individuais os fumantes, ex-fumantes ou seus familiares, para a reparação de danos materiais e/ou morais.

No entanto, não apenas na esfera individual situa-se, hoje, o dano extrapatrimonial decorrente do tabagismo.

A Ação Civil Pública, prevista no Direito Brasileiro (Lei 7.347/1985), é instrumento apto à proteção de interesses da coletividade.

A própria Convenção-Quadro para o Controle do Tabaco reconhece no art. 8º que existem danos coletivos, sejam patrimoniais ou não.

O foco deste estudo será a análise do dano moral coletivo e sua relação com o uso do tabaco.

O tabagismo, para o OMS – Organização Mundial de Saúde, é responsável por cinco milhões de mortes ao ano no mundo, o que corresponde a mais de 10 mil mortes por dia.

No Brasil, segundo o INCA – Instituto Nacional do Câncer, estima-se que, a cada ano, 200 mil brasileiros morrem precocemente devido às doenças causadas pelo tabagismo.[1]

Nota-se que, inegavelmente, o direito privado projeta-se na esfera social.

2. DANO MORAL COLETIVO E O TABACO

Conceituam Nelson Rosenvald, Felipe Braga Netto e Cristiano Chaves de Farias como dano moral coletivo:

> o resultado de toda ação ou omissão lesiva significante, praticada por qualquer pessoa contra o patrimônio da coletividade, considerada esta as gerações presentes e futuras, que suportam um sentimento de repulsa por um fato danoso irreversível, de difícil reparação, ou de consequências históricas.[2]

Nesse sentido, prescreve a Convenção-Quadro para o Controle do Tabaco, respectivamente, que tanto o consumo de tabaco (art. 3º), como a exposição à fumaça (art. 8º), causam doenças e morte, seja em relação aos indivíduos fumantes propriamente ditos, seja em relação à coletividade:

> O objetivo da presente Convenção e de seus protocolos é proteger as gerações presentes e futuras das devastadoras consequências sanitárias, sociais, ambientais e econômicas geradas pelo consumo e pela exposição à fumaça do tabaco, proporcionando uma referência para as medidas de controle do tabaco, a serem implementadas pelas Partes nos níveis nacional, regional e internacional, a fim de reduzir de maneira contínua e substancial a prevalência do consumo e a exposição à fumaça do tabaco.[3]

> 1. As Partes reconhecem que a ciência demonstrou de maneira inequívoca que a exposição à fumaça do tabaco causa morte, doença e incapacidade. 2. Cada Parte adotará e aplicará, em áreas de sua jurisdição nacional existente, e conforme determine a legislação nacional, medidas legislativas, executivas, administrativas e/ou outras medidas eficazes de proteção contra a exposição à fumaça do tabaco *em locais fechados de trabalho, meios de transporte público, lugares públicos fechados e, se for o caso, outros lugares públicos*, e promoverá ativamente a adoção e aplicação dessas medidas em outros níveis jurisdicionais (grifo nosso).[4]

A doutrina pátria entende que o dano moral coletivo afeta valores fundamentais de um grupo ou coletividade.

Segundo Marcelo Freire Sampaio Costa, são princípios do dano moral coletivo:

> (a) dimensão ou projeção coletiva do princípio da dignidade da pessoa humana; (b) a ampliação do conceito de dano moral coletivo envolvendo não apenas a dor psíquica; (c) a dos

---

1. Disponível em: [www.http://actbr.org.br/tabagismo/numeros.asp]. Último acesso em: 12.07.2017.
2. FARIAS, Cristiano Chaves de; NETTO, Felipe Braga; ROSENVALD, Nelson. **Novo Tratado de Responsabilidade Civil**. 2. ed. São Paulo: Saraiva jur, 2017, p. 357.
3. Art. 3º da CQCT.
4. Art. 8º da CQCT.

direitos ou interesses por intermédio do reconhecimento legislativo dos direitos coletivos em sentido lato.[5]

A jurisprudência, ainda, especialmente do C. Superior Tribunal de Justiça, manifesta-se no sentido de ser possível a condenação em sede de Ação Civil Pública.[6]

Se o dano causado pelo tabaco afeta o direito à saúde – e isto é inegável (conforme inequivocamente já demonstrou a ciência), sendo este um direito social, cuja violação pode acarretar também danos difusos e coletivos ao consumidor e ao fumante passivo, há responsabilidade do ofensor (indústria tabagista).

O próprio Código de Defesa do Consumidor reconhece esse direito em seu art. 6º, inciso VI: "São direitos básicos do consumidor: a efetiva prevenção e reparação de danos patrimoniais e morais, individuais, coletivos e difusos."

No caso do tabaco, destacamos nesse trabalho dois casos importantes de indenização por danos morais coletivos.

No primeiro caso, trata-se de publicidade enganosa e/ou abusiva de cigarro (subliminar) prejudicial a crianças e adolescentes; e o segundo caso diz respeito aos provadores de cigarros (direito à saúde dos trabalhadores), que exercem atividade laboral lesiva à saúde.

3. PRECEDENTE JURISPRUDENCIAL: TABACO E PUBLICIDADE ENGANOSA E/OU ABUSIVA

O primeiro precedente diz respeito à condenação por danos morais coletivos em razão de publicidade abusiva a crianças e adolescentes pelos malefícios do tabaco.

Em acórdão proferido pelo E. Tribunal de Justiça do Distrito Federal, cuja ementa oficial segue abaixo, o Ministério Público do Distrito Federal e Territórios ajuizou ação civil pública em face de Ogilvy e Mather Brasil Comunicação Ltda., Souza Cruz S/A e Conspiração Filmes Entretenimento S/A, alegando, em resumo, que as rés criaram filme publicitário utilizando mensagens subliminares que visavam atingir crianças e adolescentes, estimulando o vício do tabaco em pessoas vulneráveis.[7]

De acordo com a r. decisão recorrida:

> (...) um jovem profissional na área artística (atinge milhares de aspirantes sonhadores com tal profissão elitizada) tem arrojo e personalidade forte a ponto de deixar sua marca na história, a despeito do que lhe custe ou custe para terceiros. Todo esse sucesso, fica claro nas imagens da publicidade, ele consegue porque fuma cigarro Free ou porque artistas plásticos com esse sucesso, obviamente, fumam cigarros Free.

---

5. COSTA, Marcelo Freire Sampaio. **Dano moral (extrapatrimonial) coletivo**. 9. ed. São Paulo: LTr, 2009, p. 224.
6. REsp 1221756/RJ, 3ª T., j. 02.02.2012, rel. Min. *Massami Uyeda*, DJe 10.02.2012; REsp 1440847/RJ, rel. Min. Mauro Campbell Marques, DJe 15.10.2014.
7. Ag 1.022.822/DF, 1.030.054/DF e Ag 1.021359/DF. In: **Revista dos Tribunais** 2016, RT v. 970 (agosto 2016). Jurisprudência anotada na íntegra. Superior Tribunal de Justiça.

Acrescenta, ainda, que:

(...) o teor da propaganda transmite conduta de um jovem (...) perante a vida, o que, por certo, tem o poder de influenciar não só as pessoas de mesma faixa etária, mas que não tenham formação emocional e psicológica solidificadas, ou pior, atingindo crianças e adolescentes ainda com todas essas nuances comportamentais em evolução, os quais, certamente, necessitam de exemplos edificantes para sua formação, e não aquele transmitido pela propaganda, inclusive incitando-os ao hábito de fumar, visto que associa tal prática ao sucesso e ao bem-estar.

A 4ª Vara Cível de Brasília-DF, em sentença prolatada em 03.03.2006, havia fixado a indenização por danos morais coletivos no patamar de R$ 14.000.000,00 (quatorze milhões de reais), devidamente corrigidos, valores a serem revertidos em favor do fundo criado pela Lei 7.347/1985 (Lei de Ação Civil Pública).

No entanto, o E. Tribunal reduziu o valor da indenização para R$ 4.000.000,00 (quatro milhões de reais), atualizado monetariamente.

Em ementa oficial, trazemos à colação importante julgado:

Ação civil pública. Dano moral coletivo. Propaganda ilícita. Indenização.

I – O Ministério Público tem legitimidade e interesse processual para ajuizar ação civil pública na qual postula indenização por dano moral coletivo em face da exibição de propaganda pela mídia televisiva.

II – A apelante é parte legítima para compor o polo passivo, pois pertence ao mesmo grupo empresarial e sucedeu a empresa que emitiu a nota fiscal relativa à propaganda.

III – A petição inicial é apta, pois o inquérito civil não é documento obrigatório para instruí-la e a causa de pedir está devidamente declinada.

IV – A inversão do ônus da prova foi impugnada por meio do recurso próprio e julgado, portanto operada a preclusão.

V – Inexiste violação aos princípios da ampla defesa, do contraditório e do devido processo legal, se o fato que se pretendia provar é irrelevante para a resolução do mérito, a teor do disposto no art. 130 do CPC.

VI – A condenação em valor pecuniário a ser revertida ao Fundo de Defesa dos Direitos Difusos observou, estritamente, os limites da demanda proposta, portanto não há julgamento *extra petita*, tampouco violação ao art. 460 do CPC.

VII – Constatada a ilicitude da propaganda, impõe-se às rés a responsabilidade solidária de indenizar os danos morais coletivos dela decorrentes.

VIII – A condenação à veiculação da contrapropaganda improcede, tendo em vista o tempo decorrido e o advento da Lei 10.167/2000. Nessa parte, providas as apelações.

IX – *O dano moral coletivo ocorre quando a violação a direito metaindividual causa lesão extrapatrimonial, como a que decorre da propaganda ilícita, que lesiona a sociedade em seus valores coletivos.*

X – A valoração da compensação à lesão coletiva deve observar as finalidades punitiva e preventiva, consideradas a repercussão lesiva da propaganda, o grau de culpa na sua produção e veiculação e os malefícios causados à população. Valor reduzido.

XI – Agravos retidos improvidos. Preliminares rejeitadas. Apelações parcialmente providas. Unânime" (grifo nosso).

Em sede de Recurso Especial, deu-se parcial provimento ao Recurso Especial da Ogilvy Brasil Comunicação Ltda. e da Souza Cruz S/A a fim de reduzir o *quantum* indenizatório para R$ 500.000,00 (quinhentos mil reais), e negou-se provimento ao recurso especial do Ministério Público do Distrito Federal e Territórios.[8]

> Ementa Oficial: Recurso especial – Ação civil pública – *Dano moral coletivo* – Divulgação de publicidade ilícita – Indenização – Sentença que acolheu o pedido inicial do MPDFT fixando a reparação em R$ 14.000.000,00 (quatorze milhões de reais) e determinou a elaboração de contrapropaganda, sob pena de multa diária – Inconformismos das rés – Apelação parcialmente provida para reduzir o *quantum* indenizatório e excluir da condenação obrigação de fazer contrapropaganda, bem como a multa monitória para a hipótese de descumprimento. Irresignação das rés – Ogilvy Brasil Comunicação Ltda. e da Souza Cruz S/A – e do Ministério Público do Distrito Federal e Territórios.
>
> 1. Do recurso especial da Ogilvy Brasil Comunicação Ltda.
>
> 1.1 Violação ao art. 535 do CPC (LGL 2015\1656). Inocorrência. Acórdão de origem clara e suficientemente fundamentado, tendo a Corte local analisado todas as questões essenciais ao deslinde da controvérsia, ainda que de forma contrária aos interesses das partes.
>
> 1.2 Julgamento antecipado da lide. Possibilidade. Inexistência de cerceamento do direito de defesa. Produção de prova documental suficiente. Impossibilidade de revisão. Incidência da Súmula 7 (MIX 2010\1261) do STJ. Livre convencimento motivado na apreciação das provas. Regra basilar do processo civil brasileiro. Precedentes do STJ.
>
> 1.3 Irrefutável a legitimidade do Ministério Público para promover a presente demanda. *A veiculação, em caráter nacional, de propaganda/publicidade atinge número infindável de pessoas*, de forma indistinta, nos mais diversos pontos deste país de projeção continental, sobretudo quando divulgada por meio da televisão – dos mais populares meios de comunicação de massa – gera, portanto, indiscutivelmente, interesse de natureza difusa, e não individual e disponível. Precedentes do STJ: AgRg no AREsp 681111/MS, rel. Min. Maria Isabel Gallotti, DJe de 13.08.2013; AgRg no REsp 1038389/MS, rel. Min. Antonio Carlos Ferreira.
>
> 1.4 Os fatos que ensejaram a presente demanda ocorreram anteriormente à edição e vigência da Lei 10.167/2000 que proibiu, de forma definitiva, propaganda de cigarro por rádio e televisão. Com efeito, quando da veiculação da propaganda vigorava a Lei 9.294/1996, cuja redação original restringia entre 21h00 e 06h00 a publicidade do produto. O texto legal prescrevia, ainda, que *a publicidade deveria ser ajustada a princípios básicos, não podendo, portanto, ser dirigida a crianças ou adolescentes nem conter a informação ou sugestão de que o produto pudesse trazer bem-estar ou benefício à saúde dos seus consumidores*. Isso consta dos incs. II e VI do § 1º do art. 3º da referida lei.
>
> 1.5 O direito de informação está fundamentado em outros dois direitos, um de natureza fundamental, qual seja, a dignidade da pessoa humana, e outro, de cunho consumerista, que é o direito de escolha consciente. Dessa forma, a teor dos arts. 9º e 31 do CDC (LGL 1990\40), todo consumidor deve ser informado de forma "ostensiva e adequadamente a respeito da nocividade ou periculosidade do produto."

---

8. REsp 1.101.949/DF; 4ª T.; número do registro: 2008/0255973-6; processo eletrônico; números de origem: 20040111020280, 200800445121 e 20080070012886; pauta: 18.02.2016; julgado: 23.02.2016; relator: Exmo. Sr. Min. Marco Buzzi; presidente da sessão: Exma. Sra. Min. Maria Isabel Gallotti.

1.5.1 A teor dos arts. 36 e 37 do CDC (LGL 1990\40), nítida a ilicitude da propaganda veiculada. A uma, porque feriu o princípio da identificação da publicidade. A duas, porque revelou-se enganosa, induzindo o consumidor a erro porquanto se adotasse a conduta indicada pela publicidade, independente das consequências, teria condições de obter sucesso em sua vida.

1.5.2 Além disso, a modificação do entendimento lançado no venerando acórdão recorrido, o qual concluiu, após realização de contundente laudo pericial, pela caracterização de publicidade enganosa e, por conseguinte, identificou a responsabilidade da ora recorrente pelos danos suportados pela coletividade, sem dúvida demandaria a exegese do acervo fático-probatório dos autos, o que é vedado pelas Súmulas 5 e 7 do STJ.

1.5.3 Em razão da inexistência de uma mensagem clara, direta que pudesse conferir ao consumidor a sua identificação imediata (no momento da exposição) e fácil (sem esforço ou capacitação técnica), reputa-se que a publicidade ora em debate, de fato, malferiu a redação do art. 36 do CDC (LGL 1990\40) e, portanto, *cabível e devida a reparação dos danos morais coletivos*.

1.6 Quanto ao montante da indenização arbitrada pelas instâncias ordinárias a título de dano moral, não obstante o grau de subjetivismo que envolve o tema, uma vez que não existem critérios predeterminados para a quantificação do dano moral, firmou-se jurisprudência na Corte no sentido de que a intervenção deste STJ ficaria limitada aos casos em que o valor da indenização fosse arbitrado em patamar irrisório ou excessivo.

Precedentes do STJ.

1.6.1 Atentando-se para as peculiaridades do caso concreto, deve-se tanto quanto possível, procurar recompor o dano efetivo provocado pela ação ilícita, sem desprezar a capacidade econômica do pagador e as necessidades do seu destinatário, que, no caso, é toda sociedade, faz-se mister, portanto, *a redução da indenização por danos morais coletivos ao valor de R$ 1.000.000,00 (hum milhão de reais)*, devidamente corrigidos.

2. Do recurso especial da Souza Cruz S/A:

2.1 O conteúdo normativo dos dispositivos legais tidos por violados – arts. 282, 283, 284, *caput*, 295, I, 400 e 515 do CPC , 8º da Lei de Ação Civil Pública – não foram objeto de exame pelo venerando acórdão recorrido, a despeito da oposição dos embargos de declaração, razão pela qual incide, no ponto específico, o enunciado da Súmula 211 desta Corte, de seguinte teor: "Inadmissível recurso especial quanto à questão que, a despeito da oposição de embargos declaratórios, não foi apreciada pelo Tribunal *a quo*".

2.1.2 *Do dano moral coletivo*. Cabimento. Jurisprudência do STJ. Inegável a incidência da tese concernente à possibilidade de condenação por dano moral coletivo, mormente tratando-se, como se trata, de ação civil pública. Precedentes: EDcl no AgRg no REsp 1526946/RN, rel. Min. Humberto Martins, DJe de 13.11.2015; rel. Min. Ricardo Villas Bôas Cueva, DJe de 16.03.2015; REsp 1291213/SC, rel. Min. Sidnei Beneti, DJe de 25.09.2012; REsp 1221756/RJ, 3ª T., j. 02.02.2012, rel. Min. Massami Uyeda, DJe 10.02.2012.

2.1.3 Ação civil pública. Inquérito civil. Peça facultativa. Precedentes do STJ. O inquérito civil, promovido para apurar indícios que passam dar sustenção a uma eventual ação civil pública, funciona como espécie de produção antecipada de prova, a fim de que não ingresse o autor da ação civil em demanda por denúncia infundada, o que levaria ao manejo de lides com caráter temerário. Assim tem ele por escopo viabilizar o ajuizamento da ação civil pública. Escólio jurisprudencial: REsp 448023/SP, rel. Min. Eliana Calmon, DJe de 09.06.2003; REsp 644994/MG, rel. Min. João Otávio de Noronha, DJe de 21.03.2005.

3. Do recurso especial do Ministério Público do Distrito Federal e Territórios:

3.1 A contrapropaganda constitui-se sanção prevista nos arts. 56, XII, e 60 do CDC (LGL 1990\40) e aplicável quando caracterizada a prática de publicidade enganosa ou abusiva, e o seu objetivo é desfazer os malefícios sociais por ela causados ao mercado consumidor.

3.1.2 A razão hermenêutica dessa penalidade decorre, sem dúvida, para conferir proteção aos consumidores, tendo em conta que o substrato motivador do CDC (LGL 1990\40), inegavelmente, é dar ampla tutela para a garantia de seus direitos, porquanto o art. 83, por exemplo, determina: "(...) Para a defesa dos direitos e interesses protegidos por este Código são admissíveis todas as espécies de ações capazes de propiciar sua adequada e efetiva tutela".

3.1.3 A divulgação da contrapropaganda se tornaria ilógica em razão do advento da Lei 10.167/2000, a qual proibiu propaganda sobre o produto em questão. Sendo assim, é importante destacar que a suspensão da contrapropaganda – confirmando-se a compreensão do venerando acórdão recorrido – decorre das circunstâncias do caso concreto, em virtude do decurso do tempo e da mudança do marco legal a incidir sobre a matéria, revelando-se inoportuna a veiculação da contrapropaganda nesse momento processual.

4. Recurso especial da Ogilvy Brasil Comunicação Ltda. e da Souza Cruz S/A parcialmente providos e desprovido o recurso especial do Ministério Público do Distrito Federal e Territórios. (grifo nosso).

A publicidade, portanto, deveria cumprir princípios básicos impostos pela lei consumerista, não podendo atingir crianças e adolescentes e, especialmente, promover produtos que falsamente aparentam causar sensação de bem-estar.

Ainda que hoje a publicidade do tabaco tenha sido proibida, inclusive nos pontos de vendas, a partir de um decreto de 2014 que regulamentou a legislação federal vigente, no caso acima relatado feriu valores coletivos relevantes da sociedade, associando criatividade ao consumo de cigarro, sabidamente produtos nocivo e de consequências desastrosas à saúde humana.

4. PRECEDENTE JURISPRUDENCIAL: TABACO E PROVADORES DE CIGARROS COMO ATIVIDADE LABORAL

É no âmbito no direito do trabalho que encontramos importantes exemplos de concretização de danos que extrapolam a esfera individual. E, no caso do tabaco, não poderia ser diferente.

Como bem ressaltam Nelson Rosenvald, Felipe Braga Netto e Cristiano Chaves de Farias:

> Em notável forma de concretização do princípio da dignidade da pessoa humana se posta o dano moral nas relações trabalhistas, como resposta ao trabalho infantil, ao desrespeito de normas de medicina e segurança do trabalho e lesões à honra e integridade psíquica de grupos de empregados, dentre outras formas arbitrárias do exercício das relações entre empregadores e empregados.[9]

---

9. FARIAS, Cristiano Chaves de; NETTO, Felipe Braga; ROSENVALD, Nelson. **Novo Tratado de Responsabilidade Civil**. 2. ed. São Paulo: Saraiva jur, 2017, p. 360.

Esses danos podem afetar toda a coletividade, cabendo ao Ministério Público o ajuizamento de ações para a reparação dos danos morais coletivos. [10]

Em decisão paradigmática, o C. Tribunal Superior do Trabalho decidiu a questão dos provadores de cigarros e os danos ao meio ambiente do trabalho e à saúde dos trabalhadores no Brasil.

Em 2003, o Ministério Público do Trabalho da 1ª Região propôs ação civil pública em face da empresa Souza Cruz, para que a ré fosse condenada em obrigação de não fazer consistente em abster-se de utilizar empregados e/ou trabalhadores em testes de cigarro (atividade exercida pelos denominados "degustadores" ou "provadores"), além da condenação da ré no pagamento de indenização pelos danos aos interesses difusos e coletivos dos trabalhadores no valor de R$ 1.000.000,00 (um milhão de reais), reversível ao Fundo de Amparo ao Trabalhador.

Tal atividade consiste em fumar vários cigarros, tanto da empregadora, quanto da concorrência, em atividade laboral remunerada, a fim de se realizar um controle de qualidade ou verificar "o que o cliente sente quando fuma aquele determinado cigarro".[11]

Em depoimento sobre a sala do "Painel de Fumo", relatam alguns dos provadores que:

> (...) parava as suas atividades normais duas vezes ao dia para experimentar cigarro. Que, às vezes, pedia ao responsável para que abrisse a porta para sair um pouco a fumaça (...): "Eu tossia. Os olhos ficavam vermelhos...".[12]

> (...) que aos dezoito anos fora selecionado para fazer parte do "Painel de Fumo", realizando a avaliação da qualidade do fumo e da química inserida no fumo; que havia dez pessoas trabalhando no "Painel" (...) que avaliavam o fumo em uma sala que havia um exaustor que, porém, não dava conta da quantidade de fumaça que se instalava no local, havendo necessidade de solicitação dos provadores, de abrir a porta; que experimentavam vários tipos de fumo para avaliar o controle de qualidade; que além do fumo fabricado pela empresa denunciada os experimentadores de cigarro faziam a avaliação do fumo fabricado pelas empresas concorrentes; que normalmente eram recrutados para a função os trabalhadores jovens com remuneração baixa; que a atividade era exercida em duas sessões pela parte da manhã, com duração de duas horas aproximadamente cada uma delas; à tarde, esporadicamente, havia sessão extraordinária, quando ocorria, por exemplo, o lançamento de um cigarro; na sala em que o fumo era experimentado os provadores davam nota, que variava de um a dez, para aferição de aroma, substâncias de irritação da garganta, impacto etc.; que a atividade era feita em jejum somente bebendo água quando necessário (...) que a empresa não solicita nem realiza exames extras nos provadores; que se eventualmente o empregado apresentar algum tipo de alteração radiológica o mesmo continua a participar do

---

10. FARIAS, Cristiano Chaves de; NETTO, Felipe Braga; ROSENVALD, Nelson. **Novo Tratado de Responsabilidade Civil**. 2. ed. São Paulo: Saraiva jur, 2017, p. 360.
11. Ação Civil Pública. Disponível em: [http://actbr.org.br/uploads/arquivo/190_MPTRJxsouzacruz_experimentadores.pdf]. Último acesso em: 29.06.2018.
12. Ação Civil Pública. Disponível em: [http://actbr.org.br/uploads/arquivo/190_MPTRJxsouzacruz_experimentadores.pdf]. Último acesso em: 29.06.2018.

painel (...) que o depoente permaneceu como experimentador de cigarro durante dez anos; que não há rodízio entre os experimentadores, que são sempre os mesmos."[13]

Como se vê, tal atividade configura agressão significativa a direitos da personalidade (direito ao corpo, à saúde, à vida) e à dignidade da pessoa humana, causando repulsa coletiva, motivo pelo qual o Ministério Público do Trabalho postulou a proibição de tal atividade e a responsabilidade por danos morais e patrimoniais causados aos interesses difusos e coletivos em questão.

Em contestação, a Souza Cruz defendeu, em síntese, que a atividade é lícita e que sua proibição afetaria sua posição no mercado.

A 15ª Vara do Trabalho do RJ condenou a empresa a deixar de contratar os provadores, a prestar-lhes assistência médica por 30 anos e a pagar indenização por danos morais difusos e coletivos.

A condenação foi mantida pelo TRT da 1ª Região.

A 7ª turma do TST manteve a proibição, mas afastou a indenização. Tanto a empresa quanto o Ministério Público do Trabalho interpuseram embargos à SDI-1 (Subseção 1 Especializada em Dissídios Individuais).

Todavia, no julgamento dos embargos, a SDI-I, por maioria de votos, afastou a proibição da referida atividade, mas reconheceu "que ela é nociva à saúde humana e condenou a empresa a adotar medidas que diminuam os agravos para a saúde dos trabalhadores e a condenou a pagar indenização por *danos morais coletivos*"[14] (grifo nosso), de acordo com ementa oficial abaixo transcrita.

Ação civil pública. Ministério público do trabalho. Indústria tabagista. Provadores de cigarros em "painel de avaliação sensorial". Obrigação de não fazer. Vedação de atividade profissional. Livre exercício de qualquer ofício ou profissão – Art. 5º, XIII, CF. Nocividade inerente à exposição de seres humanos a agentes fumígenos. Atividade lícita suscetível de causar danos. Direito à indenização.

Inconteste, à luz das regras da experiência ditadas pela observação do que ordinariamente acontece, a grave lesão à saúde advinda da exposição de empregados a agentes fumígenos, de forma sistemática, mediante experimentação de cigarros no denominado "Painel de Avaliação Sensorial.

O labor prestado em condições adversas ou gravosas à saúde não justifica, contudo, a proibição de atividade profissional. Tanto a Constituição Federal quanto o próprio Direito do Trabalho não vedam o labor em condições de risco à saúde ou à integridade física do empregado. Inteligência dos artigos 189, 193 e 194 da CLT, NR 9, NR 15, Anexos 13 e 13-A, do MTE.

Relativamente à atividade de "provador de cigarros", diante do panorama atual de vácuo normativo, cabe à Justiça do Trabalho, se instada a tanto, velar pela observância dos direitos fundamentais dos empregados em harmonia com as normas constitucionais, impondo às empresas a obrigação de adotar medidas que minimizem os riscos daí decorrentes e desencorajá-las na adoção de práticas nocivas à saúde. Infundada, assim, a imposição de condenação à empresa que implique invia-

---

13. Ação Civil Pública. Disponível em: [http://actbr.org.br/uploads/arquivo/190_MPTRJxsouzacruz_experimentadores.pdf]. Último acesso em: 29.06.2018.
14. Disponível em: [http://www.tst.jus.br/noticias/-/asset_publisher/89Dk/content/decisao-do-tst-permite-que-souza-cruz-mantenha-provadores-de-cigarro?inheritRedirect=false]. Último acesso em: 29.06.2018.

bilizar o exercício de uma atividade empresarial lícita e implique igualmente tolher o exercício de atividade profissional lícita, sob pena de, a pretexto de tutelar determinados direitos, vulnerarem-se outros de igual hierarquia constitucional, inclusive o Princípio da Separação dos Poderes.

Em que pese a licitude em si do ofício de "provador de cigarros", desenvolvido em favor de atividade econômica também lícita, é manifestamente perniciosa e lesiva à saúde dos empregados a referida atividade, em "Painel de Avaliação Sensorial", ainda que voluntariamente desempenhada. *O desenvolvimento de tal atividade acarreta lesão a direitos personalíssimos fundamentais (saúde e vida). Conquanto não se possa proibi-la judicialmente, da conduta patronal emerge inequivocamente responsabilidade civil, pela prática de ato ilícito, com a correlata obrigação de indenizar os danos morais perpetrados à coletividade indeterminada de empregados potencialmente sujeitos à atividade de experimentação de cigarros. Responsabilidade civil que se reconhece mediante a fixação de indenização por danos morais coletivos, também em caráter pedagógico, com o escopo de desestimular o prosseguimento de atividade prejudicial à saúde humana.* (TST-E-ED-RR-120300-89.2003.5.01.0015, João Oreste Dalazen, Min. Relator; Brasília, 21.02.2013) (grifo nosso).

Importante trecho a ser destacado do voto do relator reside no reconhecimento e aplicação de uma norma jurídica supralegal – a Convenção-Quadro para o Controle do Tabaco, da OMS – em que os países signatários, como o Brasil, se comprometeram a adotar medidas eficazes contra a exposição do tabaco em locais fechados de trabalho.

Trata-se, portanto, de um importante indicativo de que há uma preocupação global com os danos causados pelo tabaco, que podem, sim, afetar a perda de qualidade de vida de toda uma comunidade.

5. CONCLUSÃO

O dano moral coletivo em relação ao tabaco está em construção no direito brasileiro.

No entanto, não há controvérsia a respeito dos efeitos nocivos do tabaco, sejam patrimoniais ou extrapatrimoniais, individuais ou coletivos, à dignidade da pessoa humana (direito à vida, direito à saúde etc.).

Os casos aqui colacionados, tanto de publicidade ilícita de cigarro quanto de painel sensorial ou "de provadores", demonstram a tendência jurisprudencial de se buscar proteção à coletividade no tocante à preservação da saúde do homem e de sua qualidade de vida.

A expansão do dano moral coletivo e o tabaco, portanto, no direito privado brasileiro, não é uma questão de tempo e sim de consciência e efetividade na aplicação dos instrumentos existentes de controle.

6. BIBLIOGRAFIA

CASTILLA, Gustavo Ordoqui. **Derecho de Daños. Daño em las relaciones comerciales. Daño em las relaciones de família. Daño desportivo. Daño por aplicación de la biotecnologia. Daño por el consumo de tabaco.** Tomo II. V. II. 2. ed. Montevideo: La Ley Uruguay, 2015.

_____. Derecho de Daños. Daño colectivo. Daño al consumidor. Daño al médio ambiente. Daño por inmisiones. Daño informático. Daño causado por médios de comunicación. Daño por intromisión. Daño em relaciones laborales. Daño en el processo. Tomo II. V. I. 2. ed. Montevideo: La Ley Uruguay, 2015.

COSTA, Marcelo Freire Sampaio. **Dano moral (extrapatrimonial) coletivo**. 9ª ed. São Paulo: LTr, 2009.

_____. **Dano moral coletivo nas relações laborais (de acordo com o novo código de processo civil)**. 2. ed. São Paulo: LTr, 2016.

FARIAS, Cristiano Chaves de; NETTO, Felipe Braga; ROSENVALD, Nelson. **Novo Tratado de Responsabilidade Civil**. 2. ed. São Paulo: Saraiva jur, 2017.

MIRAGEM, Bruno. **Direito Civil. Responsabilidade Civil**. São Paulo: Saraiva, 2015.

SOARES, Renata Domingues Balbino Munhoz. **Direito e Tabaco. Prevenção, Reparação e Decisão**. São Paulo: Grupo Gen, 2016.

ESTADO E VIOLÊNCIA URBANA: DANOS INDIVIDUAIS E DANOS COLETIVOS?

Felipe Braga Netto

Doutor em Direito pela Pontifícia Universidade Católica do Rio de Janeiro. Mestre em Direito pela Universidade Federal de Pernambuco. Membro do Ministério Público Federal (Procurador da República). Procurador Regional Eleitoral de Minas Gerais (2010/2012) Professor de Direito Civil e Direito do Consumidor da Escola Superior Dom Helder Câmara (2003/2018). Professor de Teoria Geral do Direito, Direito Civil e Direito do Consumidor da Pontifícia Universidade Católica de Minas Gerais (2002/2006). Professor da Escola Superior do Ministério Público da União. É autor dos seguintes livros: *Teoria dos ilícitos civis* (3ª edição), *Manual de Direito do Consumidor à luz da jurisprudência do STJ* (13ª edição), *Manual da Responsabilidade Civil do Estado* (4ª edição) e coautor do *Manual de Direito Civil – Volume Único* (3ª edição), do *Novo Tratado de Responsabilidade Civil* (3ª edição), do *Curso de Direito Civil – Responsabilidade civil* (5ª edição), entre outros. Publicou capítulos de livros em 31 obras coletivas.

e-mail: felipepeixotobraga@gmail.com. Site: felipebraganetto.com.br

Sumário: 1. Novas chaves de leitura: sempre resistimos ao novo? – 2. Em busca de novos níveis de eficiência da atividade estatal? – 3. A escada histórica da responsabilidade civil: diálogos com o tema da violência urbana – 4. A segurança como tarefa fundamental do Estado: a teoria dos deveres de proteção – 5. Mudando a direção do olhar: buscando novas dimensões de análise – 6. Referências bibliográficas.

1. NOVAS CHAVES DE LEITURA: SEMPRE RESISTIMOS AO NOVO?

Se vivemos numa sociedade marcada pela instantaneidade na transmissão das informações, vivemos também numa sociedade de risco. Marcada por perigos variados e constantes. A própria percepção dos riscos – e nossos temores – é bastante diversa daquela dos nossos antepassados. Sem falar que o direito dos nossos dias, de índole difusa, não opera na lógica mais – pelo menos não exclusivamente – na esfera do *um-contra-um*. Aliás, não são apenas os indivíduos que merecem proteção jurídica, mas as coletividades, a comunidade humana.[1] Seja como for, há pouco (de original) a dizer sobre a violência. Qualquer criança, diante de poucas horas em frente à televisão, será apresentada à triste realidade em que vivemos. Vivemos num mundo violento, essa é a dura verdade. Violência de múltiplas formas, não raro gratuita, progressivamente banal. Há algum tempo os jornais noticiaram um inusitado caso que ilustra bem essa banalização: uma universitária, estagiária de determinada empresa, contratou bandidos para matar colegas de trabalho e assim "abrir espaços" na corporação, para que ela pudesse trabalhar mais próxima do chefe...

---

1. EDELMAN, Bernard. *La personne en danger*. Paris: PUF, 1999, p. 528.

A respeito do tema as perguntas são muitas – e a cada uma delas, outras surgem, ou podem surgir.

Hoje a situação pode ser resumida da seguinte forma: o dever de prestar segurança pública é do Estado. Mas, Estado, não se preocupe – poderíamos dizer. Trata-se de um dever puramente retórico, um dever fraco. Talvez nem fraco, um dever inexistente, um dever que, se descumprido, não traz consequência alguma, não muda nada para ninguém. Exagero? Não. Pelo menos não em termos de responsabilidade civil do Estado, no que diz respeito à violência urbana. Há, é verdade, aqui e ali, exceções na jurisprudência, mas são ainda apenas isso: exceções. O lugar comum teórico não aceita que o Estado responda por esses danos, e não parece disposto *sequer* a discutir a questão com seriedade.

Por aí vemos que, de modo explícito ou velado, transferimos deveres – ou certos ônus – de uns para outros. O ônus da segurança pública foi transferido aos cidadãos. Isso já faz parte do nosso dia a dia através de seguros, quase sempre relativos a bens patrimoniais (sobretudo veículos). Mas esse é um ônus possivelmente razoável, próprio da vida social. O que não nos parece razoável nem proporcional, no entanto, é passar aos cidadãos *o ônus da segurança pública que falhou*, quando essa falha foi traduzida em danos gravíssimos para certos cidadãos – mortes ou sequelas físicas permanentes, por exemplo.

Mas o Estado não pode ser o segurador universal, não pode responder por tudo – alguém rebaterá. De fato, não pode. É preciso que criemos, socialmente, filtros. Precisamos estabelecer meios e formas para que apenas casos graves, com vítimas vulneráveis, e singularmente desproporcionais tenham espaço num ambiente de recursos escassos. Juridicamente, acreditamos, já dispomos de elementos normativo-conceituais para impor a responsabilidade estatal até de modo mais amplo. Mas a funcionalidade dos conceitos – e até, para quem preferir, a análise econômica do direito (que absolutamente não será tratada neste artigo) – sugerem que tenhamos um olhar mais amplo. E esse olhar mais amplo recomenda que partamos, na matéria, para dar um passo além, mas esse passo deve ser dado com prudência e responsabilidade social.

Lembremos que nas relações de consumo os riscos da atividade correm por conta do fornecedor de serviços. São nulas, nesse sentido, as cláusulas contratuais que transferem ao consumidor esse risco. Embora em campo obviamente distinto, convém indagar se a postura hermenêutica que empurra para o cidadão – *e apenas para ele* – os riscos dos danos sofridos em razão da violência urbana, e claramente conectados com uma segurança pública reconhecidamente deficiente (para dizer o mínimo), é algo que está de acordo com nossa democracia constitucional, e com a leitura atual que fazemos dos direitos fundamentais.[2]

---

2. Rodotà já houvera percebido que o dano, considerado em si mesmo, não é ressarcível ou irressarcível. Será a posteriori ligação a um sujeito determinado que irá torná-lo ressarcível (RODOTÀ, Stefano. *Il problema della responsabilità civile*. Milano: Giuffrè, 1967, p. 74).

Convém frisar que "se o lesante praticou um fato suscetível de causar o dano, ou se esse fato aconteceu dentro da sua esfera de risco, sobre ele deve recair o ônus de provar que, apesar da condicionalidade, não houve adequação entre tal fato e o dano".[3] Nesse contexto, se o dano ocorre dentro da "esfera de risco" do responsável, ele pode ser chamado a responder pelo dano, independentemente de culpa e até, em certos casos, de nexo causal (como acontece na chamada responsabilidade objetiva agravada). Não se trata, propriamente, de novidade. O que talvez seja novo é a *refuncionalização* que as últimas décadas têm realizado em relação ao conceito de fortuito interno. O que antes poderia ser visto como excludente de responsabilidade civil, hoje já não pode.

Não se trata – convém sempre repetir – de dizer que *todos* os danos relacionados a esse assunto serão, ou deveriam ser, indenizáveis. Isso seria postura equivocadíssima, acreditamos, além de pouco responsável e tecnicamente errada. Não se trata de postular a ampliação, desmedida e irresponsável, do dever de indenizar estatal. Trata-se, isso sim, de lembrar, à luz da Constituição da República e da teoria da responsabilidade civil dos nossos dias, que já dispomos de elementos normativo-conceituais que acenam para essa possibilidade. Ou seja, não se pode, hoje, simplesmente dizer que tais danos não são indenizáveis, sem que as particularidades do caso sejam vastamente estudadas, com a contextualização devida.

A segurança pública, com o perdão da obviedade, *é atividade que está na esfera de risco estatal*, não dos cidadãos. Se isso, por si só, não faz o Estado responsável por todo e qualquer dano ligado à violência urbana que o cidadão vier a sofrer, por outro lado não fecha as portas para que determinados danos – injustos e desproporcionais – sejam indenizáveis. Esse, afinal de contas, é o campo próprio da responsabilidade civil. O direito dos danos nunca operou com respostas absolutas e apriorísticas. Essa, aliás, talvez seja uma de suas maiores virtudes, uma das causas de sua perene dinamicidade. O direito dos danos, conceitualmente, opera *ex post*, ainda que hoje tanto falemos (e devamos mesmo falar) na dimensão preventiva dos direitos.[4] Mas o que queremos dizer, aqui, é que no tema da violência urbana ou em qualquer outro, não se poderá dizer, antecipadamente, qual dano será indenizável. Isso será algo ontologicamente pertencente ao caso concreto, e o intérprete, com o devido ônus argumentativo, construirá as respostas adequadas.[5] O que não parece adequado é fechar previamente a porta.

---

3. NORONHA, Fernando. *O nexo causal na responsabilidade civil. Revista da EMESC*, v. 15, Florianópolis, jun. 2003.

4. Cabe notar que se o século XX foi devotado à reparação de danos, o século atual será consagrado à prevenção (SEGUÍ, Adela M. Aspectos relevantes de la responsabilidad civil moderna. *Revista de Direito do Consumidor*. São Paulo: RT, n. 52, p. 267-318, out./dez. 2004). Atualmente, a unidade hermenêutico-valorativa da ordem jurídica é buscada na Constituição da República. Esse processo dialoga de perto com a abertura do sistema jurídico por meio não só do reconhecimento da força normativa dos princípios constitucionais, mas também a partir da progressiva utilização, na experiência judicial contemporânea, de normas abertas, flexíveis, cláusulas gerais e conceitos de conteúdo semântico flexível, relativamente indeterminado.

5. Talvez, já agora, no século XXI, a experiência jurídica aprenda a não querer sempre respostas absolutas. Talvez tenhamos que aceitar o fato de que no direito – e em certos temas – não é possível nem útil

Também não poderíamos falar na violência urbana, relativamente à responsabilidade civil, como um "espaço de não direito". Isso destoaria, profundamente, da unidade valorativa do sistema instaurada pela ordem constitucional.[6] Não há espaços vazios de normatividade constitucional, não há um abismo entre a violência urbana, de um lado, e as categorias normativo-conceituais do direito dos danos, de outro. É preciso reconhecer, concretamente, essa unidade, e isso só se faz através da interpretação e, também, como está claro, da análise acadêmica.

Nesse contexto, sumariando o que foi dito: os riscos relacionados à atividade de segurança pública estão na esfera de risco dos cidadãos? Serão eles que arcarão com os danos ligados à atividade em questão? A pergunta, aqui, é retórica, e essa – pelo menos essa – resposta não é difícil.

Trata-se de risco sob responsabilidade estatal. Se os riscos são do Estado, por que é que se exige dos cidadãos a prova do nexo causal entre o dano – comprovadamente sofrido – e a omissão estatal? Qual a razão para imputar aos cidadãos esse ônus? Afinal de contas, nos riscos que estão a cargo das instituições financeiras, por exemplo – os danos ligados à esfera de risco da atividade que desempenham –, são suportados por elas, e não pelos clientes. É certo que há distinções substanciais entre o agir estatal e o agir das referidas empresas. Mas, sob a perspectiva da vítima – que é o norte conceitual do direito dos danos dos nossos dias – as diferenças não são tão grandes assim.[7]

---

delimitar com rigorosa nitidez áreas limítrofes. Em certos temas há uma constante – e benfazeja – interpenetração e interdisciplinaridade. A propósito, já se escreveu belamente: "A poesia é um emprego não linear da linguagem, quando o significado é mais do que apenas a soma das partes. E a ciência requer que a linguagem seja apenas a soma das partes. E só o fato de haver no mundo muita coisa que é mais do que a soma das partes significa que a abordagem tradicional, isto é, caracterizar apenas as partes e as relações, não será adequada para entender a essência de muitos sistemas que gostaríamos de explicar. Isso não quer dizer que não se possa explicar o mundo numa linguagem mais científica do que a poesia, mas tenho o pressentimento de que no futuro haverá uma linguagem mais próxima da poesia na ciência" (LANGTON, Christopher. *O Fim da Ciência*. São Paulo: Companhia das Letras, 1998, p. 250). Borges, citado por Foucault, magistralmente ironiza nosso afã classificatório, ao escrever que encontrou numa velha enciclopédia a seguinte classificação: "Os animais se dividem em: pertencentes ao imperador, b) embalsamados, c) domesticados, d) leitões, e) sereias, f) fabulosos, g) cães em liberdade, h) incluídos na presente classificação, i) que se agitam como loucos, j) inumeráveis, k) desenhados com um pincel muito fino de pelo de camelo, l) et cetera, m) que acabem de quebrar a bilha, n) que de longe parecem moscas" (BORGES, Jorge Luis. Foucault, no prefácio do livro *As palavras e as coisas*. São Paulo: Martins Fontes, 2002, p. IX).

6. A questão foi precisamente abordada nos seguintes termos: "Não há *espaços de não direito*, em que a liberdade privada não seja alcançada pelo ordenamento e por seus valores unitariamente compreendidos. O ordenamento assegura a liberdade na solidariedade e na igualdade substancial, como princípios promotores da dignidade da pessoa humana. A defesa dos chamados *espaços de não direito* supõe a dualidade acima mencionada entre norma e fato social" (*RTDC*, Editorial, v. 30, abr/jun.2007).

7. Maria Celina Bodin de Moraes acentua que "a responsabilidade civil tem hoje, reconhecidamente, um propósito novo: deslocou-se o seu eixo da obrigação do ofensor de responder por suas culpas para o direito da vítima de ter reparadas as suas perdas. Assim, o foco, antes posto na figura do ofensor, em especial na comprovação de sua falta, direcionou-se à pessoa da vítima, seus sentimentos, suas dores e seus percalços" (MORAES, Maria Celina Bodin. *Danos à pessoa humana*. Rio de Janeiro: Renovar, 2003, p. 12).

Em outras palavras e de modo conciso: o não-agir estatal, sua omissão (sem razões constitucionais consistentes), enseja – ou pode ensejar – responsabilização, diante dos (fortes) deveres que lhe cabem relativos à segurança pública.

O que parece certo é sinalizar que não se pode, hoje, afastar como previamente impossível a discussão acerca da responsabilização do Estado por danos vinculados à violência urbana. Isso não significa, por certo, que todos os danos com essa alegação serão indenizáveis – absolutamente. Porém, tampouco significará que esses danos são liminarmente afastados como insuscetíveis de indenização. O que se busca é a moderação contextualizada, que investigue, à luz das novas leituras das funções do Estado, em que medida os riscos sociais são riscos estatais, e em que medida atos de terceiros são apenas atos de terceiros (parecemos esquecer, em nossas conclusões acerca da responsabilidade civil do Estado, que a segurança pública dos cidadãos é um direito fundamental social).

Além do mais, conforme frisamos, não se trata de imputar *quaisquer* danos ligados à violência ao Estado. Trata-se de imputar danos particularmente graves, sofridos por vítimas vulneráveis. A proporcionalidade – espera-se – direcionará as soluções. Não se trata, obviamente, de modelo matemático, fechado e estático. Nem o direito dos danos atual gostaria que assim o fosse. O sistema jurídico dos nossos dias é progressivamente enxergado como um sistema aberto, e isso é particularmente forte na responsabilidade civil em razão da flexibilidade orgânica do instituto.[8] As estruturas e funções da responsabilidade alteram-se em nossos dias. Transitamos de um sistema mais engessado para a progressiva aceitação do sistema jurídico como um sistema aberto de princípios normativos, que busca realizar valores e fins.[9]

Ademais, não nos parece exagerado afirmar que a formação cultural do civilista – centrada, nos séculos passados, em aspectos fundamentalmente formais – adquire, atualmente, outros tons. Hoje lidamos menos com caixas conceituais rígidas e passamos, progressivamente, a trabalhar com categorias argumentativas que buscam realizar a unidade valorativa do sistema. A responsabilidade civil do Estado, com sua rica complexidade, é um dos temas mais aptos a releituras à luz das novas categorias conceituais que dispomos.

---

8. Não só na responsabilidade civil essa postura ocorre. Podemos achar vários exemplos de abordagens teoricamente sérias e consistentes que não veiculam conclusões fechadas e aprioristicas. Veja-se, por exemplo, Ingo Sarlet, ao afirmar: "De todo o exposto, há como extrair, ainda, outra constatação de relevo também para os desenvolvimentos subsequentes, qual seja, a impossibilidade de se estabelecer, de forma apriorística e acima de tudo de modo taxativo, um elenco dos elementos nucleares do mínimo existencial, no sentido de um rol fechado de posições subjetivas negativas e positivas correspondentes ao mínimo existencial" (SARLET, Ingo Wolfgang. Mínimo existencial e Direito Privado: apontamentos sobre algumas dimensões da possível eficácia dos direitos fundamentais sociais no âmbito das relações jurídico-privadas. *RTDC*, v. 29, jan./mar. 2007, p. 53-93, p. 73).

9. Cf. CANARIS, Claus-Wilhelm. *Direitos Fundamentais e Direito Privado*. Trad. Paulo Motta Pinto e Ingo Wolfgang Sarlet. Coimbra: Coimbra editora, 2003.

2. EM BUSCA DE NOVOS NÍVEIS DE EFICIÊNCIA DA ATIVIDADE ESTATAL?

Temos consciência de que a responsabilização do Estado por danos relacionados à violência urbana é um tema delicadíssimo, social e juridicamente. Aceitá-lo é impor ao Estado um ônus tão severo que os níveis de eficiência na prestação do serviço público de segurança pública precisariam ser profundamente modificados. As perplexidades, não só jurídicas, mas operacionais, que a matéria suscita, talvez sugiram o caminho mais fácil, o caminho de jogar a questão para debaixo do tapete, deixando o problema, quem sabe, para a próxima geração. Estamos diante, sem dúvida, de autêntico *hard case*.

O direito dos danos, no século XXI, passa por uma mudança de olhar. Talvez por isso seja uma das categorias jurídicas com maior maleabilidade, maior capacidade instrumental para lidar com o novo (é nova, teoricamente, para o direito brasileiro, a questão de responsabilizar civilmente o Estado pela violência urbana). Aliás, chega a ser truísmo afirmar que a responsabilidade civil, em nossos dias, não está construída, mas em construção. Ela passa por uma filtragem ética e busca progressivamente proteger a dimensão existencial das relações jurídicas.

Convém trazer algumas indagações. Por exemplo: seria razoável e proporcional que o Estado impedisse o dano? Não se trata, sabemos, de pergunta de resposta única ou fácil. Os argumentos variarão na linha do tempo, e não só nela. A falta dos cumprimentos dos deveres estatais deverá ser conectada com uma investigação, no caso concreto, acerca da proporcionalidade, investigação iluminada pela teoria do risco (inclusive indagando em que medida os riscos são atribuíveis aos Estado). Convém lembrar que a virada conceitual experimentada pela responsabilidade civil está ligada, em boa medida, à consolidação da teoria do risco como novo fator de imputação no direito dos danos. A vulnerabilidade da vítima também poderá contribuir para a discussão e orientar a pertinência das respostas. São muitos, inegavelmente, os fatores envolvidos, e as respostas não são, nem poderiam ser, excessivamente simplificadoras ou aprioristicas. Aliás, no direito dos danos, apenas muito dificilmente respostas aprioristicas podem satisfazer. Precisamos, em geral, da riqueza de tons do caso concreto para dar soluções que não se afastem da equidade – no sentido aristotélico de justiça do caso concreto.

Podemos ainda indagar – supondo que a responsabilidade civil do Estado por danos relacionados à violência urbana seja aceita, pelo menos em certos casos: a responsabilidade civil do Estado, na hipótese, seria subjetiva ou objetiva? Sendo objetiva, poderíamos pensar na categoria da responsabilidade objetiva agravada? Teríamos, no caso, uma responsabilidade por ato lícito ou ilícito? A vulnerabilidade da vítima teria alguma relevância na discussão? Poderíamos pensar no conceito de "esfera de risco"? Ou seja, há certos danos que se colocam em conexão com a atividade estatal, de maneira que se dilui, de certo modo, a distinção entre atos próprios e atos de terceiros? Há paralelos possíveis entre a responsabilidade objetiva das instituições financeiras, por atos de terceiros, desde que conexos às suas atividades, e a atividade do Estado, por atos de terceiros, desde que conexos às suas atividades (como, por exemplo, a segurança pública)? São algumas das questões que talvez precisem ser enfrentadas. Não será possível, nos limites deste artigo, abordar todas elas, mas voltaremos ao tema em outras oportunidades.

Há, em relação ao tema, silêncios e incompreensões.

A questão da violência urbana, sob a ótica da responsabilidade civil, só muito raramente é abordada pela doutrina. Há, também, ruídos de comunicação. Por exemplo, a insistência que o Superior Tribunal de Justiça manifesta em inserir, nas ementas dos seus acórdãos, o caráter subjetivo da responsabilidade civil estatal por omissão, dá ensejo a equívocos e atalhos perigosos relativamente ao tema. Aliás, não só nesse tema específico, existem, em nossa cultura jurisprudencial, certas falhas de coerência que precisam ser submetidas a um olhar crítico e sistemático. Isso sem falar que um equívoco, repetido muitas vezes, ganha, com frequência, ares de verdade.

Podemos adiantar que a responsabilidade estatal por omissão é objetiva – em nosso modo de enxergar.[10] A culpa não entra em linha de consideração. A discussão acerca da necessidade, ou não, do nexo causal na questão da responsabilidade civil do Estado por danos relacionados à violência urbana é uma discussão séria e pertinente. Traz questões realmente difíceis, que exigem profundo amparo argumentativo. Isso, porém, acreditamos, não pode ser dito em relação à exigência da culpa nas omissões estatais. Trata-se, mais, de repetir conclusões (minoritárias) alheias, sem verticalizar a análise. Na literatura civilística, por exemplo, poucos defendem esse caráter subjetivo da responsabilidade civil estatal nas omissões. Na seara do direito administrativo, a maioria também se coloca contrária a esse entendimento. Há, na matéria, convém repetir, certo uso de argumentos de autoridade (é nossa percepção) e algum abuso na utilização, cômoda, de conclusões alheias, como se fossem verdades sólidas e inquestionáveis.

É progressivamente frequente nos estudos a lembrança do caráter funcional que assumem os conceitos, as categorias e os institutos no direito contemporâneo. Isso é algo que participa, certamente, da experiência jurídica dos nossos dias. A análise da *funcionalidade* implica, também, por certo, na análise da *disfuncionalidade*. Só tem utilidade indagar pela função quando podemos, de igual modo, saber o que pode não estar indo bem nessa análise, o que apresenta resultados socialmente ruins ou insatisfatórios. Não convém, aqui, retomar as discussões acerca do caráter funcional dos nossos institutos atuais, já fizemos isso. Talvez possamos nos dar por satisfeitos ao afirmar que a funcionalidade integra os nossos conceitos, definindo o que eles

---

10. Pedimos licença para citar algumas obras em que temos desenvolvido, há mais de 10 anos, reflexões nesse sentido: BRAGA NETTO, Felipe Peixoto. *Responsabilidade Civil*. São Paulo: Saraiva, 2007; FARIAS, Cristiano; BRAGA NETTO, Felipe; ROSENVALD, Nelson. *Novo Tratado de Responsabilidade Civil*. São Paulo: Saraiva, 2018, 3. edição; FARIAS, Cristiano; BRAGA NETTO, Felipe; ROSENVALD, Nelson. *Direito Civil. Volume Único*. Salvador: JusPodivm, 2018, 3. edição; BRAGA NETTO, Felipe. *Manual da Responsabilidade Civil do Estado*. Salvador: JusPodivm, 2018, 4. edição; FARIAS, Cristiano; BRAGA NETTO, Felipe; ROSENVALD, Nelson. *Curso de Direito Civil, v. 3. Responsabilidade civil*. Salvador: JusPodivm, 2018, 5. edição.

são (a função social da propriedade, por exemplo, define o que ela é, não é apenas um limite externo que define até onde o proprietário poderá ir).

Dissemos isso para argumentar o seguinte: parece óbvio, parece bastante evidente, a *disfuncionalidade concreta* que a segurança pública, exercida pelo Estado, apresenta, com danos diretos e claros na vida dos cidadãos.[11] Não se trata – o que seria ilusório e irreal – de evitar todos os danos, de criar um mundo perfeito onde crimes e danos não acontecem. Trata-se, ao contrário, de atender expectativas mínimas – e legítimas – dos cidadãos do nosso século. Convém repetir: as expectativas da sociedade contemporânea em relação ao Estado são bem distintas daquelas que existiam no passado. Percebe-se uma tendência de progressivo aumento das formas de controle da administração pública pelos cidadãos (a internet tem desempenhado importante função nesse controle, além dos métodos já clássicos, processuais, como a ação popular).

Busca-se, igualmente, uma maior consensualidade nas decisões administrativas (orçamentos participativos, por exemplo). O fenômeno, na verdade, pode ser resumido através da chamada democratização do exercício da atividade administrativa, por meio de instrumentos que cada vez mais a legitimem.[12] Busca-se, atualmente, modelos teóricos – mas não só teóricos – que estimulem as recíprocas responsabilidades deliberativas entre os cidadãos e as instituições formais de governo. Busca-se, nesse sentido, aprimorar os mecanismos democráticos. Com isso, cada vez mais – pelo menos é isso que se espera – refinam-se as razões públicas, à medida em que buscamos, através do diálogo (intrainstitucional e interinstitucional), os melhores

---

11. Pesquisa recente constatou que "a violência no trajeto ou dentro da escola afasta estudantes das redes pública e particular. A informação está entre os dados da segunda edição da Pesquisa Nacional de Saúde do Escolar (Pense) realizada em 2012 por IBGE, e ministérios da Saúde e da Educação e divulgada nesta quarta-feira. Em consulta a 109 mil alunos de 3 mil escolas, 8,8% disseram que deixaram de ir à aula ao menos uma vez nos últimos 30 dias por não se sentirem seguros". Conforme ponderamos no texto, pessoas de nível econômico mais baixo são, em regra, as mais atingidas pela violência. Assim, "porcentual é ainda maior quando observados apenas os alunos de escolas públicas (9,5%) e cai entre os de escolas privadas (5,0%)". Disponível em: [www.todospelaeducacao.orb.br/educacao-na-midia/indice/27295/um-em-cada-11-estudantes-falta-a-escola-por-medo-de-violencia/]. Pesquisado em: 04.08.2016.

12. Está havendo, em certos domínios jurídicos, uma releitura dos velhos conceitos à luz dos paradigmas dos princípios e direitos fundamentais. O direito administrativo começa a perceber as mudanças que isso implica em sua disciplina: "Da condição de súdito, de mero sujeito subordinado à administração, o administrado foi elevado à condição de cidadão. Essa nova posição do indivíduo, amparada no desenvolvimento do discurso dos direitos fundamentais, demandou a alteração do papel tradicional da administração pública. Direcionada para o respeito à dignidade da pessoa humana, a administração, constitucionalizada, vê-se compelida a abandonar o modelo autoritário de gestão da coisa pública para se transformar em um centro de captação e ordenação dos múltiplos interesses existentes no substrato social" (BAPTISTA, Patrícia. *Transformações do direito administrativo*. Rio de Janeiro: Renovar, 2003, p. 129-130). Binenbojm argumenta que "no mais das vezes, o discurso da autonomia científica do direito administrativo serviu de pretexto para liberar os administradores públicos da normatividade constitucional". E continua: "Como assinala Santamaria Pastor, as bases profundas do direito administrativo são de corte inequivocamente autoritário; até que fosse atraído para a *zona de irradiação do direito constitucional*, manteve-se ele alheio aos valores democráticos e humanistas que permeiam o direito público contemporâneo" (BINENBOJM, Gustavo. A constitucionalização do direito administrativo no Brasil: um inventário de avanços e retrocessos, 2007, p. 756).

argumentos. A participação fiscalizatória direta configura direito fundamental, cuja concretização tende a melhor tutelar a ação do Estado, simultaneamente em termos éticos e de eficiência, qualificando o espaço público, dominado pela democracia meramente formal.[13]

Trata-se de um quadro referencial que abrange interesses e direitos difusos, coletivos e individuais homogêneos (além, também, de interesses individuais de índole clássica). A clara, evidente e inegável *disfuncionalidade concreta* da segurança pública, a cargo do Estado, pede uma releitura à luz dos conceitos atuais do direito dos danos. Não só. A própria teoria dos direitos fundamentais, as lentes generosas do direito civil-constitucional, a funcionalidade das categorias, a dimensão existencial das relações jurídicas, tudo recomenda que revisitemos, com novo olhar, a concepção que torna o Estado irresponsável pelos danos que os cidadão sofrem, nesse campo temático.

Um determinado fato social pode ser enxergado em sua estrutura, e pode ser visto em funcionamento, na visão funcional de sua aplicação concreta. Trata-se de um referencial de análise que abrange interesses transindividuais, interesses públicos (não estatais). Estruturalmente, o Estado não poderia ser responsabilizado pelos danos ligados a falhas na segurança pública, porque se trataria de omissão genérica, não específica. Trata-se, porém, de visão estrutural. Funcionalmente falando, é possível construir, sem muita dificuldade, um argumento constitucionalmente consistente que evidencie que os danos sofridos pelos cidadãos, nesses casos, são quase sempre desproporcionais, injustos[14] e não são repartidos pelo corpo social – atingindo, de modo solitário, alguns cidadãos, geralmente já (socialmente) vulneráveis.

É hora de revisitar o tema, com olhar renovado. Não se pode, diante de um dano sofrido por um cidadão relacionado à violência urbana, excluir a situação como algo não indenizável *a priori*. Perfilhar semelhante caminho seria equivalente a negar os deveres fundamentais do Estado de proteção dos cidadãos. Seria negar o direito fundamental social de segurança pública. Ou será que temos na violência urbana um fato estranho à atividade estatal? Sabemos, fartamente, que nos nossos dias o Estado não pode se dar por satisfeito abstendo-se de lesar direitos fundamentais dos cidadãos. Dele se exige mais: que aja, preventiva e eficazmente, para que tais direitos fundamentais dos cidadãos não sejam violados por atos de terceiros. Gustavo Tepedino, nessa ordem de ideias, lembra que "a solução dos conflitos e matéria de responsabilidade

---

13. FREITAS, Juarez. A democracia como princípio jurídico. *Direito Público Moderno*. FERRAZ, Luciano; MOTTA, Fabrício (Orgs.). Belo Horizonte: Del Rey, 2003, p. 171.

14. Tem-se entendido que "o dano injusto é figura central no estudo da responsabilidade civil do Estado na atualidade: corresponde à junção da noção de dano com a de antijuridicidade objetiva, sob a ótica da equidade e da função social da responsabilidade civil. Trata-se do dano que não deve ser suportado pelo lesado ou, em outras palavras, é o dano a uma situação juridicamente protegida. Note-se que não há maior novidade no seu reconhecimento no contexto da responsabilidade civil do Estado. O que há de novo é a relevância que lhe é atribuída. E mais: o reconhecimento da imprescindibilidade da noção de *injusto* para a elaboração de uma teoria geral da responsabilidade civil do Estado (por ação e por omissão" (PINTO, Helena Elias. *Responsabilidade civil do Estado por omissão*. Rio de Janeiro: Lumen Juris, 2008, p. 120-121).

civil deve atender aos princípios constitucionais da solidariedade social e da justiça distributiva, que informam todo o sistema, impedindo que se reproduza, de maneira acrítica, a técnica individualista para os novos modelos de reparação".[15] A teoria do risco, iluminada pelos princípios da solidariedade social e pelo princípio da proporcionalidade,[16] fornece respostas mais compatíveis com os nossos dias, imputando o dever de indenizar ao Estado, não deixando a vítima desamparada.

Em suma: não parece haver dúvida razoável no sentido de que a violência urbana está na "esfera de risco" estatal. Em outras palavras, podemos, sem desvio conceitual, categorizar o risco ligado à violência urbana como fortuito interno em relação ao Estado. Costuma-se, ao contrário, relegar a matéria a constrangedor silêncio (eloquente). Entende-se, hoje, em geral, que os riscos são da vítima, e só dela.

3. A ESCADA HISTÓRICA DA RESPONSABILIDADE CIVIL: DIÁLOGOS COM O TEMA DA VIOLÊNCIA URBANA

Cremos ser possível identificar, na caminhada histórica da responsabilidade civil, alguns conceitos que – venham da lei, venham da doutrina ou da jurisprudência – se impuseram em determinados períodos históricos como resultado de certas discussões e, afinal de contas, das necessidades sociais em constantes mudanças. Podemos, nesse contexto, esboçar – com todo grau de imprecisão e mesmo de voluntarismo que essas classificações carregam – uma espécie de escada histórica da responsabilidade civil. A caminhada do direito dos danos, através dos séculos, isso não é novidade, se dá no sentido de uma crescente objetivação.

Desse modo, e com as ressalvas antes feitas, na evolução histórica da responsabilidade civil através dos séculos, é possível perceber a passagem por certas etapas, por assim dizer, certos degraus. Talvez seja importante frisar a dimensão fortemente jurisprudencial da responsabilidade civil, o que possibilita que muitas de suas mudanças – até de suas revoluções, como alguns preferem dizer – são feitas no silêncio

---

15. TEPEDINO, Gustavo. A Evolução da Responsabilidade Civil no Direito Brasileiro e suas Controvérsias na Atividade Estatal. *Temas de Direito Civil*. Rio de Janeiro: Renovar, 2001, p. 173-215, p. 184-185.

16. O princípio da proporcionalidade foi incorporado às nossas reflexões, no Brasil, há relativamente pouco tempo, mas já adquiriu importância singular – seja na dimensão teórica, seja na dimensão jurisprudencial, sobretudo do STF. Nesse trilha, "da mesma forma como em sede de teoria do direito os doutrinadores pátrios apenas começam a se tornar cientes da distinção entre regras e princípios, antes referida, também aos poucos é que estudiosos do direito constitucional e demais ramos do direito vão se dando conta da necessidade, intrínseca ao bom funcionamento de um Estado Democrático de Direito, de se reconhecer e empregar o princípio da proporcionalidade, a *Grundsatz der Verhältnismäßigkeit* dos alemães, também chamada de 'mandamento de proibição de excesso' (*Übermaßverbot*), ao qual se encontra referência já em doutrinadores prussianos do século XVIII, como Svarez" (GUERRA FILHO, Willis Santiago. Hermenêutica constitucional, deveres fundamentais e princípio da proporcionalidade. BOUCALT, Carlos E. de Abreu; RODRIGUEZ, José Rodrigo (Orgs.). *Hermenêutica plural*: possibilidades jusfilosóficas em contextos imperfeitos. São Paulo: Martins Fontes, 2005, p. 397). Convém registrar que se trata de artigo que foi publicado, em primeira edição, há cerca de 15 anos. Hoje os estudos relativos ao princípio da proporcionalidade – e também aos deveres de proteção – não mencionam apenas o "mandamento de proibição de excesso" mas também o mandamento que veda medidas insuficientes na proteção de determinado bem jurídico fundamental por parte do Estado.

da lei (e até, às vezes, contra a lei, ou contra o literalismo dela). Podemos, nesse contexto, traçar uma espécie de escada histórica da responsabilidade civil com quatro degraus: a) responsabilidade subjetiva clássica; b) culpa presumida (que, sabemos, é uma espécie de responsabilidade objetiva, cuja especificidade consiste em que o ônus da prova passa para o suposto ofensor, que poderá provar que não agiu culposamente); c) responsabilidade objetiva (essa, por certo, não admite a prova de ausência de culpa); d) responsabilidade objetiva agravada.

Vejamos muito brevemente cada uma delas. A responsabilidade subjetiva clássica é, digamos assim, uma senhora com muitos séculos de existência. Por muito tempo, foi a única forma de responsabilidade civil que tínhamos. Ou a vítima provava a culpa do ofensor, ou não haveria responsabilidade civil. Ainda hoje é aplicável, embora com um campo de atuação menor do que ocorria no passado. Está prevista, atualmente, no Código Civil, art. 186 (Código Civil, art. 186: "Aquele que, por ação ou omissão voluntária, negligência ou imprudência, violar direito e causar dano a outrem, ainda que exclusivamente moral, comete ato ilícito"). Assim, se alguém, dirigindo seu carro, colide com outro veículo, a vítima do dano deverá provar a culpa do ofensor, para que haja o dever de indenizar. A responsabilidade subjetiva abrange a culpa *stricto sensu* (negligência, imperícia e imprudência) e o dolo. Em regra, a indenização se mede pelo dano, não pelo grau de culpa (Código Civil, art. 944).

No degrau seguinte – responsabilidade civil por culpa presumida – *ainda estamos falando de responsabilidade subjetiva*. Aqui, a culpa continua entrando como fator relevante. A diferença é que neste degrau, na culpa presumida, ocorre uma inversão do ônus da prova. A vítima não mais precisará provar a culpa do ofensor. Esta é presumida. Porém o ofensor poderá, se desejar, *provar que não agiu culposamente*. Essa é a diferença relevante. O ônus da prova transfere-se da vítima para o ofensor. Mas a culpa continua sendo importante, pois se ofensor conseguir provar a ausência de culpa (ausência de negligência, imperícia ou imprudência, por exemplo), não haverá indenização. Gustavo Tepedino, a propósito, enfatiza que "muitas vezes se confunde, tanto nos manuais quanto na experiência pretoriana, a teoria da presunção da culpa, intensamente aplicada, mediante a qual, em termos práticos, se inverte o ônus da prova em favor da vítima de dano injusto, com as teorias não subjetivistas, próprias da responsabilidade objetiva, em que não se deve cogitar da culpa para a fixação da responsabilidade".[17] Um exemplo seria a responsabilidade dos pais pelos atos dos filhos menores, à luz do Código Civil de 1916. Doutrina e jurisprudência brasileiras entendiam que se tratava de uma presunção de culpa, isto é, os pais ficariam livres de indenização caso provassem que não foram negligentes, imperitos ou imprudentes.

Atualmente, um bom exemplo de aplicação da responsabilidade civil por culpa presumida está nas cirurgias plásticas com fins estéticos. Segundo a jurisprudência dominante, trata-se de caso, não de responsabilidade objetiva, mas sim por culpa

---

17. TEPEDINO, Gustavo. A Evolução da Responsabilidade Civil no Direito Brasileiro e suas Controvérsias na Atividade Estatal. *Temas de Direito Civil*. Rio de Janeiro: Renovar, 2001, p. 173-215, p. 179.

presumida. Desse modo, "nas obrigações de resultado, a responsabilidade do profissional da medicina permanece subjetiva. Cumpre ao médico, contudo, demonstrar que os eventos danosos decorreram de fatores externos e alheios à sua atuação durante a cirurgia" (STJ, REsp 1.180.815, Rel. Min. Nancy Andrighi, 3ª T, *DJ* 26.08.2010). No mesmo julgado se destacou que "em procedimento cirúrgico para fins estéticos, conquanto a obrigação seja de resultado, não se vislumbra responsabilidade objetiva pelo insucesso da cirurgia, mas mera presunção de culpa médica, o que importa a inversão do ônus da prova, cabendo ao profissional elidi-la de modo a exonerar-se da responsabilidade contratual pelos danos causados ao paciente, em razão do ato cirúrgico".

O degrau a seguir – talvez o mais frequente na sociedade atual – diz respeito à responsabilidade civil objetiva. Neste caso, a culpa não entra como fator de consideração. Em outras palavras: a responsabilidade objetiva *não admite a prova de ausência de culpa*. Mesmo se o ofensor realizar essa prova, ela será irrelevante, pois a culpa, aqui, é irrelevante. Basta o dano e o nexo causal, ligado à ação ou omissão de alguém (pessoa física ou jurídica ou mesmo ente despersonalizado, como o condomínio). Se alguém hospeda-se em hotel e sofre um dano na piscina ou no elevador do hotel, o hóspede, nesse caso, não precisará provar a culpa do hotel ou de seus funcionários para ser indenizado. A responsabilidade civil será objetiva à luz do Código de Defesa do Consumidor (aliás, nesse caso, o hospede poderá: a) solicitar a inversão do ônus da prova (CDC, art. 6º, VIII); b) poderá voltar para casa (se morar em outra cidade) e propor a ação em seu domicílio (CDC, art. 101, I); c) poderá usar um prazo prescricional mais dilatado do que aquele do Código Civil (3 anos no Código Civil, art. 206, § 3º, V; e prazo de 5 anos no CDC, art. 27); d) o fornecedor de produtos e serviços não poderá se valer da denunciação da lide (CDC, art. 88, ampliado pela jurisprudência para qualquer caso de relação de consumo), entre outras vantagens da legislação de consumo.

Por fim, o último degrau – o menos conhecido e mais atual – é a responsabilidade objetiva agravada. Trata-se de modalidade polêmica, e até sua terminologia pode ser substituída ou criticada. Temos, aqui, em linhas gerais, a responsabilidade civil sem nexo causal – uma heresia para os padrões clássicos –, desde que haja uma conexão próxima, estreita, entre o dano e a atividade desenvolvida pelo ofensor. **Fernando Noronha argumenta: "Similarmente ao que acontece com a responsabilidade objetiva comum, a agravada também tem como fundamento um risco de atividade, mas agora o risco considerado é bem mais específico. Se na responsabilidade agravada se prescinde de nexo de causalidade adequada entre o fato do responsável e o dano, em contrapartida exige-se que este guarde estreita conexão com a atividade do responsável: não são todos os danos ocorridos que serão indenizáveis, serão apenas aqueles que possam ser considerados *riscos inerentes, característicos* ou *típicos* da atividade em questão".**[18]

---

18. NORONHA, Fernando. *Direito das obrigações,* v. I. São Paulo: Saraiva, 2003, p. 638.

O mesmo autor, em outra oportunidade, esclarece: "A responsabilidade objetiva agravada não é objeto de expressa previsão legal, ou pelo menos não existe nenhum dispositivo que a ela se refira, em termos gerais. À semelhança do que no final do século XIX e no começo do século XX aconteceu com a responsabilidade objetiva em geral (enquanto realidade contraposta à responsabilidade subjetiva), período em que a responsabilidade objetiva era imposta pela jurisprudência, que para o efeito recorria a presunções de culpa, mas sem permitir prova em contrário, atualmente a responsabilidade objetiva agravada é essencialmente construção jurisprudencial: afirma-se a necessidade de responder por determinados danos que na realidade a pessoa não causou, mas argumenta-se que são situações em que não é possível invocar a escusa do fato de terceiro ou do caso fortuito ou de força maior, ou simplesmente nega-se que estes tenham ocorrido".[19]

É possível, portanto, atualmente – dentro do campo conceitual da responsabilidade civil objetiva – distinguir a responsabilidade objetiva comum e a responsabilidade objetiva agravada. Na responsabilidade objetiva agravada, o dano não é alheio ao risco criado pela atividade do responsável (há conexão entre o dano e a atividade desenvolvida). Podemos até falar, nestes casos, em desconsiderar o nexo causal. Mas para isso é fundamental que haja uma estreita relação entre o dano e a atividade desenvolvida pelo ofensor (*responsabilidade objetiva agravada*). Só assim seria justo e jurídico imputar algo tão grave – dever de indenizar sem nexo causal – a alguém. A *responsabilidade objetiva agravada* só pode ser aplicada quando o ofensor desempenhar atividades – empresariais ou estatais – cujos riscos evidenciem potencial lesivo.

Na responsabilidade objetiva agravada, não se trata, apenas, de flexibilizar o nexo causal: dá-se um passo além, prescindindo dele. Trata-se de hipótese de responsabilidade objetiva que tem como fundamento o risco da atividade. Sua aplicação, porém, é restrita e excepcional: exige-se que o dano guarde estreita conexão com a atividade – ou estatal, ou empresarialmente organizada. O dano, desse modo, é indenizável, não cabendo alegar fato de terceiro ou fortuito externo. Porém, para isso, é fundamental que o dano perfaça um risco típico da atividade desenvolvida.

Trata-se de solução mais harmônica com o século XXI, seus valores e suas relações sociais. Prestigia a proteção da vítima e a reparação integral sem esquecer que quanto maior for a desigualdade substancial, maior deve ser a proteção da parte vulnerável. A teoria do risco agravado, ademais, dialoga com o princípio da solidariedade social, prestigiando-o. A responsabilidade civil agravada é – ou pode ser – o modelo conceitual dos danos relacionados à violência urbana. Trata-se de um passo além da responsabilidade civil objetiva, já que na agravada, além da culpa ser desnecessária, também o nexo causal não é exigível. Trata-se, sem dúvida, de distância considerável em relação à responsabilidade civil subjetiva clássica, mas é esse o sentido da matéria em nossos dias.

---

19. NORONHA, Fernando. O nexo causal na responsabilidade civil. *Revista dos Tribunais*, v. 816, out/2003, p. 733-752, p. 751.

A questão pode ser contextualizada do seguinte modo: "A responsabilidade objetiva agravada diz respeito unicamente a riscos específicos, característicos de certas e determinadas atividades (que geralmente são atividades empresariais ou *de administração pública*) e a determinados danos (em princípio danos a pessoas, não a coisas); ela só ocorre quando se trate de danos que estejam de tal modo ligados a uma atividade empresarial ou de administração pública, que possam ser considerados riscos *inerentes, característicos* ou *típicos* dela. Portanto, aqui estamos perante riscos de atividade (de empresa ou administrativos) que são bem específicos".[20] O autor destaca, exemplificando: "Um exemplo particularmente esclarecedor de responsabilidade objetiva agravada é o da empresa de transporte de pessoas, que é responsável até por danos resultantes de acidentes de trânsito causados por motoristas de outros veículos e por culpa destes. Atualmente esta hipótese está expressamente prevista no art. 735 do CC, que reproduziu uma anterior Súmula do STF, de n. 187". Um pouco adiante, comenta: "O que agora interessa constatar é que o fato de terceiro, isto é, a circunstância de o dano ter sido causado por terceiro, não impede que o transportador seja responsabilizado".[21]

A solidariedade social, convém repetir, deverá sempre iluminar os debates sobre a matéria.[22] Acreditamos, além disso, que a lesão deverá ser, fundamentalmente, a bens existenciais (não a bens patrimoniais, pelo menos em linha de princípio) e a proporcionalidade deverá permear fortemente a análise, além da vulnerabilidade da vítima. De todo modo, ao impor, judicialmente, a responsabilidade objetiva agravada, são severos os ônus argumentativos para o juiz.

Já mencionamos que na responsabilidade civil objetiva agravada – que é o modelo conceitual que explica a responsabilização civil do Estado pelas omissões nos danos sofridos pelos cidadãos relacionados à violência urbana – é fundamental que haja íntima conexão entre o dano desenvolvido e a atividade do responsável. Cremos

---

20. NORONHA, Fernando. O nexo causal na responsabilidade civil. *Revista dos Tribunais*, v. 816, out/2003, p. 733-752, p. 751, grifos nossos. Juarez Freitas, argumentando especificamente a propósito da responsabilidade civil do Estado, clama pela "eficácia direta e imediata dos direitos fundamentais, já em suas obrigações negativas, já em suas dimensões prestacionais. Será, nessa perspectiva, proporcionalmente responsabilizável, tanto por ações como por omissões, *admitida a inversão do ônus da prova da inexistência do nexo causal a favor da suposta vítima*" (FREITAS, Juarez. A Constituição, a responsabilidade do Estado e a eficácia direta e imediata dos direitos fundamentais. SAMPAIO, José Adércio Leite (Coord.). *Constituição e crise política*. Belo Horizonte: Del Rey, 2006, p. 381-401, p. 382, grifo nosso).

21. NORONHA, Fernando. O nexo causal na responsabilidade civil. *Revista dos Tribunais*, v. 816, out/2003, p. 733-752, p. 751. Em outra oportunidade ponderou de modo semelhante que "na agravada, que diz respeito unicamente a certas e determinadas atividades, vai-se mais longe e a pessoa fica obrigada a reparar danos não causados pelo responsável, nem por pessoa ou coisa a ele ligadas; trata-se de danos simplesmente acontecidos durante a atividade que a pessoa responsável desenvolve, embora se exija que se trate de danos que estejam de tal modo ligados a essa atividade que possam ser considerados riscos próprios, típicos dela" (NORONHA, Fernando. Desenvolvimentos contemporâneos da responsabilidade civil. *Revista dos Tribunais*, v. 761, São Paulo, 1999).

22. PERLINGIERI, Pietro. La dottrina del diritto civile nella legalità costituzionale. *RTDC*, v. 31, jul/set. 2007, p. 75-86, p. 79, oportunidade em que o jurista destaca a solidariedade como função primária de um Estado moderno.

não haver maior polêmica argumentativa quanto ao dever, fundamental e forte, do Estado prestar segurança pública aos cidadãos – dever, sabemos, tão óbvio quanto descumprido (sem consequência jurídica alguma, em regra).[23]

Trata-se de concretizar a diferenciação valorativa das respostas normativas. Não adianta, retoricamente, repetir a todo instante que a pessoa humana deverá ter uma tutela privilegiada, se não construirmos, através da interpretação, categorias que permitam esses avanços reais. Aliás, sejamos claros, em poucos casos – como as vítimas de danos relacionados à violência urbana, no Brasil – é tão patente o menoscabo, a nenhuma resposta jurídica que as vítimas recebem. A proteção da pessoa, nessa hipótese, é nula, inexistente. Seria risível falar, na prática, com essas vítimas, de dignidade humana ou de solidariedade social. Não foi isso que elas receberam, não foi essa a resposta estatal que lhes foi dirigida.

4. A SEGURANÇA COMO TAREFA FUNDAMENTAL DO ESTADO: A TEORIA DOS DEVERES DE PROTEÇÃO

A tarefa de proteção dos cidadãos – antes súditos – é possivelmente a primeira tarefa associada aos deveres do Estado, é sua tarefa, digamos assim, menos contestada. Isso vale tanto para uma perspectiva atual, contemporânea, como também para uma perspectiva tradicional, clássica. Assim, "a tarefa de proteção é certamente uma das primeiras e mais fundamentais tarefas da comunidade estatal. Os homens ou as tribos uniram-se a fim de se protegerem mutuamente dos ataques dos inimigos comuns, das forças da natureza, mas também das desordens e das desavenças. *A tarefa de proteção constitui a tarefa do Estado menos contestada*. O grande cético Arthur Schopenhauer (1788-1860) escreve, por exemplo, a esse respeito: 'Eu demonstrei que o Estado é fundamentalmente uma simples instituição de proteção contra os ataques externos no todo e os ataques internos dos indivíduos entre si. Disto resulta que, em última instância, a necessidade do Estado repousa na reconhecida injustiça do ser humano: sem esta não se pode pensar um Estado... (A Shopenhauer, p. 123 s)".[24]

Atualmente, essa dimensão clássica, esse olhar tradicional, não deixou de existir. Apenas a eles se somam outros fatores, outras dimensões de análise – e, sobretudo, de proteção. Outros deveres, mais fortes, surgiram, e se impuseram ao Estado (como contrapartida dos direitos fundamentais titularizados pelos cidadãos). Em nossos dias, sob a perspectiva de uma constituição normativa que consagra e protege os direitos fundamentais, a polícia é encarada como uma técnica de proteção dos cida-

---

23. Fernando Noronha, raciocinando acerca da responsabilidade civil agravada, diagnostica: "Esta é uma responsabilidade excepcionalíssima, que diz respeito unicamente a riscos específicos, característicos de certas e determinadas atividades (que geralmente são atividades empresariais ou de *administração pública*) e a determinados danos (*em princípio danos a pessoas, não a coisas*)" (NORONHA, Fernando. O nexo causal na responsabilidade civil. *Revista dos Tribunais*, v. 816, out/2003, p. 733-752, p. 751).

24. FLEINER-GERSTER, Thomas. *Teoria Geral do Estado*. Trad. Marlene Holzhausen. Revisão técnica Flávia Portella Puschel. São Paulo: Martins Fontes, 2006, p. 587, grifo nosso.

dãos – embora haja, nesse caso, sabemos bem, um abismo imenso entre a dimensão normativa e a dimensão social, a realidade efetivamente vivida.[25]

Nesse contexto, começa a delinear-se, de modo progressivamente nítido, à luz da teoria dos direitos fundamentais, a existência deveres de proteção, por parte do Estado, relativamente a seus cidadãos. Já vimos que as abstenções estatais não nos satisfazem atualmente, como sociedade. É preciso ir além: e esse ir além envolve uma proteção adequada, eficiente, razoável e tempestiva dos cidadãos. Se houver insuficiência, inadequação, desproporcionalidade, por exemplo, poderá se configurar, no caso concreto, devidamente contextualizado, o dano injusto relacionado aos deveres de proteção estatais, que não foram observados em determinada situação específica. Dieter Grimm – professor de Direito Público da *Humboldt Universitat* de Berlim – nota: "A função geral de garantir segurança, atribuída ao Estado, foi convertida em obrigação constitucional específica quando se tornou visível que as condições para a manutenção da liberdade individual estavam mudando".[26]

Cabe lembrar, aqui, a teoria dos deveres de proteção. Assim, "o reconhecimento dos deveres de proteção constitui premissa implícita em toda a discussão concernente à responsabilidade civil do Estado por atos omissivos. Com efeito, do ponto de vista lógico, só é possível responsabilizar por omissão a quem estava previamente adstrito a um dever de ação".[27] Completa: "Esse dever de ação nem sempre vai se fundamentar em lei específica, decorrendo, no mais das vezes, da Constituição e da própria *natureza das coisas*, como acontece, por exemplo, em relação aos direitos à vida, à segurança e à propriedade, que o Poder Público tem de salvaguardar". Sabemos, hoje, que há esse dever de ação por parte do Estado. O Estado, atualmente, tem que agir com proporcionalidade e eficácia, para proteger seus cidadãos de agressões provindas de terceiros, inclusive nos atos relacionados à segurança pública.

Assim, "a alusão à segurança, como direito fundamental social (art. 6º da CF), induz a ideia de que o Estado tem não apenas a missão política, mas também o dever jurídico de agir no plano social para proteger os indivíduos da violação dos seus direitos fundamentais por atos de terceiros. E o princípio do Estado de Direito, que confere ao Estado o monopólio do uso legítimo da força, negando aos particulares, em princípio, a capacidade de autotutela dos seus direitos, também pode ser invocado

---

25. Constata-se que "em praticamente todos os países, a polícia infelizmente é concebida mais como um prolongamento do governo do que como uma proteção da população" (FLEINER-GERSTER, Thomas. *Teoria Geral do Estado*. Trad. Marlene Holzhausen. Revisão técnica Flávia Portella Puschel. São Paulo: Martins Fontes, 2006, p. 592). O autor excepciona, de sua observação, a polícia britânica, que "ao longo dos séculos conquistou uma tal autoridade no seio da população que pode atuar contra a violência sem recorrer a ela".

26. O jurista, um pouco depois, também destaca que "o Estado está obrigado não apenas a se abster de certas ações que violariam os direitos fundamentais. Ele também está obrigado a agir quando os bens protegidos pelos direitos fundamentais estejam ameaçados por agentes privados" (GRIMM, Dieter. A função protetiva do Estado. Trad. Eduardo Mendonça. *A Constitucionalização do Direito: fundamentos teóricos e aplicações específicas*. Cláudio Pereira de Souza e Daniel Sarmento (Orgs.). Rio de Janeiro: Lumen Juris, 2007, p. 157-160).

27. SARMENTO, Daniel. *Direitos Fundamentais e Relações Privadas*. Rio de Janeiro: Lumen Juris, 2004, p. 169.

para amparar o reconhecimento dos deveres estatais de proteção dos direitos fundamentais".[28] Convém lembrar, mais uma vez, que atualmente os direitos fundamentais não são enxergados apenas como direitos de defesa *em face* do Estado. Exige-se, hoje, ao contrário, uma postura ativa do Estado na proteção desses direitos.

A existência dos deveres de proteção dialoga, certamente, com algo anterior, que é a constatação da segurança pública como tarefa fundamental do Estado. José Carlos Loureiro, professor da Faculdade de Direito da Universidade de Coimbra, destaca: "Tradicionalmente, a segurança é uma tarefa fundamental do Estado, pelo que o chamado *protective state* é uma figura com fundadas raízes. Na Modernidade, Thomas Hobbes, no *Leviatã* ou *Leviatão*, assume como função principal do Estado a tutela da segurança, partindo de uma antropologia pessimista e de uma ideia de estado de natureza como fonte de todos os perigos. A segurança aparece, pois, como uma tarefa essencial do Estado. Na verdade, neste filão de pensamento e no quadro do referido estado de natureza, poderíamos recuperar a formulação sartriana segundo a qual *l'enfer sont les autres*".[29]

Porém, o direito à segurança pública, em si mesmo, não é algo novo – já participa das construções do constitucionalismo liberal, ainda que nem sempre suas consequências hermenêuticas sejam desenvolvidas.[30] Assim, "a alusão à segurança, como direito fundamental social (art. 6º da CF), induz a ideia de que o Estado tem não apenas a missão política, mas também o dever jurídico de agir no plano social para proteger os indivíduos da violação dos seus direitos fundamentais por atos de terceiros. E o princípio do Estado de Direito, que confere ao Estado o monopólio do uso legítimo da força, negando aos particulares, em princípio, a capacidade de autotutela dos seus direitos, também pode ser invocado para amparar o reconhecimento dos deveres estatais de proteção dos direitos fundamentais".[31]

---

28. SARMENTO, Daniel. *Direitos Fundamentais e Relações Privadas*. Rio de Janeiro: Lumen Juris, 2004, p. 168. Conforme já destacamos, há quem argumente que poderíamos cogitar de um dever geral de proteção, cuja base normativa seria o art. 5º, *caput*, da Constituição da República (que menciona, com explicitude, o direito à segurança) (SARLET, Ingo Wolfgang, Direitos Fundamentais e direito penal: breves notas a respeito dos limites e possibilidades da aplicação das categorias da proibição do excesso e de insuficiência em matéria criminal: a necessária e permanente busca da superação dos "fundamentalismos" hermenêuticos. *Revista da ESMEC*, v. 15, n. 21, 2008, p. 49).

29. LOUREIRO, José Carlos. Constituição, tecnologia e risco (s): entre medo (s) e esperança (s). *Direito, inovação e tecnologia*. MENDES, Gilmar Ferreira; SARLET, Ingo Wolfgang; COELHO, Alexandre Zavaglia P. (Coords.). São Paulo: Saraiva, 2015, p. 33-84, p. 52.

30. O autor anota que "o que é recente é a jusfundamentação da questão em termos que vão além do tradicional direito à segurança previsto no constitucionalismo liberal português e brasileiro. Pense-se, por exemplo, na construção, por parte da doutrina alemã, do operador de deveres de proteção" (LOUREIRO, José Carlos. Constituição, tecnologia e risco (s): entre medo (s) e esperança (s). *Direito, inovação e tecnologia*. MENDES, Gilmar Ferreira; SARLET, Ingo Wolfgang; COELHO, Alexandre Zavaglia P. (Coords.). São Paulo: Saraiva, 2015, p. 33-84, p. 56). O mesmo autor, mais adiante, postula "a inclusão dos deveres de proteção no quadro dos deveres fundamentais em sentido amplo", defendendo ainda "uma compreensão ampla dos deveres jusfundamentais, que integre, a par dos deveres fundamentais em sentido estrito, os deveres de prestação, mas, sobretudo, no que ora nos importa, os deveres de proteção".

31. SARMENTO, Daniel. *Direitos Fundamentais e Relações Privadas*. Rio de Janeiro: Lumen Juris, 2004, p. 168.

Cabe, pensamos, construir um modelo teórico que enfatize os deveres de proteção do Estado em relação aos cidadãos. Trilhar um percurso argumentativo que evidencie que a visão teórica tradicional, que postula que vivemos, em relação à responsabilidade civil do Estado, a chamada fase publicística, é teoricamente insuficiente (ou inexata, para sermos mais exatos) para descrever a natureza das relações jurídicas que ocorrem entre Estado e cidadãos nestas primeiras décadas do século XXI.

Ademais, "o reconhecimento dos deveres de proteção constitui premissa implícita em toda a discussão concernente à responsabilidade do Estado por atos omissivos. Com efeito, do ponto de vista lógico, só é possível responsabilizar por omissão a quem estava previamente adstrito a um dever de ação. Esse dever de ação nem sempre vai se fundamentar em lei específica, decorrendo, no mais das vezes, da Constituição e da própria *natureza das coisas*, como acontece, por exemplo, em relação aos direitos à vida, à segurança e à propriedade, que o Poder Público tem de salvaguardar".[32] Daniel Sarmento lembra que em vários julgados a Suprema Corte alemã reconheceu a existência do dever jurídico de proteção aos direitos fundamentais.[33] Aliás, os direitos fundamentais podem, e não há nenhuma novidade nisso, ser violados por ações estatais, não só administrativas, mas também legislativas. Na mesma linha de ideias, Dieter Grimm proclama: "Na Alemanha, a Corte Constitucional pode declarar uma lei nula não apenas quando o legislador tenha ido longe demais na limitação a um direito fundamental, mas também quando tenha feito muito pouco no sentido de protegê-lo contra ofensas provocadas por agentes privados".[34]

Outro aspecto relevante é que os princípios, categorias e normas que o instituto da responsabilidade civil desenvolveu, sobretudo a partir de meados do século passado, apontam para uma preocupação prioritária com a vítima. Na busca da realização da justiça substantiva e concreta, busca-se dar primazia à restauração do equilíbrio social rompido, conferindo proteção qualitativamente diferenciada à vítima.[35] Não se trata, é verdade, de princípio exclusivo da responsabilidade civil do Estado. Trata-se de tendência transnacional, relativamente à responsabilidade civil.[36] Se antes olhávamos para a culpa (sem culpa não há indenização, diziam convictamente os juristas

---

32. SARMENTO, Daniel. A dimensão objetiva dos direitos fundamentais: fragmentos de uma teoria. *Jurisdição constitucional e direitos fundamentais*. José Adércio Leite Sampaio (Coord.). Belo Horizonte: Del Rey, 2003, p. 251-314, p. 302-303.
33. SARMENTO, Daniel. *Direitos Fundamentais e Relações Privadas*. Rio de Janeiro: Lumen Juris, 2004, p. 165.
34. GRIMM, Dieter. A função protetiva do Estado. Trad. Eduardo Mendonça. *A Constitucionalização do Direito: fundamentos teóricos e aplicações específicas*. Cláudio Pereira de Souza e Daniel Sarmento (Orgs.). Rio de Janeiro: Lumen Juris, 2007, p. 161.
35. Quando mencionamos o princípio da primazia do interesse da vítima, estamos pressupondo que há, no caso concreto, a presença do nexo causal. Isso porque, "por um lado, o nexo causal constitui, tal qual o dano, um dos elementos da responsabilidade civil que não pode ser desconsiderado; por outro, exige-se, com fundamento na nova ordem constitucional, uma maior proteção da vítima do dano injusto, embora esta também não deva ser protegida a todo custo" (SAMPAIO DA CRUZ, Gisela. *O problema do nexo causal na responsabilidade civil*. Rio de Janeiro: Renovar, 2005, p. 10-11).
36. Conferir, a propósito, TUNC, André. The twentieth century development and function of the law of torts in France. *The International and Comparative Law Quarterly*, v. 14, 1965. London: BIICL, p. 1089-1103.

antigos), atualmente olhamos para o dano sofrido e buscamos soluções técnicas que não deixem a vítima desamparada. Mas há um ponto relevante que pede menção: se o princípio da primazia do interesse da vítima aplica-se à toda responsabilidade civil contemporânea, é, todavia, na responsabilidade civil do Estado que o princípio se encontra mais confortável.

É que quando ofensor e vítima são particulares, nem sempre é possível, sem ofender a equidade, garantir a primazia do interesse da vítima. Pode ser o que o ofensor não suporte a reparação integral do dano sem ofensa ao princípio do mínimo existencial (pensemos num homem pobre que incendeia culposamente a casa do seu vizinho). A indenização deverá ocorrer, mas se formos privilegiar indistintamente a vítima, levaremos o ofensor à penúria. Será preciso equilibrar, equitativamente, as posições jurídicas, sem excessos perigosos. Também não se pode deixar de indenizar adequadamente a vítima violada em seus direitos fundamentais, escalonando essas agressões à luz da conta bancária do ofendido. Em outras palavras, não se pode, nas lesões graves, reduzir o valor da indenização tendo como fundamento a condição econômica da vítima.[37] Diga-se, com o perdão do truísmo, que a jurisprudência precisa ser analisada a partir de uma perspectiva crítica e contextualizada. Ademais, nossas decisões não são tão colegiadas como pensamos ou como gostaríamos que elas fossem.[38] Na verdade, é preciso cuidado e parcimônia ao fazer afirmações peremptórias sobre a jurisprudência dos tribunais brasileiros – afirmando, por exemplo, que eles têm esse ou aquele entendimento. É que a lógica decisória, embora aparentemente colegiada, na verdade é profundamente personalista. As decisões refletem, não uma construção deliberativa amadurecida, mas a individualidade do ministro (ou desembargador) que conduziu o voto vencedor. Há, nesse sentido, uma desvalorização do sentido coletivo da jurisprudência.

---

37. Decidiu-se, em julgado paradigmático, que "a avaliação das condições socioeconômicas dos envolvidos deve ser feita em conjunto com a ponderação acerca da gravidade dos fatos. Não se permite a relativização das indenizações por ofensa a direitos fundamentais tendo como parâmetro a riqueza da vítima, de modo que o direito dos ricos valeria mais que o dos pobres, os quais estariam se 'enriquecendo' ao receberem indenizações em valor muito superior à sua renda" (STJ, AgRg no REsp 1.189.510, Rel. Min. Herman Benjamin, 2ª T, *DJ* 27.04.2011).

38. Não podemos saber, à luz do modelo atual, diante de determinado acórdão, se os demais ministros que concordam com o resultado dado pelo voto condutor o fazem com base nos mesmos fundamentos. A unanimidade ou a maioria se faz mais pelo resultado proposto pelo voto vencedor, do que propriamente por seus argumentos. Em análise arguta, percebeu-se que não há nos acórdãos do STF "uma preocupação de proferir resultado acompanhado de razões colegiadas que o embasem. Antes, o que há são peças argumentativas individuais, com frequentes variações na fundamentação, que não costumam tratar dos mesmos pontos, especialmente quando divergem. É comum que a leitura dos acórdãos revele arrazoados argumentativos construídos a partir de premissas diferentes e independentes, com trajetos apartados e baixo grau de interação entre os votos" (Três desafios para melhorar a jurisdição constitucional brasileira. SUNDFELD, Carlos Ari; PINTO, Henrique Motta. *Jurisdição Constitucional Brasileira*. VOLVODIC, Adriana; PINTO, Henrique Mota; GORZONI, Paula; SOUZA; Rodrigo Pagani de. (Orgs.). São Paulo: Malheiros: 2012, p. 24). Em sentido semelhante, aludindo a um "tribunal de solistas", e clamando pelo aperfeiçoamento das capacidades deliberativas do STF, confira-se: MENDES, Conrado Hubner. O projeto de uma corte deliberativa *Jurisdição Constitucional Brasileira*. VOLVODIC, Adriana; PINTO, Henrique Mota; GORZONI, Paula; SOUZA; Rodrigo Pagani de. (Orgs.). São Paulo: Malheiros: 2012, p. 53-73).

5. MUDANDO A DIREÇÃO DO OLHAR: BUSCANDO NOVAS DIMENSÕES DE ANÁLISE

Se o projeto constitucional valoriza, de modo especial, a dimensão existencial das relações jurídicas, é fundamental que projetemos, na prática, essa opção valorativa, através de modelos interpretativos que realcem essas escolhas. Tem-se frisado, nos estudos acadêmicos, a necessidade de se construir "parâmetros de diferenciação capazes de dar o relevo jurídico necessário aos interesses existenciais[39]." As dimensões existenciais do ser humano são de consideração relativamente recente, na caminhada histórica de nosso direito civil. Nosso Código Civil anterior, de 1916 – que chegou, não esqueçamos, até o século XXI –, foi elaborado pouquíssimo tempo depois do fim da escravatura entre nós. Pode-se dizer que são contemporâneos.[40]

Um ponto deve ser sempre enfatizado é o seguinte: não há dúvida de que a violência física (e psicológica) sofrida pela vítima de violência urbana é um dano injusto. Existe inegável lesão à situação jurídica subjetiva protegida pelo ordenamento. A questão que se põe é a seguinte: dispomos, hoje, um aparato normativo-conceitual adequado para responsabilizar civilmente o Estado por esses danos? Individual ou coletivamente? Isso é juridicamente possível? Temos um discurso constitucionalmente consistente para considerar que os danos – ou alguns deles – relacionados a falhas na segurança pública ensejam as condições de possibilidade de impor o dever de indenizar estatal?

Convém lembrar que a violência urbana – na visão clássica do direito da responsabilidade civil – é costumeiramente abordada *contra* a vítima do dano. Os autores mais tradicionais, sobretudo aqueles que escreveram em meados do século passado, costumam argumentar que no caso de determinado bem roubado ou furtado (veículo, por exemplo), o dono do carro será civilmente responsável pelos danos que o ladrão, no uso do carro roubado ou furtado, vier a causar a terceiros. Argumenta-se que a "guarda jurídica" da coisa ainda estaria com o dono do carro. O argumento não se sustenta à luz da razoabilidade e da funcionalidade dos conceitos. Já argumentamos que a interpretação do direito não pode conduzir a soluções absurdas, nem a complexidade dos nossos dias autoriza tamanho grau de abstração e conceitualismo.

Mudemos a direção do olhar.

Pensemos na vítima. Não é propriamente nova a percepção de que o direito dos danos centra suas preocupações prioritárias, hoje, na vítima. Para ela, as diferenças jurídico-conceituais não fazem muita diferença. Aliás, é bem provável que ela nem as

---

39. NEGREIROS, Teresa. *Teoria do Contrato. Novos Paradigmas*. Rio de Janeiro: Renovar, 2002, p. 103.
40. No período "de elaboração do Código Civil, o divórcio entre a elite letrada e a massa inculta perdurava quase inalterado. A despeito de sua ilustração, a aristocracia de anel representava e racionalizava os interesses básicos de uma sociedade ainda patriarcal, que não perdera o seu teor privatista, nem se libertara da estreiteza do arcabouço econômico, apesar do seu sistema de produção ter sido golpeado fundamente em 1888. Natural que o Código refletisse as aspirações dessa elite (GOMES, Orlando. *Raízes históricas e sociológicas do Código Civil brasileiro*. São Paulo: Martins Fontes, 2006, p. 22).

conheça. O direito do século XXI caminha no sentido de buscar soluções razoáveis e proporcionais, sem se preocupar tanto com filigranas formais.[41] Pensemos em algo infelizmente comum em nossos dias. Um assalto, que termina com a morte da vítima. Não nos interessa, por certo, neste artigo, as dimensões jurídico-penais do problema. Interessa-nos, apenas, as reflexões relativas ao direito dos danos. Se a vítima estiver dentro de um banco, ou mesmo no estacionamento do banco, haverá responsabilidade civil (sua família, desse modo, será compensada, no caso de falecimento dela).[42] O mesmo se diga se o dano ocorreu dentro de um estacionamento de um shopping, por exemplo (STJ, REsp. 419.059, Rel. Min. Nancy Andrighi, 3ª T., DJ 29.11.2004). Em ambos os casos, entende-se que esses riscos participam dos riscos do negócio (e, por isso, a teoria do risco – Código Civil, art. 927, parágrafo único – faz surgir a responsabilidade civil, nesses casos, independentemente de culpa).

Porém, se a vítima estiver dentro de um ônibus – não importa se interestadual, ou se apenas circula dentro das cidades, ou mesmo nas regiões metropolitanas, a solução tem sido a mesma em todos esses casos –, não haverá indenização alguma. Pouco importa que os danos tenham sido gravíssimos – sejam eles morais, estéticos ou até patrimoniais. Nosso direito dos danos responde à situação com um sonoro "não" (talvez, pensando bem, o adjetivo "sonoro" nem seja apropriado. Talvez fosse melhor escrever: com um "envergonhado" não). Se a vítima faleceu em razão do

---

41. Trata-se de tendência perceptível em múltiplas situações. A jurisprudência, por exemplo, tem entendido que se no contrato de seguro há referência há conceitos de direito penal (como furto e roubo), há de se considerar incluída, também, a figura da extorsão. Essas distinções conceituais rígidas escapam à compreensão do segurado, tido como homem médio (STJ, REsp 1.106.827, Rel. Min. Marco Buzzi, 4ª T, DJ 23.10.2012). Em sentido semelhante, decidiu-se que a cláusula contratual que remete ao furto qualificado, no Código Penal, não pode ser usada como pretexto pela seguradora para negar cobertura em hipótese de furto simples (STJ, REsp 814.060, Rel. Min. Luis Felipe Salomão, 4ª T., j. 04.06.2010). Ademais, conforme vimos, as cláusulas devem ser interpretadas de modo favorável ao consumidor (CDC, art. 47). São nulas as cláusulas que atenuem a responsabilidade do fornecedor (CDC, art. 51, I) ou desvirtuem direitos fundamentais inerentes à natureza do contrato (art. 51, § 1º, II). As cláusulas limitadoras de direitos do consumidor devem ser redigidas com destaque, permitindo sua imediata e fácil compreensão (CDC, art. 54, § 4º). A hipossuficiência pode ser caracterizar em decorrência de informações imprecisas e pouco acessíveis, cuja delimitação exata depende de informações técnicas que são controvertidas (no caso da interpretação do furto qualificado) até na doutrina e na jurisprudência. A orientação que prescreve uma interpretação mais favorável ao consumidor perpassa toda a sistemática de consumo. Dispõe, a propósito, o CDC, art. 47: "As cláusulas contratuais serão interpretadas de maneira mais favorável ao consumidor". O intérprete, diante de um contrato de consumo, deverá atribuir às suas cláusulas conexões de sentido que atendam, de modo equilibrado e efetivo, aos interesses do consumidor, parte vulnerável da relação. Trata-se do mesmo princípio (visto por outro ângulo) que proclama a interpretação contra a parte mais forte, contra quem redigiu o pacto contratual, como ocorre nos contratos de adesão (CDC, art. 54). Aliás, o próprio Código Civil prevê a propósito dos contratos de adesão: "Art. 423. Quando houver no contrato de adesão cláusulas ambíguas ou contraditórias, dever-se-á adotar a interpretação mais favorável ao aderente".

42. A jurisprudência, no ponto, é pacífica, cabendo citar apenas a título exemplificativo. Nessa toada, os bancos respondem pelos assaltos ocorridos em suas agências (STJ, AgRg no REsp 1.273.445, Rel. Min. Massami Uyeda, 3ª T., DJ 02.03.2012). A instituição financeira responde pela segurança em seus estabelecimentos. Precedentes (STJ, AgRg no AREsp 11.326, Rel. Min. Sidnei Beneti, 3ª T., DJ 09.09.2011). Há dever de indenizar das instituições financeiras pela ocorrência de roubos e furtos no interior do estabelecimento bancário ou nas dependências de estacionamento fornecido aos clientes e usuários dos serviços (STJ, AgRg no AREsp 327.434, Rel. Min. Sidnei Beneti, 3ª T., DJ 29.08.2013).

disparo de tiros (ou balas perdidas), se foi estuprada, se teve seus bens roubados ou furtados, qualquer que tenha sido o perfil dos danos experimentados, a responsabilidade civil – segundo o padrão mental da segunda década do século XXI, no Brasil – é impedida de se aproximar desses terríveis e graves danos.

Ao analisar, teórica e criticamente, a responsabilidade civil do Estado ao longo das décadas, percebe-se que há avanços realizados e pontos por avançar. Certamente, hoje, o Estado responde civilmente por atos e omissões que durante boa parte do século passado, no Brasil, ele não respondia. Essas mudanças, sabemos, são lentas, e culturalmente complexas. Aliás, já anotamos que, hoje, todos os autores registram que a teoria do risco administrativo passou a fazer parte da tradição jurídico-constitucional brasileira a partir da Constituição de 1946. Se, porém, refizermos – retrospectivamente – os passos jurisprudenciais, veremos que gastamos muitos anos, até décadas, depois de 1946, para efetivamente aceitar a responsabilidade civil – objetiva – do Estado.

Avançamos lentamente. Essa parece ser a nota das mudanças sociais, e isso se mostra particularmente verdadeiro no direito, que – não por acaso – recebeu a pecha de ser conservador, de não apreciar mudanças que não contam com o apoio sereno dos (muitos) anos. Caminhamos, cremos, lentamente embora, rumo a uma progressiva responsabilização civil do Estado pelos danos sofridos pelos cidadãos em decorrência de falhas na segurança pública. O tema, sabemos, delicado e complexo, traz consigo temores e cautelas nem sempre explicitados.

Convém, por fim, como palavra final, lembrar que além dos danos individuais, há claramente danos difusos resultantes da violência urbana, traduzidos na perda de qualidade de vida da comunidade. Se podemos falar – com razão – em desequilíbrio ecológico no direito ambiental, podemos, de certa forma, usar a mesma expressão para sublinhar os gravíssimos danos que a violência urbana causa no tecido social. Não se trata apenas da dimensão individual dos danos – que já é terrível –, mas há, também, uma dimensão difusa, menos mensurável, mas nem por isso menos real. Aliás, talvez não seja equivocado afirmar que em cada violência individualmente sofrida por um cidadão – ainda que puramente patrimonial – haverá, de certa forma, reflexamente, uma lesão àquilo que é de todos, uma lesão a camadas caras à pacificação social e a construção de uma sociedade livre, justa e solidária.

Talvez se possa argumentar em sentido contrário: razões de intuitiva compreensão autorizam que afastemos a hipótese dos danos morais coletivos relacionados à violência urbana – o que poderia soar até absurdo para alguns. Afinal, o ofensor seria o Estado e eventuais valores iriam (também) para o Estado. Seria algo pouco convencional e possivelmente ineficaz, pode-se arguir. Talvez. Mas o que não parece adequado é o estranho silêncio doutrinário relativamente ao tema. E nada impede que se imagine tutelas específicas criativas em relação à matéria. Ou mesmo indenizações direcionadas de modo estratégico em harmonia com determinadas políticas públicas.[43] E tampouco há superposição absoluta dos destinatários, porquanto os fundos possuem uma lógica diversa e vinculação no uso dos recursos. E há ainda a questão da sanção ao ofensor (que tem sido aceita pela atual jurisprudência do STJ em relação aos danos morais coletivos).[44]

Hoje é comum que seja feita a conexão entre o direito ao meio ambiente ecologicamente equilibrado à qualidade de vida das pessoas. Havendo lesão àquele direito, há, decerto, dano ambiental extrapatrimonial difuso, se constatada a perda de qualidade de vida, atingindo, em níveis variados, a coletividade. Em relação às lesões ambientais extrapatrimoniais difusas já se percebeu que "os valores imateriais associados ao bem ambiental degradado devem ser analisados de forma abstrata, examinando-se aspectos como a perda de bem-estar proporcionada pelo bem ambiental".[45] A quantificação há de refletir a gravidade da lesão ocorrida. Aliás, os autores que se dedicam ao tema do dano moral coletivo entendem que há a "necessidade de verificação de uma gravidade tal que justifique uma satisfação pecuniária. (...). Deve, por isso, ficar reservada a situações realmente graves".[46]

Não haveria salto conceitual em passar, na matéria, do dano individual ao coletivo. Aliás, hipóteses e situações em que a jurisprudência brasileira aceita, hoje, com alguma naturalidade, a questão do dano moral coletivo são indiscutivelmente menos graves do que os danos sofridos pelos brasileiros relacionados à violência urbana. Tomemos só um caso recente julgado em 2018. Em 2018 o STJ condenou por danos morais coletivos empresa que vendia sardinha em lata com peso diferente do anunciado na embalagem. O interesse tutelado guarda relação aos deveres de confiança, boa-fé e informação. O tribunal definiu ainda que a violação de direitos individuais homogêneos é, em tese, capaz de causar danos morais coletivos. Argumentou que o dano moral coletivo é categoria autônoma de dano que traduz violação injusta e intolerável de valores fundamentais titularizados pela coletividade (grupos, classes

---

43. Isso pode se dar "exatamente através da destinação da verba imposta a título compensatório a fins coletivos semelhantes àqueles comprometidos pelo dano, fazendo com que, mesmo não representando a recomposição do próprio bem difuso lesado por meio do seu ressarcimento, constitua uma compensação dita, por isso, em espécie" (TEIXEIRA NETO, Felipe. *Dano moral coletivo*. Curitiba: Juruá, 2014, p. 202). O autor adiante complementa: "Por isso é que a verba deverá ser aplicada, diante das peculiaridades de cada caso e tendo em vista a impossibilidade de reconstituição natural do interesse imaterial atingido, na restauração de outras facetas do mesmo bem que comportem essa providência, buscando, com isso, proporcionar àquela comunidade específica vantagens semelhantes que adviriam da fruição do bem difuso caso não se tivesse operado a lesão causadora do dano extrapatrimonial".
44. Aliás, mesmo autores que costumam apresentar reservas em relação à chamada função punitiva dos danos morais, tendem a aceitar, pelo menos sob certas condições, o instituto nos danos morais coletivos. Assim, Maria Celina Bodin de Moraes argumenta que "é de aceitar-se, ainda, um caráter punitivo na reparação do dano moral para situações potencialmente causadoras de lesões a um grande número de pessoas, como ocorre nos direitos difusos, tanto nas relações de consumo como no direito ambiental" (MORAES, Maria Celina Bodin. *Danos à pessoa humana*. Rio de Janeiro: Renovar, 2007, p. 263). TEIXEIRA NETO, Felipe. *Dano moral coletivo*. Curitiba: Juruá, 2014, p. 178-179.
45. STEIGLEDER, Annelise Monteiro. *Responsabilidade civil ambiental*. Porto Alegre: Livraria do Advogado, 2011, p. 148.
46. TEIXEIRA NETO, Felipe. *Dano moral coletivo*. Curitiba: Juruá, 2014, p. 170-171.

ou categorias de pessoas). O dano moral coletivo, segundo a relatora, cumpre três funções: 1) proporcionar reparação indireta à lesão de um direito extrapatrimonial essencial da coletividade; 2) sancionar o ofensor; e 3) inibir condutas ofensivas a esses direitos transindividuais. O STJ entende que o dano nesses casos é *in re ipsa*, ou seja, é presumido, independe de prova de prejuízo específico (STJ, REsp 1.586.515, Rel. Min. Nancy Andrighi, 3ª T, *DJ* 29.05.2018). Talvez dispense exaustão argumentativa demonstrar que os terríveis e brutais danos que os brasileiros sofrem diariamente relacionados à violência urbana são mais injustos graves do que a compra de sardinha em lata com peso inferior à embalagem (e não estamos, em absoluto, criticando a decisão, pelo contrário). Só registramos, de modo breve, que há horizontes de sentido que pedem reflexão no que diz respeito ao dano moral coletivo: por que uns e outros não?

Sabe-se que essa caminhada em direção a novos modos – menos individuais, mais coletivos – já está longe de ser uma novidade em muitas áreas. No processo civil brasileiro a base normativa de tutela dos direitos difusos, coletivos e individuais homogêneos data do século passado – entre meados da década de 80 e início da década de 90. Não é exagero dizer que o Brasil pode se orgulhar de seu sistema legal de tutela coletiva, que não faz feio nas análises comparativas entre os países.[47]

As soluções jurídicas a que o século XXI chegará serão soluções que dialoguem com a complexidade da nossa realidade, sem rejeitá-la. Lidamos com danos pouco lineares, danos complexos, danos que desafiam os modelos conceituais clássicos. As possibilidades funcionais, na matéria, são amplíssimas, mas dependem de um olhar dinâmico que perpasse os modelos conceituais dos direitos fundamentais e os avanços conquistados pelo direito da responsabilidade civil das últimas décadas. Cabe-nos o desafio, consistente e diário, de buscar conexões de sentido que realizem as opções valorativas básicas da Constituição e que sejam compatíveis com nossa democracia constitucional, que optou, há décadas, por constitucionalizar a responsabilidade civil do Estado, dispensando a culpa estatal para que os cidadãos sejam indenizados.

---

47. Há aspectos já bem conhecidos, aspectos que já se tornaram tradicionais por assim dizer. Hugo Nigro Mazzilli nota que "a defesa judicial de interesses transindividuais de origem comum tem peculiaridades: não só esses interesses são intrinsecamente transindividuais, como também sua defesa judicial deve ser coletiva, seja em benefício dos lesados, seja ainda em proveito da ordem jurídica. Dessa forma, o legislador estipulou regras próprias sobre a matéria, especialmente para solucionar problemas atinentes à economia processual, à legitimação ativa, à destinação do produto da indenização e aos efeitos de imutabilidade da coisa julgada" (MAZZILLI, Hugo Nigro. *A Defesa dos Interesses Difusos em Juízo*. São Paulo: Saraiva, 2007, p. 58). O legislador do Código de Defesa do Consumidor optou por conceituar direitos "ou interesses" difusos, coletivos e individuais homogêneos. A opção – pragmática, como em tantos outros aspectos do Código de Defesa do Consumidor, tentando evitar que direitos difusos fossem enxergados como interesses e assim ficassem sem proteção –, se revelou adequada. Kazuo Watanabe diagnosticou: "Os termos 'interesses' e 'direitos' foram utilizados como sinônimos, e certo é que, a partir do momento em que passam a ser amparados pelo direito, os 'interesses' assumem o mesmo *status* de 'direitos', desaparecendo qualquer razão prática, e mesmo teórica, para a busca de uma diferenciação ontológica entre eles" (GRINOVER, Ada Pellegrini; WATANABE, Kazuo; NERY JR, Nelson. *Código de Defesa do Consumidor*: comentado pelos autores do anteprojeto. Rio de Janeiro: Forense, 2011, p. 70).

Não esqueçamos: em termos de violência urbana, *desresponsabilizar o Estado é responsabilizar a vítima*. Não há, nesse dilema, terceira via. Podemos, é verdade, na quantificação, estabelecer matizes. Podemos, conforme acenamos, modular a indenização, fazendo-a equitativa. Não é o ideal, mas já é um passo em relação à situação atual, em que prevalece a irressarcibilidade. Numa análise funcional, não nos damos por satisfeitos apenas com a bela coerência abstrata dos conceitos, queremos mais: queremos que, na vida social da aplicação concreta, eles realizem, fecundamente, o projeto constitucional.

É fundamental – e muito repetido pelos autores contemporâneos – que não percamos de vista a realidade concreta das pessoas, as situações existenciais realmente vividas. Não o abstracionismo conceitualista, mas os conceitos funcionais, as experiências jurídicas naquilo que elas participam da vida das pessoas. Aliás, o ilícito, se encarado em termos contemporâneos, possui uma permeabilidade aos valores que é inédita aos olhos clássicos.[48] Traz consigo uma mobilidade que lhe permite transitar pelo sistema jurídico incorporando referências axiológicas e as traduzindo em sanções, em ordem a assegurar, de forma aberta e plural, a preponderância dos valores fundamentais no sistema do direito civil.[49]

Trazendo a discussão para o tema deste artigo, é possível notar que ainda há, na matéria, muito por fazer. Ainda há, nem sempre explícitos, traços de regalismo e de individualismo jurídico. É preciso trazer – não de modo retórico, mas concreto, nas conclusões a que chegamos – a solidariedade social para o debate. Para permear, aqui e ali, as novas teses relativas à responsabilidade civil do Estado por omissão. Não deixa de espantar que danos injustos, de gravidade inquestionável, não sejam sequer

---

48. Nelson Rosenvald sublinha que "na passagem do singular ao plural (a propriedade/as propriedades; a família/as famílias) cumpre também verificar a transposição do ilícito para os ilícitos" (ROSENVALD, Nelson. *As Funções da Responsabilidade* Civil. São Paulo: Atlas, 2013, p. 3). Escrevemos em outra ocasião: "O ilícito civil, em termos de hoje, deve ser perspectivado não só como representante do dever de indenizar, mas também, fundamentalmente, como a categoria que possibilita uma atuação reativa do sistema para evitar a continuação ou a repetição das agressões aos valores e princípios protegidos pelo direito" (BRAGA NETTO, Felipe Peixoto. *Teoria dos ilícitos civis*. Belo Horizonte: Del Rey, 2003, p. 17).

49. O civilista alemão Claus-Wilhelm Canaris define o sistema jurídico como "ordem teleológica de princípios gerais de direito". Tem um caráter dinâmico, não estático, e dialoga com as mudanças sociais, incorporando-as às suas dimensões normativas através da interpretação dos conceitos jurídicos (CANARIS, Claus-Wilhelm. *Pensamento sistemático e conceito de sistema na ciência do direito*. Introdução e trad. A. Menezes Cordeiro. Lisboa: Calouste Gulbenkian, 1989. Canaris argumenta ainda "que a unidade interna de sentido do Direito, que opera para o erguer em sistema, não corresponde a uma derivação da ideia de justiça do tipo *lógico*, mas antes de tipo *valorativo* ou *axiológico*". O jurista enfatiza que qualquer tentativa de conceber a ordem jurídica como sistema lógico-formal está fadada ao insucesso (p. 14 e seguintes). Gustavo Tepedino – criticando a visão reducionista do ordenamento jurídico (como sinônimo de direito positivo ou do conjunto de leis) – destaca: "Tal visão reducionista compromete a teoria da interpretação e se associa à percepção estática, que identifica no ordenamento uma reunião de unidades normativas abstratas. Ao contrário, a noção de ordenamento mostra-se: (i) abrangente, para comportar toda a pluralidade de matizes da normatividade social, muito além do direito positivo; (ii) completa, já que tal conjunto de normas advém de fontes e de níveis hierárquicos diversos; (iii) dinâmica, para permitir que se preserve a coercitividade, coerência e eficácia, a despeito da transitoriedade normativa, assegurando-se a abertura do sistema" (*RTDC*, Editorial, v. 30, abr/jun.2007).

colocados na ordem do dia, do debate do direito dos danos que cotidianamente é feito no Brasil. Sem exagero retórico, podemos dizer que dimensões existenciais relevantíssimas do ser humano são brutalmente atingidas pelos danos de que tratamos. E a resposta padrão, em geral, é um dar de ombros, um dizer que infelizmente, as coisas são assim, sempre foram (aliás, o dever de eficiência estatal, de índole constitucional, *sequer* costuma ser lembrado nas discussões a respeito da responsabilidade civil estatal por omissão nos danos relacionados à violência urbana).

É fundamental, nesses termos, funcionalizar a atuação estatal nesse campo – e também, e sobretudo, a nossa visão sobre essa atuação. Os poderes estatais são cada vez enxergados *menos* como poderes, e mais como deveres, à luz das opções valorativas da Constituição da República. Se, em matérias como o direito ambiental – um direito biodifuso, um macrobem, direito fundamental de terceira geração – a proteção que temos conferido tem sido tão (corretamente) rigorosa, por que em outros campos há um claro déficit de responsabilização? Estamos, em ambos os casos, diante de bens jurídicos fundamentais, de bens jurídicos cujas relevâncias ninguém razoavelmente pode pôr em dúvida.

Dissemos antes que nada impede que se imagine – em relação ao tema da violência urbana – tutelas específicas para determinadas políticas públicas. Talvez seja interessante lembrar nesse contexto, embora com extrema brevidade, dois conceitos ainda pouco conhecidos que vêm sendo discutidos na atual teoria do processo (e com relevância para o direito em geral). São estes conceitos: a) *processo estrutural* e b) *processo de interesse público*. No primeiro, no processo estrutural (*structural litigation*), há intervenção em políticas públicas pelo Judiciário. Há a intervenção em determinada estrutura burocrática (isso quase sempre se dá através da elaboração de um plano aprovado pelo juiz que é implementado ao longo de anos). Nos Estados Unidos, o exemplo paradigmático de litígio estrutural é a dessegregação racial das escolas públicas, iniciada com o julgamento de *Bown v. Board of Education*. Já o segundo, o processo civil de interesse público (*public interest litigation*), "se volta para a transformação da esfera público-governamental: criação de direito novo ou de conduta estatal nova, pela via dos precedentes obrigatórios, do controle de constitucionalidade ou do processo coletivo, em favor de toda a sociedade". Edilson Vitorelli, autor da definição citada, traz como exemplo do segundo caso o direito de que pessoas do mesmo sexo se casem, o que foi obtido pela via do controle abstrato de constitucionalidade. O autor lembra ainda que "a análise, no caso dos litígios complexos, se afasta significativamente do binômio lícito-ilícito e se aproxima, inevitavelmente, de considerações que dependem de *inputs* políticos, econômicos e de outras áreas do conhecimento. Os problemas são policêntricos e sua solução não está preestabelecida na lei, o que acarreta grandes dificuldades para a atuação jurisdicional".[50]

---

50. VITORELLI, Edilson. O futuro da tutela coletiva: os litígios coletivos e a busca pela efetivação de direitos na via jurisdicional. In: VITORELLI, Edilson. *Manual de Direitos Difusos*. Salvador: JusPodivm, 2018, p.

Concretizando o argumento: os deveres estatais, relativos à segurança pública, exercidos – numa análise tópica, concreta, devidamente contextualizada – aquém ou além de *standards* projetados pela razoabilidade, pela proporcionalidade e eficiência, podem ensejar dever de indenizar estatal, presente – do outro lado – um dano injusto. Os deveres de atuação estatal, no campo, são vistos de modo progressivamente severo. Se, antes, aceitava-se uma maior omissão, hoje se aceita menos. Essa omissão pode, sob o novo olhar, responsabilizar civilmente o Estado, e os intérpretes precisam se dar conta, crescentemente, que os paradigmas normativos e conceituais mudaram, estão mudando. Tudo recomenda, na matéria, que potencializemos o olhar sob o ângulo da proporcionalidade, evitando que danos injustos sejam suportados, sozinhos, pelo cidadão, sob a alegação de o Estado não responder por esses danos. O aparato normativo-conceitual dos nossos dias já permite que avancemos. Que avancemos sobretudo para realizar, concretamente, na dimensão interpretativa, a vedação de insuficiência estatal, ou sua omissão.[51] Se o Estado não age, ou age de modo insuficiente, na proteção de determinado bem jurídico fundamental, está configurado o quadro fático para que apliquemos respostas adequadas e progressivamente severas.

6. REFERÊNCIAS BIBLIOGRÁFICAS

EDELMAN, Bernard. *La personne en danger*. Paris: PUF, 1999.

BAPTISTA, Patrícia. *Transformações do direito* administrativo. Rio de Janeiro: Renovar, 2003.

BINENBOJM, Gustavo. *A constitucionalização do direito administrativo no Brasil*: um inventário de avanços e retrocessos, 2007.

BORGES, Jorge Luis. Foucault, no prefácio do livro *As palavras e as coisas*. São Paulo: Martins Fontes, 2002.

BRAGA NETTO, Felipe Peixoto. *Teoria dos ilícitos civis*. Belo Horizonte: Del Rey, 2003.

CANARIS, Claus-Wilhelm. *Direitos Fundamentais e Direito Privado*. Trad. Paulo Motta Pinto e Ingo Wolfgang Sarlet. Coimbra: Coimbra editora, 2003.

1189-1327, p. 1272-1273. Ver ainda: GRINOVER, Ada Pellegrini; WATANABE, Kazuo; COSTA, Suzana Henriques. *O processo para solução de conflitos de interesse público*. Salvador: JusPodivm, 2017; DIDIER JR, Fredie; ZANETI JR, Hermes; OLIVEIRA, Raphael. Notas sobre as decisões estruturais. In: Civil Procedure Review, v. 8, n. 1, 2017, p. 46-64. ARENHART, Sérgio Cruz. Processos estruturais no direito brasileiro: reflexões a partir do caso da ACP do carvão. In: Revista e processo comparado, v. 2, 2015, edição eletrônica; ARENHART, Sérgio Cruz. Decisões estruturais no direito processual civil brasileiro. In: Revista de Processo, v. 225, 2013, edição eletrônica. Há farta bibliografia sobre o tema nos Estados Unidos, que não citaremos aqui porque se trata de tema afeto ao processo civil e que foge dos objetivos precípuos deste artigo.

51. Dieter Grimm, desenvolvendo a questão, pontua: "Enquanto os direitos fundamentais como direitos negativos protegem a liberdade individual contra o Estado, o dever de proteção derivado desses direitos destina-se a proteger indivíduos contra ameaças e riscos provenientes não do Estado, mas sim de atores privados, forças sociais ou mesmo desenvolvimentos sociais controláveis pela ação estatal". O autor citado, a seguir, proclama: "Na Alemanha, a Corte Constitucional pode declarar uma lei nula não apenas quando o legislador tenha ido longe demais na limitação a um direito fundamental, mas também quando tenha feito muito pouco no sentido de protegê-lo contra ofensas provocadas por agentes privados" (GRIMM, Dieter. A função protetiva do Estado. Trad. Eduardo Mendonça. *A Constitucionalização do Direito: fundamentos teóricos e aplicações específicas*. Cláudio Pereira de Souza e Daniel Sarmento (Orgs.). Rio de Janeiro: Lumen Juris, 2007, p. 160).

CANARIS, Claus-Wilhelm. *Pensamento sistemático e conceito de sistema na ciência do direito*. Introdução e trad. A. Menezes Cordeiro. Lisboa: Calouste Gulbenkian, 1989.

FARIAS, Cristiano; BRAGA NETTO, Felipe; ROSENVALD, Nelson. *Novo Tratado de Responsabilidade Civil*. São Paulo: Saraiva, 2018.

FLEINER-GERSTER, Thomas. *Teoria Geral do Estado*. Trad. Marlene Holzhausen. Revisão técnica Flávia Portella Puschel. São Paulo: Martins Fontes, 2006.

FREITAS, Juarez. A democracia como princípio jurídico. *Direito Público Moderno*. FERRAZ, Luciano; MOTTA, Fabrício (Orgs.). Belo Horizonte: Del Rey, 2003.

FREITAS, Juarez. A Constituição, a responsabilidade do Estado e a eficácia direta e imediata dos direitos fundamentais. SAMPAIO, José Adércio Leite (Coord.). *Constituição e crise política*. Belo Horizonte: Del Rey, 2006, p. 381-401.

GOMES, Orlando. *Raízes históricas e sociológicas do Código Civil brasileiro*. São Paulo: Martins Fontes, 2006.

GUERRA FILHO, Willis Santiago. Hermenêutica constitucional, deveres fundamentais e princípio da proporcionalidade. BOUCALT, Carlos E. de Abreu; RODRIGUEZ, José Rodrigo (Orgs.). *Hermenêutica plural*: possibilidades jusfilosóficas em contextos imperfeitos.

GRIMM, Dieter. A função protetiva do Estado. Trad. Eduardo Mendonça. *A Constitucionalização do Direito: fundamentos teóricos e aplicações específicas*. Cláudio Pereira de Souza e Daniel Sarmento (Orgs.). Rio de Janeiro: Lumen Juris, 2007, p. 157-160.

GRINOVER, Ada Pellegrini; WATANABE, Kazuo; NERY JR, Nelson. *Código de Defesa do Consumidor*: comentado pelos autores do anteprojeto. Rio de Janeiro: Forense, 2011.

LANGTON, Christopher. *O Fim da Ciência*. São Paulo: Companhia das Letras, 1998.

LOUREIRO, José Carlos. Constituição, tecnologia e risco (s): entre medo (s) e esperança (s). *Direito, inovação e tecnologia*. MENDES, Gilmar Ferreira; SARLET, Ingo Wolfgang; COELHO, Alexandre Zavaglia P. (Coords.). São Paulo: Saraiva, 2015, p. 33-84.

MAZZILLI, Hugo Nigro. *A Defesa dos Interesses Difusos em Juízo*. São Paulo: Saraiva, 2007.

MENDES, Conrado Hubner. O projeto de uma corte deliberativa. In: VOLVODIC, Adriana; PINTO, Henrique Mota; GORZONI, Paula; SOUZA; Rodrigo Pagani de. (Orgs.). *Jurisdição Constitucional Brasileira*. São Paulo: Malheiros: 2012, p. 53-73.

MORAES, Maria Celina Bodin. *Danos à pessoa humana*. Rio de Janeiro: Renovar, 2003.

NORONHA, Fernando. O nexo causal na responsabilidade civil. *Revista da EMESC*, v. 15, Florianópolis, jun. 2003.

NORONHA, Fernando. *Direito das obrigações*, v. I. São Paulo: Saraiva, 2003.

NORONHA, Fernando. O nexo causal na responsabilidade civil. *Revista dos Tribunais*, v. 816, out/2003, p. 733-752.

PERLINGIERI, Pietro. La dottrina del diritto civile nella legalità costituzionale. *RTDC*, v. 31, jul/set. 2007, p. 75-86.

PINTO, Helena Elias. *Responsabilidade civil do Estado por omissão*. Rio de Janeiro: Lumen Juris, 2008.

RODOTÀ, Stefano. *Il problema della responsabilità civile*. Milano: Giuffrè, 1967.

ROSENVALD, Nelson. *As Funções da Responsabilidade* Civil. São Paulo: Atlas, 2013.

SAMPAIO DA CRUZ, Gisela. *O problema do nexo causal na responsabilidade civil*. Rio de Janeiro: Renovar, 2005.

SARLET, Ingo Wolfgang. Mínimo existencial e Direito Privado: apontamentos sobre algumas dimensões da possível eficácia dos direitos fundamentais sociais no âmbito das relações jurídico-privadas. *RTDC*, v. 29, jan/mar 2007, p. 53-93.

SARMENTO, Daniel. *Direitos Fundamentais e Relações Privadas*. Rio de Janeiro: Lumen Juris, 2004.

SARMENTO, Daniel. A dimensão objetiva dos direitos fundamentais: fragmentos de uma teoria. *Jurisdição constitucional e direitos fundamentais*. José Adércio Leite Sampaio (Coord.). Belo Horizonte: Del Rey, 2003, p. 251-314.

SEGUÍ, Adela M. Aspectos relevantes de la responsabilidad civil moderna. *Revista de Direito do Consumidor*. São Paulo: RT, n. 52, p. 267-318, out./dez. 2004.

STEIGLEDER, Annelise Monteiro. *Responsabilidade civil ambiental*. Porto Alegre: Livraria do Advogado, 2011.

TEIXEIRA NETO, Felipe. *Dano moral coletivo*. Curitiba: Juruá, 2014.

TEPEDINO, Gustavo. A Evolução da Responsabilidade Civil no Direito Brasileiro e suas Controvérsias na Atividade Estatal. *Temas de Direito Civil*. Rio de Janeiro: Renovar, 2001, p. 173-215.

TUNC, André. The twentieth century development and function of the law of torts in France. *The International and Comparative Law Quarterly*, v. 14, 1965. London: BIICL, p. 1089-1103.

VITORELLI, Edilson. O futuro da tutela coletiva: os litígios coletivos e a busca pela efetivação de direitos na via jurisdicional. In: VITORELLI, Edilson. *Manual de Direitos Difusos*. Salvador: JusPodivm, 2018, p. 1189-1327.

Parte 3
A EFETIVAÇÃO DO DANO MORAL COLETIVO: ASPECTOS MATERIAIS E PROCESSUAIS

A QUANTIFICAÇÃO DO DANO MORAL COLETIVO

Pedro Rubim Borges Fortes

Professor da FGV Direito Rio, Pesquisador Associado do Centre for Socio-Legal Studies da Universidade de Oxford e Promotor de Justiça no Ministério Público do Estado do Rio de Janeiro. D.Phil. (Oxford), J.S.M. (Stanford), LL.M. (Harvard), M.B.E. (Coppe/UFRJ), Bacharel em Administração de Empresas (PUC-Rio) e Bacharel em Direito (UFRJ).

Pedro Farias Oliveira

Assessor Jurídico no Ministério Público do Estado do Rio de Janeiro. Mestre e Bacharel em Direito (UERJ).

Sumário: 1. Introdução – 2. O dano moral coletivo: 2.1 A função punitiva da condenação; 2.2 A função dissuasória da condenação – 3. Os critérios quantificadores na doutrina brasileira – 4. Estudos de casos: novas tendências na prática judiciária: 4.1 Arbitramento de valor mínimo; 4.2 Aplicação da técnica da desnatação pela exclusão do lucro ilegítimo (*skimming off*); 4.3 Análise com base no montante de investimento ilícito no prejuízo coletivo; 4.4 Estimativa feita a partir do montante global da indenização por dano material – 5. Método Bifásico – 6. O combate à ilicitude lucrativa – 7. Conclusão – 8. Referências.

1. INTRODUÇÃO

O dano moral coletivo é tema largamente explorado pela doutrina brasileira. A produção relativa a esse tema, contudo, concentra-se majoritariamente em esmiuçar alguns pontos, como a sua natureza, sua aceitação pelo ordenamento brasileiro e sua aplicação jurisprudencial. Nesse contexto, um aspecto é muitas vezes deixado de lado: a quantificação dos danos, para fins de cálculo da condenação. Tal aspecto é de suma importância, pois além de definir o impacto do instituto no momento de sua aplicação, também acaba por determinar sua relevância para os fins a que se propõe, seja de efetivamente reparar algum dano extrapatrimonial, seja de punir ou dissuadir os infratores dos direitos transindividuais correspondentes.

Diante desse quadro, o presente trabalho se propõe a analisar como é feito o cálculo das condenações por danos morais coletivos pela jurisprudência e pela doutrina brasileiras, o que remete a duas questões: quais são os critérios utilizados e como a quantificação se dá na prática judicial. Desses questionamentos depreende-se a estrutura deste artigo. No primeiro tópico, conceituar-se-á o dano moral coletivo e estabelecer-se-ão as bases da discussão central do problema. Em um segundo momento, serão analisados os critérios identificados na doutrina e, no terceiro item, serão apresentados métodos diferentes de cálculo identificados na experiência contemporânea através de estudos de caso mapeados no universo de ações civis públicas recentes. No quarto item, será discutido o método bifásico para a quantificação do dano moral coletivo, conforme seu desenvolvimento na experiência do direito brasileiro e comparado. O quinto item discutirá a importância do cálculo do dano moral coletivo como forma de combate ao fenômeno da ilicitude lucrativa. O sexto item apresentará as considerações finais.

2. O DANO MORAL COLETIVO

O dano moral coletivo consiste no valor indenizatório atribuído a uma transgressão coletiva com a finalidade de atendimento integral da função reparatória, punitiva e preventiva da responsabilidade civil coletiva. Trata-se, logo, de um instituto desenvolvido de maneira a que a reparação pelo ilícito coletivo transcenda o valor da indenização paga a título de dano material. Leonardo Roscoe Bessa (2007, p. 267-268) critica a nomenclatura "dano moral coletivo", sustentando, com amparo na doutrina especializada, que melhor seria falar em dano extrapatrimonial coletivo, visto que não há semelhanças com o dano moral individual. O artigo 1°, *caput*, da Lei 7.347/1985, teria sido atécnico ao caracterizar o dano extrapatrimonial coletivo como um dano moral, pois a configuração do dano moral coletivo independe do sofrimento da coletividade ou ofensa a qualquer "sentimento coletivo", possuindo precipuamente uma função punitiva e dissuasória em face de ofensa a direitos difusos e coletivos.

A experiência contemporânea da tutela coletiva de direitos revela que a ausência de condenação por dano moral coletivo esvazia o seu efeito dissuasório, de maneira a configurar o fenômeno da ilicitude lucrativa, ou seja, os transgressores coletivos possuem incentivos monetários e são encorajados economicamente a violar o direito (FORTES, 2016, p. 173). Parcela da doutrina tem adotado uma postura dogmática tradicional com apego à ideia de que o direito civil não poderia ser uma disciplina jurídica com caráter sancionatório (ZAVASCKI, 2009, p. 40-43), mas tal perspectiva parece não apenas conceitualmente equivocada, mas também socialmente inadequada. A tese de que a sociedade não sofre (ZAVASCKI, 2009, p. 40-43) contraria a experiência cotidiana da tutela coletiva dos direitos, eis que a análise empírica de centenas de ações civis públicas evidencia que a ausência de sanções monetárias adequadas induz reiterações de transgressões coletivas e, consequentemente, novos episódios de sofrimento coletivo de consumidores, cidadãos e contribuintes (FORTES, 2016, p. 173-176).

A condenação ao dano moral coletivo pretende, assim, não apenas reparar indivíduos lesados, mas tutelar os interesses coletivos da sociedade em sentido mais amplo. Não é possível preservar efetivamente direitos transindividuais (difusos, coletivos, individuais homogêneos ou adesivos) sem que seja imposta a condenação ao pagamento do dano moral coletivo. É importante deixar claro, desde logo, que não existe uma fórmula matemática exata e precisa, nem um esquema tarifado para se chegar ao valor. Por outro lado, a experiência do direito comparado desenvolveu técnicas importantes para a quantificação do valor e, no Brasil, já temos uma série de estudos de caso exemplificativos, conforme será analisado no presente capítulo.

Como resultado do nosso mapeamento da prática judiciária brasileira, identificamos casos concretos de (1) arbitramento de valor mínimo; (2) aplicação da técnica da desnatação pela exclusão do lucro ilegítimo (*skimming off*); (3) análise com base no montante de investimento ilícito no prejuízo coletivo; (4) estimativa feita a partir do montante global da indenização por dano material. Importante, o direito brasileiro está em um estágio de amadurecimento doutrinário e jurisprudencial no cálculo do dano moral coletivo. Superada a resistência inicial quanto à existência do instituto no direito brasileiro, é o momento de calcularmos adequadamente o valor indenizatório, de maneira a que seja fixado sob medida para cumprir a função punitiva e dissuasória sem internalizar prejuízos excessivos ao transgressor.

Por um lado, é necessário que o montante da condenação seja suficiente alto e significativo para que o transgressor seja punido e o dano moral coletivo tenha um efeito pedagógico, servindo de exemplo para que os demais atores sociais não cometam transgressões coletivas. Não por acaso, o direito comparado também se refere a este instituto com o nome de danos exemplares (*exemplary damages*) (MULHERON, 2004, p. 410-411). Aliás, estudos empíricos sobre a responsabilização coletiva em outras jurisdições indicam que a tutela coletiva aumenta o potencial dissuasório da responsabilidade civil (HENSLER, 2013, p. 296-297), sendo necessário examinar detalhadamente as suas funções a seguir.

2.1. A função punitiva da condenação

Em prestigiada obra sobre as funções da responsabilidade civil, Nelson Rosenvald (2014, p. 77) elenca três funções para a responsabilidade civil: (a) a função reparatória, que consiste no conceito consagrado no artigo 927, CC, e remete à necessidade de reequilíbrio patrimonial, com a transferência de quantia equivalente aos danos da esfera patrimonial do lesante para o lesado; (b) a função punitiva, que traduz a aplicação de uma sanção ao lesante, como maneira de desestimular novas condutas ilícitas; e (c) a função precaucional, que, segundo o referido autor, "possui o objetivo de inibir atividades potencialmente danosas". A prevenção não é caracterizada propriamente como uma função, mas sim, na maioria das vezes, como uma necessária decorrência da aplicação das três funções mencionadas.

Em geral, os critérios quantificadores do dano moral coletivo devem atenção especial à função punitiva do instituto, visto que a função reparatória é secundária. Conforme destacado por Xisto Tiago de Medeiros Neto (2014, p. 205-210) nota-se no dano moral coletivo a "preponderância da função sancionatória" ou punitiva, que se mostra mais relevante do que as outras facetas da responsabilidade civil. De fato, a lógica da preponderância do caráter reparatório ou compensatório não se aplica aos danos morais coletivos, ao contrário do que ocorre na responsabilidade por danos materiais ou morais individuais. Tal fato não se dá por mera preferência doutrinária ou prática jurisprudencial, mas por consequência da própria natureza dos interesses ofendidos. Isso porque a quantificação exata dos danos sofridos pela coletividade em razão da conduta do ofensor é inconcebível (MEDEIROS NETO, 2014, p. 206), não sendo sequer possível identificar todos os indivíduos que formam o referido grupamento ou a exata medida em que o grupo foi afetado.

Apesar de a Lei 7.347/1985 prever, em seu artigo 13, que as condenações pecuniárias resultantes de ações civis públicas serão revertidas para um fundo gerido por Conselho Federal ou por Conselho Estadual e que seus recursos serão destinados à reconstituição dos bens lesados, é cediço que a reparação ainda constitui caráter secundário da condenação por danos morais coletivos. Isso porque o referido dispositivo estabelece apenas que os recursos serão destinados à reparação dos bens lesados, e não que tais danos devem ser arbitrados apenas em função da extensão dos referidos danos. Pelo contrário, conforme afirma Leonardo Roscoe Bessa, "o objetivo da lei, ao permitir expressamente a imposição de sanção pecuniária pelo Judiciário, a ser revertida a fundos nacional e estadual, foi basicamente o de *reprimir* a conduta daquele que ofende direitos coletivos e difusos". O autor vai ainda além, expondo que "o caráter da condenação é **exclusivamente** punitivo. Não se objetiva a reparação de dano material, embora seja possível (e recomendável) cumular pedidos reparatório e condenatório" (2007, p. 271-272. Grifo no original).

A primazia da função punitiva também é afirmada pelo Tribunal Superior do Trabalho, que já se posicionou nos seguintes termos:

> (...) nas hipóteses de dano moral coletivo, em face da inegável relevância de sua reparação, deve ser dada maior ênfase ao caráter punitivo. Assim, embora não se negue a existência de caráter compensatório na indenização por dano moral coletivo – já que os seus valores são destinados ao Fundo de Amparo ao Trabalhador (FAT), e, portanto, serão destinados à defesa de interesses equivalentes àqueles que geraram a condenação judicial –, é inevitável reconhecer que o seu arbitramento deve observar, principalmente, o caráter sancionatório-pedagógico, de forma a desestimular outras condutas danosas a interesses coletivos extrapatrimoniais (BRASIL, 2010, p. 22).

2.2. A função dissuasória da condenação

A literatura especializada de tutela coletiva de direitos se refere ao efeito precaucional como sendo o efeito dissuasório (*deterrence*) da responsabilidade coletiva. Conforme a melhor doutrina, as transgressões coletivas configuram atos ilícitos complexos em que uma massa de indivíduos é lesada, mas não busca, em regra, a reparação individual (HENSLER, 2013, p. 296-297). A experiência de três décadas de tutela coletiva de direitos no Brasil revela que, em regra, o indivíduo lesado não busca a reparação pessoal da transgressão coletiva. A análise de centenas de ações coletivas no Rio de Janeiro demonstra que, não raro, a imensa maioria dos consumidores não acompanha a evolução da ação civil pública e, mesmo em caso de condenação da empresa ré, não postula durante a fase da execução coletiva a reparação a que teria direito (FORTES, 2016). Na prática, aliás, o consumidor lesado sofre os efeitos da chamada "apatia racional", ou seja, a consciência de que sua mobilização pessoal para demonstrar seu prejuízo e obter sua reparação pessoal seria mais custosa do que sua inércia, de maneira a que o consumidor racionaliza o prejuízo e justifica a sua passividade em fazer valer os seus direitos (FORTES, 2016). Ora, considerando-se que o consumidor lesado não busca a sua reparação individual, na prática, a condenação de uma empresa em uma ação civil pública acaba por ter mais um efeito simbólico do que um efeito realmente dissuasório da transgressão coletiva (FORTES, 2016).

Logo, o efeito precaucional ou dissuasório da responsabilidade civil coletiva somente é concretizado através da imposição de uma condenação ao pagamento de danos morais coletivos de valor significativo a ponto de prevenir a ilicitude lucrativa dos transgressores coletivos. A existência de uma sanção pecuniária significativa constitui uma medida essencial do ponto de vista da prevenção do cometimento de novos atos ilícitos coletivos (FORTES, 2016). No caso brasileiro, por exemplo, são extremamente raros os casos em que o consumidor lesado se habilita para obter sua reparação individual em uma ação individual, sendo certo que o efeito precaucional ou dissuasório da ação civil pública depende da condenação ao pagamento de danos morais coletivos.

Ao longo das primeiras décadas de tutela coletiva do consumidor no Estado do Rio de Janeiro, apenas em uma ação civil pública houve um número significativo de lesados habilitados para o recebimento de sua indenização individual, quando antigos estudantes de uma universidade postularam o pagamento de cerca de mil reais relativos a uma cobrança abusiva de mensalidade. Ora, nesse caso específico cerca de 200 consumidores lesados postularam ao juízo empresarial pelo pagamento da sua indenização individual, sendo que o maior número de lesados era formado por ex-alunos do curso de direito, eis que, como advogados formados, não precisavam pagar quaisquer honorários advocatícios. Por outro lado, dezenas de milhares de estudante lesados jamais ingressaram com sua habilitação de crédito para receber o dinheiro apreendido injustamente pelo transgressor coletivo (FORTES, 2016).

Em síntese, a mera reparação dos prejuízos individualmente sofridos não possui o condão de prevenir ou dissuadir a prática de atos ilícitos coletivos (HENSLER, 2013, p. 296-297). A rigor, a reparação individual no âmbito da tutela coletiva de direitos é um fenômeno quase inexistente na prática, sendo certo que a função dissuasória da responsabilidade civil exige a condenação ao pagamento dos danos morais coletivos.

3. OS CRITÉRIOS QUANTIFICADORES NA DOUTRINA BRASILEIRA

A quantificação dos danos morais é tema antigo e relativamente problemático, divergindo doutrinadores e juízes sobre o método de cálculo. Talvez a origem de tal celeuma seja a própria natureza dos danos morais, que, por mais que se estabeleçam critérios balizadores, estes jamais traduzirão plenamente o significado da função reparatória. Explica-se: ao contrário dos danos materiais, que exigem apenas a transferência de patrimônio do lesante para o lesado, os danos extrapatrimoniais não permitem o retorno ao exato *status quo* anterior à ofensa, posto que os bens dessa natureza são intangíveis e, a princípio, não possuem expressão econômica, faltando-lhes parâmetros seguros de equivalência entre a pretendida indenização e prejuízo suportado. Nesse sentido, diz-se que "os danos morais são compensáveis, mas não são ressarcíveis" (FARIAS; ROSENVALD; NETTO, p. 364).

Também cumpre ressaltar que se utiliza no presente trabalho o vocábulo "quantificação" em sentido amplo, o que equivale ao exercício judicial de particularização e concreção. O esclarecimento justifica-se na medida em que, em sentido estrito, a quantificação difere da chamada "valoração" dos danos morais. Ambos os conceitos menores fazem parte de referido exercício, mas em etapas distintas e consecutivas. A valoração consiste em determinar "o conteúdo intrínseco do dano moral, a índole do interesse existencial violado e as projeções desvaliosas da lesão na subjetividade do ofendido" (FARIAS; ROSENVALD; NETTO, p. 365). Feita a valoração, é possível realizar a verdadeira quantificação da condenação devida em função do dano moral causado, atividade que deve obedecer a diversos critérios com amparo jurídico, de forma a se obter uma condenação justa e equilibrada.

Antes da Constituição de 1988, algumas leis especiais brasileiras[1] adotavam um sistema tarifado de quantificação do dano moral, estabelecendo valores máximos e mínimos para a fixação do *quantum* indenizatório. Traziam, ainda, alguns critérios que deveriam balizar o convencimento do juiz ao proceder à quantificação. Com o advento da Constituição Cidadã, os dispositivos relativos ao tarifamento não foram recepcionados, por afrontarem o princípio da reparação integral dos danos previsto no artigo 5º, V e X, CRFB.[2] Algum tempo depois, os artigos 953 e 954 do CC/02 confirmaram a opção legislativa pelo arbitramento judicial como forma de fixação do montante condenatório para os danos morais, abandonando-se definitivamente o sistema tarifado. Apesar disso, os critérios quantificadores propostos pelas referidas leis permanecem presentes na doutrina e na jurisprudência brasileiras, ao exemplo de: intensidade da ofensa, do dolo ou da culpa, existência de retratação (artigo 53, Lei 5.250/1967); e posição social ou política do ofendido, situação econômica do

---

1. Artigos 51 e 53 da Lei de Imprensa (Lei 5.250/1967) e 84 do Código Brasileiro de Telecomunicações (Lei 4.117/1962).
2. "Ocorre que a Constituição Federal de 1988 elimina qualquer pretensão de impor limites ao dano moral. Com efeito, a atual ordem constitucional não recepcionou as leis e tratados firmados pelo Brasil que estabeleciam parâmetros pecuniários para a indenização dos danos morais, uma vez que o artigo 5º, inciso V, determina que *é assegurado o direito de resposta, proporcional ao agravo, além da indenização por dano material, moral ou à imagem*" (SANTANA, 2007, p. 23). Em relação à Lei de Imprensa, afirmou o STF: "(...) II. – A Constituição de 1988 emprestou à reparação decorrente do dano moral tratamento especial – C.F., art. 5º, V e X – desejando que a indenização decorrente desse dano fosse a mais ampla. Posta a questão nesses termos, não seria possível sujeitá-la aos limites estreitos da lei de imprensa. Se o fizéssemos, estaríamos interpretando a Constituição no rumo da lei ordinária, quando é de sabença comum que as leis devem ser interpretadas no rumo da Constituição. III. – Não recepção, pela CF/88, do art. 52 da Lei 5.250/67 – Lei de Imprensa. (RE 396.386. Rel. Min. Carlos Velloso, DJ 13.08.2004).

ofensor, intensidade do ânimo de ofender, gravidade e repercussão da ofensa e eventual reincidência (art. 84, *caput* e § 2º, Lei 4.117/1962).

Hoje, a doutrina e a jurisprudência são pacíficas no sentido de que os danos morais devem ser objeto de arbitramento judicial, observados os princípios da razoabilidade e da proporcionalidade.[3] Há pequenas diferenças entre os critérios específicos elencados por cada doutrinador, bem como pelos diversos julgados sobre o tema,[4] mas todos giram em torno de valores semelhantes, bem resumidos por Xisto Tiago de Medeiros Neto (2014, p. 97-98):

> (1) a gravidade, a natureza e a repercussão da lesão (reprovabilidade da conduta ilícita e amplitude do dano);
>
> (2) a intensidade dos efeitos da lesão em face da vítima, consideradas as suas condições pessoais;
>
> (3) o grau da culpa ou a intensidade do dolo, se presentes na conduta danosa; e
>
> (4) a situação econômica do ofensor.

Já os críticos do caráter punitivo dos danos morais entendem que somente a gravidade do dano seria um critério adequado para o arbitramento judicial. Nas palavras de Gustavo Tepedino, Heloisa Helena Barboza e Maria Celina Bodin de Moraes (2006, p. 862-863):

> (...) entre os critérios enumerados pela doutrina e pelos tribunais para o arbitramento da indenização por dano moral, aparecem usualmente a gravidade da culpa e a capacidade econômica do ofensor. Tais critérios imprimem à indenização um caráter punitivo. Fosse o cálculo da indenização pautado exclusivamente pela extensão do dano, como impõe a regra do art. 944, é certo que a gravidade da culpa e a capacidade econômica do ofensor em nada poderiam alterar o *quantum* indenizatório. Como já observado, a extensão do dano é idêntica, seja ele causado por dolo ou culpa leve, por agente rico ou miserável.

No mesmo sentido, Anderson Schreiber (2013, p. 180):

> (...) apenas a gravidade do dano se justifica para o arbitramento do dano moral. Todos os demais critérios são discutíveis e parecem revelar, em última análise, que a doutrina e a jurisprudência brasileira têm caminhado, em matéria de dano moral, no sentido oposto à tendência evolutiva da responsabilidade civil. Enquanto a responsabilidade parece dirigir-se à libertação do propósito inculpador – e a ampliação da responsabilidade objetiva no novo Código Civil é claro reflexo disso

---

3. Nesse sentido, inclusive, a Súmula 343 do TJ/RJ: A verba indenizatória do dano moral somente será modificada se não atendidos pela sentença os princípios da proporcionalidade e da razoabilidade na fixação do valor da condenação".

4. No STJ, por exemplo, já foram apontados: as consequências da ofensa, a capacidade econômica do ofensor e a pessoa do ofendido (STJ. 3ª Turma. REsp 1.120.971-RJ. Rel. Min. Sidnei Beneti, julgado em 28.02.2012); a capacidade econômica dos ofensores, as condições pessoais das vítimas e o caráter pedagógico e sancionatório da indenização (REsp 1677957/PR, Rel. Ministro Ricardo Villas Bôas Cueva, 3ª Turma, julgado em 24.04.2018, DJe 30.04.2018); o nível cultural do causador do dano, a condição socioeconômica do ofensor e do ofendido, a intensidade do dolo ou o grau da culpa (se for o caso) do autor da ofensa, os efeitos do dano no psiquismo do ofendido e as repercussões do fato na comunidade em que vive a vítima (REsp 355.392/RJ, rel. Min. Castro Filho, j. 26.03.2002).

–, as cortes brasileiras permanecem, em tema de reparação do dano moral, atreladas a parâmetros de nítido teor punitivo, relacionados à conduta e à pessoa do causador do dano, e antagônicos, sob muitos aspectos, à evolução do direito civil e à própria tradição brasileira.

Discorda-se aqui dos posicionamentos transcritos acima, pois a função punitiva da responsabilidade civil não constitui tema retrógado. Ao contrário, com a globalização da *class action* estadunidense, o alcance da função punitiva e dissuasória da responsabilidade coletiva tem se expandido ao longo das últimas décadas com o reconhecimento do instituto pela legislação latino-americana, a despeito da resistência de alguns juristas apegados a um conceito romanístico de responsabilidade civil (CAMPOLIETTI; LIMA, 2012, p. 120; MAIRAL, 2009, 60-61). Também é comum que se faça referência ao artigo 944, CC, para afirmar a impossibilidade de arbitramento de danos punitivos. Isso porque, segundo o referido dispositivo, a indenização seria medida pela extensão do dano, o que afastaria o cômputo de qualquer pena civil no montante reparatório. Tal argumentação seria facilmente rechaçada por uma análise sistemática e principiológica de nosso ordenamento, como fazem diversos doutrinadores (ROSENVALD, 2014; BESSA, 2007: 256-259; BITTAR FILHO, 1994).

No entanto, mesmo partindo de uma dialética puramente positivista e de uma hermenêutica literal, a sustentação não merece prosperar. A uma, porque falar em indenização por danos morais é, em última análise, impróprio. A palavra "indenização vem do latim, *in dene*, que significa voltar ao estado anterior, ao *status quo ante*" (FARIAS; ROSENVALD; NETTO, p. 364), porém, tal retorno, conforme já exposto, é impossível de se atingir no caso de lesões extrapatrimoniais. A duas, porque o dispositivo refere-se apenas à reparação de danos (indenização), o que não inclui eventual caráter punitivo da condenação. Assim, mesmo considerando a literalidade da lei, apenas a função reparatória da responsabilidade civil (indenização) apresentar-se-ia limitada pelo artigo 944, e não a função punitiva (punição, sanção), que encontra na extensão do dano apenas um dos critérios para sua quantificação. Note-se inclusive que, a rigor, o uso de vocábulos como "indenização", "reparação" ou "compensação" também se mostra impróprio para definir a condenação por danos morais, quando esta abarca as demais funções da responsabilidade civil, visto que tais porções condenatórias não se destinam a indenizar, reparar ou compensar, mas a punir, precaver e dissuadir.

Conclui-se, assim, que a função punitiva da responsabilidade civil encontra-se corretamente consolidada na doutrina e na prática jurisprudencial, e isso se dá independentemente do expresso reconhecimento do caráter punitivo-pedagógico, visto que os próprios critérios utilizados pelos operadores, em última análise, já possuem teor sancionatório. Ainda que assim não fosse, a expressa menção às funções punitiva e dissuasória é frequente nos tribunais pátrios.[5]

---

5. O caráter punitivo-pedagógico já foi afirmado em inúmeros julgados do STJ, como, por exemplo: REsp 1.300.187/MS, REsp 839.923/MG, AgInt no AREsp 1.249.098, REsp 1.677.957, entre outros. Já na prática dos tribunais estaduais, merece destaque a consagração do chamado "binômio reparação/punição": TJ-BA

No que tange aos danos morais coletivos, em obra que se tornou referência para o tema, Xisto Tiago de Medeiros Neto (2014, p. 210-216) aponta cinco critérios que devem balizar seu arbitramento: (I) a natureza, a gravidade e a repercussão da lesão; (II) a situação econômica do ofensor; (III) o proveito obtido com a conduta ilícita; (IV) o grau da culpa ou do dolo, se presentes, e a verificação de reincidência; e (V) o grau de reprovabilidade da conduta adotada. Já em trabalho mais recente, Paulo Sergio Uchôa Fagundes Ferraz de Camargo (2016, pos. 3736/5460) defende a adoção de oito critérios: (i) conduta do ofensor; (ii) capacidade econômica do ofensor; (iii) vantagem obtida; (iv) reincidência; (v) lesão de caráter coletivo; (vi) pluralidade de réus; (vii) impossibilidade de *bis in idem*; e (viii) gravidade da prática. Desnecessário pormenorizar cada um dos critérios, visto que suficientemente autoexplicativos. O último autor frisa que tais parâmetros necessariamente extrapolam a extensão do dano e ensejam também um caráter punitivo que não deve ser considerado ilícito, ressaltando, inclusive, que "o microssistema já contempla essa situação no âmbito das sanções administrativas".

De fato, o CDC, em seu artigo 56, contempla diversas sanções administrativas, que podem ser aplicadas cumulativamente, inclusive por medida cautelar, antecedente ou incidente de procedimento administrativo.[6] A condenação por danos morais coletivos importa uma reparação pecuniária, assemelhando-se, em parte, à sanção administrativa de multa (artigo 56, I, CDC). Nesse contexto, apesar de a legislação não prever parâmetros específicos e expressos para o arbitramento da reparação judicial por danos morais coletivos, nota-se que o artigo 57 do CDC prevê critérios balizadores para a multa administrativa, estatuindo que a mesma será "graduada de acordo com a gravidade da infração, a vantagem auferida e a condição econômica do fornecedor". O parágrafo único do mesmo dispositivo estipula, ainda, limites máximo e mínimo para o valor a ser arbitrado, "em montante não inferior a duzentas e não superior a três milhões de vezes o valor da Unidade Fiscal de Referência (Ufir)".

O Decreto 2.181/1997, que dispõe sobre a organização do Sistema Nacional de Defesa do Consumidor e estabelece normas gerais de aplicação das sanções administrativas previstas no CDC, também consagra, em seu artigo 28, alguns critérios para a quantificação da sanção pecuniária. Segundo o diploma legal, "a pena de multa será fixada considerando-se a gravidade da prática infrativa, a extensão do dano causado aos consumidores, a vantagem auferida com o ato infrativo e a condição econômica do infrator", observadas ainda (artigo 24): as circunstâncias atenuantes e agravantes (artigos 25 e 26); e os antecedentes do infrator.

Ressalte-se que, por previsão do artigo 3º, X, do mesmo Decreto 2.181/1997, a aplicação das sanções previstas no CDC é de competência da Secretaria Nacional do Consumidor do Ministério da Justiça. Tal órgão, por meio de sua Portaria 7/2016,

---

– Apelação APL 05334321320158050001, TJ-RS – Apelação Cível AC 70076687516 RS, TJ-MS – Apelação Cível AC 19375 MS 2006.019375-0, entre outros.

6. Art. 56, *caput* e parágrafo único, Lei 8.078/1990.

também descreve alguns critérios para quantificar as multas que aplica, elencando no artigo 12 do mencionado diploma: (I) os parâmetros e critérios estabelecidos no artigo 9º, a saber: a natureza e a gravidade da infração, observada a classificação exposta no Anexo I do diploma regulamentador; a extensão dos danos e a abrangência dos interesses lesados em decorrência da prática infrativa, para os consumidores efetivos ou potenciais; a condição econômica do fornecedor; e a proporcionalidade entre a infração praticada e a intensidade da sanção a ela aplicada; e (II) a quantidade de consumidores afetados e o período de duração da infração. Observa-se, assim, certa convergência entre os critérios enunciados pelos autores citados e pela prática administrativa, todos se concentrando, em síntese, na gravidade da conduta, na extensão do dano e no proveito auferido com a conduta ilícita. A presença de inúmeros critérios com teor sancionatório e pedagógico justifica-se pela preponderância de tais funções no âmbito dos danos morais coletivos. Na verdade, pode-se dizer que se trata de verdadeira dosimetria da pena, a exemplo do que ocorre no Direito Penal, aplicada às relações civis, o que será mais bem explicado a frente.

4. ESTUDOS DE CASOS: NOVAS TENDÊNCIAS NA PRÁTICA JUDICIÁRIA

Apesar de a jurisprudência repetir alguns dos critérios consagrados pela doutrina, observa-se que tais parâmetros não são analisados com a devida profundidade. O STJ tem entendido que sua intervenção, em sede de recurso especial, para alterar a quantificação do dano moral coletivo importa revolver matéria fático-probatória,[7] o que seria vedado pela Súmula 7 do Tribunal.[8] Assim, a corte limita sua interferência a casos em que o valor da condenação é arbitrado em valor excessivo ou irrisório, ferindo os limites da razoabilidade. O posicionamento é curioso, pois a ofensa à razoabilidade – que teoricamente autoriza a revisão do valor arbitrado pelo juízo *a quo* – já importa a análise de matéria fático-probatória. Em verdade, os critérios apontados pela doutrina no item anterior deste trabalho são justamente as nuances que informam a razoabilidade no caso concreto, de modo que, sempre que o tribunal analisa se o valor arbitrado ofende ou não a razoabilidade, também perquire todas as questões postas e comprovadas nos autos.

A prática dos tribunais estaduais, por vezes, também não parece ser efetivamente balizada pelos critérios postos pela doutrina e pela própria jurisprudência. A análise de julgados do Tribunal de Justiça do Estado do Rio de Janeiro, por exemplo, permite entrever hipóteses em que os magistrados se fiam mais em análises superficiais do que seriam razoabilidade e proporcionalidade, seguido de um arbitramento conforme casos análogos, sem perquirir de forma mais detida todos os critérios de quantifica-

---

7. Exemplifica-se: REsp 1101949/DF, Rel. Ministro Marco Buzzi, 4ª Turma, julgado em 10/05/2016, DJe 30/05/2016; REsp 1586515/RS, Rel. Ministra Nancy Andrighi, 3ª Turma, julgado em 22.05.2018, DJe 29.05.2018; REsp 1101949/DF, Rel. Ministro Marco Buzzi, 4ª Turma, julgado em 10.05.2016, DJe 30.05.2016.

8. Súmula 7, STJ: "A pretensão de simples reexame de prova não enseja recurso especial".

ção.⁹ A prática judiciária, contudo, ainda apresenta outras formas de arbitramento dos danos morais coletivos, por vezes inovando ou fazendo releituras de critérios já consagrados, conforme se passa a expor.

4.1. Arbitramento de valor mínimo

O método do arbitramento do valor mínimo consiste na escolha de um valor escolhido como o patamar mínimo de uma eventual condenação por danos morais coletivos. Conceitualmente, trata-se de uma fixação parcial de valor, em que o pedido condenatório contém uma postulação para que a condenação seja de, no mínimo, do valor x. O método do arbitramento de valor mínimo é adequado para as hipóteses de estimativa complexa do valor do dano moral coletivo, em que não existam elementos de convicção ou parâmetros balizadores claros para o seu cálculo. Na prática judiciária, trata-se do método mais adotado atualmente, muito embora seu predomínio seja causado pela falta de coleta de elementos para o cálculo preciso do valor durante a investigação preliminar que antecede o ajuizamento da ação coletiva. Logo, a tendência atual é de gradual redução do arbitramento do valor mínimo, na medida em que tem se desenvolvido a consciência da necessidade do cálculo sob medida do montante do dano moral coletivo.

O arbitramento do valor mínimo se torna problemático em algumas situações concretas. Uma hipótese é a verificação de que o valor mínimo fixado como pedido na ação coletiva é, na verdade, um valor ínfimo diante da magnitude da transgressão coletiva. Neste caso, deverá o autor efetuar o novo cálculo ao longo da instrução da ação coletiva e apresentar fundamentadamente ao juízo antes da prolação da sentença, de maneira a que o valor seja adequado para a dimensão do caso concreto. Caso não seja feito o recálculo fundamentado e o valor postulado ao juízo continue sendo o patamar mínimo, no caso de uma eventual condenação ao valor mínimo de dano moral coletivo, não existiria interesse recursal para a interposição de apelação. Por outro lado, caso o valor seja recalculado e apresentado ao juízo ao longo da demanda coletiva, é possível a interposição de recurso de apelação caso a sentença fixe valor inferior ao daquele cálculo adequado.

---

9. Exemplos: na Apelação Cível 0003066-19.2008.8.19.0061 (TJ-RJ), o montante da condenação por danos morais foi reduzido de R$ 1.000.000,00 para R$ 200.000,00, com a seguinte argumentação: "diante dos critérios indicados pela doutrina e jurisprudência, dentre eles a razoabilidade e proporcionalidade, tem-se que o valor de R$ 200.000,00 mais se adequa à hipótese em exame, encontrando amparo na jurisprudência deste Tribunal em caso análogo", seguida da transcrição da ementa do referido julgado; já na Apelação Cível 0092608.2010. 8.19.0002, a quantificação foi justificada apenas com base na seguinte afirmação: "no que concerne ao *quantum*, ante as peculiaridades do caso concreto e em observância ao princípio da proporcionalidade, fixa-se o montante em R$ 200.000,00 (duzentos mil reais)". Também é interessante notar que o Tribunal possui entendimento sumulado no mesmo sentido do STJ, condicionando a revisão do *quantum* indenizatório a eventual ofensa aos princípios da proporcionalidade e da razoabilidade. É o que estatui a Súmula 343: "A verba indenizatória do dano moral somente será modificada se não atendidos pela sentença os princípios da proporcionalidade e da razoabilidade na fixação do valor da condenação".

Outro aspecto problemático do arbitramento do valor mínimo diz respeito a ação coletiva ajuizada em face de diversos réus. Assim, imagine-se, como experimento mental, que uma demanda coletiva seja ajuizada contra diversos bancos por conta de prática comercial abusiva, e que o valor do dano moral coletivo seja arbitrado em, no mínimo, um milhão de reais. Ora, em se tratando de uma gama variada de instituições financeiras, o arbitramento de um valor monetário idêntico pode criar uma série de problemas práticos relevantes. Nesse cenário, por exemplo, a dimensão do valor varia conforme a capacidade econômica do banco e o volume de recursos e de lucros envolvidos naquela operação financeira, de modo que seria inadequado o arbitramento de um mesmo valor mínimo para todos os transgressores coletivos. Nessa hipótese em particular, o cálculo seria mais adequado se o arbitramento mínimo fosse calculado conforme a dimensão do banco ou da operação impugnada, estabelecendo-se um parâmetro mínimo para cada réu conforme suas características particulares. Outra possibilidade seria a impugnação do valor do lucro correspondente àquela operação como sendo ilegítimo, através da aplicação da técnica da desnatação (*skimming off*), examinada a seguir.

4.2. Aplicação da técnica da desnatação pela exclusão do lucro ilegítimo (*skimming off*)

A técnica da exclusão do lucro ilegítimo também é conhecida por uma analogia com o processo de desnatação do leite, isto é, o processo de retirada da gordura para transformar o produto final. Ora, assim como a retirada da nata do leite o torna um produto mais limpo, consoante a analogia deveria ser retirada a gordura financeira para que a empresa se tornasse mais limpa e fosse purificada após a exclusão do lucro ilegítimo. Logo, a técnica da exclusão do lucro ilegítimo realiza o cálculo da quantificação do dano moral coletivo a partir da estimativa do saldo positivo decorrente da transgressão coletiva.

Um exemplo recente da aplicação desta técnica de cálculo do dano moral coletivo ocorreu na demanda coletiva em face de uma empresa de comércio eletrônico por conta do uso de discriminação geográfica nas suas operações comerciais no Brasil. Considerando-se que as investigações do Ministério Público apuraram que a empresa teria discriminado consumidores brasileiros com bloqueio de ofertas (*geoblocking*) e precificação discriminatória (*geopricing*) em benefício de consumidores estrangeiros no ano dos jogos olímpicos no Rio de Janeiro, o montante do dano moral coletivo foi calculado pelo *parquet* com base no lucro ilegítimo obtido pela empresa naquele ano, a saber, 57 milhões de reais (PAMPLONA, 2018).

A desnatação pela exclusão do lucro ilegítimo (*skimming off*) foi desenvolvida originalmente no direito da concorrência (WÖSTHOFF, 2015, 91-92). No âmbito da tutela coletiva de direitos, a sua aplicação é importante para o combate e a prevenção de transgressões coletivas em que seja extremamente difícil a individualização do prejuízo, mas seja evidente o seu impacto difuso. Assim, por exemplo, o impacto individualizado de práticas antitruste é, não raro, difícil de ser calculado, mas não existe dúvida do prejuízo social causado pela manipulação de preços ou dominação do mercado. Igualmente, certas lesões de direitos transindividuais afetam o mercado, o meio ambiente ou o Estado democrático de direito, sem que seja viável o cálculo do prejuízo individualizado ao consumidor, ser humano ou cidadão.

Nessas situações, a técnica de exclusão do lucro ilegítimo possibilita a tutela efetiva dos bens jurídicos lesados, de maneira a sancionar economicamente o transgressor coletivo e prevenir o fenômeno da ilicitude lucrativa. Ademais, a exclusão do lucro ilegítimo possui o caráter de ser uma medida ótima do ponto de vista econômico, na medida em que não impõe um impacto econômico superior ao lucro verificado em determinado período. Assim, a sentença condenatória tem o condão de excluir o lucro ilegítimo do período impugnado sem internalizar um prejuízo excessivo que poderia ser prejudicial aos acionistas. Evita-se o lucro ilegítimo e a ilicitude lucrativa, assim como se previne uma sanção econômica excessiva que poderia acarretar a falência da empresa e prejuízos ao desenvolvimento da economia.

Contudo, a técnica não pode ser aplicada em ambientes de negócios marcados pela corrupção e sonegação, em que a contabilidade criativa ou fraudulenta esconde os lucros do negócio. Em casos de transgressões coletivas decorrentes de corrupção, a análise do cálculo pode ter como base o montante da propina para se estimar o prejuízo coletivo como uma fração do investimento feito ilicitamente, como analisado a seguir.

4.3. Análise com base no montante de investimento ilícito no prejuízo coletivo

Um outro método de análise do valor do dano moral coletivo consiste no cálculo do investimento ilícito realizado pelo transgressor coletivo. Tal método pode ser utilizado especialmente no cenário de corrupção econômica, em que se pode verificar o montante de pagamento de vantagem ilícitas para agentes públicos para a obtenção de vantagens indevidas em detrimento da coletividade. Considerando-se que o valor pago como propina aos agentes públicos deve ser uma fração significativa do benefício almejado pelo agente corruptor e, a princípio, pode corresponder ao prejuízo coletivo causado pela transgressão coletiva, tal montante pode servir de base do cálculo para o valor do dano moral coletivo.

Na experiência recente da tutela coletiva do consumidor, existe um exemplo interessante de cálculo do dano moral coletivo com base no montante de investimento ilícito. Trata-se da demanda coletiva ajuizada pelo Ministério Público e pela Defensoria Pública em face da Fetranspor e da Riocard, no Rio de Janeiro, por conta dos prejuízos causados aos consumidores por conta de um monopólio inconstitucional do sistema de bilhetagem eletrônica. O cálculo do prejuízo coletivo foi feito a partir da descoberta pelas investigações da Operação Lava Jato de que os empresários do ramo de ônibus do Rio de Janeiro efetuaram o pagamento de 260 milhões de reais de propina para a obtenção de vantagens ilícitas, tal como o abusivo controle monopolístico do sistema de bilhetagem eletrônica. Nesse cenário, certamente o volume de propina pago configura uma fração significativa do prejuízo coletivo, eis que se trata de um valor pago para a manutenção de um esquema ilícito responsável pela precarização da prestação do serviço de transporte em prejuízo de milhões de consumidores (CASEMIRO, 2017).

Tal método ainda é raramente utilizado na prática judiciária brasileira, mas deve se tornar mais recorrente diante da visível melhoria da investigação policial de corrupção, especialmente quanto ao rastreamento e identificação do montante de propina pago a agentes públicos pelos corruptores. Deve ser salientado que a imposição do pagamento do dano moral coletivo não se confunde com a obrigação de restituição dos recursos públicos desviados do erário que comumente são objeto de uma ação de improbidade administrativa. Ainda que advogados de defesa não raro pretendam classificar o dano moral coletivo como uma hipótese inconstitucional de sanção dúplice, não se trata de uma condenação em dobro em violação ao princípio constitucional de vedação ao *bis in idem*.

A devolução de recursos à fazenda pública não se confunde com os prejuízos sociais causados pelos transgressores à coletividade pelo período em que foram privados dos serviços públicos de qualidade por conta do desvio dos recursos. Exemplificativamente, no caso da corrupção para o controle monopolístico do sistema de bilhetagem eletrônica, além do prejuízo causado diretamente pela corrupção, houve ainda um prejuízo causado indiretamente pela precariedade da prestação do serviço de ônibus e pela falta de fiscalização adequada por parte do poder público corrompido. Aliás, repare que o montante da propina serve como uma base de cálculo para se estimar o provável montante do prejuízo social, mas a obrigação de reparar a coletividade pelo prejuízo social não se confunde com a obrigação de eventual devolução de recursos desviados do erário público.

4.4. Estimativa feita a partir do montante global da indenização por dano material

Um outro critério para a estimativa do cálculo do valor do dano moral coletivo é a quantificação feita a partir do montante global da indenização por dano material. A experiência do direito comparado possui uma lição relevante, na medida em que ensina que o montante da condenação ao pagamento do dano moral coletivo deve ser um múltiplo do montante global da indenização por dano material. A explicação é simples: considerando o efeito sancionatório e dissuasório do dano moral coletivo, seu montante terá o caráter punitivo e precaucional caso seja um múltiplo do montante global da indenização por dano material. Aliás, o próprio Código de Defesa do Consumidor preconiza a devolução em dobro sempre que houver uma cobrança de quantia indevida (artigo 42, parágrafo único). A necessidade de multiplicação do prejuízo causado em dobro, triplo ou quádruplo se justifica inclusive pelo fato de que não existe uma justiça total (FRIEDMAN, 1985), sendo certo que apenas uma fração dos atos ilícitos é identificada pelas autoridades, de maneira a ensejar uma condenação. Assim sendo, é perfeitamente adequado que a sanção por dano moral coletivo seja quantificada como sendo um múltiplo do montante global da indenização por dano material, de maneira a reequilibrar o impacto da condenação.

Nos Estados Unidos, os danos punitivos podem ser aplicados a partir da multiplicação do montante total dos danos individuais identificados no caso concreto. Um precedente importante foi o caso *BMW v. Gore*, em que a Suprema Corte considerou que danos punitivos excessivos violariam a cláusula constitucional do devido processo legal substantivo.[10] Naquele julgamento, foi reconhecida a necessidade de considerar para o cálculo da quantificação: (a) a reprovabilidade da conduta; (b) a proporção entre o valor dos danos compensatórios e dos danos punitivos; (c) comparação dos danos punitivos com a sanção civil e penal que poderia eventualmente ser imposta por um ato análogo.

No julgamento do caso *Exxon Shipping Co v. Baker*,[11] o montante do valor de danos punitivos foi reduzido para o valor equivalente ao montante global da indenização, sendo considerado que, por se tratar de um caso de acidente de navegação no direito marítimo, não era cabível a adoção de um fator de multiplicação por cinco, conforme anteriormente fixado. No julgamento do caso em questão, a Suprema Corte dos Estados Unidos reduziu o valor dos danos punitivos de dois bilhões e meio de dólares para quinhentos milhões de dólares, ressalvando que se tratava de um caso de acidente da navegação no direito marítimo. Assim, nos casos de danos punitivos sem dolo ou transgressão intencional no direito marítimo, os danos coletivos devem ser equivalentes aos danos compensatórios pagos aos indivíduos na proporção de 1 para 1. *A contrario sensu*, a Suprema Corte reconheceu a proporcionalidade do cálculo dos danos coletivos com o uso de um fator de multiplicação. O desafio do combate à ilicitude lucrativa consiste justamente a quantificação do dano moral coletivo sob medida, com fundamentação jurídica e otimização econômica, de maneira a que o valor seja significativo como instrumento de persuasão sem que seja exageradamente desproporcional.

Outro exemplo adequado para explicar o raciocínio é o escândalo do *Dieselgate*. Trata-se da fraude empresarial cometida pelo grupo Volkswagen, em que um *software* fraudulento alterava a performance do motor diesel de milhões de automóveis durante os testes de emissão de gases, ludibriando as agências ambientais, autoridades públicas e os consumidores em dezenas de países ao redor do mundo (EWING, 2017: p. 224-231). A resposta da empresa Volkswagen à transgressão coletiva tem variado conforme a análise da possibilidade de condenação ao pagamento dos danos extrapatrimoniais, de caráter punitivo e preventivo (EWING, 2017: p. 231-238).

---

10. *BMW of North America, Inc, v. Gore*, 517 U.S. 559 (1996).
11. *Exxon Shipping Co v. Baker*, 554 U.S. 471 (2008).

A fraude eletrônica vinha sendo cometida impunemente por longo período, sendo certo que consumidores adquiriram e utilizaram por vários anos veículos com motor a diesel com performance fora da especificação e que poluiu o meio ambiente com emissões de óxido de nitrogênio (NOx) até 40 vezes maiores ao limite. Além disso, diante da notificação sobre os resultados do estudo da Universidade de Virgínia do Oeste, a Volkswagen pretendeu desqualificar os resultados dos testes feitos em condições de estrada, sugerindo que os resultados seriam destorcidos por conta da má qualidade dos aparelhos de medição e a insuficiente qualificação dos estudantes universitários que conduziram os testes. Mesmo diante de resultados similares decorrente da medição realizada com equipamentos e técnicos da agência ambiental da Califórnia, a Volkswagen ainda continuou a negar a realização da fraude, fabricando e comercializando automóveis com o artifício fraudulento lesivo ao mercado consumidor, à livre concorrência e ao meio ambiente. Apenas diante da ameaça de perda da licença para comercializar veículos nos Estados Unidos, é que a Volkswagen reconheceu a fraude, pediu desculpas e colaborou com as autoridades nos Estados Unidos. Contudo, o discurso da empresa tem sido de que sua conduta foi fraudulenta apenas nos Estados Unidos, mas não nos demais países do mundo (EWING, 2017).

No Brasil, por exemplo, a Volkswagen tem preferido litigar e se recusar a admitir sua responsabilidade pela fraude. No julgamento da ação civil pública em primeira instância, a estratégia deu resultado quanto ao valor da condenação por dano moral coletivo, eis que a 1ª Vara Empresarial do Rio de Janeiro aplicou o método do arbitramento de valor mínimo e fixou o valor da indenização em apenas um milhão de reais (VAZ, 2017). Tal valor foi ínfimo diante do montante fixado a título de danos materiais, de cerca de 1,1 bilhão de reais, tendo o Ministério Público interposto o recurso de apelação[12] com a pretensão de que o valor da indenização por dano moral coletivo fosse um múltiplo do montante global da indenização por dano material, atingindo 10,5 bilhões de reais (NEVES, 2018). A multiplicação por um fator se justifica pelo dolo da empresa, pela gravidade da conduta, pela recusa em reconhecer sua responsabilidade, pela quebra de confiança, pela falta de um pedido de desculpas e pela resistência em adotar medidas concretas para solucionar o problema. Deve ser salientado que a empresa Volkswagen celebrou acordo para efetuar o pagamento de danos punitivos de 4,7 bilhões de dólares nos Estados Unidos (EWING, 2017: p. 236) e concordou com o pagamento de uma sanção pecuniária no valor de um bilhão de euros na Alemanha (TAYLOR; CREMER; SCHWARTZ, 2018). Nesse caso em particular, a quantificação dos danos morais coletivos pelo Ministério Público seguiu o método bifásico, estabelecendo-se na primeira fase um valor básico ou inicial conforme o padrão adotado para o Dieselgate noutros países e, na segunda fase do cálculo, multiplicando-se por um

---

12. Até o fechamento deste capítulo em 09.07.2018, o recurso no processo n. 0412318-20.2015.8.19.0001 ainda não tinha sido julgado pela 9ª Câmara Cível do TJRJ.

fator devido à sua gravidade. Por conta da sua relevância, o método bifásico será esclarecido no item seguinte.

5. O MÉTODO BIFÁSICO

Os critérios de quantificação podem ser aplicados em uma fase só. Por exemplo, o arbitramento do valor mínimo de um milhão de reais para o dano moral coletivo, adotado recorrentemente nas ações civis públicas contemporâneas, é escolhido de uma vez só, sem que haja a criteriosa avaliação do prejuízo social ou do valor necessário para a prevenção de novas transgressões coletivas. Também nos exemplos acima citados de exclusão do lucro ilegítimo ou de cálculo baseado no investimento ilícito, tanto no caso de discriminação geográfica no comércio eletrônico, quanto no controle monopolístico abusivo do sistema de bilhetagem eletrônica, a quantificação foi realizada em apenas uma única fase. Contudo, é possível realizar o cálculo através do método bifásico nestes casos também. Por exemplo, no caso da demanda para alterar o sistema de preparação e de serviço ao consumidor de café na cadeia McDonalds, por conta de setecentos consumidores terem sofrido queimaduras graves entre 1982 e 1992, devido à temperatura excessiva do produto servido no *drive-thru* (McCANN; HALTOM; BLOOM, 2001), foi decidido que a base de cálculo seria o faturamento diário da empresa com a venda do café nos Estados Unidos e, por conta da gravidade da conduta, os danos punitivos seriam formados através da multiplicação por dois, chegando-se assim ao valor final de 2,7 milhões de dólares de danos punitivos.[13]

O fato é que nossa jurisprudência também alterna entre o método monofásico e o bifásico para a definição do valor do dano moral coletivo. No REsp 1.487.046/MT, em que o STJ citou expressamente os critérios elencados por Xisto Tiago de Medeiros Neto, uma análise do inteiro teor do acórdão permite verificar que as balizas propostas pelo referido jurista foram analisadas apenas em uma etapa, como parte de um procedimento maior. Em verdade, após fazer referência aos REsp 1.473.393/SP e 1.152.541/RS, o voto do Relator Ministro Luis Felipe Salomão adotou o método bifásico para quantificar os danos morais coletivos:

> Nesse passo, suprimidas as circunstâncias específicas da lesão a direitos individuais de conteúdo extrapatrimonial, creio ser **possível o emprego do referido método bifásico para quantificação do dano moral coletivo.**
>
> Assim, **em primeira fase, verifica-se que julgados desta Corte, ao reconhecerem dano moral coletivo em razão de injusta violação de direitos básicos dos consumidores (de informação adequada, de escolha consciente, de proteção contra a publicidade enganosa ou abusiva), consideraram razoável a fixação de valores entre R$ 50.000,00 (cinquenta mil reais) e R$ 500.000,00 (quinhentos mil reais), o que tem o condão de traduzir a relevância do interesse transindividual lesado** (REsp 1.101.949/DF, Rel. Ministro Marco Buzzi, 4ª Turma, julgado em 10.05.2016, DJe 30.05.2016; REsp 1.250.582/MG, Rel. Ministro Luis Felipe Salomão, 4ª Turma, julgado em

---

13. *Liebeck v. McDonald's Restaurants*, P.T.S., Inc., No. D-202, CV-93-02419, 1995 WL 360309 (Bernalillo County, N.M. Dist. Ct., August 18, 1994).

12.04.2016, DJe 31.05.2016; REsp 1.315.822/RJ, Rel. Ministro Marco Aurélio Bellizze, 3ª Turma, julgado em 24.03.2015, DJe 16.04.2015; e REsp 1.291.213/SC, Rel. Ministro Sidnei Beneti, 3ª Turma, julgado em 30.08.2012, DJe 25.09.2012).

> Por sua vez, **em segunda fase, observadas as nuances do caso concreto (conduta dolosa causadora de dano de abrangência local; ofensor de capacidade econômica mediana; incontroverso proveito econômico no importe de R$ 90.000,00 – noventa mil reais; recalcitrância no descumprimento do dever de informação adequada; e significativa reprovabilidade social da lesão)**, considero razoável e adequado à função do dano moral coletivo o arbitramento da quantia de R$ 20.000,00 (vinte mil reais), que, com a incidência de juros moratórios pela Taxa Selic desde o primeiro evento danoso apurado (janeiro de 2003), alcança, nesta data, o valor aproximado de R$ 109.000,00 (cento e nove mil reais), a ser revertido ao fundo constante no artigo 13 da Lei 7.347/85. (BRASIL, 2017, grifo nosso).

O método bifásico foi construído em voto do Ministro Paulo de Tarso Sanseverino no REsp 1.152.541/RS, adotado por unanimidade no acórdão então proferido pela 3ª Turma do STJ. Em seu voto, Sanseverino destacou que a "reparação dos danos extrapatrimoniais, especialmente a quantificação da indenização correspondente, constitui um dos problemas mais delicados da prática forense na atualidade, em face da dificuldade de fixação de critérios objetivos para seu arbitramento". Assim, após rejeitar o critério do tarifamento legal e estabelecer o arbitramento equitativo pelo juiz como melhor maneira de quantificar os danos extrapatrimoniais, passou a analisar quais seriam os critérios razoavelmente objetivos para informar tal decisão quantitativa.

Como o próprio nome sugere, o método bifásico consiste em uma análise em duas etapas. Na primeira, deve ser estabelecido um "valor básico ou inicial da indenização, considerando-se o **interesse jurídico lesado**, em conformidade com os precedentes jurisprudenciais acerca da matéria (**grupo de casos**)" (BRASIL, 2011, p. 16. Grifos no original). A grande vantagem na utilização dessa primeira etapa é assegurar coerência e igualdade no tratamento de todos os casos análogos, que recebem quantificações similares. No segundo momento, deve-se proceder ao ajuste do valor obtido na primeira fase, de acordo com as circunstâncias particulares do caso. A partir do conceito de "concreção individualizadora" de Karl Engisch,[14] Sanseverino aponta como principais circunstâncias que devem ser encaradas como elementos objetivos e subjetivos de concreção:

a) a gravidade do fato em si e suas consequências para a vítima (dimensão do dano);

b) a intensidade do dolo ou o grau de culpa do agente (culpabilidade do agente);

c) a eventual participação culposa do ofendido (culpa concorrente da vítima);

d) a condição econômica do ofensor;

e) as condições pessoais da vítima (posição política, social e econômica).

---

14. Em síntese, a concreção de Engisch seria um processo que visa a atender às regras e princípios normativos (elementos objetivos) e, igualmente, às circunstâncias do caso concreto (elementos subjetivos). Tal procedimento configuraria uma atividade cíclica, até que se chegue a uma decisão coerente (ENGISCH, 1968).

O benefício que se atinge ao utilizar o método bifásico, portanto, é a soma das vantagens decorrentes de cada fase. "De um lado, será alcançada uma razoável correspondência entre o valor da indenização e o interesse jurídico lesado [1ª fase], enquanto, de outro lado, obter-se-á um montante que corresponda às peculiaridades do caso com um arbitramento equitativo e a devida fundamentação judicial [2ª fase]". Talvez seja no método bifásico que se pode encontrar a maior semelhança da responsabilidade penal com a responsabilidade civil. A nomenclatura da referida ferramenta possui clara relação com o procedimento de dosimetria da pena em nosso ordenamento. Segundo o artigo 68 do Código Penal, com redação dada após a reforma de 1984, a fixação da pena pelo juiz deve se dar em obediência ao chamado "método trifásico", que consiste em "estabelecer a pena em três fases distintas: a primeira leva em consideração a fixação da pena-base, tomando por apoio as circunstâncias judiciais do art. 59; em seguida, o magistrado deve aplicar as circunstâncias legais (atenuantes e agravantes dos arts. 61 a 66), para então apor as causas de diminuição e aumento" (NUCCI, 2014, p. 149). Relembre-se, ainda, que parte da doutrina defendia a utilização de um método bifásico mesmo no campo penal, o qual incorporaria a 3ª fase (causas de diminuição e aumento) no cálculo da pena-base (1ª fase) (NUCCI, 2014, p. 149).

As semelhanças são ainda mais fortes quando se nota que as circunstâncias judiciais para fixação da pena-base (artigo 59, CP) e as causas de diminuição e aumento fazem referência a critérios que também estão presentes, resguardadas as devidas proporções, na função punitiva da responsabilidade civil.[15] A grande diferença, contudo, reside na relativa tarifação da sanção penal, que, obedecendo ao princípio da legalidade, tem seus valores máximo e mínimo estipulados de forma expressa pelo ordenamento, assim como os respectivos critérios que informam as três fases do método.

O objetivo de ambos os métodos, contudo, é o mesmo: obter a individualização judiciária da sanção (seja penal ou civil), isso é, o *quantum* que o magistrado deve aplicar no caso concreto, de modo a "eleger a justa e adequada sanção penal, quanto ao montante, ao perfil e aos efeitos pendentes sobre o sentenciado, tornando-o único e distinto dos demais infratores", bem como no intuito de fugir à "padronização da pena, da 'mecanizada' ou 'computadorizada' aplicação da sanção" (NUCCI, 2014, p. 28-29). Ainda em relação às vantagens do método bifásico, note-se que ele consagra ambas as etapas do exercício de individualização e concreção (valoração e quantificação). A primeira fase trata da valoração do dano, identificando a categoria de interesse violado e classificando-o de acordo com seu conteúdo e relevância. Já a segunda fase trata da quantificação propriamente dita, em sentido estrito, determinando o quanto se deve pagar segundo critérios juridicamente respaldados e que reflitam todas as funções da responsabilidade civil.

---

15. A título de exemplo, extraem-se do art. 59, CP, os seguintes critérios que também são analisados na quantificação do dano moral coletivo: culpabilidade, antecedentes, motivos, circunstâncias e consequências do crime etc.

Não se deve olvidar, contudo, que o REsp 1.152.541/RS tratava de danos morais individuais, e não coletivos. Sendo assim, a transposição do método bifásico para o arbitramento dos danos morais coletivos constitui inovação ainda mais recente na jurisprudência do STJ, mas que não se revela inadequada. De início, poder-se-ia cogitar que as ações coletivas, por envolverem os mais diversos interesses transindividuais e constituírem, por natureza, demandas mais complexas, não se repetiriam ou possuiriam poucas semelhanças entre si. No entanto, a prática revela que o uso do método é possível, principalmente em ações que, apesar de coletivas, são repetitivas. No âmbito do Direito do Consumidor, por exemplo, são muitas as ações movidas pelo Ministério Público contra concessionárias de transporte coletivo terrestre urbano (ônibus), em razão de falhas na prestação de serviço como a operação de linhas com frota inferior ao previsto pela legislação, a irregularidade nos horários, a má conservação dos coletivos etc. Nesses casos, é certo que existe um interesse jurídico lesado comum, bem como um grupo de casos homogêneos. Sem prejuízo, também é possível identificar as nuances de cada hipótese, tornando possível a aplicação do método bifásico.

Assim como no REsp 1.487.046/MT, o método bifásico foi igualmente empregado para o arbitramento de danos morais coletivos no REsp 1.517.973/PE, também de relatoria do Ministro Luis Felipe Salomão, cujo voto foi adotado por unanimidade, nos seguintes termos:

> Nesse passo, suprimidas as circunstâncias específicas da lesão a direitos individuais de conteúdo extrapatrimonial, creio ser possível o emprego do referido método bifásico para a quantificação do dano moral coletivo.
>
> Assim, em primeira fase, verifica-se que julgados desta Corte, ao reconhecerem dano moral coletivo, consideraram razoável a fixação de valores entre R$ 50.000,00 (cinquenta mil reais) e R$ 500.000,00 (quinhentos mil reais), o que tem o condão de traduzir a relevância do interesse transindividual lesado (REsp 1.101.949/DF, Rel. Ministro Marco Buzzi, 4ªTurma, julgado em 10.05.2016, DJe 30.05.2016; REsp 1.250.582/MG, Rel. Ministro Luis Felipe Salomão, 4ª Turma, julgado em 12.04.2016, DJe 31.05.2016; REsp 1.315.822/RJ, Rel. Ministro Marco Aurélio Bellizze, 3ª Turma, julgado em 24.03.2015, DJe 16.04.2015; e REsp 1.291.213/SC, Rel. Ministro Sidnei Beneti, 3ª Turma, julgado em 30.08.2012, DJe 25.09.2012).
>
> Por sua vez, em segunda fase, observadas as nuances do caso concreto (conduta dolosa causadora de dano de abrangência local; ofensor de grande capacidade econômica; incontroverso proveito econômico no importe de mais de R$ 90.000,00 – noventa mil reais – por programa; omissão apesar de sucessivos requerimentos do Ministério Público para a celebração de Termo de Ajustamento de Conduta; e significativa reprovabilidade social da lesão), considero razoável e adequado à função do dano moral coletivo o arbitramento da quantia de R$ 50.000,00 (cinquenta mil reais), consoante estabelecido na origem. (BRASIL, 2018).

Apesar de se considerar salutar a aplicação do método bifásico, deve-se proceder a uma crítica em relação à maneira como foi feito o cálculo na primeira fase do procedimento, para que uma prática nefasta não se concretize. Como exposto, a primeira etapa do método consiste na identificação do interesse jurídico lesado e de um corpo de precedentes sobre a matéria (grupo de casos), que permita a estipulação de um valor-base de condenação. Nos dois casos acima narrados (REsp 1.487.046/MT e 1.517.973/

PE), os interesses transindividuais em jogo eram completamente diversos: o primeiro versava sobre publicidade enganosa e concorrência desleal no âmbito do Direito do Consumidor, e o segundo abordava a exibição de programas televisivos ofensivos aos direitos humanos de crianças e adolescentes, idosos e pessoas com deficiência.

Não obstante tal disparidade, o corpo de precedentes utilizado nos votos para determinar o valor condenatório base foi rigorosamente igual, o que revela uma inconsistência com o método, visto que não houve a identificação e individualização do interesse transindividual em jogo. Em verdade, os próprios precedentes citados (REsp 1.101.949/DF, 1.250.582/MG, 1.315.822/RJ e 1.291.213/SC), apesar de, de fato, tratarem sobre o *quantum* condenatório a título de danos morais coletivos, não guardam muitas semelhanças entre si, no que tange ao direito lesado.[16] Sendo assim, a aplicação da primeira fase não foi condizente com a construção feita no REsp 1.152.541/RS, o que acaba por prejudicar a segunda etapa do método e, por conseguinte, todo o arbitramento.

Em última análise, o raciocínio conjugado da transposição do método bifásico para o dano moral coletivo feito nos REsp 1.487.046/MT e 1.517.973/PE pode transparecer uma possibilidade de determinação de valores mínimo e máximo para condenações por danos morais coletivos (de R$ 50.000,00 a R$ 500.000,00) o que novamente vai de encontro à construção argumentativa do Ministro Sanseverino no REsp 1.152.541/RS.[17] É preciso ter cautela para que a primeira fase do método bifásico não se transforme em verdadeiro tarifamento das condenações por danos morais coletivos, quando, em verdade, deve traduzir apenas o valor usual das condenações em casos análogos, nos quais o mesmo interesse é lesado, em prestígio da segurança jurídica e da igualdade de tratamento.

---

16. Os julgados tratavam, respectivamente, de publicidade ilícita, de práticas fraudulentas no âmbito de contratos coletivos de investimento, da adoção do método braile em contratos bancários celebrados por instituição financeira e da omissão de informações relevantes aos consumidores por parte de empresa de telefonia.

17. Nas palavras do próprio Ministro: "Outro problema reside no risco de sua utilização com excessiva rigidez, conduzindo a um indesejado tarifamento judicial das indenizações por prejuízos extrapatrimoniais, ensejando um engessamento da atividade jurisdicional e transformando o seu arbitramento em uma simples operação de subsunção, e não mais de concreção.
    O tarifamento judicial, tanto quanto o legal, não se mostra compatível com o princípio da reparação integral que tem, como uma de suas funções fundamentais, a exigência de avaliação concreta da indenização, inclusive por prejuízos extrapatrimoniais. Na França, a jurisprudência da Corte de Cassação entende sistematicamente que a avaliação dos danos é questão de fato, prestigiando o poder soberano dos juízes na sua apreciação e criticando as tentativas de tarifamento de indenizações (VINEY, Geneviève; MARKESINIS, Basil. La Reparation du dommage corporel: Essai de comparaison des droits anglais e français. Paris: Economica, 1985, p. 48). No Brasil, a jurisprudência do STJ tem respeitado as indenizações por danos extrapatrimoniais arbitradas pelas instâncias ordinárias desde que atendam a um parâmetro razoável, não podendo ser excessivamente elevadas ou ínfimas, consoante será analisado em seguida.
    Em suma, a valorização do bem ou interesse jurídico lesado é um critério importante, mas deve-se ter o cuidado para que não conduza a um engessamento excessivo das indenizações por prejuízos extrapatrimoniais, caracterizando um indesejado tarifamento judicial com rigidez semelhante ao tarifamento legal" (BRASIL, 2011, p. 15-16).

Nesse contexto, interessante mencionar novamente o importante caso concreto do *Dieselgate*. Nos Estados Unidos, diante da exposição a uma possível condenação bilionária, a Volkswagen se comprometeu, através da assinatura de um acordo coletivo, não apenas ao pagamento de indenizações por danos materiais individuais aos consumidores lesados, mas também ao pagamento de 2,7 bilhões de dólares para um fundo de recomposição do meio ambiente lesado e de 2 bilhões de dólares para um programa de pesquisa e desenvolvimento de carros elétricos (EWING, 2017: p. 236). Na Alemanha, a empresa concordou com o pagamento de um bilhão de euros como sanção econômica em decorrência da sua conduta fraudulenta no Dieselgate (TAYLOR; CREMER; SCHWARTZ, 2018). No Brasil, em contraste, a empresa Volkswagen foi julgada pela 1ª Vara Empresarial do Rio de Janeiro e condenada por conta do *Dieselgate* ao pagamento de somente um milhão de reais pelos danos morais coletivos (VAZ, 2017), tendo o Ministério Público apelado para que o montante da condenação fosse de cerca de dez bilhões de reais (NEVES, 2018).

O *parquet* fiou-se no método bifásico, afirmando que, apesar de não ter havido demandas semelhantes em solo brasileiro, o *Dieselgate* foi objeto de ações ao redor do mundo, que resultaram em condenações inegavelmente mais duras. No entender do MPRJ, tais demandas estrangeiras poderiam ser encaradas como o "grupo de casos" a que se refere a primeira fase do método bifásico. Além disso, também seria certo que o interesse jurídico lesado permaneceria sendo o mesmo: o direito de informação ao consumidor e a proteção deste contra práticas e propagandas ilícitas, bem como o direito ao meio ambiente ecologicamente equilibrado.

Em suma, o método bifásico constitui importante ferramenta para auxiliar os magistrados na quantificação do dano moral. Sua transposição para o âmbito coletivo é plenamente possível, mas as fases devem ser devidamente respeitadas. Os casos selecionados na primeira etapa devem guardar relação entre si, abordando o mesmo interesse transindividual. Já na segunda fase, os critérios a serem observados devem ser aqueles já consagrados pela doutrina especializada, com especial atenção à predominância do caráter punitivo e dissuasório da responsabilidade civil em demandas coletivas.

6. O COMBATE À ILICITUDE LUCRATIVA

No Brasil, o instituto dos danos punitivos, exemplares ou punitivos também se tornou conhecido como uma aplicação da "teoria do valor do desestímulo" – uma tradução para o direito brasileiro da ideia de *deterrence* do direito estadunidense. A rigor, a tradução literal de *deterrence* é dissuasão, de maneira a que o conceito de desestímulo está relacionado à função precaucional típica da responsabilidade civil coletiva. A rigor, o efeito dissuasório da tutela coletiva de direitos é formado através do impacto econômico da condenação por danos morais coletivos. Trata-se, portanto, de um instituto do direito civil que deve ser analisado também pela perspectiva interdisciplinar da análise econômica do direito, na medida em que o efeito dissuasório depende da quantificação dos danos punitivos. Caso a quantificação seja ínfima, a tutela coletiva de direitos não irá prevenir e nem dissuadir. Aliás, a análise empírica das primeiras duas décadas de tutela coletiva do consumidor (1990-2010) evidencia um cenário de ilicitude lucrativa, em que reduzidas sanções econômicas para transgressões coletivas encorajam as empresas a tornar a delinquir por se beneficiarem economicamente de seus atos ilícitos (FORTES, 2016).

Os danos punitivos se desenvolveram nos Estados Unidos no século XIX como uma espécie de remédio jurídico supracompensatório, cujos objetivos são exatamente punir e dissuadir a conduta ilícita (SHARKEY, 2013, p. 486). Consoante a melhor doutrina, as funções punitiva e dissuasória da responsabilidade civil são significativas para proteger os direitos dos indivíduos lesados, especialmente nos casos de fraude, dolo, discriminação e responsabilidade por vício de produto (SHARKEY, 2013, p. 486). Os fundamentos para se aplicar os danos punitivos são a busca pela dissuasão ótica com a internalização de perdas pelo transgressor, a exclusão de ganhos ilícitos e a correção do enriquecimento sem causa (SHARKEY, 2013, p. 489-493; PARISI e CENINI, 2012, p. 139-143). A falta de danos punitivos ou exemplares calibrados de maneira ótima acaba por gerar incentivos econômicos para que os transgressores tornem a delinquir, reiterando a prática de atos ilícitos lesivos aos direitos transindividuais. Se o ilícito compensar, a ordem jurídica acaba por estimular o fenômeno da ilicitude lucrativa (FORTES, 2016).

O fenômeno da ilicitude lucrativa é a faceta econômica do enriquecimento sem causa, uma instituição jurídica bem estabelecida. Tradicionalmente, os tribunais estão bem equipados para lidar com essa questão em casos individuais e o desafio com ações coletivas envolve tratar o universo de demandas em massa. Atualmente no Brasil, aliás, o cálculo da quantificação do dano moral coletivo tem sido feito predominantemente com base no arbitramento por valor mínimo, sendo fixado, não raro, um valor simbólico diante da magnitude do prejuízo social. A lição comparada recomenda que seja feito um cálculo completo do lucro ilícito, adotando-se a técnica mais adequada conforme o caso concreto: "desnatação" (*skimming off*) com exclusão do lucro ilegítimo; cálculo com base no investimento ilícito; e cálculo com base no montante global da indenização por danos materiais.[18]

As sanções econômicas não precisam ser direcionadas a um consumidor específico, como, às vezes, é o caso de danos punitivos nos EUA, mas podem ser distribuídas por todo o universo de consumidores prejudicados ou destinadas a um determinado fundo, seguindo a doutrina de *cypres* (MULHERON, 2006, Parte II). Nos Estados Unidos, considera-se essencial que o cálculo considere a dimensão dos prejuízos difusos, a apatia racional dos lesados individuais diante da microlesão ou de casos de valor agregado negativo, bem como a dificuldade da vítima de identificar a transgressão (SHARKEY, 2013, p. 490). Além disso, a fórmula de cálculo dos danos punitivos contém um fator multiplicador para cumprir integralmente a função precaucional, justificada juridicamente pelas características do caso concreto e economicamente pela lógica da baixa probabilidade de detecção da transgressão coletiva (SHARKEY, 2013, p. 490; POLINSKY; SHAVELL, 1998).

---

18. Cf. item 3.

No Brasil, contudo, tais fatores não têm sido levados em consideração. A não ser que haja a incorporação destes fatores no cálculo pelo poder judiciário, o sistema atual permanecerá em vigor, com todos os impactos negativos da ilicitude lucrativa. Afinal de contas, se não houver a quantificação adequada dos danos morais coletivos, as ações coletivas não terão efeito pedagógico e os ilícitos lesivos à sociedade terão valido à pena do ponto de vista econômico. Conforme a lição do renomado Professor Lawrence Friedman, da Stanford Law School, "presumivelmente, é a análise de custo-benefício que guia o comportamento das empresas; se o benefício de cumprir a lei supera os custos, a empresa deve cumprir. Do contrário não" (FRIEDMAN, 2016, p. 213). É essencial, logo, que seja imposta uma sanção econômica adequada para cada caso, de modo a eliminar o lucro ilícito obtido e a prevenir novos ilícitos coletivos, incentivando que as empresas cumpram com os ditames legais e constitucionais. Do contrário, a transgressão coletiva compensa. Assim, por ocasião da fixação do valor a ser imposto como dano moral coletivo, deve-se o papel pedagógico de induzir as rés ao cumprimento dos pertinentes ditames legais e constitucionais para prevenir que tornem a causar danos a outros, sendo certo que as demais medidas não exerceriam força intimidativa em face de grandes empresas.

7. CONCLUSÃO

O dano moral coletivo é consolidado no direito brasileiro, inclusive quanto à função punitiva e dissuasória da responsabilidade coletiva. Após hesitação inicial, nossos tribunais superiores têm condenado os transgressores coletivos ao pagamento dos chamados danos exemplares ou punitivos, o que se vê refletido nos critérios quantificadores apontados pela doutrina e mencionados pela jurisprudência. Em alguns casos concretos, a quantificação do dano moral coletivo é feita com base na exclusão do lucro ilegítimo, no investimento ilícito ou no montante global da indenização por dano material. Contudo, a maioria dos cálculos ainda é feita com base no arbitramento do valor mínimo. O STJ adotou o método bifásico, mas os parâmetros têm sido baixos diante da magnitude do prejuízo social, porque o histórico de decisões remete ao período de hesitação inicial. Ademais, há nítida incoerência do STJ quando agrega grupos de casos díspares com base no interesse tutelado em abstrato, quantificando dano moral coletivo de forma idêntica em hipóteses de prejuízos sociais de natureza, extensão e valor econômico bastante diferentes. Além disso, inúmeros casos de transgressões coletivas não resultaram em condenação ao pagamento de danos extrapatrimoniais por conta da inadequada exigência de sofrimento coletivo amplo. A falta da quantificação adequada na condenação ao pagamento de danos extrapatrimoniais coletivos tem criado incentivos econômicos para que os transgressores continuem a violar direitos transindividuais em busca do lucro ilegítimo. Logo, a aplicação de métodos adequados para a quantificação de danos morais coletivos é necessária para o combate à ilicitude lucrativa. Apesar de não existir fórmula matemática precisa, é necessário levar a sério os efeitos da "virada matemática no direito" (RESTREPO-AMARILES, 2014; FORTES, 2015) e da correta quantificação para a efetiva tutela dos direitos transindividuais.

8. REFERÊNCIAS

BESSA, Leonardo Roscoe. Dano Moral Coletivo. *Revista Direito e Liberdade – Mossoró*, v. 7, n. 3, jul/dez 2007, p. 237-274.

BITTAR FILHO, Carlos Alberto. Do dano moral coletivo no atual contexto jurídico brasileiro. *Revista de Direito do Consumidor*, São Paulo: Ed. Revista dos Tribunais, v. 12, p. 59, out./dez. 1994.

BRASIL. Superior Tribunal de Justiça. Recurso Especial 1.152.541/RS. Relator: Ministro Paulo de Tarso Sanseverino, Terceira Turma, julgado em 13/09/2011, publicado em 21.09.2011. *Diário de Justiça Eletrônico*. Disponível em: <https://ww2.stj.jus.br/processo/revista/inteiroteor/?num_registro=200901570760&dt_publicacao=21/09/2011>. Acesso em 08 jul. 2018.

_____. Superior Tribunal de Justiça. Recurso Especial 1.487.046/MT. Relator: Ministro Luis Felipe Salomão, Quarta Turma, julgado em 28/03/2017, publicado em 16/05/2017. *Diário de Justiça Eletrônico*. Disponível em: <https://ww2.stj.jus.br/processo/revista/inteiroteor/?num_registro=201202275676&dt_publicapub=16/05/2017>. Acesso em 03 jul. 2018.

_____. Superior Tribunal de Justiça. Recurso Especial 1.517.973/PE. Relator: Ministro Luis Felipe Salomão, Quarta Turma, julgado em 16/11/2017, publicado em 01/02/2018. *Diário de Justiça Eletrônico*. Disponível em: < https://ww2.stj.jus.br/processo/revista/inteiroteor/?num_registro=201500407550&dt_publicacao=01/02/2018>. Acesso em 08 jul. 2018.

_____. Tribunal Superior do Trabalho. Recurso de Revista 110700-17.2003.5.03.0103. Segunda Turma. Relator: Ministro Renato de Lacerda Paiva, julgado em 10.08.2010. *Diário de Justiça Eletrônico*. Disponível em: < http://aplicacao5.tst.jus.br/consultaDocumento/acordao.do?anoProcInt=2005&numProcInt=15604&dtaPublicacaoStr=19/11/2010%2007:00:00&nia=5229116>. Acesso em 08 jul. 2018.

CAMARGO, Paulo Sergio Uchôa Fagundes Ferraz de Camargo. *Dano Moral Coletivo*: uma possibilidade de aplicação dos danos punitivos. Versão digital. São Paulo: Almedina, 2016.

CAMPOLIETI, Federico, and LIMA, Ignacio J. Minorini. Latin America. KARLSGODT, Paul (editor), *World Class Actions: A Guide to Group and Representative Actions around the Globe*. Oxford: OUP (2012).

CASEMIRO, Luciana. *MPRJ e Defensoria querem Riocard e Fetranspor fora do bilhete único*. O Globo, 19 Jul. 2017. Disponível em: https://oglobo.globo.com/economia/defesa-do-consumidor/mprj-defensoria-querem-riocard-fetranspor-fora-do-bilhete-unico-21607107. Acesso em 06 jul. 2018.

EWING, John Thomas. *Faster, Higher, Farther: The Inside Story of the Volkswagen Scandal*. London: Bantam Press, 2017.

ENGISCH, Karl. *La idea de concrecion en el derecho y en la ciencia juridica actuales*. Tradução de Juan José Gil Cremades. Pamplona: Ediciones Universidade de Navarra, 1968.

FARIAS, Cristiano Chaves de; ROSENVALD, Nelson; NETTO, Felipe Braga. *Curso de Direito Civil: responsabilidade civil*. 4ª ed. Salvador: JusPodivm, 2017.

FORTES, Pedro Rubim Borges. *Collective Action in a Comparative and Empirical Perspective: Towards a Socio-Legal Theory*. Tese de DPHIL depositada na biblioteca da Universidade de Oxford. Oxford, 2016.

_____. How legal indicators influence a justice system and judicial behavior: the Brazilian National Council of Justice and 'justice in numbers', *The Journal of Legal Pluralism and Unofficial Law* v. 47, issue 1, p. 39-55, 2015.

FRIEDMAN, Lawrence, *Impact: How Law Affects Behavior*. Cambridge: Harvard University Press, 2016,

_____. *Total Justice*. New York: Russell Sage Foundation, 1985.

HENSLER, Deborah. *The socio-economics of mass torts: what we know, don't know and should know*. em Jennifer Arlen (editora), Research Handbook on the Economics of Torts. Cheltenham: Edward Elgar, 2013.

MAIRAL, Hector. Argentina. HENSLER, Deborah; HODGES, Christopher; and TULIBACKA, Magdalena (editors), *The Globalization of Class Actions*, The Annals of the American Academy of Political and Social Science, v. 622, March 2009.

McCANN, Michael, HALTOM, William, e BLOOM, Anne. Java Jive: Genealogy of a Juridical Icon. *University of Miami Law Review*, v. 56 (2001), p. 113 e ss.

MEDEIROS NETO, Xisto Tiago de. *Dano Moral Coletivo*. 4ª ed. São Paulo: LTr, 2014.

MULHERON, Rachael. *The Class Action in Common Law Systems: A Comparative Perspective*. Oxford: Hart, 2004.

MULHERON, Rachael, *The modern cy-près doctrine: applications & implications*. Londres: Routledge, 2016.

NEVES, Ernesto. *Ministério Público pede R$ 10 bilhões da Volkswagen*. 13 mai. 2018. Disponível em: https://veja.abril.com.br/blog/radar/ministerio-publico-pede-r-10-bilhoes-da-volkswagen/. Acesso em 05 jul. 2018.

NUCCI, Guilherme de Souza. *Individualização da Pena*. Rio de Janeiro: Forense, 2014.

PAMPLONA, Nicola. *Ministério Público do Rio acusa Decolar.com de manipular preços*. 6 fev. 2018. Disponível em: https://www1.folha.uol.com.br/mercado/2018/02/mp-do-rio-acusa-decolarcom-de-manipular-precos.shtml. Acesso em 06 jul. 2018.

PARISI, Francesco, e CENINI, Marta Silvia. Punitive damages and class actions. In: BACKHAUS, Jürgen; CASSONE, Alberto, and RAMELLO, Giovanni B. (editores), *The Law and Economics of Class Actions in Europe: Lessons from America*. Cheltenham: Edward Elgar, 2012.

POLINSKY, Mitchell; SHAVELL, Steven. Punitive Damages: An Economic Analysis. *Harvard Law Review*, v. 111, p. 869-962, 1998.

RESTREPO-AMARILES, David. The Mathematical Turn: L'indicateur rule of law dans la politique de développement de la Banque mondiale. FRYDMAN, Benoît et VAN WAEYENBERGE, Arnaud (editeurs), *Gouverner par les standards et les indicateurs: de Hume au rankings*. Bruxelas: Bruylant, p. 193-234, 2014.

ROSENVALD, Nelson. *As Funções da Responsabilidade Civil*: a Reparação e a Pena Civil. 2ª ed. São Paulo: Atlas, 2014.

SANTANA, Héctor Valverde. A fixação do valor da indenização por dano moral. *Revista de Informação Legislativa*, a. 44, n. 175, jul./set. Brasília, 2007, p. 21-40.

SCHREIBER, Anderson. *Direito Civil e Constituição*. São Paulo: Atlas, 2013.

SHARKEY, Catherine M., Economic analysis of punitive damages: theory, empirics, and doctrine. In: ARLEN, Jennifer (editor), *Research Handbook on the Economics of Torts*. Cheltemham: Edward Elgar, 2013.

TAYLOR, Edward; CREMER, Andreas: SCHWARTZ, Jan. *Volkswagen é multada em 1 bilhão de euros por fraude em testes de emissão de poluentes*. Reuters, 13 jun. 2018. Disponível em: https://epocanegocios.globo.com/Empresa/noticia/2018/06/volkswagen-e-multada-em-1-bilhao-de-euros-por-fraude-em-testes-de-emissao-de-poluentes.html. Acesso em 05 jul. 2018.

TEPEDINO, Gustavo; BARBOZA, Heloisa Helena; MORAES, Maria Celina Bodin de. *Código Civil Interpretado Conforme a Constituição da República*. v. II. Rio de Janeiro: Renovar, 2006.

VAZ, Tatiana. *Volks é condenada a pagar R$ 1 Bilhão aos 17.000 donos do Amarok*. 19 set. 2017. Disponível em: https://exame.abril.com.br/negocios/volks-e-condenada-a-pagar-r-1-bilhao-aos-17-000-donos-de-amarok/. Acesso em 05 jul. 2018.

WÖSTHOFF, Meinrad, Collective redress from a judicial perspective, em LEIN, Eva; FAIRGRIEVE, Duncan, e CRESPO, Marta Otero, e SMITH, Vincent (editors), *Collective Redress in Europe: Why and How?* Londres: BIICL, 2015

ZAVASCKI, Teori Albino. *Processo Coletivo: Tutela de Direitos Coletivos e Tutela Coletiva de Direitos*. 4ª ed. São Paulo: RT, 2009.

A LEGITIMIDADE PARA POSTULAR A REPARAÇÃO DO DANO MORAL COLETIVO

Adisson Leal

Mestre em Direito Constitucional e doutorando em Direito Civil pela Universidade de Lisboa. Especialista em Direito Civil e Empresarial pela Universidade Potiguar. Professor de graduação e pós-graduação. Pesquisador-visitante da Universidade de Munique, Alemanha. Assessor de ministro do Supremo Tribunal Federal.

Sumário: 1. Introdução: o fenômeno da coletivização no Direito – 2. Dano, ação e legitimidade – 3. Direitos individuais e coletivos e o dano moral coletivo – 4. Legitimidade para postular a reparação do dano moral coletivo: 4.1 Legitimidade do Ministério Público; 4.2 Legitimidade da Defensoria Pública – 5. Considerações finais – 6. Bibliografia.

1. INTRODUÇÃO: O FENÔMENO DA COLETIVIZAÇÃO NO DIREITO

Não é de hoje que a responsabilidade civil vem se abrindo para a coletivização. Na verdade, a coletivização atingiu diversos setores da ordem jurídica brasileira, e continua avançando. Citem-se, por exemplo, o mandado de segurança coletivo, o *habeas corpus* coletivo, os interesses ou direitos coletivos, o dano coletivo, a ação coletiva, o dissídio coletivo, o direito coletivo do trabalho e a convenção coletiva de consumo.

Contudo, pouco se desenvolveu no sentido de um efetivo sistema de tutela coletiva de direitos, apesar de este tema trazer consigo um profundo potencial de efetivação do acesso à justiça, e de estar na pauta política há um tempo considerável.[1]

De todo modo, apesar dos atrasos, seguimos avançando aos poucos.

No específico plano da responsabilidade civil, o primeiro grande marco legislativo foi a Lei 7.347/1985, a chamada Lei da Ação Civil Pública (LACP), que disciplina a ação de responsabilidade por danos morais e patrimoniais causados: ao meio ambiente; ao consumidor; a bens e direitos de valor artístico, estético, histórico, turístico e paisagístico; a qualquer outro interesse difuso ou coletivo; à ordem urbanística; à honra e à dignidade de grupos raciais, étnicos ou religiosos; ao patrimônio público e social; e por infração à ordem econômica.

---

1. Nesse sentido: "O individualismo jurídico fez sentir sua força na tradição jurídica nacional. Assim, não obstante fosse um item claro da agenda da reforma, o aprimoramento do sistema processual coletivo, com vistas à instituição de um sistema único de 'tutela de interesses ou direitos difusos, coletivos e individuais homogêneos, objetivando a racionalização do processo e julgamento dos conflitos em massa', nunca vingou". REFOSCO, Helena Campos. *Ação Coletiva e Democratização do Acesso à Justiça*, p. 111.

Na sequência, com o advento do Código de Defesa do Consumidor, passamos a contar com mais elementos de conceituação dos direitos coletivos e de sistematização da defesa coletiva em juízo. Por esses avanços conceituais e sistêmicos, o CDC acaba se tornando diploma de referência na matéria, informando, ainda que de forma subsidiária, até mesmo o processo coletivo em face de danos de outras naturezas. Extrapola, portanto, o contexto das relações de consumo.

É nítido o viés coletivista do Código de Defesa do Consumidor. Logo de início, o diploma equipara ao consumidor "a coletividade de pessoas, ainda que indetermináveis, que haja intervindo nas relações de consumo" (art. 2º, parágrafo único). Mais adiante, consagra como direito básico do consumidor "a efetiva prevenção e reparação de danos patrimoniais e morais, individuais, coletivos e difusos" (art. 6º, VI).

Mas é no título dedicado à *defesa do consumidor em juízo* (arts. 81 a 104) que esse viés coletivista do CDC aparece com mais ênfase. É naqueles dispositivos que se empreende uma conceituação de direitos difusos, coletivos e individuais homogêneos, bem como se definem diversos aspectos processuais atinentes à matéria, entre os quais destacamos a legitimidade para empreender a defesa do consumidor a título coletivo.

Sendo assim, é justamente nessa área do Direito que surgem as mais férteis discussões acerca da tutela coletiva de direitos. Primeiramente, em razão da massificação e da padronização do consumo; em segundo lugar, porque nessa seara há uma disciplina legal que permite extrapolar o campo da ciência propositiva, da análise dos problemas *de lege ferenda*.

Feitas essas considerações iniciais, convém destacar que o escopo do presente estudo se restringe à legitimidade para postular a reparação do dano moral coletivo. Sendo assim, logicamente, temos que partir do pressuposto da possibilidade de configuração e da indenizabilidade do dano moral coletivo, o que ainda é controvertido na doutrina e na jurisprudência pátrias, apesar de indicações legislativas nesse sentido, como se depreende, por exemplo, do art. 1º da Lei da Ação Civil Pública e do art. 6º do CDC.

A título exemplificativo, cite-se as discussões travadas no âmbito do Superior Tribunal de Justiça nos Recursos Especiais 598.281/MG, julgado em 2006, e 636.021/RJ, julgado em 2008. No primeiro, discutiu-se, entre outros aspectos, a configuração de dano moral coletivo por danos ambientais decorrentes de loteamentos realizados no município de Uberlândia, Minas Gerais. O relator, Min. Luiz Fux reconheceu o dano moral coletivo, mas ficou vencido pela divergência aberta pelo Min. Teori Zavascki, que consignou que a ideia de dano moral está necessariamente atrelada à ocorrência de dor, sentimento, lesão psíquica, atributos relativos ao ser humano individualmente considerado. Assim, o dano moral estaria necessariamente atrelado à pessoa, sendo incompatível com a ideia de transindividualidade. Recusou-se, portanto, a possibilidade de configuração do dano moral coletivo.

No segundo julgado, discutiu-se a configuração de danos morais coletivos causados por uma emissora de televisão por ter veiculado, no período vespertino, uma telenovela com cenas impróprias para o horário. Na oportunidade, a relatora, Ministra Nancy Andrighi, consignou que, "ainda que o conceito de dano moral esteja tradicionalmente ligado à violação da honra, nome, a integridade físico-psíquica e outros direitos da personalidade, esses não são os únicos bens extrapatrimoniais reconhecidos por nosso ordenamento jurídico", concluindo que, "diante da violação de bens extrapatrimoniais difusos, torna-se necessária a aplicação da regra constitucional de responsabilidade civil [...]". Apesar de ter ficado vencida por questões processuais, aquela orientação da ministra Nancy Andrighi prevaleceria na jurisprudência da Corte, que hoje reconhece a possibilidade de configuração do dano moral coletivo.[2]

Dito isso, reiteramos que, por questões lógicas, partimos do pressuposto da possibilidade de configuração e da indenizabilidade do dano moral coletivo, já que aqui pretendemos fixar uma base teórica acerca da legitimidade para postular a sua reparação. Para tanto, passemos aos conceitos materiais e processuais mais relevantes para a temática.

2. DANO, AÇÃO E LEGITIMIDADE

Os conceitos de dano, ação e legitimidade estão intrinsecamente relacionados. No contexto jurídico, a máxima *neminem laedere* preleciona que a ninguém é dado o direito de causar prejuízo a outrem. Por isso, toda a ordem jurídica é construída com base em sanções a condutas reprováveis e lesivas. E a responsabilidade civil funciona justamente como um mecanismo jurídico de sanção (em sentido amplo) a condutas lesivas.

Para que não se confunda *sanção* com *punição*, conduzindo o debate para a controvertida função punitiva da responsabilidade civil, destaque-se o conceito de sanção desenvolvido por José de Oliveira Ascensão:

> Em si, a sanção não é um facto. Como consequência desfavorável, a sanção é um efeito jurídico, conteúdo de uma regra jurídica cuja previsão é a violação de uma regra de conduta.[3]

Assim, em linhas gerais, as regras de responsabilidade civil se prestam a sancionar a transgressão da regra geral de não causação de dano, ou seja, é um mecanismo de sanção à conduta lesiva. No entanto, no contexto moderno, "pode mesmo se cogitar de reparação do dano sem a constatação do ato ilícito, da culpa, ou mesmo em casos extremos, do nexo causal".[4]

---

2. Neste sentido: REsp 1.643.365/RS, Rel. Min. Nancy Andrighi, *DJe* 07.06.2018; REsp 1.487.046/MT, Rel. Min. Luis Felipe Salomão, *DJe* 16.05.2017; REsp 1.101.949/DF, Rel. Min. Marco Buzzi, *DJe* 30.05.2016; REsp 1.269.494/MG, Rel. Min. Eliana Calmon, *DJe* 01.10.2013.

3. José de Oliveira Ascensão, O Direito, p. 64.

4. Cristiano Chaves de Farias, Felipe Braga Netto e Nelson Rosenvald, Novo Tratado de Responsabilidade Civil, p. 241.

Justamente em virtude da existência de situações em que os elementos clássicos da responsabilidade civil não estão presentes, nos concentraremos no dano como desencadeador da responsabilidade civil, de modo que possamos construir uma teoria mais confiável em razão da sua generalidade.

Apesar de existirem vozes no sentido da possibilidade de responsabilização civil sem dano, este elemento continua representando a espinha dorsal da sistemática da responsabilidade civil: "o dano é verdadeiramente a pedra angular para a configuração de indenizar";[5] "o dano encontra-se no centro da regra de responsabilidade civil";[6] "o dano é o fato jurídico desencadeador de responsabilidade civil. Não há responsabilidade civil sem dano".[7]

Como aduz Rui Stocco, "falar em dano significa dar-lhe um sentido sempre ligado à ideia de prejuízo ou perda".[8] Por ora, essa noção preliminar nos basta. Mais adiante aprofundaremos as características do dano indenizável, no contexto do dano moral coletivo.

Ocorrendo o dano, o titular do bem jurídico violado passa a titularizar outras posições jurídicas, como a pretensão e a ação. Sobre o direito de ação, Luiz Rodrigues Wambier e Eduardo Talamini dispõem:

> Ao lado de um direito absolutamente abstrato e incondicionado de ter acesso aos juízes e tribunais (o "direito constitucional de ação", "direito de acesso à jurisdição"), há o direito "processual de ação" (direito de receber sentença de mérito, ainda que desfavorável).[9]

O conceito processual de ação traz consigo, por conseguinte, um viés prático e institucionalizado da defesa de interesses e direitos. No que tange à instrumentalização dessa defesa, o direito de ação está intrinsecamente relacionado com o direito material.

Não se trata de ressuscitar a já superada teoria imanentista, segundo a qual o direito de ação seria uma mera manifestação, extensão, concretização do direito material.[10] Aqui, reconhecemos, por um lado, a autonomia entre o direito de ação e o direito material, na esteira da processualística moderna; mas, por outro, observa-se que a relação entre o direito de ação e o direito material é bastante próxima. *Autonomia* não significa, pois, *segregação*. Esse dado é essencial para que possamos bem compreender a legitimidade e o seu relacionamento com o direito material, logo adiante.

---

5. WALD, Arnoldo. *Direito Civil*: Responsabilidade Civil, p. 86.
6. CAVALIERI FILHO,, Sérgio. *Programa de Responsabilidade Civil*, p. 77.
7. CHAVES DE FARIAS, Cristiano; NETTO, Felipe Braga;ROSENVALD, , Nelson . *Novo Tratado de Responsabilidade Civil*, p. 241.
8. Stoco, Rui. *Tratado de Responsabilidade Civil* (e-book).
9. WAMBIER, Luiz Rodrigues; TALAMINI, Eduardo. *Curso Avançado de Processo Civil*: Teoria Geral do Processo, p. 218.
10. MEDINA, José Miguel Garcia. *Curso de Direito Processual Civil Moderno*. 4 ed. (e-book)

Para que se configure esse direito fático e prático à jurisdição de mérito, o Código de Processo Civil, em seu art. 17, aponta duas condições postulatórias (condições da ação): interesse e legitimidade. No dizer de Luiz Guilherme Marinoni e Daniel Mitidiero, "o interesse de agir concerne à necessidade e à utilidade da tutela jurisdicional postulada pelo demandante".[11] Somando a esse binômio *necessidade-utilidade* um terceiro elemento, a *adequação*, Luiz Rodrigues Wambier e Eduardo Talamini asseveram: "configura-se o interesse com a necessidade de proteção jurisdicional e a utilidade e adequação das providências pleiteadas para suprir tal necessidade".[12]

A adequação, aliás, vai ao encontro da moderna ideia de amoldar o processo ao direito material que se pretende tutelar e mesmo aos interesses processuais das partes, a exemplo do que ocorre com os chamados *negócios jurídicos processuais*, timidamente presentes no Código de Processo Civil de 1973 (no foro de eleição, na distribuição do ônus da prova e na suspensão do processo) e abarcados com bastante ênfase no Código de Processo Civil de 2015, em seu art. 190.[13] Assim, a adequação é mais um elemento de aproximação entre o direito de ação e o direito material, confirmando o que dissemos há pouco.

Por seu turno, a legitimidade poderá ser ativa ou passiva. Em razão do objeto do presente estudo, interessa-nos a ativa: haverá legitimidade ativa quando houver correspondência entre aquele que afirma ser o titular do direito material e o objeto do direito afirmado em juízo. Quer-se, com isso, fazer com que a jurisdição só possa ser provocada e movimentada por quem *possivelmente*[14] é o titular do direito material que se pretende proteger (Teoria da Asserção), coadunando-se com o que preleciona o art. 18, primeira parte, do CPC: "ninguém poderá pleitear direito alheio em nome próprio".

Quando o autor postula em juízo um direito do qual afirma ser titular, estar-se-á diante da chamada *legitimação ordinária*. Contudo, a segunda parte do referido art. 18 estabelece como exceção a possibilidade de postular em nome próprio direito alheio. Cite-se o dispositivo, agora por inteiro: "Ninguém poderá pleitear direito alheio em nome próprio, salvo quando autorizado pelo ordenamento jurídico".

---

11. MARINONI, Luiz Guilherme; MITIDIERO, Daniel. *Comentários ao Código de Processo Civil*, v. I. (e-book)
12. WAMBIER, Luiz Rodrigues; TALAMINI, Eduardo. *Curso Avançado de Processo Civil*: Teoria Geral do Processo, p. 219.
13. Art. 190. Versando o processo sobre direitos que admitam autocomposição, é lícito às partes plenamente capazes estipular mudanças no procedimento para ajustá-lo às especificidades da causa e convencionar sobre os seus ônus, poderes, faculdades e deveres processuais, antes ou durante o processo.
14. *Possivelmente*, pois a verificação da legitimidade é feita "*in status assertionis*, isto é, à vista das afirmações do demandante, sem tomar em conta as provas produzidas no processo" (MARINONI, Luiz Guilherme; MITIDIERO, Daniel. *Comentários ao Código de Processo Civil*, v. I. (e-book). No mesmo sentido: "como regra geral, é parte legítima para a exercer o direito de ação (legitimidade ativa) aquele que se *afirma* titular de determinado direito que precisa da tutela jurisdicional [...]" (WAMBIER, Luiz Rodrigues; TALAMINI, Eduardo.*Curso Avançado de Processo Civil*: Teoria Geral do Processo, p. 222.

Tal exceção é a chamada *legitimação extraordinária*, instituto de suma importância para a discussão em torno da legitimidade para postular a reparação do dano moral coletivo. Basicamente, consiste na outorga legal a determinado sujeito para que atue em juízo em nome próprio, mas em defesa de direito alheio.

Temos, enfim, o relacionamento entre os conceitos aqui dispostos: havendo a violação de interesses e direitos, com a consequente causação de dano indenizável, instaura-se o direito de ação para a reparação do dano. A legitimidade condiciona a regular formação e o desenvolvimento do processo. Basicamente, é o mecanismo material e processual da responsabilidade civil.

Passemos à aplicação dessa fórmula ao dano moral coletivo.

3. DIREITOS INDIVIDUAIS E COLETIVOS E O DANO MORAL COLETIVO

Na esteira da coletivização do direito, surge a construção teórica segundo a qual a violação de direitos coletivos extrapatrimoniais configura o chamado dano moral (ou extrapatrimonial) coletivo. Sendo assim, para que se possa construir um conceito adequado de dano moral coletivo, é preciso antes identificar os chamados direitos coletivos.

Nesse ponto, a grande referência legislativa que temos é o Código de Defesa do Consumidor, diploma vanguardista em numerosos aspectos e que foi responsável pelos primeiros avanços legislativos no sentido da conceituação dos direitos coletivos, além de tratar de forma sistematizada sobre os modos de defesa de tais direitos em juízo.

O art. 81 do CDC tem o seguinte teor:

Art. 81. A defesa dos interesses e direitos dos consumidores e das vítimas poderá ser exercida em juízo individualmente, ou a título coletivo.

Parágrafo único. A defesa coletiva será exercida quando se tratar de:

I – interesses ou direitos difusos, assim entendidos, para efeitos deste código, os transindividuais, de natureza indivisível, de que sejam titulares pessoas indeterminadas e ligadas por circunstâncias de fato;

II – interesses ou direitos coletivos, assim entendidos, para efeitos deste código, os transindividuais, de natureza indivisível de que seja titular grupo, categoria ou classe de pessoas ligadas entre si ou com a parte contrária por uma relação jurídica base;

III – interesses ou direitos individuais homogêneos, assim entendidos os decorrentes de origem comum.

Iniciemos pelo que não consta do dispositivo: na ponta mais individual dos direitos, encontramos os direitos estritamente individuais, também chamados de direitos individuais puros ou heterogêneos.

Ainda no plano dos direitos individuais, e adentrando efetivamente no teor do art. 81 do CDC, destacam-se os direitos individuais homogêneos, que contam com conceituação bastante tímida no referido dispositivo: são aqueles decorrentes de origem comum. Por isso, coube à doutrina e à jurisprudência desenvolver o conceito.

Em interessante construção, Gustavo Osna assevera que

> [...] "direitos individuais homogêneos" não existem. A figura (pouco clara e em nada serviente à jurisdição) encobre conceitualmente a existência de uma técnica de coletivização, esse sim o dado a ser considerado.[15]

De fato, a presença dos direitos individuais homogêneos no rol do parágrafo único do art. 81 do CDC não muda a sua natureza individual. Destacando-se o aspecto processual do conceito, a maior característica dos ditos "direitos individuais homogêneos" é a possibilidade de tutela coletiva em juízo.

De todo modo, ainda é preciso identificar o que distingue os direitos individuais homogêneos dos direitos individuais ditos heterogêneos: o que faz com que os direitos individuais homogêneos recebam da lei a autorização para serem tutelados coletivamente em juízo?

De volta ao viés processual do instituto, a resposta remete novamente à referida tutela coletiva: no que tange a direitos individuais homogêneos, ela não só é autorizada como também é a mais adequada. Ou seja, tais direitos são individuais, mas não só podem ser tutelados coletivamente, como faz mais sentido que o sejam. O ponto de partida é, portanto, pragmático: permite-se a tutela coletiva quando ela se mostrar mais apropriada à situação concreta. Nesse sentido, o mesmo autor, Gustavo Osna, conclui:

> Com esse quadro, acreditamos que a única conclusão cabível é que uma técnica calcada na eficiência processual, e não em suas potenciais lacunas procedimentais, possui como justificativa os próprios benefícios e vantagens que possa trazer ao exercício jurisdicional. É esse o fundamento que pode embasar sua instituição, e, simultaneamente, o vetor que deve determinar em quais hipóteses seu uso será recomendado.[16]

De todo modo, para além desse viés processual e pragmático do conceito, a comunidade jurídica brasileira continua ensaiando um significado substancial para o instituto. A *homogeneidade* – a *origem comum* – denota *uniformidade*, daí a possibilidade de defesa coletiva, na medida em que, na questão posta em juízo, sobressai a generalidade coletiva em detrimento das particularidades individuais.

Passemos aos direitos substancialmente coletivos, começando pelos direitos coletivos *stricto sensu*. Aqui, o conceito trazido pelo CDC é bem mais completo: i) são

---

15. OSNA, Gustavo. *Direitos Individuais Homogêneos*: Pressupostos, fundamentos e aplicação no processo civil (e-book).
16. OSNA, Gustavo. *Direitos Individuais Homogêneos*: Pressupostos, fundamentos e aplicação no processo civil (e-book).

transindividuais, ii) indivisíveis e iii) titularizados por um grupo, categoria ou classe de pessoas ligadas entre si ou com a parte contrária por uma relação jurídica base.

Em razão dessas características, nessa categoria de direitos, os efeitos das decisões judiciais atingem todos os consumidores que estejam na mesma situação jurídica perante o grupo ou perante a parte contrária. Por exemplo, ao impor a uma instituição financeira o uso do método Braille nos contratos bancários de adesão celebrados com pessoa deficiente visual, o Superior Tribunal de Justiça consignou que "a sentença prolatada no bojo da presente ação coletiva destinada a tutelar direitos coletivos *stricto sensu* – considerada a indivisibilidade destes – produz efeitos em relação a todos os consumidores portadores de deficiência visual que litigue ou venha a litigar com a instituição financeira demandada, em todo o território nacional".[17]

Por fim, temos os direitos difusos, conceituados pelo CDC como os "transindividuais, de natureza indivisível, de que sejam titulares pessoas indeterminadas e ligadas por circunstâncias de fato". Temos, aqui, o ápice da substância coletiva de um direito, sendo mesmo impossível identificar e determinar os seus titulares, daí o termo *difuso*. São direitos que não encontram expressão concreta e individual, mas abstrata e coletiva.

Feita essa primeira análise conceitual, temos condições de delinear um conceito de dano moral coletivo. Para tanto, é preciso desenvolver três aspectos: *dano*, *moral* e *coletivo*.

Sumariamente, a noção de dano sempre remete à ideia de prejuízo ou perda. Agora, cabe-nos desenvolver um pouco mais o conceito.

O art. 186 do Código Civil assevera: "aquele que, por ação ou omissão voluntária, negligência ou imprudência, violar direito e causar dano a outrem, ainda que exclusivamente moral, comete ato ilícito". Não há no dispositivo nenhum elemento conceitual do dano, apenas uma contextualização dele com a violação de direito e com o ato ilícito. Pela dicção legal, o ato ilícito é definido como a conduta culposa violadora de direito e causadora de dano, uma construção que fixa os elementos clássicos da responsabilidade civil: a conduta, o dano, o nexo causal e a culpa.[18]

À falta de definição legal de dano seguem-se linhas conceituais diversas. De início, o dano pode ser compreendido como um prejuízo decorrente da violação de um interesse juridicamente protegido. Nesse sentido, diz-se que o dano deve trazer consigo dois elementos: um de fato (o prejuízo) e outro de direito (a lesão jurídica).[19]

---

17. REsp. 1315822/RJ, Rel. Min. Marco Aurélio Bellizze, *DJe* 16.04.2015.
18. A redação recebe críticas de parte da doutrina, que considera que o ato ilícito se caracteriza independentemente da existência de dano. Nesse sentido, cfr. Rui Stoco, Tratado de Responsabilidade Civil (e-book).
19. FARIAS, Cristiano Chaves de; NETTO, Felipe Braga; ROSENVALD, Nelson. *Novo tratado de responsabilidade civil*, p. 244.

Também em linhas gerais, o dano moral decorre da lesão a direitos da personalidade. Desse modo, não tem expressão econômica, patrimonial, como nos danos materiais, mas extrapatrimonial, na medida em que a lesão incide sobre o viés existencial da pessoa, em última análise, sobre a própria dignidade da pessoa.

Dito isto, resta-nos tratar sobre a manifestação coletiva do dano moral. *A priori*, a estrutura dual do dano, acima citada, também se aplica em sua modalidade coletiva. Assim, o dano coletivo também traz consigo um elemento de fato e um elemento de direito; respectivamente, o prejuízo e a lesão jurídica. A lesão jurídica se refere à transgressão de normas que se prestam a tutelar valores caros à coletividade. Aqui, podemos aproveitar os conceitos visitados acima para aduzir que, no caso do dano coletivo, a lesão jurídica consiste na violação a direitos e interesses difusos, coletivos e individuais homogêneos. A configuração do prejuízo (de fato), por outro lado, é controvertida, principalmente quando se trate de prejuízo moral.

É que a clássica construção segundo a qual o dano moral consiste em uma lesão a direitos da personalidade leva em conta o viés individual da personalidade, ou seja, estão em jogo bens jurídicos como a imagem, a honra, o nome, a vida privada e a integridade física, valores de difícil visualização no plano coletivo, principalmente quando se trata de violações a direitos essencialmente coletivos (os difusos e os coletivos *stricto sensu*). Nesse contexto, o Superior Tribunal de Justiça tem aplicado a ideia de dano moral coletivo *in re ipsa*, nos seguintes termos:

> O dano moral coletivo é aferível *in re ipsa*, ou seja, sua configuração decorre da mera constatação da prática de conduta ilícita que, de maneira injusta e intolerável, viole direitos de conteúdo extrapatrimonial da coletividade, revelando-se despicienda a demonstração de prejuízo concretos ou de efetivo abalo moral.[20]

> O dano moral coletivo prescinde da comprovação de dor, de sofrimento e de abalo psicológico, pois tal comprovação, embora possível na esfera individual, torna-se inaplicável quando se cuida de interesses difusos e coletivos. Nesse sentido: REsp 1.410.698/MG, Rel. Ministro Humberto Martins, 2ª Turma, *DJe* 30/06/2015; REsp 1.057.274/RS, Rel. Ministra Eliana Calmon, 2ª Turma, *DJe* 26/02/2010.[21]

Note-se que não se trata de responsabilidade sem dano, que permanece como elemento ensejador da reparação. A lógica do dano *in re ipsa* apenas permite que o julgador visualize a ocorrência de dano independentemente de sua comprovação concreta. Sendo assim, continua válida a referida estrutura dual do dano.

Diante das dificuldades de visualização mais concreta do dano moral coletivo, é mais adequado construir o conceito de dano moral coletivo pela negativa, a partir da essência *não patrimonial* do dano, e não da ideia de prejuízo a uma "personalidade coletiva", o que não se concebe. Teríamos o dano moral coletivo como o prejuízo

---

20. REsp 1.517.973/PE, Rel Min. Luis Felipe Salomão, *DJe* 01.02.2018.
21. REsp 1.509.923/SP, Rel. Min. Humberto Martins, *DJe* 22.10.2015.

não patrimonial à coletividade, resultante da violação a direitos difusos, coletivos ou individuais homogêneos.

Enfim, os conceitos materiais e processuais que desenvolvemos até aqui funcionarão como premissas para as considerações que teceremos a respeito da legitimidade para postular a reparação do dano moral coletivo, tema central do presente estudo e que passamos a desenvolver agora.

4. LEGITIMIDADE PARA POSTULAR A REPARAÇÃO DO DANO MORAL COLETIVO

De antemão, convém ressaltar que, a teor do art. 83 do Código de Defesa do Consumidor, os direitos difusos, coletivos e individuais homogêneos podem ser tutelados em juízo por meio de qualquer espécie de ação que se mostre adequada e efetiva a tal fim. A adequação e a efetivação do meio processual eleito são matéria de *interesse processual*, condição da ação sobre a qual já tecemos considerações acima.

Assim, não há instrumentos processuais predeterminados para a tutela de tais direitos. De todo modo, o instrumento típico é a ação coletiva, gênero do qual é espécie a Ação Civil Pública.[22]

Quanto ao tema da legitimidade, são essenciais a Lei da Ação Civil Pública e o Código de Defesa do Consumidor.

Em seu art. 5º, a LACP elenca o seguinte rol de legitimados à propositura de ações de reparação por danos morais e materiais:

- o Ministério Público;
- a Defensoria Pública;
- a União, os Estados, o Distrito Federal e os Municípios;
- a autarquia, empresa pública, fundação ou sociedade de economia mista; e
- a associação que, concomitantemente, esteja constituída há pelo menos 1 (um) ano nos termos da lei civil e inclua em suas finalidades institucionais a proteção ao patrimônio público e social, ao meio ambiente, ao consumidor, à ordem econômica, à livre concorrência, aos direitos de grupos raciais, étnicos ou religiosos ou ao patrimônio artístico, estético, histórico, turístico e paisagístico.

Por seu turno, o Código de Defesa do Consumidor traz em seu art. 82 o seguinte rol de legitimados para a defesa coletiva do consumidor em juízo:

- o Ministério Público,

---

22. A desambiguação entre *ação coletiva* e *ação civil pública* é controvertida. Para uma exposição das correntes doutrinárias que se debruçam sobre o tema, cfr. Marcos de Araújo Cavalcanti, Questão Terminológica: "Ação Civil Pública" ou "Ação Coletiva"?. Revista Dialética de Direito Processual. São Paulo: Oliveira Rocha, n. 132, mar. 2014.

- a União, os Estados, os Municípios e o Distrito Federal;

- as entidades e órgãos da Administração Pública, direta ou indireta, ainda que sem personalidade jurídica, especificamente destinados à defesa dos interesses e direitos protegidos por este código;

- as associações legalmente constituídas há pelo menos um ano e que incluam entre seus fins institucionais a defesa dos interesses e direitos protegidos por este código, dispensada a autorização assemblear.

Antes de nos dedicarmos à legitimidade do Ministério Público e da Defensoria Pública, que suscita maiores reflexões, há alguns destaques gerais a fazer.

Primeiramente, trata-se de uma legitimação concorrente e extraordinária atribuída por ambos os diplomas, fazendo com que tais entidades possam atuar – em nome próprio, destaque-se – na defesa de direitos e interesses alheios. Em segundo lugar, ressalte-se que os legitimados podem agir em juízo autonomamente ou em litisconsórcio facultativo. A propósito, não há nessa sistemática qualquer hierarquia ou preferência entre os legitimados.

Ademais, merece destaque a legitimação atribuída pelo inciso III do art. 82 do CDC a determinadas entidades *ainda que sem personalidade jurídica*. Reafirma-se, desse modo, a distinção entre personalidade jurídica (como aptidão genérica para titularizar direitos e obrigações e a titularidade específica de direitos básicos, os direitos da personalidade[23]) e capacidade processual, especificamente a capacidade de ser parte. Mesmo que se tratem de institutos diversos, a capacidade processual normalmente acompanha a personalidade jurídica. Dessa forma, temos uma situação atípica de dissociação de tais atributos, gozando tais entes de mera *personalidade processual*.[24]

Outro aspecto digno de nota é a abrangência dessa legitimação, que contempla tanto a propositura de ação coletiva para a obtenção de sentença genérica, fixando a responsabilidade do réu pelos danos causados (art. 95 do CDC[25]), quanto para promover a liquidação e a execução de sentença, ao lado da vítima ou de seus sucessores (art. 97 do CDC[26]). Surge, nesse ponto, um aspecto importante: nessa segunda fase processual, em que são postas em discussão as particularidades de cada vítima e dos seus respectivos danos, a fim de que se liquide e se execute a sentença, o regime de legitimação é diverso daquele existente na primeira fase (obtenção de sentença condenatória genérica). Diferentemente da primeira fase, em que a legitimação é

---

23. "A personalidade é a aptidão genérica para titularizar direitos e deveres, além de trazer consigo já a titularidade de um círculo básico de direitos". LEAL, Adisson. *Pessoa e Direito*: uma releitura histórico-filosófica da noção dogmática de personalidade jurídica, p. 268.
24. DINAMARCO, Cândido Rangel; LOPES, Bruno Vasconcelos Carrilho. *Teoria Geral do Novo Processo Civil*, p. 165.
25. Art. 95. Em caso de procedência do pedido, a condenação será genérica, fixando a responsabilidade do réu pelos danos causados.
26. Art. 97. A liquidação e a execução de sentença poderão ser promovidas pela vítima e seus sucessores, assim como pelos legitimados de que trata o art. 82.

conferida de plano, por substituição processual, na segunda fase, a legitimação é subsidiária, existindo quando tenha decorrido o prazo de um ano sem habilitação de interessados em número compatível com a gravidade do dano, e normalmente se dá por representação. Só então passam os entes previstos no art. 82 a ter legitimação para promover a liquidação e a execução da indenização devida, caso em que o produto da indenização reverterá para o chamado fundo dos direitos difusos, criado pela Lei da Ação Civil Pública. É o que consta do art. 100 do Código de Defesa do Consumidor.

Ainda com relação à legitimação concorrente, é importante citar o teor do art. 139, X, do Código de Processo Civil, que dispõe que, quando o juiz se deparar com diversas demandas individuais repetitivas, deverá oficiar o Ministério Público, a Defensoria Pública e, na medida do possível, outros legitimados para que promovam, se for o caso, a respectiva ação coletiva. O dispositivo faz alusão justamente aos dois principais diplomas relativos à legitimação para a propositura de ação coletiva, a Lei da Ação Civil Pública e o Código de Defesa do Consumidor.

Dito isto, passemos aos dois legitimados que mais ensejam indagações: o Ministério Público e a Defensoria Pública.

4.1. Legitimidade do Ministério Público

A legitimidade do Ministério Público para postular a reparação de danos morais coletivos no contexto da violação a direitos difusos e coletivos *stricto sensu* encerra poucos problemas. O grande foco de discussões está na atuação do MP no âmbito dos direitos individuais homogêneos.

A principal reflexão que se faz é: caberia ao MP promover a defesa coletiva de direitos que são, por natureza, individuais?

No centro da discussão estão, por um lado, os já referidos dispositivos de lei que conferem ao MP a legitimidade para propor ações de defesa coletiva de direitos individuais homogêneos, e, por outro, os arts. 127 e 129, III, da Constituição Federal, com o seguinte teor:

> Art. 127. O Ministério Público é instituição permanente, essencial à função jurisdicional do Estado, incumbindo-lhe a defesa da ordem jurídica, do regime democrático e dos interesses sociais e individuais indisponíveis.
>
> [...]
>
> Art. 129. São funções institucionais do Ministério Público:
>
> [...]
>
> III – promover o inquérito civil e a ação civil pública, para a proteção do patrimônio público e social, do meio ambiente e de outros interesses difusos e coletivos;

Exporemos a questão no contexto da evolução engendrada pela jurisprudência.

O primeiro grande debate sobre o tema deu-se no Superior Tribunal de Justiça, que firmou entendimento no sentido da ilegitimidade do MP para pleitear em juízo indenização complementar para contratantes do seguro DPVAT (Seguro por Danos Pessoais Causados por Veículos Automotores de Via Terrestre), nos seguintes termos:

> Recurso especial. Ação civil pública. Ministério público. Legitimidade ativa *ad causam*. Direitos individuais disponíveis. 1. Falta ao Ministério Público legitimidade para pleitear em juízo o recebimento para particulares contratantes do DPVAT – chamado de seguro obrigatório – de complementação de indenização na hipótese de ocorrência de sinistro, visto que se trata de direitos individuais identificáveis e disponíveis, cuja defesa é própria da advocacia. 2. O fato de a contratação do seguro ser obrigatória e atingir a parte da população que se utiliza de veículos automotores não lhe confere a característica de indivisibilidade e indisponibilidade, nem sequer lhe atribui a condição de interesse de relevância social a ponto de torná-la defensável via ação coletiva proposta pelo Ministério Público. 3. Recurso especial provido. (REsp 858056/GO, Rel. Min. João Otávio de Noronha, *DJe* 04.08.2008).

O entendimento chegou a ensejar a edição da Súmula 470 do STJ, que dispunha: "O Ministério Público não tem legitimidade para pleitear, em ação civil pública, a indenização decorrente do DPVAT em benefício do segurado".

Por envolver matéria constitucional concernente às funções institucionais do Ministério Público, a discussão chega ao Supremo Tribunal Federal, que firma entendimento no sentido contrário ao do STJ. No Recurso Extraordinário 631.111/GO, de relatoria do Min. Teori Zavascki, o Tribunal reconheceu a repercussão geral da matéria e, no mérito, por unanimidade, nos termos do voto do relator, entendeu que, "considerada a natureza e a finalidade do seguro obrigatório DPVAT [...], há interesse social qualificado na tutela coletiva dos direitos individuais homogêneos dos seus titulares", legitimando a atuação do MP. O entendimento firmado pelo STF ensejou, inclusive, o cancelamento da referida Súmula 470 do STJ.

Fixada essa primeira orientação no sentido da legitimidade do MP, o Tribunal faz uma ressalva, enfatizando que "a legitimidade ativa do Ministério Público se limita à ação coletiva destinada a obter sentença genérica sobre o núcleo de homogeneidade dos direitos individuais homogêneos". Caminha-se bem ao se conciliar os dispositivos relativos à legitimação para a defesa coletiva em juízo com as funções institucionais do Ministério Público. É que, apesar da dicção legal contida no art. 97 do CDC no sentido da legitimidade dos entes arrolados no art. 82 para promover a liquidação e a execução da sentença, não se pode reduzir o Ministério Público a uma espécie de banca de advocacia que age em defesa de interesses estritamente individuais, os chamados direitos individuais heterogêneos. Assim, a atuação do MP deve se restringir ao *núcleo da homogeneidade*. Em complemento, o STF reconhece que o MP terá legitimidade para atuar na defesa de direitos individuais homogêneos quando esteja em causa *interesse social* ou quando se trate de direitos individuais homogêneos indisponíveis, orientação que se coaduna com o art. 127, *caput*, da Constituição.

Predominando o interesse individual, não estará o MP legitimado a agir.

4.2. Legitimidade da Defensoria Pública

Duas interessantes discussões foram levadas ao Plenário do Supremo Tribunal Federal relativamente à legitimidade da Defensoria Pública em sede de defesa de direitos coletivos, especificamente no manejo de Ação Civil Pública.

A primeira se refere à Ação Direta de Inconstitucionalidade 3943, proposta pela Associação Nacional dos Membros do Ministério Público (CONAMP), impugnando-se a Lei 11.448/2007 no que toca à inclusão da Defensoria Pública no rol de legitimados para a propositura de Ação Civil Pública, previsto no já referido art. 5º da LACP, ao argumento de que tal inclusão implicaria usurpação das atribuições institucionais do Ministério Público, além da impossibilidade de verificação da hipossuficiência quando se tratassem de direitos difusos, coletivos e individuais homogêneos, o que inviabiliza a atuação da Defensoria Pública. Esta legitimação da Defensoria afrontaria, portanto, o art. 5º, LXXIV, da Constituição, que impõe ao Estado o dever de prestar assistência jurídica integral e gratuita aos que comprovarem insuficiência de recursos, e o art. 134, também da Constituição, que trata das atribuições da instituição e reitera a sua atuação integral e gratuita aos necessitados, entre outros aspectos.

Em 2015, por unanimidade, nos termos do voto da relatora, Min. Carmen Lúcia, o Tribunal julgou a ação improcedente, consignando que, ao contrário do que ocorre com a ação penal pública, o manejo de ação civil pública não é privativo do Ministério Público. Ademais, a Corte consolidou o entendimento no sentido de que a hipossuficiência não é um conceito aferível unicamente no plano individual.

Esse segundo aspecto, qual seja a verificação da hipossuficiência no contexto coletivo, voltou ao Plenário do STF no mesmo ano de 2015, no julgamento do Recurso Extraordinário 733433, de relatoria da Min. Dias Toffoli, em que se reconheceu a repercussão geral da matéria (Tema 607). Por unanimidade, negou-se provimento ao recurso, consignando-se que: "a Defensoria Pública tem legitimidade para a propositura de ação civil pública em ordem a promover a tutela de direitos difusos e coletivos de que sejam titulares, em tese, pessoas necessitadas".

O destaque fica por conta da aferição da hipossuficiência *em tese*, não *em concreto*. Sendo assim, a impossibilidade prática de verificação individual e *a priori* da hipossuficiência dos titulares dos direitos difusos, coletivos ou individuais homogêneos.

De todo modo, a fim de que se possam verificar a legitimidade e o interesse da Defensoria Pública, deve o peticionante demonstrar que o manejo da ação é útil a uma coletividade hipossuficiente, ainda que indeterminada. É o sentido do art. 4º da Lei Complementar 80/1994 (Lei Orgânica da Defensoria Pública), que arrola como funções institucionais da Defensoria Pública, entre outras, promover Ação Civil Pública e todas as espécies de ações capazes de propiciar a adequada tutela dos direitos difusos, coletivos ou individuais homogêneos quando o resultado da demanda puder beneficiar – em tese, conforme o STF – grupo de pessoas hipossuficientes (inciso VII); exercer a defesa dos direitos e interesses individuais, difusos, coletivos e individuais homogêneos e dos direitos do consumidor hipossuficiente (inciso VIII); promover a mais ampla defesa dos direitos fundamentais dos necessitados, abrangendo seus direitos individuais, coletivos, sociais, econômicos, culturais e ambientais, sendo admissíveis todas as espécies de ações capazes de propiciar sua adequada e efetiva tutela (inciso X); e exercer a defesa dos interesses individuais e coletivos da criança e do adolescente, do idoso, da pessoa portadora de necessidades especiais, da mulher vítima de violência doméstica e familiar e de outros grupos sociais vulneráveis que mereçam proteção especial do Estado (inciso XI).

5. CONSIDERAÇÕES FINAIS

O dano moral coletivo decorre de uma tendência de ruptura com um sistema de direitos e de justiça individual, abrindo-se margem para um paulatino processo de coletivização do fenômeno jurídico. É controversa, contudo, a possibilidade de sua configuração, nomeadamente quando se lançam mão dos mesmos parâmetros conceituais do dano moral individual, atrelados a uma noção de violação a direitos da personalidade que tem por base a pessoa individualmente considerada.

De todo modo, é visível uma tendência no sentido da aceitação do dano moral coletivo, tanto na doutrina quanto na jurisprudência.

No campo conceitual, são decisivos os avanços empreendidos pelo Código de Defesa do Consumidor, que dispõe sobre os direitos difusos, os direitos coletivos *stricto sensu* e os direitos individuais homogêneos. A partir das noções ali estabelecidas, em linhas gerais, concebemos o dano moral coletivo como o prejuízo não patrimonial à coletividade, decorrente da violação de direitos difusos, coletivos ou individuais homogêneos.

No campo da legitimidade para postular a reparação do dano moral coletivo, remetemos à Lei 7.347/1985 e, novamente, ao Código de Defesa do Consumidor. O catálogos de legitimados à defesa de direitos difusos, coletivos e individuais homogêneos, contidos nesses diplomas, assemelham-se sobremaneira, havendo apenas algumas diferenças que dizem respeito aos escopos de cada um dos diplomas.

Trata-se de legitimação extraordinária concorrente, configurada pela autorização para atuar em juízo em nome próprio, mas em defesa de interesses e direitos alheios. Entre os legitimados, aqueles que mais ensejam reflexões são o Ministério Público e a Defensoria Pública, mas a jurisprudência do Supremo Tribunal Federal tem empreendido leituras corretas sobre as funções institucionais de cada uma delas, pelo que seguimos dando novos e importantes passos no sentido de uma maior estruturação do nosso ainda precário sistema de tutela de direitos coletivos.

Em matéria de danos morais coletivos, a legitimidade está longe de ser o maior dos problemas, já que ainda é bastante problemática, principalmente do ponto de vista prático, a própria configuração do dano moral coletivo. Assim, há discussões importantes que antecedem a legitimidade e merecem ser amadurecidas.

6. BIBLIOGRAFIA

LEAL, Adisson. *Pessoa e Direito*: uma releitura histórico-filosófica da noção dogmática de personalidade jurídica. Inédito. Lisboa: Universidade de Lisboa, 2017.

ASCENSÃO, José de Oliveira. *O Direito*. 13 ed. Coimbra: Almedina, 2006.

CAVALCANTI, Marcos de Araújo. Questão Terminológica: "Ação Civil Pública" ou "Ação Coletiva"?. In: Revista Dialética de Direito Processual. São Paulo: Oliveira Rocha, n. 132, mar. 2014.

CAVALIERI FILHO, Sérgio. *Programa de Responsabilidade Civil*. 10 ed. São Paulo: Atlas, 2012.

DINAMARCO, Cândido Rangel; LOPES, Bruno Vasconcelos Carrilho. *Teoria Geral do Novo Processo Civil*. 2 ed. São Paulo: Malheiros, 2017.

FARIAS, Cristiano Chaves de; NETTO, Felipe Braga; ROSENVALD, Nelson. *Novo tratado de responsabilidade civil*. 2 ed. São Paulo: Saraiva, 2017.

MARINONI, Luiz Guilherme; MITIDIERO, Daniel. *Comentários ao Código de Processo Civil*. v. I. São Paulo: Revista dos Tribunais, 2017.

MARQUES, Claudia Lima; BENJAMIN, Antonio Herman; MIRAGEM, Bruno. *Comentários ao Código de Defesa do Consumidor*. 2 ed. (e-book). São Paulo: Revista dos Tribunais, 2016.

MEDINA, José Miguel Garcia. *Curso de Direito Processual Civil Moderno*. 4 ed. (e-book). São Paulo: Revista dos Tribunais, 2018.

OSNA, Gustavo. *Direitos Individuais Homogêneos*: Pressupostos, fundamentos e aplicação no processo civil. (e-book). São Paulo: Revista dos Tribunais, 2014.

REFOSCO, Helena Campos. *Ação Coletiva e Democratização do Acesso à Justiça*. São Paulo: Quartier Latin, 2018.

STOCO, Rui. *Tratado de Responsabilidade Civil*. 3 ed. (e-book). São Paulo: Revista dos Tribunais, 2015.

WALD, Arnoldo. *Direito Civil*: Responsabilidade civil. 3 ed. São Paulo: Saraiva, 2015.

WAMBIER, Luiz Rodrigues; TALAMINI, Eduardo. *Curso Avançado de Processo Civil*: Teoria Geral do Processo. v. 1. 16 ed. São Paulo: Revista dos Tribunais, 2016.

O DANO MORAL COLETIVO E A REPARAÇÃO FLUIDA (*FLUID RECOVERY*)

João Victor Rozatti Longhi

Doutor em Direito do Estado na Faculdade de Direito da Universidade de São Paulo – USP. Mestre em Direito Civil pela Universidade do Estado do Rio de Janeiro – UERJ. Bacharel em Direito pela Universidade Estadual Paulista – UNESP. Foi aluno da **Universidad de Santiago de Compostela**, Espanha, pelo convênio bilateral AREX/ORE – UNESP/USC. Foi Pesquisador Bolsista da Fundação Carlos Chagas Filho de Amparo à Pesquisa do Estado do Rio de Janeiro – FAPERJ, nível mestrado, e da Fundação de Amparo à Pesquisa do Estado de São Paulo – FAPESP, em grau de iniciação científica. Professor Adjunto da Faculdade de Direito da Universidade Federal de Uberlândia. Atua como Professor Convidado em programas de pós-graduação. Foi Professor dos Cursos de Pós-Graduação da PUC-Rio, da ESA/OAB-RJ e dos Programas Executivos do IBMEC-Rio. Foi Tutor de Pesquisas da Escola de Direito do Rio de Janeiro da Fundação Getúlio Vargas – FGV-Rio. Autor de obras dedicadas ao estudo do Direito Eletrônico.

José Luiz de Moura Faleiros Júnior

Mestrando em Direito pela Universidade Federal de Uberlândia – UFU. Pós-graduando em Direito Civil e Empresarial e Especialista em Direito Processual Civil, Direito Digital e *Compliance* pela Faculdade de Direito Prof. Damásio de Jesus. Graduado em Direito pela Universidade Federal de Uberlândia – UFU. Autor de artigos dedicados ao estudo do Direito Privado. Advogado.

Sumário: 1. Introdução – 2. O dano moral: 2.1 Breve escorço histórico; 2.2 Funções da responsabilidade civil – Os *exemplary damages* e os *punitive damages*. 2.3 Dosimetria e arbitramento da indenização por dano moral; 2.3.1 Da liquidação individual: as hipóteses do Código de Defesa do Consumidor; 2.3.2 O dano moral coletivo e suas particularidades – 3. Da reparação fluida (*fluid recovery*) como terceira modalidade de liquidação dos danos: 3.1 Origens do instituto nos Estados Unidos da América; 3.2 A reparação fluida como garantia da eficácia das sentenças condenatórias em processos coletivos no Brasil – 4. Análise do artigo 100 do Código de Defesa do Consumidor – 5. *Degorgement* e os fundos de direitos difusos – 6. Conclusão – 7. Referências.

1. INTRODUÇÃO

O estudo do dano moral sempre representou um desafio para a doutrina, tamanha a complexidade de suas intricácias e, quando sua compreensão transcende a esfera individual e adentra os meandros da coletividade, maiores são os seus efeitos e também maiores são as dificuldades de seu enquadramento jurídico, de sua completa cognição, de seu arbitramento e, especialmente, de sua destinação.

Quando se pensa na tutela coletiva, notadamente após a ruptura do arquétipo político-econômico, que rompeu com o Estado Liberal marcado pela proteção dos direitos individuais, para dar lugar ao Estado Social e ao primado da coletividade a partir da salvaguarda dos direitos e interesses metaindividuais, novos bens jurídicos passaram a haurir resguardo do próprio ordenamento jurídico.

Dessa forma, a atuação de determinados legitimados ganhou contornos peculiares no tocante à facilitação do acesso à justiça e ao primado da efetividade na busca pela reparação de danos que não mais se circunscrevem ao plano individual. E, com isso, diversos institutos jurídicos se aprimoraram, como é o caso do dano moral.

Ao se falar em dano moral coletivo, é inegável a incidência de desdobramentos práticos de árdua cognição, a começar pela própria compreensão do instituto, antes vislumbrada somente do ponto de vista anímico, íntimo, adstrito ao indivíduo e, posteriormente, expandido para contemplar situações que ferem interesses maiores e que transcendem esta mencionada órbita para garantia da justa reparação de lesões que atinjam interesses coletivos.

Para além das dificuldades concernentes à quantificação e ao arbitramento do dano moral coletivo, impõe-se um estudo breve, mas qualitativo, acerca da gênese do que se convencionou chamar de reparação fluida. Suas origens remontam à casuística dos países de tradição anglo-saxã, notadamente às *class actions* dos Estados Unidos da América, e sua aplicação prática se dá exatamente nas situações em que uma ação coletiva pode gerar empecilhos pragmáticos quando uma indenização não seja integralmente reclamada por todos aqueles que dela se beneficiariam.

Atribuir um "bom uso" de eventual saldo remanescente de condenações coletivas é o que se denominou, nos tribunais norte-americanos, de *fluid recovery* (ou *cy-près*), o que acabou sendo trazido ao Brasil pelo legislador pátrio, quando da edição da Lei 8.078/1990 – o Código de Defesa do Consumidor – que, em seu artigo 100, trouxe nuances do instituto original, adaptando-o a certos preceitos da tradição do *civil law*.

O presente trabalho, em consonância com o cenário descrito, propõe-se a analisar a execução no processo coletivo, baseando-se numa análise sistemática que busca explicar como a *fluid recovery* pode se coadunar com o instituto do dano moral (coletivo) para a satisfação da tutela coletiva no ordenamento jurídico brasileiro.

A construção doutrinária e a revisão de conceitos obtidos particularmente dos *cases* da jurisprudência norte-americana, além da análise crítica de dispositivos legais é o foco do trabalho, que, ao longo de seus tópicos, procurará abordar, em construção evolutiva, a fixação das elementares dos diversos institutos investigados para, ao final, extrair conclusões acerca do tratamento jurídico que a dogmática civilista deve atribuir aos bens que compõem a esfera patrimonial dos indivíduos, em seu sentido coletivo.

Tamanha é a importância do dano moral na sistemática civil hodierna que logo surge o questionamento acerca da possibilidade de sua existência fora do âmbito dos direitos da personalidade, e esse assunto gera forte impacto na efetivação da tutela coletiva.

Nessa linha, atenta aos imperativos da brevidade, a explanação desse trabalho pautar-se-á pela análise conceitual do dano moral, seguida de breve escorço histórico, no intuito de estabelecer uma premissa sobre a inserção desse instituto na dogmática moderna da responsabilidade civil. Em seguida, analisar-se-á, em breves linhas, como o ordenamento jurídico norte-americano inspirou o legislador brasileiro na importação do instituto da *fluid recovery* para a tutela jurídica coletiva, e, ao final, pontuar-se-á os reflexos disso para a sistemática atualmente visualizada no Brasil quanto ao trato dessa matéria.

Ainda, serão estabelecidos alguns critérios de aferição e quantificação do dano moral, pontuando os fundamentos para sua reparação, suas funções, inclusive seu suposto caráter punitivo, fulcrado na teoria do desestímulo, em construção atrelada à compreensão da salvaguarda de bens jurídicos coletivamente protegidos em situações nas quais condenações por dano moral coletivo propiciam saldos residuais (*degorgement*) cuja correta aplicação é de suma relevância para o atendimento do interesse público.

Por derradeiro, analisar-se-á o papel dos fundos de direitos difusos, criados pelo legislador pátrio como válvula de escape para a destinação de recursos residuais oriundos de condenações fixadas em ações coletivas. Será apresentada, ademais, uma conclusão acerca de toda a análise empreendida.

2. O DANO MORAL

Durante séculos, embora a noção de ofensa a bens não patrimoniais dos indivíduos fosse cogitada por outros ramos do saber, notadamente quando surgiram os estudos da Antropologia e da Psicologia, o Direito evoluía alheio a esse ideal.

Nesse sentido, conhecer as bases históricas da compreensão jurídica do dano moral amplia horizontes na visualização do instituto, uma vez que mesmo algumas sociedades antigas já pregavam a imposição de punições pecuniárias para ofensas deflagradas contra a honra, conquanto não existisse nada mais que a simples lógica retributiva segundo a qual se deveria impor algum tipo de "pena" a quem praticasse atos reputados ofensivos à cultura e aos costumes.

Não há dúvidas de que a integridade individual, nesse contexto considerada em sua acepção mais ampla, é composta por várias categorias de bens cuja tutela jurídica se impõe, com destaque para a categoria dos bens personalíssimos, que representam o plexo de qualidades anímicas que formam o indivíduo.

É nessa linha que o estudo do dano moral adquire contornos de maior relevância, pois prejuízos psíquicos e orgânicos de toda ordem podem levar o indivíduo a um estado de sucateamento existencial, acarretando-lhe insegurança, perda de autoestima, de confiança e de vivacidade, além de propiciar-lhe abalos econômicos de toda monta.

Segundo Domenico Barbero, "na conservação da honra, se pode reconhecer a integridade moral da pessoa, assim como na conservação de sua vida e incolumidade se reconhece sua integridade física".[1] E é nesse contexto que o estudo específico do dano moral ganhou contornos iniciais de natureza anímica, se conectando à honra.

Para Francesco Carrara, a honra individual decorre da própria noção de dignidade, estima ou boa opinião de outrem sobre o indivíduo, que, inserido no seio social, a tem como virtude que lhe garante boa reputação e *animus* existencial.[2] Por sua vez, André Tunc e os irmãos Henri e León Mazeaud pontuam que o dano moral não atingiria diretamente a esfera patrimonial, causando unicamente uma dor moral à vítima,[3] ao passo que René Savatier o define como toda espécie de sofrimento humano que não resulta de uma perda pecuniária.[4]

Algusto Zenun destaca que, para amenizar os efeitos de danos dessa natureza, é preciso que se proporcione à vítima as seguintes condições reparadoras:

> (...) meios adequados para um alevantamento seguro, eficaz, talvez lento e demorado, às vezes mais rápido, desde que não seja fugaz e enganador (...) para se aplicar à reparabilidade daquilo que a dor causa ou deixa gravado em cada qual, num somatório de males invadindo a alma, mordendo o coração.[5]

A conclusão que apressadamente se obtém é de que a moral está situada no acervo não patrimonial do conjunto de bens jurídicos do indivíduo, constituindo-se em tudo aquilo que se relaciona com a alma, a intimidade e com todo o arcabouço de caracteres que formam a personalidade, devendo, em razão disso, ser analisada sob seu aspecto subjetivo, que leva em conta diversos elementos da personalidade individual.[6]

Avançando nessa compreensão, pode-se destacar que a distinção conceitual entre os danos patrimoniais e os danos morais (não patrimoniais), sendo os primeiros o verdadeiro e próprio juízo econômico, e os segundos, o sofrimento psíquico ou moral, as dores, angústias e frustrações infligidas ao ofendido.[7]

---

1. BARBERO, Domenico. *Sistema intituzionale del diritto privato italiano*, v. I. 2. ed. Turim: Unione Editrice Torinese, 1949, p. 491, *apud* AMARANTE, Aparecida Imaculada. *Responsabilidade civil por dano à honra*. 6. ed. Belo Horizonte: Del Rey, 2005, p. 37. No original: "Nella conservazione del'onore si può ravvisare l'integrità morale della persona, come nella conservazione della vita e dell'incolumità si ravvisa la sua integrità física".
2. CARRARA, Francesco. *Programma del corso di diritto criminale: parte speciale*, 5ª ed., Lucca: Tipografia di G. Canovetti, 1889, p. 5, *apud* AMARANTE, Aparecida Imaculada. *Op. cit.*, p. 40.
3. MAZEAUD, Henri; MAZEAUD, León; TUNC, André. *Traité théorique et pratique de la responsabilité civile, délictuelle et contractuelle*. 3. ed. Paris: Librairie du Recueil Sirey, 1938, p. 424.
4. SAVATIER, René. *Traité de la responsabilité civile en droit français*, t. I, Paris: Librairie Générale de Droit et de Jurisprudence, 1951, n. 525, p. 92.
5. ZENUN, Augusto. *Dano moral e sua reparação*. 3. ed. Rio de Janeiro: Forense, 1995, p. 2.
6. ZENUN, Augusto. *Op. cit.*, p. 4.
7. CAHALI, Yussef Said. *Dano moral*, 3. ed. São Paulo: Revista dos Tribunais, 2005, p. 21.

Buscando substrato na doutrina italiana, Yussef Said Cahali cita a obra de Adriano de Cupis, segundo o qual "dano não patrimonial, em conformidade com sua negativa expressão literal, é todo dano privado que não adentra ao dano patrimonial, tendo por objeto um interesse não patrimonial, vale dizer, relativo a bem não patrimonial".[8]

Ainda buscando fontes do direito italiano, Cahali cita Alfredo Minozzi e acentua que a distinção entre o dano patrimonial e o não patrimonial não diz respeito ao dano em sua origem, mas ao dano quanto a seus efeitos. Segundo o autor italiano, quando se fala em danos não patrimoniais, entende-se que se faz referência aos danos que não atingem o patrimônio material da pessoa. O conteúdo dos danos não patrimoniais não é o dinheiro ou qualquer coisa que possa ser reduzida a dinheiro, mas a sensação dolorosa vivenciada pela pessoa.[9]

Com isso, mostra-se essencial a busca, nas origens históricas do dano moral, pelos elementos que culminaram com a previsão de sua reparabilidade para pôr fim à antiquada noção de que o dano moral corresponde pura e simplesmente à dor momentânea, esquecendo-se dos efeitos maléficos e indeléveis que pode causar a longo prazo no indivíduo.

2.1. Breve escorço histórico

Pela breve averiguação de alguns elementos históricos, é possível perceber que, nas mais variadas civilizações, sempre se buscou mecanismos para a instituição da responsabilidade civil no intuito de promover o ressarcimento de quem fosse lesado, e, com o dano moral não foi diferente, uma vez que nem todo tipo de dano estava adstrito à esfera patrimonial do indivíduo. Pelo que se tem notícias, o dano e sua reparação foram inicialmente tratados pelos povos Sumérios, em tempos imemoráveis da civilização humana, no Código de Ur-Nammu (2040 a.C.), que contemplava, em seus dispositivos, alguns princípios inerentes à reparação dos danos através de penas pecuniárias.[10]

Nesse sentido, a gênese do que hoje se define como dano moral se deu no Código de Hamurabi,[11] no qual dois capítulos foram destinados especificamente aos casos

---

8. DE CUPIS, Adriano. *Il danno: teoria generale della responsabilità civile*, v. I, Milão: Giuffrè, 1970, n. 10, p. 51, *apud* CAHALI, Yussef Said. *Op. cit.*, p. 22. No original: "(...) danno non patrimoniale, conformemente alla sua negativa espressione letterale, è ogni danno privato che non reentra nel danno patrimoniale, avendo per oggeto um interesse non patrimoniale, vale a dire relativo a bene non patrimoniale".
9. MINOZZI, Alfredo. *Studio sul danno non patrimoniale (danno morale)*, 3. ed. Milão: Società Editrice Libraria, 1917, §13, p. 40-41, *apud* CAHALI, Yussef Said. *Op. cit.*, p. 22.
10. SILVA, Américo Luís Martins da. *O dano moral e a sua reparação civil*. São Paulo: Revista dos Tribunais, 1999, p. 65.
11. O Código de Hamurabi foi descoberto pelo arqueólogo Jacques Morgan na cidade de Šuša, nas cercanias do rio Tigre, onde hoje é o Irã. Sua principal característica foi a instituição da lei de talião ou *"lex talionis"* no latim (*lex*: lei, e *talio*, de *talis*: tal, idêntico), que, por sua própria análise etimológica permite concluir o modo como era aplicada: pela reciprocidade do crime e da pena, mediante simples retaliação, que consagrou-se na expressão "olho por olho, dente por dente". (*Cf.* SILVA, Américo Luís Martins da. *Op. cit.*, p. 69).

de injúria e difamação da família, embora o sistema punitivo da época não admitisse penas exclusivamente pecuniárias. Punia-se, primordialmente, através da retaliação, que não passava de direito à vingança, que, segundo José de Aguiar Dias, era "forma primitiva, selvagem talvez, mas humana, da reação espontânea e natural contra o mal sofrido; solução comum a todos os povos nas suas origens, para a reparação do mal pelo mal".[12]

Por sua vez, o Código de Manu, responsável por delimitar as premissas elementares do hinduísmo, era mais sólido no tocante à delimitação de penas pecuniárias, que eram previstas para determinados atos contrários à moral religiosa da sociedade da época, apesar da forte influência das ideologias favoráveis a uma casta sacerdotal centralizadora.[13] Por se distanciar brevemente da pura retaliação, este *Codex* representou certa evolução em relação às punições contidas no Código de Hamurabi.

Também merece destaque o tratamento da matéria no Alcorão, livro sacro do islamismo, que, embora admita o princípio da *"lex talionis"*, também traz uma série de medidas compensatórias voltadas à diminuição do chamado direito de *"vindita"* (vingança), que procura incentivar as pessoas a repelirem o ódio e a primarem pelo perdão e pela misericórdia em face de danos que venham a sofrer.[14]

Alguns exemplos interessantes também são encontrados na antiga Grécia, quase sempre ilustrados sob a faceta politeísta daquele povo, como no alegórico conto em que Ésquines reprovou publicamente seu rival Demóstenes, em virtude de este ter recebido de Mídias certa quantia de dinheiro como reparação por uma bofetada.[15] Em outro conto, destacado por Homero em sua "Odisseia", uma assembleia teria sido realizada pelos deuses pagãos para deliberar sobre um caso de reparação decorrente de adultério praticado pelos deuses Ares e Afrodite, o que teria causado dano moral ao deus Hefesto, esposo desta.[16]

A narrativa materializada em verdadeiras rapsódias, evidentemente, não produzia efeitos jurídicos para os cidadãos gregos, porém, já exibia os primeiros sinais de uma mentalidade, à época ainda adormecida em relação ao Direito, que denota a aceitação do dano moral como elemento inerente às relações humanas.

---

12. DIAS, José de Aguiar. *Da responsabilidade civil*. 11. ed., Rio de Janeiro: Renovar, 2006, p. 19.
13. De fato, o Código de Manu apresentava penas pecuniárias como punições para determinados atos que, no hinduísmo, eram vistos como afrontas à moral que regia a sociedade da época, como no exemplo do § 224 do livro VIII, que autorizava o próprio rei a impor elevada multa àquele que desse em casamento, sem prévio aviso ao interessado, uma "donzela com defeitos". (*Cf.* SILVA, Américo Luís Martins da. *Op. cit.*, p. 66).
14. SILVA, Wilson Melo da. *O dano e sua reparação*. 3. ed. Rio de Janeiro: Forense, 1983, p. 26.
15. REIS, Clayton. *Dano moral*, 4. ed. Rio de Janeiro: Forense, 1995, p. 13, nota 4.
16. REIS, Clayton. *Op. cit.*, p. 13, nota 5.

Foi, enfim, no direito romano que o instituto teve seu advento, superando as concepções arcaicas até então analisadas. Giorgio Giorgi,[17] assim como Windscheid,[18] inspirados pelas lições romanas, já enfatizavam que o conceito da *actio injuriarum æstimatoria* representou o embrião do conceito moderno de dano moral, por permitir ao lesado pleitear, perante o *prætor*, uma certa quantia para ressarcimento das injúrias sofridas.

Apesar de conter disposições bastante simplificadas, a Lei das XII Tábuas (*Lex Duodecim Tabularum*) já preconizava que, "se alguém causa dano premeditadamente, que o repare", o que inegavelmente abrangia todo tipo de dano, inclusive o moral, cuja reparação encontrava limites no § 9º da Tábua VII, na qual constava que "aquele que causar dano leve indenizará 25 asses".[19-20]

Alvino Lima se refere a essa época como sendo "o período da composição tarifada, imposto pela Lei das XII Tábuas, que fixava, em casos concretos, o valor da pena a ser paga pelo ofensor", redundando em inegável avanço tendente à uniformização dos delitos e à enumeração taxativa de suas reparações.[21]

Com relação à *Lex Aquilia*, em que pese o entendimento de que suas previsões se referiam exclusivamente à reparação dos danos corporais, há autores, a exemplo de Augusto Zenun, que vislumbram nela a presença de uma noção sobre os danos morais, quando analisada analogicamente. Basicamente, a clássica estrutura da legislação aquiliana, fundada na simples imputabilidade, pressupunha juízo sincrético de análise do nexo de causalidade entre o fato praticado pelo ofensor e o dano, desprezando-se o dolo nos casos de furto, roubo e injúria. Diz o mencionado doutrinador que, se o furto, por exemplo, era reparado com pena equivalente, esta poderia ser não corporal.[22]

No direito canônico, por outro lado, o dano moral era encarado segundo a violação dos dogmas inerentes ao cristianismo, de modo que eventos como o rompimento da promessa de casamento, que era fonte geradora de uma obrigação sacra, resultavam na necessidade de reparação, por parte de quem dava causa ao rompimento matrimonial. Zenun aduz que, "(...) já àquela época, o direito canônico reconhecia o dano

---

17. GIORGI, Giorgio. *Teoria delle obbligazioni nel diritto moderno italiano*, t. V, 7. ed. Florença: Fratelli Cammeli, 1909, n. 161, p. 272-275, *apud* CAHALI, Yussef Said. *Op. cit.*, p. 30.
18. WINDSCHEID, Bernhard. *Diritto delle pandette* (trad. Carlo Fadda e Paolo Emílio Bensa), v. II, Turim: UTET, 1925, §472, p. 427, *apud* CAHALI, Yussef Said. *Op. cit, loc. cit.*
19. ZENUN, Augusto. *Op. cit.*, p. 6.
20. Exemplificando o modo incipiente como os romanos já encaravam a questão da reparação moral, Clayton Reis reproduz história narrada por Max Kaser: "conta-se que um certo *Lucius Veratius* se deliciava verberando (esbofeteando) com a sua mão o rosto dos cidadãos livres que encontrava na rua. Atrás de si vinha um seu escravo entregando 25 asses a todos em que o *daminus* batia". (KASER, Max. *Romisches Privatrecht*, 9. ed. Munique: C.H. Beck Verlag, 1976, §§50, p. 199-202, *apud* REIS, Clayton, *Op. cit.*, p. 18, nota 13).
21. LIMA, Alvino. *Culpa e risco*. 2. ed., São Paulo: Revista dos Tribunais, 1999, p. 21.
22. ZENUN, Augusto. *Op. cit.*, p. 9.

moral – como não poderia, obviamente, deixar de sê-lo, exigindo-se-lhe a reparação, que podia ser civil ou espiritual, conforme o catalogar do Código Canônico".[23]

Avançando na história e aportando em período mais recente do estudo do tema, é importante frisar que a consolidação da responsabilidade civil no mundo romano-germânico desafiou doutrinadores de diversos países a fixarem as bases conceituais dos danos extrapatrimoniais. Wilson Melo da Silva cita as nomenclaturas conferidas ao instituto nos ordenamentos jurídicos europeus: o *dommage moral* ou *préjudice moral*, na França, o *daño moral*, na Espanha e o *danno morale*, na Itália.[24]

Por outro lado, o autor ainda comenta acerca do modelo adotado na tradição do *common law*, de países como a Inglaterra e os Estados Unidos da América, em que há distinção hialina entre o dano à pessoa (*personal tort*), que afeta o estado anímico do indivíduo e o dano à propriedade (*property tort*), que diz respeito aos danos à propriedade e ao patrimônio material em geral.[25]

Após o fim da Segunda Guerra Mundial, novas tendências jurídicas surgiram no mundo, e boa parte da doutrina passou a se dedicar ao estudo de uma cláusula geral dos direitos da personalidade que, paulatinamente, surgiu nas Constituições modernas.

Antonio Jeová Santos observa que: "Num sistema que coloca o homem como epicentro do direito, o reconhecimento do dano moral, como entidade passível de gerar indenização, é o coroar do reconhecimento dos direitos da personalidade".[26]

Essencialmente, nota-se uma "passagem do modelo individualista-liberal de responsabilidade, compatível com a ideologia do *Code Napoleón* e do Código Civil de 1916, para o chamado modelo solidarista, baseado na Constituição da República",[27] o que gera impactos por si só, uma vez que "toda transformação da realidade social interessa à ciência do direito, já que reage sobre a realidade normativa".[28]

É nesse contexto que surge o dano moral coletivo, objeto de estudo mais aprofundado nesse trabalho, e que gera desdobramentos teóricos de ordem pragmática, inclusive, para viabilizar a efetiva reparação das condenações impostas em ações coletivas.

Xisto Medeiros Neto, no entanto, já asseverava que "o termo *moral*, pela sua equivocidade, sempre esteve mais próximo de uma tradução de dano relacionado com o sentimento e a dor física ou psíquica, a revelar (...) uma posição teórica e

---

23. ZENUN, Augusto. *Op. cit.*, p. 11.
24. SILVA, Wilson Melo da. *Op. cit.*, n. 1, p. 12.
25. SILVA, Wilson Melo da. *Op. cit.*, *loc. cit.*
26. SANTOS, Antônio Jeová. *Dano moral indenizável*. 4. ed. São Paulo: Revista dos Tribunais, 2003, p. 57.
27. MORAES, Maria Celina Bodin de. A constitucionalização do Direito Civil e seus efeitos sobre a responsabilidade civil. *Direito, Estado e Sociedade*, Rio de Janeiro, v. 9, n. 9, jul./dez. 2006, p. 250.
28. PERLINGIERI, Pietro. *O Direito Civil na legalidade constitucional* (trad. Maria Cristina De Cicco). Rio de Janeiro: Renovar, 2008, p. 170.

incompleta",[29] o que corrobora a visão de Wilson Melo da Silva no sentido de que, tomando por base a definição dos danos morais a partir dos direitos da personalidade, talvez fosse mais adequada a denominação de dano à pessoa (como ocorre no *common law*) para assinalar ofensas desse cariz, embora tal denominação não esteja imune a críticas, visto que "não é excludente dos danos patrimoniais indiretos decorrentes da lesão sofrida pela pessoa".[30]

Fato é que a doutrina já caminha para o acolhimento da corrente objetiva do dano moral, que busca caracterizá-lo a partir da identificação da lesão a interesses extrapatrimoniais, sem se ater ao sofrimento íntimo decorrente do fato danoso, ou seja, sem levar em consideração o impacto do dano aos sentimentos da vítima.[31]

2.2. Funções da responsabilidade civil – Os exemplary damages e os punitive damages

A inexistência de critérios objetivos e categóricos para a delimitação do *quantum* indenizatório é aspecto problemático concernente ao tema, o que representa uma dificuldade concreta que, pelas próprias peculiaridades do dano moral, já abordadas anteriormente, conduzem ao arbitramento de indenizações sem parâmetro e que, na prática, acabam transcendendo a função reparatória.

Não há controvérsias acerca do fato de que o *quantum* indenizatório deve ser arbitrado levando-se em consideração a extensão do dano sofrido (artigo 944 do Código Civil), e não o grau de culpa do ofensor ou a reincidência de sua conduta.

O debate em torno dos meios que se destinam a sanar as consequências do fato lesivo é "uma viva discussão nos sistemas jurídicos anglo-saxãos",[32] onde as funções dissuasória e punitiva (*exemplary* e *punitive damages*), que não se confundem e que se revelam como novos vértices da doutrina da responsabilidade civil, para além das funções reparatória e compensatória usualmente estudadas.[33]

Eugênio Facchini Neto assevera que o hodierno foco da responsabilidade civil tem sido direcionado cada vez mais ao imperativo reparatório do que à censura e à inibição da reiteração de práticas semelhantes.[34]

---

29. MEDEIROS NETO, Xisto Tiago de. *Dano moral coletivo*. 2. ed. São Paulo: LTr, 2007, p. 123.
30. SILVA, Wilson Melo da. *Op. cit.*, n. 1, p. 12.
31. OLIVA, Milena Donato. Dano moral e inadimplemento contratual nas relações de consumo. *Revista de Direito do Consumidor*. São Paulo: Revista dos Tribunais, v. 93, mai./jun. 2014, p. 13.
32. ROSENVALD, Nelson. *As funções da responsabilidade civil: a reparação e a pena civil*. São Paulo: Atlas, 2013, p. 100.
33. VAZ, Caroline. *Funções da responsabilidade civil*: da reparação à punição e dissuasão – Os *punitive damages* no direito comparado e brasileiro. Porto Alegre: Livraria do Advogado, 2009, p. 40.
34. FACCHINI NETO, Eugênio. *Da responsabilidade civil no novo código*. In: SARLET, Ingo Wolfgang (Org.). *O novo Código Civil e a Constituição*. Porto Alegre: Livraria do Advogado, 2003, p. 155.

Anderson Schreiber aponta duas importantes soluções que poderiam ser adotadas para a questão dos danos punitivos. A primeira delas é a adoção de dosimetria mais generosa na quantificação de indenizações compensatórias, de modo que se atenda, efetivamente, o caráter reparatório almejado e se justifique, economicamente, a adoção de postura proba por parte do lesante.[35]

A segunda solução proposta pelo autor é o estabelecimento de sanções de natureza administrativa, como multas e suspensões, a serem aplicadas pelos órgãos reguladores da atividade de determinado ofensor, desestimulando a reiteração sem propiciar enriquecimento ilícito à vítima.[36]

Nos Estados Unidos da América, a noção punitiva é bastante utilizada em um tipo especial de indenização exemplar: os *"punitive damages"*. Estes refletem o interesse pelo desestímulo, na condenação em que é imposto um valor suficiente a servir como efetiva punição ao ofensor, com o objetivo de demovê-lo da prática futura de atos semelhantes, não se remetendo, contudo, à noção de vingança, mas vigorando a ideia da educação do ofensor através da imposição punitiva.

Naquele país, há uma cultura do seguro e do resseguro que se pauta na aplicação dos *"punitive damages"* como verdadeiras sanções penais que, invariavelmente, ultrapassam o valor compensatório, e são apontados de modo destacado por meio de deliberação do *corpo de jurados,* nos casos mais graves, baseando-se no grau de culpa do agente ofensor e no sentimento de reprovação social.[37]

No Brasil, a questão não é pacífica, justamente pelo caráter de pena que ostentam os danos punitivos, o que os tornariam incompatíveis com a própria noção de direito privado, segundo a melhor doutrina.

Evidentemente, a ideia em questão liga-se à noção de desestímulo que, por sua vez, decorre da própria busca pela paz social; esse caráter admonitório e circunstancial do *quantum* indenizatório reflete o intuito do instituto de lenir a dor mediante prestação pecuniária, que, se não consegue retornar as partes ao *statu quo ante*, ao menos ameniza a lesão e pune o malfeitor, inibindo a repetição do ato danoso.[38]

Carlos Alberto Bittar destaca que "preenche a teoria em estudo os fins de chamar à reparação o lesante e sancioná-lo pelos danos produzidos a outrem, realçando-se, em sua base, a forte influência da Moral",[39] questão destacada também por Caio Mário da Silva Pereira, para o qual "[...] o problema de sua reparação deve ser posto

---

35. SCHREIBER, Anderson. *Novos paradigmas da responsabilidade civil*: da erosão dos filtros da reparação à diluição dos danos. 5. ed. São Paulo: Atlas, 2013, p. 121.
36. SCHREIBER, Anderson. *Op. cit.*, *loc. cit.*
37. SOARES, Guido Fernando Silva. *Common Law*: Introdução ao direito dos EUA. 2. ed. São Paulo: Revista dos Tribunais, 2000, p. 29-30.
38. CAHALI, Yussef Said. *Op. cit.*, p. 33-35.
39. BITTAR, Carlos Alberto. *Reparação civil por danos morais*. 3. ed., São Paulo: Revista dos Tribunais, 1999, p. 26.

em termos de que a reparação do dano moral, a par do caráter punitivo imposto ao agente, tem de assumir sentido compensatório".[40]

Nesse aspecto, imprescindível a consideração da gravidade da conduta praticada pelo ofensor para delimitar-se seu grau de reprovação, e, por conseguinte, quantificar-se o dano moral segundo o critério punitivo. Jeová Santos acentua que, "tendo o ressarcimento uma função ambivalente – satisfatória e punitiva – têm incidência e importância a culpa e o dolo no instante da fixação do montante indenizatório".[41]

De fato, o aspecto valorativo do dano moral mostra-se decisivo na quantificação da avença, e o grau de reprovação, atrelado à noção de dolo ou de culpa é um dos elementos mais elementares da análise que deve fazer o julgador. Se o ofensor agiu com culpa leve, não poderá ser penalizado da mesma forma que o ofensor que laborou com culpa grave ou gravíssima, e é aqui que se revela a importância desse caractere da liquidação do dano moral.

2.3. Dosimetria e arbitramento da indenização por dano moral

Os princípios que regem a quantificação dos danos patrimoniais têm se revelado incompatíveis com a valoração dos danos extrapatrimoniais. Inexiste, com isso, um critério de aferição do *quantum* devido a título de danos morais, o que acaba deixando ao puro arbítrio do julgador a sua dosimetria.

Nesse contexto, para além das funções clássicas da responsabilidade civil, impõe-se uma ampliação da compreensão da disciplina, particularmente para a compreensão do escopo atinente ao dano moral, de caráter personalíssimo, e que demanda especificação adequada para permitir ao julgador um especial cuidado na dosagem da quantia indenizatória. Isso, contudo, quase nunca é uma preocupação precípua da parte que sofre o dano, porque, conforme destaca Jeová Santos, o comum é a parte que "requer certa quantia, mas não diz qual é o dano moral, nem como se originou, nem leva testemunhas e, quando o faz, não consegue convencer. Acredita que o dano moral é um carimbo, que sempre estampa uma resposta afirmativa".[42]

Inarredável a conclusão de que a prova do dano moral, por mais complexa que possa ser, deve ser necessariamente sólida, robusta e convincente. As circunstâncias de cada caso são especialíssimas, e, se ao juiz incumbe a ponderação de todas elas na fixação do dano, também à parte deve corresponder semelhante ônus quanto à demonstração efetiva do dano sofrido.[43]

Sendo incumbência da parte a demonstração precisa do dano e de sua repercussão, se esta não o faz satisfatoriamente, não pode o julgador, ainda que verifique a

---

40. PEREIRA, Caio Mário da Silva. Responsabilidade civil. 8. ed. Rio de Janeiro: Forense, 1998, p. 60.
41. SANTOS, Antônio Jeová. *Op. cit.*, p. 186.
42. SANTOS, Antônio Jeová. *Op. cit., loc. cit.*
43. SANTOS, Antônio Jeová. *Op. cit., loc. cit.*

existência do dano, pautar-se em analogia ou imaginar circunstâncias não demonstradas. Por óbvio, a prova produzida pela parte será o elemento precípuo da liquidação do dano moral, norteando o prudente arbítrio do julgador.

Há casos em que o legislador, de antemão, traça os parâmetros a que deve se ater o julgador no momento de fixar a indenização. A partir do critério apelidado de *liquidação legal*, "não se determina o montante da indenização, mas se determina em que a mesma deva consistir, ou seja, o legislador diz os critérios de determinação e medida do dano a ser ressarcido".[44]

Por outro lado, deve-se destacar o critério da *liquidação judicial*, adotado quando não existam "regras legais, que estabeleçam os elementos constitutivos da indenização, devolvendo-se a matéria, por completo ao arbítrio do julgador".[45]

O papel do julgador, na dosimetria do dano moral, parte de uma reflexão pela qual o mesmo se situa como homem comum e, com ponderação e justiça, averigua a presença dos pressupostos da reparação, notadamente o dano e a ulterior quantia indenizatória, o que denota papel de relevância fundamental do julgador quando da apreciação de ofensas à moral e à honra, seja na apreciação do fato, seja na apuração do dano, seja, ainda, na delimitação do *quantum* indenizatório.[46]

O grande perigo dessa sistemática decorre da insegurança jurídica que esse proceder, naturalmente, gera. De qualquer forma, o arbítrio judicial é preponderante na valoração do dano, não havendo espaço, em matéria de dano moral, para qualquer tipo de composição objetiva; os critérios apontados são meras sugestões de prudência. Mas, no fim, sempre recai sobre o julgador a responsabilidade da dosagem da condenação.

Disso decorre a tremenda importância do bom senso dos julgadores no momento de quantificar as indenizações por danos morais: sem sensibilidade, é possível que se vislumbre condenações desproporcionais.

As condições econômicas de ambas as partes tem ganhado forças na doutrina e na jurisprudência, influindo diretamente na dosagem do *quantum* indenizatório. Deve-se levar em conta todas as circunstâncias do caso concreto para a correta dosagem do montante pecuniário devido, e, nesse sentido, quando se leva em conta a condição financeira de cada uma das partes, tem-se em mente o intuito de não proporcionar imposição impossível de ser cumprida ou mesmo de proporcionar enriquecimento injustificado a alguma das partes.

O critério insculpido no artigo 944 do Código Civil reflete o intuito do legislador de proporcionar a dosagem equitativa do dano, não se filiando puramente a critérios subjetivos. Esse entendimento decorre da própria lógica da liquidação do

---
44. AMARANTE, Aparecida Imaculada. *Op. cit.*, p. 264.
45. AMARANTE, Aparecida Imaculada. *Op. cit.*, *loc. cit.*
46. CHIRONI, Giampietro. *La colpa nel diritto civile odierno*: colpa extracontratuale, 2. ed. Turim: Fratelli Bocca, 1906, t. 2, p. 368-370, *apud* AMARANTE, Aparecida Imaculada. *Op. cit.*, p. 264-265.

dano, que, não se baseando em critérios objetivos, depende – e muito – do prudente arbítrio do julgador.

Humberto Theodoro Júnior comenta que, "por se tratar de arbitramento fundando exclusivamente no bom senso e na equidade, ninguém além do próprio juiz está credenciado a realizar a operação de fixação do *quantum* com que se reparará a dor moral".[47]

Destarte, quando se impõe a alguém uma condenação a título de danos morais, deve-se levar em conta, de um lado, sua capacidade patrimonial, a fim de que se possa medir a extensão da pena civil imposta, e, paralelamente, a situação da peculiar da vítima, para dosar a quantia a ser arbitrada em face de suas condições pessoais e sociais.

A capacidade patrimonial do ofensor deve ser levada em consideração no arbitramento do dano moral, para que possa ser justa e suficiente, de modo que o valor da indenização não o leve à míngua patrimonial, nem seja tão insignificante que possa incentivá-lo a persistir na ofensa.

Quanto à situação da vítima, impõe-se a análise de se modo geral de vida, das atividades que desempenha em seu círculo social, do local onde vive, de sua idade, de seu estado civil, dos vínculos familiares e outras circunstâncias especiais do caso concreto, o que permitirá ao julgador dispor de meios justos de arbitrar o montante da indenização.

2.3.1. Da liquidação individual: as hipóteses do Código de Defesa do Consumidor

O advento do tratamento jurídico da tutela coletiva no Brasil adveio de uma normatização progressiva, assim sintetizada por Júlio Camargo de Azevedo:

> No Brasil, a legislação foi progressivamente escrevendo a história da tutela coletiva, iniciando-se com a Lei de Ação Popular (Lei 4.717/1965), depois com a Lei de Ação Civil Pública (Lei 7.347/1985), até culminar, enfim, na promulgação da Constituição Federal de 1988, seguida do Código de Defesa do Consumidor em 1990 (...). Por conseguinte, vieram os códigos setorizados e os estatutos, bem como as legislações especiais, as quais passaram a complementar e integrar o sistema utilizado para a proteção dos interesses difusos, coletivos *stricto sensu* e individuais homogêneos.[48]

O artigo 95 do Código de Defesa do Consumidor é claro ao preconizar que a sentença condenatória pautada em direitos individuais homogêneos será sempre genérica, de modo a demandar ulterior liquidação. A fase de conhecimento do processo coletivo destina-se, portanto, à delimitação do *an debeatur* (se há débito), do *quis debeatur* (o que é devido) e do *quid debeatur* (a quem se deve).

---

47. THEODORO JÚNIOR, Humberto. *Dano moral*. 3. ed. São Paulo: Juarez de Oliveira, 2000, p. 34-35.
48. AZEVEDO, Júlio Camargo de. *Prática cível para Defensoria Pública*. Campinas: CEI, 2018, p. 411.

Essencialmente, a sentença genérica "faz juízo apenas parcial dos elementos da relação jurídica posta na demanda, e não sobre todos eles, razão pela qual, em princípio, é sentença sem força executiva própria".[49] Não obstante, tem-se que a lógica estampada no dispositivo decorre da própria natureza dos interesses tutelados, que, segundo a doutrina, por serem individuais homogêneos, são naturalmente divisíveis, o que justifica a opção pela adoção de sentenças genéricas, porquanto aplicáveis a toda a coletividade.[50]

A partir dessa sistemática, cada indivíduo lesado poderá, pessoalmente ou através de legitimados, promover a liquidação e posterior execução da indenização a que faz jus, conforme prevê o artigo 97 do CDC: "A liquidação e a execução de sentença poderão ser promovidas pela vítima e seus sucessores, assim como pelos legitimados de que trata o art. 82".

Por se tratar de um direito de cunho individual, nada impedirá o indivíduo lesado de ajuizar uma ação tendente a reparar o seu dano, não havendo que se falar em litispendência,[51] embora o artigo 104 do CDC imponha a condição de poder se beneficiar da sentença de procedência proferida nos autos da ação coletiva somente se, tomando conhecimento de sua existência, requerer a suspensão de sua demanda individual, no prazo de 30 (trinta) dias, a contar da ciência.[52]

Destarte, na fase de liquidação e execução de que trata o artigo 97 do CDC, surgem duas situações específicas: (i) a primeira diz respeito à iniciativa de cada uma das vítimas e de seus sucessores; (ii) a segunda traz à tona a possibilidade de

---

49. ZAVASCKI, Teori Albino. *Processo coletivo*: tutela de direitos coletivos e tutela coletiva de direitos. 2. ed. São Paulo: Revista dos Tribunais, 2007, p. 169.
50. RODRIGUES, Marcelo Abelha; KLIPPEL, Rodrigo. *Comentários à tutela coletiva*. Rio de Janeiro: Lumen Juris, 2009, p. 146.
51. Com a iniciativa de cada indivíduo, a tutela genérica delimitada na sentença se tornará personalizada e divisível, com a identificação do *cui debeatur* (a quem é devido) e do *quantum debeatur* (a quantia devida), viabilizando a execução por quantia líquida e certa. *Cf.* GRINOVER, Ada Pellegrini; DENARI, Zalmo; WATANABE, Kazuo *et al.* Código Brasileiro de Defesa do Consumidor: comentado pelos autores do anteprojeto, v. II. 10. ed. Rio de Janeiro: Forense, 2011, p. 154.
52. Nessa linha, o Superior Tribunal de Justiça já se pronunciou, em sede de julgamento de recursos repetitivos, ao definir seu Tema 60 no julgamento do Recurso Especial 1.110.549/RS: "Recurso repetitivo. Processual civil. Recurso especial. Ação coletiva. Macrolide. Correção de saldos de cadernetas de poupança. Sustação de andamento de ações individuais. Possibilidade. 1. Ajuizada ação coletiva atinente a macrolide geradora de processos multitudinários, suspendem-se as ações individuais, no aguardo do julgamento da ação coletiva. 2. Entendimento que não nega vigência aos arts. 51, IV e § 1º, 103 e 104 do Código de Defesa do Consumidor; 122 e 166 do Código Civil; e 2º e 6º do Código de Processo Civil, com os quais se harmoniza, atualizando-lhes a interpretação extraída da potencialidade desses dispositivos legais ante a diretriz legal resultante do disposto no art. 543-C do Código de Processo Civil, com a redação dada pela Lei dos Recursos Repetitivos (Lei 11.672, de 8.5.2008). 3. Recurso Especial improvido. (BRASIL. Superior Tribunal de Justiça. *Acórdão de decisão que julgou, em sede de recurso repetitivo, a sustação do andamento de ações individuais durante a tramitação de ações individuais, sem que haja ofensa a dispositivos do CDC (ementa)*. Recurso Especial 1.111.549/RS. Informativo 413. Relator: Ministro Sidnei Beneti. 28 de outubro de 2009. Disponível em: <https://bit.ly/2LhocgQ>. Acesso em: 17 jul. 2018).

ajuizamento dos pedidos de liquidação e execução pelos legitimados de que trata o artigo 82 do CDC.[53]

Já no caso do artigo 98, tem-se a possibilidade de que a execução seja coletiva e promovida pelos mesmos legitimados do artigo 82, mas somente "abrangendo as vítimas cujas indenizações já tiveram sido fixadas em sentença de liquidação, sem prejuízo do ajuizamento de outras execuções".

Ada Pellegrini Grinover *et al* alertam, quanto a essa segunda hipótese, para os perigos de a aplicação irrestrita de tal previsão violar a finalidade de proteção e defesa do consumidor, insculpida no próprio Código, na medida em que a individualização dos danos sofridos pelas vítimas ou seus sucessores somente seria possível pela atividade desses, e não dos atores previstos no rol de pessoas com legitimação extraordinária do artigo 82, impondo-se, em festejo ao escopo exegético da norma, uma compreensão conveniente e sistemática do artigo 97 do CDC.[54]

Júlio de Camargo Azevedo também tece crítica a essa sistemática, destacando que, se o que se pretendeu foi justamente ampliar a legitimidade processual coletiva do rol de pessoas trazido pelo CDC para atuação no processo de conhecimento, restringir tal legitimidade *a posteriori*, na liquidação e na execução, seria ilógico.[55]

2.3.2. O dano moral coletivo e suas particularidades

O debate acerca de um dano moral de natureza coletiva encontra suas bases no artigo 6º, inciso VI, do CDC, que prevê como direito básico do consumidor "a efetiva reparação de danos patrimoniais e morais, individuais, coletivos e difusos", e no artigo 1º, inciso IV, da Lei da Ação Civil Pública (Lei 7.347/1985), que lhe foi acrescentado pelo artigo 110 do CDC, passando a prever que "[r]egem-se pelas disposições desta Lei, sem prejuízo da ação popular, as ações de responsabilidade por danos morais e materiais causados: (...) IV – a qualquer outro interesse difuso ou coletivo".

Em termos conceituais, Carlos Alberto Bittar Filho define o dano moral coletivo como "a injusta lesão da esfera moral de uma dada comunidade, ou seja, é a violação antijurídica de um determinado círculo de valores coletivos",[56] o que despertou na doutrina a transcendência da concepção anímica do dano moral, própria apenas

---

53. O rol de legitimados contempla o Ministério Público; a União, os Estados, os Municípios e o Distrito Federal; as entidades e órgãos da Administração Pública, direta ou indireta, ainda que sem personalidade jurídica, especificamente destinados à defesa dos interesses e direitos protegidos pelo CDC; as associações legalmente constituídas há pelo menos um ano e que incluam entre seus fins institucionais a defesa dos interesses e direitos protegidos pelo CDC, dispensada a autorização assemblar.
54. GRINOVER, Ada Pellegrini; DENARI, Zalmo; WATANABE, Kazuo *et al. Op. cit.*, p. 157.
55. AZEVEDO, Júlio Camargo de. *Op. cit.*, p. 449.
56. BITTAR FILHO, Carlos Alberto. Do dano moral coletivo no atual contexto jurídico brasileiro. *Revista de Direito do Consumidor*, São Paulo: Revista dos Tribunais, n. 12, p. 44-61, out./dez. 1994, p. 55.

das pessoas físicas, como ponto essencial para a aceitação de uma nova categoria de dano moral.[57]

Segundo Marcelo Costa:

> (...) a consolidação de verdadeira cláusula de tutela e dever geral de respeito à personalidade humana, tem-se como consequência o fato de que toda violação da projeção coletiva desse princípio constitucional, consubstanciado em interesses/direitos extrapatrimoniais essencialmente coletivos (difusos e coletivos em sentido extrito) e, portanto, não adstrito a pessoas singulares, configurará dano moral coletivo.[58]

Naturalmente, conforme já se analisou no breve escorço histórico trazido nesse trabalho, o estudo do dano moral transcende a compreensão anímica de outrora e se reconfigura para permitir a tutela jurídica de bens jurídicos que interessam à coletividade.

Sua delimitação, porém, deve levar em conta a diferenciação entre direitos difusos, coletivos e individuais homogêneos, que o artigo 103 do CDC traz em seus incisos I, II e III, respectivamente. Isso porque os desdobramentos processuais para fins de liquidação gerará a seguinte casuística: (i) o já abordado artigo 97 do CDC, que gera liquidações e execuções individuais; (ii) o artigo 98 do CDC, que suscita liquidações individuais e execução coletiva; (iii) o art. 100 do CDC, que propicia liquidação e execução subsidiárias difusas.

Quando se fala em subsidiariedade difusa e se dedica maior atenção ao artigo 100 do CDC, surge a seara nebulosa – que o presente trabalho se propôs a investigar – acerca da reparação fluida (*fluid recovery*), importada do direito norte-americano que será melhor analisada adiante.

3. DA REPARAÇÃO FLUIDA (*FLUID RECOVERY*) COMO TERCEIRA MODALIDADE DE LIQUIDAÇÃO DOS DANOS

A reparação fluida (*fluid recovery*[59]), também chamada de *cy-près*,[60] cuida da destinação dada às indenizações dos direitos individuais homogêneos que não foram

---

57. RAMOS, André de Carvalho. Ação Civil Pública e o dano moral coletivo. *Revista de Direito do Consumidor*, n. 25, São Paulo: Revista dos Tribunais, jan./mar. 1988.
58. COSTA, Marcelo Freire Sampaio. *Dano moral (extrapatrimonial) coletivo*: leitura constitucional, civil e trabalhista. São Paulo: LTr, 2009, p. 70.
59. A tradução literal da expressão inglesa, bem como a própria expressão, têm sido amplamente adotadas no Brasil desde a publicação da tradução de um emblemático artigo do autor italiano Mauro Cappelletti, no qual foi adotada a nomenclatura *fluid recovery*. (CAPPELLETTI, Mauro. Formações sociais e interesses coletivos diante da justiça civil (trad. Nelson Campos). *Revista de Processo*, São Paulo, n. 5, p. 128-159, 1977, p. 153-154).
60. A expressão advém de "*cy-près comme possible*", de origem francesa, e pode ser traduzida como "o mais perto possível", denotando a frustração do êxito obtido em processos de conhecimento de ações coletivas, com ulterior não concretização das etapas de liquidação e execução. A expressão anglicizada acabou recebendo pronúncia que mais se aproxima das palavras "*sigh-pray*", e tem sido mais adotada pelas Cortes estadunidenses por refletir uma precisão maior para o modelo de execução adotado nos Estados Unidos da

reclamadas por seus titulares individualmente, e que poderiam acarretar impunidade parcial ou total ao condenado pela sentença proferida no processo de conhecimento da ação coletiva.[61]

A importância do estudo desse tema, ao qual se impõe a fixação de alguns breves conceitos e premissas oriundos do *common law* norte-americano, é de suma importância, pois define a tônica de conceitos que serão vistos mais adiante, como *degorgement*, e suscita a criação dos fundos de direitos difusos e coletivos, aos quais são destinados os dividendos não executados do saldo total da indenização coletiva.

A doutrina aponta os principais benefícios dessa modalidade de liquidação e execução coletiva ao salientar que, além de não permitir que a falta de habilitação dos lesados acabe por deixar o fornecedor que atuou ilicitamente impune, possibilita que a indenização não reclamada individualmente seja convertida para um fundo em prol dos interesses lesados.[62]

3.1. Origens do instituto nos Estados Unidos da América

A doutrina da reparação fluida (*fluid recovery*) nasce nos Estados Unidos da América, a partir de ações coletivas (*class actions*) que, embora exitosas, resultavam em largas condenações que não eram posteriormente liquidadas por seus beneficiários individuais, gerando saldos inertes e, ao mesmo tempo, proveitosos a quem deveria arcar com os respectivos pagamentos e acabava o fazendo apenas parcialmente.[63]

Para bem situar o caso, importa destacar que a nomenclatura (*fluid recovery*) remonta ao caso *Eisen v. Carlisle & Jacquelin*, em que, segundo Rachel Mulheron, o juiz Tyler, preocupado com os desdobramentos de um processo envolvendo um fundo que poderia acarretar milhões de ações individuais dos membros, utilizou-se da expressão *fluid class recovery* de forma relativamente obscura, denotando uma possível distribuição dos danos para a classe como um todo.[64]

Ocorre que, devido à amplitude de determinadas ações coletivas, nem sempre o saldo total obtido por força de uma decisão judicial ou até mesmo de um acordo

---

América, quando não é possível determinar todos os membros do grupo beneficiado ou nas hipóteses em que a individualização de sua reparação *pro rata* seja deveras onerosa. (WASSERMAN, Rhonda. Cy Pres in Class Action Settlements. Southern California Law Review, v. 88, p. 97-164, mar. 2014, p. 97.)

61. BARNETT, Kerry. Equitable trusts: an effective remedy in Consumer Class Actions, *Yale Law Journal*, v. 96, n. 7, p. 1591-1614, jun. 1987, p. 1594.
62. MARQUES, Claudia Lima; BENJAMIN, Antonio Herman; MIRAGEM, Bruno. *Comentários ao Código de Defesa do Consumidor*. 2. ed. São Paulo: Revista dos Tribunais, 2006, p. 1109.
63. ROQUE, André Vasconcelos. *Class actions – ações coletivas nos Estados Unidos*: o que podemos aprender com eles? Salvador: Juspodivm, 2013, p. 462-471.
64. MULHERON, Rachel P. *The modern cy-prés doctrine*: applications & implications. Londres: UCL Press, 2006, p. 217.

permite saldar integralmente todos os indivíduos afetados. Com isso, o que costumeiramente se tem é um saldo não reclamado.

Esta sistemática é descrita por Rhonda Wasserman da seguinte maneira:

> Uma grande porcentagem de ações coletivas certificadas resultam em acordos. Uma vez que a Corte Distrital homologue o acordo, o administrador de pleitos distribui os valores liquidados para os membros da classe mediante a submissão de formulários. Às vezes, porém, os membros da classe não podem ser identificados ou é muito dispendioso processar os pleitos relativamente a seus valores. Mesmo quando os membros da classe que submeteram seus pleitos são pagos, uma porção dos fundos costuma não ser reclamada e a Corte deve decidir o que fazer com tais fundos.[65]

Nesse sentido, quando há saldo não reclamado, o que se faz através da recuperação fluida ou *cy-près* é dar a melhor destinação possível aos recursos ("next best use"[66]), que usualmente ocorre com a remessa do saldo remanescente para um fundo ou até mesmo com a imposição de uma redução ou reversão de preços (*prices rollback*) de algum produto comercializado pelo causador do dano mediante a absorção daquele saldo,[67] até que se dê todo o resgate do lucro ilícito (*disgorgement*).[68-69]

A hipótese da redução de preços é interessante do ponto de vista pragmático, uma vez que a tutela de uma obrigação de fazer ou de entregar coisa certa viabiliza a reparação, ainda que de forma indireta, do dano gerado para a coletividade de uma maneira mais objetiva e proveitosa para todos do que o mero depósito de numerário em um fundo.

Ocorre que, mesmo nos Estados Unidos, nem sempre se impõe a *fluid recovery* como terceira via de satisfação de danos causados. Isto ocorreu, por exemplo no caso *Kraus v. Trinity Management Services, Inc.*, em que se barrou a adoção dessa sistemática reparatória no Estado da Califórnia, a despeito de existir, naquele

---

65. WASSERMAN, Rhonda. *Op. cit.*, p. 102-103. No original: "A large percentage of certified class actions settle. Once the district court approves the settlement, the claims administrator distributes the settlement monies to the class members upon submission of claim forms. Sometimes, however, class members cannot be identified or it costs too much to process their claims relative to their size. Even when claiming class members are paid, a portion of the settlement fund often remains unclaimed and the court must decide what to do with the unclaimed funds".

66. DE JARLAIS, Natalie A. The consumer trust fund: a cy pres solution to undistributed funds in Consumer Class Actions, *Hastings Law Journal*, São Francisco, v. 38, n. 4, p. 729-767, abr. 1987, p. 730.

67. É que se observa no caso *Bebchick v. Public Utilities Commission*, no qual a reversão de preços (*prices rollback*) se mostrou instrumento adequado à difusão do valor a ser compensado na condenação, por se tratar a demandada de empresa que detinha o monopólio da gestão do transporte público, de modo que forçar uma redução de receitas auferidas com aumento inapropriado de tarifas não afetaria o livre balanceamento do mercado, como poderia ocorrer se este instrumental fosse aplicado em segmentos competitivos do mercado.

68. KARAS, Stan. The role of fluid recovery in consumer protection litigation: Kraus v. Trinity Management Services, *California Law Review*, Berkeley, v. 90, p. 959-994, 2002, p. 962.

69. O termo *disgorgement* é traduzido por Nelson Rosenvald como "restituição". Segundo o autor, "[n]o *disgorgement*, o ofendido também terá acesso a todo o proveito ilicitamente obtido pelo lesante – de valor bem superior aos danos compensados à vítima –, considerada a vantagem econômica que conseguiu ao violar o direito alheio". (ROSENVALD, Nelson. *Op. cit.*, p. 105.)

âmbito estadual, a *Unfair Competition Law (UCL)*, uma das mais sólidas normas de proteção das relações de consumo do país. Devido à grande proteção que tal lei conferia, diversas ações coletivas passaram a ser movidas perante as Cortes estaduais buscando diretamente a aplicação da recuperação fluida, sem sequer se investigar se seria possível individualizar os consumidores lesados. No *case* citado, entendeu-se exatamente assim.[70]

Por outro lado, também no Estado da Califórnia já se aplicou a sistemática da recuperação fluida para além da hipótese residual da não localização de todos os indivíduos lesados e para dar ao saldo remanescente sua próxima melhor destinação. No caso *Fletcher v. Security Pacific National Bank*, por exemplo, admitiu-se a *fluid recovery* diante da iminente falência da empresa demandada.[71]

Fato é que na grande maioria dos casos, o que ocorre é o confisco governamental (*governmental escheat*) do saldo remanescente para destinação a um fundo geral que se destina a organizações específicas e que devem usar tais recursos para o atendimento de interesses públicos alinhados com suas finalidades institucionais, podendo os valores, inclusive, serem vertidos para a constituição de uma nova organização desta estirpe.[72]

Pelas linhas conceituais apresentadas, é de fácil constatação a pertinência do instituto para a solução de claros problemas relacionados a ações coletivas. Não é raro que se diga que o Brasil acabou incorporando a concepção norte-americana da *fluid recovery*, a despeito das perceptíveis distinções do modelo pátrio em relação ao norte-americano.

Nos Estados Unidos, a criação da *fluid recovery* ou *cy-près* se deu como um verdadeiro remédio voltado à preservação da eficácia da tutela coletiva, distanciando-se do escopo meramente ressarcitório, que interessaria unicamente às vítimas diretas do dano. Já o modelo brasileiro adotou características próprias, definindo instituto semelhante no artigo 100 do Código de Defesa do Consumidor, que será analisado adiante.

A mais notável diferença entre os dois modelos está na quantificação da indenização coletiva: na *cy-près* norte-americana, o magistrado já impõe condenação líquida para a indenização, ao passo que a sistemática da recuperação fluida brasileira determina a condenação genérica no processo de conhecimento, com posterior liquidação.[73]

---

70. KARAS, Stan. *Op. cit.*, p. 963-965.
71. KARAS, Stan. *Op. cit.*, p. 968.
72. DE JARLAIS, Natalie A. *Op. cit.*, p. 759-762.
73. GRINOVER, Ada Pellegrini; DENARI, Zalmo; WATANABE, Kazuo *et al. Op. cit.*, p. 163.

Além disso, no contexto das *class actions* norte-americanas, a solução dos conflitos se dá, na grande maioria dos casos, mediante transações ou acordos (*settlements*), e quase nunca por decisão judicial.[74]

O modelo brasileiro, alinhado a outro vértice, parece ter incorporado a *fluid recovery* como instrumento residual (*ultima ratio*) para a reparação, somente sendo aplicável a terceira via quando decorrido mais de um ano da formação do título executivo e desde que não haja habilitações individuais ou se o número for incompatível com a grandeza e com a gravidade do dano percebido, pois, se houver tal compatibilidade, não haverá que se falar em aplicação da recuperação fluida.[75]

Portanto, o *cy-près* norte-americano se distingue da reparação fluida brasileira na medida em que, naquele, há a possibilidade de aplicação da sistemática ao valor integral, impossibilitando ao cidadão vitimado de obter a execução individualmente, em verdadeira reparação coletiva indireta, que parece ser incompatível com a metodologia insculpida na legislação brasileira, que sempre permite ao lesado manejar sua ação individual para liquidação e execução dos valores que lhe entender devidos.

3.2. A reparação fluida como garantia da eficácia das sentenças condenatórias em processos coletivos no Brasil

Insofismavelmente, a incorporação da reparação fluida no ordenamento brasileiro visa reduzir as chances de que o lesante saia impune diante de determinada prática lesiva. A indenização pelo dano em escala tem a finalidade evidente de garantir a prevenção geral dos ilícitos,[76] na medida em que reforça a eficácia deterrente (*deterrence*) e dissuatória que é intrínseca ao interesse público subjacente à tutela coletiva.

Exatamente por isso, a *fluid recovery* adquire função relevante na ampliação do acesso à justiça e na efetivação do devido processo legal coletivo, uma vez que garante a satisfação da tutela coletiva em situações peculiares que envolvem direitos individuais homogêneos capazes de colocá-la em risco.[77]

---

74. MULLENIX, Linda S.. Ending Class Actions as We know them: Rethinking the American Class Action Rule. *Public Law & Legal Theory Research Papers Series*. Univ. of Texas School of Law, Austin, n. 565. v. 64, p. 400-449, jun. 2014, p. 413-415.

75. POMPÍLIO, Gustavo. Aspectos polêmicos acerca da *fluid recovery* no ordenamento jurídico brasileiro. *Revista de Processo*, São Paulo, v. 225, nov./2013, p. 284.

76. A esse respeito, destaca-se que a indenização punitiva, segundo a doutrina, "consiste na soma em dinheiro conferida ao autor de uma ação indenizatória em valor expressivamente superior ao necessário à compensação do dano, tendo em vista a dupla finalidade de punição (*punishment*) e prevenção pela exemplaridade da punição (*deterrence*), opondo-se, nesse aspecto funcional, aos *compensatory damages*, que consistem no montante indenizatório compatível ou equivalente ao dano causado, atribuído com o objetivo de ressarcir o prejuízo. (MARTINS-COSTA, Judith; PARGENDLER, Mariana Souza. Usos e abusos da função punitiva (*punitive damages* e o Direito brasileiro). *Revista CEJ*, Brasília, n. 28, jan./mar. 2005, p. 15-32.

77. MANCUSO, Rodolfo de Camargo. *Jurisdição coletiva e coisa julgada*: teoria geral das ações coletivas. 3. ed. São Paulo: Revista dos Tribunais, 2012, p. 313.

Dessa forma, sem a previsão contida no artigo 100 do CDC, diversas ações coletivas com desfecho de procedência não refletiriam resultados práticos no mundo fático.

4. ANÁLISE DO ARTIGO 100 DO CÓDIGO DE DEFESA DO CONSUMIDOR

O artigo 100 do CDC prevê que, "[d]ecorrido o prazo de um ano sem habilitação de interessados em número compatível com a gravidade do dano, poderão os legitimados do art. 82 promover a liquidação e execução da indenização devida".

Conforme já se pontuou *en passant* em tópicos anteriores, o legislador brasileiro se distanciou do modelo tradicional da cy-près norte-americana ao estabelecer dois requisitos cumulativos para a viabilização da recuperação fluida: (i) o transcurso do prazo de um ano para o início da liquidação e execução da *fluid recovery*, a partir do trânsito em julgado da sentença condenatória genérica a que se refere o artigo 95 do CDC; (ii) a gravidade do dano ser incompatível com o número de habilitações à tutela coletiva.[78]

No tocante ao primeiro requisito, a doutrina muito se indaga acerca da natureza jurídica do prazo ânuo, pois, se decadencial, as vítimas e seus sucessores contariam com interregno exíguo para reclamar suas indenizações individuais, o que se distanciaria das finalidades protetivas insculpidas no CDC.[79] Por esse motivo, a maioria dos doutrinadores aduz tratar-se de prazo relativo ao momento em que nasce a legitimidade extraordinária coletiva para a instauração do pedido de liquidação da reparação fluida.[80]

Noutra linha, é importante que seja tecido breve comentário acerca da possibilidade de que sejam feitas as execuções individuais durante ou mesmo após o encerramento da execução por reparação fluida, sendo prevalente o entendimento de que é possível a compensação entre eventuais execuções pessoais e os valores residuais, ainda que já vertidos a um fundo, mas desde que observado o limite relativo ao montante depositado,[81] o que, noutras palavras, significa dizer que o montante destinado ao fundo pode ser dele revertido para o pagamento das pretensões individuais até que se consolide a prescrição dessas.

Marcelo Abelha Rodrigues discorda desse entendimento, embora seu entendimento represente posição minoritária, sob o argumento de que, a fim de se evitar uma dupla punição do lesado pelo mesmo fato (*bis in idem*), e, ainda, para assegurar maior segurança jurídica, melhor seria que o termo inicial do prazo da ação de repa-

---

78. RODRIGUES, Marcelo Abelha. Ponderações sobre a *fluid recovery* do art. 100 do CDC. *Revista de Processo*, São Paulo, ano 29, n. 116, jul./ago. 2004, p. 327.
79. NEVES, Daniel Amorim Assumpção. *Manual de processo coletivo*. Rio de Janeiro: Forense, 2012; p. 354.
80. Todavia, não se pode confundir os prazos da execução da tutela coletiva com aqueles concernentes ao direito individual, eis que esse permanece, ao passo que a prerrogativa de habilitação para a execução do direito individual homogêneo, nos moldes do procedimento adotado pela legislação consumerista, está adstrita ao prazo decadencial de um ano. (DIDIER JÚNIOR, Fredie; ZANETI JÚNIOR, Hermes. *Curso de Direito Processual Civil*, v. 4. 9. ed. Salvador: Juspodivm, 2014, p. 356).
81. SILVA, Érica Barbosa e. *Cumprimento de sentença em ações coletivas*. São Paulo: Atlas, 2009, p. 129.

ração fluida tivesse início no fim do prazo prescricional das pretensões executórias individuais.[82]

Já com relação ao segundo requisito imprescindível para a utilização da distribuição fluida – a compatibilidade da gravidade do dano com o número de habilitações – acentua-se que tal incompatibilidade pode se consubstanciar por diversos motivos, havendo casos em que, *verbi gratia*, a extensão do dano causado é bastante considerável, mas o prejuízo sofrido individualmente pelas vítimas é irrisório, o que as desmotiva de promoverem as respectivas habilitações, situação que também pode ser verificada quando as ações coletivas são ajuizadas e julgadas procedentes sem o conhecimento da maioria dos potenciais beneficiários, a despeito da publicação de editais, conforme determina o artigo 94 do CDC.[83]

É importante notar, entretanto, que não se exige que absolutamente todos os interessados tenham se habilitado para viabilizar a execução por *fluid recovery*, bastando, para tanto, que o número de habilitados se mostre condizente com a situação específica e com a gravidade do dano para que se evite a execução por reparação fluida, o que significa dizer que a sentença terá eficácia prática para a garantia da tutela coletiva, ainda que alguns interessados deixem de, individualmente, proceder à habilitação.

Está evidente que o legislador almejou conferir maior proteção às indenizações pessoais, permitindo a apuração global somente nos casos em que houver desproporção em relação à gravidade do dano e, no tocante à apuração do prejuízo global para fins de aplicação da reparação fluida, "o juiz deverá proceder à avaliação e quantificação dos danos causados, e não dos prejuízos sofridos. Avulta, aqui, sua *defining fuction* e seus poderes se tornam mais amplos".[84]

A doutrina ainda comenta acerca da possibilidade de aplicação da reparação fluida em execuções destinadas à tutela de obrigações de fazer, não fazer e de entregar coisa. Porém, em vista do objeto de estudo desse trabalho (o dano moral), comentar-se-á apenas que o entendimento prevalente afasta esta metodologia reparatória de tais obrigações, como é o caso de Marcelo Abelha Rodrigues,[85] ao passo que outros, de vertente minoritária, como Daniel Neves, alertam para a possibilidade de que a tutela de obrigação de pagar se convole em um fazer o entregar,[86] de modo semelhante aos casos de *rollback* da *cy-près* norte-americana. Porém, é evidente que essa sistemática não viabiliza aos titulares dos direitos individuais homogêneos a prerrogativa de requererem a execução individual após a *fluid recovery*.

---

82. RODRIGUES, Marcelo Abelha. *Op. cit.*, p. 328.
83. NEVES, Daniel Amorim Assumpção. *Op. cit.*, p. 352.
84. GRINOVER, Ada Pellegrini; DENARI, Zalmo; WATANABE, Kazuo et al. *Op. cit.*, p. 164.
85. RODRIGUES, Marcelo Abelha. *Op. cit.*, p. 326.
86. NEVES, Daniel Amorim Assumpção. *Op. cit.*, p. 355.

5. DEGORGEMENT E OS FUNDOS DE DIREITOS DIFUSOS

O conceito de *degorgement* remonta ao *common law*, e, conforme já se pontuou anteriormente, nos tópicos que cuidaram de fixar as origens da *fluid recovery*, diz respeito a um segundo vértice da reparação civil, "cuja função seria a de superar a lacuna dos *compensatory damages* que apenas propicia à vítima aquilo que ela perdeu em termos patrimoniais e extrapatrimoniais".[87]

Nelson Rosenvald destaca que, "no *disgorgement*, o ofendido também terá acesso a todo o proveito ilicitamente obtido pelo lesante – de valor bem superior aos danos compensados à vítima –, considerada a vantagem econômica que conseguiu ao violar o direito alheio".[88] Nesse sentido, o que se observa é exatamente a transcedência da função reparatória da responsabilidade civil, que parte para um campo mais abrangente, no qual é possível dar melhor destinação à condenação que não venha a amparar as vítimas específicas do dano.

Em países da tradição do *civil law*, esse instituto vem sendo incorporado paulatinamente.[89] E, no Brasil, isto se deu com o advento do Código de Defesa do Consumidor, conforme visto anteriormente.

Assim, a quantia arrecadada com a imposição de uma condenação a título de dano moral coletivo que resulte em saldo não reclamado, conforme visto, pode ser destinada, a título de reparação fluida, ao fundo de direitos difusos, nos termos do parágrafo único do artigo 100 do CDC, interpretado em conjunto com o artigo 13 da Lei de Ação Civil Pública.

O objetivo precípuo de tais fundos, ultrapassando a concepção do ressarcimento individual, é viabilizar a reparação dos danos causados ao próprio interesse lesado pela atuação indevida do ofensor. Noutras palavras, o legitimado coletivo busca uma recomposição em prol de bem jurídico que interessa a toda a coletividade, como o meio ambiente, a higidez das relações de consumo, os bens e direitos de valor artístico, estético, histórico, turístico, paisagístico, a ordem econômica e a outros direito difusos e coletivos, nos moldes do artigo 1º da Lei 9.008/1995.

Hugo Nigro Mazzilli analisa tais fundos, destacando que os mesmos destinam-se a receber somente as receitas decorrentes de lesões a interesses indivisíveis, uma vez que indenizações decorrentes de lesões a direitos individuais divisíveis ou homogêneos apenas serão destinadas a fundos no caso previsto no artigo 100 do CDC, isto

---

87. ROSENVALD, Nelson. *Op. cit.*, p. 105.
88. ROSENVALD, Nelson. *Op. cit.*, p. 105.
89. Na França, por exemplo, a reforma do Código Civil que se encontra em discussão legislativa acolhe o *degorgement* como *faute lucrative*, fazendo referência "a dois tipos de prejuízos: os compensatórios e aqueles que concernem a interesses punitivos (art. 1.371), em que os lucros obtidos pelo lesante seriam tais que não seriam neutralizados pela simples reparação de danos". (ROSENVALD, Nelson. *Op. cit.*, p. 106.) isto

é, na hipótese de recuperação fluida, aplicada subsidiariamente e quanto ao saldo não reclamado.[90]

Isso coloca uma peculiar dúvida no tocante ao dano moral, que, conforme analisado, não encontra parâmetros objetivos de fixação, o que pode redundar mais facilmente em condenações capazes de gerar saldo residual passível de reparação fluida.

É inegável que o arbitramento do *quantum* indenizatório é o aspecto mais desafiador da condenação por dano moral, o que implica maior relevância aos fundos de direitos difusos, pois são eles que receberão os recursos advindos de tais condenações.

6. CONCLUSÃO

À guisa de conclusão, impende retomar os pontos nucleares do presente estudo, descortinando as principais perspectivas para o trato da temática dos danos morais coletivos na contemporaneidade.

Conforme se apurou ao longo da presente investigação, a proteção ao patrimônio imaterial da pessoa não se mostra como novidade do direito contemporâneo, encontrando precedentes, por exemplo, no direito romano e no direito canônico. Por outro lado, idêntica assertiva não se pode formular em relação ao dano moral coletivo, legatário da passagem de um modelo liberal-individualista para um sistema solidarista, calcado na filtragem dos regramentos de direito privado pelas constituições democráticas.

Ademais, a passagem da contemplação dos danos morais como resultantes de dores psíquicas ou sofrimentos de suas vítimas para uma concepção que os vislumbra como lesão a interesses extrapatrimoniais foi essencial à abertura significativa que franqueou o vislumbre dos danos morais coletivos, cuja mirada ultrapassa os lindes individuais da pessoa natural para alcançar o âmbito imaterial das coletividades.

Uma das principais fontes de divergência doutrinária e jurisprudencial na matéria em apreço, como se viu, consiste no caráter (se meramente reparatório ou compensatório) porventura atribuível às indenizações por danos morais, ou também relativo à punição e dissuasão de seus causadores. Conquanto na doutrina norte-americana ambas as finalidades sejam pacificamente aceitas, especialmente pela cultura do seguro e resseguro existente naquela ordem jurídica, no ordenamento jurídico brasileiro a aceitação da função punitiva encontra obstáculos, mormente pelo caráter de penalidade que ostentam os danos morais punitivos, fato a, *prima facie,* torná-los incompatíveis com a ideia de direito privado.

Assim, há que prevalecer o caráter compensatório da indenização por danos morais, sem descurar, contudo, na mensuração do *quantum* devido a título indeni-

---
90. MAZZILLI, Hugo Nigro. *A defesa dos interesses difusos em juízo*. 8. ed. São Paulo: Saraiva, 2006, p. 479.

zatório, da gravidade da conduta praticada pelo ofensor, a fim de aquilatar seu grau de reprovação, atrelado às ideias de dolo e culpa, de modo a permitir a quantificação individualizada e isonômica do montante total da indenização.

Decerto, exatamente em razão da incompatibilidade que guarda com os parâmetros utilizados para o arbitramento das indenizações por danos materiais é que o arbitramento do *quantum* indenizatorio por danos morais se mostra mais tortuoso. Para uma adequada dosimetria dos valores indenizatórios nessa seara, exige-se, portanto, ir além das funções clássicas da responsabilidade civil. O papel dos julgadores e o exercício da prudência assomam, pois, como de vultosa relevância na fixação das indenizações por danos morais, ante a impossibilidade da adoção de metodologias tarifárias, cuja rigidez viola, por certo, os princípios da isonomia e da compreensão integral dos danos sofridos.

Todas as circunstâncias juridicamente relevantes dos casos concretos devem ser sopesadas pelos julgadores na determinação do *quantum debeatur*. Nesse sentido, também devem integrar o juízo equitativo as condições econômicas dos autores dos fatos danosos e de suas vítimas. Quanto aos autores, impõe-se evitar tanto o caráter irrisório das indenizações em face de suas condições econômicas quanto a redução à miséria em razão de valores indenizatórios exacerbados. No que concerne às vítimas, necessário analisar seu modo geral de vida e sua situação financeira, tendo em vista a função compensatória de indenização, de um lado, e a proibição de enriquecimento sem causa, de outro.

Outro aspecto de relevo a ser retomado nessa síntese conclusiva concerne à disciplina jurídica da liquidação individual no Código de Defesa do Consumidor. Como se observou, tratando-se de direitos individuais homogêneos, nada obsta que, a par das ações coletivas, busque o lesado sua reparação em demanda individual. Todavia, para se beneficiar dos efeitos daquela, impõe o art. 104 do CDC o requerimento de suspensão da ação individual, no prazo de 30 dias contados da ciência sobre o processo coletivo em curso.

Em princípio, quanto à fase executiva das ações coletivas fundadas em direitos individuais homogêneos, admite-se a iniciativa de sua deflagração pelas vítimas e seus sucessores, assim como pelos legitimados de que trata o art. 82 do Código de Defesa do Consumidor. No último caso, abarcaria somente as vítimas cujas indenizações já foram objeto de fixação em sentença de liquidação, sem prejuízo do ajuizamento de outras execuções. A doutrina sobre a matéria tece ressalvas, contudo, sobre a segunda hipótese, umas vez que a individualização dos danos sofridos pelas vitimas somente seria possível pela ação destas.

De igual importância, e por isso merecedora de atenção nessa quadra da exposição, se afiguram as particularidades estruturais do dano moral coletivo. Normativamente fundamentado art. 6°, inciso VI, do CDC, tem sua conceituação atrelada à lesão da esfera moral de uma dada comunidade, ou, noutros dizeres, ao ilícito malferimento de um determinado plexo de valores coletivos. Fala-se, portanto, em uma projeção coletiva de dever geral de respeito à pessoa humana, ancorada como fundamento constitucional de sua tutela jurídica.

Nesse sentido, somente a modificação do entendimento sobre a natureza jurídica dos danos morais, não mais vislumbrados como resultantes de um sofrimento psíquico, senão como lesões a direitos da personalidade, torna possível a apreensão teórica da figura dos danos morais coletivos.

Como terceira modalidade de liquidação dos danos morais, abordou-se o construto da reparação fluida (*fluid recovery*), atinente à destinação das indenizações respaldadas em direitos individuais homogêneos que não forem reclamadas por seus titulares individuais. A relevância dessa modalidade assenta-se na prevalência da proteção aos direitos de personalidade afetados, uma vez que, não fosse tal figura concebida, a falta de habilitação dos indivíduos lesados conduziria à impunidade dos ofensores e, pior do que isso, à vulnerabilidade da proteção coletiva dos direitos da personalidade.

A fim de alcançar uma adequada compreensão da doutrina da reparação fluida, entendeu-se pertinente o revolvimento da jurisprudência norte-americana, por meio da qual foi gestado o instituto em comento. Assim, a existência de um saldo indenizatório não reclamado se apresenta como pressuposto da reparação fluida, a determinar sua remessa para um fundo coletivo, ou, segundo solução inovadora do direito norte-americano, a redução ou reversão de preços de algum produto comercializado pelo causador do dano. A máxima a nortear a *fluid recovery* é absorção integral do saldo devido, até o pleno resgate do lucro ilícito (*disgorgement*).

De volta à ordem jurídica brasileira, nota-se a incorporação do instituto da reparação fluida, notamente pelo Código de Defesa do Consumidor. Entretanto, há uma sensível diferença entre os dois modelos, que deve ser salientada: enquanto no modelo norte-americano o Poder Judiciário já impõe uma condenação líquida para a indenização, a sistemática da recuperação fluida brasileira determina a condenação genérica no processo de conhecimento, com posterior liquidação.

Demais disso, como constatação fática, tem-se que, na maioria das vezes, a determinação do *quantum* indenizatório nas *class actions* norte-americanas ocorre mediante transações ou acordos, ao passo que, na ordem brasileira, ainda prepondera a solução judicial dos conflitos.

Com efeito, a *fluid recovery* tem como finalidade precípua a prevenção geral dos ilícitos civis, ao realçar a eficácia deterrente (*deterrence*) e dissuatória imanente ao interesse público subjacente à tutela coletiva. Nessa ordem de ideias, outra sensível diferença entre os dois modelos é a feição residual da qual se reveste a *fluid recovery* brasileira, admitida pelo art. 100 do Código de Defesa do Consumidor apenas após decorrido um ano sem a habilitação de interessados, em número compatível com a gravidade do dano. Referida subsidiariedade relaciona-se com outra importante distinção entre o processo coletivo brasileiro e as *class actions* norte-americanas, na medida em que no direito estadunidense inadmite-se a coexistência entre demandas coletivas e individuais, impondo-se a compulsoriedade das *class actions* em seus casos de incidência.

Desse modo, conforme se mostrou ao longo do presente texto, dois são os requisitos para a ocorrência da reparação fluida, aplicáveis cumulativamente de acordo com a sistemática delineada pelo art. 100 do Código de Defesa do Consumidor: (a) o decurso do prazo de um ano do trânsito em julgado da sentença condenatória referida pelo art. 95 do mesmo diploma; e (b) a incompatibilidade entre a gravidade do dano e o número de habilitações à tutela coletiva.

A existência cumulativa dos dois requisitos explanados nos tópicos antecedentes, aliada ao caráter subsidiário da reparação fluida, realça a preocupação do legislador com a garantia das indenizações pessoais, reservando a apuração global apenas nos casos aos quais se vislumbre desproporção em relação à gravidade dos danos causados, impondo-se ao juiz que se norteie pela quantificação destes, e não dos prejuízos sofridos.

Há que se repisar, ainda, que, em conformidade com a doutrina majoritária, a reparação fluida somente se revela aceitável perante as obrigações de pagar, afigurando-se, portanto, inadmissível em face das obrigações de fazer, de não fazer e de entregar coisa, ressalvado parcela da doutrina, no entanto, para a possibilidade de que a tutela de obrigação de pagar se convole em obrigação de fazer ou entregar.

Destarte, o caráter ainda embrionário da reparação fluida na experiência jurídica brasileira persiste a suscitar divergências doutrinárias quanto ao traçado aplicativo e às hipóteses de aplicação do instituto abordado. Todavia, é inegável sua imprescindibilidade para a proteção integral dos direitos da personalidade, cuja projeção coletiva somente por ele se afigura suficientemente resguardada, fato a desafiar ulteriores aprofundamentos doutrinários diante dos casos, até então impensados, de sua aplicação que porventura venham a ser desevelados pela práxis jurisprudencial.

7. REFERÊNCIAS

AMARANTE, Aparecida Imaculada. *Responsabilidade civil por dano à honra*. 6. ed. Belo Horizonte: Del Rey, 2005.

AZEVEDO, Júlio Camargo de. *Prática cível para Defensoria Pública*. Campinas: CEI, 2018.

BARNETT, Kerry. Equitable trusts: an effective remedy in Consumer Class Actions, *Yale Law Journal*, New Haven, v. 96, n. 7, p. 1591-1614, jun. 1987.

BITTAR, Carlos Alberto. *Reparação civil por danos morais*. 3. ed., São Paulo: Revista dos Tribunais, 1999.

BITTAR FILHO, Carlos Alberto. Do dano moral coletivo no atual contexto jurídico brasileiro. *Revista de Direito do Consumidor*, São Paulo: Revista dos Tribunais, n. 12, p. 44-61, out./dez. 1994.

BRASIL. Lei 7.347, de 24 de julho de 1985. Disciplina a ação civil pública de responsabilidade por danos causados ao meio ambiente, ao consumidor, a bens e direitos de valor artístico, estético, histórico, turístico e paisagístico (vetado) e dá outras providências. In: *Diário Oficial da República Federativa do Brasil*, Brasília, DF, 25 jul. 1985. Disponível em: <http://www.planalto.gov.br/ccivil_03/Leis/L7347orig.htm>. Acesso em: 15 jul. 2018.

BRASIL. Lei 8.078, de 11 de setembro de 1990. Dispõe sobre a proteção do consumidor e dá outras providências. In: *Diário Oficial da República Federativa do Brasil*, Brasília, DF, 12 set. 1990. Disponível em: <http://www.planalto.gov.br/ccivil_03/Leis/L8078.htm>. Acesso em: 15 jul. 2018.

BRASIL. Lei 10.406, de 10 de janeiro de 2002. Institui o Código Civil. In: *Diário Oficial da República Federativa do Brasil*, Brasília, DF, 11 jan. 2002. Disponível em: <http://www.planalto.gov.br/ccivil_03/leis/2002/l10406.htm>. Acesso em: 16 jul. 2018.

BRASIL. Superior Tribunal de Justiça. *Acórdão de decisão que julgou, em sede de recurso repetitivo, a sustação do andamento de ações individuais durante a tramitação de ações individuais, sem que haja ofensa a dispositivos do CDC (ementa)*. Recurso Especial 1.111.549/RS. Informativo 413. Relator: Ministro Sidnei Beneti. 28 de outubro de 2009. Disponível em: <https://bit.ly/2LhocgQ>. Acesso em: 17 jul. 2018

CAHALI, Yussef Said. *Dano moral*, 3. ed. São Paulo: Revista dos Tribunais, 2005.

CAPPELLETTI, Mauro. Formações sociais e interesses coletivos diante da justiça civil (trad. Nelson Campos). *Revista de Processo*, São Paulo, n. 5, p. 128-159, 1977.

COSTA, Marcelo Freire Sampaio. *Dano moral (extrapatrimonial) coletivo*: leitura constitucional, civil e trabalhista. São Paulo: LTr, 2009.

DE JARLAIS, Natalie A. The consumer trust fund: a cy pres solution to undistributed funds in Consumer Class Actions, *Hastings Law Journal*, São Francisco, v. 38, n. 4, p. 729-767, abr. 1987.

DIAS, José de Aguiar. *Da responsabilidade civil*. 11. ed., Rio de Janeiro: Renovar, 2006.

DIDIER JÚNIOR, Fredie; ZANETI JÚNIOR, Hermes. *Curso de Direito Processual Civil*, v. 4. 9. ed. Salvador: Juspodivm, 2014.

FACCHINI NETO, Eugênio. *Da responsabilidade civil no novo código*. In: SARLET, Ingo Wolfgang (Org.). *O novo Código Civil e a Constituição*. Porto Alegre: Livraria do Advogado, 2003.

GRINOVER, Ada Pellegrini; DENARI, Zalmo; WATANABE, Kazuo et al. *Código Brasileiro de Defesa do Consumidor*: comentado pelos autores do anteprojeto, v. II. 10. ed. Rio de Janeiro: Forense, 2011.

KARAS, Stan. The role of fluid recovery in consumer protection litigation: Kraus v. Trinity Management Services, *California Law Review*, Berkeley, v. 90, p. 959-994, 2002.

LIMA, Alvino. *Culpa e risco*. 2. ed., São Paulo: Revista dos Tribunais, 1999.

MANCUSO, Rodolfo de Camargo. *Jurisdição coletiva e coisa julgada*: teoria geral das ações coletivas. 3. ed. São Paulo: Revista dos Tribunais, 2012.

MARQUES, Claudia Lima; BENJAMIN, Antonio Herman; MIRAGEM, Bruno. *Comentários ao Código de Defesa do Consumidor*. 2. ed. São Paulo: Revista dos Tribunais, 2006.

MARTINS-COSTA, Judith; PARGENDLER, Mariana Souza. Usos e abusos da função punitiva (*punitive damages* e o Direito brasileiro). *Revista CEJ*, Brasília, n. 28, jan./mar. 2005.

MAZEAUD, Henri; MAZEAUD, Léon; TUNC, André. *Traité théorique et pratique de la responsabilité civile, délictuelle et contractuelle*. 3. ed. Paris: Librairie du Recueil Sirey, 1938.

MAZZILLI, Hugo Nigro. *A defesa dos interesses difusos em juízo*. 8. ed. São Paulo: Saraiva, 2006.

MEDEIROS NETO, Xisto Tiago de. *Dano moral coletivo*. 2. ed. São Paulo: LTr, 2007.

MORAES, Maria Celina Bodin de. A constitucionalização do Direito Civil e seus efeitos sobre a responsabilidade civil. *Direito, Estado e Sociedade*, Rio de Janeiro, v. 9, n. 9, jul./dez. 2006.

MULHERON, Rachel P. *The modern cy-prés doctrine*: applications & implications. Londres: UCL Press, 2006.

OLIVA, Milena Donato. Dano moral e inadimplemento contratual nas relações de consumo. *Revista de Direito do Consumidor*. São Paulo: Revista dos Tribunais, v. 93, mai./jun. 2014.

PEREIRA, Caio Mário da Silva. *Responsabilidade civil*. 8. ed. Rio de Janeiro: Forense, 1998.

PERLINGIERI, Pietro. *O Direito Civil na legalidade constitucional* (trad. Maria Cristina De Cicco). Rio de Janeiro: Renovar, 2008.

POMPÍLIO, Gustavo. Aspectos polêmicos acerca da *fluid recovery* no ordenamento jurídico brasileiro. *Revista de Processo*, São Paulo, v. 225, nov./2013.

RAMOS, André de Carvalho. Ação Civil Pública e o dano moral coletivo. *Revista de Direito do Consumidor*, n. 25, São Paulo: Revista dos Tribunais, jan./mar. 1988.

REIS, Clayton. *Dano moral*. 4. ed. Rio de Janeiro: Forense, 1995.

RODRIGUES, Marcelo Abelha; KLIPPEL, Rodrigo. *Comentários à tutela coletiva*. Rio de Janeiro: Lumen Juris, 2009.

RODRIGUES, Marcelo Abelha. Ponderações sobre a *fluid recovery* do art. 100 do CDC. *Revista de Processo*, São Paulo, ano 29, n. 116, jul./ago. 2004.

ROQUE, André Vasconcelos. *Class actions – ações coletivas nos Estados Unidos*: o que podemos aprender com eles? Salvador: JusPodivm, 2013.

ROSENVALD, Nelson. *As funções da responsabilidade civil*: a reparação e a pena civil. São Paulo: Atlas, 2013.

SANTOS, Antônio Jeová. *Dano moral indenizável*. 4. ed. São Paulo: Revista dos Tribunais, 2003.

SAVATIER, René. *Traité de la responsabilité civile en droit français*. t. I, Paris: Librairie Générale de Droit et de Jurisprudence, 1951.

SILVA, Américo Luís Martins da. *O dano moral e a sua reparação civil*. São Paulo: Revista dos Tribunais, 1999.

SILVA, Érica Barbosa e. *Cumprimento de sentença em ações coletivas*. São Paulo: Atlas, 2009.

SILVA, Wilson Melo da. *O dano e sua reparação*. 3. ed. Rio de Janeiro: Forense, 1983.

SOARES, Guido Fernando Silva. *Common Law*: introdução ao direito dos EUA. 2. ed. São Paulo: Revista dos Tribunais, 2000.

THEODORO JÚNIOR, Humberto. *Dano moral*. 3. ed. São Paulo: Juarez de Oliveira, 2000.

VAZ, Caroline. *Funções da responsabilidade civil*: da reparação à punição e dissuasão – os *punitive damages* no direito comparado e brasileiro. Porto Alegre: Livraria do Advogado, 2009.

WASSERMAN, Rhonda. Cy Pres in Class Action Settlements. *Southern California Law Review*, Los Angeles, v. 88, p. 97-164, mar. 2014.

ZAVASCKI, Teori Albino. *Processo coletivo*: tutela de direitos coletivos e tutela coletiva de direitos. 2. ed. São Paulo: Revista dos Tribunais, 2007.

ZENUN, Augusto. *Dano moral e sua reparação*. 3. ed. Rio de Janeiro: Forense, 1995.

O DANO MORAL EM SUAS DIMENSÕES COLETIVA E ACIDENTALMENTE COLETIVA

Elton Venturi

Visiting Scholar na Universidade da California – Berkeley Law School. Visiting Scholar na Universidade de Columbia – Columbia Law School. Estágio de pós-doutoramento na Universidade de Lisboa. Mestre e Doutor em Direito pela Pontifícia Universidade Católica de São Paulo. Professor adjunto dos cursos de graduação e de pós-graduação do Faculdade de Direito da Universidade Federal do Paraná e da Universidade Tuiuti do Paraná. Procurador Regional da República.

Thaís G. Pascoaloto Venturi

Visiting Scholar na Fordham Law School – New York. Mestre e Doutora em Direito pela Universidade Federal do Paraná. Professora titular dos cursos de graduação e de pós-graduação da Universidade Positivo do Paraná e da Universidade Tuiuti do Paraná. Mediadora titulada pela Universidade da Califórnia – Berkeley. Advogada.

Sumário: 1. Introdução – 2. Breve nota sobre o sistema de tutela coletiva brasileira e a consagração legislativa dos danos morais coletivos – 3. A instrumentalização das funções da responsabilidade civil no campo dos direitos transindividuais pelos danos morais coletivos – 4. Dano moral coletivo, prejuízos injustos ou anormais e locupletamento ilícito – 5. Danos extrapatrimoniais transindividuais: danos morais difusos x danos morais coletivos e o problema dos fundos reparatórios – 6. Danos morais acidentalmente coletivos? – 7. Referências.

1. INTRODUÇÃO

O desafio que nos foi proposto para colaboração com a esta obra coletiva – que se objetiva desvendar os mais relevantes aspectos substanciais e processuais do emblemático dano moral coletivo –, diz respeito à investigação de suas diversas *dimensões* e, a partir daí, de sua dedução por via das diferentes espécies de demandas coletivas existentes no sistema de justiça nacional. Tais objetivos nos permitirão analisar tanto a admissibilidade como o processamento e a final execução das ações que veiculam pretensões de compensação por danos morais difusos, coletivos e individuais homogêneos.

Duas advertências prévias sobre o assunto, todavia, parecem-nos imprescindíveis.

A primeira delas é a de que partimos da premissa fundamental da *indiscutibilidade* a respeito da efetiva existência dessa especial categoria jurídica a que se acostumou a designar *danos morais coletivos*.[1]

---

1. Apesar de inicialmente vacilante quanto ao reconhecimento da indenizabilidade dos danos morais coletivos (REsp 598.281/MG, Rel. Ministro Luiz Fux, Rel. p/ Acórdão Ministro Teori Albino Zavascki, Primeira Turma,

Em que pese a eloquência dos embates doutrinários que ainda possam subsistir sobre o tema, fato é que se verifica no sistema de justiça nacional consolidada e crescente jurisprudência dos tribunais superiores consagrando em proveito comunitário, quer pela reiterada e injustificada prática de ilícitos graves,[2] quer pela inescusável geração de danos graves e anormais,[3] o direito à compensação por danos transindividuais extrapatrimoniais.[4]

A segunda advertência, não menos importante, refere-se à necessidade de compreensão do *sistema de tutela coletiva nacional*, na medida em que é *a partir dele e nele* que se dá a dedução jurisdicional da compensação por danos morais coletivos.[5]

---

j. 02.05.2006, DJ 01.06.2006), gradativamente a jurisprudência nacional passou a abonar a tese, fixando precedentes a respeito da necessidade da plena compensação dos danos extrapatrimoniais transindividuais, mediante a ponderação entre as funções reparatória, punitiva e dissuasória, sem desbordar para o enriquecimento sem causa das vítimas. Nesse sentido, há já inúmeros julgados do STJ solidificando a figura dos danos morais coletivos, dentre os quais: EDcl no AgRg no AgRg no REsp 1.440.847/RJ, Rel. Min. Mauro Campbell Marques, Segunda Turma, j. 07.10.2014, DJe 15.10.2014; REsp 1.269.494/MG, Rel. Min. Eliana Calmon, Segunda Turma, j. 24.09.2013, DJe 1º.10.2013; REsp 1.367.923/RJ, Rel. Min. Humberto Martins, Segunda Turma, j. 27.08.2013, DJe 06.09.2013; REsp 1.197.654/MG, Rel. Min. Herman Benjamin, Segunda Turma, j. 1º.03.2011, DJe 08.03.2012. Por ocasião da 5ª edição das Jornadas de Direito Civil, realizadas em 2012 pelo Conselho da Justiça Federal, foi expedido Enunciado 456, segundo o qual "A expressão 'dano' no art. 944 abrange não só os danos individuais, materiais ou imateriais, mas também os danos sociais, difusos, coletivos e individuais homogêneos a serem reclamados pelos legitimados para propor ações coletivas".

2. Como recentemente assentou o Tribunal Superior do Trabalho, "A jurisprudência desta Corte tem decidido, reiteradamente, que os danos decorrentes do descumprimento reiterado de normas referentes à segurança e saúde de trabalho extrapolam a esfera individual, ensejando dano moral coletivo a ser reparado, uma vez que atentam também contra direitos transindividuais de natureza coletiva (RR – 4501-02.2015.5.12.0005 , Relatora Ministra: Maria Helena Mallmann, j. 23.05.2018, 2ª Turma, DEJT 08.06.2018.

3. "A la multiplicación, fragmentación y 'afinamiento de los perjuicios', a la 'complejidad de daños' que como el ecológico comprende no sólo cosas, sino 'relaciones' de cosas 'todavía más importantes que las cosas', en la medida en que puede traducirse en la ruptura de un equilibrio en los procesos o en los ecosistemas, y finalmente, a que la curva de agravación de los daños es exponencial, pasamos del tiempo de los accidentes al de las catástrofes y la ausencia de fronteras espaciales y temporales de la dañosidad introduce una nueva categoría que estaría requiriendo un trato diferencial: 'los daños graves e irreversibles'. Desde esta perspectiva, también se reclama un nuevo giro de tuerca en los siguientes términos: no se trata aquí de reparar, porque es imposible reparar lo irreparable ni de volver atrás sobre lo irreversible; se trata de impedir, de prevenir, de tratar con discernimiento para que los daños no se produzcan, de responsabilizar y de responsabilizarse". SEGUÍ, Adela M. Aspectos relevantes de la responsabilidad civil moderna. *Revista de Direito do Consumidor*, v. 52, out.-dez., 2004, p. 291.

4. Dentre as definições cunhadas pela jurisprudência do STJ, "O dano moral coletivo é a lesão na esfera moral de uma comunidade, isto é, a violação de direito transindividual de ordem coletiva, valores de uma sociedade atingidos do ponto de vista jurídico, de forma a envolver não apenas a dor psíquica, mas qualquer abalo negativo à moral da coletividade". Todavia, "nem todo ato ilícito se revela como afronta aos valores de uma comunidade. Nessa medida, é preciso que o fato transgressor seja de razoável significância e desborde os limites da tolerabilidade. Ele deve ser grave o suficiente para produzir verdadeiros sofrimentos, intranquilidade social e alterações relevantes na ordem extrapatrimonial coletiva", REsp 1.397.870/MG, 2ª Turma, Min. Mauro Campbell Marques, DJe 10.12.2014.

5. Conforme André de Carvalho RAMOS, "Devemos ainda considerar que o tratamento transindividual aos chamados interesses difusos e coletivos origina-se justamente da importância destes interesses e da necessidade de uma efetiva tutela jurídica. Ora, tal importância somente reforça a necessidade de aceitação do dano moral coletivo, já que a dor psíquica que alicerçou a teoria do dano moral individual acaba cedendo lugar, no caso do dano moral coletivo, a um sentimento de desapreço e de perda de valores essenciais que afetam negativamente toda uma coletividade. Ação Civil Pública e o Dano Moral Coletivo. *Revista de Direito do Consumidor*, v. 25. jan.-mar., 1998, p. 80-98.

A consagração dos danos morais coletivos no Brasil não foi gratuita. Foi fruto, acima de tudo, da compreensão do sistema de justiça a respeito da necessidade do gradativo reconhecimento de novas titularidades, de novos danos[6] e de novas categorias de direitos – tanto materiais como processuais.[7]

Por força do modelo de legitimação ativa *ad causam*, a pretensão de condenação por danos materiais ou morais transindividuais só é deduzível por via das diversas espécies de ações coletivas. Sendo assim, é simplesmente inviável tentar entender a lógica, a funcionalidade e o processamento da mencionada pretensão em juízo sem que se compreenda o sistema processual de tutela coletiva.[8]

2. BREVE NOTA SOBRE O SISTEMA DE TUTELA COLETIVA BRASILEIRA E A CONSAGRAÇÃO LEGISLATIVA DOS DANOS MORAIS COLETIVOS

A proteção jurisdicional dos interesses ou direitos difusos, coletivos e individuais homogêneos no Brasil foi gradativamente implementada a partir dos esforços de prestigiosa doutrina, fortemente influenciada pelos pioneiros trabalhos europeus sobre a temática da acessibilidade à justiça.[9]

---

6. "Une triple influence de faits nouveaux, d'insuffisance du droit positif et d'idées naissantes prélude souvent aux grandes transformations de la responsabilité civile. A cet égard, le parallèle avec l'apparition de la théorie du risque est très significatif. La pression des faits sur le droit consiste en l'apparition de dommages nouveaux ignorés dans la période précédente : apparition des accidents liés à l'évolution technique, à la fin du XIXe siècle, apparition de nouveaux risques liés à l'évolution technologique, à la fin du XXe siècle. Ces derniers illustrent un changement d'échelle, en ce que ces risques sont majeurs, et um changement de nature, en ce qu'ils sont très graves voire irréversibles, à l'instar de certains dommages écologiques ou génétiques(...)". THIBIERGE, Catherine. *Avenir de la responsabilité, responsabilité d'avenir*. Recueil Dalloz. Chronique, Paris, n. 9 (4 mars 2004), p. 577-582. Acerca do tema, consultar, ainda, ITURRASPE, Jorge Mosset. El daño fundado en la dimension del hombre en su concreta realidad." Daños a la persona. *Revista de Derecho Privado y Comunitario*. Santa Fe: Rubinzal-Culzoni Editores, 1995, p. 39-40 e GIDDENS, Anthony. *Runaway World, How Globalization is Reshaping our lives*. New York: Routledge, 2000, p. 49-50.

7. Segundo Norberto BOBBIO, o reconhecimento dos novos direitos deveu-se a três motivos fundamentais: "a) porque aumentou a quantidade de bens considerados merecedores de tutela; b) porque foi estendida a titularidade de alguns direito típicos a sujeitos diversos do homem; c) porque o próprio homem não é mais considerado como ente genérico, ou homem em abstrato, mas é visto na especificidade ou na concreticidade de suas diversas maneiras de ser em sociedade, como criança, velho, doente etc. Em substância, mais bens, mais sujeitos, mais *status* de indivíduo." BOBBIO, Norberto. *A era dos direitos*. Rio de Janeiro: Campus, 1992, p. 68.

8. Como bem adverte Antonio GIDI, "por mais técnica seja a análise, não é possível compreender uma ação sem compreender o sistema processual em que ela se insere, não é possível compreender o direito processual sem conhecer o direito material e o sistema jurídico como um todo e não é possível conhecer um sistema jurídico de um povo sem compreender a sua cultura nas esferas social, econômica e política". *A class action como instrumento de tutela coletiva dos direitos*, São Paulo: RT, 2007, p. 22.

9. Não é desconhecida a íntima relação existente entre os processualistas italianos e brasileiros, cujo símbolo máximo talvez tenha sido a influência de Enrico Tulio Liebman na redação do Código de Processo Civil de 1973. Naturalmente, assim, os estudos sobre a tutela dos interesses metaindividuais, da lavra de processualistas como Mauro Cappelletti (Appunti sulla tutela giurisdizionale di interesse collettivi o diffusi, *Le azioni a tutela di interessi collettivi*, Pádua, Cedam, 1976), Vincenzo Vigoriti (*Interessi collettivi e processo – La legittimazione ad agire*, Milão, Giuffrè Editore, 1979), Andrea Proto Pisani (Appunti preliminari per uno studio sulla tutela giurisdizionale degli interessi collettivi (o più esattamente superindividuali) innanzi

A edição da Lei da ação civil pública (Lei 7.347/1985) representou marca revolucionária no sistema processual nacional, até então praticamente restrito a tratar do acesso à justiça para resolução de conflitos individuais. Nunca é demais lembrar que, até o ano de 1985, a única previsão de ação coletiva para a proteção de interesses ou direitos difusos - ainda assim estritamente ligados ao patrimônio público – era a referente à ação popular (Lei 4.717/1965).

Em que pese não ter sido a primeira ação coletiva brasileira, a ação civil pública pode ser considerada a mais efetiva via de proteção jurisdicional coletiva de quaisquer interesses ou direitos qualificáveis como *difusos* ou *coletivos* (transindividuais), bem como dos chamados *individuais homogêneos* – categoria criada por força da integração da lei da ação civil pública com o Código de Defesa do Consumidor (Lei 8.078/1990).

O papel desempenhado no sistema de tutela coletiva brasileira pelo Código de Defesa do Consumidor, todavia, não se restringiu à conformação definitiva de um microssistema processual coletivo apto, em tese, à *tutela de direitos coletivos* e à *tutela coletiva de direitos*.

Ao elencar os *princípios e garantias fundamentais* dos consumidores em juízo, bem como ao reescrever as hipóteses de cabimento da ação civil pública, referida legislação acabou por garantir "a efetiva prevenção e reparação de danos patrimoniais e morais, individuais, coletivos e difusos".[10] Explica-se, assim, a origem da própria designação da expressão *dano moral coletivo* que, embora criticável sob o ponto de vista técnico, acabou sendo consagrada pelo sistema de justiça brasileiro.[11]

---

al giudice civile ordinario, *Le azioni a tutela di interessi collettivi*, Pádua, Cedam, 1976) e Michele Taruffo (I limiti soggettivi del giudicato e le *class actions*, Rivista di diritto processuale, 1969), ecoaram fortemente na doutrina brasileira. Ainda no início da década de 80 foram publicadas obras que se tornariam clássicas sobre a tutela coletiva, tais como as de José Carlos Barbosa Moreira (A ação popular do Direito brasileiro como instrumento de tutela jurisdicional dos chamados 'interesses difusos', *RePro* 28/7-19, São Paulo: RT, outubro-dezembro/1982), Ada Pellegrini Grinover (*A tutela dos interesses difusos*, São Paulo: Max Limonad, 1984) e Kazuo Watanabe (Tutela jurisdicional dos interesses difusos: a legitimação para agir, *A tutela dos interesses difusos*, São Paulo: Max Limonad, 1984).

10. Conforme o art. 6º, VI, da Lei 8.078/1990. No inciso VII, ainda, garante a legislação consumerista "o acesso aos órgãos judiciários e administrativos com vistas à prevenção ou reparação de danos patrimoniais e morais, individuais, coletivos ou difusos, assegurada a proteção Jurídica, administrativa e técnica aos necessitados". Ao reescrever o art. 1º da Lei 7.347/1985, determinou o Código de Defesa do Consumidor: "Regem-se, pelas disposições desta lei, sem prejuízo da ação popular, as ações de responsabilidade por danos morais e patrimoniais causados: I – ao meio ambiente; II – ao consumidor; III – a bens e direitos de valor artístico, estético, histórico, turístico e paisagístico; IV – a qualquer outro interesse difuso ou coletivo; V – por infração da ordem econômica".

11. Como ressalta Anderson SCHREIBER, "A expressão *dano moral coletivo* também não ajuda. Dano moral é noção construída da perspectiva individual: tanto a corrente subjetiva, que centra o conceito sobre *dor, sofrimento* e *humilhação*, quanto a corrente objetiva, que alude à lesão a um interesse jurídico atinente à personalidade *humana*, ajustam-se mal à ideia de uma lesão a um interesse supraindividual. Não bastasse isso, o termo *coletivo* não se revela o mais técnico, à luz do nosso direito positivo, que diferencia os interesses supraindividuais em coletivos e difusos, não havendo razão para que o dano moral coletivo, se admitido, esteja limitado à primeira categoria." *Manual de Direito Civil Contemporâneo*. São Paulo: Saraiva, 2018. p. 633-635. No mesmo sentido, criticando a terminologia danos morais coletivos, apesar de aceitar a categoria, CAVALIERI FILHO, Sérgio. *Programa de Responsabilidade Civil*. 11ª ed. São Paulo: Atlas, 2014, p. 131-134.

É evidente, assim, que não foi o acaso que permitiu a consagração legislativa dos danos extrapatrimoniais transindividuais e a solidificação do sistema brasileiro de tutela coletiva.

Os danos morais coletivos voltariam a ser objeto de expressa previsão e tratamento no projeto legislativo que objetivava criar um código de processos coletivos no Brasil.[12] Dentre os princípios do sistema de tutela coletiva ressaltados pelo projeto, destacou-se "a efetiva precaução, prevenção e reparação dos danos materiais e morais, individuais e coletivos".[13]

Apesar da frustração pela não aprovação do sabotado projeto de lei referido, as mais de três décadas de operacionalização do sistema de tutela coletiva pelos tribunais nacionais e a destacada evolução doutrinária a respeito do tema não apenas consagraram o cabimento de compensação por danos extrapatrimoniais transindividuais. Ainda, elevaram o Brasil à condição de país com um dos melhores sistemas de processos coletivos dentre os países de *civil law*.[14]

Muito mais do que prever procedimentos diferenciados, referido sistema funda-se em *paradigmas e princípios próprios* que alicerçam a tutela dos direitos ou interesses difusos, coletivos e individuais homogêneos, atendendo às necessidades de um profundo redimensionamento do instrumentalismo processual clássico, absolutamente incompatível com qualquer compreensão do que venha a ser ou representar a tutela coletiva dos direitos ou a tutela de direitos coletivos.

É precisamente por tal motivo que o tema dos danos morais coletivos não pode ser estudado ou compreendido sem que se assimile o modelo brasileiro de tutela coletiva e, com ele, o garantismo representado pela ideia de *devido processo social* – uma

---

12. Tratou-se de um movimento de reforma processual, incentivado pela apresentação de anteprojetos por parte de Antonio Gidi, Ada Pellegrini Grinover e Kazuo Watanabe (USP/IBDP) e Aluisio Gonçalves de Castro Mendes (UERJ/Estácio de Sá), culminando na formação de uma comissão de juristas nomeada pelo Ministério da Justiça, que redigiu o anteprojeto que viria a se transformar no Projeto de Lei 5.139/2009. Referida proposta legislativa não passou sequer pela Comissão de Constituição e Justiça da Câmara dos Deputados que, fortemente pressionada, dentre outros, pela Federação dos Bancos do Brasil (Febraban), arquivou o projeto por suposta "ausência de discussão social".

13. "Art. 3º. O processo civil coletivo rege-se pelos seguintes princípios: (...) IV – tutela coletiva adequada, com efetiva precaução, prevenção e reparação dos danos materiais e morais, individuais e coletivos, bem como punição pelo enriquecimento ilícito".

14. Foi o que afirmou o saudoso processualista Edoardo RICCI em resenha publicada na *Rivista di Diritto Processuale* (v. 2, Cedam, março/abril de 2009), a respeito de nossa obra *Processo Civil Coletivo*: "Non si tratta di un'esperienza trascurabile, perché mediante le disposizioni contenute nel Código do Consumidor, il diritto brasiliano si è dotato su questo tema di un apparato legislativo di tutto rispetto, degno di essere studiato in profondità; e tale apparato legislativo è stato preceduto, accompagnato e seguito da un'elaborazione dottrinale, che è probabilmente la più ampia, completa e concettualmente impegnata nell'ambito degli ordinamenti di civil law. È propria del diritto brasiliano, tra l'altro, quella distinzione tra «diritti diffusi», «diritti collettivi» e «diritti individuali omogenei», che – oltre a costituire l'ossatura concettuale della disciplina vigente in quel Paese – merita di essere considerata come il frutto del più serio tentativo di sistemazione concettuale sino ad oggi compiuto in materia. È questo insomma un argomento, per il cui studio l'esperienza brasiliana è particolarmente preziosa come campo di osservazione".

releitura do multissecular princípio do devido processo legal mediante a transposição do individual para o coletivo, do egoísmo para o solidarismo.[15]

Se por um lado a proteção do indivíduo singularmente considerado inspirou o modelo processual clássico do Estado Liberal, o sistema de tutela jurisdicional coletiva compromete-se com a afirmação da *dignidade da pessoa humana*. Como já sustentamos, "a grande revolução paradigmática, ainda em andamento, diz respeito à *(re)descoberta do ser humano social como o verdadeiro sujeito de direito*, não se confundindo ou limitando a proteção estatal ao *indivíduo*. Trata-se de verificação que não pode passar desapercebida pelo processo civil, uma vez que deve estar comprometido, em última análise, com a afirmação do humanismo".[16]

O intérprete que não compreender a superação ou, quando menos, a relativização dos paradigmas que forjaram o direito material e o direito processual dentro do Estado Liberal, jamais conseguirá compreender um tema como o da tutela coletiva ou dos danos morais coletivos dentro do Estado Social.

3. A INSTRUMENTALIZAÇÃO DAS FUNÇÕES DA RESPONSABILIDADE CIVIL NO CAMPO DOS DIREITOS TRANSINDIVIDUAIS PELOS DANOS MORAIS COLETIVOS

Respeitadas as premissas anteriormente mencionadas, não é difícil compreender que a violação a qualquer interesse ou direito transindividual pode acarretar lesões de ordem patrimonial e extrapatrimonial.

Assim, os direitos fundamentais individuais e sociais,[17] a vida e a saúde,[18] o bem-estar social, a liberdade de expressão e de informação, o direito a uma administração pública proba e eficiente,[19] o direito a um meio ambiente ecologicamente

---

15. A melhor locução para retratar a nova dimensão da garantia do devido processo legal certamente é a que foi cunhada por Mauro Cappelletti, quando se referiu ao novo modelo de *devido processo social*, Problemas de reforma do processo civil nas sociedades contemporâneas. *O processo civil contemporâneo*, Curitiba: Juruá, 1994, p. 18.

16. VENTURI, Elton. *Processo civil coletivo*. São Paulo: Malheiros, 2005, p. 31.

17. Por via da Emenda Constitucional 64/2010, deu-se nova redação ao art. Art. 6º do texto constitucional, que assim passou a garantir os chamados direitos sociais: "São direitos sociais a educação, a saúde, a alimentação, o trabalho, a moradia, o lazer, a segurança, a previdência social, a proteção à maternidade e à infância, a assistência aos desamparados, na forma desta Constituição.

18. MARANHÃO, Clayton. *Tutela jurisdicional do direito à saúde: arts. 83 e 84, CDC*. São Paulo: Revista dos Tribunais, 2003, p. 218 e segs.

19. O controle da probidade administrativa tem previsão constitucional, seja pela via da ação popular (art. 5º, LXXIII: "Qualquer cidadão é parte legítima para propor ação popular que vise a anular ato lesivo ao patrimônio público ou de entidade de que o Estado participe, à moralidade administrativa, ao meio ambiente e ao patrimônio histórico e cultural, ficando o autor, salvo comprovada má-fé, isento de custas judiciais e do ônus da sucumbência"), seja por via da ação de improbidade administrativa (art. 37, § 4º: "Os atos de improbidade administrativa importarão a suspensão dos direitos políticos, a perda da função pública, a indisponibilidade dos bens e o ressarcimento ao erário, na forma e gradação previstas em lei, sem prejuízo da ação penal cabível". Já o art. 37, "caput", estatui que "A administração pública direta e indireta de qual-

equilibrado,[20] o direito a ser respeitado como consumidor[21] e o direito a uma relação de trabalho justa e humanitária,[22] dentre outros, quando violados, podem gerar lesões de múltiplas dimensões e projeções, merecendo do sistema de justiça respostas que devem sintetizar, de forma adequada, justa e ponderada, todas as funções desempenhadas pela responsabilidade civil.

Para além da *indenização e da compensação* dos danos patrimoniais e extrapatrimoniais,[23] a *prevenção e a punição por comportamentos antijurídicos potencialmente lesivos* passam a ser aspirações individuais e sociais cada vez mais evidentes e prementes, revelando a necessidade da atuação da responsabilidade civil preventiva.[24]

É por isso que a mera consagração da juridicidade da pretensão de condenação por danos morais coletivos já seria capaz de concretizar, em certo nível, os princípios da prevenção e da precaução na tutela dos interesses ou direitos difusos e coletivos.[25]

Quando se pensa na proteção dos direitos transindividuais, por todas as específicas características que os cercam (sobretudo inerentes à sua natural extrapatrimolialidade, essencialidade e difusão social), não há como deixar de imaginar instrumentos e técnicas de tutela qualificadas e adequadas, diante das irreparáveis ou dificilmente reparáveis repercussões sociais derivadas da sua violação. Daí o grande papel representado pelos danos morais coletivos.[26]

---

quer dos Poderes da União, dos Estados, do Distrito Federal e dos Municípios obedecerá aos princípios de legalidade, impessoalidade, moralidade, publicidade e eficiência (...)".

20. BENJAMIN, Antonio H. V. Responsabilidade civil pelo dano ambiental. *Doutrinas essenciais – Responsabilidade civil*, v. VII. Nelson Nery Junior, Rosa Maria de Andrade Nery. São Paulo: Revista dos Tribunais, 2010, p. 453 e segs. MILARÉ, ÉDIS. *Curadoria do Meio-Ambiente*. São Paulo: APMP, 1988, p. 17. ITURRASPE, Jorge Mosset. *Responsabilidade por Daños: Responsabilidade Colectiva*. Santa Fé: Rubinzal-Culzoni, 1992, p. 139. PASQUALOTTO, Adalberto. Responsabilidade civil por dano ambiental: considerações de ordem material e processual. Antonio Herman V. Benjamin (org.). *Dano ambiental: prevenção, reparação e repressão*. São Paulo: Revista dos Tribunais, 1993, p. 445.
21. Conforme o art. 5º, XXXII ("o Estado promoverá, na forma da lei, a defesa do consumidor") e art. 170, V ("A ordem econômica, fundada na valorização do trabalho humano e na livre-iniciativa, tem por fim assegurar a todos existência digna, conforme os ditames da justiça social, observados os seguintes princípios: (...) V – defesa do consumidor").
22. Vide a extensa lista de garantias preconizadas pelo texto constitucional em benefício dos trabalhadores, no art. 7º.
23. ROSENVALD, Nelson. *As funções da Responsabilidade Civil. A reparação e a pena civil*. 3 edição. São Paulo: Saraiva, 2017.
24. Sobre a internalização da precaução e da prevenção no âmbito do direito de responsabilidade civil, VENTURI, Thaís G. Pascoaloto. *Responsabilidade civil preventiva*. São Paulo: Malheiros, 2014.
25. BESSA, Leonardo Roscoe. *O dano moral coletivo e seu caráter punitivo*. Revista dos Tribunais: São Paulo, ano 101, v. 919, maio/2012, p. 528. No mesmo sentido, LEITE, José Rubens Morato, *Dano ambiental: do individual ao coletivo extrapatrimonial*. São Paulo: Revista dos Tribunais, 2003, p. 315.
26. Dentre as inúmeras hipóteses de possível incidência dos danos morais coletivos, destaca Rogério Tadeu ROMANO: "a) veiculação de publicidade enganosa prejudicial aos consumidores; b) comercialização fraudulenta de gêneros alimentícios, pondo-se em risco a saúde da população; c) sonegação de medicamentos essenciais, com vistas à forçar-se o aumento de seu preço; d) fabricação defeituosa de produtos e sua comercialização, ensejando lesões aos consumidores; e) monopolização ou manipulação abusiva de informações, atividades ou serviços, com efeitos prejudiciais aos interesses da coletividade; f) destruição

As funções preventiva e repressiva que a responsabilidade civil deve exercer quando chamada a atuar em casos de danos a interesses ou direitos transindividuais, portanto, não podem mais prescindir da figura dos danos morais coletivos, como verdadeiro instrumento de atuação da chamada *responsabilidade civil preventiva,* no prioritário objetivo de inibir a prática, a manutenção ou a reiteração da ilicitude e, com isso, de eventuais danos.[27]

Como se verá adiante, aliás, o modelo brasileiro de destinação dos valores indenizatórios obtidos nas demandas coletivas de tutela de direitos difusos e coletivos para os Fundos Reparatórios, apesar de atualmente inefetivo, tem a vantagem de afastar a mais comum (e falaciosa) oposição voltada contra a aplicação da função punitivo-pedagógica da responsabilidade civil, qual seja, o possível enriquecimento ilícito das vítimas.[28]

É interessante observar que, não obstante a disseminada alusão ao enriquecimento ilícito como um dos critérios para a fixação de indenização por danos extrapatrimoniais, sempre houve um inescondível preconceito em tal manejo,[29] por conta das tradicionais limitações legislativas à quantificação da responsabilidade civil.[30]

---

de bem ambiental, comprometendo o equilíbrio do sistema e gerando consequências nefastas ao bem-estar, saúde ou a qualidade de vida da comunidade; g) divulgação de informações ofensivas à honra, à imagem ou a consideração de certas comunidades ou categorias de pessoas; h) discriminação em relação ao gênero, à idade, à orientação sexual, a nacionalidade, às pessoas portadoras de deficiência e de enfermidades, ou aos integrantes de determinada classe social, religião, etnia ou raça; i) dilapidação e utilização indevida do patrimônio público, além da prática de atos de improbidade administrativa que, pela dimensão, causam repercussão negativa na sociedade; j) deterioração do patrimônio cultural da comunidade; k) deficiências ou irregularidades injustificáveis na prestação de serviços públicos(transporte coletivo, limpeza urbana e comunicações) resultando transtornos à comunidade; l) exploração de crianças e adolescentes no trabalho; m) submissão de grupos de trabalhadores a condições degradantes, a serviço forçado, em condições análogas à de escravo, ou mediante regime de servidão por dívida; n) descumprimento de normas trabalhistas básicas de saúde; o) prática de fraudes contra grupos ou categorias de trabalhadores". *Dano moral coletivo – Aspectos processuais,* disponível em: [https://www.jfrn.jus.br/institucional/biblioteca-old/doutrina/doutrina227.pdf].

27. Como recentemente reiterou o STJ, "O dano moral coletivo é categoria autônoma de dano que não se identifica com aqueles tradicionais atributos da pessoa humana (dor, sofrimento ou abalo psíquico), mas com a violação injusta e intolerável de valores fundamentais titularizados pela coletividade (grupos, classes ou categorias de pessoas). Tem a função de: a) proporcionar uma reparação indireta à lesão de um direito extrapatrimonial da coletividade; b) sancionar o ofensor; e c) inibir condutas ofensivas a esses direitos transindividuais". STJ, 3ª T., RESP 201600461408, rel. Nancy Andrighi, DJE 29.05.2018.

28. A preocupação dos tribunais nacionais com o possível enriquecimento sem causa derivado de altas condenações por danos morais é constante. Nesse sentido, ilustre-se: "Não existem critérios fixos para a quantificação do dano moral, devendo o órgão julgador ater-se às peculiaridades de cada caso concreto, de modo que a reparação seja estabelecida em montante que desestimule o ofensor a repetir a falta, sem constituir, de outro lado, enriquecimento sem causa, justificando-se a intervenção deste Tribunal, para alterar o valor fixado, tão somente nos casos em que o *quantum* seja ínfimo ou exorbitante, diante do quadro delimitado em primeiro e segundo graus de jurisdição para cada feito" (AgRg no Ag 818.350/RJ, Rel. Ministro Sidnei Beneti, Terceira Turma, julgado em 16.10.2008, DJe 28.10.2008).

29. Em que pese o temor que parte da doutrina e da jurisprudência comungam pela instrumentalização da função punitiva da responsabilidade civil, que poderia implicar "enriquecimento sem causa", os valores concretamente concedidos a título de compensação por danos morais são excessivamente baixos, ao contrário do que supõe o senso comum, conforme destaca Flávia Portella PUSCHEL, *Dano Moral no Brasil. Série Pensando o Direito,* n. 37/201. São Paulo: Direito GV, p. 18.

30. Lembre-se, nesse sentido, que o Código Civil brasileiro enuncia em seu art. 944 que "a indenização mede-se pela extensão do dano". Apesar de expressamente ser previsto que "aquele que, sem justa

Ora, se o produto das condenações pecuniárias deve reverter aos Fundos Reparatórios, aos quais compete aplicar o dinheiro no intuito de obtenção de uma compensação difusa, equitativa e solidária, a um só tempo se evita o argumento do locupletamento pessoal das vítimas e cria-se ambiente propício para uma adequada aplicação dos danos morais coletivos com finalidade punitivo-pedagógica.[31]

Assim sendo, como já sustentamos anteriormente, "é preciso ao menos discutir em que medida o sistema brasileiro de ações coletivas, sobretudo por conta da previsão dos Fundos Reparatórios, já não estaria viabilizando aos magistrados, quando do julgamento de procedência de pretensões de indenização dos danos transindividuais, a implementação da função punitivo-pedagógica que se espera do Direito da responsabilidade civil, até mesmo por via da fixação de condenações punitivas autônomas que, diversamente das quantias a serem pagas a título de compensação pelos danos causados (princípios da extensão e equivalência), seriam devidas a título de punição exemplar e desincentivo à reiteração de condutas consideradas altamente reprováveis e gravemente lesivas a toda sociedade".[32]

4. DANO MORAL COLETIVO, PREJUÍZOS INJUSTOS OU ANORMAIS E LOCUPLETAMENTO ILÍCITO

Por outro lado, há que se ressaltar as interessantes e ainda inexploradas novidades trazidas pela recente Lei 13.655/2018 – que alterou a Lei de Introdução às Normas do Direito Brasileiro.

Dentre elas destacamos a nova regra constante do art. 27, segundo a qual "A decisão do processo, nas esferas administrativa, controladora ou judicial, poderá impor compensação por benefícios indevidos ou prejuízos anormais ou injustos resultantes do processo ou da conduta dos envolvidos."

A interpretação teleológica e sistemática desse dispositivo, segundo pensamos, possui a *potencialidade de consagrar definitivamente o caráter punitivo-pedagógico da*

---

causa, se enriquecer ilicitamente à custa de outrem, será obrigado a restituir o indevidamente auferido" (art. 884), o referido diploma legal acaba por determinar que "não caberá a restituição por enriquecimento, se a lei conferir ao lesado outros meios para se ressarcir do prejuízo sofrido" (art. 886). Sobre o assunto, consulte-se Maria Cândida do Amaral KROETZ e Thaís G. Pascoaloto VENTURI. O papel do Superior Tribunal de Justiça na revisão do montante das indenizações por danos extrapatrimoniais e a aplicabilidade da Súmula 07. *Apontamentos críticos para o Direito Civil brasileiro contemporâneo*. CORTIANO JUNIOR, MEIRELLES, FACHIN e NALIN (coords.). Curitiba: Editora Juruá, 2008, p. 73 e segs.

31. Destacando as possíveis vantagens da opção pela utilização do modelo dos fundos reparatórios, HOMMA, Fernanda Lissa Fujiwara. Execuções Judiciais Pecuniárias de Processos Coletivos no Brasil: entre a Fluid Recovery, a Cy Pres e os Fundos. *Dissertação de mestrado apresentada junto à Faculdade de Direito da Universidade Federal do Paraná – UFPR*. Curitiba, 2017, p. 82 e 83 e SANTOS, Osvaldo Maldonado. Fundos federais: origens, evolução e situação atual na administração federal. *Revista de Administração Pública*, v. 70, p. 627- 670. Rio de Janeiro: Fundação Getúlio Vargas, 2002.

32. VENTURI, Thaís G. Pascoaloto. *Responsabilidade civil preventiva*. São Paulo: Malheiros, 2014.

responsabilidade civil no ordenamento jurídico brasileiro, sendo determinante, assim também, na própria sedimentação do regime jurídico dos danos extrapatrimoniais transindividuais.

Com efeito, como parece fácil inferir, a incidência de *compensação por prejuízos anormais ou injustos*, que podem decorrer da *conduta dos envolvidos*, quer significar a imprescindibilidade de se aliar à indenização pelos prejuízos ordinários derivados da conduta dos agentes, também a punição pela geração de danos graves ou anormais – precisamente os pressupostos que a jurisprudência brasileira vem forjando para a incidência dos danos morais coletivos.[33]

Para além disso, a nova regra também autoriza, de forma absolutamente inovadora, a condenação a título de *locupletamento ilícito* – uma antiga reivindicação da doutrina que sempre a teve como elemento indispensável à criação de um ambiente profícuo para a efetividade da responsabilidade civil no país.[34]

Isso porque, no mais das vezes, a nominal lesão individualmente causada (o "empobrecimento" das vítimas) não equivale exatamente ao proveito patrimonial auferido pelo agente (o seu enriquecimento), levando-se em consideração todas

---

33. Sustentando a viabilidade de uma condenação exemplar, ainda que restrita a casos excepcionais, destaca-se Maria Celina Bodin de MORAES: "É de admitir-se, pois, como exceção, uma figura semelhante à do dano punitivo, em sua função de exemplaridade, quando for imperioso dar uma resposta à sociedade, isto é, à consciência social, tratando-se, por exemplo, de conduta particularmente ultrajante, ou insultuosa, em relação à consciência coletiva, ou, ainda, quando se der o caso, não incomum, de prática danosa reiterada. Requer-se a manifestação do legislador tanto para delinear as estremas do instituto, quanto para estabelecer as garantias processuais respectivas, necessárias sempre que se trate de juízo de punição. É de aceitar-se, ainda, um caráter punitivo na reparação de dano moral para situações potencialmente causadoras de lesões a um grande número de pessoas, como ocorre nos direitos difusos, tanto na relação de consumo quanto no Direito Ambiental. Aqui, a *ratio* será a função preventivo-precautória, que o caráter punitivo inegavelmente detém, em relação às dimensões do universo a ser protegido. Nesses casos, porém, o instituto não pode se equiparar ao dano punitivo como hoje é conhecido, porque o valor a maior da indenização, a ser pago "punitivamente", não deverá ser destinado ao autor da ação, mas, coerentemente com o nosso sistema, e em obediência às previsões da Lei n. 7.347/85, servirá a beneficiar um número maior de pessoas, através do depósito das condenações em fundos já especificados. Assim é que a mencionada lei, ao regular as ações de responsabilidade por danos causados ao meio ambiente, ao consumidor e a bens que especifica, prevê em seu artigo 13: Havendo condenação em dinheiro, a indenização pelo dano causado reverterá a um fundo gerido por um Conselho federal ou por Conselhos estaduais de que participarão necessariamente o Ministério Público e representantes da comunidade, sendo seus recursos destinados à reconstituição dos bens lesados." *Danos à pessoa humana: uma leitura civil-constitucional dos danos morais*. Rio de Janeiro: Renovar, 2003, p. 263-264.

34. Foi precisamente essa racionalidade que motivou a comissão de juristas que redigiu o PL 5.139/2009 (Código de Processos Coletivos) a prever a condenação por locupletamento ilícito como um dos princípios da tutela coletiva. Segundo o art. 3.º, IV, do projeto referido, "A tutela coletiva rege-se, entre outros, pelos seguintes princípios: (...) IV – tutela coletiva adequada, com efetiva precaução, prevenção e reparação dos danos individuais e coletivos bem como punição pelo enriquecimento ilícito." De igual forma, ao tratar do redimensionamento da *fluid recovery*, o projeto tornou a mencionar a condenação por locupletamento ilícito no art. 44: "Em caso de sentença condenatória genérica de danos sofridos por sujeitos indeterminados, decorrido o prazo de 1 (um) ano contado do trânsito em julgado da sentença coletiva, poderão os legitimados coletivos, em função da não habilitação de interessados em número compatível com a gravidade do dano ou do locupletamento indevido do réu, promover a liquidação e o cumprimento da sentença coletiva quanto à indenização pelos danos globalmente sofridos pelos membros do grupo, sem prejuízo do correspondente ao enriquecimento ilícito do réu."

as variáveis macroeconômicas envolvidas. A ausência ou insuficiência de punição pelo locupletamento ilícito do agente responsável, assim, sempre representou reprovável incentivo à prática de ilícitos e de danos graves, em troca de lucros fáceis e expressivos.

No campo dos danos transindividuais e individuais homogêneos, em que o enriquecimento ilicitamente experimentado pelo infrator por vezes supera em muito os prejuízos acarretados aos titulares dos direitos lesados,[35] a punição pelo locupletamento sempre foi considerada indispensável quando se pensa em uma tutela jurisdicional efetivamente adequada, tanto em sentido preventivo como repressivo.[36]

Essas novas diretrizes aplicáveis ao *Direito Brasileiro*, portanto, relacionadas à punição pelo locupletamento e condenação por danos injustos e anormais – afeiçoam-se bastante promissoras, desde que devidamente exploradas pelos operadores do sistema de justiça. Podem, inclusive, justificar ainda mais o cabimento das condenações por danos morais coletivos.

5. DANOS EXTRAPATRIMONIAIS TRANSINDIVIDUAIS: DANOS MORAIS DIFUSOS X DANOS MORAIS COLETIVOS E O PROBLEMA DOS FUNDOS REPARATÓRIOS

Por todos os motivos supra ressaltados, a doutrina e a jurisprudência nacionais vêm construindo e disseminando a ideia do cabimento da condenação por danos morais coletivos em praticamente toda e qualquer ação coletiva que se fundamente em grave e inescusável lesão a interesses ou direitos difusos e coletivos. Assim sendo, danos extrapatrimoniais transindividuais já são francamente admitidos em ações civis públicas[37]

---

35. Consulte-se, v.g., os seguintes julgamentos da 2ª Turma do STJ, relatados pela Min. Eliana Calmon: RESP 474786/RS, DJ 07.06.2004, p. 185, RESP 696.850/RO, DJ 19.12.2005, p. 349, RESP 575023/RS, DJ 21.06.2004, p. 204 e RESP 487749/RS, DJ 12.05.2003, p. 298. No mesmo sentido, os julgados da 4ª Turma do STJ, relatados pelo Ministro Sálvio de Figueiredo Teixeira: RESP 183508/RJ, DJ de 10.06.2002, p. 212; RESP 389879/MG, DJ 02.09.2002 p. 196 e RESP 173366/SP, DJ 03.05.1999, p. 152.

36. Como já sustentamos, ao referirmos o modelo brasileiro da *fluid recovery*, "pelo microssistema de tutela dos direitos transindividuais, pretende-se que a *fluid recovery*, muito mais do que se prestar a uma questionável recomposição do dano provocado pelo ato irresponsável do agente condenado, sirva como forma de prevenção geral e especial à reiteração de comportamentos lesivos aos direitos supraindividuais, acarretados, no mais das vezes, em benefício de pessoas ou grupos interessados apenas em aumentar sua margem de lucro. Ressalta-se, nesta hipótese, a atuação incisiva do juiz que deverá, dentro de uma esfera de poderes certamente ampliada, proceder a uma avaliação do *quantum* dos danos provocados pelo condenado, a ser destinado ao Fundo, tarefa para a qual deve lançar mão de sua *defining function*. Assim sendo, respeitadas as posições em contrário, entendemos não se resumir a *fluid recovery* do sistema brasileiro à soma das indenizações individuais não cobradas pelas vítimas ou seus sucessores, possuindo escopo autônomo; há que se mensurar, no âmbito da liquidação coletiva da sentença condenatória genérica, valor estimativo seja do dano metaindividual ocasionado, seja do ganho indevido que obteve o agente responsabilizado pelo decreto condenatório, para ser destinado ao Fundo da LACP." VENTURI, Elton. *Execução da tutela coletiva*. São Paulo: Malheiros, 2000, p. 146.

37. Sobre o cabimento de pedido de danos morais coletivos em ações civis públicas, destaquem-se os seguintes julgados do STJ: EDcl no AgRg no REsp 1526946/RN, Rel. Min. Humberto Martins, DJe de 13.11.2015;

e em ações de improbidade administrativa,[38-39] nada obstaculizando também o sejam no âmbito das ações populares, quando, inclusive, sempre que aferidos *in concreto*, devem ser impostos *ex officio*.[40]

É preciso compreender, todavia, as diferenças existentes entre a lesão extrapatrimonial causada a interesses ou direitos *difusos* daquela acarretada a interesses ou direitos *coletivos*, aptas a fundamentar a distinção *dano moral difuso x dano moral coletivo*.

Não se trata de distinção conceitual gratuita.

Segundo o sistema de tutela coletiva brasileira, a compensação pecuniária dos danos causados a quaisquer interesses ou direitos de natureza *transindividual* deve ser gerida e deliberada por *fundos reparatórios sociais* estaduais ou federal,[41] previs-

---

Rel. Min. Ricardo Villas Bôas Cueva, DJe de 16.03.2015; REsp 1291213/SC, Rel. Min. Sidnei Beneti, DJe de 25.09.2012; REsp 1221756/RJ, Rel. Ministro Massami Uyeda, Terceira Turma, j. 02.02.2012, DJe 10.02.2012.

38. A respeito do tema, cite-se paradigmático julgamento do STJ (REsp 960.926/MG, Rel. Ministro Castro Meira, Segunda Turma, DJe 01.04.2008): "À luz dos artigos 127 e 129, III, da CF/88, o Ministério Público Federal tem legitimidade para o ajuizamento de ação civil pública objetivando indenização por danos morais coletivos em decorrência de emissões de declarações falsas de exclusividade de distribuição de medicamentos usadas para burlar procedimentos licitatórios de compra de medicamentos pelo Estado da Paraíba mediante a utilização de recursos federais" (AgRg no REsp 1003126/PB, Rel. Ministro Benedito Gonçalves, 1ª Turma, j. 01.03.2011, DJe 10.05.2011). Com base em referido julgamento, decidiu a 2ª Turma do STJ (REsp 1666454/RJ, Rel. Ministro Herman Benjamin, j. 27.06.2017, DJe 30.06.2017): 'A questão suscitada guarda relação com a alegação de *error in judicando*, em contrariedade a precedentes do STJ no sentido de que há interesse de agir (adequação) no ajuizamento de Ação Civil Pública pelo Parquet para a obtenção de indenização por danos morais coletivos, sem mais divagações sobre o destinatário da reparação (AgRg no REsp 1003126/PB, Rel. Ministro Benedito Gonçalves, Primeira Turma, DJe 10.05.2011)'. Cito acórdão relatado pelo eminente Ministro Castro Meira, no qual se afirma que 'não há vedação legal ao entendimento de que cabem danos morais em ações que discutam improbidade administrativa seja pela frustração trazida pelo ato ímprobo na comunidade, seja pelo desprestígio efetivo causado à entidade pública que dificulte a ação estatal'".

39. Na doutrina, vide GARCIA, Emerson. Improbidade administrativa – Configuração e reparação dano moral. *Revista Zênite de Direito Administrativo e lRF - IDAF*. Curitiba, v. 8, n. 96, p. 1111-1120, jul. 2009.

40. Lembre-se que a ação popular é, antes de mais nada, uma demanda *ressarcitória* por qualquer lesão acarretada aos direitos difusos versados pelo art. 5°, LXXIII, da CF, quais sejam, ao patrimônio público, à moralidade administrativa, ao meio ambiente e ao patrimônio histórico e cultural. Ademais, conforme expressa previsão do art. 11 da Lei 4.717/1965, "A sentença que, julgando procedente a ação popular, decretar a invalidade do ato impugnado, condenará ao pagamento de perdas e danos os responsáveis pela sua prática e os beneficiários dele, ressalvada a ação regressiva contra os funcionários causadores de dano, quando incorrerem em culpa". Vale dizer, portanto, que a imputação de indenização ou compensação por quaisquer danos provocados aos interesses ou direitos objetos da ação popular – dentre os quais os relativos aos danos morais coletivos – é *automática*, independendo de expressa demanda por parte do autor popular.

41. O art. 1°, § 1°, da Lei 9.008/1995 determina que o Fundo de Defesa dos Direitos Difusos "tem por finalidade a reparação dos danos causados ao meio ambiente, ao consumidor, a bens e direitos de valor artístico, estético, histórico, turístico, paisagístico, por infração à ordem econômica e a outros interesses difusos e coletivos", constituindo seus recursos, segundo o § 2° do referido dispositivo, "o produto da arrecadação: I – das condenações judiciais de que tratam os arts. 11 e 13 da Lei 7.347, de 1985; II – das multas e indenizações decorrentes da aplicação da Lei 7.853, de 24 de outubro de 1989, desde que não destinadas à reparação de danos a interesses individuais; III – dos valores destinados à União em virtude da aplicação da multa prevista no art. 57 e seu parágrafo único e do produto da indenização prevista no art. 100, parágrafo único, da Lei n. 8.078, de 11 de setembro de 1990; IV – das condenações judiciais de que trata o § 2° do art. 2° da Lei 7.913, de 7 de dezembro de 1989; V – das multas referidas no art. 84 da Lei 8.884, de 11 de junho

tos pela Lei 7.347/1985.[42] A princípio, portanto, é para esses fundos que devem ser destinadas as condenações em dinheiro obtidas nos processos coletivos de tutela difusa e coletiva.

Todavia, o *contingenciamento orçamentário anual* imposto pela Administração Pública relativamente a tais fundos,[43] aliado aos *duvidosos critérios de seleção* dos projetos eleitos para receber os parcos investimentos autorizados,[44] transforma uma boa ideia (fundos reparatórios) em frustração definitiva da execução da tutela coletiva e, com ela, da própria efetividade de todo o sistema de tutela dos direitos transindividuais.[45]

---

de 1994; VI – dos rendimentos auferidos com a aplicação dos recursos do Fundo; VII – de outras receitas que vierem a ser destinadas ao Fundo; VIII – de doações de pessoas físicas ou jurídicas, nacionais ou estrangeiras. § 3º Os recursos arrecadados pelo FDD serão aplicados na recuperação de bens, na promoção de eventos educativos, científicos e na edição de material informativo especificamente relacionados com a natureza da infração ou do dano causado, bem como na modernização administrativa dos órgãos públicos responsáveis pela execução das políticas relativas às áreas mencionadas no § 1º deste artigo."

42. Segundo o art. 13 da Lei da Ação Civil Pública, "Havendo condenação em dinheiro, a indenização pelo dano causado reverterá a um fundo gerido por um Conselho Federal ou por Conselhos Estaduais de que participarão necessariamente o Ministério Público e representantes da comunidade, sendo seus recursos destinados à reconstituição dos bens lesados."

43. Segundo levantamento realizado pela chefia de redação do *site* Consultor Jurídico relativamente à arrecadação e destinação de recursos pelo Fundo Federal de Danos Difusos (https://www.conjur.com.br/2017-mar-31/governo-usa-dinheiro-fundo-direitos-difusos-caixa), "Só em 2016, R$ 775 milhões chegaram ao Fundo. O dinheiro vem principalmente das multas aplicadas pelo Conselho Administrativo de Defesa Econômica (Cade) a empresas condenadas por formação de cartel, tendo origem também em condenações em ações civis públicas de responsabilidade por danos ao meio ambiente, ao consumidor e aos investidores no mercado de valores mobiliários, por exemplo. O Fundo pertence ao Ministério da Justiça e é gerido pelo Conselho Federal Gestor do Fundo de Defesa de Direitos Difusos. Na lei, seu objetivo declarado é 'a reparação dos danos causados ao meio ambiente, ao consumidor, a bens e direitos de valor artístico, estético, histórico, turístico, paisagístico, por infração à ordem econômica e a outros interesses difusos e coletivos'. Essa 'reparação' deveria ser feita por meio de projetos (selecionados a partir de editais). Em 2016, oito projetos foram escolhidos e receberam R$ 2,2 milhões. Isso significa que, levando em conta a arrecadação total, só 0,3% da verba foi usada para os fins previstos na lei. Descontando ainda o dinheiro usado para a manutenção do conselho gestor do fundo, 'sobraram' mais de R$ 770 milhões, que viraram superávit primário, o resultado de todas as receitas do governo antes do pagamento da dívida pública."

44. A respeito das deturpações do modelo brasileiro dos fundos reparatórios, vide: LEITE, José Rubens Morato; DANTAS, Marcelo Buzaglo. Algumas considerações acerca do Fundo para reconstituição dos bens lesados. *Revista dos Tribunais*, v. 726, p. 71-82, 1996; BADIN, Arthur. O fundo de defesa de direitos difusos. *Revista de Direito do Consumidor*, ano 17, n. 67, p. 62-99, 2008; MACEDO JÚNIOR, Ronaldo Porto. Propostas para a reformulação da Lei que criou o Fundo de Reparação de Interesses Difusos Lesados. In: MILARÉ, Édis (Coord.) *Ação Civil Pública: Lei 7.347/1985 – 15 anos*. 2ª ed. São Paulo: Editora Revista dos Tribunais, 2002; VENZON, Fábio Nesi. Fundo de defesa de direitos difusos: descompasso com a garantia da tutela adequada e efetiva dos direitos coletivos. *Boletim Científico da Escola Superior do Ministério Público da União*. Brasília: ESMPU, ano 16, n. 50, jul./dez. 2017.

45. No âmbito do fundo federal de danos difusos (FDD), os valores arrecadados são anualmente sujeitos à lei orçamentária, na medida em que se o vinculou, indevidamente, ao Ministério da Justiça. A subordinação à lei orçamentária e ao discricionário contingenciamento administrativo federal, para além de subverter completamente a natureza jurídica dos fundos reparatórios (são fundos sociais, e não fundos administrativos ou públicos), inviabiliza a adequada reparação ou compensação dos danos transindividuais, para além de desviar recursos sociais para a Administração Pública. Foi por tal motivo, aliás, que o Ministério Público Federal propôs, no final de 2017, ação civil pública (autos n. 5008138-68.2017.4.03.6105, em trâmite

Por tais motivos, sustentamos que a regra constante do art. 13 da Lei 7.347/1985 (remessa de condenações pecuniárias aos fundos reparatórios) *só deve ser aplicada em último caso*, quando inviável ou extremamente difícil a *tutela específica da obrigação reparatória ou compensatória* – vale dizer, a utilização dos recursos auferidos em demandas coletivas pelo próprio juízo, por via de programas judiciais ou extrajudiciais de reparação de danos transindividuais.[46]

Trata-se, ao nosso ver, antes de mais nada, de imposição constitucional e infraconstitucional para o sistema de tutela coletiva brasileiro, para além de constituir a *única solução executiva pragmaticamente efetiva*.

Ora, nunca é demais lembrar que a *efetividade* e *adequação* da tutela jurisdicional é cláusula constitucional fundamentalíssima (art. 5º, XXXV), assim como o é a indenização pelos danos materiais ou morais decorrentes da violação da intimidade, da vida privada, da honra e da imagem das pessoas (art. 5º, X da CF).

Portanto, somando-se aos referidos comandos constitucionais as regulações infraconstitucionais insertas no art. 6º, VI, da Lei 8.078/1990 (que garante a "efetiva prevenção e reparação de danos patrimoniais e morais, individuais, coletivos e difusos") e no art. 497 do novo Código de Processo Civil (que enuncia o princípio da predileção da tutela específica sobre a genérica),[47] não é difícil compreender que a destinação de dinheiro aos fundos reparatórios – tal como previsto pelo art. 13 da LACP –, *somente deve se dar em último caso*, quando inviabilizada, por qualquer motivo, a tutela específica da obrigação ou do dever[48] de compensar os danos causados aos interesses ou direitos difusos e coletivos.[49]

---

perante a Subseção Judiciária Federal de Campinas/SP), postulando o não contingenciamento das verbas do FDD pela União Federal.

46. Foi essa, precisamente, a solução apontada pela comissão de juristas que elaborou o anteprojeto de lei do Código Brasileiro de Processos Coletivos, que viria a ser apresentado ao Parlamento (PL 5.139/2009), como se percebe: "Art. 45. Havendo condenação em pecúnia, originária de ação relacionada a direitos ou interesses difusos e coletivos, a quantia será depositada em juízo, devendo ser aplicada a critério desse, ouvido o Ministério Público, na recuperação específica dos bens lesados ou em favor da comunidade afetada. § 1º O legitimado coletivo, com a fiscalização do Ministério Público, deverá adotar as providências para a utilização do valor depositado judicialmente, inclusive podendo postular a contratação de terceiros ou o auxílio do Poder Público do local onde ocorreu o dano. § 2º Na definição da aplicação da verba referida no *caput*, serão ouvidos em audiência pública, sempre que possível, os membros da comunidade afetada."

47. "Na ação que tenha por objeto a prestação de fazer ou de não fazer, o juiz, se procedente o pedido, concederá a tutela específica ou determinará providências que assegurem a obtenção de tutela pelo resultado prático equivalente".

48. Consoante o art. 536, § 5º, do novo CPC, as regras relativas ao cumprimento de *obrigações* de fazer ou não fazer também se aplicam, no que couber, ao cumprimento de sentença que reconheça *deveres* de fazer e de não fazer de natureza não obrigacional.

49. O princípio da *predileção da tutela específica* sobre a tutela genérica das obrigações ou deveres no âmbito dos processos coletivos foi expressamente afirmado pelo art. 24 do PL 5.139/2009: "Na ação reparatória dos danos provocados ao bem indivisivelmente considerado, sempre que possível, a requerimento do autor, a condenação consistirá na prestação de obrigações específicas, destinadas à reconstituição do bem, mitigação e compensação do dano sofrido." Em complemento a tal regra, ainda, estabeleceu o art. Art. 23, § 1º:

É por tal razão – uma verdadeira aposta na efetividade da execução da tutela coletiva –, que a distinção entre *danos morais difusos* e *danos morais coletivos* se faz relevante.

A *indeterminabilidade* dos titulares dos direitos difusos deve gerar, por consequência, um modelo reparatório (por via de possíveis programas judiciais ou extrajudiciais) que utilize os recursos obtidos nos processos coletivos correlatos a lesões patrimoniais e extrapatrimoniais difusas da melhor forma possível, com proveito social geral, preferencialmente respeitando a natureza e as características do bem indivisivelmente lesado.

Por outro lado, a *determinabilidade* dos titulares dos direitos coletivos (*stricto sensu*) deve conduzir a um modelo compensatório distinto. Como parece evidente, sempre que identificados ou identificáveis os grupos, classes ou categorias lesadas, é em proveito dessas que então deverá reverter o montante pecuniário obtido em ação fundada na lesão extrapatrimonial coletiva *stricto sensu* – ainda que de forma transindividual e indivisível, em prol do específico grupo social afetado.

6. DANOS MORAIS ACIDENTALMENTE COLETIVOS?

Se, por um lado, não há mais dúvida no sistema de justiça nacional a respeito da admissibilidade da condenação por danos morais coletivos derivados da lesão a interesses ou direitos ontologicamente *transindividuais* (difusos e coletivos), o mesmo não se pode dizer sobre a efetiva existência de dano moral coletivo decorrente de lesão a interesses ou direitos *individuais homogêneos*.

Melhor explicando, a indagação suscitada, inicialmente, refere-se à viabilidade de uma demanda coletiva deduzir pretensão de compensação por danos morais coletivos oriundos da lesão de danos morais individuais de origem comum.

O debate sobre a viabilidade de que a violação de direitos individuais homogêneos acarrete, eventualmente, um dano moral coletivo, parece derivar das diferentes compreensões que a doutrina e a jurisprudência têm revelado a respeito do próprio conceito daqueles.

Por um lado, parcela significativa da doutrina nacional comunga uma orientação conceitual *procedimental* ou *instrumentalista* dos direitos individuais homogêneos, negando-lhes a natureza essencialmente transindividual. Para tal corrente doutrinária, a lógica que envolve essa especial categoria é estritamente processual, constituindo mera ficção jurídica utilizada para viabilizar a tutela coletiva de direitos individuais (daí a expressão "direitos acidentalmente coletivos"). Dessa forma, não

---

"A conversão em perdas e danos somente será admissível se inviável a tutela específica ou a obtenção do resultado prático correspondente e, no caso de direitos ou interesses coletivos ou individuais homogêneos, se houver interesse do grupo titular do direito."

haveria como se sustentar que de sua lesão pudessem decorrer danos morais outros que não os puramente individuais.

Por outro lado, para os que adotam a concepção *materialista* ou *substancialista* dos direitos individuais homogêneos, a resposta é bem diferente. Segundo tal corrente – defendida pioneiramente por Alcides Alberto Munhoz da CUNHA[50] e que repercutiu fortemente na jurisprudência do STF–,[51] referidos direitos são compreendidos como de índole *ontologicamente transindividual*, constituindo verdadeira subespécie dos interesses ou direitos difusos ou coletivos.

Como visto, para que a investigação sobre esse tema prossiga, é preciso preliminarmente esclarecer alguns aspectos conceituais (substanciais e processuais) que envolvem a tutela coletiva, na medida em que muita confusão é comumente gerada justamente em função de sua ignorância ou desatendimento.

A tutela coletiva de direitos individuais no Brasil foi autorizada em 1990, decorrente da constatação da notória insuficiência e insatisfatoriedade do modelo processual clássico para viabilizar a adequada tutela jurisdicional pela via das ações individuais. Precisamente por tal motivo, foi introduzida no Código de Defesa do Consumidor (Lei 8.078/1990), como complemento ao sistema de tutela jurisdicional coletiva já criado pela Lei da Ação Civil Pública (Lei 7.347/1985), a possibilidade da defesa coletiva dos chamados *direitos individuais homogêneos*, conceituados como sendo aqueles direitos individuais "decorrentes de origem comum" (art. 81, parágrafo único, III, do CDC).[52]

Sob o ponto de vista processual, a criação da categoria direitos individuais homogêneos deu origem a duas formas aparentemente distintas de demandas coletivas: *i)* aquelas fundadas na tutela de interesses ou direitos tipicamente transindividuais, cujo modelo foi inicialmente forjado pela Lei 7.347/1985 e, por isso, tradicionalmente deduzidas por via da *ação civil pública* (ao que se passou a designar *tutela de direitos coletivos*); e *ii)* aquelas fundadas na tutela de interesses ou direitos individuais homogêneos, por via do que se designou de *ação coletiva* (*tutela coletiva de direitos individuais*).

---

50. Conforme a doutrina do saudoso processualista paranaense, "A despeito deste *nomen iuris*, pode-se afirmar que são interesses metaindividuais, enquanto pressupõem interesses coordenados e justapostos que visam à obtenção de um mesmo bem, de uma mesma utilidade indivisível. O que se pretende é uma condenação genérica, uma utilidade processual indivisível, em favor de todas as vítimas ou seus sucessores, em virtude de danos que têm origem comum. (...). Enquanto se busca a condenação genérica, entretanto, estar-se-á buscando um bem indivisível para uma multiplicidade de vítimas com interesses convergentes na obtenção desta condenação. Se forem indeterminados os sujeitos, poder-se-á dizer que se está diante de interesses difusos sob a modalidade de interesses individuais homogêneos (...). De outro lado, se forem determinados os sujeitos, por serem integrantes de grupo, classe ou categorias de pessoas, os interesses, além de coletivos, poderão ser igualmente individuais homogêneos", CUNHA, Alcides Alberto Munhoz da. Evolução das ações coletivas no Brasil, *RePro* 77/233.

51. STF, RE 163.231-3/SP, rel. Min. Maurício Corrêa, j. 26.02.1997.

52. Na prestigiosa doutrina de José Carlos BARBOSA MOREIRA, os direitos individuais homogêneos são interesses que assumem uma "roupagem coletiva" no âmbito do processo, visando tutela jurisdicional mais eficaz, sendo por tal motivo designados como "direitos acidentalmente coletivos". Ações Coletivas na Constituição Federal de 1988. Revista de Processo. São Paulo: Revista dos Tribunais, v. 61, n. 187, p. 187, 2002.

Em que pese essa aparente dualidade de regimes a envolver a tutela coletiva no Brasil, há muito destacamos a insubsistência da distinção.[53]

É que, ao mesmo tempo em que a conceituação legal dos direitos difusos, coletivos e individuais homogêneos poderia apontar para a existência de modelos francamente distintos de tutela coletiva, na verdade o *microssistema* legal dos processos coletivos no Brasil viabiliza que se reúnam numa mesma e única demanda coletiva, patrocinada pela mesma entidade legitimada, *todas e quaisquer pretensões de tutela dos referidos direitos*, independentemente de qual seja a qualificação que se lhes imprima, com base no art. 81, parágrafo único, do CDC.[54]

De fato, em virtude do intercâmbio dos sistemas da Lei da Ação Civil Pública (art. 21) e do Código de Defesa do Consumidor (art. 90), duas regras fundamentais operam verdadeira cisão, ao menos quanto aos aspectos finalísticos da tutela coletiva.

Nas ações coletivas ajuizadas no intuito de obtenção de reparações a lesões consideradas *difusas ou coletivas*, mesmo que não conste pedido expresso nesse sentido, eventuais pretensões individuais à reparação de lesões pessoalmente suportadas pela mesma origem comum (*danos individuais homogêneos*) encontrarão suporte na sentença de procedência, que lhes servirá como condenação genérica viabilizadora de subsequentes procedimentos liquidatórios e executivos (art. 103, § 3º, do CDC).

Por outro lado, mesmo numa ação coletiva que vincule pretensão de tutela de direitos tipificados como individuais homogêneos, será possível obter-se tutela difusa por ocasião da eventual fixação da *fluid recovery*, isto é, da condenação subsidiária em prol de fundos sociais, quando o número de indivíduos que se habilitou para liquidar a sentença condenatória genérica se revele incompatível com a gravidade do dano (art. 100 e parágrafo único do CDC).

Ou seja, o que se pretende demonstrar é que, independentemente da tipificação do direito como difuso, coletivo ou individual homogêneo, *a tutela jurisdicional de um acaba importando na do outro*. Isso se deve, inclusive, ao tratamento

---

53. Sobre o tema, com mais profundidade, remetemos à nossa obra *Processo Civil Coletivo*. São Paulo: Malheiros, 2007.
54. Precisamente assim detectou a Quarta Turma do STJ no julgamento do REsp 1293606/MG (rel. Ministro Luis Felipe Salomão, j. 02.09.2014, DJe 26.09.2014): "Direito coletivo e direito do consumidor. Ação civil pública. Plano de saúde. Cláusula restritiva abusiva. Ação híbrida. Direitos individuais homogêneos, difusos e coletivos. Danos individuais. Condenação. Apuração em liquidação de sentença. Danos morais coletivos. Condenação. Possibilidade, em tese. No caso concreto danos morais coletivos inexistentes. 1. As tutelas pleiteadas em ações civis públicas não são necessariamente puras e estanques. Não é preciso que se peça, de cada vez, uma tutela referente a direito individual homogêneo, em outra ação uma de direitos coletivos em sentido estrito e, em outra, uma de direitos difusos, notadamente em se tratando de ação manejada pelo Ministério Público, que detém legitimidade ampla no processo coletivo. Isso porque embora determinado direito não possa pertencer, a um só tempo, a mais de uma categoria, isso não implica dizer que, no mesmo cenário fático ou jurídico conflituoso, violações simultâneas de direitos de mais de uma espécie não possam ocorrer (...)."

emprestado à coisa julgada derivada de qualquer ação coletiva no Brasil, sendo extensíveis *erga omnes* os efeitos dos provimentos judiciais de procedência para o fim de beneficiar toda a comunidade (direitos difusos), todos os integrantes do grupo, classe ou categoria (direitos coletivos) ou vítimas e sucessores (direitos individuais homogêneos).[55]

Como destacamos ao início desse ensaio, não há como compreender a figura do dano moral coletivo – ou as suas diversas dimensões ora investigadas –, sem que se compreenda a lógica do microssistema de tutela coletiva nacional e o seu primordial papel de viabilizar o mais qualificado e democrático acesso à justiça possível.

Independentemente da forma *acadêmica* ou *cientificamente* mais apropriada de se encarar o fenômeno dos direitos individuais homogêneos, o que realmente deve importar é a *efetividade* da sua proteção jurisdicional, aí compreendidas não apenas a plena *acessibilidade*, como também a isonômica *dispersão* a *todos* os indivíduos que possam ser considerados *vítimas ou sucessoras* de um mesmo evento comum.

Por tal motivo, a promessa de uma proteção jurisdicional ressarcitória *absolutamente inclusiva* de consumidores, contribuintes, trabalhadores, segurados da previdência social e servidores públicos, dentre outros, mesmo quando afetados individualmente em suas esferas patrimonial e moral, não pode prescindir de uma *interpretação abrangente e inclusiva de todas as possíveis dimensões dos danos morais coletivos*.

Assim, parece razoável e necessário defender a admissão de compensação por danos morais coletivos eventualmente decorrentes de graves e inescusáveis lesões a direitos individuais homogêneos – vale dizer, a indenizabilidade de *danos morais acidentalmente coletivos*.[56]

Por outro lado, ainda que se discorde a respeito da existência de um verdadeiro dano moral transindividual decorrente da lesão de direitos individuais homogêneos,[57] nada impede que danos morais individuais – desde que decorrentes de uma

---

55. Esse aproveitamento da coisa julgada em benefício dos titulares dos direitos difusos, coletivos e individuais homogêneos foi também robustecido pelas novas regras do Código de Processo Civil de 2015. Com efeito, segundo o art. 506 do novo CPC "A sentença faz coisa julgada às partes entre as quais é dada, não prejudicando terceiros." Ou seja, há agora expressa autorização do sistema processual geral a respeito da transferência dos efeitos da coisa julgada em proveito de quem não foi parte da relação processual, o que configura, em certa medida, espécie de coisa julgada "*erga omnes*" ou "*ultra partes*".

56. É o que decidiu recentemente a Terceira Turma do STJ: "O dano moral coletivo é categoria autônoma de dano que não se identifica com aqueles tradicionais atributos da pessoa humana (dor, sofrimento ou abalo psíquico), mas com a violação injusta e intolerável de valores fundamentais titularizados pela coletividade (grupos, classes ou categorias de pessoas). Tem a função de: a) proporcionar uma reparação indireta à lesão de um direito extrapatrimonial da coletividade; b) sancionar o ofensor; e c) inibir condutas ofensivas a esses direitos transindividuais. A grave lesão de interesses individuais homogêneos acarreta o comprometimento de bens, institutos ou valores jurídicos superiores, cuja preservação é cara a uma comunidade maior de pessoas, razão pela qual é capaz de reclamar a compensação de danos morais coletivos." Resp 201600461408, rel. Min. Nancy Andrighi, DJE 29.05.2018.

57. Nesse sentido, decidiu a 4ª Turma do STJ: "A violação de direitos individuais homogêneos não pode, ela própria, desencadear um dano que também não seja de índole individual, porque essa separação faz parte do próprio conceito dos institutos. Porém, coisa diversa consiste em reconhecer situações jurídicas das quais

origem comum – sejam objeto de apuração em demanda coletiva com a finalidade da condenação dos responsáveis ao pagamento de reparações individualizadas *exatas, mínimas ou médias* para cada vítima ou sucessora identificável, sempre que possível, independentemente de liquidações e execuções individuais.

Como buscamos demonstrar, a *origem comum* é critério legalmente estipulado para se permitir o manuseio de ação coletiva para a tutela de direitos individuais. Nesse passo, nada obstaculiza que vítimas e sucessoras de um evento lesivo comum busquem demonstrar, após a obtenção de uma condenação genérica, a ocorrência de supostos danos morais por via de liquidações próprias.

Entretanto, esse modelo procedimental de tutela judicial dos direitos individuais homogêneos – criado em 1990 e que apostou na técnica da sentença condenatória genérica e subsequentes liquidações e execuções individuais –, revelou-se insatisfatório ao longo dos anos de sua aplicação no sistema jurisdicional brasileiro. Não demorou muito para se constatar que os mesmos obstáculos à acessibilidade individual à justiça para a propositura das ações indenizatórias, também incidem por ocasião da necessária propositura de demandas liquidatórias e executivas da sentença condenatória genérica proferida em uma ação coletiva.

A inefetividade do modelo da condenação genérica na tutela coletiva dos direitos individuais, portanto, deve ser combatida por via da utilização de outras técnicas processuais francamente disponíveis no sistema processual brasileiro.

Dentre as técnicas de tutela coletiva mais apropriadas a tal finalidade encontra-se a da *sentença condenatória específica* que, para além de impor o cumprimento imediato de quaisquer espécies de obrigações,[58] tem a aptidão de fixar de pronto, sempre que possível, os valores indenizatórios exatos, mínimos ou médios devidos a cada vítima ou sucessora identificável pela ação coletiva.[59]

---

decorrem, simultaneamente, violação de direitos individuais homogêneos, coletivos ou difusos. Havendo múltiplos fatos ou múltiplos danos, nada impede que se reconheça, ao lado do dano individual, também aquele de natureza coletiva." REsp 1293606/MG, Rel. Ministro Luis Felipe Salomão, 4ª Turma, julgado em 02.09.2014, DJe 26.09.2014.

58. Foi exatamente essa a intenção do PL 5.139/2009, ao enunciar o art. 25: "Na ação que tenha por objeto a condenação ao pagamento de quantia em dinheiro, deverá o juiz, sempre que possível, em se tratando de valores a serem individualmente pagos aos prejudicados ou de valores devidos coletivamente, impor a satisfação desta prestação de ofício e independentemente de cumprimento de sentença, valendo-se da imposição de multa e de outras medidas indutivas, coercitivas e sub-rogatórias."

59. Art. 26, § 3º Na sentença condenatória à reparação pelos danos individualmente sofridos, sempre que possível, o juiz fixará o valor da indenização individual devida a cada membro do grupo ou um valor mínimo para a reparação do dano. § 4º Quando o valor dos danos individuais sofridos pelos membros do grupo forem uniformes, prevalentemente uniformes ou puderem ser reduzidos a uma fórmula matemática, a sentença do processo coletivo indicará esses valores, ou a fórmula de cálculo da indenização individual e determinará que o réu promova, no prazo que fixar, o pagamento do valor respectivo a cada um dos membros do grupo. § 5.º O membro do grupo que divergir quanto ao valor da indenização individual ou à fórmula para seu cálculo, estabelecidos na liquidação da sentença do processo coletivo, poderá propor ação individual de liquidação, no prazo de 1 (um) ano, contado do trânsito em julgado da sentença proferida no processo coletivo.

Todavia, *como* referida técnica processual poderia operar relativamente à fixação e quantificação de compensações por danos morais individualmente sofridos por vítimas a partir de uma origem comum? *Como* dispensar a necessária comprovação individualizada, por parte de cada uma das vítimas, da dor, sofrimento, abalo psicológico e do dano anímico, dentre outros, para lhes viabilizar a efetiva reparação?

Admitindo-se que os direitos individuais homogêneos constituem autêntica subcategoria dos direitos transindividuais – e não mera abstração legal com exclusiva finalidade processual –, não há motivo para que não incidam os mesmos critérios de aferição das lesões patrimoniais e extrapatrimoniais que lhes aflijam.

Nesse sentido, os tribunais superiores já assentaram que os danos morais coletivos constituem categoria especial de danos extrapatrimoniais transindividuais aferíveis *in re ipsa*,[60] não se pautando, portanto, pelos mesmos critérios de admissibilidade, identificação e quantificação relativos aos danos morais individuais.[61]

Se assim é, sempre que lesões morais graves e inescusáveis a direitos individuais decorrentes de origem comum possam ser identificadas e quantificadas em grau exato, mínimo ou médio, a técnica da sentença condenatória genérica das ações coletivas de tutela de direitos individuais homogêneos tornar-se-ia despicienda, devendo ceder espaço para a condenação específica – o que representaria notável aperfeiçoamento e efetividade da tutela jurisdicional coletiva.[62]

Na verdade, esse novo modelo já vem sendo experimentado, por vezes, no âmbito da justiça do trabalho, de onde extraímos alguns interessantes exemplos.

Em demanda coletiva trabalhista proposta contra a Empresa Brasileira de Correios e Telégrafos perante a Justiça do Trabalho em Manaus/AM, o Sindicato autor deduziu, dentre outras, a pretensão de condenação da EBCT ao pagamento de danos morais coletivos decorrentes do indevido desconto salarial de seus empregados, em desconformidade com a determinação exarada pelo TST quando declarada ilegal a greve pelos mesmos deflagrada em 2014.

---

60. Consoante fixou a 4ª Turma do STJ, "O dano moral coletivo é aferível *in re ipsa*, ou seja, sua configuração decorre da mera constatação da prática de conduta ilícita que, de maneira injusta e intolerável, viole direitos de conteúdo extrapatrimonial da coletividade, revelando-se despicienda a demonstração de prejuízos concretos ou de efetivo abalo moral. Precedentes" (RESP 201500407550, rel. Min. Luis Felipe Salomão, DJE 01.02.2018). No mesmo sentido, REsp 1245149/MS, Rel. Ministro Herman Benjamin, Segunda Turma, j. 09.10.2012, DJe 13.06.2013).

61. "O dano extrapatrimonial coletivo prescinde da comprovação de dor, de sofrimento e de abalo psicológico, suscetíveis de apreciação na esfera do indivíduo, mas é inaplicável aos interesses difusos e coletivos" (REsp 1.057.274/RS, Rel. Ministra Eliana Calmon, Segunda Turma, DJe 26.02.2010).

62. Com tal técnica não se pretende, por óbvio, estabelecer qualquer espécie de *tabelamento* dos valores a serem pagos a título de danos morais. A ideia é tão somente garantir indenizações consideradas mínimas ou médias como forma de desonerar as vítimas relativamente à necessária propositura de ações judiciais individuais que, como se sabe, raramente acabam ocorrendo na prática. Tanto é que, acaso o indivíduo discorde do *quantum* reparatório fixado a seu favor diretamente pela sentença condenatória coletiva, nada o impede de ajuizar demandas liquidatárias e executivas subsequentes, pelas quais pode deduzir pretensão de quantificação e execução de valores sobressalentes.

Ao analisar o pleito de danos morais coletivos, decidiu a magistrada trabalhista recebê-lo como referente a *danos morais acidentalmente coletivos*, mediante a seguinte fundamentação:

> Primeiramente, verifico que o pedido formulado pelo sindicato autor é de dano moral como prerrogativa individual homogênea e não coletiva *strictu sensu*, conforme apresentado na exordial, visto que a causa de pedir apresentada pelo órgão de representação profissional é inequívoca no sentido de que o prejuízo alegado é individualizado para cada um dos substituídos postulantes deste processo, ademais, é patente a reiterada argumentação acerca da honra individual subjetiva de cada um dos trabalhadores prejudicados: tal circunstância é incompatível com a formulação de direitos difusos ou coletivos em sentido estrito.
>
> Portanto, recebo o pedido de danos morais formulados na exordial como danos morais acidentalmente coletivos ou individuais homogêneos, exatamente pela possibilidade de individualizar seus titulares, embora todos os prejuízos tenham origem comum: a exasperação indevida da determinação do Tribunal Superior do Trabalho de descontar a quantia de 15 dias de salário de cada empregado grevista.
>
> Delimitada a natureza jurídica do pleito de danos morais postulada na exordial, aprecio os seus elementos constitutivos como forma de prolatar a adequada prestação jurisdicional para a pretensão deduzida pelo sindicato autor.
>
> Ora, verificada a exasperação indevida praticada pela ré, em virtude da majoração da base de cálculo do desconto determinado pelo TST, resta evidenciado que tal conduta é bastante para a caracterização dos danos morais postulados em seara molecular, inclusive de natureza *in re ipsa*, sem a necessidade de se comprovar o dano decorrente do abuso do direito, nos termos do art. 187 c/c art. 927 do CC.
>
> Ora, comprovada a conduta praticada pela ré, o dano *in re ipsa*, o nexo de causalidade e inclusive o dolo da ré quanto aos atos praticados, verifico a presença de todos os elementos necessários para a responsabilização civil da demandada, de modo a restarem patentes os prejuízos psicológicos a compensar.
>
> Quanto à delimitação do valor devido, verifico que é prudente a fixação de tal quantia por intermédio dos parâmetros decorrentes do controle de proporcionalidade restritos à adequação, necessidade e proporcionalidade em sentido estrito, exatamente porque a adequação pressupõe o emprego de meios bastantes para a proteção do bem jurídico tutelado pelo ordenamento, necessidade, visto que constitui a única maneira de materializar tal finalidade, observada a menor onerosidade possível; e a proporcionalidade em sentido estrito, decorrente do critério de ponderação entre os bens jurídicos tutelados pelo ordenamento em direta colisão, a propriedade e a livre-iniciativa do empregador em contraposição à honra objetiva e integridade psicológica do empregado.
>
> Portanto, observados tais parâmetros, fixo o valor de R$ 1.000,00 a título de danos morais para cada substituído comprovadamente prejudicado em função da conduta praticada pela ré, como forma de compensar os danos desencadeados aos trabalhadores hipossuficientes, liquidados posteriormente, por simples cálculos, com juros e correção monetária, observados os documentos carreados pelas partes de IDs 6d5234c e 1613664. [63]

Em outra demanda trabalhista, que ganhou enorme repercussão (conhecida como "*Caso Shell*"), o Ministério Público do Trabalho e outras entidades colegiti-

---

63. Autos n. 0001057-28.2014.5.11.0003, 3ª Vara do Trabalho de Manaus/AM, juíza Jeanne Karla Ribeiro. j. 30.07.2016.

madas propuseram ação civil pública contra as empresas Raízen Combustíveis S/A (Shell) e Basf S/A, perante a 2ª Vara do Trabalho de Paulínia/SP, em decorrência da exposição de centenas de trabalhadores (e familiares), desde 1977, a substâncias altamente tóxicas ao organismo humano, compostas por substâncias organocloradas com potencial cancerígeno, além de metais pesados e outros componentes químicos que eram queimados nas caldeiras da fábrica de produção de agrotóxicos usados para pulverização rural, localizada no bairro Recanto dos Pássaros, em Paulínia/SP.

Dentre outros pedidos indenizatórios, requereu-se a condenação das rés ao pagamento de danos morais coletivos,[64] assim como de *danos morais individuais homogêneos* em prol das vítimas e sucessoras, que restou deferido pela sentença monocrática assim fundamentada:

> A dor daqueles que adquirem doenças causadas pela contaminação é gigantesca e, por outro lado, a mera possibilidade presente na vida de um indivíduo de vir a desenvolver uma doença ou de gerar filhos com anomalias genéticas, é ainda mais relevante, tocando fundo na alma, desestruturando seu cotidiano, sua vida diária. E não há como negar que a conduta das demandadas trouxe abalo moral aos trabalhadores, que desconheciam a toxicidade dos compostos por eles manipulados e que foi despejado em seu ambiente de trabalho. As rés, entretanto, conheciam o problema e o omitiram. Os trabalhadores foram submetidos à contaminação durante todo o período em que se ativaram para as demandadas. Posteriormente, souberam, pela imprensa (como as próprias demandadas reconhecem quando se referem às "notícias alarmistas") que poderiam estar contaminados e, através do material genético, poderiam ter contaminado seus filhos, nascidos durante ou após o período em que se ativaram no Centro Industrial Sh. Paulínia. Asseverar que a existência do sofrimento, da dor, da angústia destes trabalhadores necessitaria de prova efetiva, viola o princípio da razoabilidade; viola, aliás, o senso comum. Mesmo em se tratando a reparação do dano moral de direito personalíssimo, não há dúvidas de que qualquer "homem comum" tem, em idêntica situação, abalada a sua esfera emocional. Não há quem se mantenha indiferente frente à notícia de que pode estar doente. Não há quem se mantenha inerte à notícia de que pode, no futuro, vir a desenvolver câncer, problemas neurológicos sérios ou, ainda, ter seus genes modificados. Conviver, dia após dia, com essa agonizante expectativa, abala qualquer ser humano, motivo pelo qual entendo que, neste caso específico, é possível se estabelecer uma conduta média de comportamento que, por si só, autoriza o deferimento da indenização postu-

---

64. Segundo divulgado na *home page* da Procuradoria Regional do Trabalho da 15ª Região (https://mpt-prt15.jusbrasil.com.br/noticias/3168063/caso-shell-justica-amplia-numero-de-habilitados-a-receber-o-custeio-previo-de-saude), a condenação por danos morais coletivos foi inicialmente fixada no importe de R$ 622.200.000,00, a ser revertida ao Fundo de Amparo do Trabalhador (FAT). Subsequentemente ao improvimento dos recursos ordinário e de revista intentados pelas demandas, foi homologado o maior acordo (ao menos até então) da história da justiça trabalhista brasileira, que beneficiou mais de mil pessoas, dentre ex-trabalhadores contratados diretamente pelas empresas, terceirizados e autônomos que prestaram serviços às multinacionais, bem como seus filhos que nasceram durante ou após a execução dos trabalhos na empresa. Dentre as condições do acordo, a indenização por danos morais coletivos restou fixada em R$ 200 milhões, destinados a instituições indicadas pelo MPT, que atuassem em áreas como pesquisa, prevenção e tratamentos de trabalhadores vítimas de intoxicação decorrente de desastres ambientais. Também ficou garantido o pagamento de indenização por danos morais individuais, na porcentagem de 70% sobre o valor determinado pela sentença de primeiro grau do processo, o que totalizou R$ 83,5 milhões. O mesmo percentual de 70% foi também utilizado para o cálculo do valor da indenização por dano material individual, totalizando R$ 87,3 milhões. Restou ainda garantido o atendimento médico vitalício a 1058 vítimas habilitadas no acordo, além de pessoas que venham a comprovar a necessidade desse atendimento no futuro, dentro de termos acordados entre as partes.

lada para cada um dos trabalhadores que se habilitarem ao recebimento do direito em questão. Indenização por danos morais para casos como o ora analisado são possíveis de obtenção pela via da ação coletiva. Aliás, este procedimento, em casos análogos, deveria ser adotado como regra. Acarretaria melhor funcionamento do Poder Judiciário, a observância do princípio da duração razoável do processo e evitaria o proferimento de inúmeras sentenças, muitas delas divergentes, conquanto calcadas em idênticas premissas. Por que chegar a uma mesma conclusão em ações individualmente propostas se a situação retratada nos autos se repete para centenas de indivíduos? O Código de Defesa do Consumidor, inovando sobre as possibilidades da utilização da ação coletiva, não só assegurou a defesa dos interesses essencialmente coletivos. Instituiu a tutela coletiva dos interesses ou direitos individuais homogêneos, que são genuínos direitos subjetivos, individuais e divisíveis, mas que admitem tratamento geral e coletivizado, porque decorrentes de origem comum. É o caso vertente. O fato dos trabalhadores terem ciência de que manipulavam compostos perigosos, por si só, não significa que soubessem das consequências para sua saúde e material genético. Aliás, tivessem efetiva ciência do risco à saúde a que estavam sujeitos, sequer se ativariam para as empresas demandadas em Paulínia. Afinal, nenhum ser humano colocaria em risco, deliberadamente, sua vida e muito menos se submeteria à hipótese de gerar filhos com modificações genéticas. Também não há como acolher a tese das rés de que os direitos postulados não são transmissíveis, tendo em vista o que dispõem, expressamente, os arts. 91 e 97, do CDC. Condeno as demandadas, portanto, a pagarem indenização por danos morais a cada um dos trabalhadores e fixo o valor em questão em R$ 20.000,00 por ano de trabalho ou fração superior a 6 meses. O valor ora fixado, devido na data da prolação desta sentença, será corrigido e acrescido de juros a partir de 19.08.2010.[65]

A partir desses dois instigantes exemplos extraídos da jurisprudência da justiça trabalhista, parece evidente que a provocação proposta pelo presente ensaio está longe de estimular um debate acadêmico estéril, desprovido de qualquer pragmaticidade.

As dimensões coletiva e acidentalmente coletiva dos danos morais devem ser ampla e seriamente discutidas para o aprimoramento do sistema de tutela coletiva e para a mais adequada e efetiva tutela dos direitos.

7. REFERÊNCIAS

BADIN, Arthur. O fundo de defesa de direitos difusos. *Revista de Direito do Consumidor*. São Paulo: Revista dos Tribunais, ano 17, n. 67, p. 62-99, 2008.

BARBOSA MOREIRA José Carlos. Ações Coletivas na Constituição Federal de 1988. *Revista de Processo*. São Paulo: Revista dos Tribunais, v. 61, n. 187, 2002.

BENJAMIN, Antonio H. V. Responsabilidade civil pelo dano ambiental. *Doutrinas essenciais – Responsabilidade civil*, v. VII. Nelson Nery Junior, Rosa Maria de Andrade Nery. São Paulo: Revista dos Tribunais, 2010.

BESSA, Leonardo Roscoe. O dano moral coletivo e seu caráter punitivo. *Revista dos Tribunais*. São Paulo, ano 101, v. 919, p. 515-528, maio/2012.

BITTAR FILHO, Carlos Alberto. Do dano moral coletivo no atual contexto jurídico brasileiro. *Revista de Direito do Consumidor*, v. 12, São Paulo: Revista dos Tribunais 1994.

---

65. Sentença proferida pela juíza do trabalho Maria Inês Corrêa de Cerqueira César Targa Paulínia, em 19 de agosto de 2010 nos autos de Ação Civil Pública 0022200-28.2007.5.15.0126

BOBBIO, Norberto. *A era dos direitos*. Rio de Janeiro: Campus, 1992, p. 68.

CAPPELLETTI, Mauro. Problemas de reforma do processo civil nas sociedades contemporâneas. *O processo civil contemporâneo*. Curitiba: Juruá, 1994.

CAVALIERI FILHO, Sergio. *Programa de Responsabilidade Civil*. 11ª ed. São Paulo: Atlas, 2014, p. 131-134.

CUNHA, Alcides Alberto Munhoz da. Evolução das ações coletivas no Brasil. *Revista de Processo*, v. 77, São Paulo: Revista dos Tribunais, 1995.

GARCIA, Emerson. Improbidade administrativa - Configuração e reparação dano moral. *Revista Zênite de Direito Administrativo e lRF – IDAF*. Curitiba, v. 8, n. 96, p. 1111-1120, jul. 2009.

GIDDENS, Anthony. *Runaway World, How Globalization is Reshaping our lives*. New York: Routledge, 2000.

GIDI, Antonio, *A class action como instrumento de tutela coletiva dos direitos*. São Paulo: Revista dos Tribunais, 2007.

KROETZ, Maria Cândida do Amaral e VENTURI, Thaís G. Pascoaloto. O papel do Superior Tribunal de Justiça na revisão do montante das indenizações por danos extrapatrimoniais e a aplicabilidade da Súmula 07. *Apontamentos críticos para o Direito Civil brasileiro contemporâneo*. CORTIANO Junior, MEIRELLES, FACHIN e NALIN (coords.). Curitiba: Editora Juruá, 2008.

HOMMA, Fernanda Lissa Fujiwara. Execuções Judiciais Pecuniárias de Processos Coletivos no Brasil: entre a Fluid Recovery, a Cy Pres e os Fundos. *Dissertação de mestrado apresentada junto à Faculdade de Direito da Universidade Federal do Paraná – UFPR*. Curitiba, 2017.

ITURRASPE, Jorge Mosset. El daño fundado en la dimension del hombre en su concreta realidad." Daños a la persona. *Revista de Derecho Privado y Comunitario*. Santa Fe: Rubinzal-Culzoni Editores, 1995.

_____. *Responsabilidad por Daños: Responsabilidad Colectiva*. Santa Fé: Rubinzal-Culzoni, 1992.

LEITE, José Rubens Morato; DANTAS, Marcelo Buzaglo. Algumas considerações acerca do Fundo para reconstituição dos bens lesados. *Revista dos Tribunais*, v. 726, p. 71-82, 1996.

LEITE, José Rubens Morato. *Dano ambiental*: do individual ao coletivo extrapatrimonial. São Paulo: Revista dos Tribunais, 2003.

LOBO, Paulo Luiz Netto. Danos morais e direitos da personalidade. In: LEITE, Eduardo de Oliveira (Coord.). *Grandes Temas da atualidade – Dano Moral*. Rio de Janeiro: Forense, 2002.

MACEDO JÚNIOR, Ronaldo Porto. Propostas para a reformulação da Lei que criou o Fundo de Reparação de Interesses Difusos Lesados. In: MILARÉ, Édis (Coord.) *Ação Civil Pública: Lei 7.347/1985 – 15 anos*. 2. ed. rev. atual. São Paulo: Editora Revista dos Tribunais, 2002.

MARANHÃO, Clayton. *Tutela jurisdicional do direito à saúde: arts. 83 e 84, CDC*. São Paulo: Revista dos Tribunais, 2003.

MEDEIROS NETO, Xisto Tiago. *Dano Moral Coletivo*. 2ª ed. São Paulo: LTr, 2007.

MORAES, Maria Celina Bodin de: *Danos à pessoa humana: uma leitura civil-constitucional dos danos morais*. Rio de Janeiro: Renovar, 2003.

MORAES, Maria Celina Bodin de. *A constitucionalização do Direito Civil e seus efeitos sobre a responsabilidade civil*. Direito, Estado e Sociedade, v. 9, n. 9, jul/dez de 2006. Disponível em <http://www.estig.ipbeja.pt/~ac_direito/Bodin_n29.pdf>.Acesso em: 15.02.2013.

PASQUALOTTO, Adalberto. Responsabilidade civil por dano ambiental: considerações de ordem material e processual. Antonio Herman V. Benjamin (org.). *Dano ambiental: prevenção, reparação e repressão*. São Paulo: Revista dos Tribunais, 1993.

PUSCHEL, Flávia Portella. *Dano Moral no Brasil. Série Pensando o Direito*, n. 37, São Paulo: Direito GV, 2011.

RAMOS, André de Carvalho. A Ação Civil Pública e o Dano Moral Coletivo. *Revista de Direito do Consumidor*. n. 25. São Paulo: Revista dos Tribunais, jan/mar de 1998.

RICCI, Edoardo. *Rivista di Diritto Processuale*, v. 2, Cedam, março/abril de 2009.

ROMANO, Rogério Tadeu: *Dano moral coletivo – aspectos processuais*, disponível em https://www.jfrn.jus.br/institucional/biblioteca-old/doutrina/doutrina227.pdf.

ROSENVALD, Nelson. *As funções da Responsabilidade Civil. A reparação e a pena civil*. 3 edição. São Paulo: Saraiva, 2017.

SCHREIBER, Anderson. *Manual de Direito Civil Contemporâneo*. São Paulo: Saraiva, 2018.

SEGUÍ, Adela M. Aspectos relevantes de la responsabilidad civil moderna. *Revista de Direito do Consumidor*, v. 52, out.-dez., 2004.

SILVA, Wilson Melo da. *O dano moral e sua reparação*. Rio de Janeiro: Forense, 1999.

THIBIERGE, Catherine. *Avenir de la responsabilité, responsabilité d'avenir. Recueil Dalloz. Chronique*, Paris, n. 9, 4 mars 2004.

VENTURI Elton. *Processo civil coletivo*. São Paulo: Malheiros, 2005.

_____. *Execução da tutela coletiva*. São Paulo: Malheiros, 2000.

VENTURI, Thaís G. Pascoaloto. *Responsabilidade civil preventiva*. São Paulo: Malheiros, 2014.

VENZON, Fábio Nesi. Fundo de defesa de direitos difusos: descompasso com a garantia da tutela adequada e efetiva dos direitos coletivos. *Boletim Científico da Escola Superior do Ministério Público da União*. Brasília: ESMPU, ano 16, n. 50, jul./dez. 2017.